中国广告年鉴

（1997 年）

新 华 出 版 社

图书在版编目(CIP)数据

'97 中国广告年鉴/中国广告年鉴编辑部编
北京:新华出版社,1998.4
ISBN 7-5011-3985-7

Ⅰ.'9… Ⅱ.中… Ⅲ.广告-中国-1997-年鉴 Ⅳ.F713.8

中国版本图书馆 CIP 数据核字(98)第 07324 号

新华出版社出版
中国广告年鉴编辑部编
北京永正设计事务所承制

开本 787×1092 毫米 16 开本 28 印张
彩色插页 180 页 字数:1000 千字
1998 年 4 月第 1 版 1998 年 4 月北京第 1 次印刷
ISBN 7-5011-3985-7/Z·510
定价:**220** 元(精装)

繁榮廣告事業
促進經濟發展

祝賀《中國廣告年鑒》出版

王众孚

一九九七年元月廿二日

国家工商行政管理局局长王众孚题词

编 辑 说 明

一、《中国广告年鉴》是一部图文并茂的大型资料工具书，收编了1996年有关广告方面的主要文献资料。

二、“政策法规”、“大事纪要”等，以日期为序。

三、本年鉴收集的资料和数据中暂未包括我国台湾省、香港特区和澳门地区。

四、参加本年鉴“地方及专业委员会专栏”介绍的单位是上海市工商行政管理局、上海市广告协会；重庆市工商行政管理局；福建省工商行政管理局；深圳市工商行政管理局和中广协公交委员会。

五、为便于读者检索，书末附有“广告经营单位目录索引”和“广告刊户索引”。

六、限于编辑水平和所掌握的资料，缺点和错误在所难免。欢迎读者批评指正。

《中国广告年鉴》编辑委员会

《中国广告年鉴》编辑部人员名单

中央电视台广告部简介

中央电视台是中国国家电视台，拥有九个频道，每天播出160小时左右的节目。她于1958年5月1日试播，同年9月2日正式播出，标志着中国电视事业的开始。

中央电视台播出九套节目，第一套是以新闻为主的综合精品频道；第二套是以经济社会教育为特色的频道；第三套是以音乐、戏曲为主的频道；第四套是国际频道，通过卫星向海外播出，覆盖亚洲、非洲及东欧等70多个国家和地区。24小时全天播出；第五套为体育频道。每天播出12个小时的节目，体育爱好者每天都能看到自己喜爱的节目；第六套是电影频道，每天播出16个小时的节目，有精彩的中外影片及获奖影片；第七套是军事、少儿、农业、科技频道；第八套是综合文艺频道；第九套是英语频道。九套节目都是通过卫星（其中第一套节目还通过全国微波干线）传送覆盖全国。覆盖率约达88.3%，拥有十亿多电视观众。

中央电视台广告部成立于1979年，下设三个部门：业务科、《商桥》栏目组、信息咨询科。广告部在全国各地拥有900多个代理公司，承揽在中央电视台播出的国内外广告业务，广告部还担负着为国内外客商设计、拍摄、制作各类广告片。

广告部拥有世界上最先进的设备和一支掌握现代技术的制作队伍，开办着一个惹人注目的小栏目《广而告之》。该栏目以提醒、批评、规劝为宗旨，以树立社会良好风尚为己任。栏目开办近十年来，受到社会各界观众的青睐。目前很多企业已加入到这个栏目中来，参与创意与制作。现又开办一个新栏目“商桥”主要是以广告为切入点的专题节目，为企业开辟了让人们了解自己的窗口。1997年广告部率先在全国开展电视扶贫，每年免费为全国十个省的贫困地区播放农副产品广告，在社会上引起了极大的反响。

中央电视台播放的商业广告旨为提高企业形象和商品知名度，树立美好形象。“以我屏幕，传您美名”是广告部的宗旨，让企业和观众满意是广告部的追求。

欢迎国内外客户来我部洽谈业务。

法人代表：杨伟光　　广告部主任：谭希松

检察日报

法制类综合大报

邮发代号：1-154　　国外代号：D4206

检察日报
PROCURATORIAL DAILY
1997年1月
1
星期三
江泽民结束访加赴墨西哥访问
全国检察长工作会议闭幕　会议强调坚持十二字方针　突出三项重点工作
全面推进检察工作健康发展
张思卿主持会议　梁国庆作总结发言　王文元赵虹张穹冯锦汶出席
浙江检察装备迈出稳健步伐
反腐败得民心顺民意
社论
用十二字方针统揽检察工作
我国水法体系初步建立
生命在残忍冷漠中逝去
法制三维

检察日报（原《中国检察报》）创刊于1991年7月，由中华人民共和国最高人民检察院主办，是面向国内外公开发行的国家级法制类综合大报。

检察日报一创办就受到党和国家的重视，六年来先后得到第二代、第三代党和国家领导人的关怀，邓小平同志亲自题写了报名，江泽民总书记、李鹏总理、乔石委员长等十几位党和国家领导人为之题词。

六年来，检察日报“立足检察、面向社会”，以生动活泼的案例报道，浓墨重彩地宣传党的反腐成果，弘扬正气，鞭挞犯罪，源源不断地给读者传递社会主义民主与法制建设的信息。今天检察日报已成为公民学法、用法的良师益友，成为广大读者爱看、传阅率极高的报纸之一。

检察日报期发行量达50多万份，在北京、上海、哈尔滨、西安、长沙、福州、郑州、广州、济南、武汉、南京、成都等地设有印点，卫星传版，传递迅速，在各大中心城市当天可以读到检察日报。检察日报以其独特的风格，赢得新闻出版界同仁的高度赞扬，犹如一枝独秀挺立于中华报林。

检察日报的广告业随着报纸的发展，也一年比一年兴旺发达。六年来，检察日报借助可信度高、读者爱看、报纸阅看传递频率高等优势，赢得了很多的广告客户。

检察日报社广告信条是：“所有广告客户都是我们的朋友！热情欢迎每一位朋友，真诚善待每一位客户。”

《人民检察》是最高人民检察院主办的政治、法律、检察综合性月刊，是中国法律类核心期刊。四封进口铜版纸彩印，每期64页，国内外公开发行。

地址：北京石景山区
京原路甲4号
邮编：100043
检察日报的广告总代理：北京法利达广告中心
联系电话：(010)
68879307
总经理：韩红

“中华好风尚”报刊主题公益广告二等奖

《方圆》大型法制月刊，由检察日报社主办，以新闻、法制文学的和谐统一为高格调，拥有高水平的作者群和广泛的读者群。

北京市华融广告公司简介

户外媒体

北京市华融广告公司是在社会主义市场经济蓬勃发展的一九九三年成立的，具有独立法人资格的全民所有制企业。

华融广告公司自成立以来，本着真诚为客户服务的宗旨，积极拓展业务，努力探索，使经营范围不断扩大，营业收入逐年增加。在开展业务的同时，我公司通过各种专业技术培训，不断提高员工队伍的各方面素质，为在激烈的市场竞争中立于不败之地打下了牢固的基础。

我公司现设有办公室、策划部、市场调查部、业务部、展示制作部、媒介部、设计部、财务部、工程部、艺术中心，共一室九部一店，现有广告、营销、美术设计、展览、灯箱及霓虹灯制作、印刷、摄影、工程施工、财务、统计、信息管理、企业管理等方面的专业人才。

我公司具备广告策划、电脑美术设计、印刷品设计制作、广告摄影、霓虹灯及灯箱制作、大型广告活动、展览展示设计制作、广告代理及发布、美术用品经销等项业务，多次承担全国性大型展览的策划、设计与制作。并为西城区“西单大街亮起来”工程承担了总体设计和部分工程项目的制作。我公司还多次为中外企业承办、策划大型活动。

我们将以精湛的专业技能为各界服务。

地址：北京西城区北露园小区2号楼4层北厅

邮编：100037

电话：68320207；68320030

传真：68320030

展览展示　展览获奖证书

艺术中心

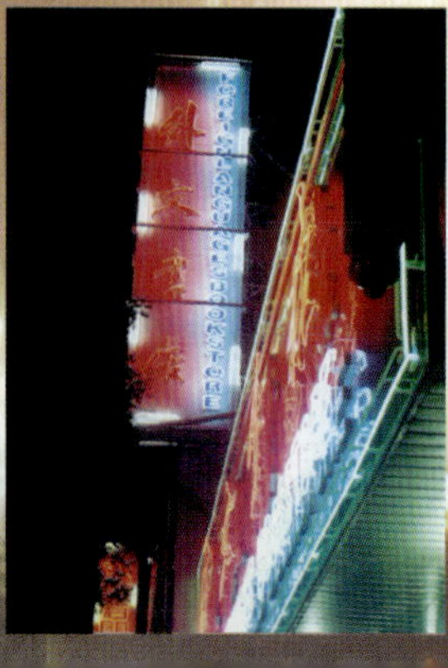

▲宣武门路口指路牌

◀霓虹灯制作

西单北大街霓虹灯造型

CETV
中国教育电视台
中国教育电视台通过东经134度的亚太1A卫星(APSTAR-1A)播出两套教育电视节目:
第一套节目(CETV-1)为综合教育频道,
第二套节目(CETV-2)为学历教育频道。
上述两套节目覆盖全国及南亚、东南亚地区。
1996年10月，中国教育电视台北京台(CETV - BJ)通过35频道播出综合教育节目，覆盖北京地区。
截至到1996年底，我国教育系统已建立教育电视台、收转台780多座，卫星地面接收站10000多个，全国有75%的省、地(市)级有线电视台转播CETV的卫星节目。以中国教育电视台为中心，以遍布全国的有线电视台、地方教育电视台、卫星地面接收站为依托的卫星电视教育网络建设已初具规模，构成了具有中国特色的、世界上规模最大的教育电视节目传输接收网络。
中国教育电视台广告部，遵循教育为本、服务社会的宗旨，以质量高、传播快、影响广，得到您的信赖和支持。
中国教育电视台
地址：北京市复兴门内大街160号　邮编：100031　电话：66032233-1501　传真：66084299

目　录

1 领导人讲话

2 中国广告业发展概况

3 广告管理机关

4 专论

5 政策、法规

6　大事记

7　中国广告协会

8 地方及专业委员会专栏

9 广告学术论文选登

10　广告优秀作品获奖名单

11　公益广告专栏

12　名词注释

13 广告经营单位介绍

14 索 引

CATALOGUE

1. SPEECHES BY LEADERS

2. GENERAL SITUATION OF DEVELOPMENT OF CHINA'S ADVERTISING INDUSTRY

3. ADVERTISING ADMINISTRATIONS

4. SPECIAL TOPICS

5. POLICIES, LAWS AND REGULATIONS

6. CHRONICLE OF EVENTS

7. CHINA ADVERTISING ASSOCIATION

8. SPECIAL COLUMN FOR LOCAL AND SPECIAL COMMITTEES

9. SELECTED ACADEMIC PAPERS ON ADVERTISING

10. LISTS OF AWARD – WINNING EXCELLENT ADVERTISING WORKS

11. SPECIAL COLUMN FOR ADVERTISEMENTS OF PUBLIC GOOD

12. ANNOTATION OF TERMS

13. INTRODUCTION OF ADVERTISING BUSINESSES

14. INDEX

领导人讲话

要用正确的舆论引导人

陈慕华

我很高兴地看到，这些年来我国广告事业在飞速发展，并且已经成为市场经济中的一个重要行业，这是中国广告界共同努力的结果。

我常想，广告也是一种舆论。江泽民同志讲的四句话中就有一句，“要用正确的舆论引导人”，而我们的广告业就是在引导人，首先是宣传我们的商品，让人们去买，这种商业促销活动推动着生产的发展；另外，我们也要让广告给人们以精神上的引导，广告必须健康，不要有乌七八糟的东西。比如现在广告里妇女的形象不少，有一则广告，一个美女搔首弄姿半天，最后出现了一辆摩托车，摩托车与美女之间会有什么关系？又如非儿童节日时间用儿童做广告，让小孩子做出成人的一些动作，这些都是不健康的广告，必须引起我们广告界的注意。当然，现在我们的广告已经有了很大的进步，我很高兴，但仍有一些广告尚有待改进，我们还须继续努力。

除了宣传商品以外，广告界还要为社会尽些责任，为树立良好的社会风尚做些贡献，广告公司要把公益事业的宣传看做是自己应尽的一项义务。马路中间为什么要架个栏杆？为的是安全，但有的人怕费事，不愿绕道走，于是便从栏杆上爬过去，这就不好；又如“广而告之”节目中有个公益广告很不错，一个小孩扫完地要倒垃圾，爸爸告诉他从阳台窗户上扔出去就行，小孩子就照爸爸说的去做了。有一天，爸爸从外边回来，他的儿子正从窗口往下倒垃圾，结果正好倒在爸爸的头上。又如随地吐痰现象，非常不卫生，这些都是公共道德的问题。要树立社会的公共道德，应该从娃娃抓起，从家庭、父母、成人就做出榜样来。

广告界要把精神文明和物质文明结合起来抓，要使更多的企业增强宣传精神文明的意识。例如，北京电视台举办的“东芝动物乐园”，阐述了人类和动物是相互支持、相互制约的道理，你侵害了动物，人类就会受到惩罚。这个节目在作商业广告的同时，通过生动的画面，促使观众树立起保护人类生存环境的良好公德，我很赞成。如果有更多的广告经营单位都能做到这一点，既宣传精神文明，也重视物质文明，而且使广告宣传的内容符合老少皆宜的要求，那就更好了。

我们广告界不要只宣传商品，还要考虑为社会公益事业的宣传尽些责任，我们可以提一个倡议，每个广告公司每年都贡献一条公益广告，在一年365天中，360天赚钱，拿出几天来为公益事业做奉献。这也是向社会献爱心，即“用正确的舆论引导人”。

[本文系全国人大常委会副委员长、中国广告协会名誉会长陈慕华在1996年2月12日中国广告协会在京会员单位春节联谊会上的讲话，根据记录整理。]

陈慕华副委员长在听取杨培青会长关于中国广告协会工作汇报时的指示

[编者按]1996年2月1日上午，国家工商局副局长兼中广协会长杨培青，以及郑和平和吴德裕同志，前往中南海向人大常委会副委员长、中广协名誉会长陈慕华同志汇报工作和拜年，陈副委员长对目前广告中存在的问题和如何改进广告工作作了重要指示，现将要点整理如下：

——现在电视要高价，有的人愿意给钱，结果什么广告都出来了。

——有的人根本没有道德。前几天，有人打电话给我说，某报登了一个人的文章，说李鹏总理接见了他(她)，开业时我和……送了花篮。实际上，根本没有这回事。

——有一条大洋摩托车广告，一开始就是美女，然后美女变成摩托车，庸俗、低级。

——广告要和我们的政策相适应。目前中国每年要花1000多万吨粮食来酿酒，而现在酒的广告不少。山东有个酒厂借钱在中央电视台做广告，结果不仅自己负债，还影响了酒的销售。应当只作低度酒的广告。

——要抓街头广告的管理，到处电线杆上都能见到招贴广告。

——打假归你们工商局管吧？假酒、假药、食品卫生也由你们来抓吧？有的饼屋前厅干净得很，但后面的操作间脏得很。看过制作间后，某些食品就不敢吃了。肝炎绝对是"病从口入"的，要提倡食品卫生。

——目前，还有一个坏风气——摆阔气。请客叫了很多菜，吃几口就倒掉了。"有吃有余(鱼)"、"年年有余(鱼)"都是中国传统的旧观念，不一定都合理。我们一定要改变消费观，广告要大力宣传"粒粒皆辛苦"。另外，吃饭要提倡用公筷、分餐，吃份饭。这些都是移风易俗，广告要多加宣传，给以引导。

——我很欣赏中央电视台的"广而告之"。它的形式和内容都不错，但涵盖面还不够，有的内容很好，应该反复播出，有的方面还未涉及。如：行人过街跨越大街上的隔离段的危害，就要反复说清楚。诸如有关社会公德、职业道德、家庭伦理道德等，广告要正确予以倡导。

关于遵守社会公德，现在在公园里摘花的少了，但街头的塑料交通标识被破坏、马路上的下水道铸铁盖被偷、公寓过道上的灯泡被摘走……这些都可以通过公益广告来教育人们，启发人们遵守社会公德。有一次，我出席音乐会，大家都在聚精会神的听，但我旁边却有人在聊天，这就很不道德，不仅不尊重演奏者、作曲者，也无视周围的听众。

关于职业道德，有的工作人员服务态度不好，有的事情三不管。我每天早上都听北京电台播放的热线电话。老百姓有很多告状电话，诸如：小胡同里的市政建设上出了问题，找到市政，市政说，他们只管大街，不管小胡同；博物馆说"儿童节假日减价，只收半票"，但小孩去买票时，回说"今天不卖了"，或者即使卖了票，但进馆看了一部分却说"以下不开放了"。我们要热心教育后代。瑞士国家很小，但很注意这个问题，那里的所有博物馆对小孩都免费。

关于家庭伦理道德，广告也应该作些贡献。生儿育女，赡养老人，是中国人的传统美德。但现在的情况如何呢？有人对医院作过统计，两个医院两种情景：儿童医院，一个儿童看病，四个大人护送(父母、祖父母);而在临终关怀医院,60%的老年病人却无家人照看。

陈慕华副委员长给“中华好风尚”主题公益广告月活动总结颁奖大会的贺辞

我因为参加全国人大委员会办公会议,非常遗憾,不能参加今天的大会,特请国家工商局领导代表我向会议的召开表示热烈的祝贺,同时向在此次活动中获奖的单位和同志表示热烈祝贺!

公益广告倡导在全社会中树立积极、健康、向上的价值观念,提高道德水准,对建设社会主义精神文明具有十分重要的意义。国家工商局开展的主题公益广告月活动,是促进公益广告事业的一种好形式,应当长期坚持下去。

从一定意义上讲,公益广告的发展能够反映一个国家广告业的整体水平。全国广告界同仁要继续参与公益广告事业,再接再励,为精神文明建设、为社会做出更大的贡献。

1996年12月18日

广告要注重精神文明

国家工商行政管理局局长　王众孚

《中华人民共和国国民经济和社会发展“九五”计划和2010年远景目标纲要》指出:“在建立社会主义市场经济体制的过程中,在世界范围内各种思想文化相互激荡的条件下,要把社会主义精神文明建设提到更加突出的地位。任何时候都不能以牺牲精神文明为代价,换取经济的一时发展。”这对我们依法做好广告监督管理工作,具有重要的指导意义。

广告业在我国是一门新兴产业。截至1995年底,全国有依法进行广告经营登记的广告经营单位4.8万家,从业人员47万人,年广告营业额273亿元。广告是市场经济的产物,是推销商品的手段,它的基本功能,在于传递商业信息,属于市场行为。同时,广告面向大众,需要运用一定的传播手段来实现商业目的。广告与消费者的营销信息沟通,也是广告主与受众间的文化交流,特别是为了使受众喜闻乐见,往往采用多种文化艺术形式。这就决定了广告具有一定的舆论作用和文化传播作用。广告作为一种商业文化现象,是企业文化内涵的反映,同时涉及社会意识形态、生活方式、道德规范等多方面的内容,对社会风气、习俗以及价值观念等,都有不可忽视的导向作用,并在一定意义上反映了社会经济制度的本质和社会文明程度。

政府工商行政管理部门是法定广告监督管理机关。过去,我们比较侧重于监管广告的商业行为。随着广告对人们影响的日益加强,广告的舆论和文化作用愈加突出。随之而来,广告的社会责任问题,也引起广告监督管理机关的高度重视。

1995年2月1日,我国实施了第一部《广告法》。《广告法》第三条规定:“广告应当真实,合法，符合社会主义精神文明建设的要求。”

《广告法》实施以来，各级广告监督管理机关采取有利措施，加大执法力度，先后开展了对电视、户外、报纸等广告的专项执法检查，并在去年第四季度开展了全国性的“打击虚假违法广告”的活动，较大程度地净化了广告市场，取得了较好的社会效果。1995 年全国各级广告监督管理机关共查处广告违法案件 2.66 万件，罚没款 2.5 亿元。在广告市场工作规范中，国家工商局重点抓了广告中的不良文化倾向问题，以促进精神文明建设为重点，转发了“北京市广告宣传精神文明标准”，发布了“禁止发布有关性生活内容广告的通知，指导广告经营单位创作、发布宣传精神文明的公益广告，同有关单位主办“塑良好健康女性儿童好形象”的群众评议活动。这一系列措施，收到了较好的社会效果，使广告主、广告经营者、广告发布者和社会各界普遍对广告的文化倾向引起了重视，一些有碍社会主义精神文明的广告得到了及时制止。

近年来，工商行政管理机关查处和清理不符合社会主义精神文明建设要求的广告，主要有以下几个方面：

一、违背伦理道德，使用的语言、文字、画面庸俗、肉麻，格调低下。如青岛市某酒楼为了推销其制作的“老娘豆腐”，竟在酒楼张贴”吃老娘豆腐可以，吃老板娘豆腐不可以”、“老娘又白又嫩”、“男的受不了，女的挡不住”，有碍社会主义精神文明的广告。

二、违背公德，损害妇女形象，损害儿童的身心健康。如有的广告使用女性泳装形象与宣传的产品毫无关系；有的女性服装模特表演着装的设计追求色情效果；有的广告使用儿童形象诱导儿童性早熟，损害儿童的心理健康。

三、使用洋名称、洋字头，对民族工业产品自贬、自损，加重崇洋心理。如北京某企业在各大商场柜台上设置的产品广告牌上称“本产品的唯一缺点是国产化率低”，竟然如此菲薄自己。

四、使用帝王、贵族、大亨等称谓，直接或间接宣扬享乐主义、贵族化的生活方式，甚至使用一些剥削阶级代表人物的形象以及模仿法西斯标志进行广告宣传。

五、一些印刷品广告宣传算命、相面、看风水等封建迷信内容。如珠海某报刊登风水师帮助选定风水宝地的广告，传播封建迷信；天津某报刊登的一则气功广告妄称，学后会千里诊病、千里耳，宣扬伪科学，等等。

六、一些印刷品广告宣传迷魂药、春药及练防身术、防身暗器等，严重影响了社会稳定和社会秩序。

七、一些广告为了私利，不惜损害国家利益和社会公共利益。有的报纸广告出现中国版图时，只对大陆部分予以着色，而未对台湾省、海南省、南沙和西沙群岛着色，造成了不良的政治影响；某市各主要新闻媒介发布的××山庄销售广告中称“4 月 6 日，市区的主要街道上空将有飞机撒下 8 万元……”，造成不良的社会影响。

以上现象说明，在社会主义市场经济条件下，商业文化的传播，由于受到利益机制的驱动，容易产生追求感官刺激，迎合低级趣味，片面追求轰动效应的倾向。目前，我国广告业尚处于起步阶段，广告主和广告经营单位单纯追求广告效益，忽视社会责任的问题比较突出；有关的行业规章和行业自律规则有待进一步细化和明确；在监督管理实践中，有关的政策界定和执法尺度也需要一个探索过程。但应当肯定，抓好起步阶段的规范，严格按照社会主义精神文明的要求对广告发布活动进行管理，有利于打下一个好的基础，收到事半功倍的效果。

符合精神文明要求的广告，除了应当真实、合法，不欺骗消费者，不损害国家和社会公共利益外，还应当做到：要有利于引导消费者健康消费、积极生活，树立和选择符合我国人民共同社会理想的价值观和生活方式；要有利于弘扬中华民族精神和民族文化，增强民族自信心和自豪感;要有利于普及推广科学知识,破除和反对封建迷信和伪科学;要有利于促进国家文化、教育、体育事业的健康发展;要有利于全国各民族的团结和睦。总之,精神文明对广告的要求,不应仅仅理解为一种被动的限制性要求,应当作为广告创意努力争取达到的一种境界和目标。

《纲要》明确要求:"社会主义精神文明建设是各条战线、各个部门、各个单位长期的共同任务,各级政府和有关部门要制定精神文明建设规划,并纳入国民经济和社会发展总体规划,增加投入,给予物质保障。"广告界有责任、有义务引导人们在享受现代物质文明的同时,受到精神文明的陶冶,促进有利于改革开放的社会主义现代化建设的价值观念、道德规范和社会风尚的形成,为提高全民族的思想道德素质和科学文化素质做出应有的贡献。工商行政管理机关作为广告的监督管理机关和行业主管部门,要继续强化管理,采取有效措施,保证广告符合社会主义精神文明建设的要求。

一是要进一步完善广告监督管理体制,对广告经营单位审核广告的行为建立行之有效的管理制度;对各类广告的发布情况建立反应迅速的监测网络;对已经发布的违法广告,做到在全国范围内统一执法标准,依法查处。

二是要继续做好立法立规工作,细化社会主义精神文明对广告的具体要求,明确有关的管理和处罚措施。指导、督促广告行业组织落实广告业精神文明公约,强化自律措施,提高广告从业人员的职业道德水平。

三是组织广告界认真学习中央宣传工作会议精神,增强精神文明建设的意识和社会责任感。特别要加强对广告主、广告经营者、广告发布者的引导和教育,使其树立正确、健康的营销思想。

四是积极指导、组织广告公司、媒介单位开展公益广告宣传,使广告界行动起来,积极参与精神文明建设,在实践中培养广告界的社会责任感。

综上所述,中国的广告是为社会主义的"两个文明"建设服务的,应当符合我国的社会制度与国情、民俗和优秀文化传统,在文化内涵上它与资本主义的广告有着本质的区别。对于发达资本主义国家在管理广告文化、维护社会稳定方面的某些做法,可以有所借鉴,但不能照抄照搬,要按照社会主义精神文明的要求,走出一条有中国特色的社会主义广告文化的新路子。

(原载《人民日报》1996 年 6 月 27 日)

搞好广告监督管理,促进广告业健康发展

——在全国广告监督管理工作座谈会上的书面讲话

国家工商行政管理局局长　王众孚

同志们:

这次广告监督管理工作座谈会,是《广告法》实施以来召开的第一次全国性广告工作会议。会议的主要任务是:交流情况,总结经验,研讨问题,进一步促进我国广告监管工作的加强和广告事业的繁荣,更好地为发展社会主义市场经济服务。《广告法》实施一年多来,各级工商行政

管理机关深入宣传贯彻《广告法》,切实加大执法力度,努力维护广告市场秩序,做了大量卓有成效的工作。和平同志将就前一段的工作,以及需要进一步研究解决的问题作总结和部署。我因公务不能与会,作个书面讲话,供大家参考。

一、强化广告监督管理,对于建立和完善社会主义市场经济体制具有重要意义

根据“九五”计划和2010年远景目标的要求,到2000年,我国要初步建立社会主义市场经济体制,到2010年,要形成比较完善的社会主义市场经济体制。实现这一目标,关键是实现经济体制从计划经济体制向社会主义市场经济体制转变,经济增长方式从粗放型向集约型转变。李鹏总理在全国工商行政管理工作会议上,要求工商行政管理部门要为实现这两个根本性转变服务。广告监督管理是工商行政管理工作的一个重要组成部分,既涉及到物质文明,也涉及到精神文明;既涉及到经济的发展,也涉及到社会的稳定。加强对广告的监督管理,对于充分发挥工商行政管理工作在实现两个根本性转变中的重要作用,有着很强的现实意义。

(一)营造和谐稳定社会环境的需要。广告通过大众媒介传播,不但范围广泛,而且多次重复,具有很强的社会影响力。好的广告,为消费者提供正确引导,促进生产和流通;不良的广告,尤其是虚假广告,就会误导消费者,使众多的人上当受骗,如假招生、假办学、假移民广告等,贻害甚大,成为社会不安定因素。因此,从维护社会稳定的大局出发,工商行政管理机关必须加大广告监管力度。

(二)促进社会主义精神文明建设,抵御不良文化影响的需要。广告既是商业行为,同时也是文化传播,具有一定的思想导向和舆论导向作用,与精神文明关系极为密切。今年以来,我们根据《广告法》的有关规定,对广告中出现的不良文化进行了坚决清理,产生了良好的社会反响。今后在发展市场经济的过程中,在世界各种思想文化相互激荡的条件下,各种思潮都会在广告中有所反映,只有加强广告管理,及时发现问题,及时处理,才能保障广告符合社会主义精神文明建设的要求。

(三)保证企业改革顺利进行的需要。企业改革的关键,是转变经营机制。转变经营机制就必须利用广告这一现代市场营销手段开拓市场。在计划体制下,企业不需要广告;而在市场经济体制下,广告就成了企业必不可少的辅佐力量。从一定意义上讲,广告能够代表企业的信誉、企业的实力、企业的形象,是企业赖以生存的基础,是市场竞争能力的综合反映。企业广告意识和利用广告进行竞争意识的提高,给广告管理工作提出了更高的要求。只有不断强化管理,才能为企业创造良好的竞争环境,促进企业的改革和发展。

(四)维护正常的经济秩序,保护消费者合法权益的需要。广告面向公众,与消费者权益关系极为密切,尤其是虚假违法广告,损害消费者的利益,造成消费者物质和精神上的损害。利用广告进行不正当竞争,还会破坏正常的经济秩序。因此,加大广告监管力度,才能有效保护消费者合法权益,维护正常的经济秩序。

广告发展的规模和质量,可以在一定程度上反映一个国家或地区市场经济的发育程度和经济的发展状况,特别是反映在国际市场上的竞争能力。我国广告虽然有了长足的发展,但无论是经营实力,还是经济效益;无论是媒介、新技术、新材料的使用,还是在创意、设计上融合国际文化等方面,与世界先进水平都存在较大差距。广告是企业开拓市场的先导,要振兴民族经济,开拓国际市场,优质高效的广告服务显而易见是十分重要的。广告业,虽然是一门国际型产业,但世界各大广告公司的主要服务对象,仍然为其控股公司的本土企业。因此,我国商品

和服务要叩开世界市场大门,并立于不败之地,主要应依靠民族广告业的实力,去创建国际名牌。同时,广告业在活跃国内市场,引导社会健康消费等方面,也都有着不可忽视的重要作用。作为法定的广告监督管理机关,各级工商行政管理机关要把促进和保证广告业的快速、健康发展,作为一项为经济建设服务的战略性任务,切实抓紧抓好。

应当看到,近几年来,尽管我们在宣传广告法律、法规,开展执法检查等方面,取得了一些成绩,但面对我国经济快速发展的现状,面对实现两个根本性转变的艰巨任务,面对社会各界对我们广告监督管理工作的期望,依然任重道远。因此,我们必须认清形势,开拓工作,充分发挥职能作用。

二、认真履行职能,扎实、有效地开展广告监督管理工作

(一)坚持一手抓规范,一手抓促进广告业的健康发展。当前,我国的广告市场仍处于发展阶段。广告业的整体水平亟待提高。因此,广告管理面临的任务,不仅包括依法规范,而且包括促进发展的工作。因为,规范广告市场,打击不公平交易和不正当竞争行为,其根本目的在于促进国民经济健康发展和广告业自身发育发展。所以,广告市场规范的各个环节、每一项举措,都要考虑是否有利于经济的发展,是否有利于社会的文明和进步,是否有利于广告业的繁荣。我们在广告执法中,要把广告市场治理与提高行业素质结合进行,与帮助教育广大企业提高广告法律意识结合进行,既当裁判员,也当教练员。在加强规范的同时,加强对广告产业政策的调查研究,抓好行业规划的贯彻和有关质量技术标准的制定。同时要扶持发展广告行业中介组织,使广告业更加充满活力。

(二)突出重点,加大广告执法力度。目前,广告市场反映的问题较多。虽然近年来我们连续开展了几次专项执法检查,但违法现象仍然存在。这些违法行为中,相当数量是由于法律意识不强,违反了国家的一些禁止性规定;但也有一部分是以非法牟利为目的,蓄意发布虚假违法广告,扰乱社会经济秩序;还有一部分是利用广告宣传封建迷信、低级趣味、不良文化甚至反动内容,污染社会环境,损害党和政府的形象、声誉,危害国家利益。对于后两种情况,工商行政管理机关应该予以高度重视,作为执法的重点。一是认真总结《广告法》实施以来开展专项执法检查的经验,摸索规律,不断提高。二是继续开展与人民生活息息相关和消费者反映强烈的保健品广告、医疗广告、药品广告、食品广告的专项检查。三是对利用加工承揽合同、招工、招生广告骗取钱财的问题进行集中整治。四是对食品广告、房地产广告抓紧制定管理办法,依法予以规范。

突出重点还体现在抓大案要案的查处上。大案要案危害大,虽然查处工作的难度也大,但查处后的影响和震慑作用也大。1995 年 12 月,在每四次市场专项治理中,我们向社会公布了 10 个广告违法案例,社会反响很好。对于涉及多地、违法金额巨大、社会危害严重的案件,一定要一查到底,对违法当事人都要依法严肃处理。对典型案件要继续通过媒介向社会公开曝光。

(三)坚持标本兼治。广告市场存在的问题,有着目前我国广告管理体制和广告经营机制方面的一些深层次原因。在广告监督管理中采取一些专项治理或其它监管措施,可以解决一时一事的问题,但难以从根本上解决比较复杂的倾向性问题。这就要求我们不仅有治标的办法,而且要有治本的措施。既要采取必要的手段及时治理某一时期突出的广告违法行为,扼制其蔓延势头;同时也要对其产生的环境、条件认真加以分析,并积极采取措施,完善我国广告管理体制,优化广告经营机制,从根本上消除我国广告市场中的消极现象。在广告监督管理实践

中,我们探索出了一些办法,如开展广告监测,实施广告审查员管理办法等,这些都是我们在体制和机制问题上、在治本方面进行的积极探索,应当很好地总结完善。

(四)创造良好的执法环境。团结协调是开展好工作的必要保障,对于做好广告监督管理也是如此。因为,广告的内容几乎包含了社会生活的各个方面,广告管理也要同众多管理部门发生联系,如综合管理部门、行业管理部门、质量技术管理部门等。这就要求我们在开展广告监督管理工作中,要增强与有关部门的沟通与协调意识,处理好各方面关系,调动各方面力量。在我们工商行政管理系统内部,广告监督管理与企业注册、公平交易等职能机构都有很密切的联系,都要加强配合,把广告监督管理做得更好。

三、努力培养高素质的干部队伍,保障广告监督管理任务的完成

江泽民总书记指出,实现跨世纪宏伟目标的关键,是建设一支高素质的干部队伍。这对目前广告管理队伍的现状而言具有重要的现实意义。我国广告管理工作只有十几年的时间,虽然这支队伍在监督管理工作中做出了成绩,积累了经验,但从整体上看,这支队伍的素质与承担工作的要求还存在一定的差距。而且,随着全社会广告意识的增强,必然会对广告管理工作提出更高的要求;随着广告活动主体数量的大幅度增长,广告监督管理工作会越来越重;随着广告运作环节的增多,广告活动在法律关系上的认定会日益复杂化;随着跨地区广告案件的增多,广告办案难度也会加大。总之,我们应当看到,随着广告事业的发展,对广告监督管理的要求更高了。为把广告监督管理工作提高到新的水平,必须努力提高广告管理干部的素质。

首先,要提高干部的政治素质。广告监督管理工作看起来是一种社会管理工作,是依法行政,但有很强的政治意义,涉及到精神文明建设。不具备较高的政治素质,就不能把握正确的政治方向,就不能敏锐地发现广告中出现的政治问题,就会疏于管理,被别有用心的人钻了空子。所以,广告监督管理干部必须努力提高自身的政治素质。要认真学习党和国家的各项基本方针和政策,努力提高政策水平;要加强政治理论学习,特别注意增强政治敏锐性和政治鉴别力,善于从政治和政策的角度分析和处理问题。

其次,要提高业务素质。包括学习掌握法律知识、经济知识、管理知识和运用这些知识的能力。广告业属于知识密集、技术密集、人才密集的高新技术产业。相对而言,我们管理的对象,是一批具有较高文化素质和科学理论知识的经营人才。广告管理干部必须能够了解广告业的发展趋势和动态,必须具备同被管理者沟通、并实施有效管理的水平和能力。同时,我国的广告业尚处于发展阶段,需要借鉴国际上行之有效的广告管理经验和通行的惯例。因此,要加强培训工作,采取灵活多样的形式,使广告管理干部及时、更多更好地掌握新知识,适应工作的需要。

第三,要加强廉政建设。广告监督管理是工商行政管理的"窗口"岗位之一,廉政建设要常抓不懈,特别是抓好审批、办案等关键环节,制定相应的程序和制度。要严格执行国家工商行政管理局发布的《关于企业注册、广告监督管理及其工作人员廉洁自律严格执法的规定》,树立广告监督执法的良好形象。

同志们,广告业是促进经济发展、促进精神文明建设、有着广阔发展前景的事业。广告监督管理任务既艰巨、又光荣,希望大家在现有工作成就的基础上,再接再励,开拓奋进,取得新的更大的成绩!

弘扬传统美德　塑造自身形象

——在北京市“中华好风尚”主题公益广告月活动动员大会上的讲话

王众孚

（1996年8月8日）

同志们：

为促进社会主义精神文明建设，指导公益广告健康发展，国家工商行政管理局决定在全国范围内开展“中华好风尚”主题公益广告月活动。北京市对这项活动十分重视，今天隆重召开大会，认真进行动员部署，在全国带了个好头。刚才，纪平局长、新民部长做了很精彩的讲话，宇澄同志还将做重要指示。在市委、市政府的领导下，在工商行政管理机关的组织、指导下，在广告主、广告经营者和广告发布者的积极参与下，北京市的“中华好风尚”主题公益广告月活动，一定能卓有成效地开展起来，一定能为塑造广告业的崭新形象，为促进首都的精神文明建设，做出积极的贡献。下面，我就如何加强公益广告工作，开展“中华好风尚”主题公益广告月活动，讲几点意见。

一、充分认识开展“中华好风尚”主题公益广告月活动的重要意义

广告业是促进经济发展，促进精神文明建设，有着广阔发展前景的行业。随着广告业的日趋发展，公益广告也日益引起社会的关注和重视。一些以遵守公德、保护环境、尊师重教、崇尚科学，关心老人、妇女、儿童为主题的公益广告，对于增强人们的公益意识，产生了积极的影响。“中华好风尚”是集中体现中华民族传统美德和优良品质的一个命题，以此为主题开展公益广告月活动，具有十分重要的现实意义。

首先，它是弘扬中华民族优秀传统美德，促进社会主义精神文明建设的需要。江泽民同志在党的十四届五中全会上指出，我们在致力于物质文明建设的同时，必须把社会主义精神文明建设提到更加突出的地位，始终不渝地坚持两手抓，两手都要硬。社会主义精神文明建设，既包括弘扬中华民族优秀的传统美德和优良的思想文化，也包括吸收世界文明的一切优秀成果。中华民族具有五千年灿烂的文明历史，具有其他民族难以比拟的诸多优良美德，如尊老爱幼、尊师重教、艰苦奋斗、勤俭节约等。这些宝贵的精神财富，在中华民族的文明进步史上，曾起了重要的作用。在建设有中国特色社会主义的新的历史条件下，我们不仅不应当丢弃这些精神财富，而且应当采取多种行之有效的方式，继续发扬光大，并将其作为社会主义精神文明建设的重要内容。开展“中华好风尚”主题公益广告宣传，正是弘扬中华民族优秀传统美德的一种有效方式。因为公益广告借助于创意设计、制作技术和媒介传播的优势，进行倡导和宣传，能使人们增加社会公德意识，提高职业道德水平，最终使人们的道德行为更加规范，价值取向更加高尚，从而达到促进社会主义精神文明建设的目的。

其次，它是促进社会经济协调发展的需要。实现“九五”计划和2010年远景目标，需要和谐稳定的社会环境和良好的自然环境，以利社会经济的协调、稳定和可持续发展。中华民族优秀的传统美德和现代化科学技术的发展，都要求我们注重保护自然，保护环境，节约资源，做到人与自然、人与社会的和谐。开展“中华好风尚”主题公益广告月活动，通过公益广告这种特殊的社会传播方式，倡导人与人、人与自然、人与社会的和谐，教育人类通过爱护自然、关心他人、关心社会以保护自己，对促进社会经济的协调稳定发展，无疑具有重要作用。

第三，它有利于塑造广告业的自身形象。改革开放以来，我国广告业迅速发展，全社会的广告意识不断增强。商业广告在推销商品、引导消费、辅佐企业开拓市场等方面，发挥了重要的作用。但同时，由于广告市场不够规范，虚假违法广告时有发生，加之一些广告中存在着不符合社会主义精神文明的内容，无论是对社会，还是对广告业的自身发展，都产生了极不好的影响。公益广告是非商业性广告，目的在于传播有益于公益事业的思想观念。公益广告制作和发布的本身，又是广告界的社会公益活动，体现了广告界的奉献精神和社会责任感。开展公益广告活动的过程，也是广告从业人员自己教育自己，升华道德情操和敬业精神的过程。进行公益广告宣传，无疑是一项高尚的事业。因此，从事广告事业的同志们，不仅要有经济意识、效益意识，而且要有政治意识、公益意识。要通过开展“中华好风尚”主题公益广告月活动，在弘扬中华民族优秀传统美德，抵制不良文化，促进社会主义精神文明建设的同时，进一步树立中国广告界关心国家、关心社会、关心公益事业的良好形象，促进我国广告事业健康发展。

二、加强领导，精心组织，把“中华好风尚”主题公益广告月活动扎实有效地开展起来

一是要充分重视，加强领导。这是保障“中华好风尚”主题公益广告月活动取得实效的关键。各级广告监督管理机关要从讲政治和加强社会主义精神文明建设的高度，重视“中华好风尚”主题公益广告月活动，并将其作为工商形象建设年的一项内容，摆上工作日程。要指定专人负责，加强对这项工作的宣传、指导和协调，及时帮助解决工作中遇到的问题，确保这项活动顺利进行。广告主、广告经营者和广告发布者，要把“中华好风尚”主题公益广告月宣传，作为广告界应尽的公益义务，作为广告界为精神文明建设做贡献的重要表现形式，高度重视，积极参与，并把这项活动的开展与广告从业人员的职业道德教育和政治业务素质的提高结合起来，努力向社会奉献高质量的公益广告作品。

二是要精心组织，狠抓落实。广告监督管理机关要精心制定“中华好风尚”主题公益广告月活动实施方案，明确提出公益广告发布数量和质量要求，并做好广告主、广告经营者、广告发布者参加公益广告活动的情况考核，确保发布数量落到实处，确保公益广告的宣传效果。广告经营单位要选用最优秀的创作人员投入“中华好风尚”主题公益广告的创作工作，在创意、设计制作等各个环节上精益求精，保证公益广告的质量。广告媒介单位要认真履行义务，积极按要求为公益广告提供时间和版面。

我国的公益广告尚处于起步阶段。尽管经过几年来的探索努力，取得了一定的成绩，积累了一些经验，但就整体而言，我国的公益广告无论从数量上还是质量上，都亟待增加和提高。广告界的同志们，要认清形势，增强使命感和责任感，努力开拓，辛勤耕耘，开创我国公益广告的新局面。为促进公益广告的健康发展，国家工商行政管理局将继续采取多种行之有效的形式，推动这项工作，并拟设立公益广告优秀作品政府奖，表彰奖励贡献突出的单位和个人。

公益广告的水平，从一个侧面反映了一个国家的社会文明程度。北京是我们伟大祖国的首都，是全国的政治文化中心。当前，北京市的形势很好，各方面的工作都走在全国的前面。这次活动，希望首都工商行政管理机关和广告界的同志们，在市委、市政府的正确领导下，继续增强首都意识，更加勤奋努力工作，为促进精神文明建设，推进公益广告事业的健康发展，做出积极的贡献。

（原载《中国工商报》1996年8月17日）

国家工商局副局长惠鲁生同志在“中华好风尚”主题公益广告月活动总结颁奖大会上的讲话

（1996年12月18日）

同志们：

国家工商行政管理局今年9月在全国范围内组织开展的“中华好风尚”主题公益广告月活动，在各级党委、政府的重视支持和有关各方的积极参与下，已经圆满结束，取得了显著成效。今天，我们在这里召开总结颁奖大会，表彰在这次活动中做出突出贡献的单位和个人，对评选出的优秀作品颁发公益广告政府奖。陈慕华副委员长对这次活动十分重视，由于重要公务不能到会，特向大会发来了贺词。有关部门的领导同志在百忙中抽时间出席了今天的大会，对我们的工作是极大的支持。在此，我代表国家工商行政管理局和全国广告界同仁向到会的各位领导表示热烈的欢迎！同时，代表活动组织单位向获奖的单位和个人表示热烈的祝贺！向所有积极参与这次活动的社会各界人士和朋友们表示衷心的感谢！

开展这次“中华好风尚”主题公益广告月活动，是广告监督管理工作贯彻中央两手抓、两手都要硬的方针，促进两个文明建设的重要举措。目的是通过组织广大广告主、广告经营者和广告发布者共同参与这一公益事业，引导和规范广告业的职业道德建设，弘扬中华民族优良传统，树立良好的社会风尚，促进社会主义精神文明建设。实践证明，这项活动的开展，取得了明显的效果，产生了积极的社会影响。

首先，公益广告月活动的开展，有效地发挥了广告在社会主义精神文明建设中的社会教育、文化传播、舆论导向功能。社会主义精神文明建设，既包括弘扬中华民族优秀的传统美德和优良的思想文化，也包括吸收世界文明的一切优秀成果。公益广告月活动期间，一批内涵深刻、水平较高的公益广告，在社会上引起了强烈的反响，各界人士以及广大群众纷纷来函来电，或在报刊上发表文章，称赞这件事抓得及时，抓得好，是一次有益的社会教育，在提高全民族的社会公德意识方面产生了积极的作用，是促进社会主义精神文明建设的有效方式之一。

其次，公益广告月活动的开展，树立了广告界的良好社会形象。广大广告主、广告经营者和广告发布者进一步认清了公益广告的重要意义，对参与公益广告活动表现出了极高的热情。许多广告主在资金紧张的情况下，积极出资制作公益广告；不少广告发布单位将公益广告放在第一位，挤出原来用于发布商业广告的黄金时段、版面发布公益广告；各广告经营单位选用最优秀的创意人员投入公益广告的创作，充分利用主要街道及繁华地段的户外广告牌、灯箱、电子显示屏、公交车身、公共汽车站台等制作发布了大批公益广告。公益广告月活动期间，全国电视广告平均每天达到2000条次，广播广告达到2000条次，报刊广告达到350余条次。全方位、多层次的公益广告宣传，体现了广告界的奉献精神和社会责任感，展现了广告人热爱国家，关心社会，关心公益事业的美好心灵。

第三,公益广告月活动的开展,促进了广告监督管理水平和广告从业人员素质的提高。开展公益广告宣传,在向社会传播良好风尚的同时,广大工商行政管理干部和广告主、广告经营者、广告发布者自身也受到了深刻的社会主义道德风尚教育,从而陶冶了情操,提高了广告界在广告活动中遵纪守法、注重社会主义精神文明的自觉性。共同的目标和责任感,大大加深了管理机关和广告经营发布单位的感情交流和理解,这对于进一步做好广告监督管理工作,促进广告业的健康发展,具有十分重要的意义。

通过这次公益广告月活动的总结、回顾,我们有三点体会:

一、认真贯彻党的十四届六中全会精神,发挥广告在两个文明建设中的积极作用

党的十四届六中全会明确指出,加强社会主义精神文明建设是一项重大战略任务。广告是企业营销的一种方式,它在传递商品信息的同时,也和消费者进行着文化交流,潜移默化地影响着人们的价值观念、生活观念、行为方式等等。因此,商业广告也与精神文明建设有着十分密切的关系。从事工商行政管理工作的同志们,一定要增强政治敏锐性,始终坚持两手抓,不仅要依法规范广告市场,充分发挥商业广告开拓市场的积极作用,也要引导商业广告注重社会主义精神文明。同时,还要通过组织开展公益广告活动,让大量寓意深刻、感染力强的公益广告作品问世,引导人们树立正确的人生观、道德观、价值观,为社会主义精神文明建设做出应有的贡献。

二、要大力推动公益广告事业的发展,并长期坚持下去

广大广告主、广告经营者和广告发布者,要充分意识到自己的社会义务和责任,充分认识公益广告利在国家、社会繁荣安定,功在自身树立良好形象的重要意义,统筹规划,合理安排资金、人员、设备和时段、版位,不断制作、发布高文化品位、高创意设计水平的公益广告,展现中国广告界积极向上、健康蓬勃的精神风貌。各级工商行政管理机关要将推动公益广告事业的发展作为广告监督管理工作 的一项重要内容,常抓不懈,持之以恒。要加强对公益广告活动的指导,认真制定有关政策、措施和制度;要深入广泛地发动群众,充分调动广告界参与公益广告事业的积极性,保证公益广告事业持续、稳定、健康发展。

三、进一步提高我国公益广告的水平

我国的公益广告尚处于起步阶段,与两个文明建设的要求相比,无论在质量上还是数量上都存在一定的差距。因此,我们广告界的同志们,一定要努力探索、实践,不断加深对公益广告自身规律的认识,加强对有关理论问题的研究、探讨;要充分继承和发挥我国民族文化的优良传统,同时注意学习、借鉴国际上关于公益广告的有益经验,努力创造出更多更好的群众喜闻乐见的优秀公益广告作品。

我相信,在广告界及社会各界人士的共同努力下,我们的公益广告事业一定会兴旺发达,在社会主义物质文明和精神文明建设中发挥积极作用。

杨培青会长在中广协四届三次理事会上的讲话(摘要)

(1996年11月11日)

正值全国上下热烈响应党的十四届六中全会关于加强精神文明建设的号召之际,也是国家工商局发动组织的“中华好风尚”主题公益广告月取得显著社会效果之际,召开中广协四届三次会议,是很有现实意义的。

这次会议的中心议题,是讨论广告界如何以实际行动和具体措施,贯彻党的六中全会决议,更有成效地参与公益广告月的活动,在加强自身文明建设的基础上,更积极地为全社会的精神文明建设作出贡献。

在社会主义市场经济下,广告业是一个影响力很大、很广的特殊的信息产业。它既能够反应经济的繁荣程度,又能体现社会的和本行业的精神文明素质。因此,在“两个文明建设”相辅相成方面,广告界负有特殊的历史使命。在公益广告月期间,涌现出了一大批优秀的公益广告,深得社会广大公众的赞扬。其中,中广协的各理事和理事单位,都踊跃参与,作了大量的工作,表现出了高度的责任感和高超的业务技艺。

相信在这次会议上,大家一定会集思广益,高效地完成会议的各项议程,使得1997年开始以精神文明建设为中心的各项活动能够开展得更好。

杨培青会长在“中新广告文化交流会”上的讲话(摘要)

1996年7月16日

在全球经济处于大变革的重要历史时刻,在我国经济处在两个转变的时期,就“广告文化”进行探讨,这无疑是十分有意义的。

80年代初期,当我们看到新技术正在兴起,曾经预言到,它将给人类带来巨变。今天,处在两个世纪的交接关口,我们都正经受着这一巨变的撞击。它迫使不甘沉落的人与事抓住机遇、迎接挑战、作出机智的选择。作为市场经济中的一个特殊的信息行业——广告业所面临的挑战与机遇,更是前所未见。特别是信息技术的高速发展,通过各式各样的网络,大大提高了社会沟通的效率,缩短着人与人之间的地理距离……,人们的生存方式、工作方式和思维方式正在随之而改变。对此,我们广告界不可以等闲视之,不能够一般地去讲“顺应发展”;我们要以广告职业特有的“敏锐悟性”，看到其将产生的全面而又深刻的影响，发挥我们职业的特长，去辅佐经济与社会事业在前进的道路上发展。

广告从业者面临一个大的历史性课题是：如何把经济全球化的需要、现代技术的加速运用和继承优秀文化特色、维护善良习俗和社会公德的迫切性溶汇于广告活动中。

今天的交流会是一个良好的开端，标志着我们两国广告界的交流与合作正进入更加富有实质内容的阶段，也就是说，已超出纯商业性的交流与合作，而进入了文化、技术的高档次。随着中国的改革与开放，随着我国社会主义市场经济的持续、稳定发展，处于“成长时期”的中国广告业，更加需要在高水平、深层次上加强与各国各地区同仁的交流与合作，依靠大家的共同努力，会不断写出好文章，作出更有成效的建树。

向社会奉献多彩的公益广告

国家工商局广告监督管理司司长　郑和平

公益广告，也被译作“公共广告”，是广告业发展到一定阶段的必然产物，体现了广告活动主体的社会责任观念。公益广告与商业广告不同，其传播目的，不是为了推销商品或服务，而是为了使人们接受某种观念，当然这种观念必须得到社会绝大多数人的广泛认同，才能被认为是公益广告。公益广告，还应当有另外一层含义，就是广告活动主体，对公益广告的设计制作和发布，应当承担相应的义务，把公益广告活动本身作为一种社会公益事业来办。

在传播形式和媒介使用上，公益广告同商业广告基本上相同，可广泛依托多种媒介，对精心设计、言简意明的同一广告内容，反复进行宣传。

在广告业比较发达的资本主义国家也很重视公益广告，政府利用其社会舆论，维护社会稳定，缓解某些社会矛盾和问题。甚至，在政府的指导下，广告行业设立了专门的组织来协调，解决公益广告发展中的某些问题。

本世纪80年代以来，现代广告业在中国得到了迅速的发展，公益广告也逐渐引起社会的普遍关注。中央电视台“广而告之”栏目，中国青少年发展基金会推出的系列“希望工程”广告，是近年来在我国人民心目中留下深刻印象的公益广告代表。事实证明，公益广告的发展，对倡导社会主义精神文明，维护社会安定，会起到不可忽视的重要作用。

由于我国现代广告业起步较晚，广告法规体制和广告市场管理体制、广告行业经营机制都不够健全和完善，使公益广告的发展也暴露出一些问题。主要有：1、有些公益广告商业气息太浓，在广告内容结构上，对广告主的宣传超过了对公益内容本身的宣传。2、相当一部分公益广告，还不能摆脱刻板的说教和宣传口号形式，缺乏必要的创意，影响了公益广告的形象和传播效果。3、公益广告活动本身，还未建立起必要的公益机制，对广告活动主体的公益广告义务，还缺乏必要的法律或行政规定。4、有相当部分广告活动主体公益广告意识不强，公益广告活动在各地发展不平衡，影响这项工作的深入开展。

工商行政管理机关作为法定的广告监督管理机关，近年来非常重视和扶植公益广告的发展，积极研究解决公益广告活动中存在的一些问题，并指导广告行业大胆开展公益广告活动的组织和开发工作。开展“主题公益广告月”活动，是工商行政管理机关推动我国公益广告健康发展的一项重要行政措施,通过政府奖励的形式,引导公益广告的发展方向,也是我们促进这项工作开展的有益尝试。我们希望,通过开展"主题公益广告月"活动,能够为政府管理、规范公益广告活动,提供有益的经验,能够把我国公益广告的创意设计工作提高到一个新水平。我们相信,在改革开放中振兴的中国现代广告业,一定会向社会奉献出更多、更美、丰富多彩的公益广告。

(原载《中国工商报》1996年8月13日)

深入抓好《广告法》的贯彻落实

国家工商局广告监督管理司副司长　郑和平

1995年2月1日,《中华人民共和国广告法》正式施行。一年来,广告监督管理工作得到社会各界的普遍关注,广告市场治理工作得到广告界和广大消费者的鼓励和肯定。同时,他们也对新的一年广告监督管理工作寄予更大的期望。

去年以来,全国各级工商行政管理局,作为法定的广告监督管理机关,在贯彻执行《广告法》方面,主要开展了以下工作。

第一,进行了广泛的《广告法》宣传和培训。《广告法》颁布后,国家工商局向全系统发出了开展《广告法》宣传、培训工作的通知。国家工商局和首都主要新闻单位共同策划了多种形式的宣传报道,各省党报、党刊和电视台、广播电台都就《广告法》的宣传活动做了集中报道,全国绝大部分地、市的新闻媒介都刊载了宣传《广告法》的文章和报道。国家工商局广告监督管理司编写了《广告法释义》,录制了《广告法》讲座录像带。到1995年5月,所有广告监督管理干部、广告经营单位的业务骨干,都经过了不同形式的培训。宣传、培训工作普遍开展,使《广告法》的贯彻执行,得到了广泛的社会认同和关注。

第二,抓紧制定有关的配套规章。为了保证《广告法》的贯彻执行落到实处,国家工商局抓紧制订了《广告法》相配套的行政规章。1995年一年,单独或会同有关部门,发布了涉及广告监督管理的行政规章和规范性文件共15个。包括:对药品、医疗器械、农药、兽药等特殊商品广告的审查办法和审查标准;临时性广告经营和烟草、酒类广告管理办法;《广告服务收费管理办法》、《户外广告登记管理规定》、《广告经营者、广告发布者资质标准及广告经营范围核定用语规范》、《关于加强广告办案工作的若干意见》。这些规章的规定和执行,大大增加了《广告法》的实际操作性,受到了广告界和社会各界的一致拥护。

第三,开展广告执法检查、加大广告执法力度。1995年,国家工商局共组织4次大规模的广告执法活动。

3月,首先从电视广告入手,分6个大区,召开现场办公会,对全国省、市以上主要电视台的广告节目进行了抽查和规范,共检查广告5002条,发现违法广告1633条。6月,组织北京,上海共12个大中城市进行户外广告对口检查,共检查户外广告5465条,发现违法广告199条。8月,组织各省、自治区、直辖市对本地排名前5位的报纸进行了检查,共检查广告44282条次,发现各种问题的广告1682条次。第4季度,研究了以打击虚假违法广告为重点的全国性执法活动,共检查广告648211条,立案查处广告违法案件9273件。1995年,全国工商系统共查处违法广告案件2.66万件，罚没款共计2.5亿元。

第四，促进广告业健康发展，指导广告行业开展自律。为了促进广告业的健康发展，发挥广告在社会主义市场经济中的积极作用，国家工商局继续在全国范围内开展广告行业岗位资格培训工作，推进广告代理制试点工作，对广告公司的综合实力进行评价排序。在各级工商局的指导下，中国广告协会和各地广告协会积极组织会员单位开展行业自律，中国广告协会和许多大中城市广协都设立广告法律咨询机构，为广告经营单位提供发布前审查咨询服务，中国广告协会组织了我国高级广告人才出国培训，并和外贸广告协会分别组织了广告新技术、设备展览，指导广告界学习、引进国外先进经验。1995年年底，中国广告协会组织了第4届全国优秀广告作品评选活动，引导广告创意、设计、制作向着借鉴国外先进经验，坚持中国民族特色、符合我国法律规范和社会主义精神文明建设要求的方向发展。1995年，我国广告营业额达到273.3亿元，比上年增长36.6%。

在新的一年里，广告监督管理工作将围绕"公平交易执法年"和"工商形象建设年"的中心工作，进一步加强对广告市场的规范和管理，引导广告企业正确宣传企业形象和产品形象。在推进广告行业发展的同时，进一步规范广告主体行为，加强广告监测工作，完善广告监督体系，加快广告管理的现代化、科学化建设，建立和维护公平竞争的广告经营秩序，继续深入抓好《广告法》的贯彻落实。具体要做好以下几个方面的工作。

首先，要继续完成好有关配套法规的制定工作。这部分行政规章与规范性文件，将涉及部分类别广告的发布标准、广告市场的竞争规则、某些特殊类别广告或广告媒介的管理办法、广告管理机关某些办事程序和规则、广告监督管理人员行为规范等内容。

其次，要继续开展必要的执法检查工作，完善有关广告办案的协调、督办工作制度，进一步加大执法力度，真正做到有法必依、执法必严、违法必究。

第三，要标本兼治，着重解决好广告管理体制和机制方面的问题。要建立广告审查员管理制度和广告监测网络，保证广告监督管理工作高效、协调地进行。

第四，要注意发现和培养帮助企业开拓国内外市场，创建名牌，以及帮助农民致富，促进农村经济发展的广告经营典型。继续抓好广告人才的培养，抓好高新技术的开发和引进，逐步建立广告市场指标评价体系。要指导广告行业组织继续开展好行业自律。一手抓规范，一手促发展，让新兴的广告业蓬勃向前，为我国社会主义现代化建设事业，做出更大的贡献。

1996年广告监督管理新思路

郑和平

1995年，随着《广告法》的施行，中国广告业步入了新的发展阶段。一年来，广告市场初步规范，广告企业素质、效益有所提高，广告业仍在以超过40%的速度增长，全国广告经营额预计超过280亿元。如何在新的一年里，把广告市场的规范和繁荣同时抓好，再上一个新台阶，我们主要考虑了以下几个方面的工作。

一、继续抓好广告市场的规范与治理工作

1995年，我们在全国范围内组织了对电视、户外、报纸媒介的广告专项检查，特别是在第四季度开展了打击虚假违法广告的专项治理工作，都取得了比较明显的成效。但是，有些带有倾向性的问题，决不是搞几次专项治理就能解决的。因此，规范广告行为，查处各类广告违法案件，仍然是1996年广告监督管理工作的突出任务。

二、标本兼治、逐步解决体制和机制问题

当前广告市场中存在的各类问题，反映出我国广告法制体系、广告监督管理体制、行业运营机制上的一些缺陷和弊端。逐步解决这些问题，是我国广告业发展的百年大计。因此，1996年，我们要继续抓好与《广告法》配套的法规、规章的起草工作；要抓好全国广告监测网络的建设；要确立广告审查员管理制度；要抓好政府职能的转换，切实发挥行业组织的自律作用。

三、突出重点，带动各项工作

广告监督管理工作涉及面广，头绪繁多，部署安排不宜面面俱到，要抓住重点，有所突破，以推动全局。

从目前广告市场的实际情况看，规范与治理的重点，仍然是打击各种不公平交易和不正当竞争行为，特别是要打击虚假广告。在查处广告违法案件中，对广告主的违法行为处理要到位，要严厉打击虚假违法广告的源头。

制度建设的重点，是着重解决体制上的问题，首先是本系统同外系统的协调问题。做好这项工作的目的就是不允许钻法律法规的空子，钻行政管理体制的空子，真正做到有法可依，违法必究。

改革的重点，是切实转换职能，扶植行业组织抓好行业自律，把有些政府管不好的事情交给行业组织去干，真心实意地支持行业组织树立自律权威，帮助行业组织加强凝聚力和向心力。

行业管理的重点，是要大力抓好新技术、新材料的应用和推广，抓好城市户外广告的规划和建设，并着手制订有关的技术、质量标准，宣传、树立为经济发展做出突出贡献的广告企业典型。

四、贯彻“纲要”，坚定不移地抓好广告市场的繁荣和发展

继续深入贯彻《关于加快广告业发展的规划纲要》，仍然是广告监督管理工作的重要内容。广告监督管理工作的各个环节，都要考虑到其是否有利于国民经济的健康发展，是否有利于广告业的繁荣。

能否在抓繁荣、抓发展问题上有所作为，是广告监督管理职能是否真正到位的重要标志。这项工作的当务之急是确立必要的行业指标体系和调查分析方法，把情况摸准搞透。与此同时，要认真总结广告为企业提供优质服务、帮助工商企业开拓市场、帮助农民致富的优秀典型。中国广告业如何走上有自己特色的发展之路，是一个需要认真思考、研究的重大问题，各级广告监督管理机关都应努力实践，为解决这一问题做出积极的贡献。

五、加强调查研究，加快广告监督管理工作的科学化建设

近年来，我国广告业高速发展，监督管理工作相对滞后，人员少，任务重，缺乏经验，也缺少必要的法律和宏观调控手段。面对这种情况，只有一种选择，就是边学边干。学习的主要方法是调查研究。因此，1996年的广告监督管理工作就开展调查研究、运用一些新的工作方法和手段做了具体部署，以促进行政管理工作的科学化、规范化建设。

中国广告协会广播委员会四届二次会议开幕词

（1996年4月2日）

安景林

各位代表、各位领导、同志们：

中国广告协会广播委员会四届二次会议今天在海南省海口市开幕了。出席今天大会的有各会员台代表，部分省、自治区、直辖市和地、市、厅、局、台的领导同志。中共海南省委宣传部常务副部长黄进先、海南电台、海南省工商局等单位领导同志，中国广告协会的领导同志也光临了今天的大会。我代表广播委员会和全体代表，向出席今天大会的各位领导、来宾，表示热烈的欢迎和衷心的感谢！

这次会议在海口市召开，得到了海南省和海口市领导及有关部门的大力支持，特别是海南省文体厅、海南电台的领导和同志们，为会议作了充分的准备，进行了周到的安排，做了大量工作，付出了辛勤的劳动，给开好这次会议创造了这样一个非常好的条件，我代表大会和全体与会代表，向有关部门领导和东道主，表示诚挚的谢意！

各位代表，我们这次会议的主要任务是，一、进一步学习、宣传、贯彻《广告法》。《广告法》是我国广告事业根本大法，自1995年2月份实施以来对我国广告事业的健康发展，起到了十分重要的作用。广委会号召各会员单位，今年仍要继续学习、宣传好《广告法》，使之家喻户晓。同时，在广告经营活动中，要认真贯彻、执行《广告法》，加强行业自律，用《广告法》规范自己的广告行为，促进广播广告事业的健康发展。二、评选优秀节目。广委会成立以来，每年进行一次优秀广告节目评选，今年是第十二次评选，广委会通知中已经明确提出要求，今年评选要充分反映广播广告的进步和创新，突出研究探索，树立精品观念。相信经过评选，能进一步提高广告从业人员钻研业务的积极性，使全国的广播广告节目，再上一个新水平。三、学术理论研讨。广播广告已走过了十五个年头，各台在广播广告编播制作等方面，积累了不少好的经验，需要在这次会议进行认真的总结交流，以进一步提高广播广告工作者对学术理论研讨重要性的认识。也只有全行业都能重视理论学习和研究，才能把多年来的实践经验加以认真总结并上升到理论高度，进而指导实践，广播广告队伍的整体素质才会有一个真正大的提高，广播广告节目才能越办越好。随着我国市场经济的发展，广播宣传改革的深入，系列台的出现，给广播广告的体制、经营管理提出了新课题。近几年来，各台从实践中创造出了不少先进的经营体制和管理办法，出现了异彩纷呈的可喜局面。通过总结交流，互相学习借鉴，进一步深化经营管理体制的改革，逐步总结出一套适合我国广播广告经营管理方面的比较好的、先进的模式，以促进我国广播广告事业的进一步发展。此外，在第二次全国台长会议上就提出过发挥整体优势和如何发挥广播广告系统整体优势的问题。近几年来，全国各级电台大部分成立了广告公司，这给业务交流创造了极为有利的条件，希望在这次会议上能有较大的进展。特别在发挥各台广告公司和广播广告系统的整体业务优势方面，也要进行认真的研究探讨。比如，成立广播广告联合总公司，以形成广播系统的整体优势，增强竞争实力。公司可以实行股份制，各台广告公司可以自愿参加，选出董事会，聘任总经理等。希望各位代表能充分发表意见，认真探讨研究,争取能拿出一个意向性的方案来。

各位代表,同志们,今年广委会工作还准备抓这样几件事:

(一)组织一次境外培训,提高广告从业人员素质。

中广协决定举办中国高级广告人才赴美培训,学习与借鉴发达国家先进的广告理论、广告策划、制作和科学的管理经验。8月份由广播委员会组织35人的广播高级广告人才赴美培训团。参加人员主要的是在广播广告方面有一定理论基础和实践经验,政治条件好,业务能力强,有发展潜力的业务骨干、广告部门负责人、主管领导等。年龄限制在55岁以下,学期28天,报名费人民币2000元,境外培训费5000美元以内。请各会员台,在这次大会结束前将赴美学习人员名单报上来,以便及时办理出国手续等事宜。

(二)组织一次小型国际研讨会

在1996年下半年配合中央电台或中国广告协会组织一次国际华语广播广告研讨会。重点邀请东南亚有关国家及港、澳、台地区华语电台广告专业人员参加,就广播广告策划、制作问题进行专题研讨。

(三)开辟创收途径,建立广委会发展基金

广委会经费一直不足,活动经费(会费)只有50%台交纳,因为经费限制,很多活动难以开展。拟请大家共商创收途径。

(四)出两本书

1、从1985年起,广委会每年进行一次全国广播广告优秀节目评选活动,1991年中央台广告部张农同志编辑出版了《全国广播广告获奖作品选》一书,收入了1986年至1990年历次评选获一、二等奖的广告节目。从1991年三届广委会以来,已进行了五次评选,为便于广大广告工作者互相借鉴、学习,积累资料,拟编印(1991年至1995年)《全国广播广告获奖作品选》,已发出两次通知,现已收到稿件90多篇,其中有创意体会文章的60篇,基本编辑就绪,待印。

2、广播广告已走过15个年头,广大广告工作者在多年的工作实践中积累了丰富的经验。虽然我们前几年出了一本《广播广告初论》的小册子,但多年来学术研究一直还是个薄弱环节。为更好的回顾总结广播广告工作经验,拟在这次研讨会的基础上,收集几年来的论文,编印第二本广播广告论文集。希望这次会议能有更多的论文交上来。

各位代表,我们这次会议的任务十分繁重,但我们相信,在各方面的大力支持协助下,通过与会代表的共同努力,是能够圆满完成的。最后,我衷心的预祝大会圆满成功!谢谢!

王正在同志在中广协广播委员会四届二次会议上的讲话

(1996年4月4日)

同志们:

中广协广播委员会四届二次会议,即将结束了。我有幸参加这次会议,是来向大家学习的,没有讲话的准备。何况,安景林同志已经讲了话,他既是广播委员会的主任,又是中广协副会长，已经“一心管二”了。我们的会长、国家工商行政管理局副局长杨培青同志因为工作脱不开身，未能参加这次会议，但是，她对广播广告业十分重视，她让我在会上转达她的三点心意：

1、祝贺广播委员会四届二次会议的召开并取得圆满成功；向这次广播广告优秀作品评选获奖的单位表示祝贺；希望广播广告工作继续努力，创作出更多更好的广告作品。不仅在国内广告界要争创一流，而且在国际广播广告市场上要争我们的一席之地。

2、过去的一年，广播广告界的同志们在困难的条件下，积极进取，奋力开拓，为发展我国的广告事业，为发展和完善社会主义市场经济体制做出了重要贡献。同志们很辛苦，请转达我对同志们的问候。

3、《中华人民共和国广告法》颁布以来，广播广告业认真贯彻落实，今年以来，国家工商行政管理局又陆续颁布了一系列专项法规，望同志们继续搞好宣传、培训工作，通过协会作用，增强自律意识、建立自律机制，依法规范广告内容和行为，促进广播广告业健康有序地向前发展。

以上就是杨会长要我向大家转达的心意。

我和与会代表接触了几天，受益匪浅，也想谈一谈自己的感受，和同志们沟通交流。

会议期间，和同志在一起闲谈，不少同志都说，当前广播广告业困难很大。可是，我又奇怪地看到，大家仍然谈笑风生、情绪激昂。看来，还是“日子难过年年过，年年过得都不错”。迄今为止，还没听到任何一家电台的广告营业额出现负增长，而是一年上一个台阶。这说明，广播广告业就是从困境中走出来的，它经历了市场的锻炼和考验，有了一定的应变能力，开始从不成熟逐步走向成熟。

我作为一个广播广告的热心听众，也想就如何走出困境的问题提几点建议，仅供参考。

一、宣传自身优势。

广播广告同其它媒体广告相比，有一定的劣势；但更应看到也有其他媒体比拟不了的优势。一是时效快，企业要宣传自己的产品，电台广告马上可以承接，不像电视广告，需要用一定时间编写脚本、物色演员、挑选模特、准备场景、道具。广播广告很快能传播给听众。二是成本低。与电视广告、霓虹灯箱、电子显示屏相比，在成本上有绝对的竞争优势，尤其适合为中小企业以及一时有困难的大企业服务。三是艺术效果好。语言、声乐、音响巧妙组合，一则广播广告就是瞬间的一幕话剧或一个小品，且听众不受图像干扰，可全神贯注收听广告内容。四是媒体多。就全国来讲，县以上行政区都有广播电台，但并不都有电视台。电子显示屏广告只能在大城市展示，农村并没有，但农村到处可以听到广播广告。

以上这些都是广播广告自身优势。我们不能小看自己，不能同电视台、大屏幕一比就妄自菲薄。关键是要通过多种形式的宣传和周到诚恳的服务，让广大的广告主和消费者知道和认同。我们不是有许多通过广播广告宣传，产品市场打开了、企业效益提高了的典型吗？我建议要总结一批典型，让企业现身说法。为了诱导广大消费者对广播广告的收听兴趣，可以搞些“你最喜欢的广播广告有奖比赛”。开条“广播广告咨询热线”等，把更多的广告主和消费者吸引过来。

二、了解服务对象

广播广告的功能是要在生产者和消费者之间架起一座桥梁，所以我们必须面对两个服务主体，一是生产经营的广告主；二是广大的消费者。了解了服务对象，就会赢得市场。

近两年，各省、市、自治区都在抓“名牌工程”，先后推出了一大批名牌产品，广播广告应该为“名牌”摇旗呐喊。名牌厂家广告意识较强，又有一定的经济实力承担广告费用，他们急切希望通过多种宣传媒体把企业形象和产品质量宣传出去，所以广播广告要盯住“名牌”不放。这是一个很大的市场。

了解消费者也是很重要的。因为他们是广播广告的听众,要了解消费者的心态,他们追求哪些名牌,不同层次的消费者有哪些不同的需求,还要了解他们的收听情况,采取有效方法,吸引他们收听广播广告。广告节目要合理编排,比如推销汽车配件的广告安排在交通节目前后,就比安排在医药卫生节目前后效果好;“小霸王”学习机广告安排在中学生或少儿节目前后,就比安排在农业科技节目的前后好。

广播广告有自身的宣传功能,主要还是经营,必须跻身于市场之中。所以,广播广告应有自己的信息机构或专业的信息人才,掌握经济动态,搞好市场调研,这样,才能有针对性地去联系和发展广告主,发布出更多更好的广大消费者喜闻乐见的广告。

三、拓宽经营思路

拓宽经营思路是要探索改革的新思路,中央提出要实现经济体制和经济增长方式的两个转变,广告业已成为国民经济的新兴的重要产业,也面临转变问题。但是,现在还很少有人研究广告业自身体制如何改革,经济增长方式应当怎样转变的问题。我们广告界不少同志去国外进行了考察,学到了一些有益的东西,尤其是有些国家的广告业不是单枪匹马地干,而是与经济实体融为一体。如美国埃瑞广告公司,他以股东身份加入了几个大的企业集团,对企业承担包括市场预测、市场营销、广告宣传等全方位的服务,与企业分享红利。而不是做一次广告,收一次费用。广告公司可以这样做,发布单位我看也可以这么做。

当前不少企业仍未走出困境,他们急需广告宣传将产品推销出去,但又没钱做广告,我们经营广告的能不能应变一下,先做广告,推销出产品后再付广告费。当然要签订经济合同,按合同办事。目前,广告业也出现了“三角债”,即广告主欠广告经营单位的,广告经营单位欠发布单位的。在一定时期内:“三角债”是不可避免的。这几年,我们的经济工作不就是在“三角债”的情况下运行的吗?可仍保持了较高的增长速度。我劝同志们想开一点,不要因怕“三角债”而失去自己的广告市场。

现在,不少电台组建了实体性公司,这样,广告部与实体公司可以优势互补。广告主就广告宣传形式的要求是多方面的,一段时间利用了广播传媒,另一段时间又要选择其他的传媒方式。有了自己的经营实体,可以承接其他形式的代理,不会甩掉老用户,同时也是提高经济效益的有效途径。

四、加强内部管理

现在,广播广告业务的承接有两种形式,一是由广告部统一承揽,然后安排各栏目分别播出。二是由各栏目分别争取用户,多方承揽。这就要求加强内部的管理,务必做到“两个统一”,即:内容审查统一;收费标准统一。广告是要依法经营的。凡从事广播广告的人员都应当经过严格的法规培训。尤其审查环节必须配备高素质的审查人员。电台要立个规矩:凡未经审查部门批准的广告,一概不能播出。1995 年底某电台由于各栏目都拉广告,没有统一审查,结果有的栏目用二十分钟给一个卷烟厂做了系列广告。这在社会上造成了很坏的影响,我们要引以为戒。收费也要坚持统一管理,栏目与栏目,电台与电台都不应当为排挤他人相互竞价,相互压价,有的单位利用黄金时间和重要栏目搞广告的招投标,这种做法,需要认真研究,我个人意见是不赞成的。最近,国家计委和国家工商局联合下发了关于加强广告服务管理的文件,对广告服务收费还要加强宏观控制,抑制广告服务费上涨。因为广告收费涨了必定增加广告主的生产成本,因而带动产品涨价以及相关产品涨价,最后增加消费者负担,不利于社会稳定。作为党和国家重要的宣传工具,我们更应当讲政治,顾大局。

以上我讲了不少外行话，请同志们批评指正。让我们携起手来，为健康有序地发展广告业，为实现九五计划和2010年的远景目标努力奋斗。

谢谢！

中国广告业发展概况

1996 年的中国广告业

国家工商行政管理局广告监督管理司

1996 年,是我国"九五"计划的第一年。在这一年里,我国经济发展成功地实现了"软着陆"。在我国良好的宏观经济环境条件下,广告业发展呈现好的势头:广告经营单位和从业人员稳中有升,广告营业额达到 366.6 亿元,提前 4 年实现了《关于加快广告业发展规划纲要》提出 2000 年广告经营额达到 280 亿元的目标。

截至 1996 年底,全国广告经营单位 52871 户,比 1995 年增长 10%;全国广告从业人员 512087 人,比 1995 年增长 7%;全国广告经营额 3666371 万元,比 1995 年增长 34%。其中,广东省的广告经营户最多,达 7000 多家,是其它省(市、区)的 2 倍以上;上海市、北京市、广东省的广告营业额最高,均在 40 亿元以上,分别占总额的 18%、17%和 11%。

1996 年广告业发展基本情况

类　别	1996 年数量	1995 年数量	比 1995 年增长情况
经营额(万元)	3666371	2732690	34%
经营单位(家)	52871	48082	10%
从业人员(人)	512087	477371	7%

从 1996 年广告业的基本构成来看,广告公司的发展势头略低于 1995 年。广告经营额为 1567858 万元,比 1995 年增长 46%,占总数的 43%,仍居行业之首。广告公司 25726 家,比 1995 年增长 13%,占经营单位总数的 49%。在四大媒体中,电视广告仍居首位,广告经营额达 907894 万元,比 1995 年增长 40%,占全国广告营业额的 25%;广告兼营单位 2625 家,比 1995 年增长 14%。报纸广告作为重要媒体,广告经营额达到 776891 万元,比 1995 年增长 20%,占全国广告经营额的 21%,仅次于电视媒体;广告兼营单位 2231 家,比 1995 年下降了 7%。广播广告居媒体第三位,广告经营额 87267 万元,较 1995 年增长 18%,占总额的 2%;广告兼营单位 990 家,比 1995 年增长 7%。杂志广告居四大媒体之末,但却一反往年下降之态,呈上升趋势。广告经营额达到 56096 万元,占总额的 1.5%,较 1995 年增长 47%,是增幅最大的。杂志广告的活跃,预示了杂志这一媒体潜在的优势。(图 1)

另外,随着新技术媒体的不断开发,户外广告也有了较大的发展。霓虹灯广告达到 44711 件,路牌广告达到 131193 件,电子显示屏广告达到 1906 个,公交车身广告 65634 件,均比 1995

年有不同程度的增长。

从广告投入来看,无论是生活资料还是生产资料,广告投入均有不同程度的增长,尤其是食品和家用电器及药品广告最为活跃。1996年,国家宏观经济得到较好的调整,通货膨胀得到有效抑制,人民生活水平有了进一步的提高,无论是消费数量还是消费质量都有明显提高。在市场经济条件下,企业之间竞争异常激烈,“酒香不怕巷子深”的时代已成为过去,企业想占有市场,吸引消费者,除了提高产品的质量以外,广告已成为企业推销产品的重要手段。1996年,消费资料的广告投入是2670377万元,比1995年增长42%,占总投入的73%。其中,食品广告投入是487032万元,家用电器的广告投入是438369万元,药品广告是350707万元,分别占消费品广告投入的18%、16%和13%。

外商来华广告比1995年有所减少。1996年,全国广告经营外汇收入57851万元,比1995年减少64%。

总的来看,广告业发展呈现如下特点:

1.行业结构渐趋合理。从广告经营单位来看,党的十一届三中全会以后,广告业作为一个新兴行业,发展极为迅猛,至1993年达到最高峰,比1992年增长90%。据统计,1981年至1996年15年间,全国广告经营单位从2200家发展到5.2万家,平均每年增长23%。随着市场经济的逐步发展,人们对广告行业逐渐有了正确的认识。从1994年开始,广告经营单位上涨率逐年回落,1994年为35%,1995年为12%,1996年仅为10%,成为近年来增长最低的一年,而广告经营额仍保持旺盛增长,以上情况表明,在全国各级广告监督管理机关的共同努力下,广告经营的审批工作正在趋于完善,严格把住了广告市场主体的准入关。广告经营单位自身也在市场经济优胜劣汰的环境中逐步走向成熟。

2.形成了以北京、上海、广东、浙江等中心城市和地区为主的广告业发展中心。在中心城市和经济发达地区,广告经营额增长势头旺盛,如北京、上海、广东三省(市)的经营单位占总数的25%,广告经营额达167亿元,占全国的46%。(见图二)尤其是北京,广告经营单位1996年比1995年负增长10%,而广告营业额却比1995年增长63%。在全国30个省、市、自治区中,除北京、上海、广东、浙江四省市,其余26个地区的广告经营额只占全国的47%,不到一半。北京、上海、广东、浙江等中心城市和发达地区形成了广告业的发展中心。

3.广告主违法情况相对严重。从广告主体来讲,经过广告监督管理机关一系列的执法检查及采取的有效管理措施,广大广告经营者和广告发布者基本上能守法经营,广告违法率大大降低,只分别占4%和18%。虽然对广告主广告发布情况做了一次比较大的检查,但广告主违法情况仍较为严重,占违法广告总数的47%,广告主发布广告情况亟待规范。从地区分布来看,在中心城市和经济发达地区广告违法情况较少,如北京、天津、上海仅分别占违法总数的1%、0.5%和1%。在中西部一些地区广告违法情况较为严重。从广告商品或服务类别上来看,药品广告和医疗服务广告违法情况仍占第一位,均为总数的15%,其次是食品占9%,再次是医疗器械、化妆品和烟草广告,分别占违法总数的4%、3%和2%。

4.广告市场环境进一步改善。①至1997年3月,广告监管部门共出台了与《广告法》相配套的规章和规范性文件21个,广告管理工作有章可循,尤其是将广告主违法广告赖以存在的印刷品广告,纳入法制化的轨道,对于今后从源头上杜绝违法广告的发生,具有重要作用。②一系列的广告执法检查,广告审查员制度和广告监测网络体系的建立,较好地把住了广告发布关。③加强违法案件的查处工作,有效地打击了广告违法行为,进一步净化了广告市场环境。1996年,全国共查处广告违法案件2.63万件,罚没款4861万元。停业整顿广告经营户468

家,吊销证照193户。④在全国范围内开展了公益广告月活动,充分发挥了公益广告在社会教育,文化传播,舆论导向等社会主义精神文明方面的功能。不仅影响了广大受众,也使广告人自身受到了一次很好的教育。

总之,我国广告业正朝着健康有序的方向不断发展。但同时也存在一些问题,尤其是广告主的管理亟待加强。广告业也和其它新生事物一样,从发展到完善需要一个过程。随着广告业的逐步成熟和广告监管体系的不断完善,我国的广告市场将会得到显著的改善。

图1　1996年广告业基本构成示意图

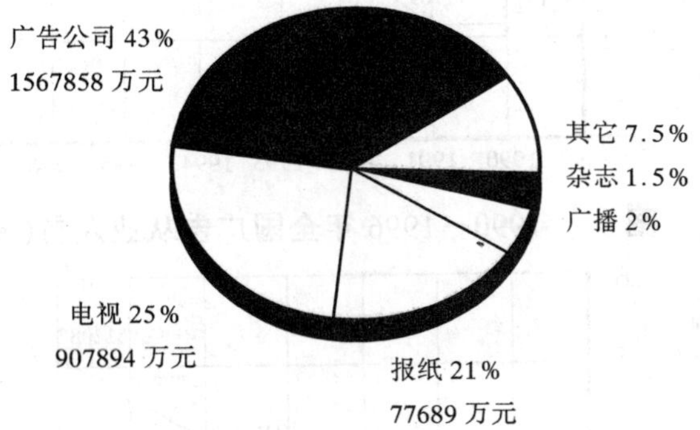

广告经营单位

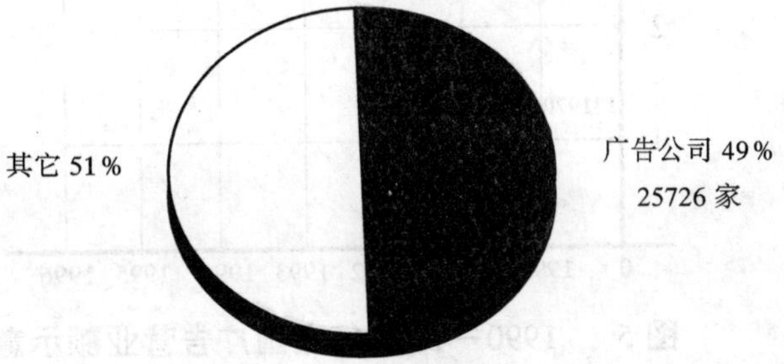

图2　全国广告经营额分布图

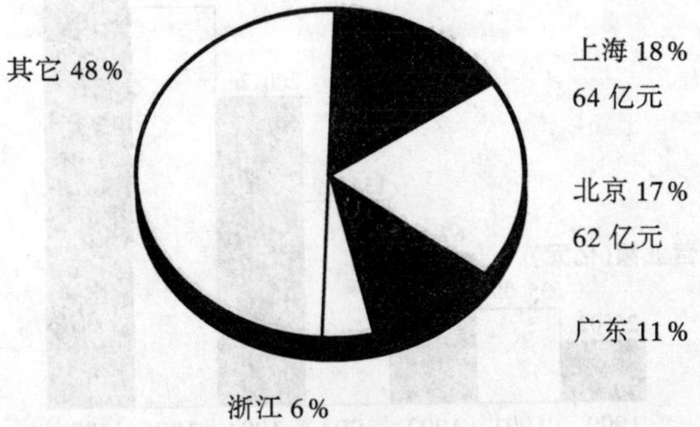

图 3　1990—1996 年全国广告经营单位(户)

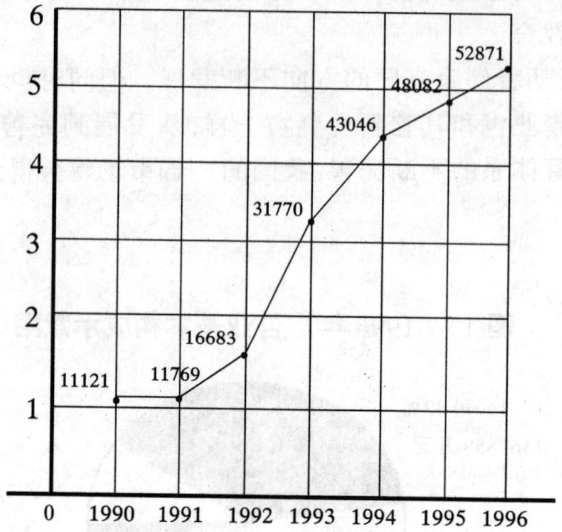

图 4　1990—1996 年全国广告从业人员(人)

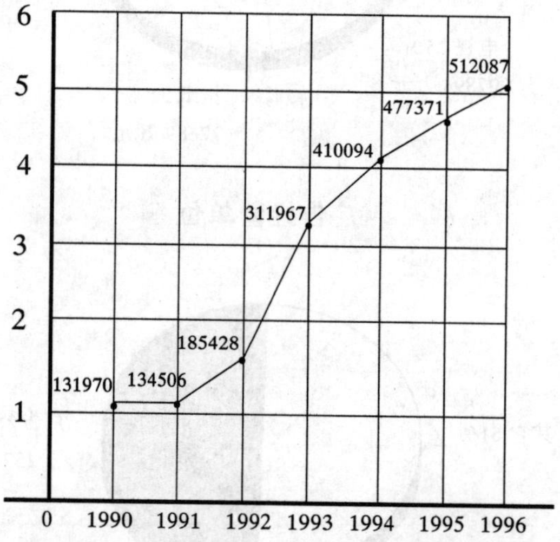

图 5　1990—1996 年全国广告营业额示意

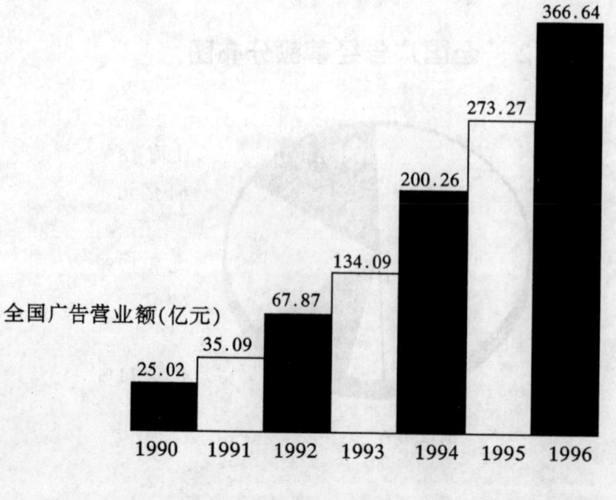

1990－1996 年中国广告业发展情况表

1990－1996 我国广告经营额发展情况

(单位:万元)

年 份	全国合计	专业广告公司	报 纸	杂 志	电 视	广 播	其 他
1990	250172.6	47907.9	67710.5	8683.7	56136.8	8641.6	61092.1
1991	350892.6	69264.0	96187.5	9989.3	100052.1	14049.2	61350.3
1992	678675.4	186403.7	161832.4	17266.6	205470.8	19920.4	87781.5
1993	1340873.6	461745.5	377109.9	18447.0	294390.7	34944.3	154235.6
1994	2002623.0	706013.0	505442.0	39506.0	447600.0	49569.0	254493.0
1995	2732690.0	1071245.0	646768.0	38229.0	649800.0	73769.0	252879.0
1996	3666371.0	1567858.0	776891.0	56096.0	907894.0	87267.0	270365.0

1990－1996 我国广告经营单位发展情况

(单位:户)

年 份	全国合计	专业广告公司	报 纸	杂 志	电 视	广 播	其 他
1990	11123	1076	1298	2197	747	563	524
1991	11769	1156	1387	2327	838	623	5438
1992	16683	3037	1539	2701	981	660	7765
1993	31770	11044	2054	3324	1606	834	12908
1994	43046	18375	2509	3774	1985	929	15874
1995	48082	22691	2334	3540	2312	922	16283
1996	52871	25726	2231	3825	2625	990	17474

1990－1996 我国广告从业人员发展情况

(单位:人)

年 份	全国合计	专业广告公司	报 纸	杂 志	电 视	广 播	其 他
1990	131970	26440	7867	10364	5256	3630	78413
1991	134506	29073	8454	10623	6176	4318	75862
1992	185428	56278	10196	13149	7597	5033	93175
1993	311967	143184	14190	16924	11847	5480	120342
1994	410094	219791	18304	19523	15956	7236	129284
1995	477371	270508	18280	22421	19475	6771	139916
1996	512087	288675	19352	20520	22955	7664	152921

1996年我国各地区广告营业额排序情况

排序	地区	1996年 广告营业额 万元	1995年 广告营业额 万元	1996年 增长率 %	1996年 增长率 排序	1995年 排序
1	北京	924709	606323	52.5	4	(5)
2	上海	642098	440004	45.9	5	(7)
3	广东	404538	372353	8.6	21	(26)
4	浙江	239450	196090	22.1	15	(3)
5	江苏	236861	163379	45.0	6	(23)
6	山东	227837	133411	70.8	2	(9)
7	四川	131481	104495	25.8	13	(10)
8	辽宁	90362	83244	8.6	22	(12)
9	福建	89283	72726	22.8	14	(19)
10	湖北	86371	72148	19.7	17	(14)
11	天津	72468	54877	32.1	9	(13)
12	湖南	58436	59642	−2.1	28	(20)
13	安徽	56385	42753	31.9	10	(12)
14	河北	51285	44364	15.6	20	(1)
15	河南	50728	42211	20.2	16	(22)
16	黑龙江	43100	30742	40.2	7	(4)
17	江西	42157	20297	107.7	1	(27)
18	陕西	40276	34633	16.3	18	(17)
19	广西	36547	37708	−3.1	29	(16)
20	云南	33808	26336	28.4	11	(11)
21	山西	21717	16173	34.3	8	(30)
22	吉林	20060	18753	7.0	24	(15)
23	新疆	16106	16184	−0.5	27	(24)
24	海南	12246	13350	−8.3	30	(29)
25	贵州	11781	7523	56.6	3	(28)
26	内蒙古	10612	8287	28.1	12	(21)
27	甘肃	10212	9768	4.5	25	(8)
28	宁夏	2905	2699	7.6	23	(18)
29	青海	2390	2060	16.0	19	(25)
30	西藏	159	158	0.6	26	(6)

中国广告业发展
′96 回顾

范鲁斌

1996年是我国"九五"计划的第一年,随着宏观经济大环境的好转,广告行业的小环境也呈现出大好形势。据有关统计资料显示,到1996年底,全国广告营业额突破300亿元人民币大关,达到366.6371亿元,比1995年增长34.2%。广告经兼营单位与从业人员平稳发展,达到52871家512087人,分别比1995年增长10%与7.3%,增幅又较1995年下降了1.6与9.1个百分点,无论是广告经兼营单位还是广告从业人员,都是近几年来增长最低的一年,发展势态十分喜人。

1996年专业广告公司与四大媒体均得到较好发展,其中专业广告公司得到继续长足的发展,营业额达到156.7858亿元,较1995年增长46.3%,占全国总营业额的42.8%,连续4年位居榜首,经营单位25726家,从业人员286975人,分别增长13.4%和56.1%;电视广告1996年十分火爆,广告营业额达到90.7894亿元,较1995年增长39.7%,占全国营业额的24.7%。自1995年跃居排名第二位,1996年又保持第二,广告经营单位2625家,从业人员22955人,分别较1995年增长13.5%与17.9%;报纸广告仍然很活跃,广告营业额达到77.6891亿元,较1995年增长20.1%,虽然增幅较常年略低一点,但仍是我国广告市场上有影响的重要媒体,占全国总营业额的21.2%,同样连续两年排位第三,广告经营单位2231家,从业人员19352人,经营单位连续两年分别下降7%与4.4%,从业人员较1995年增长6.1%;广播广告经营额达到8.7267亿元,较1995年增长18.3%,占总额的2.4%,排名第四,广告经营单位990家,从业人员7664人,分别较1995年增长7.4%与13.2%;杂志广告经营得到回升,广告营业额达到5.6096亿元,较1995年增长46.7%,占总额的1.5%,广告经营单位3825家,从业人员19352人,分别较1995年增长8.1%与6.3%;其他如民航、铁路、体育、文化等的广告营业额综合达到27.0365亿元,较1995年增长6.9%,占总额7.4%,广告经营单位17474家,从业人员152921人,分别较1995年增长7.3%与9.3%,各家的广告经营一派生机蓬勃。

1996年通货膨胀得到抑制,物价涨幅显著回落,城乡物资交流活跃,市场商品丰富,人们对消费品的选择意识不断增强,市场竞争异常激烈,广告宣传成为市场竞争的有利武器,因此无论生活资料还是生产资料,广告投入均较1995年有不同程度的增长,尤其是生活资料的广告投入更加引人注目,据不完全统计,在所有广告总投入中,生活资料的广告投入较1995年增长25.2%,占总数的53.0%,其中广告投入最多的是食品、家用电器、药品、化妆品;生产资料广告投入较1995年仅增长2.7%,只占总数的12.5%;其他广告投入较1995年增长63.1%,占总数的34.2%。生活资料广告投入占有如此大份额,充分显示了人民生活水平的提高,以及消费品市场竞争的日趋激烈。

从1996年四大媒体刊播广告的综合情况来看,电视广告中食品为大宗占19.1%,其次为药品占 13.5%，家用电器占 12.9%，生产资料只占 12.1%；报纸广告中生产资料则是重点占 18.9%，其次为家用电器占 14.6%、食品占 10.8%、药品占 10.4%；广播广告也是生产资料最多，占 17.6%，其次为药品占 13.1%、食品占 12.4%；杂志广告中生产资料是重头占 22.12%，药品占 11.8%，而食品只占 8%左右；另外从专业公司承接的广告业务看，食品数额最大，占 11.3%，其次家用电器占 10.2%，生产资料只占 7.4%，据不完全统计，专业广告公司营业额中代理大体占 30%左右，设计制作费占 40%左右，其他方面占 20%左右。这些显示了不同媒体对不同商品有着不同的适应性。

1996 年全国各省、直辖市、自治区广告营业额超 10 亿元人民币的有 7 个，其中北京、上海、广东继续遥遥领先，分别达到 92 亿元、64 亿元和 40 亿元，这三个省份共达 196 亿元，占全国营业总额的一半以上。

广告管理机关

国家工商行政管理局司发文

广字[1996]第11号
(1996年3月12日)

关于表扬广告监督管理先进单位的通报

各省、自治区、直辖市及计划单列市工商行政管理局:

《广告法》公布施行一年来,各地工商行政管理机关广泛深入宣传《广告法》,集中力量开展了打击虚假违法广告,整顿广告经营秩序为中心的治理广告市场的活动,并取得了明显的成效。根据国家工商行政管理局《关于表扬广告监督管理先进单位的通知》[工商广字(1995)第329号]的规定,在各地推荐基础上,经审核,并经局办公会通过,我司根据北京市工商行政管理局商标广告处等70个省、市、县级工商行政管理局广告监督管理处(科)在贯彻《广告法》工作中取得的突出成绩,通报全国予以表扬。

上述单位的先进事迹材料,由我司整理后下发,各地要认真学习借鉴他们的经验和做法,并结合本地实际情况,努力研究探索适应社会主义市场经济要求的广告监督管理的工作方式和方法,使广告监督管理工作在维护社会主义市场经济秩序,促进广告业健康发展中发挥更大的作用。

附件:表扬名单

表扬名单

省级(12个)

北京市工商行政管理局商标广告监督管理处
上海市工商行政管理局商标广告管理处
浙江省工商行政管理局商标广告管理处
湖北省工商行政管理局商标广告处

安徽省工商行政管理局商标广告管理处
江西省工商行政管理局广告监督管理处
四川省工商行政管理局商标广告管理处
辽宁省工商行政管理局商标广告监督管理处
新疆维吾尔自治区工商行政管理局商标广告监督管理处
深圳市工商行政管理局广告管理处
厦门市工商行政管理局商标广告管理处
青岛市工商行政管理局商标广告管理处

地市、县级(58个)

北京市东城区、海淀区工商行政管理局商标广告管理科
上海市徐汇区、卢湾区工商行政管理局商标广告管理科
天津市河西区、大港区工商行政管理局商标广告管理科
河北省廊坊市工商行政管理局商标广告监督管理科、保定市工商行政管理局商标广告监督管理处
内蒙古自治区包头市、赤峰市工商行政管理局商标广告管理科
山西省阳泉市、长治市工商行政管理局商标广告管理科
辽宁省沈阳市工商行政管理局广告管理处、抚顺市工商行政管理局商标广告管理处
吉林省大安市工商物价局、前郭尔罗斯蒙古自治县工商行政管理局商标广告监督管理科
黑龙江省佳木斯市工商行政管理局广告管理科、鸡西市工商行政管理局商标广告管理科
江苏省徐州市工商行政管理局商标广告管理科、常州市工商行政管理局商标广告管理处
浙江省杭州市工商行政管理局商标广告管理处、嘉兴市工商行政管理局商标广告管理科
江西省南昌市、吉安地区工商行政管理局商标广告管理科
安徽省淮北市、淮南市工商行政管理局商标广告管理科
福建省南平市工商行政管理局商标广告管理科、大田县工商行政管理局商标广告管理股
山东省泰山市、潍坊市工商行政管理局商标广告管理科
河南省漯河市、信阳地区工商行政管理局商标广告管理科
湖北省黄石市工商行政管理局广告管理科、咸宁地区工商行政管理局商标广告管理科
湖南省株洲市、郴州市工商行政管理局商标广告管理科
广东省广州市工商行政管理局商标广告处、湛江市工商行政管理局广告科
海南省海口市工商行政管理局商标广告管理科、琼山市工商行政管理局商标广告管理股
广西壮族自治区南宁市、桂林市工商行政管理局商标广告管理科
四川省万县市工商行政管理局商标广告管理所、达川地区工商行政管理局商标广告管理科
贵州省遵义地区、安顺地区工商行政管理局企业登记商标广告科
云南省昆明市工商行政管理局商标广告管理处、曲靖地区工商行政管理局商标广告管理科
陕西省西安市工商行政管理局商标广告管理处、安康地区工商行政管理局商标广告办公室
甘肃省兰州市工商行政管理局商标广告管理处、白银市工商行政管理局商标广告管理科

青海省湟中县、大通回族自治县工商行政管理局商标广告管理科

宁夏回族自治区银川市工商行政管理局商标广告管理所、吴忠市工商行政管理局商标广告管理科

新疆维吾尔自治区乌鲁木齐市工商行政管理局商标广告监督管理科、巴音郭楞蒙古自治州工商行政管理局商标广告监督管理科

专论

广告学术研究要立足现实，展望未来

杨培青

本届中广协的学术委员会以务实、开拓的精神，开展了一系列富有建树的工作，不断取得扎扎实实的成果。这次研讨会经过了充分准备，在古都西安顺利召开。从会议收到的论文看，内容丰富，切合实际，有广度、有深度，标志着广告学术研究正在迈向新的境界，令人鼓舞。我代表中广协向学术委员会的委员们及与会同志们的满腔热情与高度责任感表示崇高敬意，相信历史将不会辜负诸位同仁的辛勤耕耘。

关于广告业的经营管理问题，很难用几段话讲到实处。今天只谈两点认识，供大家讨论中参考或会后思考。

第一，从“学术”本身谈起，学术要具有超前性、预见性。从这个要求讲，就要观察国内外的大局，认清发展的形势和趋势，并能够从实际出发，提出可行的对策方案，才能起到积极的指导作用，即所谓“识时务者为俊杰”。

我们正处在一个由高新技术伴随的大变革时代。在我们国内，以两种体制转换为核心，正展开各个领域的深入改革；国际上也是经济结构调整风靡各国，出现了许多不可忽视的新情况，例如：

——一些国家银行大兼并；

——高失业率与人力资源开发的新方法；

——商业领域的连锁店经营，已发展到服务行业的连锁盟经营。

这些举措都超出了传统的经营理念和方式，也必然对广告业的经营管理提出现实的挑战。特别是现代信息技术的普及应用、国际网开通、电子邮件等，使原有的信息传递与发布方式发生巨变，“无边界联络”已经出现。这一切要求我们明智地作出应战。

第二，大变革、大风险，强者致胜。目前广告界面临的一些困难，有客观条件的原因，但主要还是我们自身的应变能力问题。可以说，一个广告经营实体，如果不具备一定的综合经营规模和多角度经营的优势，没有高素质的经营人才和专业人才队伍，没有专业化的特长和功夫，抗风险就很难，竞争取胜更难，要想抓住机遇，也会力不从心。

同样，16 年前，第一轮改革之初，那时人们为了迎接新技术革命可能带来的变化，提出了许多政策方案。我们国家曾有十多项行业技术政策的出台。历史的经验证明：凡在当时积极作出响应的行业、经营单位，现在都处在主动地位；凡是迟迟按兵未动的，在新的时期，都困难重重、包袱沉重。现在又面临一个新的转折之机，应当以史为鉴。是维持既往，临时应付，还是开拓未来，顺应发展，是一个不能掉以轻心的大问题。早改革，早主动。

以上两个问题，只是肤浅地提出来，供大家思考。

注：此文为杨培青会长1996年10月18日在西安召开的全国广告学术研讨会上的发言，经删改作为《1996年全国广告学术研讨会论文集》代序。

我国广告市场监管工作的基本思路

国家工商行政管理局 郑和平

进入90年代以来，我国广告业飞速发展，广告市场规模不断扩大。1996年，我国广告营业额预计将超过320亿元。与此同时，国家对广告市场的监督管理也日益走上法制化、规范化轨道，广告监督管理维护广告市场秩序的思路也逐渐走向成熟。本文就目前我国广告市场监管工作的基本思路，作一简要介绍。

一、规范广告市场是一项长期任务

中国现代广告业是在改革开放中崛起的新兴产业，短短十几年的时间，已经发展到近50万人的从业大军。其快速发展的根本原因，在于其运行机制上的市场模式。其资源配置主要是市场方式；其市场要素的流动和走向，主要取决于供求关系。随着市场经济体制的逐步确立，市场竞争激烈化程度的提高，企业的广告意识不断增强，广告市场潜力巨大。改革开放的总方针、总政策，为广告市场注入了微观经济搞活，这极大地调动了广告公司和媒介单位的经营积极性；经济体制的宏观改革措施，使各种经济成份都能在广告市场竞争中一显身手。

面对蓬勃发展的广告市场，广告监督管理工作相对滞后是一个不容忽视的事实。对如何按照经济规律的要求，管好广告市场，我们缺乏必要的经验，也缺乏必要的经济、法律手段。随着改革开放的不断深入，广告市场中新情况、新问题层出不穷。在利益机制的驱动下，不分国有、集体、私营企业，也不论是国家事业单位和外国投资企业，在广告市场交易和竞争中的不规范行为比比皆是。尽管我们近年来尽量加快立法立规建设，拓宽管理范围，仍然是跟不上市场形势的发展。事实告诉我们，广告法制体系的建设和广告监督管理体制的完善将是一个较长的过程，可能是5年、10年，也可能再长一点时间。近年来，我们在全国范围内开展的以贯彻落实《广告法》为重点的广告执法检查工作，对遏制虚假违法广告的蔓延势头，起到了一定的作用，但对成绩不能估计过高，一些带有倾向性的问题，很可能在一定的气候环境下，再度死灰复燃。抓市场秩序的规范，同抓廉政、抓社会治安一样，不可能毕其功于一役。有时甚至会出现一些明显的起伏和反复。对此，我们要有清醒的认识和充分的思想准备。广告市场秩序必须常抓不懈。要坚持开展经常性的执法检查，保证国家法律、法规的严肃性；要及时果断地处理各类尚无明确规定，但显然违背市场竞争和交易基本原则，违背广告业职业道德的事。要长期坚持对广告活动主体的教育和引导工作，从提高素质入手，保证我国广告市场健康发育，促进我国广告业健康发展。

二、标本兼治是广告市场治理工作的基本方针

当前广告市场中存在的各种不规范现象，都有其深刻的社会、经济背景，都不同程度地反映出我国经济体制、法制体系、行政管理体制中的一些弊端和问题。在广告监督管理工作实践中，我们依法采取的一些执法、监督措施，在解决一时一事问题上，效果是明显的。但仅靠这些日常措施，很难及时解决一些比较复杂的倾向性问题，有的广告大案，一查就是两三年的时间结不了案，问题不是出在技术上、操作上，而是受案件背后体制上的因素影响太大。当然，这些一般性的日常管理和执法措施，更难以消除滋生各种不规范行为的土壤和条件。因此，对目前广告市场中表现出来的种种不规范问题，除了有针对性地及时采取果断措施，遏制其发展蔓延外，也要对其产生的环境、条件逐一分析，找出从根本上解决问题的办法。在加大执法力度、加强日常监督的同时，要通过改革和制度建设的具体步骤，逐渐构造起有中国特色的广告法制体系、广告监督管理体制、广告业运营机制。要把开展广告法规宣传、培训，监督指导广告发布前审查，开展广告监测，处理群众举报、投诉，查处违法广告案件等工作环节，有机地结合起来，形成比较完整、比较封闭的监管系统。在解决体制和机制问题的同时，也要注意规范广告监督管理机关及其工作人员自身的行为，包括工作制度、工作程序、工作责任等方面，都应当有明确的规范，并向社会公布，接受广大群众包括被管理者的监督。

三、突出重点是广告市场规范治理工作的重要方法

目前，广告市场问题较多，不正当竞争和不公平交易现象大量存在，有的严重违反了国家有关规定，但同是违法违章，其性质、情节区别很大。其中大部分是由于当事人法律意识不强，社会责任意识淡薄，在广告活动中违反职业道德，违反了国家有关广告的一些禁止性、限制性规定。但也有一部分，是从非法牟取经济利益出发，存有逃避法律、规章的侥幸心理。甚至使用收买、贿赂国家工作人员的犯罪手段，蓄意违反广告法律、法规、规章中有关广告市场竞争规则和交易规则的规定。特别一些广告活动主体，发布虚假广告，欺骗消费者，破坏经济秩序，影响社会稳定。应当指出，这后一种情况，具有市场经济体制下经济违法犯罪的鲜明特点，对市场环境危害极大，是各级广告监督管理机关应长期予以重视、监督、检查的重点。

此外，广告活动虽是一种商业行为，但其具有一定的社会教育和舆论宣传功能。广告作品既是商业信息的载体，又是一种文化产品。广告活动作为一种特殊的经济活动，比其他经济活动对社会意识形态的影响更直接、更迅捷。在现实生活中，某些宣扬低级趣味、封建迷信，甚至有反动内容的广告，已经引起社会各界的广泛关注。这些广告严重污染社会环境，损害党和政府的形象，有些甚至严重危害国家利益。因此，为了维护社会稳定，维护国家和人民群众的根本利益，对这类广告违法案件，必须作为重点，及时、果断从严查处，绝不允许泛滥蔓延。

突出重点，是为了带动全局。做好其他各项工作，也是抓好重点的必要基础和条件。我们在部署每年工作的时候，工作侧重点有所不同，各地在根据国家工商局的整个部署安排本地工作时，也针对实际情况掌握重点有所区别，这些都是正常现象。目前，广告监督管理工作任务重，头绪多，人手又少，工作艺术和工作水平要体现在会抓重点，能“弹钢琴”上。只有突出重点，在统筹全局的基础上，每年集中力量解决一两个实际问题，才能扎实有效地完成规范治理广告市场的工作重任。

四、促进发展是广告市场治理工作的根本目的

规范广告市场行为，维护广告市场秩序，制止不正当竞争和不公平交易，其根本目的还是促进发展，发展是硬道理。这包括了促进整个国民经济的发展和广告市场、广告业自身的发育和发展。

在社会主义市场经济条件下，政府职能不是体现在直接干预企业的经营和市场的开拓上。而主要是通过制订和维护市场竞争规则、交易规则，为企业创造一个良好的市场经济环境。同时，从行业行政管理的角度，要通过制订和执行符合实际情况和经济规律的产业政策、行业规划，通过制订各类企业标准和产品质量技术标准，推动行业的发展。因此，规范和治理广告市场工作的各个环节，从根本上讲，都是为发展服务的。从宏观到微观，从立法立规到执法监督，每一项重要举措，都要考虑到其是否有利于国民经济健康发展的全局，是否有利于民族广告业的崛起和振兴，是否符合社会文明、社会进步的大目标。

不少地区经济发展的实际表明，广告市场的规范和治理，是国民经济健康发展的必要保证，打击虚假违法广告，是整个市场秩序治理整顿工作的一个重要环节。同时，市场的有序和规范，对广告业自身的发展，也可以起到积极的净化和促进作用。良好的竞争秩序和公平交易环境，对国民经济持续、快速、健康发展起着十分重要的保证作用。一个健康发育、繁荣发达的广告业，对整个国民经济来说，在市场资源合理配置，正确引导社会消费，特别是建立起有国际竞争能力的民族工业队伍，开拓国际市场方面，发挥着不可忽视的重要作用。因此，广告市场的规范和发展，这两个方面都对国民经济的大局至关重要，都不可掉以轻心。

同样是依法管理，由于对规范和发展的认识不同，在实践中就可能出现两种选择，一种是教条主义的做法，把发展同规范割裂开来，甚至对立起来，以规范限制发展。比如一些地方停止审批广告企业，停止给广告企业增加经营范围的做法，极易把市场管死，甚至会由于政府的寻租行为滋生出新的腐败现象，滋生出新的不正当竞争。而另一种选择，是通过完善规则，把广告市场引入优胜劣汰的正常轨道，促进广告业整体服务水平和质量的提高，促进有国际竞争能力的大型广告企业集团的形成。这种把规范的措施同发展的目标有机结合起来的办法，以规范引导发展，促进发展，是我们应当提倡的。

上述有关我国广告市场监管工作思路的四个要点，是建立在十几年来广告监管工作实践的基础之上的，同样也不免受到我们目前认识上的局限，这个思路本身也同样有一个补充、完善的过程。我们相信，广告监督管理机关和广告界同仁的积极探索和实践，会进一步深化我们对广告市场监管工作的认识，使我国广告监督管理工作进一步提高工作效率和工作水平，在建立和完善有中国特色的社会主义市场经济体制的历史性进程中发挥更大的作用。

(摘自 1996 年全国广告学术研讨会论文集)

要建立公益广告的良性循环机制

赵晨伃

公益广告与商业广告都是广告，两者都有明确的导向性，都要受众注意和关心广告，理解

和相信广告,不过商业广告侧重于给受众留下美好的印象,产生购买欲望,达到营销目的;而公益广告则侧重于启迪心灵,唤起受众对公益事业的支持,进而采取积极的行动。商业广告诉求的核心是商品性,追求经济效益;而公益广告追求的是社会效益。它可以通过它的劝导功能和借助它对人们的人生观、价值观的影响,启迪人们关心支持公益事业。

什么是公益事业?维护广大人民群众的利益,为广大人民群众谋福利的事业,就是公益事业。公益事业首先是政府行为。政府各职能部门在党的方针、政策指引下,在国家总体规划中,根据各自的职权范围,最大限度地利用人力、物力、财力,维护人民群众的利益,为人民群众谋福利。其中,必然担负着宣传、发动、组织人民群众为自己的利益而奋斗的任务。宣传教育,对于社会进步和安定团结的作用是不容忽视的,这在国内外都是如此,尤其是当社会处在大变革的时期更是如此。每一项近、中、长期政策、措施的出台,紧跟着就有一个宣传教育的问题。针对改革的热点、难点、焦点,不失时机地向人民群众进行宣传、进行教育,把困难、问题和出路,长远利益和眼前利益,如实地告诉人民群众,动员人民群众团结在党和政府的周围,为实现自己的根本利益而奋斗,这是我们党和政府的一贯做法,也是我们的优势。

现实当中有这样的情况,党和政府要为人民办的事很多,常常因为人手、资源、资金、时机等的原因而力不从心,在这种情况下,非常需要表明政府的立场、观点,非常需要人民群众的理解和支持,非常需要出台政策措施来影响人们的行为,解决棘手问题,化解矛盾等等。在这种时候,我们各职能部门搞宣传的同志,比较习惯于搞新闻发布会,搞宣传提纲,搞专题文艺晚会,摆摊设点搞咨询活动等等,还没有养成发布公益广告的习惯,还没有意识到在缺乏人手和资金的情况下,利用公益广告开展宣传教育,也不失为一条良策。比如现在一提到希望工程,许多人眼前立刻会浮现一对渴求知识的大眼睛,那个令人怜爱的小女孩,只要看上一眼,就不能不为之怦然心动,那就是一幅公益广告招贴画所产生的魅力。因此,简洁的、一目了然的、老少咸宜的公益广告是宣传教育的一种有效方式。

公益广告是一项重要的事业,公益广告的存在和发展是社会的需要。我们可以利用公益广告做国家形象宣传;做国策宣传(如计划生育、环境保护、保护耕地);做社会公德、职业道德、家庭伦理道德宣传;做公民义务(如上学、参军、献血)宣传;做质量宣传(如防止假冒伪劣、产品质量、生活质量、学习质量);做保护妇女儿童合法权益宣传;做防火、节能、节水、科普、保护鸟类和野生动物、交通安全、希望工程、参加保险宣传,还有反对酗酒、反对吸烟、反对黄、赌、毒、反对卖淫嫖娼的宣传等等。可以说,社会生活为公益广告提供了非常广阔的舞台,公益广告的生存和发展有着非常深厚的社会基础。公益广告作为宣传教育的一个工具,越来越成为解决社会问题的有效手段,它具有积极的号召力,能够唤起人民群众对上述社会问题的正确意识,并激励人们通过他们自己的行动来帮助解决这些问题。

公益广告可以通过户外广告(如路牌、灯箱、电子显示屏、公交车身、护栏、建筑物)、报纸、杂志、电台、电视台等媒体,发挥其短、平、快,四面出击的优势,向社会迅速覆盖,启迪人们心灵,达到宣传教育的目的。

当前我国的公益广告相对商业广告来说是滞后的,并且零敲碎打,不成系统,需要好好发展。现在确有令人忧虑的地方:前不久我看一篇报道说,立在科技馆门口,准备为那些给科技尽心尽力者“树碑立传”的公益榜,至今已有一年多时间,然而这块足以能容纳200家单位或个人的公益榜至今仍只有当初的5家单位。当时建公益榜的目的就是要通过这种形式呼吁全社会人人都来关心科学技术,为科普事业尽一份力,把科普作为一项公益事业引起人们的关注。发展公益广告要避免出现类似情况,就一定要建立良性循环机制。

这套机制包括四个层面：

第一，要有规划。规划主要由政府各职能部门提出设想和要求，但毕竟这是一项系统工程，因此广告主管部门要对制作、发布公益广告提出具体要求和制定优惠政策。

第二，要有经费来源。一是激发政府职能部门发布公益广告的主导性，引导他们将一部分宣传经费往公益广告上投。二是调动广告主介入公益广告的积极性。要用经济的、刊播的优惠政策，吸引广告主往公益广告上作投入。市场机制下，企业主要目标是争取利润最大化，这是不容置疑的，但是任何一个企业的经济活动，最终都是为人类谋福利，虽然公益广告不能直接推销商品，但它却推销了广告主及其品格。懂得市场竞争之道的企业和商家都深知，未来的市场竞争将是形象的竞争，经营品格是形象竞争中的关键要素。因此公益广告必将是众多企业和商家看好的高品味的经营行为。据上海的一份抽样调查表明，社会各界对做公益广告的企业普遍有一定好感。可见，当一个企业通过公益广告关注社会问题的时候，受众也会记住这个有社会责任感的企业。随着市场经济的发展，竞争的加剧，通过竞争和拍卖的形式来实现公益最大值，这已开始成为当今经济生活中令人瞩目的“亮点”。今年 8 月，杭州举办了全国首次公益广告公开拍卖活动，33 件拍品共拍得 157 万元。近 80 家企业踊跃参拍，老总们表示：企业和社会互相支撑，企业发展离不开社会支持。企业赚了钱，也要回报社会。

第三，要有人来制作、刊播。一是焕发广告公司制作公益广告的积极性。借助公益广告来促进宣传教育是一个复杂的过程，它需要将宣传教育的内容变成有效的思想启迪，富有亲和力，而不是说教。这需要广告公司的创造力，用尽可能低的费用来完成对主要对象宣传的创意，并且能够在尽可能多的受众中产生影响，这无疑是让广告公司带着枷锁跳舞。但是广告公司也需要“广而告之”，今年初，无锡市要在街头制作一批公益广告牌，七家广告公司竞争，要求承制这批“赔本”买卖，显然他们看中的是公益广告上承制单位落款的那行小字。他们认定，这将具有放大镜效应，意义和影响都不同凡响。的确，公益广告可以使一个广告公司在受众中树立起它的形象，逐步使自己的广告业务步入良性循环。比如北京的桑夏广告公司就是这样。二是强化广告媒体刊播公益广告的自觉性。在当前广告养活媒体的基本格局下，刊播公益广告经济效益相对比较低，这是一对矛盾。怎么看这个问题？一方面，报刊、电台、电视台作为党的喉舌，人民福祸所系，担负着以科学的理论武装人，以正确的舆论引导人，以高尚的精神塑造人，以优秀的作品鼓舞人的任务，一定要把社会效益放在第一位，因此理应要为公益广告提供有利的时段、版块。只要持之以恒地做下去，就会有社会效益。比如，中央电视台 1995 年共制作播出了 136 条“广而告之”，人们评价说，真不愧为中央台，这就树立了大台风范。再比如，由大连电视台、大连非凡电视制作技术有限公司制作的公益广告《勿忘历史》，在去年纪念中国抗日战争和世界反法西斯战争胜利五十周年纪念活动期间播出，全国上下产生强烈反响。由北京电视台、北京桑夏广告公司制作的公益广告《红裙子》，在向人们警示交通安全方面，也收到了很好的社会效果。另一方面，媒体与公益广告是互助互利的，媒体借助公益广告可以让本来不被人注意的栏目、版块变得有意义和有价值，使人过目不忘，提高收视率，从而吸引商业广告。

第四，要有必要的行政干预，扶助公益广告进入良性循环。比如，今年内北京街头将新增 154 个公益广告牌，费用、施工由广告公司承担，政府允许其免费做部分商业广告作为补偿。再比如，从 1997 年开始，全国电视公益广告将建立交换制度，中央电视台的公益广告可以无偿提供给地方台播出，地方台好的公益广告作品，中央电视台也可以免费给予播出。这样做大大降低了公益广告的费用，十分有利于公益广告的生存与发展。

总之,我们要为公益广告好好造一番舆论,摸索出一条搞好公益广告的规律来,形成一个全社会都来关心公益事业,各行各业都来投资公益广告的社会氛围,充分发挥公益广告在社会发展中的作用。

(1996年12月18日在全国公益广告研讨会上的发言)

发展公益广告事业的若干思考

中国广告协会学术委员会副主任、
北京商学院教授　潘大钧

1996年9月以来,人们发现电视、报纸、广播、期刊以及路牌、显示屏、各种招贴等户外媒体中,频频出现"中华好风尚"主题的公益广告。一幅幅富有艺术魅力的画面,一句句隽永、沁人肺腑的广告语,蕴含着丰厚的内容和深刻的内涵,令公众耳目一新,为社会所广泛重视。

中华大地,人们对这股精神文明新风,颇为青睐。同时也关注着:能否持续健康的发展。这里仅就作者的一些思考,略陈管见。

一、历史的必然

广告,历史悠久。现代意义的公益广告,本世纪40年代产生于美国。

五十多年前,美国实业界人士提出,如果广告宣传对产品和服务的销售如此有效,那么它向人们推销各种各样的设想也一定会大有裨益。1942年,美国的广告委员会成立。这是一个非营利性组织,在广告、信息传播业和企业的赞助以及政府的支持下,很有声色的开展公共服务广告活动。当时的美国,市场经济正蓬勃发展,同时出现了一系列令人不安的社会问题。作为一种独特的富有魅力的宣传工具和社会教育力量的公共服务广告,便应运而生,并且得到发展。日本的公共事业广告始于1971年,情况大致也是如此。

当今世界,许许多多国家吸取着经济与公德二律背反的教训,努力寻求经济发展的精神、道德支撑。市场经济在当代的发展,呈现出市场伦理化的趋势。社会对广告界提出不同往昔的要求。广告界顺应这个大势,也在努力探索如何运用公众喜闻乐见的公益广告更好地为社会服务。因而不少国家都在不同程度上先后开展公益广告活动。公益广告被作为一支独具魅力的宣传教育力量,履行着给社会以精神道德支撑的职责。毋庸赘言,公益广告的产生,公益广告事业在全球范围内的发展,正是一种社会的选择、历史的必然。

当代中国,正处于从计划经济体制向社会主义市场经济体制转变的社会转型时期,人们的思想、信念、价值观、道德观、行为规范处于新潮与旧轨的交汇点,正发生着急剧变动。由于我国能自觉地吸取曾在西方社会出现的二律背反的教训,以"两手抓"辩证地处理两个文明建设的关系,求得兼容,达成同步建设的一致性。从总体上看,主流是健康的、进步的,占主导地位的是社会主义思想原则。然而,转型时期社会利益关系变得更加复杂,在一定范围、一定程序上也出现理想信念淡化、价值观扭曲、道德行为失范、公民意识淡漠、社会风气鄙俗等等消极、失序现象。在我国,理想、信念、道德的支撑,同样是社会经济发展不可或缺的,也是历史的呼唤。

现代广告业属于知识密集、技术密集、人才密集的高新技术产业，是直接服务于市场经济的行业。在加速发展社会主义市场经济、两个文明同步建设的今天，我国社会对广告界势必要提出更高的要求，既要有真实富有魅力的商业广告，也要有贴近公众、能寓宣传教育于广告艺术情理之中的公益广告。

社会选择广告业、要求公益广告：

一要为唤起公众的公民意识，作警醒性的有说服力的广告宣传。促使社会公众在亲切感人的艺术享受中，意识到作为公民应关注发生在身边的、社会上的有悖宪法和法律而需要治理的种种社会问题，并以社会主人翁的强烈责任感参与治理，共建文明的社会。

二要为鼓励人们积极投身于社会公益事业，创造生动活跃的呼吁性的舆论声势。使公众在多姿多彩的美的陶冶和潜移默化的教益中，领悟到益于公众的良好风尚人人要弘扬，损于社会的不良现象个个要批评、纠正，形成公益事业大家自觉做的良好社会氛围。

三要为倡导正确的价值观、道德观、理想信念，提供有震撼力的导向性的社会教育。使公众在喜闻乐见的广告文化艺术的“精神食粮”中，认识到民族奉献精神的人生价值和潜在力量，在理想与现实的契合点上自尊、自律、自觉追求，在思想深处发扬光大。

显然，公益广告作为一支有广告艺术文化魅力的社会宣传、教育力量和不可或缺的社会教育形式，已成为我国综合治理社会问题重要体系的组成部分。它具有商业广告和其他宣传、教育形式难于替代的作用和独特的地位。在神州大地，公益广告的出现、公益广告事业的发展，也是社会的需要，历史的必然。

二、内涵的启迪

明晰公益广告的内涵并取得共识，是做好公益广告、健康的发展公益广告事业的认识前提。

此前，人们对公益广告曾有过不尽相同的表述和称谓。有称为“社会义务性广告”、“社会公共教育广告”，也有称为“公共事业广告”、“公共服务广告”，还有称作“提倡性广告”等等。不过究其意蕴、内涵，则大致相同。现在我们统一称为“公益广告”，似乎更贴切些。

所谓公益广告，概括地说，是指为社会公众服务的非盈利性的广告。这个表述有三层意思：

首先，公益广告也是广告，是广告的一个组成部分。公益广告就其实质说，也是一种大众性的公开传播信息活动，具有广告深刻的内涵。这表明，做公益广告不能停留在提个口号、刊播个标语的水平上，而也需要通过艰苦的创造，在创意、策划、构思、设计、制作、刊播上如同做商业广告一样精心运作，要求甚至更高，更具感染力、说服力和震撼力。而且，公益广告既然也是广告，那么，它就是广告业有机组成部分，做公益广告就不能认为是额外附加在广告界的负担，而是应尽的神圣职责。不做公益广告的单位是未尽到社会责任的单位；没有公益广告的广告业是不成熟、不健全的广告业。不正确理解这一含义，就谈不上提高公益广告水准，更谈不上着力发展公益广告事业。

第二，公益广告是为社会公众服务的广告。这表明，做公益广告又不同于做商业广告。它不是为某个企业广告主及其产品树形象、打知名度、推销商品或服务的广告；而是为社会谋福利、为公众切身利益服务的广告；是为唤起公众的公民意识、公益意识、公德意识，为弘扬良好社会风尚、精神文明服务的广告。深刻理解这层含义，明晰其公益意蕴，才能坚持正确的导向，明确做公益广告肩负的是社会历史使命、关注的是社会效益、贴近的是社会公众、反映的是公众意愿和呼声。

第三，公益广告是非盈利性的广告。这层含义突出表明，做公益广告的原动力在于高度的社会责任感。它为社会提供服务做广告是免费的、不是要赚钱，强调的是奉献精神而不在于盈利。倘若那个单位不能正确把握这一点，认为做公益广告是赔钱的卖买，"得不偿失"的心态在作怪，就不会自觉主动的去做，更不会为发展公益广告事业尽心尽责。

可见，公益意蕴、广告内涵丰厚而深刻的内容，表明了公益广告的本质特性。它再次启迪人们，公益广告本身就是社会精神文明的窗口、是民族心态的放大镜，它在推动社会主义文明建设的同时，也促进着广告业自身的建设，是广告业健康发展、走向成熟的内在要求。

三、特点的考察

认识一事物不同于他事物的特殊的本质，才能发现该事物运动发展的特殊原因和根据，进而才能把握该事物的运作。精细考察并认真把握公益广告这个事物的特点，正是为了正确有效地运作公益广告活动，塑造自身的崭新形象，为社会创造一个更加美好的环境氛围。

公益广告虽然也是广告，也是一种宣传教育形式，但它既不同于商业广告、也区别于通常的宣传、教育工作，而独具特点。

第一，义务性。这是从公益广告的目的进行考察。

任何时候未曾有过为广告而广告的无目的的广告。广告的鲜明目的是贯穿在整个广告活动过程中，渗透于广告活动各环节和广告作品之中。凡是做公益广告的单位或个人，不论是广告主，还是广告经营者、广告媒体单位，都不是以盈利为目的、都不算计着本单位能从公益广告中赚多少钱，而是以服务社会公众、建设精神文明作义务宣传为目的。义务性的特点是公益广告与商业广告最大区别之一，反映着公益广告的本质特征。

第二，公众性。这是从公益广告的对象进行考察。

广告对象就是广告信息的接受者或受众。公益广告的受众是社会公众，而不是某广告主关心的目标市场的受众，不是商业的推销对象或劳务的服务对象为信息的接受者。社会公众既有同质性、交叉性、群体性、相关性，也有差异性和可变性。公众性的特点表明公益广告的定位与商业广告有很大不同，做公益广告要有吸引力，就要针对社会公众的特点和心态，反映公众的意愿、呼声和普遍关注的问题，介入人们思想深处作层次探讨。

第三，社会性。这是从公益广告的主题进行考察。

广告主题是表达广告的中心思想，是广告作品思想内容的核心。公益广告的主题不同于商业广告，是超脱于某个企业、单位、商品或服务项目，是从社会公众日常生活的喜怒哀乐中寻找、是从社会中敏锐的挖掘出活生生的现实问题并以鲜明、突出的表现一个健康社会的正常要求来确定。公益广告肩负的使命决定了它的主题在于宣传社会的精神文明建设，诸如理想信念、道德纪律、价值观、社会风尚和公民意识、公益意识等等，即能促进社会发展、为社会所普遍关心瞩目的问题。公益广告正是靠社会性重大主题的宣传作为灵魂，才能在公众心灵深处引起强烈的共鸣；也正是靠"灵魂"艺术化表现，为社会所重视，才能立足于社会并赖以体现公益广告存在与发展的意义和价值。

第四，多样化。这是从公益广告的内容进行考察。

广告是把含有某种内容的信息广为公开传播出去。商业广告的内容是按照广告主的意图，将企业及其商品、劳务方面的信息传播出去。一般的宣传工作的内容往往是图解政府和社会团体的要求。而公益广告的内容则是根据社会的主旋律，以社会公共事业、公益事业、社会公德以及公众共同的切身利益所提出的问题为宣传教育的内容。由于社会问题复杂多变，一般地说，公益广告的内容比商业广告还要复杂、丰厚、广泛而多样。仅今年9月“中华好风尚”为主题的公益广告月活动，国家工商局就提出七大方面的内容，北京市工商局也提出十大方面内容，就足可证明其丰富多彩。多样性的特点正是对社情民情深沉思考而作正确导向的必然反映，也是公益广告社会性、公众性的真实写照。

第五，倡导性。这是从公益广告的诉求方式进行考察。

广告的内容和形式是相互依存、互为表里的。广告的诉求方式本来就异彩纷呈、各式各样。公益广告强调社会效应、注重精神文明、注意宣传教育，更要讲究其广告作品的质量和诉求方式。为做到寓宣传教育于情理之中，使公众感到亲切、感人、可信，产生共鸣，在诉求方式上往往采用倡导式。包括鼓励式、规劝式、警醒式和批评式等等，倡行其所当行、劝止其所当止。

考察并掌握公益广告的诸方面特点，便可在策划、创意、构思、设计、制作、刊播、效果反馈等活动环节中，切实抓住广告与公益事业的最佳结合点、公益意蕴与广告内涵的契合处，有针对性地采取措施，创造震撼心灵的公益广告作品，健康、有效地发展公益广告事业。

四、发展的思路

在我国，宏大规模的公益广告活动起步较晚。70年代末80年代初，乘改革开放的东风而复苏、发展的我国现代广告业，开始刊播一些公益广告。1987年中央电视台以宣传社会公德为主题的公益广告在《广而告之》栏目系列开播。随之北京电视台以《广角镜》栏目也开播系列的公益广告。近年来，以遵守社会公德，保护环境，尊师重教，崇尚科学，关心老人、妇女、儿童和贫困地区为主题内容的公益广告，陆续呈现在公众眼前。特别是今年，国家工商行政管理局决定在全国范围内开展“公益广告月”活动以来，中华大地文明新风正在升华，颇令公众欣幸。

然而，毋庸讳言，我国公益广告从总体上说，与社会的要求还有相当的差距。一是公益广告声音还小了些，尚未形成综合性、立体化的宣传声势；二是制作水准还不高，具有震撼力的精品不多；三是理论指导相对滞后；四是组织管理还不完善、运作缺乏规范和力度。

因此，提高公益广告整体综合质量，加快发展公益广告事业，更好地发挥其积极作用，历史性地摆到当代中国广告界面前。这是重大的课题、艰巨的任务，需要广告界同仁共同认真探索、实践。作者不才，愿提几条思路，祈请惠正。

第一，增强公益意识，为发展公益广告事业提供思想条件和舆论支持。

思想是行为的先导。意识、观念来源于实践又指导实践。要提高公益广告整体质量、发展公益广告事业，应该全面地从广告经营者、企业广告主的经营观念上，广告创意、策划、设计、制作 、刊播人员的意识上，甚至广告管理者的组织管理思想上，按照发展社会主义市场经济的新思路，把精神文明建设提到广告界各项工作中更加突出的地位。不仅注重商业广告中提高社会责任感，增强文明建设的自觉性；更要在公益广告活动中强化公益意识，破除拜金主义的陈腐观念，克服做公益广告是得不偿失的自私心态。把研究、部署、落实、检查、制作公益广告，推动精神文明建设，纳入所有做广告工作的议程内。不仅想在脑里、说在嘴上，还要落实在行动上，用强化公益广告活动来深化公益广告意识，又以增强公益意识来推动公益广告活动，使公益广告事业扎根在神州，发扬光大在中华。

第二，构建精品工程，为发展公益广告事业创造作品保证和形象力。

不讲公益广告作品质量、不出精品，就没有影响力、没有生命力。公益广告要出精品，必须把创意、策划、设计、制作、刊播各环节工作,通过精心组织,构建成“精品工程”加以运作。开拓视野、注重创意、精心策划,发展以创意为中心、以策划为主导的新观念、新风格、新艺术,确立公益广告的独特主体风格。积极创新,注重设计,精细制作、讲究刊播的艺术技巧,改变模式化、标语化、单一化、雷同化的弊病,在美学思想、艺术情趣、风度和气质上实现历史性飞跃。通过贴近社会、贴近公众、敏锐清醒的介入现实观察,悉心研究公众心态,作深层次发掘思考,把公益广告要倡导的正确观念与颇具魅力的广告艺术,完美的结合起来。以精品重塑公益广告的崭新形象,来保证公益广告事业的顺利发展。

第三,强化宣传声势,为发展公益广告事业创造环境氛围和辐射效应。

没有数量,就没有质量,也不会有声势。商业广告已渗透到社会各个角落,公益广告则还是零零星星,难成气候。要以“公益广告月”为新起点,动员社会力量,把我国的公益广告宣传力度迅速强化,形成综合性、立体化的态势,使公益广告与商业广告互为补充、竞相促进、造势,共同潜移默化地影响人们的精神世界,发挥辐射效应,造就良好环境氛围。建议:

——对公益广告活动成效的评价,既要有质的要求,还要有量的指标,以增加精品、增大公益广告发布量;

——对公益广告设立的优秀作品政府奖,要持续坚持下去,作为广告界最高奖赏;

——今后对广告行业的统计项目中,增加设计、制作、刊播公益广告的绝对数与百分比率;

——发挥广告协会作为行业协会的组织作用,发动各界积极参与。

最后,应当强调,为持续发展公益广告事业,切实发挥公益广告的积极作用,还要强化组织力度。这是重要的组织保证。公益广告活动不仅涉及面大、影响范围广,而且思想政策性强、艺术水平要求高,不在组织上加大力度是不可设想的。从当前情况看,可采取的措施主要有:

——积极筹建公益广告委员会,归属中国广告协会领导,专门负责开展公益广告活动;

——尽快制定公益广告管理条例,以规范其活动,待条件成熟时,要修改《广告法》把公益广告的内容补充进去;

——以广告界为主体,尤其是广告刊播媒体单位是关键,动员社会力量、特别是企业广告主,筹建公益广告基金,解决公益广告因不盈利而需要费用开支的资金支持;

——努力制定正确评价公益广告作品的标准,定期开展评比;

——注重开展公益广告活动的规划工作,尤其是公益广告主题的设定及其系列化、广告人才素质的全面提高和加强公益广告理论的研究。

(1996 年 12 月 18 日在全国公益广告研讨会上的发言)

政策、法规

中华人民共和国国家工商行政管理局令

第49号

《广告显示屏管理办法》已经国家工商行政管理局局务会议审议通过，现予发布，自发布之日起施行。

国家工商行政管理局局长 王众孚

1996年2月29日

广告显示屏管理办法

第一条 为加强对广告显示屏的管理，发挥其迅速传递广告信息的积极作用，根据《中华人民共和国广告法》、《广告管理条例》、《广告管理条例施行细则》及有关法律、法规，制定本办法。

第二条 凡在户外或者公共场所建筑物内设置的，用以发布广告并可以即时变换内容的各类显示屏，均属本办法管理范围。

第三条 未经工商行政管理机关批准，任何单位不得设置广告显示屏。

第四条 省、自治区、直辖市工商行政管理局(以下简称省级工商行政管理局)或者其授权的市工商行政管理局负责本辖区内广告显示屏设置的批准工作。

广告显示屏联网，需经省级工商行政管理局审核同意后，报国家工商行政管理局批准。

第五条 申请设置广告显示屏，应当具备下列基本条件：

(一)具有合法的广告经营资格;

(二)设置地点在户外的,应当符合《中华人民共和国广告法》的规定及当地人民政府户外广告设置规划的需求;

(三)具有熟悉广告法律、法规及国家有关政策的专职审查人员。

第六条 申请办理广告显示屏审批,应当交验下列证明文件:

(一)营业执照;

(二)广告经营许可证;

(三)可行性研究报告;

(四)上级主管部门批准文件;

(五)场地使用协议;

(六)设置地点依法律、法规需经政府有关部门批准的,应当提交有关部门的批准文件;

(七)广告显示屏主办单位制定的内部管理制度;

(八)经营单位负责人情况证明;

(九)专职审查人员的资格证明。

第七条 广告显示屏的设置申请,应当在设置30日前提出。工商行政管理机关在证明文件齐备后,予以受理,自受理之日起15日内,做出批准或者不予批准的决定。

经审查符合规定条件予以批准设置的,核发《广告显示屏登记证》,凡在户外设置的,应当同时按《户外广告登记管理规定》的要求,办理户外广告登记。

第八条 广告显示屏播放的广告及其它信息必须真实、合法,符合社会主义精神文明建设的要求,不得以任何形式欺骗和误导消费者。

第九条 广告显示屏一般不得播放非广告信息。

有特殊需要播发新闻信息的,需经所在地省级新闻主管部门批准,并只限于播发国家通讯社、中央电视台、中央人民广播电台发布的和省级以上党委机关报登载的新闻,不得播发其他来源的新闻信息。

有特殊需要播发其他非广告信息的,须分别经有关主管部门批准。其中播放文艺类节目,只限于符合国家有关规定的音乐电视和旅游风光片,不得播放电影、电视剧等有情节的文艺节目。

广告显示屏经营单位持上述有关部门批准文件,到负责批准设置的工商行政管理机关办理《广告显示屏特殊信息准播证》后,方可播出上述非广告信息。

第十条 广告显示屏经营单位,应当根据工商行政管理机关的要求,建立必要的管理制度,对播放的内容存档一年以上。

广告显示屏播放的广告,应当按照有关规定向工商行政管理机关备案。播放新闻、文艺类节目的,应当同时将信息目录、信息提要、播出时间、信息来源等内容,经专职审查人员签字后,报负责日常监督管理的工商行政管理机关备案。

第十一条 对广告显示屏的监督管理,由批准设置的工商行政管理机关或者其授权的设置地工商行政管理机关负责。工商行政管理机关对广告显示屏经营单位的资格、显示屏的播出内容及其他遵守法律、法规的情况,进行监督管理。

第十二条 监督管理机关依据本办法对经营单位进行年度专项检查,确认或者取消其继续经营广告显示屏的资格。该项检查应当与广告经营专项检查一并进行,在检查中发现违反本办法和有其他广告经营违法行为的,一并予以处理。

第十三条 违反本办法第三条，未经批准擅自设置广告显示屏的，由违法行为发生地工商行政管理机关没收非法所得，处五千元以下罚款，并限期撤除；逾期不撤除的，强制撤除，其费用由设置者承担。

第十四条 违反本办法第九条，未经批准发布非广告信息或者信息来源不符合本办法规定的，由工商行政管理机关责令停止发布，予以通报批评，撤销《广告显示屏特殊信息准播证》，停止广告显示屏的播放业务，处以五千元以下罚款。

第十五条 违反本办法其他规定的，依据《中华人民共和国广告法》及其他法律、法规予以处罚。

第十六条 本办法由国家工商行政管理局负责解释。

第十七条 本办法自发布之日起施行。

中华人民共和国国家工商行政管理局令

第68号

《印刷品广告管理暂行办法》已经国家工商行政管理局局务会议审议通过，现予公布，自1997年3月1日起施行。

国家工商行政管理局局长　王众孚

1996年12月27日

印刷品广告管理暂行办法

第一条　为加强印刷品广告管理，保护消费者合法权益，根据《中华人民共和国广告法》、《广告管理条例》及国家有关规定，制定本办法。

第二条　凡利用各种手段印制，并通过张贴、发送、邮寄等形式发布的散页、图书、票据以及包装、装潢等各类印刷品广告，均属本办法管理范围。

利用报纸、期刊发布广告，广告管理法规另有规定的，从其规定。

第三条　印刷品广告必须真实、合法，符合社会主义精神文明建设的要求。

印刷品广告不得含有虚假内容，不得以任何形式欺骗和误导消费者。

第四条　发布印刷品广告，不得妨碍公共秩序、社会生产及人民生活。

第五条　印刷品广告中不得出现非广告内容。

第六条　印刷品广告必须有广告标记，能够使消费者辨明其为广告。有固定名称的印刷品广告，固定名称中应当含有“广告”字样。

第七条　未经工商行政管理机关登记，任何单位或者个人不得发布印刷品广告。

第八条　印刷品广告的登记，由广告发布地省辖市以上工商行政管理局或者其授权的县(市)工商行政管理局负责。跨省(自治区、直辖市)连续发布固定形式(固定名称、固定规格)的印刷品广告，须报国家工商行政管理局登记。

第九条　广告主、广告经营者、广告发布者发布印刷品广告，应当向广告发布地工商行政管理机关提出申请，填写《印刷品广告发布申请表》，并提交下列证明文件：

(一)营业执照或者广告经营许可证；

(二)载明发布形式、时间、地点、商品(服务)名称的申请报告;

(三)固定形式印刷品广告需提交广告样式;

(四)广告管理法规及有关法律、法规规定应当提交的其他证明文件。

工商行政管理机关应当在证明文件齐备后七日内作出决定。经审查,符合规定的,对广告主核发《印刷品广告发布登记证》;对广告经营者、广告发布者核发《临时性广告经营许可证》。

第十条 具有设计、制作广告经营范围的印刷企业,可以直接印制印刷品广告。

未有广告设计、制作经营范围的印刷企业,经广告经营者代理方可印制印刷品广告。

第十一条 广告经营者、广告发布者设计、制作、代理、发布印刷品广告前,应当依法对广告内容进行审查。

第十二条 发布印刷品广告时,《印刷品广告发布登记证》或者《临时性广告经营许可证》持有人应当将广告品送工商行政管理机关备案。

第十三条 凡发布于商场、娱乐场所及等候室、影剧院、体育比赛场馆等公共场所的印刷品广告,上述场所的管理者必须查验《印刷品广告发布登记证》或者《临时性广告经营许可证》。对未经登记或者与登记事项不符的印刷品广告,应当拒绝其发布。

第十四条 散发、张贴印刷品广告,应当随身携带《印刷品广告发布登记证》或者《临时性广告经营许可证》的有效复制件;在户外张贴印刷品广告,还应当同时携带工商行政管理机关核发的户外广告批准文件的有效复制件,接受工商行政管理机关的检查。

第十五条 广告主、广告经营者、广告发布者发布印刷品广告,必须标明发布单位名称、地址、印制时间、印刷品广告发布登记证号或者临时性广告经营许可证号。

第十六条 印刷品广告的设计、制作,必须符合国家有关质量、技术标准,不得粗制滥造。

第十七条 县级以上工商行政管理机关及其派出机构负责对印刷品广告进行监督管理。

第十八条 违反本办法规定,发布虚假广告及不符合社会主义精神文明建设要求的广告的,工商行政管理机关可以收缴违法印刷品广告,并予以销毁。情节严重的,收回《印刷品广告发布登记证》或者《临时性广告经营许可证》。

对上述同时具有包装等其他使用价值的违法印刷品广告,由工商行政管理机关监督其改正后,可以继续使用。

第十九条 违反本办法第四条规定的,由工商行政管理机关责令其停止发布活动,处以一千元以下的罚款;情节严重的,收回《印刷品广告发布登记证》或者《临时性广告经营许可证》,依法停止其广告业务;构成犯罪的,由司法机关追究其刑事责任。

第二十条 违反本办法第五条、第六条规定的,依照《中华人民共和国广告法》第四十条第二款予以处罚。

第二十一条 违反本办法第七条规定的,对广告主依照《广告管理条例施行细则》第二十二条予以处罚;对广告经营者、广告发布者,依照《广告管理条例施行细则》第二十一条予以处罚。

第二十二条 违反本办法第十条规定的,依照《广告管理条例施行细则》第二十一条予以处罚。

第二十三条 违反本办法第十二条规定的,由工商行政管理机关予以警告,可以处以一千元以下的罚款。

第二十四条 违反本办法第十三条规定的,由工商行政管理机关对商场或者有关公共场所予以警告,可以处以一千元以下的罚款。

第二十五条 违反本办法第十四条规定,未经登记或者未按登记事项张贴、散发印刷品广告的,由工商行政管理机关对张贴、散发行为人予以警告,可以处以二十元以下的罚款。

第二十六条 违反本办法第十五条规定的,依照《广告管理条例施行细则》第二十二条予以处罚。

第二十七条 违反本办法其他规定的,依照《中华人民共和国广告法》及《广告管理条例》、《广告管理条例施行细则》等法律、法规、规章的规定予以处罚。

第二十八条 本办法自1997年3月1日起施行。

中华人民共和国国家工商行政管理局令

第71号

《房地产广告发布暂行规定》已经国家工商行政管理局局务会议审议通过，现予公布，自1997年2月1日起施行。

国家工商行政管理局局长　王众孚

1996年12月30日

房地产广告发布暂行规定

第一条　发布房地产广告，应当遵守《中华人民共和国广告法》、《中华人民共和国城市房地产管理法》、《中华人民共和国土地管理法》及国家有关广告监督管理和房地产管理的规定。

第二条　本规定所称房地产广告，指房地产开发企业、房地产权利人、房地产中介服务机构发布的房地产项目预售、预租、出售、出租项目转让以及其它房地产项目介绍的广告。

居民私人及非经营性售房、租房、换房广告，不适用本规定。

第三条　房地产广告必须真实、合法、科学、准确，符合社会主义精神文明建设要求，不得欺骗和误导公众。

第四条　凡下列情况的房地产，不得发布广告：

(一)在未经依法取得国有土地使用权的土地上开发建设的；

(二)在未经国家征用的集体所有的土地上建设的；

(三)司法机关和行政机关依法裁定、决定查封或者以其他形式限制房地产权利的；

(四)预售房地产，但未取得该项目预售许可证的；

(五)权属有争议的；

(六)违反国家有关规定建设的；

(七)不符合工程质量标准，经验收不合格的；

(八)法律、行政法规规定禁止的其它情形。

第五条　发布房地产广告，应当具有或者提供下列相应真实、合法、有效的证明文件：

(一)房地产开发企业、房地产权利人、房地产中介服务机构的营业执照或者其它主体资格证明；

(二)建设主管部门颁发的房地产开发企业资质证书；

(三)土地主管部门颁发的项目土地使用权证明;

(四)工程竣工验收合格证明;

(五)发布房地产项目预售、出售广告,应当具有地方政府建设主管部门颁发的预售、销售许可证明;出租、项目转让广告,应当具有相应的产权证明;

(六)中介机构发布所代理的房地产项目广告,应当提供业主委托证明;

(七)工商行政管理机关规定的其它证明。

第六条 房地产预售、销售广告,必须载明以下事项:

(一)开发企业名称;

(二)中介服务机构代理销售的,载明该机构名称;

(三)预售或者销售许可证书号。

广告中仅介绍房地产项目名称的,可以不必载明上述事项。

第七条 房地产广告不得含有风水、占卜等封建迷信内容,对项目情况进行的说明、渲染,不得有悖社会良好风尚。

第八条 房地产广告中涉及所有权或者使用权的,所有或者使用的基本单位应当是有实际意义的完整的生产、生活空间。

第九条 房地产广告中对价格有表示的,应当清楚表示为实际的销售价格,明示价格的有效期限。

第十条 房地产中表现项目位置,应以从该项目到达某一具体参照物的现有交通干道的实际距离表示,不得以所需时间来表示距离。

房地产广告中的项目位置示意图,应当准确、清楚,比例恰当。

第十一条 房地产广告中涉及的交通、商业、文化教育设施及其他市政条件等,如在规划或者建设中,应当在广告中注明。

第十二条 房地产广告中涉及面积的,应当表明是建筑面积或者使用面积。

第十三条 房地产广告涉及内部结构、装修装饰的,应当真实、准确。

预售、预租商品房广告,不得涉及装修装饰内容。

第十四条 房地产广告中不得利用其他项目的形象、环境作为本项目的效果。

第十五条 房地产广告中使用建筑设计效果图或者模型照片的,应当在广告中注明。

第十六条 房地产广告中不得出现融资或者变相融资的内容,不得含有升值或者投资回报的承诺。

第十七条 房地产广告中涉及贷款服务的,应当载明提供贷款的银行名称及贷款额度、年期。

第十八条 房地产广告中不得含有广告主能够为入住者办理户口、就业、升学等事项的承诺。

第十九条 房地产广告中涉及物业管理内容的,应当符合国家有关规定;涉及尚未实现的物业管理内容,应当在广告中注明。

第二十条 房地产广告中涉及资产评估的,应当表明评估单位、估价师和评估时间;使用其他数据、统计资料、文摘、引用语的,应当真实、准确,表明出处。

第二十一条 违反本规定发布广告,依照《广告法》有关条款处罚,《广告法》无具体处罚条款的,由广告监督管理机关责令停止发布,并可对违法行为人处以3万元以下的罚款。

第二十二条 本规定自1997年2月1日施行。

'96上海广告市场 璀璨辉煌又一年

1996年，是我国“九五”计划第一年，我市经济发展继续保持良好势头。全市国内生产总值完成2877.76亿元，比上年增长13%，高于全国平均水平3个百分点，连续五年保持两位数的增长。经济运行质量继续提高，第三产业占国内生产总值的比重达到42.2%，比上年提高2个百分点。在良好的宏观经济环境条件下，上海广告市场继续保持快速发展势头。96年底全市广告经营单位2869户、广告从业人员35071人、全市广告经营额64.2亿元，分别比上年增长9%、1%、45.9%，分别占全国总量的5.42%、6.84%、17.51%。

以公有制为主体、多种经济成份平等竞争、协调发展，各类企业广告经营额与总经营额的比重发生变化。国有企事业、集体企事业、私企、外商投资、股份合作等其它各类广告企业经营额分别比上年增长26.4%、32.98%、101.84%、165.26%、34.46%。各类企业分别占总经营额的53.64%、12.96%、8.2%、17.61%、7.58%。它们分别比上年-8.3%、-1.3%、+2.3%、+8%、-0.65%。

从广告业的基本构成看，占总户数89.3%的广告公司和兼营广告企业全年经营额占总经营额的69.4%，其中排名前10家公司经营额即达173743万元，占广告公司总额的39%。占总户数10.7%的四大媒介全年经营额占总经营额的30.6%，其中报纸、电视、广播、杂志分别占总经营额的14.88%、13.89%、1.19%、0.60%。

随着新技术、新媒体的不断开发、户外广告更有较大发展，全年发布霓虹灯广告达6171件、路牌广告达4652件、电子显示牌53件、立体造型523件、公交车身广告28110件。广告创意上更有新进步，在参与“'96全国优秀公益广告作品评选”中，独得电视、广播类金奖2件，以及铜奖1件，提名奖2件、发展奖2件。

随着城乡居民收入增加，各类消费品丰富多采，市场活跃，消费选择性增强，推动工商企业广告投入，其中广告投入增长较多的食品类达9.2亿元，其次是家用电器7.49亿元，化妆品6.4亿元，分别占广告总投入的14.35%、11.67%、9.99%，分别比上年增长73.40%、53.47%、63.38%。

随着社会主义市场经济的逐步趋向成熟，广告市场监督机制进一步完善，行业建设和行业自律的进一步加强，广告宣传质量提高，虚假、违法广告得到抑制，有力地维护了上海广告市场秩序。同时，广告作为一种市场投资行为的观点逐步为广告主接受，专业广告公司服务水平的提高，各类媒体的开拓完善，商品市场定位、广告创意策划和媒介策略策划的组合运用技术的进步，上海广告市场正日益走向成熟！

上海市工商行政管理局　上海市广告协会

上海著名广告经营者　广告发布者介绍目录

上海市工商行政管理局　上海市广告协会

研究品牌的每一个元素

We are not botanists. But we do see certain similarities between plants and advertising. Beautiful flowers do not exist in isolation. They would not blossom were it not for the support they receive from the rest of the plant.

And so it is with brands.

Advertising alone does not make a brand blossom. Packaging, price, positioning, etc. all of these are vital. And we study all of them. This enables us to nurture the brand to make sure it captivates like a beautiful flower.

Maybe we are botanists...

成功的品牌似红花

呵护红花是我们的责任

研究品牌的每一个元素是我们的追求

这样，我们才能塑造品牌

让美丽的红花更加迷人

上海广告有限公司

SHANGHAI ADVERTISING Ltd.

地址：上海市香港路117号 邮编：200002 电话：63291423
传真：021-63290068 电子信箱：SACGROUP @ PUBLIC.STA.NET.CN

ADD:117 XIANG GANG ROAD, SHANGHAI, CHINA TEL: 021-63291423
FAX:021-63290068 EMAIL:SACGROUP @ PUBLIC.STA.NET.CN ZIP:200002

大树，仍需阳光和沃土

上海美术设计公司自1956年5月正式成立至今已有四十年历史。先后参加了人民大会堂、民族文化宫、中国革命历史博物馆、中国革命军事博物馆、秦始皇兵马俑博物馆、上海博物馆、中共一大会址纪念馆、鲁迅纪念馆、龙华烈士陵园等许多重要的设计制作，提供从总体方案到版面、展台、模型设计制作、多媒体动态演示等全方位服务。此外，迎送国宾、节日庆典、文体活动、重大集会的会场、环境、市容的布置，也均由上美人参与完成。上美还参加了南京长江大桥布置，担负了上海市政工程南浦大桥和杨浦大桥内环线和南北高架、地铁通车典礼布置的全部任务。1997年，上美为上海人民政府设计制作的礼品“浦江庆归”以其精致典雅深受好评。

上美的广告业务，是在党的十一届三中全会以后，顺应市场的需要逐步发展起来的。1979年成立了广告部，对外承接国内外各类广告设计、制作、发布，这标志着上美初步确立了以广告为主的经营方向，成为全面服务型现代广告公司的开端。随着科技的进步及广告客户层次的不断提高，上美顺应了现代广告发展的趋势走整体策划的代理制道路。在广告创意方面投入了大量的人力，物力和财力，不断完善和提高自身的专业素质和服务水准，广告运作更趋规范化和专业化，为客户提供全面、周到的优质服务。

多年来，经过历代上美人的实践和奉献，公司的经营规模不断扩大，经济效益不断提高，业界知名度与日俱增。目前，拥有的户外广告媒体总面积10000平方米以上，分布在上海市中心商业集中地带及交通枢纽。公司拥有先进的广告制作设备及舞美灯光、音响器材等，公司汇集了广告、营销、设计、视听、公关、工程等各方面的中高级专业人才，并与国内外广告同业、各地媒介系统及政府部门建立并保持着良好的合作关系，其国内代理网络遍及全国和主要省市，为在全国范围内配合企业营销、实施媒介计划提供了有力保障。

另一方面，上美亦积极通过建立股份公司、全资公司等多种形式延伸和拓展业务能力，进一步把自己推向市场。1985年以后，上美先后投资创办了上海浦东美术广告公司、上海创导广告有限公司、上海埃迪霓虹电器有限公司，并组建了全资子公司－上海美术设计公司浦东公司，使公司在广告策划代理方面的总体水平有了较大幅度的提升。

以霓虹灯制作、发布为主的户外广告是上美广告业务的传统强项，享有良好声誉。近年来，上美霓虹广告的国际客户发展很快，发布了一大批品质要求特别高的霓虹广告，其中三洋、金利来、朝日啤酒、奇胜电器等作品分别在各项评比中获奖和得到客户赞扬。1989年在上海市领导指示下，上美完成了“南京路霓虹灯一条街”工程方案的规划和设计，并参与实施，为上海的夜晚亮起来作出贡献。1994年国庆前夕完成的“淮海路灯光一条街”及1995年上海南北高架道路二期工程全部立柱灯箱广告的设计制作任务，得到市区领导和社会好评。

四十年来，经过几代上美人前仆后继的无私奉献和艰苦创业，上美的事业蒸蒸日上。上美将继续以自己的特色进一步对内优化管理，对外坚持诚信的服务态度，向客户提供优质、全面的专业广告服务。

上海美术设计公司
SHANGHAI ART-DESIGNING CORP.
地址：上海漕溪路258弄23号　邮编：200233
电话：(021)64836699(021)64834155
传真：(021)64082487

上海著名广告经营者　广告发布者介绍

动态的市场，深具中国文化的受众，
谁能驾驭？
积四十余年广告经验的上海市广告装潢公司，
根植本土文化，熟知市场动向、受众的需求、传通的规律，
多元、有效的广告活动，
令产品在中国市场出色地舞动！

A dynamic market with typical Chinese audience,
who could have the situation well in hand?
Gathering 600 talented people and accumulating longer than 40 years professional experiences,
Shanghai Advertising & Decorating Corp. manages multiple and effective adv. activities.
Only because it maintains deep-rooted domestic culture,and
is conversant with the market trends and consumers` needs, and moreover,
it highlights the messages through traditional patterns,
all these make the advertising products wielding fascinatingly in China Market.

主要经营范围：代理、发布国内外各类广告业务；提供各类广告策划、创意、设计制作、印刷、摄影等服务；承办国内外展览、展销的发布及国内外市场信息服务。

上海市广告装潢公司

常务副总经理：王永林　联系人：许章荣
地址：中国上海巨鹿路417号三搂
电话：021-62720973　传真：021-62713651　邮编：200020

广告若无大创意

就如黑夜里驶过的航船

无人知晓

上海奥美广告有限公司

地址：上海市延安西路 1599 号 怡翔大楼 7 楼

电话：021-62108068

传真：021-62108048 / 62108047

邮编：200050

我们是跨世纪的

创想者

上海旭通
SHANGHAI ASATSU

㊀朝日啤酒户外广告、促销活动
(霓虹灯荣获96年一等奖)

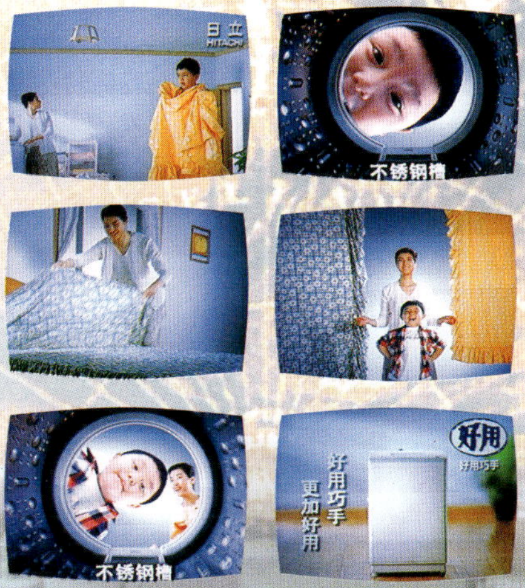

㊁日立"好用"洗衣机CF广告

㊂佳能打印机平面广告
(连续二届全国广告展优秀作品奖)

上海旭通广告有限公司

地址：中国上海市淮海中路887号　永新大厦9楼
电话：86-21-64674118 传真：64747803 邮编：200020

已成为

19世纪，是火车的时代；20世纪，是高速公路的时代；21世纪则是信息网络的时代。作为信息产业之一的广告代理业更是如此。大企业、大市场，需要拥有实力和全国、全球服务网络的广告代理。今天的金马广告有限公司由于被世界伙伴组织正式吸收为在中国的成员，从而在全中国和全世界，金马广告拥有了一个强大的广告代理服务网络。

金马广告有限公司

上海 · 北京 · 天津 · 广州（广州4A）· 江苏 · 香港

总公司地址：上海天钥桥路211号　邮编：200030　Tel: 64380260　Fax: (021)64384122

上海著名广告经营者　广告发布者介绍

一

唐·颜真卿·裴将军诗

传统广告媒体　有言无信　难行其恒远
言拙文窘　何呈其华美　然而　电视广告之诞生
标志着世界广告业开始进入崭新的现代广告时期
电视广告使地球上任何一处广告信息
得以在瞬间传遍亿万公众　她跨越国家和地区界限
以其美仑美奂之动感画面和音乐语言
衡破了语种　信仰　风俗　经济　文化之藩篱
功能之先进　效应之超卓
其他媒体广告难望其项背

道生一　一生二　二生三　三生万物——老子·道德经

主之无物　行之不远——左传·襄公二十五年

一年年惨淡经营　一年年精心构筑
如今上海电视台之广告事业　基础稳固
实力雄厚　似九层之台平地起
巍然屹立在亚洲东部太平洋西岸
这一极具经济活力之地域
上海电视台之广告活跃了居住在上海及其
邻近地区一亿二千万公众的生活
上海电视台之广告业已赢得海内外
七十余个国家和地区广告主的认同

鼎

宋·米芾·三希堂法帖

天子春秋鼎盛——汉书·贾谊传

鼎　古代青铜礼器　三足两耳　为立国之重器
上海电视台之广告　以其精彩纷呈之形式
一亿二千万之受众　来自七十余个国家和地区
之客户　如鼎之三足　支撑起中国广告业之巨鼎
上海电视台广告业　革故鼎新
越来越多地担当起传播商品和服务信息之角色
正进入空前繁荣的鼎盛春秋时期

九

东晋·王羲之·孔侍中帖

言

东晋·王羲之·官奴帖

公元一千九百七十九年一月二十八日
中国大陆第一条电视广告　参桂养荣酒
在上海电视台诞生了　是年三月二十五日
第一条海外来华电视广告　瑞士雷达表
也在上海电视台首播　这两个第一
开创了中国电视广告之先河
如果说　曩昔在上海出现的电视广告
犹如风乍起　吹皱一池春水
那么　从一元至万象　今日上海电视台的广告事业
早已是丹桂飘香的金秋时节了

合抱之木　生于毫末　九层之台　起于累土——老子·六十四章

上海电视台广告部

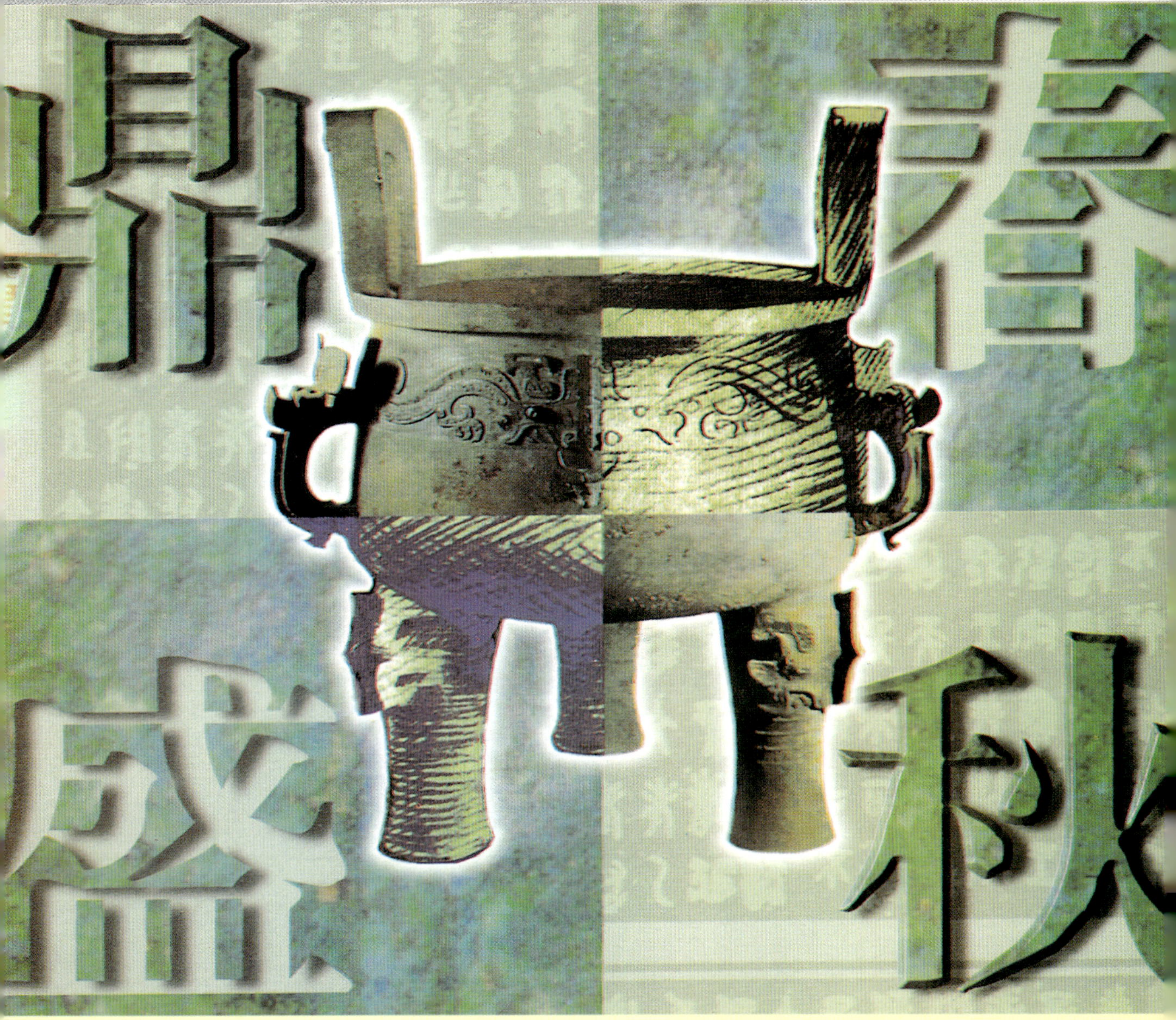

鼎，古代青铜礼器，三足两耳，为立国之重器。上海电视台之广告，以其精彩纷呈之形式，一亿二千万之受众，七十余个国家和地区之客户，如鼎之三足，支撑起中国广告业之巨鼎。上海电视台广告业，革故鼎新，正进入空前繁荣的鼎盛春秋时期。

上海电视台广告部

负责人：
沈永毅　金万钧　徐益

中国上海南京西路651号　邮编：200041　电话：0086-021-62556785　传真：0086-021-62550937
URL：http://www.stvadd.sta.net.cn

东视广告　您的投播指向

一支朝气蓬勃具有战斗力、凝聚力的广告从业队伍。

东视广告特色：

收视范围覆盖上海、江苏、浙江、安徽等地区，信息传播能力强，涵盖面广。

受众对象广泛，其中18-49岁最具消费能力、最有广告推广价值的人群占总受众面的82.7%.

频道各广告时段设置科学、合理，针对性强，除常规广告形式外，开创先河推出的“黄金十秒”，“东视3秒广告”可满足广告客户不同层次的投播需求，丰富广告荧屏。

广告触及面广，到达率高，每千人成本卓有效益，充分达到广告客户的预期目标。

上海东方電視台广告部

主　任：沈明昌

副主任：张灿华　黄　伟

您的行销伙伴

编排活性化，广告紧贴节目，广告效果凸现。

广告部随时为您提供专业数据的评估分析和规划，并以周报，月报的形式提供规范服务，加强同客户的联系。

尽心配合广告主的不同需求，精心规划媒体资源，广告效果加倍显现。

东视广告播出均通过上海市广告协会审查，操作规范，令客户无后顾之忧。

东视广告有限公司举办97广告饕餮之夜的盛况。

广告部定期召开广告客户联谊会，为客户提供专业的媒体服务。

上海东视广告有限公司

地址：中国上海南京东路627号
电话：86-21-63223007
传真：86-21-63517832
邮编：200001

在中国改革开放的“龙头”——上海，为世人瞩目的有线电视事业正以前所未有的气势蓬勃发展。自1992年12月上海有线电视台诞生以来，目前已拥有近 250 万用户终端而成为全球最大的有线电视独立网络之一，并正朝着世界一流目标迈进。

上海有线电视台具有省级新闻单位法人地位，统一领导着上海地区有线电视网络的规划、运行、管理和节目播出等综合业务，不少具有独创性的做法和经验受到了国内同行的关注和赞赏。越来越多的国际性电视机构、节目制作公司和广告公司争相表示了合作意愿。

上海有线电视台目前播出和转播18个频道18套节目。其中自办的信息频道、体育频道、音乐频道和戏剧频道设置了众多栏目，均实行全天播出，总播出时间在90小时以上。改版后的信息频道保留了原信息、综合两个频道的优势，以新闻、信息、财经、商业、生活和电视剧等大板块的节目形式，全方位展示社会经济生活和文化生活；体育频道是全国首家开播的体育专门频道，每天以16小时时间全面报导国内外最新体育赛事及世界体育动态；音乐频道为不同层次的观众提供了丰富多彩的音乐节目；戏剧频道以正剧、喜剧、曲艺、小品等多种形式的组合深受观众欢迎。即将推出的影视频道设置了动画片、电视剧、电影等版块节目以满足观众需要，成为有线电视节目的主要频道之一；新设置的加密财经频道则以广大股民为主要观众，成为人们投资理财的良伴益友。

上海有线电视台党委书记　王根发（左二）
台长　胡运筹（右二）
党委副书记、副台长　蒋琪芳（右一）
广告部主任　朱升阳（左一）

上海有线电视台广告部自成立以来，发挥了有线电视画面清晰、频道资源丰富和《有线电视》报发行量大（已达 100万份）等优势，独立承揽国内外广告的创意、制作和发布，并全方位宣传和介绍各频道的主要节目。上海有视广告经营公司也是上海有线电视台下属广告经营单位，它拥有精良的设备和较高素质的编导、创意、策划人材，能独立承担和代理国内外各类广告的创意、策划和制作等业务。

上海有线电视台广告部和上海有视广告经营公司全体人员发扬艰苦创业、连续作战的精神，以节奏快、效率高、质量佳的服务特色深受广大客户青睐，经济创收也逐年大幅度上升。目前每年创收已达 2亿多元人民币。上海有线电视台已成为全国经济实力最强的有线电视台之一。

上海有线电视台广告部

广告部主任：朱升阳

中国上海洛川东路487号　邮编：200072
电话：0086-021-56981684转各部
传真：0086-021-56983865

创刊于1995年1月的上海《每周广播电视》报（原名《每周广播》是全国创办和正式发行最早的广播电视专业报纸 每周一期，4开16版，刊登中央电视台、上海电视台、东方电视台、上海教育电视台、上海人民广播电台、东方广播电台的一周节目预告与介绍，并刊载影视故事、人物专访，报道国内外文艺体育新闻。辟有“声屏世界”、“体育大观”、“读者屋”、“视听信息”等副刊和专版，内容丰富，信息量大，编排科学，可读性强，阅读频次高，使用周期长，是千家万户视听娱乐必不可少的良伴益友，深受广大读者的喜爱。

《每周广播电视》报每期发行量超过200万份，名列上海报刊及全国同类报纸的前茅，发行范围遍及上海市区、郊县及江、浙部分地区，由于具有发行量大、覆盖面广、深入家庭、可读性强、使用周期长等显著优势，成为海内外众多广告客户关注的重要媒体。目前，国内数百家工商企业及台港澳地区许多企业与《每周广播电视》报建立了良好的广告合作关系，并从中受益。此外，各项服务性的分类广告也受到广大客户与读者的欢迎。

每周廣播電視

SHANGHAI RADIO & TV WEEKLY

负责人：
李尧胜　李建申　梁　军

中国上海北京东路2号　邮编：200002
电话：0086-021-63211199
传真：0086-021-63299299

解放日报

权威信息，重大典型报道，量大面广。
重要言论，高屋建瓴，精辟透彻。
群众性舆论监督，针砭时弊，立竿见影。
国际时事报道，及时、准确、充分。

解放日报广告部工作剪影

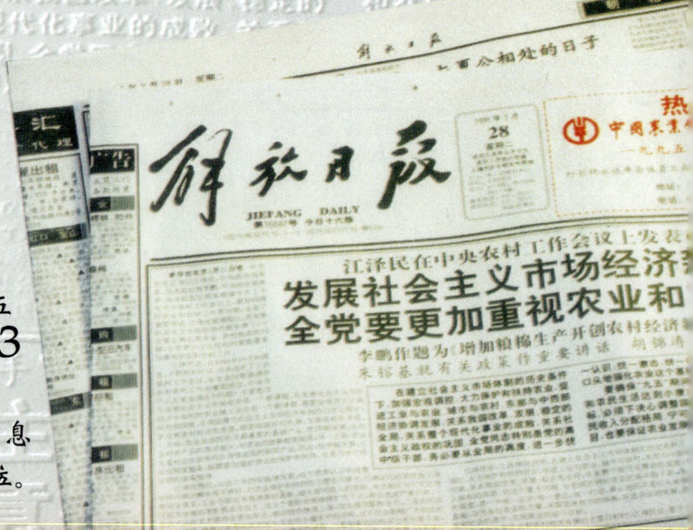

从1998年1月1日起，《解放日报》周一至周五每天固定出版5大张20版，双休日每天固定出版3大张12版。

每天新闻版面增加到12个版，新闻容量和信息量密度，目前在全国省市委机关报中处于领先地位。

解放日报广告部

地址：中国上海汉口路274号　邮编：200001
电话：63521111-4006
传真：63225073

瞄准市场把握产品，同国际接轨的整合营销思路，产生可信可行的策划

权威日报，传媒先锋，提供最佳AE服务

放纵头脑创意，追求完美设计，悉心创作广告精品

信息网上行，Internet国际互联网捕获瞬息最新商情，准确作出策略判断

着眼于新世纪的中国广告

着力于新时代的大营销

着想于新市场的芸芸消费者……

- 解放日报社的全资国有企业
- 大型综合性广告公司，专业的全面代理型广告公司
- 以中共上海市委机关报《解放日报》广告代理为龙头支柱
- 直接经营《解放日报》“消费广场”、“经济周刊”、“今日之星”专版广告，以及“房地产广场彩色版”(80克铜版纸印刷)
- 客户服务、策划创意、工程制作、包装装潢、展示设计、CI形象以及市场调研、公关活动、促销活动和公益活动
- 综合实力和广告营业额名列全国广告经营单位前茅

解放　广告有限公司

上海汉口路300号新闻大楼18F

电话：(021) 63521111转

传真：(021) 63527610

邮编：200001

新民晚报建有一座22层办公大楼，装备各种先进设施，应用电子计算机照排系统出报，辟有北京、成都、济南、南昌、南京、常州、无锡、苏州、南通、合肥、芜湖、杭州、宁波等分印点。通信手段和电子设备的现代化，给新民晚报插上了腾飞的翅膀。

新民广告公司

新民晚报下属的新民广告公司系新民晚报社全额投资创办的全民所有制企业，新民广告公司拥有一支对广告宣传策划、设计、创作及市场营运有丰富经验的年轻队伍，依靠新民晚报在国内外的广泛影响和与各方面的良好关系，已形成广阔而稳固的社会根基。

多年来，公司在负责新民晚报的广告和拓展市场方面取得了可喜的业绩，成功代理了国脉集团、哈慈集团、国际豪都房产、一百集团、华联集团、东方商厦、联华超市及八佰伴集团等大型的企业集团在上海的广告业务，为客戶赢得了良好的商业回报。通过公司全体员工的不断努力，新民广告公司取得了1996年上海广告业广告公司营业额排名第6位，营业额达1.2亿元的业绩。

地址:上海市延安中路839号
电话:62791234
传真:62476916
邮编:200040

新民晚報

发行量最大的晚报——

历史最长●版面最多●

中国大陆

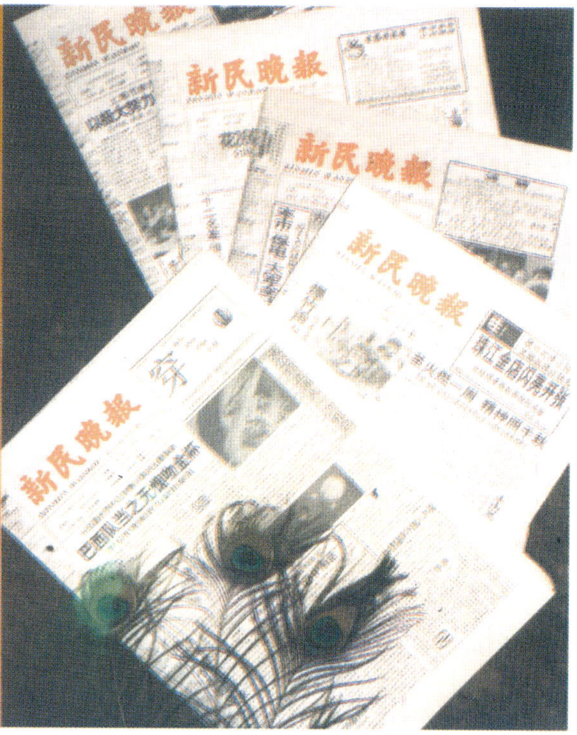

新民晚报社96年广告经营收入达5.2亿元，96年比95年增长48%。报社提出97年全年广告收入目标6.5亿元。新民晚报有其独特优势，发行量大、覆盖面广、广告版面长期处于供不应求局面。扩版24版以来，其广告量除影视戏目广告外，各类广告日均200条左右，月均5000-6000条，年达5-6万条，任务特重。尽管广告形势好，工作特繁，广告部同志结合工作实际，把“重信誉、创优质服务”活动落到实处。一是加强学习、增强法制观念，认眞学习《广告法》和有关政策法规，严格把关，发现问题及时纠正，对吃不准的问题多探讨或及时请教工商、广协，以避免差错。特别针对个别有悖于广告法的事件，我们及时学习、分析，举一反三地开展自查自纠，进一步加强审查制度，严格把关，以维护消费者权益和新民晚报广告的良好形象。二是更应注重信誉，讲究服务质量，克服“朝南坐”的思想，想客戶所想，急客戶所急，为客戶提供理想的广告版面，为读者提供可信赖的信息。要多渠道开辟广告客源，努力提高经济效益，在7、8月广告淡季中努力做到淡季不淡，秋冬旺季争取增辟增刊缓和供需矛盾，96年仅12月就多出增刊15期计120个版面。三是注重抓好內部管理，不断提高工作效益。我们调查研究总结规律，调整內部工作格局，设置财务、接待、计划、编审四大块工作操作网络，工作细化到个人，工作规范化，提高工作效率。同时加强廉洁自律教育，不断提高队伍素质。四是我们坚持日清月结制度，抓好资金到款率。晚报广告量大，抓好广告款项到款率十分重要，在全部同志积极协调相互支持配合下，每个月的到款率都能达到98%，保证了报社资金的收入。

晚报广告部将继续以“重信誉、创优质服务”活动为抓手，认眞贯彻执行《广告法》及各项广告管理制度，不断提高广告版面质量，全心全意为客戶提供理想的广告版面，实现报社全年广告收入。

新民晚报广告部

文匯報

享誉半世纪的大型综合性日报

文汇报创刊于1938年，是一份在国内外享有盛誉的大型综合性日报。创刊半个世纪以来，因其独特的风格和鲜明的特色，一纸风行，影响广泛。

在新的历史发展时期，文汇报立足上海，面向全国，继承好传统，再创新优势，愿与广大读者一道，共创灿烂的明天。

文汇报，坚持正确的舆论导向，高扬主旋律，坚持多样化，积极反映丰富多彩的经济，社会生活和人们的精神风貌，达到思想性与群众性、知识性、趣味性、服务性的和谐统一。在众多的报刊中独具一格，且以崭新的面貌，高雅的品位，独特的编排，全方位的服务，得到广大读者的好评。

文汇报，实行全新的版面布局，九个新闻版，六张周报（特刊），十几个专刊、副刊呈现崭新格局。一报在手，信息全有。

文汇报，新闻版和专刊、副刊，在发挥宣传功能的同时，努力向传播、服务、监督、消闲等多功能方向发展。坚持引导性、思想性、重视信息性、知识性、服务性、使报纸贴近时代、贴近生活、贴近群众，尽心尽力地为读者服务。

文汇报为与立足上海、面向全国、发行世界的大型日报地位相适应，既反映读者普遍关心的作为全国经济、金融、贸易中心的大都市上海的各类最新消息，又突出报道华东地区、长江三角洲和整个长江流域地区的经济和社会发展的新成就，以及科学文化的新成果；报道全国各地改革开放和两个文明建设的新动态、新面貌。同时，充分发挥派驻世界各国家和地区记者的优势，迅速、有效地组织报道驻在国家、地区的新闻，加强对国际新闻背景的分析和发展趋势的预测，发挥文汇报国际新闻权威性、有深度的特色。

文汇报在美国、法国、日本、墨西哥、印度、菲律宾、尼泊尔、澳门、俄罗斯、乌克兰、联合国等派有常驻记者；在全国和各地遍布特约记者、特约通讯员。文汇报有现代化的印刷技术装备，在全国十一个城市设立卫星传版印点，北京、济南、长春、西安、广州、武汉、成都、合肥、苏州等大中城市及附近城镇，当天就可以看到文汇报。1998年将进一步加快投递时效，满足读者对信息的需求，并继续扩大向世界四十多个国家的地区发行。

创刊半世纪，读者满天下。

文汇报广告部　电话：63211410转　地址：圆明园路149号　邮编：200002

文匯廣告公司　电话：63230662　地址：虎丘路50号5楼　邮编：200002

与新上海同时诞生的上海人民广播电台，在众多的传媒中，充分发挥自己的优势，赢得了大批听众。它拥有13个频率，广播覆盖面包含上海及长江三角洲广大地区，经常收听上海电台广播节目的听众近5000万人。进入20世纪90年代后，上海电台形成了中波990千赫新闻频率、1422千赫经济信息频率、648千赫交通信息频率、1197千赫文艺节目频率、1296千赫外语节目及教学节目频率和调频103.7兆赫流行音乐频率、105.7兆赫高雅音乐频率、少儿频率以及浦江之声短波3280千赫、4950、9705千赫对台港地区广播频率，同时还与上海有线电视台合作开办了有线电视戏剧台（五频道）。上海人民广播电台自1979年恢复广告节目以来，广告创收年年上一个台阶，在全国广播行业中名列前茅。广播广告的节目质量不断提高，近年来在全国广告评比和广播广告评比中，数十件作品荣获一等奖。上海电台以节目创优带动广告创收，广告从业人员注重整体策划，构思新颖，管理人员运用电脑管理，使广告节目布局合理，节目制作精良，节目监听反馈迅速，在广大广告客户中树立良好声誉，1987年以来连续9年获得上海市“重信誉、创优质服务”先进单位荣誉。新年伊始，上海人民广播电台热忱欢迎新老朋友与我们合作，为广播事业跨世纪发展共同努力！

上海人民廣播電台

地址：上海市虹桥路1376号邮编200051转518信箱
电话：（021）62788177 转2041、2042、2043

1992年10月28日，东方广播电台——一个崭新的媒体诞生在黄浦江畔。从此，上海这座国际大都市，有了两家并行运转的广播电台。

如果说，东方广播电台开台伊始，以刮起广播改革强劲的“东方旋风”，引起世人的注目，那麽，五年后的今天，东方广播电台仍以充沛的活力与精良的节目，在众多传媒竞争激烈的势态下，吸引着上海以及华东地区近5000万固定受众。

迄今为止，东方广播电台的节目，通过四套广播频率(Am792新闻、综合频率，FM101.7音乐频率，FM97.7金融频率，FM101.7副信道儿童频率）和一套有线电视音乐频道，以91小时的日播出量，展示其听觉与视觉的魅力。此外，作为东方广播电台媒体扩展的产物——《东方歌声》音乐杂志，虽然诞生未满两年，然而，它已着着实实让音乐爱好者们品尝到美味、丰盛的音乐大餐的好滋味。

东方广播电台十分注重培养一专多能的复合型广告人才，五年来，一支具有现代广告意识和敬业精神的广告人队伍，已成为撑起电台运转的经济支柱。东方广播电台广告部、东广广告总公司，利用自身频道资源优势和本媒体鲜活、精致的节目，带动广告创收。五年来，不断开拓、进取，广告创收连年取得骄人业绩，年创收总额名列全国广播行业前茅，人均创收数居全国广播行业第一。在全国广告评比中，东方广播电台的参评作品也屡屡获奖，并获得全国同行的好评。

“路漫漫其修远兮，吾将上下而求索”。东广广告人将循着市场经济跳动的脉博和发展轨迹。在广告这一极富朝气、极富挑战的行业中，不断求索，再创新的辉煌。

上海东方电台广告部　东广广告总公司

主任兼总经理　王茹冲

副主任　黄尽能　吴整风

地址：虹桥路1376号　邮编：200051转518信箱　电话：(021) 62082782　62788177转3088.3089 3090

深植本土　专业服务
成功来自专业，成果育于本土，丽人承诺：提供有助于客户产品销售的广告，
提供国际化品质和本土价格的服务。
LIREN 上海麗人廣告公司
总经理：唐可爱
地址：上海市人民路 864 号 B 座 4 楼
电话：63744689　63744235　63744236
63744263　63742806
传真：63740697　邮编：200021

上海市公共交通广告公司成立于1988年8月8日，是上海市公共交通行业的专业广告公司，公司以集约化经营为优势，拥有媒体涵盖全市400余条公交线路，10000余辆公交车，2000多个公交站点。10余种不同类型的发布样式，为各类不同需要的客户提供最佳传播效果。公司全年营业额逾五仟万元。经国家工商局、中国企业评价协会评价确定为’95中国50家最大广告公司之一，上海市排名第十位，并连续五年被上海市工商行政管理局、上海市广告协会评为上海市广告业“重信誉创优质服务”先进单位。

公共交通广告以其出现率高，诉求对象宽广，定位适应性强，收费低等卓越的优点在诸多广告媒体中独树一帜，历来为广告界和工商界所重视，在人口密集的大都市作为具有影响力的流动户外广告，其作用尤为明显。为不断提高服务质量，公司投资引进先进技术和设备，运用电脑设计和电脑写真制作，大大提高了车体广告的发布效果，尤其是全色车广告成为都市户外广告中的一枝独秀。

上海市公共交通廣告公司

总经理：朱小林
联系人：王永明

地址：上海市武胜路109号　电话：业务部（021）63722680　邮编：200003

公司简介

上海虹桥国际机场广告公司是集广告设计、制作、发布、代理于一体的专业性公司。成立于 1988 年，下设办公室、业务部、设计部、工程部、经销部、电脑影视部、财务部、市区办事处。

公司拥有广告灯箱、霓虹灯、路牌、龙门架、胶牌、实物、航班时刻表、闭路电视、迎宾旗、横幅、行李手推车等多种广告媒体。承办发布虹桥国际机场国际、国内候机厅，国际、国内到达行李提取大厅，免税店、商场及停车场道路两侧各类媒体的广告，承办全国民航机场及上海市内广告代理业务以及印刷品广告业务，对外销售工艺纪念品，设计制作各类灯片和不锈钢灯箱。上海虹桥国际机场是我国最大的航空运输基地之一，进出机场旅客的层次高，决策性强，在机场作广告宣传能收到事半功倍的效果。

在 1995 年全国 50 家最大广告公司评选中，虹桥国际机场广告公司综合实力例第 31 位，在全国民航机场广告公司中名列第一；公司创作的路牌广告——联接世界的桥梁（虹桥国际机场形象）荣获全国第三届广告作品展一等奖。

上海虹橋國際機場 广告公司
Shanghai Hongqiao International Airport
总经理：刘润祥
地址：上海虹桥路 2550 号
邮编：200335　电话：62689220

上海黄页电信广告公司简介

上海黄页电信广告公司(原上海市电话号簿公司广告经营部)成立于一九八四年十二月，现为上海地区唯一专业经营电话号簿广告的单位，集创意、设计、广告发布等业务于一身，具有国内外广告经营权。一九九六年，公司名列上海广告行业排行榜第20位。

公司依托黄页媒体，已建立起以工商版、消费版、地区版系列为主的产品体系。其中，著名的“上海黄页电话号簿(工商指南)”年赠阅量达50万册，堪称本地区权威性的工商业导购指南。“上海黄页(工商指南)”现拥有常年主体客户二千家，并为二万家以上的企事业单位提供特别名录服务，这个数字正以每年30%的比例递增。除工商市场外，公司还积极发展市民生活用的消费类导购媒体，公司在97岁末首次向本市全体家庭电话用户赠阅“上海黄页电话号簿(消费指南)”。

本地市场外，公司还与江浙等地广告同行及港台、东南亚、美国的同业建立了良好的合作关系，使上海黄页成为上海工商界与外省市工商界，国内商贸与国际经贸间的信息桥梁。

在硬件上，公司引进了世界上先进的印前广告设计系统，形成配置完整、实力雄厚的电脑设计网络。该系统由彩色扫描仪、彩色打样机、高精度照排机、冲片机及相应的图像处理、排版软件、十多台MACINTOSH计算机组成，并配备了高素质的专业设计队伍。它代表了当今世界电脑平面设计和彩色制版印刷的一流水平，保证了黄页广告的制作质量和传播效果，并为社会各界提供优质的平面设计和广告宣传品制作服务。

上海黄页电信广告公司

经理：詹茂银
地址：上海市恒丰路601号424房间
电话：63173738　传真：63540534

利用自身优势　开辟广告新路

上海运筹国际广告公司系上海市计委东亚集团有限公司国有全资子公司，注册资金壹千万元，主要承接各类广告设计、制作，代理、发布国内外广告业务，承接大型文化、体育活动的广告及推广。一九九四年成立至今营业额连年递增，历年排行榜均列上海三十强。总经理唐炳泉因此获得上海浦东新区“十佳企业家”荣誉称号。

公司以东亚运动会广告委员会为班底，主要成员来自当年全国最大的广告公司，其中有从事广告业三十年的老一辈广告资深专家，也有八十、九十年代加盟广告的中坚骨干。他们曾经为世界名牌“雀巢咖啡”、“松下电器”、“吗丁啉胃药”、“三星电子”等进行过整体策划和全面服务，并在新公司成立后组织策划实施了各类大型活动，如“郁金香电脑展示会”、“创新的澳大利亚”、“迎八运沙龙保龄球大赛”、“上海桥牌八强赛”等上海地区、全国乃至世界性的广告活动。更值得一提的是，继首届东亚运动会之后，运筹国际广告公司又承担了第八届全国运动会的广告及推广活动，开辟了指定产品、项目冠名、场馆广告及印刷广告等多种广告集资渠道，连同东亚集团自己投资新建的上海体育场、上海国际网球中心等市政重点项目，为上海的体育产业化进行了有益的探索，并圆满完成了上级下达的广告集资指标，为本世纪最后一次规模最大的体育盛会－－八运会的圆满成功举行作出了应有的贡献。

上海运筹国际广告公司设国内客户部、国际客户部、国内媒介部、国际媒介部、广告创作部、广告制作部、市场调查部及其他管理部门，现有人员95%以上为大专以上学历。高效率的运转，高质量的筹划，始终是运筹人创业的宗旨。

上海运筹国际广告公司
SHANGHAI EXCEL INTERNATIONAL ADVERTISING CORP.

总经理：唐炳泉
地址：上海市零陵路800号东亚大厦16楼
邮编：200030
电话：64390993　传真：64391220

但在做每一个创意之前
我们都在寻求
如何用最短距离达到目标

中国广告行业
1994年度
前50强
中华人民共和国工商管理局

宝久广告有限公司于1993年6月18日创立，1994年加入上海广告协会，是中国一家私人广告代理企业，也是跻身全国广告行业50强的私营广告公司。如今，宝久已发展为拥有50余名员工的专业广告公司。

宝久广告具备全面代理、CI策划、平面创意、样本、POP、海报、包装设计、大型户外促销活动的组织等综合能力，其客户遍及电信、房产、食品、日用品、服装、影视、医药、电子、化工等行业，积累了丰富的市场和产品经验。

宝久的广告人才朝气蓬勃，勇于创新，平均年龄三十一岁，全部毕业于大专院校。在宝久，他们经过不断的工作磨砺和定期的业务培训，塑造成高素质的广告精兵。

好创意离不开媒体的双翅。在各类媒体的竞争中，我们始终力争上游。几年来，我们和新闻媒体以及其他企事业单位保持着良好的联络，建构起成熟的、多层次的媒体网络，从报纸、电视、广播到各类户外媒体，一应俱全。在媒体的购买和组合上，我们总是从客户利益出发，根据发行量、收视率、每视听毛成本等调查数据，为客户提供经济有效的媒体计划。

宝久在前进中成熟，在追求中壮大。1993年12月，又成立宝久贸易有限公司，从事商贸业务的开拓，1997年7月，宝久广告有限公司与日本宝广告株式会社签定项目合作协议。如今，在公司董事会的领导下，宝久广告正朝集团化、国际化方向发展，为客户提供更广泛，更优质的服务。

BAOJIU 宝久广告

上海宝久广告有限公司　　董事长：袁志平
SHANGHAI BAOJIU ADVERTISING CO., LTD.
上海陆家浜路468弄48号(海潮路口)南浦公寓3F
电话：63088892 63086951 63086759　传真：63085604　邮编：200011

上海东湖广告装饰公司隶属上海市东湖集团，是一家致力于社会主义市场经济现代化发展的全面型，综合型的专业广告公司，主要经营国内外各类广告业务，广告宣传印刷品，展览展销会的设计、制作，室内外装饰等业务。为增强活力，发展市场，开拓经营，朝集团化方向发展，公司相继成立了东安广告礼品公司，康纳－东湖广告有限公司等子公司。公司还拥有先进的电脑设计系统和较强的策划设计能力，可为客户提供具有专业水准的服务。

公司拥有一批企业管理、广告策划、市场调查、创意设计、生产制作等专业人才。公司积极开拓，投资广告媒体，与全国各地的广告公司，新闻媒介建立了长期业务关系。曾多次成功地为客户举办高层次的公关活动，并承办市府交办的实事项目，在行业内颇具影响。公司成立以来恪守信誉，积极推行代理制，努力实行以市场调查为基础，策划为主导，创意为中心的全面服务，赢得社会好评。在94年全国首届广告实力评价中，综合实力排序第四十二位，公司连续两次荣获市广告行业“重信誉，创优质服务”的先进单位。

上海东湖广告装饰公司

总经理：贾春林
负责人：宣　勤
联系人：陈迎曙
地址：新乐路167号五楼
邮编：200031
电话：64737022
传真：64156934

做负责广告的复氏达市场咨询服务有限公司

复氏达市场咨询服务有限公司创建于1993年1月11日，在创办之初就确立了面向市场的定位。复氏达运筹主体由卓越的经济学专家教授、资深广告人与富于激情的优秀高校毕业生组成。复氏达的服务体系涵盖市场调查、广告策划、营销策划、市场咨询、CI设计、媒介服务等各方面，并在各个体系中贯彻了复氏达“以客户为中心”的“全员服务”概念。几年来，复氏达坚持“从市场中来，到市场中去”的以市场为中心的策划理念，坚持做负责的广告。代理范围已包括汽车制造、保险、电力、建材、纺织、制药、家电、化妆品和饮料等各个行业，并确立了以“热诚、有效、务实、迅速”为核心的独特的复氏达服务理念。

复氏达的基本构架如下

- ◆复氏达市场研究所：权威的理论支撑与信息支持，二十多名上海杰出经济学家、教授和优秀企业家的荟萃地。
- ◆《复氏达快讯》：由复氏达市场研究所主办，以经济学专家、资深广告策划人、专业调研、媒介人员为主要撰稿人的专业性刊物。
- ◆策划部：清醒而充满想象力的激情“智业”策划人群，充满洞察力和孜孜以求的敬业精神。
- ◆市场调查部：强大的市场信息网络和规范、科学的调研系统。
- ◆创意部：创立复氏达－－上海大学美术学院CIS联合设计体，出人意表、新招迭出的创意群。
- ◆媒介部：良好的全方位媒介策划与发布、分析服务系统。拥有全国范围内的媒体信息网络与报价系统。

复氏达广告操作流程

预方案客户认同

广告委托代理签约

工作计划客户认同

- 市　调：·预调·问卷·电话询问·会议专题调查·调查报告确定
- 策　划：·头脑风暴策划会·策划草案·策划修改讨论会·进一步修改·定稿会客户确认·媒体实施计划客户确认
- 媒　体：·媒体投放单·媒体投放·媒体投放监督·媒体投放效果分析

复氏达主要客户资料：

- ◆山东小鸭集团(洗衣机)
- ◆上海汇丽(集团)(建材)
- ◆上海三枪(集团)有限公司(针织内衣)
- ◆上海望春花集团(纺织)
- ◆美国靳羽西公司(化妆品)
- ◆上海红心电熨斗总厂(电熨斗)
- ◆唐锋电器有限公司(暖风机冰雪机)
- ◆上菱电器有限公司(电冰箱)
- ◆台湾庄月集团(泛亚磁砖)
- ◆上海百事可乐有限公司(饮料)

复氏达CI设计主要业绩：

- ◆上海申能股份有限公司
- ◆上海(汇丽)集团公司
- ◆上海易初摩托车有限公司
- ◆上海望春花集团
- ◆上海长兴房地产公司
- ◆上海新城房地产公司
- ◆上海中顺物业代理有限公司
- ◆三枪集团少儿内衣系列吉祥物
- ◆泛亚建筑陶瓷工业有限公司

复氏達

上海复氏达市场咨询服务有限公司

地址：安福路322号五楼　邮编:200031　电话：64746730

GA&E

SHANGHAI GUNGHO ADVERTISING & EXHIBITION CO.

上海工合广告展览公司

霓虹灯造型

候车亭

高架广告

大型灯箱

立柱灯箱

主要经营：设计、制作、代理国内外各类广告、专业发布各类户外广告。

地址：中国上海市斜土路1175号22楼　电话：64180607　64183321　传真：64180609

Shanghai 上海现代国际展览有限公司 Modern International Exhibition CO., LTD.

上海现代国际展览有限公司集来华展、海外展、工程设计搭建、国内外广告设计发布及展览器材销售为一身，以三十多年广告展览的丰富经验，为您提供全面完善的服务。

九八年国外来华展计划：

第三届国际集成电路展	4月
'98上海国际视听展	5月
'98上海国际广告技及设备展览会	6月
'98上海国际印刷技术及设备展览会	6月
'98上海柔印凹印技术展览会	6月
'98上海国际多媒体技术设备展览会	6月
'98上海国际食品博览会	8月
第二十三届中国房产博览会	10月
'98上海‘特许加盟’技术研讨暨展示会	10月
'98中国国际生物技术和医药工业展览会	11月
'98上海国际珠宝饰品展览会	11月

● 北京“辉煌的五年”成就展　上海馆展台

九八年已确定团组出访路线：

日本东京国际礼品展	1998.2
意大利米兰国际女装展	1998.3
德国杜塞尔多夫国际鞋类展	1998.3
德国杜塞尔多夫国际时装博览会	1998.8
美国拉斯维加斯国际消费品博览会	1998.8

展览器材销售：

中外合资国际品牌奥克坦姆（OCTANORM）系列展架展具，德国先进设计，广泛应用于标准展台与各类特殊展台，搭建与拆装均极为方便。

OCTANORM®

公司地址：中国上海市圆明园路97号　电子邮箱：mie@mail.com　电话：(021) 63217522　图文传真：(021) 63295774

开创·孕育·构筑天机

上海西南广告公司、上海飞帆广告装潢公司是两家在沪上有一定实力的企业，是融策划、代理、设计、发布、制作为一体的现代广告经营公司。公司自成立伊始，便着手确立了广告发展的长远经营方向。随着科技的进步和广告客户层次的不断提高，公司凭借多年之底蕴顺应了现代广告的整体策划代理制道路的发展趋势，在广告创意领域容纳百川，吸取精华，不断完善和提高自身的专业素质和服务水准，利于广告运作更趋规范化和专业化，多年来公司同仁经过不懈努力经营规模、经济效益直线上升。目前拥有户外广告媒体总量达 5000 万元以上，分布 在市商业中心、机场、人民广场、外滩等。公司还配备了先进的“苹果 9600”设计系统与大型喷绘写真设备并汇聚了广告、设计、营销、工程等方面的中高级专业人才。与国内外广告同行、媒介及有关部门建立保持着良好的合作关系。

以霓虹灯、大型灯箱、灯光招牌的制作、发布的户外广告是公司广告业务的传统强项，享有良好的声誉，近年来制作、发布了一批品质优秀的霓虹灯广告，其中奥林巴斯、人头马、日立等作品分别在各项评比中获殊荣。公司还参与了各区市政灯光工程的建设、设计，制作了一批造型独特，构思新颖的街头作品。公司设计的一批灯光造型，被各区广泛采纳并在各项评比中频频得奖。

上海西南广告公司　　上海飞帆广告装潢公司

总经理：应曙光

地址：上海中山南二路777弄2号楼14层DEF　　邮编：200032

上海中艺美术公司创建于 **1959** 年，现有员工 **100** 人，拥有一批专业技术人材。具有承办国内外各类广告设计、制作、发布、代理资质；专业经营户外广告及专卖店、专柜的形象设计施工；尤为擅长承办各类展览会、交易会。

我们在所从事的领域中，全力投入并力求创新，顺应时代，走向世界，提供高品质服务及产品；以谋求社会的共进，并作为我们永无止境的追求。

1997

我们开始新的篇章……

上海中艺美术公司

经　理：刘文荣
联系人：冯沪生

地址：江西北路15号
邮编：200085
电话：63254633　传真：63573360

面对众多广告媒体
您曾难于做出抉择……
其实
一把钥匙启一把锁
医药广告可以找到……
拥有一批热心广告创作及推广的专业人才
一向以独特的创意策划见长
设计项目在全国和地区的广告大赛中屡屡获奖
只要是对客户有益的
定将竭尽全力倾心投入
这是我们最感骄傲的一贯传统
2205
我们熟知对症下钥
药
独具特色的全方位广告服务
外商来华医药广告策划代理
实施各种媒体广告全面策划代理
CIS企划设计
公关营销活动策划组织
国内外展览展示设计施工
影视广告策划制作
印刷品广告创意设计
摄影广告创作拍摄
上海地区各医院室内外广告发布
户外霓虹灯路牌广告发布
上海医药广告公司
地址：中国上海市四川北路841号　电话：63069602　传真：63245491　电挂：4885　邮编：200085

充满活力的上海福赐广告公司

广告的魅力来自何方？广告的魅力来自广告人的至臻追求。上海福赐 广告公司在长期的广告经营活动中，恪守国家法律、法令和政府颁布的有关法规， 讲究广告的商业性和艺术性的结合，连续两次获得1991-1992年度和1993-1995年度上海市广告业“重信誉、创优质服务”光荣称号，1996年被列入上海市浦东新区广告业“十佳”行列。该公司设计制作发布的广告作品在全国评比中多次获奖，成为申城拥有全市广告发布权和国内外广告代理权的著名广告经营者之一。

结构优化　功能多样

上海福赐广告公司的组织结构，根据内部管理和市场需要，按多功能进行设计，设有多个业务策划、媒介开发、美术设计、制作安装等部门，并辅以电脑设计、刻字、喷绘等现代化操作手段，因而在强手如林的市场竞争中，得以自身多功能优势，适应客户的不同需要，在广告品位、质量、价格、服务等方面获得国内外众多客商的赞许。上海海狮精制油、南海金龙鱼油、太平洋保险、瑞士丰泰保险、美国友邦保险、美国柯达胶卷、英国壳牌、日本精工、德国西门子等国内外数十家著名大客户均成为福赐广告公司的合作伙伴。

创意新颖　追求卓越

上海福赐广告公司在经营生产活动中，贯彻以人为本的原则，采取总经理经营目标责任制和部门负责制，注重发挥群体智慧和力量。该公司从总经理到策划业务设计人员全力以赴，至诚为客户服务，维护客户的广告投资利益。公司为保证广告合同项目按质、按量、按期完成，编制了严密的工作流程图，以作业系统为杠杆，人际关系为杠杆，制订了施工网络图、条块把关、工程验收等一系列行之有效的工作制度。事在人为，经过长期磨练，福赐广告的品位，以其创意新颖、款式多样、品位高雅、质量上乘、气势恢宏而深受客户的青睐和社会各界的关注。1994年在上海新外滩由该公司设计制作发布的360度旋转的电脑喷绘大型灯箱广告，以其构思新颖、风格独特而荣获“全国95年度‘古汉杯’中国广告大奖佳作奖。1997年初，该公司为柯达胶卷设计发布的四面环绕的采用电脑控制画面变幻的延迟线路式大型霓虹灯广告，又被’97中国（广州）广告节暨第五届全国优秀广告作品展评为“中国广告大奖红棉杯金奖”。

上海福赐 广告公司清楚地认识到，广告公司与客户之间必须有一致的目标，建立一种共栖关系，才能制定出有效的广告策划。统一性越高，越能出成效。高层次的广告，应该是商业性的艺术 ，而不是艺术性的商业。

上海福赐广告公司以发展广告事业和繁荣市场经济为己任，愿与广大中外客商和同行携手合作，共创锦绣前程。

上海福赐广告公司　总经理:卢威　联系人:孙允中

地址:上海市北苏州路878号　邮编:200085　电话:63575351　传真:63246303

上海邮政广告有限公司

公司创建于1984年，是全国邮电系统第一家颇具实力的专业广告公司，为适应当前广告市场的竞争，建立现代企业制度，1996年1月正式转制，转制后的邮政广告有限公司严格按有限责任公司的要求进行运作，加强管理、理顺关系，贯彻以人为本的管理思想，充分发挥邮电网络优势，使公司走向稳定健康有序的发展道路，取得了理想的社会效益和经济效益。

公司主要业务有霓虹灯、灯箱、路牌、邮政专送广告。户外广告媒体遍及上海闹市，邮政专送广告实行国内联网全国派送。

转换机制、加强管理、提高综合实力

公司首先在企业内部加强管理，形成合力，理顺邮政专送广告的发布投送渠道。鼓励全员参与市场竞争，增强市场意识，风险意识，发挥正向激励作用。

树立长远眼光，加强软硬件投入，吸收广告专业人才充实公司队伍，不断更新电脑排版设备，提高电脑排版的设计制作水平，增强了市场竞争能力，使业务大幅度提高。

依托邮电网络优势，开拓邮政专送广告业务

邮政专送广告从1993年开发至今，先后为上千家客户承揽设计发布各类广告，由于其具备网络优势和极高的信誉，所以此项业务一出现就得到市工商局的首肯，1994年上海市第四届优秀广告展评赛中，"邮政专送广告"又被作为"四新"应用成果的广告新媒体向社会推荐，产生了深远的影响，在社会上具备一定的知名度，目前已从成长期走向成熟期，以年年递增的营业额和利润得到社会认可及同行瞩目。

1996年，全国邮政广告部门之间实行了国内联网，全国派送，使其覆盖面更广，影响力更大，更具时间空间的灵活性，上海麦考林国际邮购有限公司等著名企业先后委托我公司，为其在全国大中城市投送几千万份邮政专送广告，取得良好的经济效益。

拓宽市场、服务企业、发展商业信函业务

商业信函业务的开发始于1992年，它是利用邮政专业网络掌握的全国邮政编码名址库以及私人用户名单信息库制成的"商业信函智能处理系统"。

商业信函以拓宽市场、服务企业为宗旨，先后为强生(中国)有限公司、法国3S公司、德国本茨汽车公司等客户发布近亿件商业信函，这种投入少、产出大的新型广告媒体，已成为沟通企业与消费者之间的桥梁，取得了良好的社会效益和经济效益。

总经理：张伟林
地址：淮海中路1337号　邮编：200031
电话：64747153　传真：64311836

上海著名广告经营者　广告发布者介绍

上海新大陆传播有限公司是注册在浦东的著名广告公司之一，是由上海市外高桥保税区新发展有限公司、上海市陆家嘴金融贸易区开发公司和美国奥特公司合资组建，注册资金为145万美元，投资额达210万美元。1994年成立第一年就跻身'95中国一百家最大广告公司，名列第66位。

- 在东方明珠塔下，在黄浦江边，在延安东路隧道内外，在陆家嘴金融贸易区，我们拥有最显著区域的户外霓虹灯广告阵地。
- 我们曾先后与电视台合作开辟软广告节目如《市场明珠》等，也与各电视台联合制作了各类娱乐、宣传节目如《智力大冲浪》、《东方热土》等。
- 我们曾策划、组织了一系列大型活动，如：
'96上海旅游节整体广告宣传总策划及实施；
"东上海百幢名楼评选"；
"浦东企业之星"多媒体联合大宣传；
中华人民共和国第八届运动会"体育爱好者之路"的总策划、总设计及承办。

▲家喻户晓的"体育爱好者之路"的创意承办

◀上海电视台《智力大冲浪》广告

◀'96上海旅游节宣传品

WELCOME TO NEW-CONTINENT

欢迎来到新大陆

- 我们的印刷品创作、设计与国际同步：
《庆回归，'97上海浦东·香港集邮展览纪念册》；
《东上海名楼谱》；
《'96上海旅游节宣传画》。
- 我们还参与组织各种国际文化交流活动及外国文艺演出活动。
- 我们的"经典集影视制作中心"拥有各国一流人才，已在生产一流的电视、电影广告片。
- 当然，各种电视、广播、报纸的广告代理同样也是我们的特长！

▲户外媒体

▲公司的"经典集影视制作中心"广告作品

▲各类印刷品设计

上海新大陆传播有限公司
SHANGHAI NEW-CONTINENT ADVERTISING CO., LTD.

地　址：嵩山路77号
上海皇宫商务楼3F
邮　编：200021
电　话：53060162
传　真：53065170

总经理：赵抗卫

流光溢彩的上海淮海路跨街霓虹灯长廊是新亚人的力作之一。

上海新亚霓虹广告公司

上海新亚霓虹广告公司，是沪上专业制作发布各类霓虹灯、灯箱广告的大型企业之一。本公司重质量、重信誉、重服务，多年来，年业务量一直名列行业前茅。

新亚公司拥有各类广告人才，及一批具有相当技术水平的制作工一百余人。公司除在本市设“二厂二部”即新亚霓虹电器厂、新亚霓虹变压器厂、新亚灯箱制作部和新亚霓虹器材经营部外，并在广东惠州、山东青岛、贵州贵阳等地设有联营分厂。本公司同时代理国内外各类广告策划、设计、制作、发布等业务，是具有相当规模和雄厚制作实力的专业公司。

近年来，新亚公司曾为上海许多著名大厦及中外企业集团制作发布了一系列大型霓虹灯广告。如东方商厦、海伦宾馆、太平洋大酒店、国脉通迅、上海电视塔、新黄浦集团、台湾英业达集团、日本三菱电梯公司、日立电器公司、美国可口可乐公司，以及淮海路跨街霓虹灯等等，尤其是为日本的“健伍”、“ＪＶＣ”、“奥林巴斯”、韩国的“三星电子”、新加坡的“立邦漆”等大型霓虹灯广告的成功制作，以及在市区２４小时内维修的善后服务，深受中外客户的好评。

新亚公司欢迎与各界新老客户进一步合作，为各界新老朋友和企业单位，贡献我们的智慧和力量。

上海新亚霓虹广告公司

总经理：邵国平

地址：上海蒙自西路７２弄９号
邮编：２０００２３
电话：６３０１００４０
传真：６３０１０３８５

简　　介

厂长：汤以依

上海云岭霓虹灯厂集设计、制作；发布霓虹灯、灯箱广告；承办外商来华广告及各类广告设计为一体的户外广告专业企业。

驰名中外的“上海烟草集团、紫江企业集团、上海面粉公司、万宝电器集团”，大连高塔的“西岗住宅”，高山上的“万达集团、中北集团”等企业；外商日本的“SHARP、AIWA、HITACHI、BRIDGESTONE、MILD SEVEN”，欧洲客商“KENT”，韩国的“LOTTE、鲜京集团”等巨型广告为我企业完成，业务遍及全国。

企业运用“苹果”系统设计，依靠雄厚的技术和人才，注重广告创意、广告质量、广告艺术及广告对社会的效益与企业形象。获全国金奖的作品有“NESCAFE”，获上海市二三等奖和优秀作品的有“蓝带”“万事发”“KENT”。尤为霓虹灯广告制作，采用国际新型涡轮真空设备，制作完成及发布的霓虹灯广告一直三年免费维修保养。

企业意在闯入国际市场，奔向世界。

上海云岭霓虹灯厂

厂址：上海市枣阳路461号
邮编：200062
电话：(86-21) 6285-4585
传真：(86-21) 6260-8990

中华人民共和国国家工商行政管理局令

第72号

《食品广告发布暂行规定》已经国家工商行政管理局局务会议审议通过，现予公布，自1997年2月1日起施行。

国家工商行政管理局局长　王众孚

1996年12月30日

食品广告发布暂行规定

第一条　发布食品广告，应当遵守《中华人民共和国广告法》(以下简称《广告法》)、《中华人民共和国食品卫生法》(以下简称《食品卫生法》)等国家有关广告监督管理和食品卫生管理的法律、法规。

第二条　本规定所指食品广告，包括普通食品广告、保健食品广告、新资源食品广告和特殊营养食品广告。

保健食品是指具有特定保健功能，适宜于特定人群，具有调节机体功能，不以治疗疾病为目的的食品。

新资源食品是指以在我国新研制、新发现、新引进的无食用习惯或者仅在个别地区有食用习惯的，符合食品基本要求的物品生产的食品。

特殊营养食品是指通过改变食品的天然营养素的成分和含量比例，以适应某些特殊人群营养需要的食品。

第三条　食品广告必须真实、合法、科学、准确，符合社会主义精神文明建设的要求，不得欺骗和误导消费者。

第四条　《食品卫生法》禁止生产经营的以及违反国家食品卫生有关规定生产经营的食品不得发布广告。

第五条　广告主发布食品广告，应当具有或者提供下列真实、合法、有效的证明文件：

(一)营业执照；

(二)卫生许可证；

(三)保健食品广告，应当具有或者提供国务院卫生行政部门核发的《保健食品批准证书》、

《进口保健食品批准证书》;

(四)新资源食品广告,应当具有或者提供国务院卫生行政部门的新资源食品试生产卫生审查批准文件或者新资源食品卫生审查批准文件;

(五)特殊营养食品广告,应当具有或者提供省级卫生行政部门核发的准许生产的批准文件;

(六)进口食品广告,应当具有或者提供输出国(地区)批准生产的证明文件,口岸进口食品卫生监督检验机构签发的卫生证书,中文标签;

(七)关于广告内容真实性的其他证明文件。

第六条 食品广告不得含有“最新科学”、“最新技术”、“最先进加工工艺”等绝对化的语言或者表示。

第七条 食品广告不得出现与药品相混淆的用语,不得直接或者间接地宣传治疗作用,也不得借助宣传某些成份的作用明示或者暗示该食品的治疗作用。

第八条 食品广告不得明示或者暗示可以替代母乳,不得使用哺乳妇女和婴儿的形象。

第九条 食品广告中不得使用医疗机构、医生的名义或者形象。食品广告中涉及特定功效的,不得利用专家、消费者的名义或者形象做证明。

第十条 保健食品的广告内容应当以国务院卫生行政部门批准的说明书和标签为准,不得任意扩大范围。

第十一条 保健食品不得与其他保健食品或者药品进行功效对比。

第十二条 保健食品、新资源食品、特殊营养食品的批准文号应当在其广告中同时发布。

第十三条 普通食品、新资源食品、特殊营养食品广告不得宣传保健功能,也不得借助宣传某些成份的作用明示或者暗示其保健作用。

第十四条 普通食品广告不得宣传该食品含有新资源食品中的成份或者特殊营养成份。

第十五条 违反本规定发布广告,依照《广告法》有关条款处罚。《广告法》无相应处罚条款的,由广告监督管理机关责令停止发布,并可以对违法行为人处以三万元以下罚款。

第十六条 本规定自1997年2月1日起施行。本规定施行前制定的其他有关食品广告管理的行政规章内容与本规定不符的,以本规定为准。

关于禁止发布将人民币变相作为奖券使用的广告的通知

各省、自治区、直辖市及计划单列市工商行政管理局：

近来，一些单位为开展商品促销或其他经营活动，发布将人民币变相作为奖券使用的广告。例如在广告中称，凡持有某种号码、某种版或某种面值的人民币，可换取标价超过其面值的商品、服务或兑换到超面值的人民币等。此类广告，影响了人民币的声誉，损害了社会公共利益。各级工商行政管理机关一经发现，必须坚决予以制止，并按照《广告法》第三十九条的规定予以处理。

（1996 年 4 月 16 日）

关于严格控制评比类广告的通知

各省、自治区、直辖市及计划单列市工商行政管理局：

《中共中央办公厅、国务院办公厅关于严格控制评比活动有关问题的通知》（厅字[1996]10号）下发以来，含有评比内容的广告得到了一定控制，但在有些地方、有些新闻媒介中，此类广告仍时有发布。为加强管理，特作如下通知：

一、各地接本通知后，请立即组织力量对不符合厅字[1996]10 号文件精神的广告进行清理，可以修改的立即修改，不能修改的停止发布。

二、国家工商行政管理局将根据中央、国务院有关精神，对含有评比内容的广告，制定具体管理规定。在上述规定出台前，对于含有违反厅字[1996]10 号文件规定内容的广告，按违反《广告法》第七条第两款的规定进行处理。

（1996 年 5 月 26 日）

关于在广告中使用“观世音菩萨”像是否属“迷信”内容的答复

辽宁省工商行政管理局：

你局《关于在广告中使用“观世音菩萨”像是否属于〈广告法〉所指‘迷信’内容的请示》(辽工商[1996]23号)收悉。经研究，答复如下：

在我国，正当的宗教活动受法律保护，但应当在一定的场合和范围内进行。“观世音菩萨”是佛教专有的形象，具有特定的宗教意义，其用于商业广告活动，超出了正常宗教活动的范畴，并带有一定的迷信色彩，属于《广告法》第七条第二款第(六)项禁止的广告行为，应当依照《广告法》第三十九条的规定予以处理。

(1996年6月5日)

关于大型户外广告认定等问题的答复

河南省工商行政管理局：

你局《关于明确大型户外广告的请示》(豫工商字[1996]第100号)收悉。经研究，现就有关问题答复如下：

一、工商行政管理机关作为广告的监督管理机关，应当依照《广告法》赋予的职责，对户外广告实施登记管理。

二、依据《广告法》第三十三条的规定，户外广告的设置规划和管理办法的制定，由当地县级以上地方人民政府负责。因此，对大型户外广告的认定，应当以县以上地方人民政府制定的户外广告设置规划为准；对于未制定户外广告设置规划的，工商行政管理机关应当提出意见，报当地县以上地方人民政府予以认定。

(1996年6月5日)

关于开展“中华好风尚”主题公益广告月活动的通知

各省、自治区、直辖市及计划单列市工商行政管理局：

为进一步落实《广告法》，指导公益广告健康发展，促进社会主义精神文明建设，国家工商行政管理局决定于1996年9月1日至10月1日，在全国范围内开展“中华好风尚”主题公益广告月活动(以下简称主题公益广告月)。现就有关问题通知如下：

一、充分认识开展主题公益广告月活动的重要意义。近年来，公益广告日益引起社会的重视。一些以遵守公德，保护环境，关心老人、妇女、儿童为主题的公益广告，对于唤醒人们的公益意识，产生了积极的影响。“中华好风尚”是中华民族传统美德和优良品质的体现，是公益广告主题的重要来源。开展以“中华好风尚”为主题的公益广告月活动，即选择一个月，突出一个主题，形成公益广告的声势，不仅能够扩大公益广告的影响，而且有助于推动公益广告整体水平的提高，对于弘扬中华民族传统美德，具有十分重要的现实意义。

各级工商行政管理机关作为广告监督管理机关，要把开展“中华好风尚”主题公益广告月活动作为工商形象建设的一项内容，高度重视，加强领导，精心组织，制定具体的实施方案(于7月10日前报国家工商行政管理局广告监督管理司)。同时，要指定专人负责，加强宣传、协调、指导，层层抓好落实，切实把这项工作开展起来。

二、积极宣传、动员和指导广告主、广告经营者、广告发布者参与此项活动。做公益广告，是广告主、广告经营者、广告发布者应尽的义务，是广告界为精神文明建设做贡献的重要表现形式。各地接本通知后，应及时将通知精神传达到广告经营单位和主要广告主单位，广泛动员有关单位积极参加这项活动。主题公益广告月期间，各地应紧紧围绕“中华好风尚”这一主题，采取多种形式，利用电视、广播、报纸、期刊及路牌、显示屏、各种招贴等户外媒介，进行综合性、立体化的公益广告宣传，以取得明显成效。各地工商行政管理机关要对当地广告主、广告经营者、广告发布者参加公益广告活动的情况进行监督考核。

三、提出明确要求，确保宣传效果。主题公益广告月期间，参加活动的作品发布时，应标有“中华好风尚”标志。专业广告公司应至少制作一件公益广告，其中有较强实力或有影视广告制作经营范围的，应制作一部电视广告；广告发布者应积极为主题公益广告提供时间和版面，其中省级以上电视媒介，主题公益广告月期间，每天黄金时间(18点至21点)播出主题公益广告应不少于一条，其他时间应不少于两条。主题公益广告月期间，省级以上报纸媒介明显版位每周刊出主题公益广告应不少于一条，其他版位应不少于两条。广播、期刊、省级以下(不含省级)电视、报纸以及利用户外媒介发布主题公益广告的数量，由各省、自治区、直辖市工商行政管理局提出要求。同时，应动员辖区内广告量较大的广告主，积极出资制作、发布主题公益广告，树立关心公益的良好形象。

四、中国广告协会和各级各类广告行业组织，应结合实施精神文明公约，组织成员单位在活动中做出表率。行业组织应单独或联合有关单位，在主题公益广告月期间，积极开展各种形式的社会宣传、普及活动，推动、配合主题公益广告月活动的深入开展。

五、认真做好主题公益广告的评选工作。各省、自治区、直辖市工商行政管理局应按照统一安排部署，于10月1日至10日，以省(自治区、直辖市)为单位，向国家工商行政管理局报送优秀平面、影视公益广告作品各三件。国家工商行政管理局将设立公益广告优秀作品政府奖。同时，对活动中表现突出的单位和个人予以表扬。

六、公益广告主题月结束后，各省、自治区、直辖市工商行政管理局要及时写出总结报告，于1996年11月30日前，报国家工商行政管理局广告监督管理司。

（1996年6月18日）

“中华好风尚”主题公益广告月参考题录

关心、爱护老人、妇女、儿童

尊师重教

重视社会公德、职业道德和家庭伦理道德教育，发展平等、团结、友爱、互助的人际关系

发扬艰苦创业、勤俭节约的优良传统，反对铺张浪费的奢靡之风

提倡科学、文明健康的生活方式

提倡民族自信心、自豪感

其他良好社会风尚

关于《广告法》有关条款适用问题的答复

广西壮族自治区工商行政管理局：

你局关于全州县工商行政管理局处罚桂北大酒店综合商场运用法律是否准确的请示收悉。经研究，答复如下：

商业企业为推销某种产品在广告中使用“唯一经销商”的用语，如与事实不符，属于虚假广告。同时由于其在广告中所称的“唯一经销商”违背事实而在消费者中形成误导，容易使消费者对其他企业经销该产品的合法性产生误解，从而贬低了其他企业的商业信誉。因此，亦可适用于《广告法》第十二条予以处理。

（1996年7月2日）

关于印发《广告审查员管理办法》的通知

各省、自治区、直辖市及计划单列市工商行政管理局：

现将《广告审查员管理办法》印发给你们，请遵照执行。

附件：广告审查员管理办法

（1996 年 7 月 2 日）

广告审查员管理办法

第一条 为了加强对广告发布活动的管理，严格执行各类广告发布标准，根据《中华人民共和国广告法》第二十八条的规定，制定本办法。

第二条 设立广告审查员是建立广告业务管理制度的一项内容。广告经营者、广告发布者应当依照本办法的规定，配备广告审查员，并建立相应的管理制度。

第三条 广告经营者、广告发布者设计、制作、代理、发布的广告，应当经过本单位广告审查员书面同意。

第四条 广告审查员应当履行下列职责：

（一）依照国家法律、法规、行政规章和国家有关规定，审查本单位设计、制作、代理、发布的广告，签署书面意见；

（二）负责管理本单位广告档案；

（三）向本单位的负责人提出改进广告审查工作的意见和建议；

（四）协助本单位负责人处理本单位遵守广告管理法规的相关事宜。

第五条 广告审查的范围是广告设计定稿、广告创意稿及制作后的广告品、代理或者待发布的广告样件。

第六条 广告审查员按照下列程序审查广告：

（一）查验各类广告证明文件的真实性、合法性、有效性，对证明文件不全的，提出补充收取证明文件的意见；

（二）核实广告内容的真实性、合法性；

（三）检查广告形式是否符合有关规定；

（四）审查广告整体效果，确认其不致引起消费者的误解；

（五）检查广告是否符合社会主义精神文明建设的要求；

（六）签署对该广告同意、不同意或者要求修改的书面意见。

第七条 对于已经广告审查机关审查的广告中存在的违反广告管理法规的问题，广告审查员可以向该审查机关提出，并可以同时向工商行政管理机关报告。

第八条 广告审查的书面意见，是广告档案的组成内容，应当自广告最后一次发布之日起，保存两年。

第九条 广告审查员应当由所在单位委派，参加工商行政管理机关统一组织的培训、考试并取得《广告审查员证》之后，方获得从事广告审查工作的资格。

第十条 工商行政管理机关对广告审查员的管理与监督：

(一)办理《广告审查员证》的颁发、迁移、收回、注销等手续并建立管理档案；

(二)组织广告审查员学习国家广告管理法规、政策；

(三)掌握广告审查员的工作情况，并及时给予表扬鼓励或者批评教育；

(四)对广告审查员做出错误审查决定的情况进行记录；

(五)受理广告审查员关于广告审查工作的意见、建议和投诉。

第十一条 广告审查员调换工作单位，应当到工商行政管理机关办理迁移手续。广告审查员跨地区调换工作单位的，应当先到原工作地工商行政管理机关办理《广告审查员证》调出手续，凭原工作地工商行政管理机关的调出证明和被聘单位的介绍信，到新工作地工商行政管理机关办理调入手续。

广告审查员调换工作岗位十八个月以上未办理迁移手续的，《广告审查员证》自动作废。

第十二条 工商行政管理机关对于因审查失误造成违法广告的广告审查员，应当根据情况给予批评，或者收回其《广告审查员证》一至六个月。情节严重者，注销其《广告审查员证》。

对于《广告审查员证》被收回者，其所在单位应当立即暂停其广告审查工作。

第十三条 对广告审查员实行年度审验(简称年审)制度。广告审查员无特殊原因逾期六个月不参加年审的，由工商行政管理机关注销其《广告审查员证》。

广告审查员失职，致使本单位因广告违法受到处罚达三次者，为年审不合格。

年审不合格的广告审查员，工商行政管理机关应当收回其《广告审查员证》，并对其进行广告管理法规培训后，再予发还；在收回《广告审查员证》期间，所在单位应当暂停该广告审查员的广告审查工作。

对连续两次年审不合格的广告审查员，工商行政管理机关应当取消其资格，注销其《广告审查员证》。

广告审查员的《广告审查员证》被注销后，五年内不得重新考取。

第十四条 工商行政管理机关对广告审查员的批评、表扬，《广告审查员证》的收回、迁移，应当在《广告审查员证》和广告审查员管理档案中予以注明。

第十五条 工商行政管理机关对广告经营者、广告发布者执行本办法的情况进行年度专项检查。年度专项检查应当与对广告经营者、广告发布者的广告经营专项检查一并进行。在检查中发现违反本办法和其他广告违法行为的，一并予以处理。

第十六条 违反本办法有关规定造成违法广告的，工商行政管理机关应当依照有关规定从重处罚。

第十七条 广告审查机关和自行发布广告的广告主，可以参照本办法，在当地工商行政管理机关指导下，设立广告审查员。

第十八条 本办法自 1997 年 1 月 1 日起施行。

关于不得利用“97 香港回归”进行广告宣传的通知

各省、自治区、直辖市及计划单列市工商行政管理局：

近来，一些企业将广告宣传、产品销售等商业活动与“97 香港回归”联系起来。这种做法，与党中央、国务院关于任何单位和个人不得以“香港回归”名义举办商业性营销活动的要求不符，应当予以制止。请各地通知有关广告经营者、广告发布者立即停止发布此类广告。今后，凡涉及到“香港回归”内容的商业广告，一律不得发布。其它商业活动中有涉及“香港回归”内容的，请照此精神办理。

特此通知

（1996 年 7 月 25 日）

关于医疗用语或者易与药品混淆的用语认定问题的答复

上海市工商行政管理局：

你局《关于如何认定医疗用语或者易与药品混淆的用语的请示》［沪工商广字(1996)第 271 号］收悉。经研究，答复如下：

食品、酒类、化妆品广告用语是否属于医疗用语或者易与药品混淆的用语，应视其是否会产生使广告受众认为该种产品具有治疗某种(类)疾病的功效的效果而定。

“全面调整人体内分泌平衡”一语，可能使消费者认为金王纯花粉对人体内分泌失衡具有治疗作用，属于易与药品混淆的用语，可以认定违反了《广告法》第十九条的规定。

（1996 年 8 月 2 日）

关于报纸地方版、增版广告管理问题的通知

各省、自治区、直辖市及计划单列市工商行政管理局：

为加强对报纸地方版、增版广告的管理，现就有关问题通知如下：

一、经新闻出版部门批准设立的报纸地方版和增版，可按该报社《广告经营许可证》核定的广告经营范围从事广告经营活动。

二、报纸地方版的广告经营活动由报社广告经营部门负责，其违法广告行为由报社承担法律责任。

三、报纸地方版出现违法广告，按照《关于查处广告违法行为若干问题的意见》(工商广字[1995]第245号)文件的规定，案发地工商行政管理机关可以使用《广告案件查处意见书》，通知报社所在地工商行政管理机关进行查处。报社所在地工商行政管理机关接到《广告案件查处意见书》后，应当在60天内完成查处工作，并向发出《广告案件查处意见书》的工商行政管理机关通报查处结果。

(1996年8月9日)

关于对成都百美餐饮食品有限公司“餐券广告案”处理意见的批复

成都市工商行政管理局：

你局《关于成都百美餐饮食品有限公司“餐券广告案”的紧急请示》(成工商发[1996]96号)收悉。经研究，答复如下：

一、成都百美餐饮食品有限公司承担费用印制的介绍所提供服务项目的餐券，根据《广告法》第二条第二款，应认定为商业广告。

二、成都百美餐饮食品有限公司的餐券广告中，违反《中华人民共和国宪法》关于“台湾是中华人民共和国神圣领土的一部分”的规定，出现“中华民国”字样，应按照违反《广告法》第七条第二款第九项的规定予以处罚。

(1996年8月15日)

关于在产品包装物上宣传、介绍产品是否属于广告问题的答复

天津市工商行政管理局：

你局《关于对药品包装上有广告内容是否属于印刷品广告的请示》(津工商标[1996]18号)收悉。经研究,答复如下:

根据《广告法》第二条的规定,在包装物上直接或者间接宣传、介绍产品,是广告的一种形式;对含有产品宣传、介绍内容的包装物,应认定为广告宣传品。

(1996年10月7日)

关于规范企业名称和商标、广告用字的通知

各省、自治区、直辖市及计划单列市工商行政管理局:

今年以来,在国家工商行政管理局的统一部署下,各地工商行政管理机关认真开展清理不良文化的工作,依法清理了一批有不良政治、文化影响的企业名称、商标和广告,取得了明显成效,社会反响很好。但在企业名称、商标和广告中,还存在一些问题,比较突出的是,用字不规范,滥用"洋"名称,生造一些非中非外、含义不清的词语或名称等,造成了不良影响。各地工商行政管理机关要在前一段清理不良文化的基础上,进一步采取有效措施,加强正面引导和管理,规范企业名称和商标、广告用字。现作如下通知:

一、加强宣传教育。引导企业和公民在坚持对外开放、面向世界的同时,坚持中国特色,维护国家主权和民族尊严,自觉弘扬民族文化,使企业名称和商标、广告用字符合规范要求,适合国情,方便群众认识;坚决抵制不良文化的侵蚀,反对盲目崇外,滥用"洋"名称和外国文字。

二、强化企业名称登记管理。企业名称应当使用符合国家规范的汉字,不得含有外国文字、汉语拼音字母、数字(不含汉字数字)。企业名称在译成外文时,应当符合翻译的基本原则和惯例。外商投资企业名称可以使用出资的外国企业的字号,但应当译成汉字。内资企业不得使用含义不清、没有积极意义的企业名称。企业名称牌匾不得单独标注外文。企业在广告宣传、产品标识、产品包装上不得只使用外文名称,确因业务需要使用外文名称的,应当与中文名称同时使用,且不得突出外文名称。

三、严格执行《商标法》,坚决抵制不良文化倾向。对违反《商标法》第八条第(9)项规定,使用"有害于社会主义道德风尚或者有其他不良影响"的文字、图形作商标的,要依法驳回其注册申请,并禁止其在商品上或服务中使用。中国企业在国内销售的商品或提供的服务上注册文字商标的,提倡使用中文。外国企业产品在中国市场销售,必须在产品包装和使用说明书上同时标注中文。

四、依法加强广告监督管理。广告中使用的企业名称必须与其营业执照上核准的名称相一致,使用的商标必须符合商标管理法规的规定,并做到用语规范。凡未经核准的企业名称和不符合商标管理法规规定的商标,均不得在广告中出现。

各级工商行政管理机关应认真贯彻本通知精神,充分发挥职能作用,切实做好规范企业名称和商标、广告用字的有关工作,努力为加强社会主义物质文明和精神文明建设做出积极的贡

献。对违反本通知及其他有关规定的行为，依法予以查处。

（1996年11月1日）

印发《关于受理违法广告举报工作的规定》的通知

各省、自治区、直辖市及计划单列市工商行政管理局：

现将《关于受理违法广告举报工作的规定》印发给你们，请遵照执行。

附件：关于受理违法广告举报工作的规定

（1996年12月5日）

关于受理违法广告举报工作的规定

第一条 为保护公民、法人和其他组织的合法权益，依法规范工商行政管理机关受理违法广告举报工作，特制定本规定。

第二条 国家工商行政管理局负责监督、指导、协调地方各级工商行政管理机关受理违法广告举报工作，调查处理有重大影响的举报。

第三条 省、自治区、直辖市工商行政管理局负责指导、协调辖区内违法广告举报受理工作，调查处理或者指定下级工商行政管理机关调查处理辖区内有重大影响和上级转办的举报。

第四条 市（地区）、县级工商行政管理局具体受理本地和调查处理上级机关转办的举报。

第五条 公民、法人和其他组织对以下违法广告，有权向工商行政管理机关举报：

（一）损害国家和社会公共利益的广告。

（二）损害公民、法人和其他组织合法权益的广告。

（三）不符合社会主义精神文明建设要求的广告。

（四）内容虚假的广告。

（五）其他违反国家法律、法规及有关规定的广告。

第六条 举报违法广告，举报人除特殊情况可以以电话、电报形式或者委托他人举报外，一般应当以信函形式进行举报。为便于调查核实，举报材料应写明真实姓名及联系方法。

举报人认为必要，可以到工商行政管理机关当面举报。

第七条 举报人应当对举报的违法事实举证，说明具体的举报事项，提供违法广告发布的媒介、版面、时间等有关的证据材料。

在必要情况下，工商行政管理机关也可以要求被举报的广告主、广告经营者、广告发布者举证。

第八条 工商行政管理机关应当对接到举报材料的有关事项进行登记,注明举报材料的来源、去向及承办人,对内容不清,暂时难以核实或者转办的举报材料,应当保存一年以上。

第九条 工商行政管理机关对无法调查核实的匿名举报信函,可以不予受理。

对利用举报捏造事实,损害竞争对手信誉,进行不正当竞争的单位或者个人,工商行政管理机关应当依法严肃处理。

第十条 工商行政管理机关对发布时间超过两年的违法广告的举报,可以不予受理。

第十一条 工商行政管理机关一般应当按照对广告发布者或者自行发布广告的广告主的管理权限受理举报。对不在管辖权限内的举报,应当于十日内转交有管辖权的工商行政管理机关调查处理。上级工商行政管理机关收到应当由下级工商行政管理机关管辖的举报,应当逐级在收到举报材料后十日内转交下级工商行政管理机关调查处理。

对典型重大举报,上级工商行政管理机关认为有必要,可以自行调查处理,或者与下级工商行政管理机关共同调查处理。

第十二条 广告发布地的工商行政管理机关接到反映异地广告主、广告发布者在本地进行违法广告活动的举报的,可以视情况按照有关规定及时立案查处,予以制止和纠正。

第十三条 工商行政管理机关应当根据举报材料,对举报事实进行初步认定和调查核实。对事实清楚、情节简单的违法广告,应当自接到举报材料之日起一个月内立案查处;对调查核实六个月仍难以认定的举报,应当将情况报告上级机关。

对立案后的违法广告,工商行政管理机关应当依据有关行政处罚程序进行处理。

第十四条 工商行政管理机关在调查核实举报的违法广告的过程中,认为需要委托广告主所在地工商行政管理机关协助调查、核实的,应当出具书面委托函;受委托的工商行政管理机关应当积极予以协助,并自收到委托函之日起一个月内,调查核实清楚所委托的事项,函复原发文机关。发出委托函一个月后仍未收到复函的,原发文机关可以请求广告主所在地上级工商行政管理机关协调处理。

第十五条 下级工商行政管理机关对上级机关转办的典型重大举报,应当按照上级工商行政管理机关的要求,在立案查处后报送处理情况。

第十六条 对涉及侵害举报人民事权益的违法广告,工商行政管理机关在按照行政程序对违法广告当事人做出处理后,应举报人的要求,可以将处理结果告知举报人。

第十七条 工商行政管理机关对不属于举报范围的情况反映、工作建议等群众来函来电,应当认真对待,作为广告监督管理机关的工作参考。对举报的内容属于其他部门管辖的,应当转交有关部门处理。

第十八条 各级工商行政管理机关受理违法广告举报的工作人员,应当按照本规定要求依法行政,并为举报人保密。对严重违反本规定的行为,依照《广告法》第四十六条的规定处理。

第十九条 本规定自1997年1月1日起执行。

关于广告专业技术岗位资格培训工作的通知

各省、自治区、直辖市及计划单列市工商行政管理局：

根据《关于加快广告业发展的规划纲要》提出的要求，近两年来，各地普遍开展了广告专业技术岗位资格培训工作，在提高广告从业人员和广告企业素质方面，已显出一定成效。

从1994年和1995年全国培训情况看，全国大多数地区认真按照规定的要求抓好本地区培训工作的规划和检查指导工作，制定了相应的具体措施。如北京、上海、广东、湖北、四川、新疆、安徽等地认真抓好培训计划的具体落实工作，有专门的机构、场地、设备、师资负责培训，保证了较高的培训质量。截至1994年底统计，天津、河北、山西、内蒙古、吉林、上海、湖北、广西、云南、新疆等地的培训人数已占到本地区从业人数的20%。

1995年6月，我局下发的《广告经营者、广告发布者资质标准及广告经营范围核定用语规范》，已对广告经营单位应持有专业资格证书的人员范围作出规定，各地应认真贯彻执行。对在这方面不符合资质条件的广告经营单位，应按照有关规定，对其经营范围加以限制，或取消其经营资格。

1996年是广告专业技术岗位培训制度列入规范化管理的第一年。各地应进一步加强组织领导工作，在抓好培训的同时，严格广告经营专项检查工作，对不符合资质条件的单位应限期补正；对新申请经营广告业务的，应要求其有关人员经培训合格，才予办理审批登记手续。

附件：广告专业技术岗位资格培训统计表(第一期和第二期)(略)

(1995年1月2日)

关于禁止发布有关性生活内容广告的通知

各省、自治区、直辖市及计划单列市工商行政管理局：

近来，某些省市出现“性生活保健热线”电话广告，并将咨询项目逐条刊登在广告中。发布此类广告，同我局工商广字(1989)第284号《关于严禁刊播有关性生活产品广告的规定》精神不符，应按照工商企字(1996)第55号《关于贯彻执行国阅(1995)154号文件精神清理不良文化的通知》的要求禁止发布。各地工商行政管理机关发现此类广告，应责令停止发布，对情节恶劣、后果严重的，可以按照违反《广告法》第三条、第七条第二款的规定，予以查处。

(1996年2月28日)

关于在广告中能否使用“国际金奖”、“国际名称”等问题的答复

陕西省工商行政管理局广告处：

你处“关于能否在广告中使用‘国际大奖’、‘国际名牌’等问题的请示”收悉。经研究，现答复如下：

一、根据我局“关于暂时禁止在广告中宣传境外获奖内容的紧急通知”（工商广字[95]75号）的精神，对广告中使用“国际大奖”及类似用语者，应按通知规定予以制止。

二、西安梦乡家具有限公司对“国际名牌”所提供的证明，实际上是世界按摩脊柱治疗者联合会对该公司床具产品的功能、质量所颁发的证书，与“国际名牌”无关，因此，在广告中不得使用“国际名牌”。

三、商品标识在广告中出现，属广告内容的一部分，应遵守我国有关广告法律、行政法规的规定。我国广告法律、法规虽然未直接对在广告中使用外国国旗等作出明确规定，但由于西安福乐家具有限公司是中国企业法人，在广告中突出美国版图、国旗不妥，应要求其停止发布，修改后刊播。

（1996年5月28日）

关于“产品简介是否属于广告的请示”的答复

宁夏回族自治区工商行政管理局：

你局“关于药品包装盒内的产品简介是否属于广告的请示”[宁工商发(1996)103号]收悉。经研究，答复如下：

随着在商品包装内的产品简介，符合《广告法》中广告的特征，应依照《广告法》进行监督管理。

（1996年6月6日）

关于组织学习《广告要符合精神文明要求》一文的通知

各省、自治区、直辖市、计划单列市工商行政管理局广告(商标广告)处:

6月27日,人民日报发表了王众孚同志题为《广告要符合精神文明要求》一文。文章阐述了广告与精神文明的关系,指出了当前存在的问题,提出了在广告监督管理工作中进一步加强精神文明建设的要求。此文对今后做好广告监督管理工作具有重要的指导意义,各地应认真学习贯彻。现就组织学习的有关问题通知如下:

一、各级广告监督管理部门要认真组织学习王众孚同志的文章,对照检查前一段的工作,按照文章的精神,制定行之有效的改进监督管理的措施。

二、按照文章指出的广告要符合精神文明的几项要求,加强对广告发布情况的监督检查,对不符合精神文明要求的广告,要予以纠正、处理。

三、组织指导广告经营单位认真学习领会文章精神,加强自律意识,注重广告的精神文明建设。要依据文章的原则要求,制订精神文明建设的自律规定,特别是严格广告审核,防止出现不符合精神文明的违法广告。

四、按照国家工商行政管理局发出的《关于开展中华好风尚主题公益广告月活动的通知》要求,积极组织落实,展示广告界为精神文明建设做贡献的良好形象。

五、学习贯彻情况,年终作为今年的一项工作内容上报我司。工作开展期间将文字材料及时上报,我们将在"广告管理动态"上刊载、交流。

(1996年7月2日)

对在祝贺广告中使用国家机关和国家机关工作人员的名义有关请示的答复

江西省工商行政管理局:

你局关于如何理解在祝贺广告中使用国家机关和国家机关工作人员的名义的请示(赣工商广字[1996]10号)收悉。经研究,答复如下:

一、应区分祝贺广告的商业性或者非商业性属性。在商业广告中,不得以任何形式使用国家机关及其工作人员的名义。在非商业性广告中,使用国家机关及其工作人员名义的,应事先取得被使用者的书面同意。

二、广告主在为提高其商业信誉和社会知名度开展的活动中的广告宣传,如征集厂徽、厂标、产品名称、商标,等等,不得以任何形式使用国家机关及其工作人员的名义。

（1996年8月7日）

国家计委、国家工商行政管理局关于做好《广告服务收费管理暂行办法》实施工作有关事项的通知

国务院各有关部门，各省、自治区、直辖市物价局（委员会）、工商行政管理局：

为加强广告服务收费管理，维护市场正常秩序，促进广告业健康发展，国家计委、国家工商行政管理局于1995年12月19日发布了《广告服务收费管理暂行办法》（计价格[1995]2329号，以下简称《暂行办法》）。现将做好《暂行办法》实施工作的有关事项通知如下：

一、各地物价和工商行政管理部门要认真做好对广告经营、发布单位的调查统计，摸清底数，尽快部署开展广告服务收费备案工作。广告经营者、广告发布者应按照《暂行办法》规定的备案程序和要求履行备案手续。中央在京直属单位广告经营者和广告发布者向国家计委和国家工商行政管理局履行备案手续；其它广告经营者和广告发布者应按照所在省、自治区、直辖市物价、工商行政管理部门规定的备案管理分工权限履行备案手续。首次备案原则上应于9月底前结束。日常的备案及备案管理按《暂行办法》中的有关规定执行。

二、统一规范广告服务收费价目表。广告服务收费价目表根据广告业务性质和特点分为：广播电视广告服务收费价目表；报纸、杂志广告服务收费价目表；广告经营服务收费价目表。具体规范式样见附件一、二、三。广告经营者、广告发布者要按照规范式样具体设计制做广告服务收费价目表，并按要求认真填写。对不按规范式样和要求设计制做并填写广告服务收费价目表的，备案管理机关可退回广告经营和发布单位重新设计制做或填写。

三、广告经营者、广告发布者在履行广告服务收费备案手续时，应附制定广告收费标准及收费办法的情况说明。具体要求见附件四。

四、广告备案管理机关一律使用统一规范的广告服务收费备案管理专用章。规范式样见附件五。

五、广告经营者和广告发布者履行备案手续后，留用的价目表签章正本必须按明码标价的要求，悬挂在经营场所或收费地点的醒目位置。

六、首次备案工作结束后，各级物价、工商行政管理部门要对广告经营、发布单位执行《暂行办法》的情况进行一次全面检查。对有下列违反《暂行办法》行为的，要按照有关规定予以查处：（一）不履行收费标准及收费办法备案手续的；（二）不按备案的收费标准及收费办法收费的；（三）不执行广告代理、广告场地占用及发布证券上市公司信息广告收费规定的；（四）不按规定明码标价和违反国家有关禁止牟取暴利规定的。

七、各地制定的广告场地占用费标准，原则上不得超过广告费的30%。如有特殊情况需突破30%的，要由省级物价部门会同工商行政管理部门报国家计委、国家工商行政管理局批准。

八、各地物价、工商行政管理部门要认真做好贯彻执行《暂行办法》的总结、完善工作，对贯彻执行《暂行办法》中的经验和问题，要及时进行总结，并将情况和遇到的问题及时报国家计委、国家工商行政管理局。

附件：一、广播电视广告服务收费价目表式样

二、报刊、杂志广告服务收费价目表式样

三、广告经营服务收费价目表式样

四、制定广告服务收费标准及办法说明表

五、广告服务收费备案管理专用章式样

（1996年3月5日）

附件一

广播电视广告服务收费价目表式样

收费单位：人民币元/次

节目类型（栏目）	播出时间	每次广告时间长度（秒）		……（秒）
		播出日期	……	……
广告服务收费办法说明：				
备案受理机关签章栏				

说明：1. 本表按一式三份填写备案，正本尺寸不小于50厘米×40厘米，副本尺寸不小于26厘米×19厘米。

2. 本表原则上采用机器印制方式制做，填写具体内容时，可使用机器印制或黑墨水笔填写，正本标题字体不小于1.3厘米×1.3厘米，正文字体不小于0.6厘米×0.6厘米；副本字体尺寸不限。

3. 本表节目类别（栏目）栏内填写电视台第几套节目（频道）及固定的专题节目，或广播电台栏目（频率）。

4. 广告服务收费办法说明，是指对本表所列收费标准的具体收取办法的说明。如对特定时间、栏目或不同播出次序播发广告实行加价或减价办法的说明等。

5. 一张表填写不下的，可按本表式样设计制做两张以上表填写。

附件二

报刊、杂志广告服务收费价目表式样

收费单位：人民币元/次

<table>
<tr><td rowspan="2">版　　位(次)</td><td rowspan="2">规格
(长厘米×宽厘米)</td><td colspan="2">收　费　标　准</td></tr>
<tr><td>黑　白</td><td>彩色(套红)</td></tr>
<tr><td></td><td></td><td></td><td></td></tr>
<tr><td colspan="4">广告服务收费办法说明：</td></tr>
<tr><td colspan="4">备案受理机关签章栏</td></tr>
</table>

说明：1. 本表按一式三份填写备案，正本尺寸不小于50厘米×40厘米，副本尺寸不小于26厘米×19厘米。

2. 本表原则上采用机器印制方式制做，填写具体内容时，可使用机器印制或黑墨水笔填写，正本标题字体不小于1.3厘米×1.3厘米，正文字体不小于0.6厘米×0.6厘米；副本字体尺寸不限。

3. 广告服务收费办法说明，是指对本表所列收费标准的具体收取办法的说明。如对特定时间、位置及其它特殊情况的发布广告实行加价或减价办法的说明等。

4. 一张表填写不下的，可按本表式样设计制做两张以上表填写。

附件三

广告经营服务收费价目表式样

收费单位:人民币元/次

经营项目	收费标准	服务内容

广告服务收费办法说明：
备案受理机关签章栏

说明:1. 本表按一式三份填写备案,正本尺寸不小于50厘米×40厘米,副本尺寸不小于26厘米×19厘米。

2. 本表原则上采用机器印制方式制做,填写具体内容时,可使用机器印制或黑墨水笔填写,正本标题字体不小于1.3厘米×1.3厘米,正文字体不小于0.6厘米×0.6厘米;副本字体尺寸不限。

3. 广告服务收费办法说明,是指对本表所列收费标准的具体收取办法的说明,如对特定或复杂服务项目实行加价或减价办法的说明。

4. 一张表填写不下的,可按本表式样设计制做两张以上表填写。

附件四

制定广告服务收费标准及办法说明表

单位名称		联系电话	
通讯地址		邮政编码	
企业性质		负责人	

说明：   单位公章 年　　月　　日

说明：1. 本表由广告经营者、广告发布者填写，表格尺寸与字体不限。

2. 说明栏中主要说明本单位上年广告业务收支情况及制定广告收费标准及办法的依据等情况。

3. 一张表填写不下的，可另加附页。

附件五

广告服务收费备案管理专用章式样

说明：图章直径 4 厘米，图章中心为五角星，字体为仿宋字。

国家计委收费管理司、国家工商行政管理局广告监督管理司关于做好《广告服务收费管理暂行办法》实施工作的通知

中央在京直属广告经营及广告发布单位：

现将国家计委、国家工商行政管理局《关于做好〈广告服务收费管理暂行办法〉实施工作有关事项的通知》（计价费(1996)381 号，以下简称《通知》）转发给你们，请认真遵照执行。现对中央在京直属广告经营及广告发布单位备案工作的具体事项通知如下：

一、中央在京直属单位广告经营者、广告发布者的首次备案工作于 1996 年 5 月 6 日开始

至1996年9月30日结束。各单位应当按照中央在京直属广告经营及广告发布单位备案时间表(见附件)的安排,履行备案手续。有特殊情况需推迟办理备案手续时间的,应在时间表规定的备案时间之前告国家计委收费管理司和国家工商局广告监督管理司。

二、广告经营者、广告发布者应当按照《广告服务收费管理暂行办法》及实施工作《通知》规定的备案程序和要求履行备案手续。

1、按规范式样设计制做广告服务收费价目表,并按照要求填写。

2、在规定的时间内,向国家计委收费管理司、国家工商行政管理局广告监督管理司报送广告服务收费价目表和制定广告服务收费标准及办法说明表,履行备案手续。其中,广告服务收费价目表一式三份,正本一份、副本两份;制定广告服务收费标准及办法说明表一式两份。

3、备案管理机关对符合《广告服务收费管理暂行办法》规定的备案价目表予以办理备案签章手续。经签章后的价目表正本退回报送单位,由报送单位在醒目位置悬挂,明码标价。

三、备案管理机关受理备案事项,原则上在两周内办结,并通知报送单位领取。发现违反《广告服务收费管理暂行办法》有关规定,需要实施劝告的,备案受理机关在接到备案材料之日起一个月之内下达劝告书,并在广告经营、发布者作出接受或不接受劝告的答复后,按规定予以履行备案手续。

四、首次备案工作结束后,国家计委、国家工商行政管理局将联合组织开展《广告服务收费管理暂行办法》执行情况的检查。

中央在京直属广告经营与发布单位应接受国家计委和所在地价格监督检查机构的检查监督,如实提供有关资料。

五、各单位在实施工作中遇到的情况和问题,请及时向国家计委收费管理司(电话:8584549)和国家工商行政管理局广告监督管理司(电话:68032233-2510)报告。

附件:1. 中央在京直属广告经营及广告发布单位报送备案价目表及说明的时间表

2. 国家计委、国家工商行政管理局关于做好《广告服务收费管理暂行办法》实施工作有关事项的通知

(1996年4月3日)

附件:

中央在京直属广告经营及广告发布单位报送备案价目表及说明的时间表

第一批报送备案价目表及说明的单位

时间:1996年5月6日—5月10日

中央电视台

中央人民广播电台

中国国际广播电台

参考消息	工人日报	国际电子报
光明日报	健康文摘报	金融时报
经济日报	农民日报	人民公安报
人民日报	人民铁道报	文摘报
消费时报	新华每日电讯	新闻出版报
冶金报	中国电视报	中国电子报
中国纺织报	中国妇女报	中国工商报
中国化工报	中国技术监督报	中国建材报

第二批报送备案价目表及说明的单位

时间:1996年5月10日—5月17日

中国建设报	中国教育报	中国经营报
中国老年报	中国农机化报	中国旅游报
中国煤炭报	中国企业报	中国汽车报
中国青年报	中国人口报	中国商报
中国农机报	中国社会报	中国摄影报
中国食品报	中国物资报	中国消费者报
中国医药报	中国有色金属报	中华工商时报
法制日报	经济参考报	中国证券报
中国经济导报	中国特产报	中国经济时报

第三批报送备案价目表及说明的单位

时间:1996年5月20日—5月24日

中国广告联合总公司	中国国际广告公司
中国机电广告公司	中化国际广告展览有限公司
中国邮政广告公司	中国民航宣传广告公司
新兴国际信息广告中心	中国中商广告公司
中体广告公司	中国工商企业咨询服务中心
中国商标事务所	中北信息公司
中外文广告中心	通达商标服务中心
中国国际人才开发中心	长城国际广告有限公司
麦肯·光明广告有限公司	电扬广告有限公司

第四批报送备案价目表及说明的单位

时间:1996年5月27日—5月31日

海润国际广告有限公司	凤凰国际广告有限公司

天联广告有限公司　　时运国际广告有限公司
北京电通广告有限公司　　盛世长城国际广告有限公司
华圣国际广告有限公司　　胜利国际广告有限公司
科信广告有限公司　　大世界国际广告展览有限公司
天和广告有限公司　　汇宇国际广告有限公司
北京天鹅广告有限公司　　大桥国际广告传媒有限公司
中丝广告有限公司　　友好广告有限公司
华业电视咨询公司　　天马旅游开发有限公司
华诚国际广告有限公司　　大广太平洋国际广告有限公司
新亚基和国际广告公司

第五批报送备案价目表及说明的单位

时间:1996年6月3日—6月7日

中国图书进出口总公司　　中国演出管理中心
五洲传播出版社　　华文中国民间文化艺术发展公司
海峡经济科技合作中心　　当代中国电视艺术制作中心
新华音像中心　　惠华技贸发展公司
宏正经济信息咨询公司　　三星影视交流中心
文化部文化科技开发中心　　中国民族音像出版社
中国文化旅行社　　中国职工音像出版社
中国国际广播音像出版社　　中国文采声像公司
中国旅游出版社　　中国电子器材总公司

第六批报送备案价目表及说明的单位

时间:1996年6月10日—6月14日

中国西北航空公司　　中国速递服务公司
中国联合航空公司　　中国建筑雕塑壁画艺术公司
中国海外贸易总公司　　中国电影发行放映输出输入公司
中国纺织品进出口总公司　　中国土产进出口总公司
东方科学仪器进出口公司　　中国粮油食品进出口总公司
中国国际电视总公司　　中国五金矿产进出口总公司
中国文化艺术总公司　　中国轻工业品进出口总公司
中国青少年社会服务中心　　中国邮电器材总公司
中国丝绸进出口总公司　　中国华艺音像实业有限公司

第七批报送备案价目表及说明的单位

时间:1996年6月17日—6月21日

中日青年交流中心　　中国唱片总公司

振远科技工贸总公司
中国国际企业合作公司
华通对外贸易总公司
华瀚国际文化发展公司
中国国信信息总公司
中国租赁有限公司
中国华育发展总公司
中国钢铁工贸集团公司
长城国际文化有限公司
中国惠通(集团)公司
中石化经通信息公司
华理经济文化发展公司
全中商业发展中心
希尔爱国际文化艺术传播公司
中华老龄福利开发总公司
中国计算机软件与技术服务总公司

第八批报送备案价目表及说明的单位

时间:1996年6月24日—6月28日

中国人文科学发展公司
华龙旅游实业发展总公司
中勤服务开发中心
中国核工业音像出版社
中国华新实业总公司
北京国际饭店
中国天马旅游实业公司
中国环球公共关系公司
中国民航实业开发总公司
中国录音录像出版总社
中国通广电子公司
中国燕兴总公司
中国航空服务有限公司
中国有色金属进出口总公司

第九批报送备案价目表及说明的单位

时间:1996年7月1日—7月5日

中国工艺品进出口总公司
中国化工进出口总公司
中国农垦(集团)总公司
中国免税品公司
中国瑞达系统装备公司
中华康普实业发展公司
中国北方工业公司
中国机械设备进出口总公司
中国电子器件工业总公司
中国冶金进出口总公司
国广进出口有限责任公司
中塔有限公司
华诚国际广告有限责任公司
中国广播电视国际经济技术合作总公司

第十批报送备案价目表及说明的单位

时间:1996年7月8日—7月12日

中国工艺美术总公司
中国地图出版社
中讯国际传播公司
中国技术引进咨询公司
通达商标服务中心
国际文化交流音像出版社

中国日报社　　　　　　　民族画报社
中国新闻社　　　　　　　国家奥林匹克体育中心
国家体育运动委员会北京射击场

第十一批报送备案价目表及说明的单位
时间:1996 年 7 月 15 日—7 月 19 日

中国长城彩色图片社　　　　中国国际贸易中心有限公司
长樱印刷有限公司　　　　　京裕印刷有限公司
中视经济影视中心　　　　　光大大厦有限公司
北京国际网球中心有限公司　文怡印刷有限公司
中国计算机世界出版服务公司　鹰戈空中服务有限公司
北京沙龙影视器材技术服务有限公司

第十二批报送备案价目表及说明的单位
时间:1996 年 7 月 22 日—7 月 26 日

北京周报　　　　财务与会计
财政　　　　　　大众电影
大众健康　　　　电信技术
电信科学　　　　电声技术　电视技术
锻压技术　　　　管理世界
国际航空　　　　航空制造工程
宏观经济管理　　机床
集邮　　　　　　计量技术
计算机世界月刊　家用电器
监督与选择　　　建筑结构学报
建筑学报　　　　建筑知识
金属热处理　　　经济工作通讯
经济管理　　　　旅游

第十三批报送备案价目表及说明的单位
时间:1996 年 7 月 29 日—8 月 2 日

瞭望　　　　　　煤炭技术与科学管理
煤炭经济研究　　煤炭科学技术
煤炭科研参考资料　摩托车
企业管理　　　　企业技术进步
求是　　　　　　全国铁路旅客列车时刻表

人民画报　中国画报　森林与人类
商业经济研究　设备管理与维修
时装　水利水电技术
体育博览　武魂　无线电
五月文学　新体育
现代企业导刊　仪器与未来
印刷技术　中国包装
中国标准化　中国电力
中国对外贸易　中国妇女
中国工商　中国机电工业
中国集邮　中级医刊
中国计算机用户　中国建材
中国金融电脑　中国科技信息
中国酿造　中国农村医学
中国旅游画刊　中国青年　农村青年
中国少年集邮　中国摄影
中国兽医杂志　中国水产
中国体育　中国邮政
中国造纸

第十四批报送备案价目表及说明的单位

时间:1996年8月5日—8月9日

施工企业管理　经济与信息
中国市场　环球企业家
中国第三产业　现代企业导刊
环球市场信息导报　国际经济合作
暖通空调　通讯产品世界
家电大视野　今日电子
商场现代化　中国化工
电子世界　建筑机械
中国信息导报　农业科技通讯
中国科学美容　中国烹饪
中国保健　中国超声医学杂志
健康与美容　中外期刊文萃
健康指南　中老年保健
运动　休闲　中国卫生

今日中国　　　　　　　　中国医疗器械信息杂志社
中国建材报

注:表中未列的中央直属广告经营及广告发布单位的履行备案时间另行安排。

关于禁止国内私自以外币计价结算和禁止发布含有外币计价结算内容的广告的通知

国家外汇管理局各省、自治区、直辖市分局,计划单列市、经济特区分局;各省、自治区及计划单列市工商行政管理局:

最近,社会上有些单位在业务经营活动中,私自以外币计价结算,并利用报刊、杂志、路牌等刊登各种含有外币计价结算内容的广告。此种行为,违反了《中华人民共和国外汇管理条例》、《中国人民银行关于进一步改革外汇管理体制的公告》中关于“自 1994 年 1 月 1 日起,取消任何形式的境内外币计价结算”的规定和《中华人民共和国广告法》第七条的规定,严重扰乱了我国的金融管理秩序。为了保证外汇金融体制改革的健康发展,维护国家正常的金融管理秩序,特通知如下:

一、未经外汇管理部门批准,国内任何单位不得在境内业务经营活动中私自以外币计价结算。

对在经营活动中私自以外币计价结算的,由国家外汇管理局依据《中华人民共和国外汇管理条例》的有关规定,予以从重处罚。

二、禁止通过各种媒介和形式发布含有外币计价结算内容的广告。

对设计、制作、代理和发布含有外币计价结算内容的广告,由广告监督管理机关依据《中华人民共和国广告法》第三十九条的规定,予以处罚。

1996 年 6 月 27 日

大 事 记

1996年广告界大事记

▲1月1日　国家工商局主管、中广协主办的全国性行业期刊《现代广告》杂志，开始通过邮局向全国发行，并获得了令人满意的成功，发行量比前一年自办发行增加了11000多份。

▲1月4日　中国广告协会设立的“北京中广谐信息咨询中心”正式开业。该中心主要任务是：依据《广告法》和有关法规，对发布前广告的创意和制作完成的作品提供咨询，并出具认证；提供广告业发展的统计数据、全国广告经营单位的通讯联络方式和经营概况；提供全国150多个主要电视频道和100家报纸的媒体监测数据，开展有关的市场调查；推广新技术、新设备；组织开展广告专项培训和技术交流

▲2月1日　中广协领导向全国人大常委会副委员长陈慕华名誉会长汇报工作。陈慕华同志对如何解决酒类广告过多和广告应注意宣传社会公德、职业道德和家庭伦理道德等发表了重要意见。

▲2月13日　中广协召开在京会员单位春节联谊会，全国人民代表大会常务委员会副委员长、协会名誉会长陈慕华，国家工商局党组书记、副局长兼中广协会长杨培青到会并作了重要讲话。到会的还有广电部副部长杨伟光同志，以及中国广告协会的有关领导。联谊会向全国会员单位发出倡议：号召大家进一步认真学习《广告法》，加强行业的法制化建设，树立良好的职业道德，充分认识广告在精神文明建设中的重要作用。坚持表现社会主义的社会公德和高尚形象，抵制资本主义、殖民主义文化糟粕的侵蚀；坚持宣传社会主义建设成果和民族产业的发展；坚持弘扬中华民族勤奋、节俭、互爱、自强的优良传统；号召大家积极参与公益广告事业，发挥行业优势，启发人们遵守社会公德、倡导进步、文明的工作方式，为社会发展和经济建设服务。（倡议书附后）

▲2月27日至29日　国际广告协会（IAA）高级副主席、韩国分会会长金石年（Senyon Kim）先生一行4人来华宣讲将在汉城召开的第35届世界广告大会。杨培青会长等领导会见并同金先生讨论了加强中国分会与IAA及韩国广告界联系的具体措施。

▲2月28日　国家工商行政管理局广告监督管理司下发《关于禁止发布有关性生活内容广告的通知》。

▲2月29日　国家工商行政管理局发布《广告显示屏管理办法》局长令49号。

▲3月5日　国家计委、国家工商行政管理局下发《关于做好〈广告服务收费管理暂行办法〉实施工作有关事项的通知》。

▲3月12日　国家工商行政管理局广告监督管理司下发《关于表扬广告监督管理先进单位的通报》，对各地在贯彻执行《广告法》中取得突出成绩的70个广告监督管理单位，通报全国

予以表扬。

▲3月　始于1995年9月的历时半年的中国广告经营单位调查工作，顺利结束。调查共回收1.2万份调查表，调查主要内容包括经营情况，从业人员结构、业务范围、使用新技术水平等。这是迄今为止中国广告协会积累最多、最新、最有参考价值的资料。此次调查结果是全国各地广协共同努力的结晶，据不完全统计，各地直接参与调查工作的计万余人次，大部分省、市、区协会都派专人负责此项工作，上海、新疆、浙江广协工作尤为认真、仔细。

▲3月12日　中国广告协会发出通知，首次对会员单位资格进行年度复审，复审内容包括：广告经营情况，遵守法律法规情况，以及会费缴纳情况。

▲4月3日　国家计委收费管理司、国家工商行政管理局广告监督管理司下发《关于做好〈广告服务收费管理暂行办法〉实施工作的通知》。

▲4月8日　美国户外广告协会主席、巍柯户外广告公司总裁那威廉(Willian R. Nassua)先生 一行数人访问中国，中国广告协会杨培青会长会见了客人。那威廉先生表示，巍柯公司决定从上海开始，与中国广告界合作，发展户外广告业务。

▲4月16日　国家工商行政管理局下发《关于禁止发布将人民币变相作为奖券使用的广告的通知》。

▲4月18日　香港4A广告协会代表团一行20人访问了中国广告协会。国家工商局王众孚局长接见了代表，并发表了热情的欢迎词。杨培青会长、中广协及有关方面负责人和代表团讨论了双方加强合作的具体事宜。

▲4月23日　国家工商行政管理局广告监督管理司下发《关于停止“视力健”广告的通知》。

▲4月23至24日　在北京召开了首届全国电视公益广告题材规划会。广告制作实力较强的14家省、市级电视台领导、广告部主任、业务骨干以及专家、学者及广告公司代表共40余人出席了会议。广播电视部副部长兼中央电视台台长杨伟光出席了会议并作了重要讲话。与会人员围绕电视公益广告在选题、制作等方面的现状以及今后的发展思路进行了热烈的讨论。

▲5月　国家工商行政管理局与人民日报社联合举办《广告法》知识大奖赛活动。全国有29个省(自治区、直辖市)的近8万人参加了竞赛活动。

▲5月　中国广告协会会员部编辑的《中国广告经营单位名录》，由工商出版社出版并正式发行。《名录》收集9000多家广告经营单位的资料。这是我国迄今为止收集单位最多，资料最新的广告工具书。

▲5月26日　国家工商行政管理局下发《关于严格控制评比类广告的通知》。

▲5月28日　国家工商行政管理局广告监督管理司下发《关于在广告中能否使用“国际金奖”、“国际名牌”等问题的通知》。

▲6月5日　国家工商行政管理局作出《关于在广告中使用“观世音菩萨像”是否属于“迷信”内容的答复》。

▲6月6日　国家工商行政管理局广告监督管理司作出《关于“产品简介是否属于广告的请示”的答复》。

▲6月6日　国家工商行政管理局作出《关于大型户外广告认定等问题的答复》。

▲6月8日至6月12日　中国广告协会杨培青会长、国家工商行政管理局广告监督管理司郑和平司长率中国广告代表团一行19人，出席了IAA在韩国汉城举办的第35届世界广告大会。

▲6 月 24 日至 29 日　由中国广告协会副会长兼秘书长吴德裕任团长的中国首次派团出席第 43 届嘎纳国际广告节，并选送了 38 件作品参展，深圳众人广告公司选送的太太口服液影视广告获得了中国地区奖(即中国送去作品中评委给分最高者)。中国代表团受到了广告节组委会的热烈欢迎和欧洲国家的新闻媒体的注意，广告节新闻中心及意大利、法国电视台对代表团领导进行了专题采访，法国《费加罗报》对中国代表团作了报道。

▲6 月 27 日　国家外汇管理局、国家工商行政管理局下发《关于禁止国内私自以外币计价结算和禁止发布含有外币计价结算内容的广告的通知》。

▲6 月至 7 月　国家工商行政管理局在全国首次开展了对广告主广告行为的执法检查，共检查各类企业 2087 户，检查广告 28447 条。

▲7 月 2 日　国家工商行政管理局下发《关于印发〈广告审查员管理办法〉的通知》。

▲7 月 2 日　国家工商行政管理局广告监督管理司下发《关于组织学习〈广告要符合精神文明要求〉一文的通知》，要求各地认真组织学习国家工商行政管理局王众孚局长在《人民日报》上发表的《广告要符合精神文明要求》一文。

▲7 月 2 日　国家工商行政管理局作出《关于〈广告法〉有关条款适用问题的答复》。

▲7 月 2 日至 28 日　中广协赴美广告人才培训团在美学习和考察，圆满完成了预定任务。

▲7 月 16 日　中广协电视委员会，中央电视台广告部和新加坡加利谷国际制作有限公司联合举办的《中新广告文化交流会》在京举行。中广协领导同志，中广协学术委员会在京常委，北京部分广告公司的经理和制作人员及广东、厦门、天津、广西等地的代表共 80 余人出席了会议。

▲7 月 18 日　中广协团体会员委员会主任、副主任会议在广东肇庆召开，上海广协会长崔善江同志主持会议。副主任委员单位北京、天津、江苏、广东等广告协会负责人及中广协副会长兼秘书长吴德裕参加了会议。会议决定：团体会员委员会于 9 月中旬在新疆乌鲁木齐市举行；中心议题是：结合国家工商局王众孚局长在 6 月 27 日《人民日报》上发表的《广告要注重精神文明》，探讨广告与精神文明建设的关系。

▲7 月 24 日　为落实党的十四届六中全会关于加强精神文明建设决议精神，中广协向全体会员发出通知，号召大家认真学习中央全会文件，学习国家工商局局长王众孚同志在 6 月 27 日《人民日报》上发表的署名文章，自觉加强精神文明建设，制定有效措施，并落实在行动中。同时，还号召全体会员单位积极参与 9 月 1 日开展的“中华好风尚”主题公益广告月活动，发挥我会员在行业中的骨干龙头作用，积极宣传社会主义公德，弘扬中华民族优良传统，为提高广告行业的双效益做出贡献。

▲7 月 25 日　国家工商行政管理局下发《关于不得利用“97 香港回归”进行广告宣传的通知》。

▲8 月 2 日　国家工商行政管理局作出《关于医疗用语或者易与药品混淆的用语认定问题的答复》。

▲8 月 7 日　国家工商行政管理局广告监督管理司作出《对在祝贺广告中使用国家机关和国家机关工作人员的名义有关请示的答复》。

▲8 月 9 日　国家工商行政管理局下发《关于报纸地方版、增版广告管理问题的通知》。

▲8 月 17 日　中广协四届四次执行理事会在京郊密云县召开。会议讨论、修改并通过了“变更和增补理事”，“发展会员”和“96 年度会员资格复审工作”三个议案。

▲8 月 26 日至 28 日　国家工商行政管理局广告监督管理司在辽宁省鞍山市召开全国广

告监督管理工作座谈会，国家工商行政管理局王众孚局长发表书面讲话。会议总结了《广告法》实施以及来各级广告监督管理机关的工作情况，并对如何解决行业管理职能、广告发布活动监管模式、广告代理制等深层次问题提出了具体意见。

▲9月1日至10月1日　国家工商行政管理局在全国组织开展"中华好风尚"主题公益广告月活动。活动期间，各地共发布弘扬中华民族传统美德的公益广告16860件。

▲9月17日至21日　中广协团体会员委员会一届二次全体会议在新疆乌鲁木齐市举行。会议主题是：探讨"广告宣传精神文明标准"，交流各地广告协会开展行业自律，发挥"指导、协调、监督、服务"职能的做法与经验。会议收到22篇论文，有12位代表作了交流发言。

▲9月至10月　为加强与各国广告界的交往，吸取外国的先进制作技术与创意思想，提高我国广告的创意、制作水平，中国广告协会先后举办了嘎纳国际广告节获奖作品在八个城市的巡展活动。近万人参加了这些活动，在行业内引起良好反响。

▲10月3日至4日　IAA中国分会会长、IAA理事会理事杨培青出席了在土耳其伊斯坦布尔市举行的96IAA理事会会议。本次会议是IAA第35届世界广告大会之后的首次重要会议。来自32个国家和地区的44名理事和观察员出席了会议。

▲10月7日　国家工商行政管理局作出《关于在产品包装物上宣传、介绍产品是否属于广告问题的答复》。

▲10月18日　96全国广告学术研讨会在西安举行。来自全国各地广告界的专家、学者、学术委员会的委员60多人出席了本次研讨会，提交了近60篇论文。中广协会长杨培青、国家工商局广告司副司长王晋杰、陕西工商局副局长宿景周、西安市工商局副局长杜梦西以及有关媒介的领导出席了大会。会议的主题是：在建设社会主义市场经济条件下，中国广告业的经营和管理。

▲11月11日至12日　中国广告协会四届三次理事会在湖北武汉市召开。有45位理事出席了会议，杨培青会长主持会议，湖北省副省长苏晓云出席开幕式并作了重要讲话，湖北省委委员、省工商局局长宋祖英致欢迎词。会议讨论通过了《关于开展"创建文明广告行业"活动的议案》；并进行了创建广告行业精神文明先进单位的研讨。

▲11月19日　国家工商行政管理局下发《关于加强加工承揽广告管理的通告》。

▲11月26日　国家工商行政管理局作出《关于"顶级"两字在广告语中是否属于"最高级"等用语问题的答复》。

▲11月27日至28日　IAA中国分会在福建武夷山召开了年会。中国分会会员及列席代表共44人出席会议。IAA中国分会会长杨培青同志出席了会议。会议主要就中国分会1996年工作汇报及1997年工作计划进行了讨论。

▲12月5日　国家工商行政管理局下发《印发〈关于受理违法广告举报工作的规定〉的通知》。

▲12月10日至15日　国家工商行政管理局广告监督管理司在济南市召开全国广告监测培训班，对全国广告监督管理机关广告监测的标准和工作流程，作出统一规范。

▲12月18日　国家工商行政管理局在北京市召开"中华好风尚"主题公益广告月活动总结颁奖大会。全国人大陈慕华副委员长为会议写了贺辞。广播电影电视部、新闻出版署、中国社会科学院等有关部门的领导同志出席会议。国家工商行政管理局惠鲁生副局长在会上作总结讲话。会议对100余件公益广告作品颁发了公益广告政府奖，并表彰了贡献突出的单位和个人。

▲12月27日 国家工商行政管理局发布《印刷品广告管理暂行办法》局长令第68号。

▲12月30日 国家工商行政管理局发布《房地产广告暂行规定》局长令第71号。

▲12月30日 国家工商行政管理局发布《食品广告发布暂行规定》局长令第72号。

附件：

中国广告协会春节联谊会倡议书

——广告业要为精神文明建设做贡献

中国广告协会全体会员：

《广告法》实施一年来，广大会员单位积极组织学习，认真贯彻执行，为加快广告行业的法制化、规范化建设，为在广告设计、制作、经营和发布中树立良好的职业道德做出了很大的努力。

但是我们也看到，一些格调不高、甚至有悖于《广告法》规定的广告仍然时有出现，有的还造成了恶劣影响，损害了广告人的形象。为了进一步深入贯彻《广告法》，提高广告作品的水平，特向全体会员提出以下倡议。

一、充分认识广告在精神文明建设中的重要作用，在广告的设计、制作、经营和发布中，特别注意做到：

——坚持表现社会主义的社会公德和高尚形象，抵制资本主义、殖民文化糟粕的侵蚀，堵塞封建迷信、低级庸俗广告的制作和传播渠道；

——坚持宣传社会主义建设成果和民族产业的发展，弘扬爱国主义和民族气节，不在广告立意上盲目推崇洋名称、标榜洋产品，不在国产产品上打洋招牌；

——坚持弘扬中华民族勤奋、节俭、互爱、自强的优良传统，摒弃渲染讲排场、重享乐、“绅士派头”、“贵族遗风”的做法。

二、坚持杜绝虚假广告，正确引导消费，全心全意对人民负责：

——制作、发布单位严格审查广告内容，层层把好真实关，广告的主要内容得不到权威部门证实的，公司不承接制作，媒介不受理刊播；

——积极稳妥地开展广告发布前咨询服务，加强广告真实性监督，统一依法评价尺度，建立健全咨询制度，为净化广告市场服务；

——加强广告从业单位之间的相互监督与协作，及时与行业组织和政府监督管理部门沟通信息，防止虚假广告在不同的公司和媒介中钻空子，维护公平竞争和合法经营秩序，维护消费者的利益。

三、做知法、守法的模范，克服单纯“向钱看”的倾向，树立广告业的良好形象：

——继续深入学习《广告法》，学习党和政府有关广告业的政策和规定，掌握国家对广告业宏观指导的方向和基本要求，不断研究新情况、新问题，不简单地凭老经验、老办法办事；

——在重视经济效益的同时，坚决抵制“金本位”思想，决不为了“拉客户”和“赚钱”而丧失依法经营的原则，摆正经济效益和社会效益的关系；

——正确执行国家计委和国家工商局联合颁发的《广告服务收费管理暂行办法》，自觉规范经营行为，抵制索取“回扣”、不正当定价等有害广告经营秩序的做法；

——积极参与公益广告事业，发挥行业优势，制作和发布更多、更好的公益广告，启发人们遵守社会公德、树立良好职业道德和家庭伦理道德，普及科学知识，倡导进步、文明的工作方式和生活方式，为社会发展和经济发展服务。

让我们携手共进，为中国广告事业的健康、快速发展作出新的贡献。

中国广告协会在京会员

1996年2月12日

中国广告协会

专业委员会活动

广告公司委员会活动

一、为妥善解决预收广告款问题做了些努力。

近年来，部分紧俏媒介实行预收广告费的收费办法，给广告公司造成了巨大的资金压力，影响了广告公司职能作用的发挥，也在某种程度上制约了中国广告代理业的发展。

今年3月，受国家工商局广告司委托，我会召集部分在京会员公司和非会员公司就如何贯彻国家工商局(96)381号《关于做好广告服务收费管理暂行办法》的文件召开了座谈会。出席会议的有：中国广告联合总公司、电扬广告有限公司、盛世长城国际广告有限公司、北京市广告艺术集团、三星影视交流中心及北京通利达广告有限公司。

会上，大家畅所欲言，充分反映了广告公司的苦衷：

(一)内地广告代理付款做法与国际惯例完全不同，广告公司只好说服外商，如购买紧俏媒介广告时段和版面必须提前一季度预付广告费，以防止媒介广告部发生变故。但所得利润却少得可怜，只有2%～3%。

(二)今年奥运会期间，部分广告公司为国内客户购买了奥运广告，并提前预付了广告款，但临近奥运会开幕，电视台却通知要加价50%，这种无视合同严肃性、中途擅自变动价格的作法，搞得广告公司很被动，有的客户状告广告公司，广告公司还要给客户做很多解释工作。

(三)有的公司自1993年以来，发现扩大业务量并不能带来更大的经济效益，许多时间和精力都花在追款、打官司上了，因而只好下决心裁减一批信誉不好的客户，以减少广告公司预付垫款的风险。

(四)因电视台垫款周期长，广告公司对付款信誉好的客户，说服他们先交预付款，购买到时段后，采取下达通知后按小时计时收费、不要佣金的方法，由客户直接把广告费交给媒介，15%的代理费由客户付给广告公司，这样可减少死账，保证广告公司的经济利益。

会后，公司委员会及时反馈，向中国广告协会提交了《预收广告费的作法亟需改进》的报告，进一步陈明利害、阐述理由，呼吁解决问题：

(1)预收广告费的收费办法存在种种弊端，不利于中国广告业的发展。首先，这一作法不符合国际惯例，不利于中国广告业参与国际市场竞争；其次，这一作法不符合我国法律规定，损害广告主、广告公司合法权益；其三，这一作法不利于广告公司中介作用的发挥，阻碍了广告专业水平的进步；其四，这一作法限制了国有企业的广告投入量，不利于创立和保护国有名牌。

(2)建议中央电视台等紧俏媒介改变现行收费办法,以支持中国广告业的发展。

(a)对该台评定的十家优秀广告代理公司在付款方式上给予灵活政策。

(b)凡加入中广协公司委员会的会员公司,都具备一定的实力与较好信誉,在收费上可根据不同时段制定不同的收费办法。

(c)配合国家现行经济政策,对代理国有企业的广告公司在收费方法上给予适当的优惠政策。

(3)中央电视台等紧俏媒介改变现行收费办法,已具备一定主客观条件,不会因此影响经济利益。

为解决此事,中广协杨培青会长、吴德裕秘书长也曾多次呼吁,亲自出面做广告公司与媒介的沟通工作,倡议紧俏媒介对信誉好的会员公司网开一面,收费上采取一些灵活变通的办法。但终因遭到拒绝而未办成。

二、为贯彻国家工商局(95)105号文件《关于进一步加强境内企业在香港发布广告管理的通知》精神,今年4月下旬,我会根据国家工商局广告司、国务院外宣办的要求,在京召开了指定九家广告公司为香港媒介广告代理商的座谈会。会上,外宣办王庆存同志传达了春节期间国务院领导同志的指示,研究了做好香港传媒广告代理工作的具体措施。

会上,这九家公司分别汇报了各自的情况。外宣办王庆存同志对大家所做的工作予以肯定,并对下一步的工作做了重要指示。

三、围绕'96法国嘎纳国际广告节,开展了一系列活动。

(一)为了与嘎纳国际广告节主席罗杰·哈切尤尔先生建立友好关系,为今后中广协参与国际性广告交流活动作准备,今年初,中广协在北京为罗杰先生举办了'95嘎纳国际广告节获奖作品讲座,并由我会组织了10个会员公司13位创意人员与罗杰先生、嘎纳国际广告节广告评审团评委莫康逊先生进行了学术交流。出席会议的有:中国广告联合总公司骆小然、梁梅;中国国际广告公司杨海华;北京广告公司李加、张浩颖、丁涛;北京市广告艺术集团朱维理;上海广告公司冯越;上海奥美广告有限公司杨舸;北京北奥广告公司李勇;中国机电广告公司闫斌;长城国际广告有限公司张亚东;深圳国际企业服务公司乔远生。

(二)为了展示和提高我国广告创作水平,开拓我国广告业的国际交流与合作,在中广协选送的平面作品和影视作品中,广告经营单位共27家,而广告公司就占了20家,其中属于我会会员有7家。

(三)今年,中广协首次派出了160余人的庞大队伍,参加在法国嘎纳举办的第43届国际广告节,其中我会出席了24名,除7位是广告公司经理之外,有17名创意人员前往,在人员组成上加大了创意人员的比例,使他们对国际广告创作的总体水平和风貌有一个比较全面的了解。他们通过现场观摩获奖作品,找到了中国广告作品的差距表现在缺乏创意,形象表达能力差、直露、浅显、主题不鲜明、内容包揽过多等。大家开阔了视野,明确了今后创意的努力方向,即:加强东西文化的交流与融合,真正优秀的广告作品既是民族的,又是世界的。

四、由我会组团赴美进行了业务交流考察

在中广协有关领导的热情支持下,由中国机电广告公司大力配合,经机械工业部批准,我会组织了11个会员公司共17人,于11月11日至30日对美国进行了广告专业业务交流和考察。由于该团成员年富力强,素质优良,目标一致,责任感强,考察团周密地安排日程,不放过任何学习机会,圆满完成了预定任务。在美期间,团员们感受到美国的户外广告确有许多可借鉴之处,像大屏幕、霓虹灯、高速路上的看板、地铁站的灯箱等等。通过座谈,大家还就广告公司从构架到人员招聘,从创意构思到设计制作等,与美国同行进行了广泛交流。访问团还观看了贝茨公司的设计制作部的三维电脑设计操作,参观了影视广告摄影棚、客户会谈室,观摩了广告作品。

通过考察,对美国广告业现状有了概略了解,其特点:

(一)广告投入高,广告公司规模大

1995年全美广告营业额超过1500亿美元,人均750美元(我国1995年广告营业额273亿元,人均23元人民币),如贝茨公司,年营业额60亿美元;在65个国家有分公司,职工总数8000人,总部就有800人,租用豪华大厦12层。

(二)广告管理严格

发布广告必须遵守法规,出现虚假广告投诉,政府有关部门将进行干预,直到法院判罚。

美国户外广告虽数量极大,但对发布地区有所限制,如纽约主要集中在商业中心的时代广场,集中了近百幅户外广告,中国第一块广告"999药业"就出现在时代广场。几乎没有高大建筑和车身广告。

(三)专业化分工细密;

(四)现代科学技术普遍应用;

(五)制作精良;

(六)最大限度地发挥人的才能。

广告公司的竞争是人才的竞争。在美国所有从事广告创意、设计、制作的人员必须会使用电脑,人员安排紧凑,因事设人,十分注重设计人员和文案人员之间的交流,往往最好的创意出自文案,而好的广告语却出自设计人员。

这次考察,使团员们开阔了视野,开拓了思路,学到许多在国内学不到的东西。

五、克服资金上的困难,坚持出版发行《广告资料汇编》全年共8期,并赠每个会员单位一套。

六、协助中广协做了几件事:

(一)由于中广协在1994年第34届世界广告大会因台湾名称问题与国际广告协会(IAA)发生原则分歧,将原报名出席人数108人,改为派16人工作组到会,IAA领导人要求偿还大会注册费,造成中广协经费紧张。我会会员共捐资20万元,以支持中广协的工作。其中,中国广告联合总公司、中国国际广告公司各出资6万元,盛世长城国际广告有限公司、北京广告公司各出资4万元。

(二)协助中广协发行了《中国广告经营单位名录》和《'96中国广告媒介指南》。

七、调整了部分领导,增加了新入会会员。

由于工作需要,中国国际广告公司总经理南昌明同志另有他任,经常委们审议,新任总经理许复兴同志接任我会第一副主任委员职务,报中广协执行理事会审批通过。

另外,经中广协8月17日召开的四届四次执行理事会讨论通过,增补中国机电广告公司、中化国际广告展览有限公司为理事单位,按照我会《工作条例》第六条规定"……常务委员会以中国广告协会的广告公司理事为基础",因而这两个会员单位为常委单位,至此,常委单位由原来15家增至17家,委员单位60家。

今年,经中广协执行理事会新批准的会员单位有12个,他们是:

精信广告有限公司、大桥国际广告传媒有限公司、麦肯·光明广告公司、深圳先涛数码影画制作有限公司、北京捷先广告公司、深圳众人广告传媒有限公司、上海心族广告公司、重庆市广告装璜公司、温州市广告公司、郑州市广告装潢公司、三星影视交流中心、山东北斗广告集团。

截至目前,共有会员单位77家。

广播委员会活动

3月29日至4月1日,中广协广播委员会进行第12次全国优秀广播广告节目评选。各会员台送评广告95条。评选结果是:一等奖10条、二等奖19条、三等奖27条。

4月2日至6日,中广协广播委员会四届二次会议,在海南省海口市召开。130多名会员台代表参加会议。会议进一步学习、宣传、贯彻《广告法》、进行学术理论研讨、交流经营管理和广告创意制作等方面的经验,为第12次全国优秀广播广告节目评选获奖节目颁奖。

11月8日至29日,组织25人赴美学习考察,收获很大,并写出学习考察报告。

中国广告协会广播委员会
四届二次会议纪要

中国广告协会广播委员会四届二次会议1996年4月2日至6日,在海南省海口市召开。这次会议规模较大,共有64个电台130多位代表参加会议。其中省市级台领导14名,地市级台领导11名。海南省委宣传部常务副部长黄进先同志、海南电台台长张承负同志出席会议并讲话。中国广告协会副会长王正在同志也亲临会议指导工作,这些领导同志的到来给大会增添了隆重热烈的气氛,会议代表受到了鼓舞。

这次会议的主要内容是进一步学习、宣传、贯彻《广告法》、评选1995年优秀广告节目,进行学术理论研讨、交流经营管理和广告创意制作等方面的经验。

在各方面的大力支持和全体与会代表的共同努力下,完成了预定的各项任务,会议圆满成功。

一

中国广告协会副会长、广播委员会主任安景林同志致开幕词,明确了会议的任务和要求,布置了下一步工作。

中共海南省委宣传部常务副部长黄进先同志,在开幕式上向大会代表重点介绍了海南省改革开放以来各方面取得的重大成就和今后的发展规划,使代表们进一步了解了海南,为海南的大好形势所鼓舞。

中国广告协会副会长王正在同志出席会议,讲话并转达了中国广告协会会长杨培青同志对大会的祝贺、对代表的问候和对广播广告的关怀支持。受到与会代表的热烈欢迎。

二

这次优秀广告节目评选,共收到50家电台的95件广告,经过评委三天多时间的认真评选,评出了一等奖10件、二等奖19件、三等奖27件、优秀奖38件。

从这次节目评比来看,各台送评的节目都有不同程度的提高,特别同前两次参评作品相比,总体水平有明显提高,精品意识增强。这同电台各级领导的关心、支持,甚至亲自动手抓广告节目质量,抓精品是分不开的。

这次优秀广告节目评选工作是和中国广播电视学会联合进行的,提高了获奖作品在本系统的权威性,受到各台的普遍欢迎。

三

这次会议共收到论文十四篇,尽管数量不多,但内容还是比较丰富的。这些论文,从不同的侧面科学的论述了市场策划、广告创意、广播广告语言运用、怎样充分利用广播特点、广告的真实性、广播广告三要素的运用、形式与手段、加工制做精品节目等方面分组进行了研讨,新疆、湖北、上海、广东台的同志,还在大会上进行了交流。

四

关于广播广告经营管理经验和业务交流,分小组和大会进行。在分组讨论中,大家发言踊跃。会议还专门召开了台长座谈会,进行了高水平的探讨。广东、上海、辽宁、北京台的几位台长和大连、广州、吉林台的几位同志,都在大会上发了言,大家很受启发。

近几年来,随着我国市场经济的发展,广播宣传改革的深入,系列台的出现,各台的广播广告经营管理出现了异彩纷呈的可喜局面,从发言中看到,尽管各台情况不同、经营管理各异,但大都在朝着分散经营、多级经营、统一管理的方向发展,而且都取得了可喜的成果。与会代表表示:通过总结交流,互相借鉴学习,要进一步深化广播广告经营管理体制的改革,逐步总结出一套适合我国广播广告经营管理方面的比较好的、先进的模式,以促进我国广播广告事业的健康发展。

五

由于广委会委员梁文灿同志工作调动,同意厦门台的申请,广委会委员由陈和心同志担任。

根据吉林市经济台、海南经济台、大连文艺台、海城台的申请,吸收以上四台为广委会会员台。

会议决定,明年广委会四届三次会议在青海召开,由青海人民广播电台承办。

这次会议在海南召开,得到了海南省委宣传部、海南省文体厅等有关部门的支持和帮助。特别是东道主海南台的领导和广告部的全体同志,为会议做了大量工作,付出了辛勤的劳动,使会议得以顺利进行,对此,广委会和与会代表表示诚挚的谢意。

电视委员会活动

一、1996年2月10日在北京召开了电视委员会第四届二次常委会。这次会议的主要议题是:总结1995年电视委员会工作,讨论和研究1996年电视委员会的工作要点,重点研究了第九届全国电视广告《印象奖》的评奖问题,和电视委员会组团出国培训考察问题。

二、中央电视台广告部于4月23至24日在京召开了首届全国电视公益广告题材规划会。来自全国14家省市级电视台领导和广告部主任及专家、学者、广告公司代表40多人与会,广电部副部长兼中央电视台台长杨伟光出席并作了重要讲话。

三、继续深入学习和贯彻《广告法》,在总结去年贯彻执行《广告法》的经验基础上,制定了落实的具体措施。省级电视台、省会电视台和全国城市电视台广告协作会都把贯彻执行《广告法》作为重点研讨的课题。1996年4月,电视委员会为了满足广大会员的要求,特整理和编辑了《广告法规汇编》,印发给会员台,这对全面执行《广告法》有一定的帮助。

四、1996年12月15日,进行了第九届全国电视广告《印象奖》的评奖工作

这次参加评奖的商品广告133条,电视台77条(22个电视台选送的),广告公司56条(17个广告公司选送的)。参加评奖的公益广告84条,电视台82条(17家电视台选送的),广告公司2条(两家公司选送的)。

从选送评奖作品来看,各个电视台都重视了公益广告的制作和播出,公益广告的数量大大超过了上届。为了加强社会主义精神文明建设,鼓励各会员台多制作好的公益广告,这次评奖对公益广告在设奖数量上给予倾斜,增加了获奖条数。

这次评出商业广告一等奖3条,二等奖6条,三等奖12条,评出公益广告一等奖5条,二等奖9条,三等奖23条。评出单项奖、创意奖、制作奖、音乐奖、广告语奖各一条。(附后)

五、完成了广告从业人员的培训工作

电视委员会第一批出国培训考察于今年一月学成回国,第二批赴美培训考察,原定六月份出国,后因种种原因推迟到十二月。现已胜利的完成了培训考察任务,大家比较满意。

组团赴国外培训和考察,对于提高电视广告业的整体素质,提高广告的经营管理水平,开阔眼界,打开思路是很有帮助的。

中国广告协会电视委员会第四届委员会名单

主任	于广华	中央电视台副台长
副主任	谭希松	中央电视台台长助理兼广告经济信息中心主任
副主任兼秘书长	徐道礼	北京电视台副台长
副主任	金国强	陕西电视台副台长
副秘书长	刘凤岐	辽宁电视台副台长
副秘书长	马永纯	沈阳电视台台长助理兼广告部主任
副秘书长	华　悟	苏州电视台广告部主任
常务委员	迟　锋	湖南电视台副台长
常务委员	仇绍强	广东电视台广告部主任
常务委员	陈晓沪	西安电视台副台长
常务委员	罗贵生	四川电视台广告部主任
委员	任明发	贵州电视台广告部主任
委员	马来顺	河北电视台广告部主任
委员	黄斯钦	内蒙电视台广告部主任

委员	冷　学	吉林电视台广告部主任
委员	马嘉益	江苏电视台台长助理兼广告部主任
委员	石小兵	河南电视台广告部主任
委员	李平生	甘肃电视台广告部主任
委员	魏　民	山东电视台副台长兼广告部主任
委员	吴　涛	安徽电视台广告部主任
委员	张晓建	江西电视台广告部主任
委员	张秀华	武汉电视台广告部主任
委员	刘兴成	成都电视台广告部主任
委员	郑崇仪	福州电视台广告部主任
委员	任　猛	济南电视台广告部主任
委员	刘晓光	厦门电视台台长助理兼广告部主任
委员	朱建明	牡丹江电视台广告部主任
委员	曾武军	丹东电视台台长助理兼广告部主任
委员	黄利强	保定电视台副台长兼广告部主任
委员	朱孟献	洛阳电视台广告部主任
委员	李月华	衡阳电视台广告部主任

报纸委员会活动

△1996 年 4 月,在江苏无锡市召开了报委会主任、副主任扩大会议,主要议程是:一、安排 1996 年下半年工作任务;二、研究报委会换届改选问题,并确定 1996 年 11 月份在上海市召开报委会第三届第一次全体委员会议,选举新一届领导班子;三、研究了表彰全国老报纸广告工作者问题,并委托天津日报承办该项活动(后改为大连日报承办);四、增选了上海《文汇报》徐国亮同志为报委会副主任。此外,会议还交流了各地报纸广告工作的新情况和新经验。

△1996 年 11 月 4 至 7 日,报委会四届一次会议在上海举行。来自全国 90 余家报社的委员及代表一百余人出席会议。上海市副市长龚学平、中广协副会长兼秘书长吴德裕、国家工商局广告司副司长王普杰等领导同志出席会议并发表重要讲话。

会议选举人民日报广告部魏铭祥为报委会主任,工人日报广告处梁勤俭为副主任兼秘书长。

公交委员会活动

1、组织 1996 年第一批共 16 人去欧洲五国进行公交广告专业考察。5 月 20 日出发,6 月 7 日圆满完成考察任务,团长廖英田。

2、7 月 24 至 28 日,在山西太原召开 1996 年公交委员会第一次主任办公会,总结了上半年的工作,安排了下半年的重点工作。

3、7月公交委员会秘书处根据各地公交广告企业的要求，草拟了“城市公交广告技术标准”，7月24日主任办公会讨论通过，上报国家工商行政管理局。

4、1996年10月，公交委员会收集编辑并发行了公交广告企业资料汇编，分发到130个城市的公交广告企业。

5、11月18日，在海口召开中国广告协会公交委员会1996年年会。会议内容：总结一年来的工作，安排了1997年重点工作，国家建设部城建司处长安宁，国家工商行政管理局广告司副司长安树坤、中国广告协会副会长吴德裕等领导出席了会议。

6、组织1996年第二批共16人去欧洲五国进行公交广告专业考察。11月18日出发，境外活动18天，12月5日顺利归来。团长刘建国。

中国广告协会公交委员会工作条例

第一条、中国广告协会公交委员会(以下简称委员会)是在中国广告协会的领导下，按照中国广告协会章程，结合公交广告的特点，对委员会的单位进行指导、协调、咨询和服务。

第二条、委员会的宗旨是：坚持党的基本路线，执行党的方针、政策、团结广大会员单位，不断壮大公交广告事业，更好地为改革开放和市场服务。为建设社会主义物质文明和精神文明服务。

第三条、委员会的组织形式：

委员会设主任一人、副主任若干人。

委员会设立常务理事会。

委员会设秘书处。秘书长、副秘书长由主任提名，经主任会议通过报中广协批准，备案，秘书处根据工作需要配备必要的专职人员，在秘书长领导下处理日常工作。

第四条、委员会任务：

1、贯彻执行中国广告协会章程，落实中国广告协会决议，完成中国广告协会交给的任务；

2、调查了解公交广告的发展趋势，研究制定发展规划，传播与交流广告信息和经验；

3、培训广告人才，组织理论研究、探讨管理、技术的开发、推广新的公交广告媒体；开展经验交流和评比活动；

4、推广新工艺、新材料、新技术、提供咨询服务；

5、维护会员的正当权益，反映会员意见和要求，解决疏通有关问题；

6、协调会员之间的关系，促进横向协作；

7、抓好公交委员会的统计工作，及时向会员和上级汇报公交广告的发展情况；

8、加强行业自律，建立良好的经营秩序、接受广告投诉，向政府提出处理意见；

9、开展国际交往活动，引进国外广告学术交流。

10、指导各省的公交广告组织、组织建议和业务建议。

第五条、常务理事会：

常务理事会，在委员会闭幕期间，行使委员会职权。

常务理事会任期三年。

常务理事原则上由省会城市和计划单列城市公交广告单位主要负责人担任。常务理事应保持相对稳定，如需人选变动所在单位提出新的人选报委员会批准后，报中广协备案。常务理事会每年召开一次，根据情况可提前或延期召开。

常务理事会的任务：

1、审议委员会的工作报告；

2、研究确定委员会重大事宜；

3、制定委员会的计划；

4、筹备会员代表大会。

第六条、主任会

主任任期三年。

当选的主任、副主任、原则上在本届内不予更换，必须更换的由所在单位提出报告，经常务理事会通过并重新推选主任报中广协批准、备案。

主任会议每半年召开一次，根据需要可随时召开。

主任会议的任务：

1、审议秘书处工作计划和进度，商定和落实委员会决议的措施；

2、审批财务预算和决算；

3、指导秘书处工作，解决工作中存在的问题及临时性发生的事宜；

4、确定和筹备召开常务理事会事宜。

第七条、会员：

1、凡公交广告经营单位，承认委员会工作条例，均可申请加入委员会；

2、委员会会员，有义务承担委员会交给的任务，有义务提供委员会活动经费和有关情况，参加各项活动，反映意见和要求，对委员会有批评、建议和监督权；

3、会员单位凡无故不承担义务者，委员会有权停止其活动和劝其退会，直至取消其会员资格。

第八条、会员代表大会每二年召开一次。

第九条、委员会的工作同时接受建设部城建司、公安部交通管理局的指导和协调。

1994 年 4 月

铁路委员会活动

1996 年铁广委在铁道部和中广协的关怀领导下，在中国铁路对外服务公司的直接领导和帮助下，依靠成员单位的支持，克服困难，努力发挥协会职能，坚持“办几件实事”的工作方针，做了如下的工作。

一、加强自律，规范广告发布形式

铁广委于 1995 年 9 月在柳州局北海举行的常委会上，对列车广告发布形式方案进行了初评。根据初评的方案，铁广委秘书处组织工作小组，对方案内容进行了规范整理，配以相应图片。1996 年 1 月邀请部运输局、车辆局、两经中心、体改法规司、宣传部、综合治理办公室等部门的有关领导参加《铁路列车广告发布规范审议会》。

审议会由外服公司石玉林副总经理主持，在京的铁广委常委参加了会议。秘书处及规范小组逐项对规范条款进行了说明，并回答了各部门的提问。

审议会上各部门的负责人对铁广委牵头组织，制定“规范”给予了充分的肯定和支持，一致认为“规范”的制定将促进铁路广告业的健康发展，标志着铁路广告业走向正规化和成熟，有利于管理和经营。在充分肯定“规范”内容的同时，也对铁路列车车体所挂冠名企业标志、车厢内广告数量的问题提出不同意见。这些意见表现出维护铁路整体形象和广告经营方面的矛盾。会议建议先搞出广告发布的样板车，并建议确定后的规范由铁道部颁布。

为了进一步在理论上和实践中探讨铁路广告经营的难点，促进“规范”的早日完善，铁广委于1996年4月在沈阳召开了“铁广委秘书处工作会议”和“铁路列车广告研讨会”。通报了“规范”审议结果，提出了“在规范颁布前，各成员单位应按行业自律的原则，维护铁路广告的整体形象”的要求，为规范的定稿打好基础。

研讨会上，与会人员就列车广告推销形式，拍卖的利弊，列车广告的市场价位，推销和拍卖的规范程序，推销的优势与发挥和列车广告媒体的使用等问题，进行了较为深入的研讨。与会人员一致认为，此次研讨对于铁路列车广告的经营理论，经营操作起到指导作用，工作会议和研讨会是富有成效的。

二、大力培植、发展冠名广告列车

自1995年9月武汉铁路广告装璜公司首拍冠名广告列车后，到1996年3月全路已卖出冠名列车近30对，铁广委作为行业协会始终密切地关注和积极地参与该项活动。站在广告全行业的角度看，冠名列车将是铁路广告媒体中具有竞争力和特色的优质媒体品牌。为此，审时度势地参加铁路广告媒体的拍卖活动，及时召集广告单位的负责人研究分析拍卖的成功与失利，及时传播经验和教训，具体指导冠名的经营活动，支持三联号、贝尔号等按“规范”标准制作和发布。

为向社会上广泛地宣传冠名列车的广告形式，优化特点，在全国列车时刻表中，特别标注了“冠名列车”并组织在宣传冠名列车广告优势的“铁路广告列车冠名透视”的专题文章及冠名列车一览表，在现代广告杂志上发表。引起了广告界、企业界的关注，对于冠名广告列车的健康发展和市场价位的提高起到了一定的作用。

目前全路冠名列车已达70多对。基本形成了铁路广告媒体的优化经营，促进了整体策划和联合经营。

三、为提高铁路广告人素质，组织培训观摩

有计划地组织培训是铁广委的一项长期任务。

1996年6月铁广委组织成员单位参加北京世界优秀广告观摩活动。并于活动之后，举办了专题讲座，请中央工艺美术学院教授讲了“现代广告设计原理”，大家听后纷纷表示，开阔了视野，丰富了思想，希望铁广委多举办些这样的业务培训和观摩活动。

铁广委秘书处针对铁路户外广告制作水平低，档次不高的现状，与广州文化广告总公司共同举办了“96′深圳户外广告制作培训和研讨会”，参加培训的有40人。在会上对户外广告的设计程序制作工艺、材料、安装、照明进行了研讨并在深圳站现场观摩。对大、中型车站的户外广告、制作、发布的标准设定和制作水平起到了积极的推动作用。

四、抓住机遇，组织整体广告活动

铁广委抓住北京西客站落成、京九铁路全线通车的机遇，组织相关成员单位参与了广告策划和同贺活动。

9月1日京九铁路全线开通的广告活动是铁广委和外服总公司联合策划和组织，沿线11

家铁路广告公司共同运作的大型广告活动。全线 2536 公里的 36 个大中型列车停靠站的横幅、汽球、花篮和列车上的礼品、首乘纪念品。不但为京九铁路开通营造了喜庆欢乐的气氛,而且扩大了铁广委的影响。

1996 年中,铁广委组织成员参加了 96 北京国际广告博览会,以一个整体的形象展示了铁路广告的优势和辐射范围,加强了对外交流、交往。

铁广委组织并委派成都铁路广告公司参加中国广告代表团赴法国出席了嘎纳国际广告节。

铁广委组织并完成了《中国广告年鉴》铁路专栏的组稿和编辑工作。

1996 年铁广委在人员少,内部关系未理顺的情况下,基本完成了预定的工作,有些工作因种种原因尚待完成,有些工作还存在不足和缺点,需要今后改进。

学术委员会
′96 全国广告学术研讨会情况综述

中国广告协会学术委员会(以下简称学委会)于 1996 年 10 月 18 日至 20 日在西安市召开了′96 全国广告学术研讨会。出席会议的学委会委员及代表共 80 人,提交学术论文 50 余篇。

大会由学委会副主任潘大钧主持。中国广告协会会长杨培青,副会长王正在、赵晨妤,副秘书长孙英才,国家工商局广告司副司长王晋杰,陕西省工商局副局长宿景周,西安市工商局副局长杜梦西,陕西日报社副社长李立彬,陕西电视台副台长金国强,西安晚报社副社长李向东出席了开幕式。学委会主任赵晨妤就认真贯彻党的十四届六中全会决议,这次会议的主题及开法,以及第三届学委会成立一年来的工作情况,1997 年的工作设想讲了话,请与会代表审议。宿景周、李立彬、金国强、李向东、王晋杰、杨培青等领导同志先后讲话。

杨培青会长说:本届中广协学委会以务实、开拓的精神,开展了一系列富有建树的工作,不断取得扎扎实实的成果。这次研讨会经过充分准备,在西安古都顺利召开。从会议的论文看,内容丰富,切合实际,有广度,有深度,标志着广告界正在迈向新的高境界,令人鼓舞。我代表中广协向学委会的委员们及与会同志们表示崇高敬意。你们对广告事业的满腔热情和高度责任感,相信历史将不会辜负诸位同仁的辛勤耕耘。她还就广告业的经营管理问题,谈了两点认识:第一,从“学术”本身谈起,学术要有超前性、预见性,要观察国内外的大局,认清发展的形势和趋势,并能够从实际出发,提出可行的对策方案。我们正处在一个由新技术伴随的大变革时代,在我们国内,以两种体制转换为核心,正展开各领域的深入改革;国际上也是经济结构调整风靡各国,出现了许多不可忽视的情况,例如:一些国家的银行大兼并;高失业率与人力资源开发的新方法;商业领域的连锁店经营已发展到服务行业的连锁联盟经营等。这些举措都超出了传统的经营理念和方式,也必然对广告业的经营管理提出现实的挑战。特别是现代信息技术的普及应用,国际网络开通,电子邮件等,使原有的信息传递与发布方式发生巨变,“无边界联络”已实际出现。这一切要求我们明智地作出应战。第二,大变革,大风险,强者致胜。目前广告界面临一些困难,有其它客观条件的原因,但主要还是我们自身的应变能力的问题。可以说,一个广告经营实体,如果不具备一定的综合经营规模和多角经营的优势,没有高素质的经营人才和专业人才队伍,没有专业化的特长和功力,抗风险很难,竞争取胜更难。要想抓住机遇,也会力不从心。现在我们又处在一个新的转折时机,应当以史为鉴,是维持既往,临时应付,还是开拓未来,顺应发展,是一个不能掉以轻心的大问题。早改革,早主动。

11位代表在大会作专题发言,有专家学者,有广告管理部门和行业协会的领导,有广告经营者,有广告主。他们围绕本次会议的主题——广告业的经营与管理问题,从不同的角度,针对我国广告业面临的形势及存在的问题,从理论与实践的结合上,进行分析论述,提出建议及对策,内容丰富,切合主题,既有深度,又有广度,反映出广告学术界丰硕的研究成果。

在分组会上,与会代表结合领导讲话精神,大会发言内容,进行了热烈认真讨论和广泛交流。大家一致认为,这次会议的主题选得好,切合时宜,是当前广告业亟待解决的一个大问题。它涉及的面很广,需要研究解决的问题很多,这次会议有了一个良好的开端,通过讨论、交流,启发很大。会议对有关问题要作进一步的调查研究,提出报告,供政府有关部门决策参考。经过讨论,与会代表对以下问题取得共识:

1.衡量一个国家广告业水平的标准,不能仅满足于广告经营单位数量的多少和广告经营额的增加,而要看综合代理广告公司的数量和服务能力。在国际跨国广告公司大举闯入我国市场的今天,我国广告界的同仁,既要有紧迫感和危机感,更要有信心和自强不息的精神,迎接挑战。中心环节是扶植和提高综合代理广告公司的素质和服务能力。

2.呼唤对广告业加强规范管理。政府主管部门、广告协会、广告公司、媒介单位、广告主等有关方面都应制定规范经营管理的法规和制度,制定广告公司的等级资质标准,切实加强行业自律,严厉打击回扣、报价不一、互挖墙脚等不正当非法竞争行为。

3.广告公司要加强自身建设,根据市场需要及发展趋势,重新定位,树立自身特色和良好形象。要大力培养人才,增强实力。

4.政府主管部门和广告协会要继续深化改革,明确各自职责,做好本职工作。广告主管部门要强化管理和执法力度,加强对广告经营单位的扶持和指导,进一步发挥广告协会行业组织的作用。广告协会要做好政府主管部门委托的各项工作,加强行业自律,抓好人才培训工作,更好地维护会员利益,为会员服务。

四个小组的代表汇报了各组讨论情况。在大会自由发言时,代表们发言踊跃,各抒己见,畅所欲言,充分体现了民主气氛和责任感。

最后,赵晨好主任作了总结性发言。她说:在研讨中,大家谈到中国广告业面临的形势正在发生变化,这种变化来自现实和未来。现实是,一方面广告主资金困难,一方面广告费用不断攀升,广告投入的人为主观因素强加于广告自身运作规律的现象十分突出;一方面广告发布紧张状况随报纸扩版、电视加频有所缓解,一方面一些媒体利用自己的优势竞标,收入颇丰,说法不一;一方面广告人承担着帮助广告主营销,找准市场定位的任务,一方面创意贫乏,缺乏与消费者的心心相印,而且与广告主、消费者磨合还有相当的差距,这种二律背反的困惑充斥着广告人的心。未来是,人类社会开始走向信息时代,信息高速公路已经跨越时空、国界、延伸到了中国,以锐不可当之势,改变着人们的经营观念、经营方式、消费理念,国外一些广告公司一方面实施集团化、全球化经营战略,一方面纷纷制作互动节目进入网络,抢占制高点。信息业对广告业发出了强劲的挑战,这应当引起我们广告学术界的关注,并加以研究。

不少同志从广告主、广告公司、广告媒体、广告管理部门、学术研究的角度阐述了自己对广告业经营管理的看法,表现了惊人的一致性。不少委员提出中国广告业的经营管理包括五个层次、三个机制。五个层次:一是国家宏观决策。应当有一个比较明确的广告产业指导政策,这种政策来自中国广告业的理论与实践,无疑需要委员们的积极配合。二是各级工商行政管理部门。各级工商行政管理部门是抓执法,抓监督、抓管理的具体部门,除继续以经济的、行政的、法律的手段对广告市场加以综合治理外,应当不断研究新情况、新问题,拿出新对策。比如,广告公司资质标准、准入条件、审查制度;对广告竞标、比稿、回扣、压价、炒单的管理;对广告公司优胜劣汰、集约化经营的引导;广告代理制的发展趋向。有的同志说,现在的代理制,路越走越窄,广告公司事实上不是广告主的代理,而是媒体的代理;中外合资广告公司开始在中国稳扎稳打,前景如何,将对中国广告业产生什么影响;还有工商行政管理部门的自律,公务员形象塑造等等,需要工商管理部门拿出对策。三是各级广告协会。各级广告协会在行业自律中,还没有充分发挥其作用,缺乏应有的实力和权力。四是各广告主、广告公司、广告媒体。不少同志指出三者首要的问题是加强自律、完善自我、合法经营、依法办事。会议期间,三者在经营过程中的酸甜苦辣,以及强烈要求加强中国广告业管理的呼声,引起与会者强烈共鸣。有的同志指出,有些问题解决的时机已经成熟,比如,全国已有四万多家广告公司,广告公司资质标准,准入条件及年检制度的确立,可以解决广告公司"热"的问题;还有广告公司级别评定工作、广告人才培养工程,也应当提到议事日程。有些问题解决的时机条件还不够成熟。比如产业政策的制定、集团化增长、集约化经营的问题,但现在应当着手做起来,否则广告业方面存在的问题会积重难返,逼得一些相当有基础的广告公司为了生存,而去开展与广告业毫无关系的多种经营,无力与外国跨国广告公司竞争,这对于中国广告业的发展是极为不利的。谈到媒体,有的委员说,早在计划经济年代,基本网络就布局好了,广告一恢复,很快就嫁接上去了,发展到现在,形成了广告养活媒体的基础格局。媒体自从有了广告,就形成了两支队伍,按两种规律运作的布局:一支新闻队伍,按新闻规律作为党的喉舌来从事新闻工作;一支经营队伍按市场规律、价值规律搞经营、搞广告,按规定,两支队伍必须严格分开,不能混岗,新闻报道与经营活动也必须分开,但从"有偿新闻"屡禁不止以及记者拉广告,吃回扣的问题还未杜绝的情况看,两支队伍按两种规律的运作的管理还没有到位,因此媒体落实江总书记视察人民日报时的讲话精神,进一步加强职业道德建设、队伍建设的任务仍很繁重。五是从社会管理角度看。有的委员指出,广告管理中还应当包括各级消费者协会的作用,消费者对广告引发的问题应当有地方投诉,有人帮助解决,目前这项工作还相当薄弱,应当强化。

一些委员认为,中国广告业的经营管理还应当有完善的运作机制。依据广告刊播的时段,划分为广告刊播前的代理。竞标、比稿、预审制度;广告刊播中的监听、监看制度;广告刊播后的调查、评比、制裁、表彰制度等等。这套机制运作灵不灵,管用不管用,恐怕还要建立相应的信息反馈制度和监督机制。

会议认为,当前我国宏伟艰巨的跨世纪工程开始启动,经济体制改革进一步深化;利益格局调整和变动,利益主体多元化;国际矛盾错综复杂,综合国力竞争日趋激烈,面对这样一种形式,我们必须始终保持清醒头脑,在社会变革不断深化,社会主义市场经济还在建立、完善的动态过程中,进一步健全广告经营管理体制、完善机制,不断提高广告业的整体水平。

会议期间,全体代表还参加了'96嘎纳国际广告节获奖广告作品巡回展的作品点评和赏析活动,召开了部分委员的调研会。

在陕西省和西安市工商局及广告协会的大力支持下,在陕西日报社、陕西电视台、西安晚报社、西安市集美广告公司、西安市德昌广告公司的协办下,在全体与会代表的共同努力下,圆满完成了大会的预定日程,于10月20日下午胜利结束。

中国民航协会广告委员会

中国民航协会广告委员会(以下简称广告委员会)于1996年4月12日至15日在昆明机场召开了第一届四次年会。48家民航广告经营单位的代表参加了会议。广告委员会副主任委员邓有池同志主持了会议,主任委员倪群同志代表第一届委员会向大会作了工作报告。会议的议题是:报告第一届委员会的工作,进行换届选举,学习国家工商局近来颁发的有关广告法规。现将会议情况纪要如下:

(一)

4月12日上午,倪群同志代表第一届广告委员会向大会作了工作报告,并提请会议审议。

他说,民航广告委员会自1992年11月成立以来,认真坚持以邓小平同志建设有中国特色社会主义理论和党的基本路线为指针,坚持广告为民航建设服务、为民航运输生产服务、为国家经济建设和精神文明建设服务的方向,在贯彻《广告法》、规范广告经营活动、维护民航广告经营秩序、推动各单位的业务合作、完善规章制度等方面做出了一定成绩;制定了委员会章程和财务管理规定,建立了必要的规章制度;组织了部分经理出国考察学习,开阔了眼界,增长了业务知识,看到了民航广告与国外广告的差距,受到了有益的启迪;积极开展了广告相互代理,初步形成代理网络的雏型,并已产生成果;为配合《广告法》的学习和贯彻执行,组织了《广告法》的学习和信息交流。民航各广告经营单位自觉规范自己的广告经营活动,未发生违反《广告法》的事件;学习贯彻了民航总局《关于加强民航机场广告管理的通知》,对加强民航机场的广告管理工作和维护机场广告管理秩序起到了较好作用。

经过三年多的努力,广告委员会的工作已步入正轨,先后召开了三次年会和一次专题研讨会,以求实务实的精神,研究和解决民航广告工作中的实际问题。广告委员会成立以来,我们会员单位已发展到48家,从业人员有较大增加,设计制作水平有所提高,民航广告营业额仅机场已达近2亿元人民币,已有3家广告经营单位(中国民航宣传广告公司、深圳机场广告公司、上海虹桥机场广告公司)综合实力评价进入全国广告经营单位50强。

但是,由于各方面原因,民航广告工作还存在不少问题和薄弱环节,特别是在协助政府对民航广告行业进行管理,组织民航与国外广告业的相互考察和交流、规范民航广告市场和抓好培训工作、提高从业人员素质方面,都亟待改进和加强。

会议认为,民航广告业与全国形势一样,是一个发展迅速、方兴未艾的行业,要使广告更好地为民航生产建设服务,为国家经济建设和精神文明建设服务,需要做好以下工作:

1.继续深入学好、贯彻执行好《广告法》,提高民航广告队伍依法经营的自觉性和知法用法的水平。做一名广告人,一定要把《广告法》学好用好,不能做违反《广告法》和有损民航形象的事。我们每个广告经营单位,都要把这个问题提到重要日程上,形成人人知法、守法的好风气,净化广告市场,规范广告行为,从而提高民航广告业的服务水平,塑造民航广告业的良好形象。

2.抓好广告专业人员的培训工作,继续组织好国内外考察。应该承认当前广告经营者自身素质(包括现代广告意识、经营管理、服务水平)的滞后是制约我们民航广告工作发展的一个重要因素。因此，可考虑在适当时机，利用民航院校组织民航广告经营单位经理培训班和专业人员培训班，以提高民航广告专业人员的素质，迎接广告业的大发展。

3.做好广告信息交流和行业自律工作。除每年一次的年会外，还要有选择的通报一些情况，组织一些广告资料汇编。要增强法律意识，自我教育、自我约束。反对恶性无序竞争，提倡互相学习、取长补短，走合作联合、共同发展的道路。

4.充分发挥民航广告业的优势，把相互代理工作继续搞好。有民航总局的支持和各单位领导的重视，再加上我们敬业、勤业和积极的开拓，就能使民航广告业不断拓展、壮大，创造出更好的社会效益和经济效益。

只要我们顺应市场经济发展的需要，团结、依靠各会员单位，认真贯彻总局党委提出的民航工作总体要求，就一定能把民航广告业推向一个新的发展阶段，为民航广告业的健康、快速发展和实现民航全行业的持续、快速、健康发展的良性循环，作出我们的贡献。

与会代表对工作报告进行了认真审议并予通过。倪群同志综合大家意见，提出了今后民航广告工作要强调"五个加强"：一要加强民航"广告人"的声音，使民航上下了解广告工作的现状和将来的发展及其在民航建设中所起的作用，使民航广告业具有一定地位；二要加强培训工作，提高人员素质，使民航广告人成为一支思想强、业务精、作风硬的队伍；三要加强民航各广告经营单位之间和广告经营单位与其他兄弟单位之间的合作；四要加强民航广告经营单位内外的交流与沟通；五要加强规章制度的建设，逐步建立现代企业制度。

邓有池副主任委员传达了国家工商局颁发的《酒类广告管理办法》、《户外广告登记规定》、《烟草广告管理暂行办法》、《广告服务收费管理暂行办法》等文件。

关于缴纳会费问题，综合大家意见，会议决定每个广告经营单位每年交纳会费800元。

（二）

由第一届广告委员会推荐，并经48家民航广告经营单位充分酝酿，选举产生了第二届广告委员会。

1.新当选的第二届广告委员会18个委员单位是：

中国民航实业开发总公司、中国民航宣传广告公司、中国国际航空广告中心、中国东方航空广告公司、中国南方航空广告公司、中国北方航空公司宣传广告部、中国西南航空广告公司、中国西北航空广告公司、新疆航空广告公司、上海航空广告公司、北京首都国际机场广告公司、上海虹桥国际机场广告公司、广州白云国际机场广告公司、沈阳桃仙国际机场广告公司、深圳国际机场广告公司、西安咸阳国际机场广告公司、成都航空港广告有限公司、天津民航广告公司。

2.经第二届广告委员会第一次全委会议推选，主任委员、副主任委员由8个单位组成：

主任委员单位：中国民航实业开发总公司

副主任委员单位：中国民航宣传广告公司、中国国际航空广告中心、中国东方航空广告公司、中国南方航空广告公司、北京首都国际机场广告公司、上海虹桥国际机场广告公司、广州白云国际机场广告公司。

3.经广告委员会研究决定，设立秘书处，作为广告委员会的办事机构。秘书处由下列人员组成：

秘书长：李宝生（中国民航宣传广告公司副总经理）

副秘书长：张建民（北京首都国际机场广告公司副总经理）

严　峻(天津民航广告公司经理)

4.为便于开展工作,广告委员会研究决定设立两个专业委员会:

(1)航空公司广告委员会,由中国南方航空广告公司总经理马廷伟和中国国际航空广告中心总经理张金明牵头。

(2)民航机场广告委员会,由广州白云国际机场广告公司总经理熊万骐和上海虹桥国际机场广告公司总经理刘润祥牵头。

(据民航协会广告委员会秘书处供稿)

厦门市广告协会工作概况

厦门市广告协会于1983年7月19日正式成立。它是厦门广告界的行业组织,是具有法人资格的社会团体。

市广协章程制定的宗旨是:认真贯彻党中央精神,为加快厦门经济特区的建设步伐,围绕社会主义市场经济体制的建立,团结全市广告工作者,促进广告事业的发展,为建设社会主义物质文明和精神文明服务。市广协接受市工商局的指导,按照国家有关方针、政策和法规,对全市的广告宣传与经营进行指导、协调,提供咨询、服务。积极协助政府进行行业管理。

14年来,厦门市广告协会根据制定的章程宗旨,重视广告宣传发挥正确的导向作用。1996年11月初,配合市工商局召开精神文明与广告宣传工作会议。会议明确指出,广告宣传要始终把社会效益放在首要位置,使我市广告市场朝着繁荣、健康、有序的方向发展。会议制定并公布了《厦门市广告行业精神文明自律规范》。1997年,又根据中国广告协会布置,在广告界开展创建广告行业精神文明先进单位活动。

广告协会是社会团体,有责任协助政府进行行业管理并主动做好工作,1993年7月,厦门市政府公布《厦门市户外广告管理办法》,广协就积极做好宣传和通知组织广告行业学习贯彻落实工作。1992年,市政府把"创建中山路霓虹灯一条街"作为为民办实事项目之一。广告协会主动配合有关部门抽调广告设计人员,对中山路进行勘察规划,广告界在这项工作中发挥了积极作用。又如疏港路两侧广告规划、员当湖夜景工程的工作,广告协会都视为义不容辞的责任。

广告行业是属于技术密集、知识密集、人才密集的高新产业,它是随着市场经济的发展而兴起的。在市场竞争中,行业内部必然会出现种种新情况、新问题,如业务、价格、场地等不可避免地产生某些矛盾,广告协会就经常注意进行协调,以求妥善解决。

1996年秋和1997年,国家工商局和中国广告协会先后决定开展"中华好风尚"主题公益广告月活动和"自强创辉煌"主题公益广告月活动,厦门广协积极响应开展活动。1996年,全市的报纸、广播、电视、彩屏等媒体和户外灯箱共刊登、播映公益广告147件,达1563件次。

1997年持续两个半月的公益广告宣传月活动,由市委宣传部、市工商局主办,厦门市广告协会承办,是全市开展"向不文明行为告别"系列活动的组成部分。"FUN"杯公益广告设计大赛揭开序幕,共收到参赛作品500多件。包括报纸、杂志、海报、路牌灯箱、霓虹灯和广播、电视等。作者有广告专业设计人员、大中专院校、医院、银行及省内热心作者寄来的精心创作的作品,也有中小学生和残疾人士的作品。这500多件作品,涉及迎香港回归、祖国统一、特区精神、城市管理、环境保护、公共事业、伦理道德、国家税收、社区建设等方面。经过评选审定颁奖，并在中山公园日夜展览20多天，吸引了数万名各界群众观看。这是厦门市最大规模的一次广告宣传活动。

培养广告人才，不断提高广告人的素质，是广告协会的任务之一。1993年秋，国家工商局为全面提高广告行业的整体素质，加快广告专业人才培养步伐，决定举办广告专业技术岗位资格培训班。我们立即与市工商局联合成立培训分站，抓紧每一期广告人的报名、学习、考试发证书等项工作，至1996年冬，共举办四期培训班，共有130个广告经营单位，838人参加学习。据了解，参加学员占全省三分之一以上。

1994年10月，全国人大常委会颁布《广告法》，并于1995年2月1日执行。这是国家的大法之一，是广告行业的大事，对规范广告活动促进广告业的健康发展、保护消费者的合法权益、维护社会经济秩序、广告在市场经济中的积极作用有着重要意义。市工商局和市广告协会从1994年底起举办《广告法》宣传月活动历时一个多月。宣传活动形式多样，内容丰富，生动活泼。发动广告公司制作标语路牌、横幅等在中山路、机场主要交通路段张挂，扩大宣传，印刷《广告法》文字材料5000份，广为散发；1995年元旦，与市政府司法局、法制局等部门联合举办大型宣传咨询日活动和专题文艺晚会，还专门召开有市人大、市政府有关部门领导及广告公司、广告主、广告媒介单位代表参加的宣传贯彻《广告法》动员大会。

为了深入贯彻落实《广告法》，使广告经营企业依法从事广告活动，推动广告事业健康、有序的发展，先后举办了两期《广告法》培训班，采用自学、看录像和集中授课的办法，培训广告经营单位的法人代表及主要业务骨干共有81个单位166人。十几年来，厦门广协充分利用有利条件，与厦门大学新闻传播系多次举办“广告策划创意高级讲习班”、“广告专业基础知识讲座”，有数百人次参加。去年，还组织广告在职人员参加厦大举办的广告大专班学习。

厦门的广告界通过开展国内外交往、传播广告信息和先进技术以及人才培训，不断促进我市广告创意策划、设计和制作水平的提高。十多年来，厦门的广告作品多次参加省、全国评比，先后有近百件作品荣获省级以上奖励，有近30件作品在中国广告协会及全国专业委员会评比中获奖。

随着广告业的发展，厦门市广告协会发挥了指导、协调、服务、咨询的作用，在行业中树立协会的威信。大部分广告经营单位先后申请加入协会组织。本着自愿申请和积极发展的原则。会员单位不断增加，协会成立时仅7家会员单位，现在已增加到90家。

厦门市广告协会自1983年成立至今，特聘请厦门市的老领导、广告界的老前辈和专家学者为顾问，必要的会议请他们参加，或登门拜访。在他们经常关心、指导和监督下，使广告协会的工作顺利有序地开展。

中国对外经济贸易广告协会第七届二次理事会工作报告

（摘要）

何长林

各位理事，同志们：

今天，我们在这里召开中国外经贸广协第七届二次理事会。这次会议是在去年年底中央经济工作会议和今年一月下旬全国外经贸工作会议闭幕不久召开的。我们这次理事会的中心议题是:深入学习与贯彻党的十四届五中全会、六中全会精神,总结外广协七届一次理事会以来的工作情况,研究提出1997年的工作要点,加快在外经贸广告领域实行两个根本性转变,全面提高我国外经贸广告工作的质量与水平,更好地发挥外经贸广告在对外经济贸易和社会主义市场经济中的积极作用。

下面,我代表外广协讲三个问题。

一、外经贸广告界为我国外经贸事业和"两个文明"建设作出了一定的贡献。

1995年7月外广协七届一次理事会以来,全国外经贸广告行业的广大干部职工以两个根本性转变为指针,以改革为动力,努力工作,辛勤劳动,克服困难,较好地完成了任务,为实现"九五"计划目标开了个好头,为促进外经贸事业发展作出了一定贡献。

据海关统计,1996年我国进出口总额达2899亿美元,比上年增长3.2%;其中出口1,510.7亿美元,增长1.5%,进口1388.3亿美元,增长5.1%。实施"大经贸战略"、市场多元化战略和以质取胜的战略取得新的进展,对外贸易的市场布局有所改善。国家外汇储备持续增加,到去年底已达1050多亿美元。

在社会主义市场经济下,广告业是一个影响力很大,很广的特殊的信息产业。外经贸广告已成为发展对外贸易,促进国际经济交流的重要手段之一。外经贸广告公司仍是我国广告业中的一支不可忽视的力量,在过去一年多的时间里,外经贸广告工作同整个外经贸工作一样,是在困难中前进,在转变中发展的。这些会员单位深化改革,转变经营机制,提高全面服务能力,把我们的外经贸广告经营活动比较好的与出口商品结构的调整与培养、宣传和发展我国的名优品牌,与出口市场多元化的战略服务结合起来,不少外经贸广告公司不断拓宽业务领域,除了以广告业为主,还搞商品经营,项目经营,资产经营等等,实现各项外经贸业务和其他可经营项目的渗透与融合。很多广告公司打破行政区划界限,广告经营的地域范围不断扩大,还有一些广告公司开始摆脱单一代理制,将经营重点转向企业,并进一步介入企业经营活动的全过程。另外在过去一年里,国家有关部门发起了九月"中华好风尚"主题公益广告月活动,我们的会员公司策划、设计、制作和发布了不少质量较高的社会公益广告,取得了较好的社会效益。

二、过去工作的回顾

1995年夏季以后,特别是1995年年底以来,中国外经贸广协处在内外环境发生变化,机构和领导体制进行改革的重要时期。在外经贸部的领导下,在国家工商局、民政部、中广协等部门的指导下,在各有关部门及会员单位的关心、支持下,在外广协同志们的努力下,已逐步实现两个根本转变为目标,在为会员提供服务方面,做了一些工作,取得了一定的成绩,主要是:

1、就亚广联组织中存在的"一中一台"问题进行坚持不懈的斗争。近几年来,这项斗争一直是我会进行的主要工作任务之一,这是一项政策性很强的非常复杂和艰苦的工作,核心问题是维护国家的主权和统一。我们的工作态度是认真、严肃的,事事有请示,件件有报告。现在,我们在亚广联中的工作目标是促使亚广联妥善解决台湾在亚广联中的入会名称,遏制"一中一台"问题;为恢复我在亚广联中的理事资格,进行宣传和争取工作,以提高我在亚广联中的地位和影响。加强同亚广联主要成员国之间的双边关系,增进了解和友谊,扩大交流与合作,为我参加国际广告组织的活动,争取比较宽松的国际环境。

2、外广协会和中电国际展览广告公司于1995年10月和1996年8月在北京成功地举办了第二届和第三届国际广告新媒体、新设备、新技术、新材料展示交易会。每届展位150个左右,海外参展厂商有所增加,特别是象以色列赛天使、美国威特、日本松下、住友、法国加宝等世界著名厂家都带来了新产品展出。展览会上的成交额突破了每届4000万元人民币。为繁荣我国的广告事业,提高广告制作与传播的技术水平产生了积极作用。这样的展示交易会每年举办一次。

3、多次举办广告专业研讨会。外广协举办《'95国际电视广告研讨会》,演讲的内容中包括从电视广告创意到电视广告创作全过程。对国内外广告专业工作者研讨世界及华人电视广告的创作、制作规律以及最新动态、最新技术和未来发展前景,提供了很好的机会。

1996年8月举办了"国际广告现代技术研讨会"。邀请了美国、以色列、香港飞索集团和北大方正技术研究院的专家讲课并现场演示,参加研讨会的大约有200人,表现了浓厚的兴趣。

4、主持召开"全国外经贸广告工作座谈会"。

1996年年底,报请外经贸部领导批准,外广协在杭州主持召开了"全国外经贸广告工作座谈会",全国享有出口广告经营权的外经贸广告公司总经理等近50人出席会议。座谈会就出口广告工作进行了汇报和交流,并对当前国内企业在香港发布广告的管理问题,提出了积极建议。吴仪部长到会并要求外贸广告公司发扬实干精神,为创名牌,保护名牌多做工作。

5、组织中国外经贸广告代表团一行40人出席了在汉城举办的国际广告协会第35届世界广告大会,并对韩国克莱德奥美广告株式会社,韩国益山广告公司等单位进行了访问,参加了中韩广告界的业务交流和座谈活动,增进了双方的了解和友谊,加强了两国广告界的合作,我外经贸广告代表团的访问取得了圆满成功。

6、《国际广告》杂志不断发展

(1)经外经贸部、国家工商行政管理局批准,由《国际广告》杂志社引进法国《电视广告饕餮之夜》的中国首映先后在北京、广州和上海三地映展皆取得了成功,并得到社会经济、文化、媒体、广告、院校各界的瞩目和赞扬。

(2)与北京广播学院共同合办的实体"国际广告研究所"、"IMI市场调查研究所",于年初推出我国首部三卷册,500万字的"IMI消费形态与市场行为"年鉴。此书为我国首部市场动向与消费行为的大型数据化资料工具书。

7、协会工作中存在的主要问题。

在全国广告业发展的形势下,外经贸广告工作克服种种困难,迎接严峻的挑战,取得了较好的成绩,这些成绩是来之不易的,但是也应该冷静的看到全国外经贸企业由于经济效益下滑及体制等多方面的原因,严重影响了广告宣传费用的投入,有些企业的领导目光短浅,急功近利,广告意识淡薄,名牌意识不强,利用广告宣传和提高我国出口商品质量做得不够。广告公司受到媒介价格上涨,广告主承受能力减弱等困扰,广告协会为改变这种局面也费了不少脑筋,但效果仍不明显。这个问题牵涉面比较大,是政府、协会、企业综合研究的课题。

三、1997年工作要点。

1、指导思想。

认真贯彻党的十四届六中全会精神,协助政府部门抓好调查研究和创建文明行业的工作,推动外经贸企业和外经贸广告行业进一步增强广告意识,加大对品牌和质量的宣传力度。努力做好各项服务工作。进一步转变观念,深化改革,加强外广协会自身建设,发展自己,增强实力,不断改进工作。

2、工作要点。

(1)召开外广协七届二次理事会,总结工作,修改章程,补选协会领导成员。

(2)开展创建文明广告行业的活动。在国家工商局的指导下配合中广协开展创建文明广告行业的活动。要求我会员单位认真按照《广告宣传精神文明自律规则》，制定出本单位的实施计划，一方面规范广告内容，指导策划、创作、设计、制作和发布活动，使广告取得更好的社会效益；另一方面又要以精神文明为导向，加强物质文明建设，以经济效益为中心，不断完善经营管理，在提高效益，讲求质量和信誉的基础上，提高广告的服务水平，使广告取得更好的经济效益。希望会员单位积极创造条件，争当“创建文明广告行业先进单位”。

(3)为会员单位服务，继续开展广告技术交流和广告媒体的展示交易活动。拟于1997年8月在北京举办第四届国际广告新媒体、新技术、新设备、新材料展示交易会暨首届全国户外广告媒体交易会，为客户提供选择适合自己产品和户外广告媒体的机会。

(4)拟举办“北京国际户外广告研讨会”和“名牌战略与国际市场研讨会”。邀请海外著名品牌的广告专家、户外广告媒体开发、设计、制作和检测方面的专家，市场营销专家，与国内各大广告公司及企业的高级管理人员一起，共同研讨热点问题。

(5)开展国际广告组织之间的交流与合作，学习和借鉴国外的先进管理经验，加强国际广告的信息沟通，促进和带动我国广告业的发展。拟在上半年组织户外广告考察团赴国外访问；拟于下半年与中广协一起组织中国广告代表团赴马尼拉参加第20届亚洲广告大会。

(6)加强调查研究工作。

当前，全国外经贸企业，包括广告经营单位面临着严重的困难和挑战，工作任务很艰巨，遇到的新情况、新问题很多，经济效益下滑，有些企业面临着生存危机。这就需要我们认真调查、分析和研究。我们将确定一些调研题目，重点深入到一些地区和广告企业进行调查，总结经验，探索路子，争取为企业做些实事，希望各地积极配合。

(7)转变观念、深化改革，加强协会自身建设，树立自立、自主、自养的“三自”方针，提高工作人员素质，拓宽为会员单位服务的领域，提高工作水平和工作效率。

同志们，让我们振奋精神，艰苦奋斗，把握机会，调整策略，发展自己，为建立一个合理、有序、高效的广告市场新秩序而共同努力。以新的更大的成绩迎接香港回归祖国和党的十五大胜利召开。

谢谢大家。

外广协第七届二次理事会纪要

中国外经贸广告协会第七届二次理事会于3月19日至21日在北京召开。何长林副会长作工作报告，总结外广协七届一次理事会以来的工作，研究提出1997年工作要点。

外经贸部常务副部长、党组副书记石广生到会作重要讲话，他肯定了外广协及其会员单位在社会主义两个文明建设中所做的工作及所取得的成绩，他强调指出：广告是非常重要的营销手段，广告为外经贸出口起到了重要的先导作用，现在国际市场上新产品、新客户很多，企业要舍得花钱做广告，外经贸广告一定要为优化出口商品结构、为争创名牌，提高出口商品质量服务。石广生指出：现在外经贸形势发生了很大变化，新情况、新问题不断出现，外经贸广告公司遇到了前所未有的困难，必须以经济效益为中心，拓宽服务领域，在深化改革当中，研究新思路、新举措，闯出新的经营路子。石广生还指出，协会工作要具创造性、前瞻性和实效性，进一步发挥参谋、助手、桥梁和纽带作用。

本次理事会进行了经验交流；讨论了《章程》修改草案；通过了调整理事名单；发展了新会员，补选了全国政协委员齐中堂为外广协会长，李化育为副会长。齐会长在闭幕会上讲话，他分析了外经贸形势，要求协会围绕着出口工作为会员单位提供规范化服务，要求外经贸企业的领导增强广告意识，重视广告费的投入，广告经营单位要与国有大中型企业结合，创立、宣传，培养和发展我国自已的名牌商品和名牌企业。齐会长强调指出，出于国家利益的考虑和全国广告事业发展的需要，外广协与中广协必须理顺关系，进一步加强工作上的合作。

中广协杨培青会长、吴德裕副会长和国家工商行政管理局广告监督管理司郑和平司长应邀出席了外广协七届二次理事会开幕式。杨会长作了热情洋溢的讲话，她说：在世界经济全球化挑战的严峻形势下，在我国改革开放中，外经贸广告企业负有特殊的历史使命，是增强我国国际竞争力的生力军。现在中广协与外广协的工作合作关系有了新的发展，今后，中广协将在各项重大工作中，与外广协密切协调、形成合力。特别是在创名牌方面，要有突破性的举措。

郑和平司长向与会代表介绍了全国广告业的发展情况，他说，1996 年全国广告经营单位已达 5.28 万家，广告从业人员 51 万多人，广告营业额 366.6 亿元人民币，比 1995 年增长 33.34%。广告营业额 10 亿元以上的省市，依次排列为：上海 64 亿元，北京 62.4 亿元，广东省 40 亿元，浙江省 23.9 亿元，江苏省 23.6 亿元，山东省 22.7 亿元，四川省 13.1 亿元。在谈到加强和规范广告管理时，郑司长说，目前国家工商行政管理局正在制定广告企业等级标准，并拟部分出台广告质量技术标准，规范广告市场，制止不正当竞争。

中国对外经济贸易广告协会
第七届理事调整名单

（排名不分先后）

1、中国对外经济贸易广告协会	齐中堂
2、中国对外经济贸易广告协会	何长林
3、中国对外经济贸易广告协会	李化育
4、中国对外经济贸易广告协会	史国明
5、国际商报	刘运表
6、中化国际广告展览公司	仪忠虎
7、上海广告公司	熊景华
8、北京广告公司	胡纪平
9、广东省广告公司	温卫平
10、中国日报社	成华鑫
11、国际广告杂志社	刘立宾
12、中国国际广告公司	许复兴
13、中国对外贸易广州广告公司	戴新国
14、中国广告展览有限公司（香港）	卫世衡

15、南光展览广告有限公司(澳门)	童南垓
16、电扬广告公司有限公司	王 欣
17、北京北奥广告公司	班金鹏
18、上海奥美广告有限公司	屠玉华
19、天津市广告公司	孙宝成
20、江苏省国际广告公司	吴宗仁
21、浙江省国际广告公司	韩明东
22、福建省广告公司	方金尧
23、北京电通广告有限公司	金子泓
24、厦门商业广告公司	黄启勇
25、山东对外经贸信息传播公司	李世义
26、广东省白马广告有限公司	韩子定
27、国际贸易杂志社	郝宝生
28、中国对外经贸出版社	林志军
29、海南省广告公司	冼见东
30、海南省国际贸易广告展览公司	杨时音
31、湖北省国际广告公司	李祥海
32、河北省外贸广告公司	刘 鹰
33、辽宁省辽广对外经贸集团公司	于洪江
34、黑龙江省广告公司	李仁山
35、四川省对外广告公司	张东锐
36、重庆对外广告公司	李力哲
37、陕西省对外经贸广告公司	王 宁
38、西安国际广告公司	张鸿义
39、山西省国际广告公司	黄新智
40、江西省对外经贸广告公司	廖智能
41、新疆对外经贸广告公司	束黎明
42、中国电子国际展览广告公司	薛婷婷
43、中国机械进出口总公司	陈伟根
44、五矿国际广告展览公司	包静芬
45、中粮广告展览公司	张新月
46、中纺广告展览公司	孙晓明
47、中艺国际广告展览公司	金志刚
48、中国丝绸进出口总公司	周京跃
49、中国经工进出口总公司	霍永顺
50、中国机械设备进出口总公司	郝军朋
51、中国长城工业总公司	张 宇
52、中国石化国际事业扬子公司	张化荣
53、中国化工进出口总公司	王明科

大家风范诚为本
——郭伯诚和亚太广告节

华 英

数年前,我刚转入广告界时,在亚广联(亚洲广告协会联合会)的一份会议纪要中,发现一位名叫 Vinit Suraphongchai 的泰国广告界人士提出举办亚太广告节的设想,他的建议得到亚广联国际理事会成员的重视和拥护。与会代表期待着他拿出详尽的计划、具体的步骤和成功的论据。也就是从那时起,我开始注意这位名叫 Vinit 的人士和一切与亚太广告节有关的情况。不久得知,这位富于独立性的先生不仅担任过 1986 年第 15 届曼谷亚洲广告大会组委会的主席一职,而且是一位华人,一位十分出色且非常有影响的广告人,中文名叫郭伯诚。今年 6 月底 7 月初,笔者随中国广告小组赴马来西亚、菲律宾和泰国访问,有幸在最后一站见到了久仰的郭先生。

一、腹有诗书气自华

应泰国广告协会主席的邀请,7 月 11 日,我们一行四人前往曼谷绿宝石宾馆与泰广协人员举行会谈。在会议室门口一位身材魁伟、气质文雅的先生像久别重逢的老友一样将我们迎入会客室。他用略带海外味道的普通话慢声细语地向我们介绍泰方同行。他就是郭伯诚,泰国 DAMASK/BBDO 广告公司总经理,闻名不如见面,见面胜似闻名。

一个上午的友好会谈和丰盛的午宴之后,郭先生希望在我们回国之前再见见面。第二次见面时间约在 7 月 13 日傍晚。那天下午,我们从芭堤雅急匆匆赶回曼谷,抵达下榻宾馆不久,我的电话铃就响了,传来郭先生异常急切和关心的询问。我们快步奔向大厅,郭先生大步迎上前,对领队和我们大家说:“我一听到她的声音就放心了,知道你们没事了。芭堤雅着了大火,许多人困在着火的宾馆里,我与你们联系不上……”短短的几句寒暄,使我们感到心里热乎乎的,也使我们与他更加接近、谈话更加广泛、更加直白。

二、家道从容苦中来

郭先生的祖父是从中国潮汕到泰国创业的老华侨,多年奋斗积蓄了一笔钱后便带着家小告老还乡。他父亲虽身随他祖父回到故乡,但心却留在了泰国,潮汕的一切对他异常陌生,入故乡易而随乡俗难。待他祖父去世后,他父亲又带着全家返回了泰国。他生在泰国,长在泰国。

他是在很传统的中国家庭教养下长大的。与其他海外华人子女一样,少年时代一过,父母就要为其未来盘算,家境好的继续读书深造,家境差的早早的帮父母赚钱养家,郭先生有其父辈打下的经济基础,自然幸运地属于前者。十五、六岁的时候,他的父母将他送到英国的一所寄宿学校接受高等教育。他用两个食指架起来对我说,在英国一住就是十年。难怪一见面就发觉他有一种英国式的举止,似乎连说话都受过 Voice Training(说话训练),西方教育痕迹很浓。原来他是学工程(Engineering)的,也许是自身蕴藏的艺术细胞作祟,最终导致他弃工学艺。他毕业于英国莱斯特艺术学院,主修艺术与设计。

三、云程有路志是梯

60年代中期,他毕业回国,暂在一家内装修公司供职,一年后为其家族的包装公司工作,后来又到一个营销公司任职。青年时期的这些工作,虽然都不甚满意,但都为他从校门到社会,从书本到市场打下了一定的基础。热爱设计工作的郭先生不仅视艺术创作为生命的重要价值,而且很早就向往独立创业,展示人生。立志是事业的大门,信心是事业的起点,在踏入社会的第一个七年里,他就不断寻找适合于自身发展的环境。终于在1973年,他自己称之为"他一生事业上的转折点,"美国Lintas广告公司在泰国发展业务觅求人才,他良好的教育背景和实际工作能力使他轻而易举地被录取。他在Lintas做了两个七年,从客户主管一直做到总经理。像许多有抱负的大人物一样,心高、志坚、胆略足是其特点,此时早已步入中年的郭先生虽然在本国乃至亚洲广告圈内已拥有一席之地,享有一定影响,但他从未安于一生从事"高级打工崽"的职业。第四个七年时,他与两位伙伴共同创立了自己的公司,起名为DAMASK,实现了自己多年的愿望。

四、高才卓识鸿鹄志

郭先生曾做过许多令人敬佩信服的大事。他是1984年至1986年度第15届亚洲广告大会组委会主席。迄今一些曾出席过那次大会的中国代表依然清晰地记得当时的情景。整个大会的组织工作井井有条,开幕式、闭幕式、大会发言、专题讨论、声像播放以及盛大游园活动表现出泰国的民族特色,给与会人员留下了深刻而美好的印象,泰广协的影响与美誉由此而扩大。这与主席运筹帷幄的组织和领导能力分不开。我国就是在那一年那一届加入的亚广联组织。

谈起亚太广告节,郭先生表现出异常的激动,他说:"我们亚洲不能总是跟着西方走,我们有自己的历史,自己的文化,不能一切以西方价值,西方取向为标准,不能丢掉我们自己的传统,一味地追赶迎合西方"。这是他决意要举办亚太广告节的初衷。

数年前,郭先生赴法国嘎纳参加广告节,他看到许多亚洲人来参赛,获奖作品却不如西方人多。在满是金发碧眼、富豪权贵、俊男靓女的圈子里,亚洲人似乎只起到陪衬的作用,这深深地触动了郭先生。占世界五分之二人口的亚洲,经济已突飞猛进的发展,广告也已成为重要的行业,由于历史原因,亚洲不够团结,不太自信,一些国家依赖欧美,高额购买承认。此时他感慨万千,回国后便产生了创办亚洲人自己的广告节的想法。不久他赴香港参加亚广联国际理事会并在那次会议上提出亚太广告节的设想。他的建议得到广泛的支持,会后他便着手策划此活动。犹如急用的文章要冷静地写一样,他用几年的时间不断的争取各国各方意见,不断地修改、补充、论证、完善他的总体设计。天下难事必作于细,天下大事必作于易,举办如此盛大的国际活动,发起人不仅在本国,乃至全世界广告领域都应具有呼风唤雨的号召力,还需要有财力,有人力,有精力,有能力,要拿出客观可行,具体详尽的报告,要做模拟计算,要进行市场调查,要搭台子、组班子。治席容易请客难,要海内外奔走去联络人、去说服人,去邀请人。但对郭先生来讲,有志者千方百计,虽难亦易。他坚信有牺牲精神,才有成功的希望。

五、清时盛德人自仰

因为他有做大事毋妄毋躁的精神准备,所以他能数年如一日,坚持不懈,当厚厚的一本策划书摆在我的眼前时,我发现他眼里流露出爱不释手的感觉,眼前仿佛不是一堆文字,而是他的Baby(孩子)。

在谈话中,给我印象最深刻的是,郭先生为亚洲广告人才的培养和发展而道出的一席话。他希望未来的亚太广告节能有数量可观的在校学生参加,"因为他们才是下个世纪亚洲广告业的生力军”,郭先生说,“若没有一点铺路搭桥的精神,我们便白白做了亚洲广告人。”与他谈话似乎是一次思想净化的过程,一位身居海外的华人,眼光如此远大,境界如此高尚,同行不能不为他的博大胸怀与整体观念所触动。

他是亚太广告节的创始人,但他却执意不做主席,“爱你的艺术,但不要爱你的虚名”,他青年时代就非常喜欢的英国格言,此时可以演变为:爱你的创意,但不要爱你的权利。他力邀泰国广告界以外的亚洲广告领袖任主席,自己则身居实际工作的运营中。

今年七月底,他盼望已久的第一次亚太广告节筹备会议终于在曼谷举行,七方代表从亚洲各国汇聚佛都,他们是中国、泰国、韩国、印度、印尼、日本和亚广联组织。韩国的金石年先生为广告节指导委员会主席,郭伯诚先生担任工作委员会主席。其他代表为广告节指导委员会成员。既在佛都内,都是有缘人,首次筹备会议开的十分成功,第一届广告节定于明年3月4至6日在泰国的清迈举行。届时亚太广告人将第一次拥有他们自己的节日,展示他们的作品,交流他们的经验,提高他们的水平。

广告学术论文选登

实施品牌战略必须解决的若干问题

唐仁承

当前,组织和实施品牌战略,推进产品开发和市场开拓,赢得竞争优势,已成为众多企业经营战略的一个重点。

在“抓大放小”的改革过程中,以名牌为龙头,以资产为纽带,以金融为中介,有效推进企业组织制度的创新,也成为一种时髦的趋势。

品牌及品牌战略日益受到企业界的重视,这无疑是一种重要的社会进步。

但是,如何有效地实施品牌战略,仍然存在一些误区。在实践中也是有经验有教训。

我所在的上海梅林(集团)有限公司是目前我国最大的综合性食品集团之一。这个集团以资产经营与生产相结合为特色。1996年产品销售额37亿元,利税总额6亿元。整个“八五”期间以年均30%的速度发展。同时,拥有资产总额40余亿元,参股或控股的中外合资企业15家,吸纳外资1亿多美元。集团还拥有几十个品牌,十余个大类产品,一千五百余个品种,在市场上有一定的优势。

联系这个集团的运作实际,我认为,企业在组织与实施品牌战略时,有五个问题必须加以正视与解决。

(一)品牌的同质化。

随着社会主义市场经济的快速发展,国内市场已由“卖方市场”变为“买方市场”,产品同质化的趋势明显,同类产品之间的差别很小。如果品牌上也缺乏各自的鲜明个性,老百姓就将无所适从。因此,通过塑造品牌的个性形象,异质化同类产品,成为一个必须解决的问题。

梅林集团下面也有一些相近产品或同类产品,如果在品牌个性上处理不好,也会发生大水冲倒龙王庙,自家人互相冲击的情况。比如,“乐口福”与“阿华田”同是麦乳精产品。为区分两个品牌,将“乐口福”定为中老年饮品,广告是“喝了五十年,再喝五十年”,将“阿华田”定为青少年饮品,广告是“阿华田的孩子不得了,了不得”,“给身体加油,给头脑充电”。通过细分市场,争取不同的顾客群。再如“可口可乐”与“雪碧”是同一家公司的碳酸饮料,今年的促销活动各有特色,“可口可乐”是“红色真好玩”的对图中奖活动,而“雪碧”是与美国NBA职业篮球赛的传播相结合,也是分别争取不同的顾客群。又如,同是冷饮,“光明”牌突出高温季节防暑降温,价格也大众化;而“蔓登琳”突出休闲享受型冷饮,价位较高,这两个品牌也分别有自己的顾客。为了创造新的饼干市场,集团下的“格力高”饼干,着重发展松脆、小块、调味浓的“莱园小饼”系列,使饼干异质化,演化为休闲小吃,赢得了新的市场。

(二)品牌的老化。

品牌老、老品牌,并不是什么值得夸耀的东西。品牌的生命力仅仅在于跟着时代走,甚至推着时代走,实现着时代所提出的新任务的一部分,哪怕是极小一部分。老品牌必须不断否定自己、充实自己,更新自己,才有青春,才有魅力。

梅林集团的一批品牌,历史长的八九十年,短的也有四五十年。在计划经济年代以不变应万变,在市场经济中则必须更新改造。

“梅林”牌最出名的是罐头食品,尤其是午餐肉罐头。但是,束缚思路和手脚的也是罐头,午餐肉。于是,前几年我们提出,从罐头里面解放出来,把罐头食品延伸为厨房食品,“梅林”要扩大为厨房食品的代名词。为此做了一些工作。最近,我们又在组织“明天吃什么”的讨论。1997 年上海的人均 GDP 将达到 3000 美元,这是一个新阶段。根据东南亚六国人均 GDP 达到 3000 美元前后的食品结构变化,对我们有很大启示,即要不失时机地发展生物工程、海洋工程以及都市食品。为此,又要有新的举措。

昨天已成为过去,今天也不值得夸耀,明天才是我们抢先争夺的重点。

(三)品牌的虚化。

行政命令所合并的集团公司,或者老的行政性公司演变过来的集团公司,有一个很大的问题是帽子很大,而底下的品牌很多很杂,是个“大杂烩”,每个品牌都不大。集团是大的,品牌是虚的。这种大集团并不是真正意义上的大、真正意义上的强,是浮肿的、虚胖的。

而在市场竞争中形成的大集团就不同了。春兰集团就以“春兰空调”为核心壮大的,品牌实在,集团也实在。海尔集团以“海尔冰箱”为核心发展起来,也很实在。

行政性色彩过浓的集团里,下面两种情况都有。一是品牌太杂乱,二是同一品牌又散布在各个部门,人为分离。例如“光明”牌有十多企业在不同的食品类别中注册。针对这些情况,需要抓紧整理品牌。梅林集团今后就重点打两个品牌,“梅林”和“光明”,其他品牌逐步淡化向这两个品牌集中,以便于管理和策划;同时,要开展各种形式的联合,把各方面分散的社会力量联合起来,以共同扶助和发展同一个品牌。总的目标是把品牌做实在、做强、做大。

(四)品牌的封闭化。

市场经济发展到一定阶段,资本主体的多元化,经济技术的联合,使得品牌的拥有者社会化。如果把品牌的发展仅仅局限在初创企业内,或局限在有限的资本范围内,就容易堵塞品牌的发展之路,甚至窒息品牌。

可口可乐这个品牌,我们过去认定是美国的品牌。实际上,可口可乐已成为国际品牌。自从可口可乐股票上市,她的股票持有人就散布在全世界,她的持有人就模糊起来。七十年代,可口可乐公司作了重要决定,今后在世界各地新建装瓶厂,不再由可口可乐公司控股,实际上是调动世界各国各地的资本,把可口可乐这个品牌做大。这是多么高明的举动,在中国大陆,可口可乐有 23 家装瓶厂,基本上她都不控股,有 20 家厂她分别只占 15%的股权。由于调动社会资本,发展就迅速,有更多的厂去买可口可乐的浓缩液,市场就大了。

笼统地提“民族品牌”,不利于发展。“梅林”今年股票上市,就跨出了某一家厂,变成了社会性商标;今年如果再发 B 股或 H 股,就变成了国际性商标。我们把品牌的后续力量放在全社会,放在全球,把品牌目标市场放在国内、国际两大市场,这样,有可能做得更快、更大。

(五)品牌战略的社会干扰。

企业实施品牌战略,有个管理问题,有个坚定性问题。以我为主,进行取舍和筛选,实施战略。

但是,现在各种社会行为干扰和动摇企业品牌战略的坚决推进,把有限的人力财力分散。而许多“人情债”似乎又不能不还。

“上海梅林”股票上市之后，各种社会推派蜂拥而来，各种杂志的理事会、社务委员会，各种俱乐部的会员卡，各种宾馆饭店的优惠金卡，各种公益活动的介入，各种商务办公楼的招商，直至电话簿、地图册、人物集、名人册、人才库等等，都要进来。这种市场灵敏反应的钻劲，令人赞叹。

但是，企业实施品牌战略，只能坚定地“以不变应万变”，坚决排除各种干扰。我们的水平当然不限于此，更主要的是，从海湾战争中吸取有益的启示，品牌战略不搞“地毯式轰炸”，而是搞“目标锁定式轰炸”，以有限的投资，取得应有的经济效益。

中国广告中民族文化与接受心理

《中国广告》杂志社　陈　梁

市场经济繁荣，商品竞争激烈，使广告活动趋向多元化，而广告是商品经济、市场营销中必不可少的手段。广告的功能是传达信息，广告的目的是促进销售，这已成为大家的共识。然而在广告活动中，广告所反映出文化现象和民族特征是我们应予共同进行深入研究的，特别是占有世界人口五分之一的中国和占有世界四分之一的华人、华语市场是当前国际上企业与广告界人士所共同瞩目的大市场，在国际商业竞争、广告活动中地位是举足轻重，不容忽视。有人说“二十一世纪是华文广告的世纪”不是没有道理的，因此海外在“广告国际化”中提出“国际主题，本土制作”的民族文化导向，已成为海内外广告界共识。作为中国广告业的从业人士，更需进一步研究中华民族的接受心理，弘扬中华民族文化的特色，以使广告在市场竞争中更有成效。

中西文化的差异使广告不可避免带上其民族的文化特征，这是受不同的文化价值观、接受心理，地域环境与习俗等方面的影响。对中西文化的分析与研究，将有益于广告有效的传通。

中西不同的文化价值观

中国的文化价值观主要是群体形态为中心的价值观，比较注意整体利益，因此在观念上为维护群体利益，强调和谐协调，讲安定，讲团结，重情感，倡导尊老爱幼，扶弱助残，强调道德规范自觉能力，形成了中国人的内倾的个性特征。

西方文化价值观主要是以单体(个人)形态为中心的价值观，比较注重个人得失。因其没有中华民族历史悠久，加之迁徙有变家园观念淡化，强调自由的生活和个人的冒险超越。因此在观念上，为维护个人利益，强调竞争雄辩，个人风度，重当前利益，讲究行为目的合乎逻辑，形成了西方人重外在超越的个性特征。

由于中西文化价值的差异决定，在思维上中方则是由表及里，从大到小，以权、义、尊取势，从众攀比。而西方则是从核心开始从小到大，以价值取势。在处理上，中方则讲中庸，讲宽容，讲综合处理，讲究过程的正统，重实证，而西方则讲争雄好胜个人，风度和唯我独尊，注重解决矛盾与冲突。在情绪上，中方则是热烈向上，西方则是趋向炫耀、神秘与变化。在理解上，中方则是讲究顺序、正向、简明、具象，而西方则是善于接受片断，反证，抽象，个性。

下面我们可以从几个广告中看到中国人的文化价值观，正由于这些广告符合中国人的文化价值观，所以广告传播效果非常显著。(电视广告“孔府家酒”、“南方黑芝麻糊”、“江中草珊瑚含片”、“太阳神”、“壮骨关节丸”、“趣香饼家”、“儿童百服宁”、“花皇宝”、“千杯少”、“麦斯威尔咖啡”、“龙凤火锅食品”、“柔情200面纸”、“涂丫派彩色笔”。)

中国广告的文化接受心理

由于中华民族的文化价值观决定了中国受众对广告的接受心理。其特征为：

1. 比较重家庭、亲朋、群体的影响，易于从爱国、民族团结、家庭和谐上动情，相对地不能接受宣扬诸如离群、背叛、个人突出的广告。

2. 比较喜欢正面、明白表达产品功能特点，相对不喜欢朦胧、抽象的广告。

3. 比较喜欢讲信义、重实证、言之有理，相对不喜欢空洞、做作、自大、虚伪、故弄玄虚的广告。

4. 比较喜欢温馨、圆满、美好、明朗、热烈向上，相对不喜欢悲伤、冷漠、残缺的广告。

5. 比较喜欢合乎伦理道德，与民族习俗吻合、讲吉利、呈发展，相对不喜欢两性开放、直露以及险恶不祥之广告。

(电视广告“两岸情依依”、“雀巢咖啡”、“国际牌冷气机”等。)

只要我们能认真研究中华民族文化，尊重中国消费者接受心理，讲究广告亲和性，那么广告致效水准必将会大大提高。近几年来许多来华的广告都十分注重对中华民族文化研究，从中华民族文化中吸取精华融到其广告中，尊重中国受众接受心理，其广告刊播后同样在中国取得成效。(如电视广告“三菱重工”、“万宝路贺岁篇”、“可口可乐”等。)

广告中民族文化的实质

民族文化是个大题目，用传统来解释我们的今天不是我们的目的，我们的责任是在广告的传播中使中华民族文化以新的姿态出现，以利于我们的民族、我们的事业兴旺发达。目前广告从创作者说来，其本意也是弘扬民族文化，用心也是良苦，但在探索中出了这样一些情况：或是穿上古装人物，或是搬用一些古建筑、古迹、文物、民间道具，把这些与现代商品简单地叠加、组接，以为这是民族风格的真谛。因此，我们在广告中常常可以看到：寿星、嫦娥、仙姑等频频出场，故宫、长城、敦煌、庙宇等时时再现。我们认为这是对民族文化与风格的简单理解，是对深层民族文化实质理解的偏差。这类的广告在大众媒介上出现，使我们不能不思考民族文化实质的内涵。我们认为：所谓民族文化是一个民族的风俗习惯、伦理道德、文化教育、人生观、价值观与现代观念和现代科技的化合结果。这里所强调的是“化合”而不是简单的组合。因为广告是对着生活在现代社会中的中国人而作，面对现代中国人就必须深刻研究中国人的传统习俗、伦理道德、人生观、价值观发生了什么变化。同时，现代科学与现代观念使人们不能永远满足于过去的文化，这就要求我们在传统的基础上创造为现代中国受众所能接受的民族文化。故此，“推陈出新”成为历史所赋予我们的使命。

现代科技和现代观念决定了人们不能固步自封。商品没有国界，文化交流也没有国界。一个蒸蒸日上、蓬勃发展的民族都有这样一个共同的特点：它善于把外来的优秀文化融于本民族文化之中。我们思考弘扬民族文化的同时，也不能一概排斥外来优秀文化对中华民族文化发展的影响和作用。故此“古为今用”、“外为中用”也同样成为历史赋予我们的使命。

真实性，并没有堵塞创意之路

上海梅林(集团)有限公司　唐仁承

真实性，是广告的生命。真实性，是广告的本质。真实性，是广告的灵魂。

一旦失去了真实性，广告就变得没有任何意义，广告就不是传递信息而是传递谎言，广告也就不再是广告了。

真实性的原则，始终是广告的首要的与基本的原则。这是广告从业人员必须自觉遵守的。

现在，有一种普遍的担心。有些同志认为：广告不能没有艺术，广告不能没有夸张，广告不能没有创意，如果过分强调真实性，会不会就此堵塞创意的思路，会不会因此而失去广告的感染力。这种担心其实是多余的。这种担心的背后实际上隐藏着某种不正确的概念，即广告的感染力不是来自真实性，而是来自其他方面。

那么，强调真实性是否会堵塞创意的思路呢？真实性是否就是对于艺术性的否定呢？

我们要回答的第一个问题是：创意是什么？创意来自何方？创意的依据是什么？衡量创意的标准是什么？

从广告学的基本原理看，广告创意绝对不是某种胡思乱想，而是按照某种思维轨迹运作而产生的。广告创意是由广告主题所决定、所导向、所指南的。广告创意是一种创造性的思维及其表现，但她只不过是对于体现与表达广告主题的创意性思维而已，绝不是其它。也就是广告创意必须服从广告主题。

广告主题又是什么？广告主题是广告活动的中心思想，是广告活动中贯彻始终的一条红线。广告主题是由广告目标、信息个性与人性这三项要素有机合成再加以提炼而形成的。广告目标、信息个性、人性，这三项都是某种真实的存在，来不得半点虚假。可以设想一下，如果广告目标是虚假的，企业会答应吗？他们会愿意为虚假的广告目标而支付广告费吗？如果信息个性是虚假的，受众与顾客会答应吗？他们会愿意为虚假的商品或服务而支付购买款吗？如果人性是虚假的，受众会因此而感动，而感染吗？

实际上，我们在从事广告活动之初，我们在提炼广告主题之际，就需要对广告目标、信息个性、人性等要素进行实实在在的研究与分析。比如，对于人性，就要分析与把握受众可能产生的心态，会存在哪些心理障碍，怎么才能唤起知觉，而这些知觉是能够走向购买欲望的，以及受众与此相关的关心点，以求调动他们的切身感受与目标追求，等等。而这一切，都是实实在在的，是来不得虚假的。如果虚假，广告岂不成了“对牛弹琴”？

提炼出广告主题之后，我们的广告创意就有了依据。广告创意就是对于广告主题的创造性思维，以及对于广告主题创造性的艺术再现或艺术浓缩或艺术创造。广告创意应该造出某种出神入化、情真意切的境界来，以艺术手法表现真实内容，以达到准确传递与深刻感染的效果。

我们要回答的第二个问题是：真实性是否妨碍了艺术性？

不容讳言，真实性与艺术性是一对矛盾。

真实性与艺术性有对立的方面。艺术，允许变形，允许“源于生活，高于生活”；而广告不允许变形，不允许“源于生活，高于生活”。广告不是艺术，广告的本质是科学，广告传递的信息应当是必须是真实的信息。一是一，二是二；东是东、西是西；天是天，地是地；人是人，兽是兽。承诺什么，传播什么。承诺从少，传播多少。这就是真实性与艺术性对立的方面。

但是，在广告表现中，真实性与艺术性之间又有某种统一。广告策划、广告制作、广告发布的形式上，可以考虑到某些艺术手段的运用。从而使广告所传递的信息更鲜明、更简洁、更集中，给予受众的印象更深刻、更持久。但是，所有运用的各种艺术手段，必须是表演真实性、体现真实性，而不是扭曲真实性，走向真实性的反面。一还是一，只不过是大写的一；二还是二，只不过是粗体的二。一绝对不能变成二，二绝对不能变成四。

在艺术坚持真实性的时候，艺术性与真实性是统一的；在艺术违背真实性的时候，艺术性与真实性是对立的。

我看过日本日清方便面的一组以"饿"为主题的电视广告片，对于真实性与艺术性的这种对立统一关系有了进一步的认识。这组广告片，让人们返回到原始社会，反映了人们捕猎解饥求生的场景，然后，当人们抓不到野兽或者更为强大的野兽赶跑的时候，便产生了一个主题："饿不饿？"(hungry)这时，画面上出现了杯装的日清方便面。饿，是一种真实的生活感受；充饥解饿，是一种真实的生活需求；日清方便面能够方便地充饥解饿，是一种真实的不过分的承诺。但是，手法是借用了原始人类打猎谋生这样一种背景，是艺术再造的。在这里，真实性与艺术性没有产生对立。因为广告片没有说日清方便面可以医头痛、脚痛，没有说可以让残疾人变成健全人，没有说可以移山倒海力大无比，等等。在这些界线上守住了阵地。除了"充饥解饿"，没有更多的主题与承诺，而只是为了诉求"充饥解饿"而运用了某种艺术手段。因此，这组电视广告片获得了1993年度嘎纳国际广告节的金狮奖，也就很自然了。

由此我们也联想到另一个问题，即广告运用某些艺术手法，去夸张去夸大，她所夸张夸大的对象是什么？夸张的对象，不是对受众所承诺的那部分，而是其他部分。如果对于广告承诺进行了夸张，广告就变为不真实。现在我们经常碰到的情况，正是夸张了不应该夸张的方面。许多广告在应用艺术手段表现广告主题时，也应用艺术手段夸大了承诺，夸大了带给消费者的实际利益，使广告成为虚假广告。诸如："喝了脑黄金，考试100分"之类的创意，是没有承诺的依据的。

我们强调广告的真实性，真实性的核心是什么？就是对于受众的承诺，对于受众的可能得到的实际利益的展示，对于受众可能解决的问题的结果，必须真实。在这些根本点上是不能虚假，不能打折扣，不能夸大的。承诺多少，就是多少。在不背离、不违反、不夸大所有这些承诺的前提下，各种创意思路的产生、各种艺术手法的应用，应该说，是没有限制的。每位广告创作人员都可以充分发挥自己的聪明才智，都可以去创作一幅幅动人感人的场景。

有些创作人员不相信真实性会产生感染力。他们认为，感染力来自于艺术性。没有艺术创作，怎么会感染人？强调了真实性，削弱了以至丧失了感染力，谁来负责？这实际上又提出了一个问题，广告的感染力来自何方？艺术手段当然会产生感染力，但艺术手段恰恰是在对生活提炼之后才能产生感染力。没有生活的真实，艺术感染力就失去了生活的基础。在广告创作中，充分注意产品的真实性、情感的真实性、生活场景的真实性，恰恰是广告能取得大的感染力的力量源泉。感染力，不仅仅属于艺术性；感染力，特别来源于真实性。只有真实才可能引起共鸣、共振。不真实，生活中没有这样的事情，这样的场景，这样的情感，这样的心境，是不可能有感染力的。南方黑芝麻糊电视广告片的感染力，就是来自生活，捕捉住生活中人们对于过去生活的美好回忆，捕捉住生活中细节为黑芝麻糊的美味所吸引用舌头舔碗底的小动作，而产生巨大的共鸣与回响。如果没有生活依据，没有确有其事的黑芝麻糊效果，那么，灯光、造型、声响、动作等等各种艺术手段的应用，岂不是都成了无本之木？

现在的问题是要避免某些创作人员把

"自我表现"作为潜在的或现实的出发点而滥用艺术手段,乱开"无轨电车",名为艺术创作,实则把自己的主观意志强加给广告,把广告创意搞得不伦不类。我曾经接触过一位广告片的创作人员,他在创作某牌号的电视广告片时,运用了一组镜头,让照相机自上而下在沙地上摔了三次。在看素材片时,我就指出,不能这么处理,因为照相机不是手表,并没有对公众承诺"防震"或"防摔"的责任。这样的表现方法将会引起误解。而制作人员却振振有词:你不懂,这是艺术?我当即说,艺术不能背离真实,这将会引起批评。不料他却说,能引起批评?真是太好了,就出名了!如果我们的广告创作人员,以这种态度对待广告、对待创意,不是站在客户立场、受众立场,而是站在自我立场,那么,创意岂不是成了对于生活的一种歪曲、一种讽刺。

对于真实性将会妨碍广告创意、堵塞广告创意思路的担心,一方面是多余的,是不必要的,另一方面这种担心也有某些背景。对于广告的本质了解不深不透,对于广告学的基本原理理解与掌握不够,对于科学的广告创意的产生思路把握不够或者还不习惯,这可能是一部分广告创作人员所存在的问题。他们对于生活还不够熟悉,对人的研究还不够深刻。一旦离开了生活真实,就不知道广告创意该如何着手。对于这部分创作人员有一个任务,就是重温广告学的基本原理,深入生活,熟悉产业,研究受众,以求温故而知新。

同样,对于广告管理部门也提出了怎么使管理规范化的问题。对于广告的创意,并非一视"艺术"、一视"夸张",即执行死刑。应该看一看他夸张的什么。对于形式的夸张与内容的夸张,对于表现的夸张与承诺的夸张,必须加以区别。对于广告承诺应当实在,而对于表现手法应该允许多种多样。

只有当创作人员、审查人员、执法人员共同把握好真实性这一把尺子,才不会成为堵塞广告创意思路的刀子。

论中国市场经济新秩序的建立与完善

武汉大学管理学院教授
北京大学管理学院博士后 黄恒学

【内容提要】 本文分析了中国市场运行失范的根源及其危害性,并根据市场经济发展规律,借鉴发达市场经济国家的先进管理经验,针对中国经济体制转轨过程中所存在的主要问题,提出应从区分市场主体与角色、强化市场法治、提倡市场道德、开展全民消费教育等处着手,加速建立和完善中国市场经济新秩序。

【关键词】市场秩序 市场主体 市场法制 市场伦理 消费教育

中国要建立社会主义市场经济体制,就必然要建立市场经济新秩序。目前,在经济体制转轨变型过程中,由于仍存在新旧体制之间的相互摩擦,新旧观念、行为和利益之间的相互冲突等方面的诸多原因,造成社会经济活动严重失范的局面。一方面,传统的计划经济主体及其行为依然存在,而相应的旧经济秩序已被打破,因而得不到原来那种强有力的行政约束;另一方面,大量新的市场经济主体与行为不断增加,而与之相适应的新经济秩序尚未建立和完善起来,造成市场管理上的大量真空,这无疑又会大大抑制公平竞争、损害市场效率、降低经济增长的质量与速度。

怎样才能摆脱目前这种极不规范的市场运行状态，加速建立和完善市场经济新秩序呢？根据市场经济发展的一般规律，借鉴发达市场经济国家的先进管理经验，针对中国市场经济运行中所存在的实际问题，我认为，应从以下几个方面入手。

一、明确区分不同的市场主体

在中国传统计划经济条件下，经济活动的主体是比较单一化的，且整个社会政治、经济、文化等诸活动主体及其权利与义务之间也没有严格的划分，严重地混淆了具有不同性质和职能的社会组织之间的界限，造成党、政、军和企事业单位的一体化，“国家”（及其少数代表人）便成了社会活动的唯一主体。就这个意义上说，中国传统的计划经济便是一种“国主经济”。当然，在实行高度集中统一的计划经济体制下，经济主体的相对单一化是一种必然的选择。而由单一化向多元化发展，这又是市场化改革的大趋势。

在市场经济条件下，社会经济活动的主体必然会不断地发生分化与整合，不同的活动主体及其组织具有各不相同的性质、目标、权力、义务、利益、行为方式与行为准则等，故应各就其位，各行其道，各使其权，各司其职，各负其责，各获其利，各循其规，各守其法。为此就必须深化中国现行政府制度、事业制度、企业制度及其他各项基本活动主体制度的改革，重新划分和规范各类社会活动主体的行为目标和行为方式，严格实现政企分开、政事分开和企事分开，做到还企于企，还事于事，还政于政。具体说来，凡是应当实现市场化的生产经营活动，均应推向市场，使企业依法面向市场开展自主经营；凡是无法完全实现市场化的社会公益性生产经营活动，应由政府和社会共同承担；凡是不能实现市场化的公共产品和服务的生产经营活动，则应由政府负责组织实施，但要建立相应的政府订货和公共财政监督制度，以确保实现公共政策的目标，并不断提高公共生产的质量与效益。区分了不同性质的市场活动主体，才能有效地划分和规范不同市场主体的目标与行为。在市场经济条件下，政府的主要职责是引导、培育、规范和调控市场的运行，并为公民提供公共及部分准公共产品或服务，而不能直接参与或干预私人产品的生产活动；否则必将导致市场的行政化垄断，从而抑制公平竞争，损害市场效率。同时，允许官商的存在，则极容易导致公共权力的商品化，其危害性恐怕就不仅在于经济活动本身的了。因此，我以为，不彻底铲除“官商”现象及其赖以生存的根本，恐怕是无法真正建立市场经济新秩序的。

在中国现行的政企事一体化的体制格局中，政府无疑居主导地位，是问题的症结所在。为建立市场经济新秩序，首先就应明确界定和调整政府的职责范围及其相应的组织机构和人员配备，使其退出一般市场竞争领域，促其强化市场秩序监督和公共生产管理职能。

二、严格规范市场行为

要建立市场经济新秩序，除了明确区分不同的市场主体之外，还需要建立一整套市场运行规则。目前，中国市场秩序比较混乱，其中一个重要的原因就在于中国现行市场规则的不健全和不统一。

在传统的计划经济体制下，由于经济主体的单一化和决策的高度集中统一，企业的经济行为事实上也是一种行政行为，比较容易控制。党和政府可以通过各种思想、路线、方针、政策、计划和行政命令等方式来直接或间接地控制整个社会经济的运行，再加上政企目标和利益的一体化，也造成了政企行为方式的高度一致。

然而，在市场经济条件下，实现政企分开之后，企业成为了独立的市场主体。一方面，政府不能继续通过“文件”、“指令”等行政手段来干预企业的生产经营活动；另一方面，企业又有了自己特定的利益和目标，未必事事能与政府同心同德。因此，过去那种十分有效的“通知”、“指示”等直接管理方式就显得无能为力。

问题是现在一些人仍在迷恋过去那套做法，当然，这其中也有许多合乎情理的原因。例如，众多的政府部门林立，职能大量交叉重复，不发发文件便无所事事。另外，一些“部门”政企不分，既行使政府职能，又不能不经营企业，自己“手持红牌、嘴叼口哨、脚在踢球”，结果自然往往是口干舌噪，手忙脚乱，就难免不废政误企，根本无力去建立和维护正常的市场秩序。即使一时迫于社会舆论压力而不得不兴师动众，大动干戈，又发文件又开会，“治理”、“整顿”一通，也收不到应有的效果，还时常发生“政出多门”、“文出多门”相互抵触的现象。一些政企合一的“政府”机构甚至只整顿其市场竞争对手，而不整顿其自己的非法市场行为。少数地方政府也基于本地利益的考虑，公开保护一些不法企业或行为。

要改变这种状况，我认为，根本出路在于加强市场法规建设，按照市场经济运行规律的要求来制订完善的市场规则。如果说计划经济是一种人治经济，是一种国主经济，那么，市场经济则是一种法治经济，也是一种民主经济。在法律面前人人平等，企业应依法经营，政府也应依法行政。只有这样，才能真正实现市场经济活动所要求的公开、公平、公正的基本原则，建立市场竞争新秩序。

三、积极提倡市场道德

搞市场经济，没有法治不行，这一点似乎毫无异议。然而，如果以为有了完善的市场法规，就有了完善的市场秩序，那就值得怀疑了。

市场是一种联系或关系。市场法律是调整人们之间市场关系的，具有强制约束力的行为规范；而市场道德则是一种凭借人们的思想价值观念和社会舆论来调整其市场关系的行为准则，二者都是市场行为规范，虽各有特点，但相互补充，功能相同。

在现代市场上，无数的市场主体之间会频繁地发生各种各样的市场联系，例如买与卖，借与贷，招聘与求职，如此等等。换句话说，在市场经济条件下，任何人都是市场中的一分子，都会充当这样或那样的市场角色，以这种或那种方式参与市场活动。市场关系犹如一张无形的巨网，将许许多多的人联结在一起，谁也逃脱不了他跟市场的“干系”。

既然是市场把大家联系在一起，人们就必然要关心市场的命运，产生形形色色的市场观念和市场伦理。例如，这种市场是有利的，或是有害的？那种市场行为是损人利己的，或是互利的，还是有益于全社会？虽然企业或个人的市场行为总是以自身利害关系为出发点的，而其后果则必然是惠及或殃及市场对手乃至整个社会。因此，市场行为就不仅仅是一种纯粹的企业行为或个人行为，更是一种社会行为；每一个市场主体不仅要基于自身利益对其市场行为负责，而且应充分考虑其对他人及社会整体利益的影响。这是一个经营理念层次上的问题，负责的市场经营者不仅要就其市场行为承担法律上的责任，而且应承担其相应的道义上的责任。

眼下中国正转轨步入市场经济，一些人误认为市场经济是一种“自主经济”、“自我经济”、“自利经济”，乃至“自私经济”，因而唯利是图，不择手段，不讲信用，损人利己，便十分盛行。真可谓人心不古，世风日下，打假是打不胜打，防伪是防不胜防，我看就是孙大圣在世，恐怕也奈此不何！

显然，中国人必然重新认识市场经济活动的本质和规律。前不久，北京出了个专事打假的江湖好汉王大侠，据说被一些腰缠万贯的“企业家”称为“刁民”。其实，“贪官”、“奸商”、“刁民”，中国人已经骂了几千年，我怎么想就也想不明白，为什么就越骂越多呢？事实上，中国商业历来便不怎么发达，地位低下的“商人”又不得不巴结“官人”，这样一来，平民百姓不“刁”一点又如何得以生存？有贪官必有奸商，有奸商必有刁民，这能怨谁呢？如此恶性循环，好人也就学坏了。可见，原来“贱商”、“抑商”、“官商”等皇策国是，便是过去旧中国“奸商”难绝的一大根源。

现在搞市场经济，可以说是“重商”；要以经济建设为中心，可以说是“扬商”；而实行政企分开，惩治腐败，又何尝不是在灭“官商”！随着中国市场经济体制的建立和完善，人们的市场价值观念必将随之改变，相信人们会有强烈的企业使命感和社会责任感，诚实和信用会成为市场交往的基本准则，也会替代“钞票”而成为衡量一个人社会价值的主要尺度。反过来说，也只有当人们既守法律又讲道德的时候，中国的市场经济新秩序才会逐步建立和完善起来。

四、大力开展全民消费教育

在秩序混乱的市场上，消费者往往是最大的受害者。然而，迷信无知的消费者，无德无束的采购员，却又是推动市场无序竞争的巨大动力。由于缺乏基本的生理学知识，有人买了“人体增高机”；由于缺乏最起码的医学常识，有人吃了“万灵丹”；由于没有读过营养学 ABC，许多人盲目迷信各种“口服液”、“补剂”；由于私下可拿小红包，有些采购员便专门采假购劣坑公家……如此等等，不一而足。其中有无知者，也有贪小便宜者，还有损公肥私者，想想看，拥有一大批如此这般的顾客，还有什么样的东西会卖不出去呢？真是一个个令人垂涎欲滴的大市场！有买伪劣者，必有贩卖伪劣者；而有卖伪劣者，则必有造伪劣者。据报载，近来中国每年有数以十万计的太太小姐在“美容院”里受到各种伪劣产品或服务的伤害，这可真是既伤面子又伤心，好有些让人惨不忍睹了！在市场上，既没有救世主，也没有神仙皇帝；要想花钱买到幸福、快乐和美丽，一切还都得靠你自己！

科技的市场化，导致了市场的科技化。现代消费不仅需要付出时间、精力和金钱，更需要付出知识和智慧。因此，为了更好地保护消费者的合法权益，我们必须大力开展全民消费教育。一旦消费者变得更聪明和更理智些，众多的公共货物采购人也变得更无私和更高尚些，给他来个有假无市，有劣无市，有诈无市……那些欺市乱场的造假贩劣者便无立足之地。果真如此，奸商你不打他也就自倒了。也只有这样，才能不断提高中国人民的消费能力、消费层次和消费水平，推动中国市场经济的优质高速发展。

广告业可为品牌开拓服务

中国广告协会学术委员会　徐百益

我国广告经营单位数目的增加速度，是世界上少见的。即以上海一地来说，1995 年就有 2000 多家。有这样众多的单位，势必出现良莠不齐的状态。通过正当的竞争，优胜劣汰。但通过不正当的手段以求生存的情况，也在所难免。1995 年 4 月 13 日的上海《生活周刊》刊登了一篇文章，题目是《谁在今天玩广告》，列举了形形色色的手段，题目中的“玩”字是用得有针对性的。但广告是一种科学，是带有严肃性的，不是“玩”的。这篇文章，促使我们对广告公司应该采取什么样的服务方式，进行认真的思考。

一、“以创意为中心，以策划为主导”

几年前，提出“以创意为中心，以策划为主导”无疑是对提高广告公司的服务水平有促进作用的。我认为，创意与策划是密切联系着的，但两者并不是“平分秋色”，对不同的广告主，在不同的场合，是应该有所侧重的。比较完整的提法似乎应该是“策划在先，创意在后”，因为“先有市场营销的计划，然后才有广告的计划”已经为大多数人所认同。在广告计划中，从市场调查、消费者研究、商品（或劳务）的研究，确定商品的定位，在广告策划中，一般有一段关于广告主题思想(Theme)的论述。而大创意(The big idea)就是在广告中贯彻主题思想的方法，也是我们的广告不同于一般广告的手段。

我还认为"创意为中心，策划为主导"是广告公司的工作方法。服务方式的问题，贯彻这两个方面，必然可以为客户提供全面服务。因此对这两句话，还有许多内涵可以阐明。

二、为开拓品牌而努力

根据当前国内外的趋势，广告公司应为广告主开拓品牌提供优质服务，早年英国麦美伦公司就出版过一套市场营销的丛书，其中之一是《品牌管理》。1931 年，美国宝碱公司采用品牌经理(brand manager)，有些单位用"产品经理(product manager)"的称谓而取得效果，上海家用厂就是采用"品牌经理"制度而成功的企业之一。而政府有关部门对扩大名牌都提出了指示或采取了措施，如外经贸部吴仪部长在一次座谈会上提出"要发扬实干精神，主动做好服务，为创名牌，保名牌做实实在在的工作"，(见《国际广告》1996 年 1 月号)。最近上海在金豹大厦展出上海 152 种名牌，举行了"爱我中华，扬我名牌"活动。

1996 年 3 月 12 日上海《新民晚报》登了一篇文章，标题是《中国名牌危机报告》，揭示洋货"蚕食鲸吞"有增无减，国货名牌已到"危急关头"，可以说明品牌开拓工程，已经具有紧迫感。

再从各种期刊上论述品牌的文章，可说俯拾皆是，仅举几例就可见一斑，如《品牌，永远的攻心术》、《重要的是提高品牌知名度》(《现代广告》1996 年第 1 期)及《品牌经营战略》(《国际广告》1996 年第 4 期)。王战华还提出："品牌：中国跨世纪的课题"(《上海公关》1996 年第 2 期)。这些文章可以说明广告公司在为开拓品牌而不懈努力。

三、有关地区和国家的广告公司对品牌在做什么

从下列例子可以看出，有的广告公司已经对品牌问题"起而行"了，如：

1. 台湾麦肯公司总经理杜雷提出"品牌精英(BRAND CHAMPION)"的概念。他们是特别挑选出来的业务人员，为某一客户服务，并负责深入了解客户的产品、组织远景和相关的业务计划。

和品牌精英制度相呼应的，还有创意部门的"消费者精英"(CONSUMER CHAMPION)制度，是挑选了创意部门的精英分子，全心专注于一个或两个主要客户。他们必须配合品牌精英所拟定的策略及远景，充分掌握和满足消费者的需求。

麦肯提出这新概念，是为了"追求卓越，培养明日的巨星"。

2. 奥美公司的"品牌管家"概念。奥美经过多年的努力，创造了许多著名的品牌，发挥了"品牌管家" 作用。例如，"好东西和好朋友分享"这句话已从单纯的麦斯威尔品牌精神，变成了人们日常生活中的时常脱口而出的一句话。奥美与麦斯威尔打下了江山，也为自己打出了名号。所谓"品牌管家"就是处处为广告主的品牌设想，采取一系列的措施，使品牌日益健康地发展，和广告主的利益打成一片，荣辱与共。他们和广告主的关系，已不是单纯的买卖关系了。

3. 日本的"品牌保姆"概念。这和"管家"的意义相仿，是从爱护广告主的品牌出发，尽力使品牌成长发展，主要是为伊势丹服务的广告公司提出的。日本有一个品牌形象塑造师，日本广告大师真木准。《动脑》杂志第 235 辑曾有过介绍。

四、为品牌服务是一项系统工程

一种产品从设想到投产，要进行一系列的工作，诸如市场调查、产品结构和质量、产品名称、产品商标等，广告公司都有可能为客

户服务。

等到产品投放市场以后，又有一系列的工作要做。首先是品牌知名度(brand awareness)，可通过公关和广告达到目的。接着就是要使消费者产生“品牌偏爱”(brand preference)，再进一步就是“品牌忠诚”(brand loyalty)。消费者对品牌先是知名，其次是偏爱，最后达到忠诚。在具备忠诚度的时候，产品的销路可以不断增加，而品牌常存，永葆青春，这时品牌已成为一种资产(brand asset)，最后成为“产品产权”(brand equity)。

在上述各个阶段中，广告公司具备了专业人才，就随时可为客户提供服务，两者成为不可分离也不愿分离的伙伴。当然首先是产品的质量，广告工作决不允许弄虚作假，夸大其词，“摆噱头”的广告或者可以奏效一时，终究是要失败的。

当前，国内外的学术界已认识到品牌管理是一项系统工程，值得广告业在考虑经营管理时参考。或者可把“品牌开拓工程”作为服务的方向，在具体执行时，“以创意为中心，以策划为主导”还是应该提倡的。同时，还可以提出广告公司的经营管理不可能也不必要规定为一种模式，而应该提倡按各自的条件，努力创造，努力实践，广告业的百花齐放的局面一定会到来。

广告的经营管理要充分发挥行业协会的作用

北京市工商局　王正在
北京联大应用文理学院　高　萍

行业协会是中介性的行业服务组织，它对本行业的经营管理起着咨询、指导、协调和监督等作用。在我国，行业协会一般是在行业企业共同利益的要求下，经政府社团管理部门批准而组建的行业机构。这类组织通过制定和实施协会章程和公约，规范会员企业的经营行业，在行业自律的同时维护本行业的社会形象，并积极扶持和推进本行业的发展，既要向企业提供咨询指导，又要向政府反映企业的要求，它是连接行业企业之间、企业与政府之间、企业与市场之间的桥梁。值得注意的是：行业协会可以通过民间团体的作用，对违纪的企业给予在行风与道德方面的谴责和批评，对行业以及每个成员主体的权益有强烈的驱动性和保护性。在目前我国实现体制转轨的历史性过渡时期，政府的职能逐渐转向宏观调控，行业协会的作用已经引起社会各界的关注。

一

随着现代商品经济的发展，广告正在成为一个国家国民经济发展的重要产业和支柱产业之一。作为我国改革开放、市场经济发展的新兴产业，广告也已成为企业占领市场，参与竞争、争取消费者的重要手段。市场培育了广告，广告也滋养了市场。作为行业特征，广告是一种市场行为，广告的功利性无时不在引诱广告主、广告经营者和广告发布者追求经济效益。但是，广告又是一种有责任的信息传递。广告要对广告主负责，更要对广大消费者和社会负责。从表面看来，广告直接面对产品的目标市场，而实际上，广告利用大众传媒进行传播这一形式，已构成一切广告产品社会化的大众消费，广告的社会责任不容忽视。如果说广告的行业定位是知识密集、技术密集、人才密集的高新技术产业，那么，广告的社会定位则是文化传播，广告是对商业产品的文化包装。广告在内容上要有商业含量；广告在制作上要有技术含量；广告在传播上要有文化含量。尤其在目前，随着我国市场经济的发展和广告产业的增长，广告的舆论和文化传播作用日渐明显。一些学者指出：我国现在面临着文化生态环境问题，媒介生态学正在成为一门新兴的热门学科。现代社会，大众传播对公众的影响已越来越大，在人们的商品消费、文化认知、价值判断等方面起着举足轻重的作用。所以，广告不仅承担着传播企业及产品、开拓市场的经济责任，同时也间接担负着建设文明社会文化市场的社会责任，广告的经营管理问题不仅具有经济价值，更有社会意义。

1995年2月1日我国《广告法》实施以来，各级工商行政管理部门不断增强检查和执法的力度，使我国广告市场环境得到了初步改善，广告违法行为也在一定程度上得到了遏制，但是依旧存在着各种问题，如广告主宣传的产品不乏假冒伪劣者，国家大力扶持和保护的民族产业领域——国有企业的广告主参与不够；广告经营者虽然有法可依，但知法犯法，制作虚假广告者仍禁而不止；一些广告在内容上违背社会伦理道德，强化崇洋心理，盲目宣传享乐主义和拜金主义，甚至不惜损害国家和社会公众利益，一定数量的广告作品已经对社会精神文化环境造成了严重的污染；广告发布者面对丰厚的经济利益，也不乏利用职权，漠视广告内容的合理合法性，随意取舍，甚至违背行业规定，如中断电视节目插播广告或在节目画面上叠加字幕广告等，不仅侵害了广大公众的利益，影响了企业自身形象，致使广告主背离，也损害了媒体信誉；广告消费者——社会公众对广告本身尚缺乏科学和理性的认知，甚至已走进从盲目信任到逆反排斥的误区，于是，“反广告”，这种以其贬损广告本身或广告行动的新颖性而激起消费者好奇心的广告作品已经有了一定的发展势头，如某种曲酒的广告语为：“从来不用作广告，喝过的都知道”，“广告作得好，不如××冰箱好”，这种广告的作用虽然有限，却有损于广告行业的健康发展。可见，从广告的生产到消费，各个环节在形成正面效应的同时也产生了负面影响，我国广告市场发育中在“术”和“道”方面都存在一定的社会问题。

市场经济决定了我国广告行业坚挺的发展态势，广告的文化传播功能对社会有着不容忽视的影响作用。由于我国的广告产业起点低、发展快、不平衡，规范广告市场、建设广告行业、全方位进行广告的经营管理已经迫在眉睫。

二

随着我国广告市场的蓬勃发展，中国广告协会及各省市广告协会相继组建，在各级政府和工商行政管理部门的直接领导下，已在我国广告市场的经营管理中发挥着重要作用。在党的十四届三中全会通过的《中共中央关于建立社会主义市场经济体制若干问题的决定》中，以专门条款阐明了社会中介组织在建立社会主义市场经济体制中的地位和作用。

“行业协会”这类性质的组织，在我国也曾有过不少记录，如我国历史上传统手工业者的“行会”，后来的“同业公会”等。一般而言，这类组织是由业内有影响的实体发起，在工商界靠共同利益而自发组织起来，以共振实业，是行业经营的协调服务中介机构，它有如下职能：

1. 维护行业经营秩序和会员企业的利益，监督和指导会员企业合法经营。

2. 为会员企业提供信息和咨询等中介服务。

3. 向政府反映企业的要求和意见，并向政府制定政策提供有关建议。

4. 对违反行业公约的企业进行经济惩罚或向政府主管部门提出其他处罚建议。

这类组织一般需要政府赋权，同时，政府对赋予的权力又有监督、检查和否决权。在国外，行业协会具有两个方面的权威：对违纪的企业给予比政府更严厉的道德和经济处罚;对行业利益的追求有比政府更强烈的驱动性和保护性。为了追求行业利益的最大化,这类组织既要制定严格的行业规范,又要充分发挥"桥梁"作用,为行业的健康快速发展完善机制,行业协会管理是整个社会管理不可缺少的一部分。

一些国家将行业管理都交给了中介组织。鉴于广告行业超强的传播效力,不少发达国家的广告行业都有自己的中介管理机构。实践证明,美国广告的发展得益于多层次的严格管理,其中协会的管理行为极为有效。在美国,广告经营者、广告主、广告发布者三方都有自己的协会。美国广告联合会是广告代理公司的协会,该协会成员承担着全美70%至80%的广告业务量,是全美最有权威的广告组织;美国全国广告主协会是一个独特的组织,会员企业每年的广告费占全美广告费的80%;全美独立电视广告制作人协会、全美印刷媒体广告协会等都是广告发布者协会,会员之间既是竞争对手又是联盟成员,各自代表本协会成员的利益,从而使广告界三个方面得以正常运转。在多层次的行业管理中,全国广告评议委员会最具有权威性,它是由广告主、广告公司、公众代表组成的组织,除了监督广告外,这个组织还负责调查普通公民的指控以及广告主对其竞争者广告提出的指控。由此可见,广告行业组织的管理弥补了政府管理的不足,在立体化、深层次的行业管理下,广告已成为美国文化的一大特征。

我国《广告法》规定:"县级以上人民政府工商行政管理部门是广告监督管理机关。"也就是说,我国政府对广告的管理是通过工商管理部门来执行。工商局通过普法、执法,并制定有关管理规定,从政策和法律的高度对广告进行监督管理,这是一种刚性的硬件管理,有一定的行政指令性和约束力,但立法立规不能涵盖各个方面,有时法度内外不好界定的问题,道德伦理上却一目了然。法律不能解决所有的问题,必须依靠道德文化来补充。广告行业自身需要引导、需要建设、更需要发展。因此,广告行业协会作为中介服务机构,理应从职业道德和文化角度对广告进行经营性管理,这是一种弹性的软件管理,虽然缺少行政权威性,但其渗透力强,普及面广,全方位、立体化、效力独特,可以采用形象比较、公众舆论以及优势组合等手段直接影响当事者经济利益,使广告协会完全可以在现有职权的基础上进一步发挥对广告行业的管理作用。

同时,值得提出的是,从目前我国政府机构的设置来看,一般的行业都有本行业的行政主管部门,如轻工、纺织行业等,设行业总会,使行业协会有其行业主管部门,直接具体地承担本行业的建设、发展及监督管理等职责。而我国的广告行业,因起步晚,发展快,过去长期的计划经济体制无需广告这种市场促销手段,历史的原因尚未形成行业性行政主管部门,现在挂靠工商行政管理部门,而工商部门是一种市场综合管理机关,随着政府职能的不断转变,经济管理体制由部门管理向行业管理的转变不可能对广告行业进行全方位经营性管理,工商部门毕竟不是研究机构或科教部门,不直接承担对广告行业建设和发展的责任。在这种情况下,广告行业协会与其他协会相比,应该有其特殊的地位和作用,不仅要搞好行业自律,加强自身的行业监管和中介性服务,更应承担起推动我国广告事业健康发展的社会历史责任。

目前,我国的广告协会总体来讲,实力不强,权威不够,比较依赖政府,协会自身形象尚未树立起来。因此,在我国广告市场的作用还发挥得不够。我国已经打开了市场的大门,正在与国际经济接轨,广告作为一个知识密集、技术密集、人才密集的高新技术产业,在我国又是一个新兴产业,尤其在目前尚无行政主管部门的情况下,广告的经营管理亟待依靠协会力量,充分发挥广告协会的作用。

三

广告协会对广告的管理目标为：通过行业自律保护本行业的社会形象；通过中介服务培育健康的广告市场。其最终目标是建设和发展中国的广告事业。

广告的行业自律主要是指通过制定和实施同行公约或规范进行行业的自我监控和管理。这种公约或规范虽不具法律效力，也少于行政命令色彩，但多从职业道德、人伦文化角度，通过良知、道义使从业人员进行自我约束，往往能更直接、更自觉地发挥作用。行业自律性的公约或规范可以制定得非常具体、详细，作为本行业某领域的操作规则，将国家法律法规明细化。如《广告法》第一章第三条："广告应当真实、合法，符合社会主义精神文明建设的要求。"这条法规的执行就需要通过行业自律的规范进行细化，明确广告在制作过程中，不能宣扬物质至上的享乐主义和拜金主义，回避"皇家"、"至尊"、"王者"、"贵族"等浓厚的封建意识和崇洋意识等，这样，才能把《广告法》真正落到实处。对于国家法规没有触及的具体层次，如电视广告应当限时这一类，也需要通过行业自律形式，使广告媒体之间相互制约。总之，广告的行业自律，就是要通过行业自身的公约和规范，形成自我约束、自我监督、自我管理的机制，弥补或细化靠政策界定和法制法规还无法涉及的具体层次，在广告的价值导向、文化意识导向和生活方式导向方面加强道德伦理的正面效应。行业自律一定要具体到广告生产的各个环节，如广告主自律要从产品的质量做起等，广告经营者的自律要注意创意、策划的文化导向等，广告发布者的自律要把握媒体的传播效应等，对广告产品进行全方位的行业监制。国内外无数事实证明，经济效益的提高不能带来道德文化的自然增长，必须进行正面教育和引导。所以，广告协会要有效地协调并组织广告主、广告经营者和广告发布者制定同业公约或规范，提高广告产品的文化内涵，防止单纯追求广告效益而忽视广告行业的社会责任等倾向，通过行业自律营造一种有助于物质文明和精神文明建设的广告文化，使广告这个牵引时尚快车的新兴行业具有良好的社会形象。

广告协会的管理是一种经营性管理。这里的"经营"并不是对广告具体业务的经营（广告协会不能经营广告业务），而是指对整个广告行业的经营，即研究该行业的生存发展机制，通过提供中介服务推动我国广告事业的健康发展。尤其是在目前尚无行业主管部门的情况下，广告协会承担着建设和发展我国广告事业的重大历史责任和任务。国家计划委员会和国家工商行政管理局已经制定了《关于加快广告业发展的规划纲要》，这个"规划纲要"的进一步实施和运作亟待广告协会提供咨询性和建设性的社会服务，既要渗入广告生产的全过程，又要面向广告消费者——广大社会公众。目前，广告协会需要充实人力，发展会员，充分展开各个层次的行业活动，比如：

开拓广告主市场。在协会内部设立广告主组织，一方面，加强协调，为更多的企业纳入广告主队伍开绿灯。如国有企业普遍资金短缺，没有雄厚的实力做电视广告，而中央电视台由于其独占性优势，广告费用居高不下，致使大量有待发展的国有企业无法挤入中央电视台的黄金时间，广告主组织可以呼吁政府有关部门及社会各界，从扶持和保护国有企业、培育民族品牌的高度制定有关措施，使更多的国有企业进入黄金时段。另一方面，开展培训，使更多的企业管理者懂市场，懂广告，学会通过广告开拓市场，从产品质量意识到企业文化，从为什么要做广告到怎么去做广告，协会可以面向广告主开展多种形式的教育，进一步引导更多的企业成为合格的广告主。

加强对广告经营者的指导服务。通过举办博览会、优秀广告评选、广告业务培训、专题研讨等形式，增加广告生产者的精品意识，提高广告作品的科学和艺术含量，进一步提高我国广告的创意和制作水平。要开展专项研究，探索广告从业人员的资格认证和岗位技术职称，广告作品的质量反映广告人的质量，广告的竞争最终是人才的竞争，建立广告人才的培养机制是我国广告业发展的资源保障，也是发展后劲。要进一步与学校的专业教育结合，将广告人才的培养作为协会的重要工作。协会还要引导广告公司多元化进入市场，全面进入企业的合作，作为股东参与企业经营，为广告公司寻找更多的生存空间和发展机会。

加强广告发布者的联盟。在广告传播环节密切联系，加强合作，充分发挥各自的优势，并有可能建立自己的实体机构，发展并稳定长期客户，进一步探讨如何处理一般大众传播与广告发布的关系。

面向全社会普及广告教育。中国广告业已经迅速崛起，但广告消费者——广大社会公众(不仅是目标顾客)还不可能有足够的广告意识，协会可以通过不同渠道，组织不同形式的广告知识和广告文化的宣传教育，提高全社会的广告意识，引导社会公众学会欣赏鉴定和利用广告，这是中国广告业发展需要的社会大环境。

同时，还要建立标准的、稳定的广告评议机构，不断提高其权威性。可以由各类专家、广告主、广告经营者、广告发布者和社会公众及有关政府人士组成，使其能够客观、公正、科学的评议广告作品，这是一项在季度、年度等都要做的长项工作，对于最佳作品可以制定行业性倾斜政策，对于最次作品也有相应的处理措施，通过每项活动进一步强化广告的精品意识。

总之，我国广告市场的培育还需要做大量的基础性工作，广告协会要密切配合工商部门的政策性监管，具体、扎实、深入、全面地搞好广告市场的建设，使中国的广告业走向成熟。

广告业新体制走向探讨

暨南大学　傅汉章　李小勤

一

伴随国家宽松和优厚的产业政策，我国广告业的发展速度十分迅猛，从1991年始我国一直高居世界广告业增长率的榜首。同时不同所有制、不同成分的广告组织竞相进入广告市场。1979年，全国的专业广告公司不足10家，但是截至1995年底，全国共有广告经营单位48082家，全国平均每天就有30家广告经营单位开业。

为了加强对广告行业的管理，我国颁布了《广告法》等有关广告管理法规和条例，但是目前广告业中的违法、违规现象仍屡禁不止；数目庞大的非专业人员涉足广告界，使广告行业的整体专业素质、管理和经营水平有所下降；行业的专业化、规范化和现代化受到制约，广告业在其高速增长的背后呈现出一种混乱的混沌状态。

我国的广告公司可以说是“多如牛毛”，也“细如牛毛”。平均只有十几人，年营业额达到千万元人民币即可成为大型广告公司了；而在美国年营业额低于1亿美元的为小型广告公司，介于1亿美元和5亿美元之间的为中型广告公司，高于5亿美元的才可成为大型广告公司，欧美、日本的大型广告公司往往拥有数千员工。

大量的中小广告公司人才匮乏，资金短缺，广告策划能力低下，创意平庸，服务水平低劣。各公司之间无序竞争。

电视、报纸、广播、杂志四大媒体具有强大的垄断性与权威性，它们常利用广告时间和空间的紧俏而甩开广告公司，直接与客户发生关系。而在有关规定出台后，又或自办广告公司或指定一些“关系户”作为自己的广告代理，实际上还是成功地维护了媒体的垄断地位。

究其原因，主是是市场容量的有限，市场体制的不健全，使得广告客户的增长、媒体的增长远远低于广告公司数目的增长，使得各个广告公司之间展开了对于人才、客户和媒体的剧烈竞争。如此种种，便形成了阻碍广告业发展的“瓶颈”，难于突破和发展。

国家对于广告业发展所给予的优厚的条件和宽松的环境，带给广告公司的不仅是机遇，而更多的是挑战；广告行业必然面临优胜劣汰的局面，广告业要在这种阵痛中才能由大乱达到大治，在有序的竞争和环境中真正发展壮大。而作为广告代理公司则应努力提高自身的竞争能力，增强实力，跟上行业发展的步伐。

二

现今大量的中小规模的广告公司，就如同无序的分子热运动一样，具有较大的盲目性，而如果分子能粘合起来结成“分子团”，甚至一个“物体”后，其就能做到有序地运动和具有较大的实力，这样在竞争中才能立于不败之地。事实证明，规模经济效应同样适合于广告行业。一个大的公司往往比一个小的公司更易于争取更多的业务，其广告质量也相对较高。广告行业的规模由小至大，由分散到集约，从而实现规模经济效应和广告水平的提高，这正是国际广告业发展的必然趋势。这样至少有以下几个优势：规模大、资金雄厚，易于树立企业形象，吸引人才；利于承担大型项目，拓展经营范围；利于吸引媒介，争取竞争中的主动；利于提高专业化水平，提高广告策划和制作水平，广告效果显著；利于行业管理和合作，便于开拓国际市场和适应国际竞争。

从目前落户我国的外商投资的合资广告企业来看，1995年底，其数目为552家，比上年减少6家，仅占全国广告经营单位数量的1.1%，但是其广告经营额较上年却增长了172.2%，显示了其强劲的发展势头。在营业额超过亿元的19家公司中有7家为合资企业，前10位的公司中，有6家为合资企业，居于首位的(盛世长城)及次席的(精信)均为合资的广告公司，其中盛世长城广告公司的广告营业额(63600万元，1995年)比屈居第三的中国广告联合总公司(28500万元，1995年)高出一倍多。① 这表明这些“大有来头”的国际著名的广告公司在我国已稳稳地站住了脚，并依靠其母公司的实力，迅猛壮大起来。

广告业是市场经济中一个十分重要的产业，它属于知识密集、技术密集、人才密集的高新技术产业，它直接服务于市场、作用于市场，它所提供的市场营销服务和信息传播服务，是市场经济运转不可缺少的主要支撑，其发展水平是一个国家或地区市场经济发育程度、科技进步水平、综合经济实力和社会文化质量的重要反映。我国目前的广告业对市场经济所起的作用还远远不够。市场经济大气候呼唤大广告意识，要求联合的力量。近些年来，我国广告业中的联合与协作的例子已有一些。如果大多数处在较低层次的广告公司，在市场上仍单枪匹马，沿用作坊式的经营方法，那么在不久的将来，其结果不是破产倒闭，就是被大公司兼并。以广州为例，广州的广告业发展迅猛，一度曾有3000多家广告公司，过后不久便有1500家匆匆关门大吉，现在又有不少后继者，达到了2700多家。这些广告公司中，面临提早“结业”命运的不知还会有多少?!

---

① 数据来源：范鲁斌《中国广告界的1995》，《中国广告》1996年第3期，第3-6页。

一些有识之士提出联合起来求发展的呼吁,而且在不断探索联合的基础和模式。但是联合绝不是广告发展的最终途径,联合只是兼并的前奏,松散的联合不太符合经济发展的规律的。合理的、最佳的合并方式便是持股兼并,成立股份有限公司。其具体做法可以是,由中小广告公司挂靠隶属于大公司,成为该公司的一个子公司或是分部,大公司通过控股来控制该子公司。当然通过这种方式兼并的中小公司毕竟有限,余下众多的中小公司要生存发展的话,还要另谋出路。中小广告公司可以通过合并,成立股份有限公司,即经过资产评估,确认各自的资产,以此来确定持股数目,组成董事会对统一后的公司进行管理。收益分配按照同股同利,按资分配,这样既可避免不必要的纠纷,又可以实现规模扩大,这种按照优化组合原理合并后的公司,无论在技术上,还是在地域分布上,都有优势,易于在市场竞争中取得一席之地。一次兼并后的公司,如有不理想之处,仍可进行第二次兼并……直至达到理想的规模和较高的水平。

国家工商行政管理局、国家计委《关于加快广告业发展的规划纲要》中,对于广告业间的联合明确指出:“打破所有制、地区、部门界限,充分调动各方面的积极性,大力兴办广告事业,在平等竞争中实现优化组合;促进广告业间的合作与联营,引导广告业开展股份制试点。推动媒介广告经营转换机制,加速媒介广告经营进入市场的步伐,开辟商业媒介市场,鼓励平等竞争,消除主要媒介垄断广告市场的现象。”

三

广州广告界在市场竞争的大潮中,深感不进则退之理,最近在如何对目前的广告行业组织的体制进行改革,促进广告业的持续健康发展的问题上,一些广告公司自发联合倡议成立广州“4A”,引起了广告界内外的强烈反响。

“4A”,最初是“美国广告代理商协会”英文的打头字母的缩写;而在香港也成立了“4A”,即“合格的广告代理商协会”之英文缩写。此次广州的广告公司提出成立“4A”,其意亦在于成立一个广告公司的协会,以加强行业自律和保障合理利润,使广告业更加规范,提升整体服务水平,使广告公司、客户和媒介三方都最终受益,这是意义重大的。

随着广告业的发展,广告行业已经逐步细分,走向专业化。在广告市场中,专营广告公司根据自身的条件,市场的需求,以及服务对象的差别,而呈现出各自不同的特点和优势所在。广告代理商,作为广告市场的动力,对广告市场的发展起主导作用。在我国推行广告代理制的艰难进程中,广告代理商中的先锋,呼吁成立自己的组织,这标志着他们的觉醒,也标志着广告行业专业化进入一个新的阶段。

作为中国广告业发展的一面镜子,广州现存的2700多家广告公司,面对一个相对狭小的市场,其竞争是剧烈的。广告公司为争夺客户、媒介和人才而不惜剑拔弩张,广告战场硝烟弥漫,其争夺的焦点即在于广告公司服务的客户身上。为了争夺客户,各个广告公司使尽了浑身的解数,其中不乏恶性的竞争,如低价竞争,欺骗客户做一锤子买卖,抄袭创意等。市场竞争缺乏游戏规则,各广告公司服务水平参差不齐,影响了整个行业的信誉。广告行业必须加强自律,规范行为,以抵制不正当的竞争,这也是倡立“4A”的宗旨之一。

我国目前的广告行业组织是中国广告协会(以下简称中广协),中广协于1983年12月27日成立,是广告业界的行业组织,它既是在政府主管部门指导下进行行业自律、相互约束和发扬敬业精神的团体,又是向本行业提供专业咨询、交流信息、协调经营行为的服务机构,还是沟通政府、立法机构和本行业广大企业、媒体之间的桥梁。由于中广协的努力,协会组织已形成全国网络。然而由于中广协的会员既有广告公司，又有媒介和广告主，协会成为一个跨行业的组织。广告主虽然是广告市场的主体，但是毕竟不属于广告行业。即使是广告经营者，随着市场细分化的进程他们也呈现出不同的特点。因此行业组织也应细分化，反映出它们各种的特点、利益和兴趣。这是广告行业组织改革的一个趋势，也是倡立“4A”的另一个意义所在。

在美国，广告经营者、广告主、广告发布者三方都各有自己的协会，分工明确，职能各异，横向沟通。美国广告代理商协会（简称4A）是广告代理公司的协会。协会成员承担着全美70％－80％的广告业务量，在美国四个区域设置了28个分支委员会和750个不同层次的管理机构。其主要责任和义务是：加强和改进美国的广告代理业务，提供综合经验，培训专业人才，制订行为规范，完善组织机构；通过联邦州和地方政府的合作来影响公众政策的制定，抑制不明智、不平等的有关规章和制度，减少政府在立法方面对企业带来的不利影响。而在其上有美国广告联合会（American Advertising Federation），它是由广告代理商、媒介、广告主、广告材料供应商等有关的广告机构组成的全国性组织。

在我国倡立“4A”，将促进行业的团结协作，提高总体服务水平，做到优胜劣汰。而没有资格进入“4A”的广告公司，更将促进其加强自身的实力，中小广告公司也可联合起来，成立“4B”一类的组织，来促进整个广告行业的上规模、上档次的良性发展。

广告业在我国还是一门朝气蓬勃的新兴产业，具有旺盛的生命力。它日新月异的发展局面，令人鼓舞。不过广告业中的种种无序的行为和现象不一而足，目前面临问题也绝不容忽视，真正要做到与国际接轨还需艰巨的努力。笔者在文中谈到的只是促进广告业走向有序化的部分问题，要达到广告业全面的有序化是一个系统工程，要做到“体制上，建立起企业自主经营，政府依法监督，行业自律约束，以代理制为基本运营制度，以广告发布前审查为基本保障的新体制。结构上，以具备全面综合服务能力的广告公司为主干，以高效畅通的媒介网络为支撑。功能上，建立能够提供全方位、多层次、高质量、高效益服务的广告促销体系和信息传播体系。速度上，略高于国民经济增长速度，适度超前发展。”① 唯有如此，我们才能迎接我国广告业的新世纪的到来。

1996年广告形势对广告人的几点忠告

北京广播学院 黄升民

一、1996年广告市场的几个突出现象

从广告市场固有的三角关系，即“广告主”、“媒介”和“广告公司”来看，1996年有几点值得注意的新现象。

第一，广告主资金困难。在银根紧缩的背景之下，以工商企业为主的广告主普遍感到资金困难，压缩广告费和公关费已经是情理之中的事情。许多企业并不是没有意识到广告的重要价值，问题是在样样要钱而又样样缺钱的情况下，企业难以为继。要么采用转嫁或拖欠的方法，如用产品顶替广告费，让代理公司支垫广告费等；要么，干脆舍弃广告。

第二，媒介的老大地位动摇。在广告市场中，媒介资源偏紧向来是个大问题。但1995年以来，报纸扩版，电视加频，媒介偏紧的现象得以缓解。1996年以来，除个别晚报

① 见《关于加快广告业发展的规划纲要》。

之外，各种媒介普遍出现“吃不饱”的现象。

第三，广告人创意贫乏。1996年给人最深印象的广告是什么？多次的受众调查都是得到答非所问的结果。1996年，也许是广告人交白卷的一年。营销方面缺少精彩的策划，广告表现没有震撼人心的作品。有人还是走大制作、大轰动的老路，最典型的是600万的“一呼天下应”，呼者的确猛烈，但应者如何不得而知。也有人老套翻新，如上海某百货店开张，每日用人扮毛泽东招揽顾客；再如十堰的“飞机撒钱”游戏之类。策划者希望得个满堂彩，刚开幕就遭社会方方面面批判，草草收场。

总而言之，1996年无论对广告主、媒介，还是广告公司，都是困难重重的年头。经营者普遍感到，随国民经济发展速度的放缓，市场环境发生了一系列的变化，用旧的知识体系和经营手法已经很难适应这个激烈变化的时代。

在这些现象的背后，有没有隐伏着制约广告市场变化的重要因素？这些因素之间的关系和互动，会不会引发广告市场结构的变化和力量的重组？

二、引发市场变化的几点因素

言及广告市场结构，首先有三个因素是不可忽视的。一个是大众的消费动向，一个是企业的经营态势，还有一个是媒介的运作情况。大众的消费动向，实质上是市场需求的反应。市场需求的冷暖，影响和制约着企业的经营和媒介的运作。在广告市场的分析中，通常把它视为一种重要的环境因素。在这个环境下，操纵市场的两股力量分别是企业和媒介。在广告市场的整体结构中，以企业为主的广告主的广告费投入，决定了当年广告市场规模的大小和发展速度的快慢。作为广告主要通道的大众媒介，其广告发布的版面和时间，构成了广告市场的经营和运作空间。

那么，1996年上述的三个重要因素发生了什么样的变化呢？

1．关于大众消费动向的考察

进入90年代以来，中国市场已经从原来的“供不应求”转向“供过于求”。大众消费也从“需求旺盛”变为“消费乏力”。以80年代家电消费为代表的消费热潮之后，人们普遍寄予希望的住房、汽车消费热潮因诸种因素的影响，迟迟未能形成新的消费热潮。在“宏观调控”的大背景下，国民经济增长速度的回落和企业整体效益的下降，使消费市场进一步转冷，需求不足日趋明显。

关于市场需求不足的问题，人民大学经济学教授魏杰在《“九五”期间我国市场的发展态势》一文中指出：

“在‘八五’时期以前，我国市场总量的态势基本上都是供不应求，曾经出现过几次严重的总需求膨胀。但是，自‘八五’后期开始，供求基本处于平衡状态，这种平衡状态在‘九五’期间会发展成为总需求相对不足的态势。”

对这个问题，虽然有各种不同的意见，但今年的经济形势的确反映了这个趋势。据国家统计局的数字：

“在今年上半年，工业产品库存普遍增加。在统计的143种工业产品中，有112种产品期末库存比年初有不同程度增加，占78.3%。从产品库存结构看，家电及主要耐久消费品库存增加。6月末缝纫机、收音机、电风扇等传统耐久品的库存量比年初增加13%以上，家电、录像机等高档耐用品的库存比去年初增加12%到23%。”因此，“今年上半年工业产销衔接总体状况不理想，产销率下降，库存增加，总体形势不容乐观。”

在大众消费行为和生活形态方面，北京广播学院的IMI市场信息研究所通过几年的系统调查研究发现，与80年代相比较，90年代中期的大众消费呈现出如下几个特点：一是消费缺少导向和热点。如前所述，家电热之后，未能产生新的消费热点，致使大量资金滞留在消费者手中。在银行利率下调的情况下，仍未能启动消费市场。二是从量的消费转向质的消费，如品牌消费和高附加值消费等。从国民经济的整体水平来看，这是一种消费早熟的现象。然而，由于缺少有效的消费导向，社会结构调整的滞后，促使这种消费的畸形发展。三是从大众消费转向小众消费，消费分群的现象越来越明显。用IMI年鉴的话说，“90年代的今天，传统的人口指标效用渐失，心理指标日显重要，消费者的划分也从‘分层’转入‘分群’”。与此并行的是区域性市场作用增大。

2. 大众消费变化对企业经营的影响

大众消费的变化，对企业的广告经营的影响是显然易见的。在广告费投入方面，由于市场的需求不足，造成产品积压，影响了企业的资金回收，其结局当然会对企业的广告活动产生消极的作用。另外，应该指出的是，这种需求不足的环境，会从根本上动摇了企业现有的经营观念。

80年代以来，随国民经济的高速增长，大多数的企业经营是顺风顺水。在市场上也涌现出一批所谓的“成功企业”。例如保健行业的“太阳神集团”、电子行业的“四通集团”、家电行业的“科龙集团”等等。有关学者在总结这些企业的成功因素时发现，虽然行业不同，但都具备以下几个特点：

一是成功企业的决策者均有过人的胆量，做别人所不敢做的事情；二，在时代变幻之际，善于捕捉市场机会，利用情报的空缺，赢得市场的主动权；三，也是最为重要的，他们的成功，无一不是依赖着“供不应求”的市场环境。

正因为如此，在“成功企业”之中，或多或少都酿成了一种共同的经营文化：具有赌博投机习性，追求一本万利，以小搏大，唯独缺少的是持之以恒的产品开发观念和对市场整体运作的认识。进入90年代以来，随市场环境的变化，企业规模的扩大，企业管理者意识到存在着经营危机，逐步进行企业整体战略的调整。与此同时，企业的经营观念也发生了一系列显著的变化：一是作为对赌博和投机心态的批判和反思，企业开始重新认识产品的价值。新产品的开发和核心技术的掌握，成为企业所谓“第二次创业”的根本。二，有过一段泡沫经营的经历之后，决策者开始认识到企业并不是无所不能的。“回归本业”成为多数企业收缩战线时的一个重要决策依据。三，开始重视建立长期目标和规划，追求企业的长期而稳定的发展。四，进入市场经济后，在短时间内完成了由“产品导向”、“推销导向”向“营销导向”的过渡，开始了“市场营销”的时代。

3. 大众媒介的产业化动向

大众消费变化和企业经营的变化对于大众媒介来说，前者的影响比较间接，而后者的影响则比较直接，因为企业经营的变化，涉及到广告费的投入大小和媒介的选择意向。然而，如果在梳理这三者关系的时候，归纳为“大众消费的变化”左右“企业经营”，继而影响“大众媒介经营”的结构显然是过于简单。因为中国的大众媒介有其自身的特点和发展体系，在接受影响和调整自身策略方面总有一定的时间滞后。所谓中国大众媒介的经营特点，“事业单位，企业管理”是最能反映出这个行业的“官办商营”的实质。80年代，中国的大众媒介依循这个方针从事广告经营，以补充费用的不足。然而，进入90年代以来，无论从经营规模或经营手法来说，远远超过原来意义上的“补充费用不足”。大众媒介在加大产业化过渡步伐过程中所引发的种种变化，正是我们考察的焦点所在。

进入90年代以来，大众媒介在产业化过程中发生了什么样的变化呢？

变化之一：大众媒介自身的规模急剧扩大。这可以归因于媒介自身发展的需要和乐观的市场预期。近年来，在行业垄断经营和无偿占有媒介资源的背景下，大众媒介普遍形成一种思维定式：在媒介资源偏紧的前提下，扩大规模＝扩大广告量＝扩大利润。因而，报纸扩版和电视增频成为一个共同倾向。

变化之二：大众媒介的市场竞争加剧。竞争的形态多种多样，有同类媒介的竞争，通常表现在省与市、中央与地方的不同的利益冲突上。也有不同类的媒介竞争，涉及到范围比较复杂，最典型的是有线电视与无线电视之间的竞争。

变化之三：行外对媒介经营的渗透和介入。由于自身规模的扩大和竞争激化，借用外方力量强化自身竞争优势已经成为媒介经营中的一个有力武器。各种企业和广告公司也积极响应，通过出资、承包栏目或开发新媒介等方式介入大众媒介的经营。

在媒介产业化的过程中，上述的现象是很正常的。媒介进入市场，为自身生存和利益而计，自我扩张的欲望和行为是自然而然的。在有限的市场空间，相互的冲突和竞争也是难以回避的。问题是，一直在行业垄断经营的保护之下，媒介通常是求利的欲望充盈而缺少市场行为的自律。上级的主管部门，对宣传的管理可以说是无微不至，然而，对于经营的管理却是缺少研究。当形势发生激变，就会暴露出媒介各种问题和矛盾。尤其是在1995年以来，整体消费需求低下，市场环境越来越恶劣，多数企业采取了本业回归、慎重投资的保守策略，然而，媒介方面由于缺少敏感的市场反应且又决策滞后，继续保持规模扩大的态势，两者的反差，促使媒介市场破绽百出，酿成"过剩"的局面。

通过上述的考察，我们可以发现，1996年中国广告市场所发生的变化是极其巨大而深刻的。由于消费市场的"需求不足"和"供过于求"。导致整个经营环境发生一系列的变化。对于企业而言，首先是收缩战线和调整经营策略。反映在广告活动上就是调整广告战略和技术，以产品为重点，努力扩大市场销售效果。然而，对于缺少商业理念的媒介来说，环境的重新适应和经营的战略调整都是相当困难。这个调整和转变，意味着一个时代的变化。自1979年中国广告市场重开以来，媒介一直处于"老大"地位，制约着广告市场的发展态势。造成媒介的这种市场地位，主要的原因有两个：一是媒介的垄断经营；二是媒介资源偏紧。这是媒介之所以能够保持经营优势的秘密所在。到1996年，媒介的垄断地位依然如故，表面上还在不断强化，而资源偏紧却在逐步地得到缓解。企业经营的收缩和媒介自身的规模膨胀，更加剧了这一变化。随着媒介开始从供不应求向供过于求过渡，市场霸主地位的动摇，必然由此产生广告市场的结构和力量的重组。

三、广告经营中几个应变的重大课题

企业经营环境的变化和媒介霸主地位的动摇，对于广告公司和广告人来说，意味着什么呢？

前文所言及的创意贫乏、策划拙劣，其实折射出广告人对环境变化的无奈。在中国的广告市场，周旋在企业和媒介之间的广告公司和广告人地位低微，整体发展缓慢，一直未能形成一股市场力量。不少的广告学者，将其原因归结于"广告代理制"的不健全。因为"代理制"的不健全，影响了广告公司的规模扩大和专业实力提升，而这又反过来加大了实施"代理制"的距离。这成为广告业的一个怪圈。站在广告公司的立场可以指责媒介对"代理制"的抵抗，而站在媒介的立场则可以批评广告公司的弱小无能。然而，"代理制"不健全的根本原因又在哪里？我在1993年撰稿时说过，关键是打破媒介的垄断。只有改变"供不应求"的媒介经营环境才有可能实现所谓的"代理制"。如前所述，在90年代中期，行业的垄断虽然尚未有解禁的迹象，然而，媒介经营环境种种变化已经在向人们表明，广告行业所企盼的"代理制"的全面实施，只是一个时间的问题。形势的变化对于为生存而苦苦挣扎的中国广告公司而言，可以说是一个机遇，也可以说是一个危机。广告公司可以在应变之中获得市场的主导权。然而，问题的关键在于广告公司的决策者能否正视自身生存环境所发生的深刻变化，能否审时度势及时调整发展战略同时，解决如下的若干重大课题。

课题之一：广告公司对"服务"的重新定位

广告公司赖以生存的根基是什么？所有的广告公司都会用两个字概括：服务。问题是在恶劣的经营环境挤逼之下，许多广告公司所强化的是"人际服务"的功能而弱化了"专业服务"的功能，与某企业广告主管或某媒介领导的个人关系，往往成为维系广告公司生存的生命线。这种极端脆弱的而又非常有效的"人际服务"，正是造成广告经营动荡不安的重要原因之一。

在形势变化的今天，广告公司有必要也有可能对"服务"重新定位，因为处于极度困难的企业所寻求的是解决市场问题的方法和更有实效的广告活动。而媒介，所需要的是大量的、稳定的客源，这就为广告公司发挥中介作用提供了一个舞台。能不能向客户提供切合实际而又解决问题的方案，能不能以最小的投入组织起有效的宣传活动，这正是广告公司专业服务有别于一般性服务的一个关键。广告公司可以通过强化专业化的服务，完成"媒介掮客"向"媒介中介"的过渡，同时，结束从前与客户那种极不稳定的"嫖娼关系"而建立起平等互利、营造共同事业的"夫妻关系"。

课题之二：扩大经营规模的可能性

广告公司经营的零细化、分散化，未能形成规模，这一直是困扰着中国广告业的老问题。

从国际上的广告业发展情况来看，要在市场上获得一席之地，扩大自身的经营规模是一个重要的条件。广告公司的规模如果不能与广告客户的发展同步，就有可能被淘汰出局。我在1993年言及广告公司经营规模时说过，90年代以来，广告主已经出现产业"集中化"的倾向，上规模、成集团已经是一个潮流，但是在中国广告业的这种集中趋势尚未明显，出现的是"分散化"倾向。大公司向小公司分散，小公司向零细公司分散，1996年的现状已经证明这种经营规模的弱小，不但严重削弱了广告公司的市场地位，更重要的一点是，由于自身经营规模过小，跟不上广告主的发展步伐，在国内大客户的代理业务上不断被国际的大型广告公司所取代。

规模化的问题，牵涉的因素很多，其中主要的有三个方面：一是广告行业缺少规模经济的意识，政府主管部门未能制定有效的产业政策，培育出大型的广告公司。二是广告行业进入壁垒低。理论上是"人才密集，知识密集的高新产业"，但实际上以小规模的注册资本就可以从事广告业，缺少规模和专业的限制。三是缺少有效的资源存量调整机制。媒介的行业垄断体制，不但造成行业外部进入的困难，而且阻碍了媒介内部的兼并和资源要素重新配置。

从形势发展的角度来看，上述的几种因素或多或少都在变化之中。尤其是企业经营环境和媒介经营环境的变化，给广告行业的规模化提供了一个机会。前者的环境险恶，会提高广告行业进入壁垒，而后者的环境宽松，则会给行外的媒介经营或媒介内部的资源存量重组提供可能性。

课题之三：明确的专业分工

广告经营可以向两个方向发展：规模化和专业化。规模化需要相当的资金和充足的后备人才，对中国大多数的广告公司来说，这两个条件显然并不具备。多数公司为自身的生存考虑，必然会向专业化发展。国际上的广告业发展也充分证实了这一点。在一个竞争激烈的环境之中，与其为客户提供一些半吊子的全面服务，造成所有的服务都不完善，不如集中提高在某一方面的专业水准，从而确立自己在专业领域的服务优势。广告公司之间的专业分工有助于广告业整体实力的提高。

面对激烈变化的广告市场环境，广告公司有可能在哪些领域确立自己的发展方向呢？一是设计制作。这个领域需要相当的设备投入和专业技能，就是一些综合性的广告公司在这方面也是勉为其难，因而造成了一个较大的市场空当。一些有实力的公司可以在平面设计、路牌和影视制作等方面确立自己的专长，从而取得竞争的优势。二是市场研究。对许多广告公司来说，市场研究所需的专业人才和资料是十分缺乏的。没有完善的市场研究，一切广告活动将如在黑暗中走路，所谓向客户提供切合实际而又解决问题的方案，以最小的投入组织起有效的宣传活动，都将成为广告公司的呓语。目前，中国的广告调查行业正方兴未艾，事实证明这是一条行之有效的专业化途径。三是媒介中介。处于"供过于求"的环境中的媒介，最大的需求是大量而稳定的客源。因此，专业性的媒介中介公司应运而生。对客户和综合性广告公司来说，媒介中介公司手里掌握大量的媒介关系，可以保证其媒介策略能够得以完整实施；对媒介来说，与这种公司建立关系就意味着有了稳定的客户来源，可以省却许多麻烦。

四、结　　语

企业是环境的生物，广告行业也是如此。本文立足于此，企图向广告同行说明，在供不应求向供过于求的时代大环境变化之下，企业在转变经营方针和策略同时，媒介的经营环境也发生了一系列的变化。这一切，当然会对广告公司的经营产生深刻的影响，是一个机遇也是一个危机。

最后，还要提示一点，据国家工商局的统计数字，1995年的广告经营额为273亿元，比去年增加了36.5%。广告费占GNP的比例达0.47%。这意味着，高速增长的时代已经快到尽头了，广告业的发展逐步进入正常轨道。对广告公司来说，幻想从高速增长中轻而易举地分得一杯羹已成为历史。

广告市场环境的激烈变化必然会引发和促进市场结构的调整和力量的重组。多数的广告公司命运如何？总之是一句话：适者生存，优胜劣汰。

从广告基本属性谈广告管理

中宣部新闻局　赵晨伃

本文试图从广告基本属性出发，剖析当前广告出现的问题及根源，再谈谈广告管理。

一、广告的基本属性

本文议及的广告，是指商品经营者或者服务提供者承担费用，通过一定媒介和形式直接或者间接地介绍自己所推销的商品或者所提供的服务的商业广告。

由这个界定，我们分析出商业广告有四个基本属性：

1. 广告的信息性。广告是一种有责任的信息传播。无论何种广告都要通过信息形式来传递，信息是包容一切广告的。

2. 广告的真实性。广告传播的信息必须是"事实"，广告的动机也必须是善意的、真诚的。广告不但要给人们传达真实的信息，而且承诺给消费者带来的利益也应该是不折不扣的。真实性是广告的基本原则。

3. 广告的商品性。这是广告的出发点和归宿，商品属性是广告的本质。商品属性本质上排斥一切。

4. 广告的文化性。广告为商品而存在。商品是一种文化，是一种物化了的文化。文化渗透一切广告。广告的魅力来自文化。无论何种广告都要用文化形式来表现，且要达到一定的文化品味。广告在直白信息、传播知识、启迪思想、引导消费这样一些逐次递进的层面上，都要讲文化性、艺术性，都要通过为消费者带来美感的创意来达到，否则就谈不上广告的感召力，达不到营销的目的。

广告的信息性是广告传播的基础；广告的真实性是广告的生命；广告的商品性是广告诉求的核心；广告的文化性是广告的灵魂。广告的信息性、真实性、文化性都依附于商品而存在，“皮之不存，毛将焉附？”可见，广告的商品性是第一性的。

事物有第一性便有第二性，这是对立统一规律所规定的。我们注意到这样一个事实，广告都有明确的构思目标：一是受众能注意和关心广告；二是受众能理解和相信广告；三是受众能对产品留下美好的印象；四是受众能产生购买欲望；五是受众能采取购买行动。因此，广告在创意、制作、广而告知时，都孕育并表现出了一种强烈的导向性。这种导向性受到商品性的制约，反过来又作用于商品性，可见广告的商品性为第一性，广告的导向性为第二性。广告的商品性、导向性同为一个事物的两个方面，相互之间是作用、反作用的关系，是辩证的统一。广告的商品性、导向性共同规定了广告既是物质文明的传播者，同时又是精神文明的载体。精神文明是广告创意追求的境界和目标，是广告题中应有之义。

二、当前广告刊播中出现的问题及根源

首先需要说明的是，虚假广告时有发生，它违背广告的基本属性，是依法制裁的问题，本文不再赘述。我们只谈谈有悖于社会主义精神文明的种种广告现象。

一是思想价值观念被误导。如借世界反法西斯战争胜利50周年和抗日战争胜利50周年之际，登希特勒纪念币广告，穿日本皇军装束照相的广告等，这就连起码的政治观点、历史观点都没有了。在开业大典广告中，宣传雇飞机撒现金兑换券，用遥控飞艇撒金惠购物券，实际上这是一种拜金主义的宣传。不少饭店、商场、房地产广告，渲染“贵族气派”、“皇家享受”，于无形之中异化人们的身价地位。还有不只一家党报刊登出售观音菩萨像、关公铜像广告，并称是“家庭厅堂敬摆、馈赠亲朋礼品、商店饭店陈设、各家珍藏之物”，这些都是在公开宣传封建迷信。某报为某杂志堂而皇之地刊登“求证人生十大定理征文”广告，实际是引导人们调侃、游戏人生。

二是推崇西方文化，贬低中华文化。当可口可乐、奔驰汽车、松下电器、麦当劳、法国香水，随着广告充斥荧屏、街头、商场、报刊，大踏步进入寻常百姓家的时候，外商所得到的不只是巨大的经济利润，而且拥有了一批西方文化的追随者。前一段，企业、产品、商店命名偏爱洋味便是佐证。北京某企业在各大商场设置的产品广告称“本产品的唯一缺点是国产化率低”，竟然如此菲薄自己。与此同时，对民族文化中千百年凝练而成、流光溢彩的成语篡改成风。如合情合理变成了“盒情盒礼”；有恃无恐变成了“有痔无恐”；其乐无穷变成了“骑乐无穷”；十全十美变成了“食全食美”；有理走遍天下，无理寸步难行变成了“有礼走遍天下，无礼寸步难行”。这不仅亵渎民族文化，对青少年误导尤甚。

三是行为规范被误导。青岛某酒楼为其“老娘豆腐”作广告称“老娘又白又嫩”，“男的受不了，女的挡不住”。一则化妆品广告称“每天给你一个新太太”，流于庸俗和低级。广东一家报纸，去年12月连续刊登“夫妻夜话”、“性生活热线”、“夫妻双人枕”热线电话广告，丝毫不顾及此举有可能误导青少年拨打电话，寻求刺激，走向堕落。酒广告更是泛滥成灾，不良导向显而易见：一是刺激全国大大小小四万多酒厂，把更多的粮食用于酒类生产，加重我国粮食负担；二是诱导人们以饮酒为时髦，助长吃喝饮酒奢糜之风。更有甚者，利用悬念广告，愚弄受众。1996年元月23、24日，河南一家晚报连续刊发“广大市民：元月25日早晨6点30分请注意收看××电视台特别节目”。广大干部、群众、解放

军战士看到报纸后，以为有重大事情发生，这天一大早便起来收看，结果播出的却是一则酒广告，人们大呼上当，十分气愤。

在现实生活当中，我们一方面在开展世界观、人生观、价值观教育，一方面少数广告却在宣传不正确、不健康的东西，潜移默化地抵消我们正面教育的效果。产生这种现象的根源，恐怕是对广告商品性和导向性的认识与把握发生了偏差。

广告的商品性给市场经济带来的积极作用是有目共睹的，这就是它可以运用价值规律和市场规律来进行市场运作，一是促进生产，帮助企业塑造形象，推动以产品质量为核心的反馈调节机制和市场竞争机制的建立与完善；二是扩大流通，促销产品，活跃经济，导向市场；三是刺激需求，引导消费，塑造新型生活方式，提高消费者生活的文明程度；四是走向世界，是进一步改革开放，走出去、请进来的便捷形式，通过介绍、引进世界高新技术产品，加速我国社会主义现代化进程。但是，广告的商品性与生俱来以追求经济效益为第一，具有排它性，因此往往伴随有市场负面效应：追求经济利益，或传播的信息不真实，欺骗和误导消费者；或违背社会公共利益，思想导向、价值导向、知识导向、生活导向与社会主义精神文明目标不一致。这是广告出现问题的根源之一。

根源之二，是认为广告不需要导向，或忽视、放弃导向。事实上，发展社会主义市场经济为中国的发展注入生机的活力的同时，也提出了许多新情况、新问题，各种各样的市场如雨后春笋般冒了出来，怎么运作，如何规范，急需回答。而市场竞争最直接地反映在广告上，最先叩响市场大门的是广告。广告就像只瞬息可变的万花筒，能迅速地捕捉信息，把人们的价值追求、生活目标、知识渴求、购买欲望超前定格；广告还像孙悟空，能动用十八般武艺，不达目的势不罢休。广告留给人们的印象十分鲜明，影响也最为直接。广告作为市场经济的排头兵，面临许多新情况、新问题，客观上是需要导向的。

从外部环境看，进入工业时代，人们对文化的选择，很大程度取决于文化信息的强弱与印象。这一点早已被某些强国的政治家和经济学家所认识，他们最大限度地利用先进的传媒，刻意设计文化形象（其中包括广告），对周边国家，特别是发展中国家展开强大的文化攻势，其目的是通过文化来占领市场，甚至达到他们不可告人的政治目的。《未来之路》作者比尔·盖茨评论说，电子时代信息高速公路对我们的文化的转变将像谷登堡的印刷术极大影响中世纪文化一样，极大地影响我们当代的文化。面对这样一种外部环境，国外一些跨国广告公司实施集团化、全球化经营战略，纷纷制作互动节目进入网络，抢占制高点。我们要迎接这种挑战。同时，我们发展社会主义市场经济，要自立于世界民族之林，决不能失却我们民族自己的东西。广告决不是一种纯粹的商业行为，传统也不能仅仅理解为酒文化、烟文化、饮食文化。我们一定要以中国文化为本位来汇通中西文化。从这个意义上说，广告也是需要导向的。要通过我们的艰苦努力，让中国名牌像外国名牌涌入中国市场那样涌入国际市场，这是我们必须树立的信心和决心。

广告的商品性好比一匹野马，广告的导向性好比一位骑手，野马经过骑手的调教、驯化，是可以成为一匹战功卓著的好马的。因此，只要我们恰如其分地发挥广告导向性对广告商品性的反作用，是可以把广告商品性所可能带来的负面效应减小到不至于误导消费者的程度的。当然，基于广告商品性制约广告的导向性，我们决不可以把广告导向性强调到脱离这个商品质的规定性的程度。在具体操作上，我们要一手抓广告商品性的充分实现，一手抓广告导向，坚持两手抓，两手都要硬。

广告商品性与导向性的辩证关系表明，正确的广告应该是：有利于进一步改革开放，建立社会主义市场经济体制，发展社会生产力的广告；有利于加强社会主义精神文明建设和民主法制建设的广告；有利于引导消费者健康消费、积极生活，树立和选择符合我国人民共同社会理想的价值观和生活方式的广告；有利于普及推广科学知识，破除和反对封建迷信及伪科学，坚持真善美，抵制假恶丑的广告；有利于弘扬中华民族精神和民族文化，维护国家统一，民族团结的广告。

三、要切实加强广告管理

广告要达到"五个有利于"的目标，就要切实加强管理，做到两手抓，两手都要硬。1995年2月1日实施的《中华人民共和国广告法》，是调整广告组织、广告客户和消费者之间的经济关系的法律规范，也是任何企业、社会组织和个人在设计、制作、经营、发布、管理广告等方面必须遵循的基本法规。目前我国广告市场管理的层次，可以说是处于广告法规管理阶段。下面，从管理的体制、机制入手，谈谈广告管理问题。

1. 建立一个适应市场、依法管理的体制

这个体制应包括五个层次：

第一，国家的宏观决策，应当尽早有一个比较明确的广告产业指导政策。

第二，各级工商行政管理部门是抓执法、抓监督、抓管理的部门，除继续以经济的、行政的、法律的手段对广告市场加以综合治理外，要不断研究新情况、新问题，拿出新对策，改进和完善对广告市场的监督管理。广告市场秩序是衡量广告执法机关工作水平的尺码。当前是否应当研究广告公司的资质标准、准入条件、年检制度；对广告比稿、压价、炒单、回扣、竞标的管理；对广告公司优胜劣汰、集约化经营的引导；广告代理制发展趋势；合资广告公司对中国广告业的影响；广告业对信息业的应战，以及工商广告管理部门的自律，公务员形象的塑造等等。总之，作为广告执法机关，监督管理的思路始终要与建立社会主义市场经济体制的伟大实践相衔接，与加强社会主义精神文明相呼应，与广告自身规律相吻合，与未来15年甚至更长远的经济和社会发展远景目标相配套。以促进广告业的健康发展，保护消费者的合法权益，维护社会经济秩序，发挥广告在社会主义市场经济中的积极作用。

第三，各级广告协会要切实加强行业自律，搞好行业自律组织的建设。首要的任务是服务，即为全党、全国工作大局服务，为广告执法监督管理部门服务，为广告主、广告公司、广告媒体服务。具体的任务是开展调研、培训、咨询、评比、国内外交流等等。当前特别是要把广告队伍建设当作大事来抓。广告队伍建设应包括一个准则、两个层次、三个内容。一个准则，就是要制定一个"广告从业人员职业道德准则"。目前我国正处在向市场经济的转变时期，对于社会主义市场经济秩序的发展来说，弘扬以守信为特征的市场经济道德，排斥无信、欺诈、放纵等对市场、对社会不负责任的败德行为，有着生死攸关的意义。各行各业都抓职业道德建设，从业人员都讲人格，那么，以守信为本的市场经济秩序才可能逐步好转。两个层次：一是普遍提高广告队伍素质；二是培养和造就一批有一定社会知名度的跨世纪的广告人才。三个内容：一是加强学习，包括学政治、学经济、学科技知识、学广告业务；二是搞好思想作风建设，抓行为规范，加强职业道德修养；三是抓法制教育，使《广告法》深入人心，养成依法办事的习惯。

第四，各广告主、广告公司、广告媒体首要的问题是加强自律、完善自我、合法经营、依法办事的问题。要依据《广告法》制定本单位的行为规范、工作流程和各项规章制度，并不折不扣地执行。但是，当前有些问题不能不引起注意：一方面广告主资金普遍困难，另一方面广告费用不断攀升；一方面广告发布紧张状况随报纸扩版、电视加频有所缓解，另一方面人为主观因素如比稿、回扣、压价、炒单、竞标等强加于广告自身运作规律，引发广告运作紧张状况；一方面广告公司承担着帮助广告主营销、找准市场定位的任务，另一方面在广告公司热中，广告代理制却越走越窄，不少广告公司事实上不是广告主的代理，倒成了媒体的代理；一方面国外跨国广告公司正在实施集团化、全球化经营战略，在信息高速公路上抢占制高点，另一方面我们一些相当有基础的广告公司为了生存，却不得不开展与广告业毫不相干的多种经营；一方面在广告养活媒体的基本格局下，媒体形成了两支队伍——新闻队伍和经营队伍，分别按两种规律——新闻规律和市场规律运作的布局，另一方面，队伍和运作规律在一些新闻单位都有所混淆，“有偿新闻”、记者拉广告吃回扣屡禁不止，这种二律背反的困惑充斥着广告人的心，切实需要大力加强宏观管理和微观治理。

总之，有觉悟的企业家，不但应当积极推销自己的产品，还应该努力提高产品质量，与社会共同营造中国自己的名牌；有民族自尊心的广告制作人，不但应当努力促销产品，而且还应当将广告推向更高的品味和更深的层次，走向世界；有社会责任感的媒体，不但应当推出积极、健康、文明的广告，而且还应当担负起优秀文化的捍卫责任。只有三者携手共进，才有我们广告事业健康发展的灿烂未来。

第五，从社会管理角度看，广告管理体制中还应包括消费者协会的作用。它应代表消费者对广告实施监督，并受理投诉等。这方面的工作刚刚起步，我们应当大力扶持，以促进广告业的健康发展。

以上五个层次相互不可替代，但可以从各自的角度发挥作用，形成合力，共同建设社会主义广告市场新秩序。

2．建立三个广告导向机制

广告商品性和导向性的辩证关系告诉我们，只要我们在广告刊播前、刊播中、刊播后形成一套导向机制，就可以把广告商品性所可能带来的负面效应，排除掉或减小到不致于误导受众的程度。

广告导向机制包括三个方面：

第一，在广告刊播前实施的广告比稿、竞标、代理、预审制度；

第二，在广告刊播中实施的监听、监看制度；

第三，在广告刊播后实施的调查、评比、制裁、表彰制度等。

广告导向机制的运作，关键是要建立办事机构。这套机制运作灵不灵，管用不管用，恐怕还要建立相应的信息反馈制度和监督机制。

当前，我国宏伟艰巨的跨世纪工程开始启动，经济体制改革进一步深化，利益格局在调整和变动，利益主体多元化，国际矛盾错综复杂，综合国力竞争日趋激烈，人类社会开始走向信息时代。信息业向广告业发出了强劲的挑战，面对这样的形势，让我们始终保持清醒头脑，在社会变革不断深化，社会主义市场经济还在建立、完善的动态过程中，进一步健全、完善广告管理的体制和机制，不断提高广告业整体水平。

现代广告公司经营的“六化”要求

北京广播学院　许俊基　陈海涛

现代广告有五个特性，即广告的社会性、挑战性、艺术性、公众性和兼容性。这五个特性决定了广告的种属，即广告是一个多部门分工协作，多学科、多种艺术门类组成的综合性边缘学科，是一门综合艺术。据此，对现代广告的经营管理，特别是具体到现代广告公司的规范化管理，笔者认为应有如下要求：即机制科学化、人才专业化、知识深层化、技术高新化、意识现代化、管理规范化。

总体来看，中国的广告界存在着起点低、人员素质差、专业人才缺乏、教育力度不够的特点，在管理和经营机制上也存在着混乱状态，“不景气”状态，和国际广告发展的要求相差甚远。因此，中国广告业要想摆脱这种困境，首先要实现机制的科学化，而经营机制的科学化首先取决于广告代理制的全面推行。

90年代初，广告代理制在一阵喧嚣之后，逐渐地降温以至冷却，致使广告代理制的推行延滞至今。广告代理制在我国难以推行的原因大致如下：一是科学的广告观念短时期还不能为广告主、公众及广告人所普遍接受。长期以来，新闻媒介在我国所处的特殊地位，造成人们对它们产生崇拜的心理，而且媒介都是国营的。所以，人们对媒体的信任远远超过一般广告公司。媒体一开始就在我国广告业起着既为媒体又是广告代理商的双重角色。二是广告投资带有风险性、冒险性，客户倾向于国营媒体。三是目前我国现有的广告公司，绝大部分力量相对薄弱，人力、物力、财力、技术条件都难与媒体相匹敌，加之广告公司本身良莠不齐，信任度远差于媒体。四是就目前我国的广告公司来看，很少有几家能担负起现代意义的全面代理职责，有些公司虽然挂起种种招牌，却名不符实。

广告是依托媒介发布出去的。所以，全国大部分电视台、有线电视台、电台、报刊社都组建了自己的广告部门，即发布广告又充当广告代理商，形成了广告承揽、广告制作、广告播出一条龙服务。于是，出现了孔府宴酒、秦池古酒买断黄金时间电视广告段位的情况。媒体的这种双重角色，正是阻碍了广告代理制走上正轨的根本原因。

广告代理制是世界现代广告的必由之路。这不仅仅是一个遵循现代广告活动规律的问题，而且也是一个适应国际广告市场，和国际广告接轨的问题。更确切地说，现代广告日益国际化、集团化的趋势已经向我们逼近。目前世界排名前列的国际型专业广告公司，如扬·罗比凯、电通、天高、奥美、盛世、麦肯等，作为母体分别在上海、北京成立了合资公司。这个严峻的事实证明，随着政策开放的进一步深入，特别是加入世界贸易组织的临近，国门洞开，外国的商品涌进了中国市场，而洋货的马前卒——外国的广告业也飘然而至，参与我国商品市场的争夺和广告市场的竞争。我国的广告业如果还不向规范化、法律化靠拢，还是满足于停留在媒体直接向广告主兜售时段、版面或低级的技术，广告公司则为了生存去“拉广告”的原始阶段。那么，我国的广告业怎么能够与涌进来的国外广告竞争，守住自己的阵地，怎么能走向成熟？不是你愿不愿意去做的问题，而是大势所趋，非如此不可的问题。所以，广告代理制的全国推行势在必行。

现代广告以创意为中心，以全面策划为主体，实行全方位的优质服务，这一点取决于广告人才的专业化程度。目前，我国的广告教育投入还很不够，只有80多所高校设置了广告专业，只有200多所高校开设了广告课程。并且授课教师大都为相近专业或相关专业“半路出家”，在生员数量上和教学质量上满足不了社会增长的需求。按现有毕业生计算，全国95%的广告公司分不到一个毕业生。应采取各种形式来发展广告教育，多层次、多渠道来培养广告专业人才。现代广告专业人才的标准很高，即需要有策划、创意、制作、管理多方面的综合技能，并在某个方面突出，既是样样都会的“通才”，又是擅长一技的“偏才”。一个优秀的广告公司，是由各种各样的“偏才”优化组合而成的整体，这一点取决于“广告的兼容”特性。广告名人詹姆斯·来伯·扬曾说：“真正的广告人是具有知识、技术、经济以及洞察力，能为广告主建议最好使用广告达到他们的目的，并能有效地执行，使广告达到这些目的的人。”这是对广告专业人员下的最好诠注。同样，广告的兼容性也决定了广告的知识深层化。

广告是个多元素、多方位、多角度构成的复杂集合，广告又因为形式的不同而有不同的美感和信息容量。广告有报纸广告、电视广告、杂志广告、广播广告、户外广告、售点广告等形式，其中户外广告又分为电子广告、牌墙广告、交通广告、空中广告、球场广告、街头招牌广告、传统与民俗广告、城市装饰广告、街亭广告、人体行走广告等等。因此，美学、文学、文字学、伦理学、传播学、市场营销学、心理学、光学、声学、民俗学、建筑学、物理学等等在不同的广告作品中均有不同程度的体现，美术、书法、音乐、舞蹈、印刷、摄影、建筑、雕塑、服饰等多种艺术通过广告进行了有机地组合，构成了一种新的艺术语言。基于行业的特色，要求广大的广告从业人员、广告的设计者、制作者、经营者，必须是通晓古今中外、多才多艺的“杂家”，要求具备新闻记者和职业编辑的素质。只有这样才能去生活中捕捉瞬间产生的美感，创作更好的广告艺术作品。在西方国家，只有最杰出、最优秀的人才才能从事广告行当。如此知识的多元化，也可称作知识的深层化，是现代广告对从业人员的基本要求。

广告艺术是前位艺术，是随着商品经济的发展而先期发展的，大量的新材料、高科技在广告作品中越来越多地运用，广告从业人员仅具备基本素质是不行的，还必须有应变能力。能适应时代的发展，能够很快吸收世界最先进、最尖端的科技来进行广告创作。这就是说，现代广告面临着技术高新化的要求。世界进入了20世纪以后，随着科学技术的高度发展和各种商品的推陈出新，商品销售的竞争日益激烈，营销观念在不断更新，促销手段日趋繁多，促使了广告艺术从内容到形式的不断创新。经过了半个多世纪的演变，现代广告发展到了科学与艺术相结合的时代，现代广告设计的概念发生了巨大变化，现代广告的制作也日趋科学化、现代化，一些高科技、新材料逐渐适应于广告艺术作品的制作，从而构造了新的、美的广告空间，创造了广告新的视觉形象和新的艺术语言。在广告设计、制作中，大量动用装饰、光点、比喻、夸张、特写、线割、叠影、空间、幻觉、光束等创作手法，根据平面构成和立体构成的原理，将光学、声学、物理学、印刷学、摄影学的高新技术融汇到广告艺术作品的制作中去，代表了现代广告高新技术化的较高水平。当代世界广告已进入了电脑设计时代。在国外，广告先进的国家，利用电脑进行广告创意更为普遍。电脑创意，图形怪异，色彩鲜明，往往可以获得意想不到的偶然效果，最适合于广告人大胆构思，勇于创意，它对当代广告领域中所追求的“视神经冲击力”是最强的。电脑广告具有源于现实，又超于现实的特殊魅力，它对表现广告四要素，即“本土、新异、逼真、形象”，都具有特殊的魅力。就国内广告而言，广告设计与摄影技术远远跟不上形势的发展。特别是创意方面，还停留在原始的手工绘制的基础上。所以广告作品无论在质量上、速度上、制作水平上远远赶不上客户的要求，虽然有高新技术、新材料应用在里面，但其起点是低的。故电脑设计制作是广告高新技术水平的最好体现。

广告作为现代市场经济的先导产业，直接与商品和市场接轨，直接作用于市场营销，围绕着消费者行为、心理需求和动机等，开展深入研究并进行针对性广告诉求，以求消费者对广告信息的认知产生共鸣，发生行为。同时在科学地研究产品、研究市场、研究目标消费、研究竞争时，进行指导企业确定市场策略。所以要求广告人要不断地更新自己，掌握市场动态，把握时代的脉搏，思想意识始终处于大众群体的前锋，用超前的意识去正确引导消费观念。但是超前并不意味着脱离现实，不是不切实际、漫无边际的“遐想”，而是高起点、高水准的长远目标战略，夸大一点来说是“高瞻远瞩”。这一点取决于广告的公众性，也就是说广告的公众性决定了广告的意识前位化。

现在各行各业都在讲管理，马克思针对管理的必要性曾指出："一切规模较大的社会劳动或共同劳动，都或多或少地要指挥，以协调个人的活动，并执行生产的总体的运动——不同于这一总体的独立器官的运动所产生的各种一般职能。"又说道："一个单独的琴手是自己指挥自己，一个乐队就需要一个乐队指挥。"由此可见，管理是一种协调，是一种规范。管理的概念可以理解为在人类的共同劳动中，为了达到同一目标，对集体活动实行计划、组织、协调、控制的总称，它是由系列管理职能构成的，广告行业的管理也如此。就整个行业来讲，广告是一个大市场，必须有一个与之相适应的行为规范来约束、规范它的发展，不能任其自由滋生，随意蔓延，盲目扩大或我行我素，各行其事。首先应纳入国民经济的宏观调控之中，以广告法规为准则，在宏观上调控，结合广告公司各自的特点和优势，按照管理的计划职能、组织职能、协调职能予以微观调配。从广告公司个体来讲，公司是一种企业，应该遵循现代企业制度，从管理思想现代化、组织现代化、方法现代化、手段现代化、人才现代化、体制现代化等多方面实行管理规范化、现代化。

综上所述，现代广告的这六条管理和经济机制上的要求，是时代的要求、历史的要求，是一个现代广告公司所必须具备的，也是我们广告工作者义不容辞的责任，要为之去积极努力。这六个标准化要求并不是孤立存在的，它们相互补充、相辅相成，共同构成了广告管理和广告经营的现代化，缺一不可。现代广告的五个特性和这六个要求相表里，相印证，它们不是一一对应关系。广告的五个特性，分别从现代广告的不同角度对现代广告进行提纲挈领的概括，用以满足日趋成熟的广告业发展的需要。而广告的这六个标准化又分别是广告五个特性的升华，是为了适应其特性，满足自我发展、自我约束、自我调整、自我完善之时代发展需要。

广告公司的经营与管理

中国广告联合总公司　赵桂鸿

近年来，我国广告业有了迅猛发展，广告公司也随之获得长足进步，据有关部门统计，截至1995年底，全国广告公司已达到22691户（其中外商合资广告公司381户），从业人员270508人，广告经营额1071245万元，占全国广告经营额的39.2%。广告公司的经营管理水平也有了显著提高，出现了一批能为客户提供广告总体策划、全面服务的广告公司和主题鲜明、说服力强、制作精良、深受受众赞赏的广告作品。但是从总体上说，我国广告公司与国民经济的发展要求及国际广告业发达国家的水平相比，尚存在较大的差距。主要表现在：

1．素质不高。在现有的2万多户广告公司中，绝大多数为户外广告公司、印刷广告公司和媒体单位所属的广告公司。有些名为广告公司，经营范围还包括装饰装修、工艺美术、旅游、房地产、外贸、商业等，什么能赚钱就重点搞什么，广告的经营额比例并不大。真正具备现代广告公司职能，能为客户提供广告总体策划和全面代理服务的广告公司不多，冒说一句，不到1%。

2．广告专业人员不足。据统计，全国从事广告管理、调查、策划、设计、制作的人员，合计202090人，平均每户广告公司不足9人。其中受过广告专业高等教育和有丰富广告工作经验的资深广告人很少，大部分为近几年广告专业毕业的大专生和从其他工作岗位转业从事广告业务的人员。

3. 广告公司的领导人员缺乏现代广告经营管理知识，组织机构、规章制度不健全。有些公司的领导人员调整频繁，情况尚未熟悉，又被调离，甚至有一年内几次更换主要领导人的。不少广告公司按部门承包经营，不能发挥团队作用。

4. 广告经营管理体制尚未理顺，广告公司在经营中遇到不少实际困难。例如多头管理、政策不统一。经工商行政管理部门批准设置的户外广告，有时市政建设管理部门不同意设立，或者已经设立的随意拆除，使广告公司蒙受损失。广告公司创意制作的广告，甲地主管部门审查批准了，到乙地则不允许发布，或者广告脚本审查同意了，广告制作出来后又通不过，影响发布时间，使广告公司的信誉受损害。有的广告公司总体策划报告客户同意了，媒体计划又难以落实。有的媒体单位订购版面或时间要先付款，客户不能预交或者广告公司无力垫付时，到手的业务也做不了。加上广告公司之间的给回扣及其他不正当手段的非法竞争，使一些想按现代广告公司职能进行运作的广告公司面临巨大的压力，举步维艰。在广告公司中流传着一句话："吃饭靠媒体，发展靠代理"，就是我国广告公司现状的真实写照，也是我国广告代理制推行困难的原因之一。很多广告公司为了解决"吃饭"问题，不得不将主要精力放在发展和巩固自有媒体上。

在当前条件下，我国现有的广告公司能不能发展成为全面服务型广告公司？答案是肯定的。实践表明，一些历史较久、有一定基础的广告公司，例如上海广告公司、中国广告联合总公司等，它们克服各种困难，坚定不移地朝着全面服务型方向前进，经过几年不懈的努力，无论是广告经营额，还是综合实力，均居全国广告公司前列。在近几年新成立的广告公司中也不乏佼佼者，它们的起点就向着全面服务型广告公司方向发展，也取得了显著成绩。问题是这样的广告公司数量太少了，在整个广告活动中，显示不出广告公司的主导作用。

为了改进和提高广告公司的经营管理水平，发挥广告公司在整个广告活动中的主导作用，加速实行广告代理制的过程，尽快与国际广告业接轨，应解决好两方面问题。

一、广告公司必须努力提高自身素质和服务能力

首先，广告公司的经理要增强现代广告意识，学习广告及经营管理和理论知识。要建立以经理为首的经营管理体系，实行统一领导、分工负责、协同运作；要讲政治，把政治思想工作与业务工作有机地结合起来；要从本公司的实际情况出发，确定本公司的发展方向及规划。基础较好、有一定实力的广告公司，应向全面服务型方向发展，具有一项或几项特长的广告公司（如有媒体优势、设计制作力量、精于广告策划、善于市场调查、长于广告印刷等），可以向本专业纵深发展，形成具有特色的部分服务型广告公司，切实改变目前大而全、小而全的状况。

其次，大力培养和招聘广告人才，充分发挥其才能。广告业属于知识密集、技术密集、人才密集的高新技术产业，每一项总体广告活动需要多种专业人才协同作战，才能取得预期的效果。从某种意义上说，一家广告公司的实力如何，要看它拥有的人才多少和水平高低，而其经营的好坏，则决定于它能否调动全体员工，特别是专业人才的积极性、创造性和责任感。做好人才的培养和使用，对广告公司具有战略意义，在这方面要下大力气，舍得智力投资。对现有人员，要分别情况给予在职培训、参加学术活动、出国进修、考察等学习机会，定期考核晋升。同时，要根据工作及发展需要不断招聘、吸收专门人才，给公司增添活力。要认真贯彻党的知识分子政策，珍惜人才、尊重人才，为他们创造一个团

结友爱、能施展其才能的学习、工作和生活环境，按其贡献大小给予相应的报酬和奖励，以增强其对公司的荣誉感和凝聚力。

第三，完善组织机构，建立一套科学的、行之有效的规章制度，使每个员工都能恪尽职守，按章办事，合法经营。广告公司应从实际出发，根据工作需要设立工作机构，力求精悍，职责分明，运作协调，能保证各项工作有条不紊、紧张而有秩序地进行。要加强公司的内部管理，主要包括：

1. 业务管理。要建立业务承接登记、查验证明、广告内容审查、业务合同、部门之间的业务交接、业务档案、分配、奖惩等规章制度，以保证各项任务高质量、高效率地完成，防止出现虚假或违法广告。

2. 财务管理。要充分发挥财务部门对公司经营活动的预测、计划、控制、核算、分析的功能及监督作用。要根据国家有关财务工作的法规及规定，结合本公司的实际情况，制定切实可行的公司财务管理制度，并认真贯彻执行。

3. 人事教育管理。要把广揽人才，不断提高公司现有人员的专业水平和服务能力，充分发挥每个员工的聪明才智和群体优势，使之热爱公司和本职工作作为首要任务。要制定员工培训计划，有计划地选送符合条件的员工脱产学专业知识、参加学术研究或出国进修、考察，以提高全体员工的素质。要从政治思想品德，业务、技术、管理能力，出勤情况、工作态度和事业心，工作实绩四个方面对员工进行考核，据此决定对他们的任用和奖惩。对有突出贡献的员工，要予以重奖，以鼓励先进、调动全体员工的积极性、创造力和责任心，增强公司的凝聚力。

4. 行政管理。包括文书、档案、印章、会议安排、物资采购供应、资产保管、经营场所及办公条件、车辆调度、接待等行政及后勤保障工作，都应分别制订规章制度，为员工创造一个良好的学习、工作和生活环境。

第四，发挥优势，开拓领先。为了增强广告的宣传效果，提高广告的创意、设计、制作水平和工作效率，改进和完善经营管理，广告公司的各级领导要注意研究广告理论，不断总结实践经验，密切注视国际广告业的发展动向和趋势，率先接受新观念，采用新技术、新装备、新材料、新工艺，在某一领域形成自己的优势，做到“人无我有，人有我新”，在激烈的市场竞争中居于领先地位。

尽管影响广告公司经营管理水平的因素很多，如能做到上述四点，广告公司就能较快地提高自身素质和服务能力，形成比较合理的行业结构，成为广告行业的中坚力量和沟通广告主与媒体单位、广告主与消费者的桥梁，在广告活动中发挥主导作用。

二、广告主管部门要正确引导和扶持广告公司健康发展

加强广告主管部门及有关部门对广告公司的监督和管理，对广告公司的健康发展有重要作用。

《广告法》第六条规定：“县级以上政府工商行政管理部门是广告监督管理机关。”它具有制定广告管理规章，审批广告经营单位，办理登记注册，监督检查广告经营活动，查处广告违法行为等行政监督管理职能。有关部门对广告经营单位也担负着相应的监督管理职能。如税务、审计部门对广告经营单位的纳税情况及财务工作进行稽查和审计，确定符合实际情况的科学合理的税率；物价部门对广告的收费标准进行核定批准，对违反物价规定的行为进行查处；城市建设、市容绿化等有关部门对户外广告媒体的设置地点进行审核，对未经批准、有碍城市美化和观瞻的设施进行检查处理等等。这些部门如何以工商行政管理部门为主，密切配合、协调一致地进行综合监督管理，这是当前有关监管部门首先要解决的一个问题。

针对当前我国广告业发展中存在的问题，为了更好地发挥广告公司在广告活动中的主导作用，广告主管部门应加强宏观调控，

进一步制定全面服务型和部分服务型广告公司的资质标准，使我国广告公司从数量增加向质量提高的方向转变，以改变当前我国广告公司数量过多、素质不高、无序竞争的状况。这项工作可通过企业年检有计划地进行。凡是不符合资质标准或没有经营广告业务能力的广告公司，坚决予以注销；凡不属广告的经营业务，可令其另行成立公司或单独核算，以免广告的统计数字不准确。同时，按广告公司实际具备的条件重新核定其经营范围；对具有经营、代理国内外各类广告能力，能为客户提供广告总体策划、实施全过程、全方面服务的广告公司，批准为全面服务型广告公司；对具有一项或几项专业服务能力的，如户外广告、印刷广告、策划创意、设计制作、影视制作、市场调查等，批准为部分服务型广告公司。使各广告公司进一步确定自己的发展方向，向本专业纵深发展，避免大而全、小而全和在低水平上重复，从而合理调整广告公司的结构，发挥各自优势，加速成长步伐，与国际广告业接轨。这样也有利于广告主选择广告公司，为实行广告代理制进一步创造条件。

为了引导和扶持全面服务型广告公司的发展，建议广告主管部门和媒体单位在政策上予以倾斜。如规定全面服务型广告公司为客户总体策划的广告媒体计划，媒介部门优先考虑安排；全面服务型广告公司购买的媒体，一律在发布后一个月内付清广告费。对不能按期付款者，媒介单位可取消其享受这一优惠待遇的资格等等。

加强对虚假违法广告和不正当竞争行为的查处，是当前整顿广告市场秩序，保护消费者和广告经营者合法权益的重要一环。虚假违法广告屡禁不止，回扣、利用行政权力和媒体优势实行垄断及其他不正当手段非法竞争行为层出不穷，说明广告经营单位的法律意识淡薄，行业自律作用没有发挥，监督管理部门的打击力度不够。对这些问题，如不采取有效措施抓紧解决，不但会影响广告业的声誉，而且会影响我国广告业的健康、快速发展。

总之，广告公司经营管理水平的提高，既要加强自身建设，加速人才培养，又要改善外部条件，理顺广告经营管理体制，加强监督管理。这样，我国的广告业在现有基础上，将进一步获得快速健康发展，在我国社会主义市场经济中发挥更大的作用，加速跻身国际广告业先进行列的进程。

广告人如何走出困境

广东全长城国际广告有限公司　李　谋

从70年代末到今天，沧海桑田，物换星移，中国的广告业从白手起家到舒展自如，满目辉煌不能说不是中国经济大潮中最为璀璨的景象……有谁能否认，广告业在中国这十多年来突飞猛进、日新月异的经济发展大潮中，起着举足轻重的显赫作用？到了今日，且不说风起云涌，群雄争鼎的企业、商界，要紧紧依靠着广告去开拓发展前景，就是一般百姓人家的消费观念、生活方式乃至于价值取向、审美趣味，都在自觉或不自觉之中深受着广告的影响与诱导……毫无疑问，现代化发展中的社会，已离不开广告，也摆脱不了广告。观之欣之，广告人应是何等荣耀，何等尊贵！在发达国家里，广告人的身份地位，如同法官、医生一样受人瞩目和尊重。然而，当多少圈外人，还在为一句“不当总统，就去做广告人”所心迷神往时，中国广告界的圈内人，则已陷入了一种相当尴尬、也相当悲哀的不正常的处境……

这种不正常的处境，从两个方面表现出来：

第一方面是广告人与广告主之间的关系，在某些地区长期笼罩着一种相当不平等的色彩。

有两桩事尤其令人闻之心寒：一是某企业的大门，赫然醒目地挂着“广告者及小贩禁止入内”的牌子。一种冷冰冰的、似曾熟识的语气，竟引人回忆起一个故去的年代里那一种难以磨灭的羞辱感。

二是在某个大都市里，一家广告公司的总经理，为了追回仅仅一万多元的广告费，当众向客户跪了下来。闻之竟也是悲多于愤：这与乞丐有什么区别，广告人的尊严何在？

悲之痛之，不由得不深深地意识到，表面辉煌潇洒的广告人，实际上在一些广告主面前则常常得不到尊重和公正的待遇。广告主对广告人，可以肆意地“呼之而来，挥之即去”；长期拖欠广告费用；甚至公然地剽窃广告人的创意、策划和调研成果。常常出现这样的现象：某某企业声言要以巨额资金投入广告，公开招标引众多国内外广告公司前来。各家公司倾尽全力，各显神通。一时间，企业的案头堆满了一本本广告人精心而作的策划书，甚至个别广告公司求胜心切，连作品的基本雏型也送上了。这时，往往还有所谓的“选拔赛”，投标的几十家公司则在淘汰中余下几位佼佼者，继续进行新一轮的竞标。佼佼者们自然极受鼓舞，更不惜工本背水一战，短兵相接之中更精彩的创意与策划又产生了。然而，当日子在满怀希望的广告人的翘首等待中一天天过去，结果却是谁也没能中标。或者“你中标了，但我们企业暂时没有资金”。而那些凝聚广告人心血和智慧的创意和策划书，则悄无声息地归企业所有了。广告人付出的劳动不仅得不到报酬，而且自己的劳动成果、智慧结晶则公然地被剽窃了。这种“遍地开花”的投标方式和执行程序极其草率和不严肃，广告人常常为之气愤，只觉得让人愚弄了自己。

其实，我们并不反对广告市场上的招标形式。这本来是一种广告主选择广告公司的正当途径，而对于广告人来说，也是要在公平竞争之中来认识自己、锻炼自己和发展自己。但是，就如任何的比赛都需要规则一样，投标也应该要有正当的规则，以保证投标者得到公平与合理的对待，而不应是由主办者随心所欲愚弄广告人和损害广告人的利益。很难设想，这种现象的长期蔓延，中国的广告业何以得到健康的发展?! 当广告主与广告人之间缺少一种相互尊重、平等互利的合作关系，而存在的是一种纯粹的雇佣关系，必然导致两方面的后果：一方面是直接造成广告主的损失。也许，不少广告主还没有充分地认识到，任何优秀的广告成果，都有赖于广告主与广告人之间一种信诚、协调的合作关系。而当广告主只将广告人看作是可随意“呼之而来，挥之即去”的“奴仆”，合作之间必缺少诚意与信任，处处防备，横加干涉，而且随意压价，不尊重广告人的劳动与权益等等。这情形下，不仅使广告人疲于应付各种不正常的干扰，由此导致广告的整体策划与运作无法正常、严谨地进行；而且，由于广告主不顾实际情况随意压价，岂不知成本资金不足必然做不出高质量的广告，尤其是使广告公司在无利可赢的打击下，不负责任地敷衍、应付，必然也就导致了广告制作上的粗糙与低劣。由此可见，广告主、广告人之间缺乏相互尊重、平等信诚的合作关系，首先受损失的乃是广告主本身。而另一方面，使广告人的知识成果、经济权益和人格尊严都得不到尊重和保护，必然会严重挫伤广告人活跃的创造力和劳动积极性。广告人常因许多广告的低劣质量而承受着各方责难，但又有多少人能体谅到广告人在这种不公正的待遇中，如何去提高广告的质量？

第二方面的问题，在目前的广告市场环境中，广告人内部也普遍存在着极不正常的现象，突出表现为广告公司与广告媒介的矛盾、广告公司与广告公司之间的矛盾。这两对矛盾其实都集中体现着一种非常规竞争下的相互排斥和相互残杀。

首先，由于中国广告业目前尚未建立起统一的广告代理制，一种普遍的现象则是媒介部门大量地成立广告公司，充当既出卖媒介又代理出卖媒介的角色。在广告市场竞争激烈的情形下，媒介部门依靠其本身所独具的优势，使广告公司很难与之匹敌。尤其是某些媒介采取双重价格的不正当手法来吸引客户，更导致广告公司的经营受到严重的威胁和损害。同时，由于媒介部门在广告经营中的优势地位，也使其自觉或不自觉地以一种居高临下的态度来对待广告公司，个别的甚至歧视、排斥、压抑，随意损害广告公司的权益。其实这也是一种不平等！纵观广告公司与广告媒介之间的关系，同样缺少一种相互尊重、平等互利的合作关系。

其次，在广告人内部存在的另一种不正常现象，就是广告公司与广告公司之间的恶性竞争。从上述现象来看，广告公司的生存环境确实很艰难，竞争很激烈。而这之间的竞争，更多的是表现为一种相互排斥和相互残杀：或以相互压价来争取客户，一些由一两个人组成的小公司竟然可以把佣金的90%让回给广告主，而造成另一些规范的广告公司，因无法承受太大的经济损失而惨败于竞争之中；或以相互诋毁来抢夺生意，甚至连圈外人也看出广告人“相轻”、“相残”的状况甚为突出。总之，各显神通，极尽手段，什么职业道德、商场信义已弃之脑后。这种现象，有时不得不逼着广告人去思考，广告主对广告人的种种不公正，固然有广告主本身的问题，但难道不也有广告人本身的问题吗？当广告人不再是靠踏实的工作精神、精湛的专业素质和良好的职业道德去竞争，而是靠种种不地道的手段去投机取巧时，当然无法赢得广告主的尊重和信任。因此可以说，广告人内部的这种种不正常现象的严重存在，不仅导致广告人的生存环境十分艰难，而且带来一种广告人内部的自我削弱，导致自身在目前广告市场上的被动状态。已具十多年发展历史的广告行业，至今仍缺乏一种具有凝聚团结力的共识和行规，是缺乏良性竞争环境的因素之一。

广告人应该清醒地意识到这一点：消极的等待，可能永远等不来一个成熟的市场。成熟的市场，乃是靠我们大家——广告人与整个社会——一起去创造、去努力！说近的，中国广告业今日的辉煌繁荣，靠的是广告人一步步地摸索和努力；说远的，国际经济发达国家广告市场的成熟，也是在依靠广告人本身不断地严于自律和呼吁整个社会支持的过程中完成的。中国的广告人，也应该以一种积极的姿态，去努力为自身创造一个健康的“生存环境”！走出困境，靠的还是我们广告人！

那么，又如何才能走出困境呢？

从整体上看，造成广告人目前的困境不外乎是广告业的“大环境”与“小环境”的问题。“大环境”指的是整个广告市场，这是广告业发展的背景环境；“小环境”指的是广告公司内部的环境。

从大环境看，广告业自70年代末雨后春笋般地崛起初期，由无章可循，到广告管理条例的制定和实施细则的颁布，再到《广告法》的诞生，使中国特色的广告行业的运营逐渐由无序走向了有序，这无疑是一种进步。如果从广义上划分，我们可以把广告主、广告代理（广告人）、广告媒体划为一方，这是广告的生产经营者；而把所有的广告受众划为另一方，他们是广告的消费者，因为他们在购买商品和媒体时也就购买了广告。《广告法》的最大意义就是它有效地保护了广告消费者的利益，规定了较明确地制止和处罚虚假广告的条款。以前虚假广告出现时，被处罚的只是广告公司，这种本末倒置的做法在《广告法》中被纠正过来了，虚假广告的始作俑者是广告主，广告公司（含制作公司）和媒介也要负连带责任。仅此一例，我们便可看出，《广告法》的颁布是中国广告业开始走向成熟的起点。

但是,《广告法》毕竟是新中国广告业的第一部法规,有待完善。《广告法》的制定,不仅要规范和约束广告经营者的经营行为,还应该保护和促进广告行业的发展。而广告行业即广告的经营者从广义上看,是由广告主、广告代理、广告媒体这三部分组成。这三大部分是彼此互相关联又各自非常独立的。相对广告消费者来说,这三部分的利益是一致的,但相对广告运营的内部来说,这三者的利益是各不相同的,从狭隘的经济利益看,甚至是互相矛盾的。于是,为了追逐各自的经济利益,产生出一些不规范的越轨行为,从而伤害其他一方或两方的利益。而《广告法》对广告经营的这三大部分之间的行为,却没有做出任何的约束。一个开放的社会必须是一个法制的社会,只有有法可依,才能使中国的广告业健康向前发展。我们强烈地呼唤着广告法规的细化和完善。广告人当前的困境,是行业迅速发展中出现的必然现象,是在进步中的困难,是可以克服的。而克服的首要途径是加强立法,同时通过国家机器加大执法力度。我们认为这是从“大环境”看,使广告人走出困境的第一“着”。

我们的第二“着”,是建议强化广告代理制的实行。对于“代理制”,广告人已经叫喊了多年,而且希望能通过政府干预手段来强制实行。但是至今“代理制”仍然没能形成大气候,我们认为原因是多方面的。这里面有广告主和媒体对代理制的优越性缺乏认识的问题,也有他们出于眼前利益的考虑不屑于执行的问题,但我们认为更重要的还是广告人自己的问题。

我们广告人自己存在着三个问题:第一,是对代理制的认识尚未达成共识。我们所说的代理制是指客户代理而非媒介代理。两者之间在操作上有着本质的不同。媒介代理是广告公司站在媒介的立场向广告主推销自有媒体或自代媒体。这种公司在广告主面前,除推销自有或自代媒体外,对于别的同类型媒体,具有很强的排他性,他们是不可能为了广告主的利益,将同类型的媒体进行科学的比较和公正的选择的。而客户代理,则是广告公司必须站在客户的立场上,为广告主着想,从科学的市场调研和分析入手,确定产品定位,在定位的基础上进行广告创意和制作,并能对各种媒体进行科学的分析和比较,选择与产品目标市场相关性最大的媒体安排广告发布计划,尽管其中有些媒体给广告公司的优惠条件不如另外的一些媒体,但为了客户的利益,也必须舍弃那另外的一些媒体,这样操作的广告公司才能称为是客户代理型的公司,只有这样运作的广告代理公司才能真正做到与国际广告业接轨,也才能赢得广告主的信赖并推动中国广告的代理制向前发展。第二是内功不够。现代广告与传统广告的区别在许多广告同仁中已有认识。但要真正实行客户代理制,需要有一定的实力,因为有时为了广告主的利益,需要牺牲广告代理眼前的一些小利。当广告公司还在为自己的生存与温饱挣扎时,想搞客户代理也只能是有心无力而已。第三是单兵作战多,缺少联合舰队。其实,当前的中国广告业已涌现了一大批实行客户代理的广告公司,而且也不乏成功的案例。但是面对着跨国广告集团公司对中国广告市场的大举“进攻”,中国这些执行代理制的广告公司仍然显得势单力薄,只有团结起来,联合起来,加强协作,形成规模效应,才能一致对外。目前在广州的有一定实力的省、市广告公司正在省市工商局的领导下策划成立“4A协会”,此举将为组建广东省的广告联合舰队打下坚实的基础,是一次可喜的尝试,也是广东广告人走出困境的一个新“着”。我们盼望着广州“4A协会”早日成立,将广告代理制推向前进。

我们对改善“大环境”的第三“着”,建议解散广告协会,成立行业协会。目前从中央到地方的广告协会都是一个大杂烩,广告主、广告人、广告媒体混在一起,由于利益的不同,很难说到一块去。所以我们建议解散现有的广告协会,而成立广告主协会、广告人协会(4A协会)和广告媒体协会,三个协会都应该制定符合自己行业特点的发展纲要和行业自律守则,三个协会都必须接受政府职能部门国家工商局及各地工商局的直接领导,三个协会都必须以《广告法》来规范和约束自己的行为。同时各个协会又可以根据自己的行业特点来组织国内外对口的业务交流和业务培训以及业务评比。只有这样才能真正把专业水平提升到一个新的高度,进而整体水平也就提高了。

以上是我们为改造广告业的"大环境",使广告人走出困境而设想的一些建议,提出来与各位同业一起探讨,以期达到抛砖引玉的目的。至于说到广告界的"小环境",即各个公司自身的专业素质的培训提高、现代化的科学运作与管理,以及职业道德的操守与规范等等,许多同业都走在了前面,我们愿意聆听并学习各位的先进经验。

一个广告主对广告业的零星思索

浙江凤凰化工股份有限公司
浙江康恩贝集团股份有限公司　胡季强

●现在,一家公司推出一个新产品,广告刚一发出,有关产品的电话马上会接踵而来。别高兴。这些电话绝对不是用户来求购产品的,而是广告公司来抢同行生意的。这是广告界太拥挤呢?还是广告人都很精明,抑或两者兼而有之?

●在某报上看到这么一篇散文,某君刚转行从事广告业,遇到一昔日好友,本指望对方介绍点业务,始料不及的是,对方也下海办起了广告公司,而且经营范围一模一样,包括最时髦的CIS设计!

看来,那则流传于南北的"一块广告牌被风吹倒,砸伤的尽是总经理"之类的幽默同样也适用于广告人。广告界引以自豪的一句格言是"不当总统,就做广告人"。这起码包含了两个意思:广告是个高品位的职业,广告还是个高智商者的职业。可中国时下的趋势似乎是"不拉黄包车,去当广告人"!呜呼哀哉!

●一些广告公司在推销自己时,往往会说:我公司实力雄厚,有某某牌子的电脑几台,有制作三维动画的设备若干(还经常信誓旦旦地讲人家的是假三维,自己的才是真三维),有电脑喷绘系统……设备是需要的,但就一家广告公司而言,更能体现实力的,是人才,是创意水平,是代理能力,是敬业精神。

●一家发行量仅3万份的报纸,广告价格定得比一家发行量20余万的报纸还要高50%!这是怎么一回事,广告定价有没有相应标准?现在广告媒介价格太无章法。广告媒介卖的是版面、时间,那我们广告主就是消费者,我们这些特殊消费者的权益,谁来保护?

看来,为了使广告业健康发展,对媒介的广告价格,有关部门应制订个价格参数,好好地管一管了。

●时下,一些广告媒介的定价政策是先把广告价格定得很高,遇到内行点的广告客户,就可以拼命打折,有的甚至打到二三折,表面上好像给客户极大的优惠,实际上,它的发布效果就值这个价!当然,遇上零星客户,或不怎么内行的客户,就成了"高定价政策"的受害者了:给你打八折,够优惠了吧?人家还不打呢!

前面两种状况,都不正常!

●在市场经济条件下,企业要把产品(特

别是民用消费品)做大,那么广告虽不是万能的,没有广告却似乎是万万不能的。但,随着时间的推移,广告成本在经营成本中的比重越来越大,换句话说,对广告主来讲,广告价格实在太高了。

近年来广告价格的涨幅大大超过经济增长速度和物价涨幅,大有日新月异之感,搞得广告主心惊肉跳:不打广告,产品成不了气候;打广告,风险太大。

现在的问题是,广告形势好的媒介大发其财,而企业效益普遍下降,企业的支付能力越来越差。

如果能付得起广告费的企业越来越少,那媒介的明天在哪里?

如果只有合资公司、外资公司能付得起广告费,那国家的明天又在哪里?

●接到一家电视台广告公司的宣传资料,号称:我们能为你全面代理、全面策划,无所不能!

真的有无所不能的公司吗?稍懂点行业特点的广告主可能会掂量出,牛皮吹大了!

最近,我们同一家从未合作过的广告公司合作,拍摄了两条30秒广告,吸引我们的恰恰是该公司宣传资料里的自我定位:第一家只拍影视广告的纯制作公司。可惜的是,在合作中,对方还是提出一些代理要求!

●从6月份起,我们在某地的两家电视台投放了不少广告,不久便接到另外一家电视台广告部一业务员的电话,除了大夸自己媒介的好处"覆盖面广,节目精彩"外,把我们正在发布的两家电视台讲得一无是处。

《广告法》中禁止产品广告攻击竞争对手,而媒体在推销自己时,客观地分析一下几种同类媒介的优缺点,给客户作为投放广告的参考,客户是欢迎的,适当地把自己拔得高一点也可理解。但一味地贬低对手,只会引起客户的反感。

广告媒介间的竞争,也应讲职业道德!

●记者下海搞广告的越来越多了,而且是骨干记者。据某家有影响的报纸的内部人员讲,该报成立了多个广告实体,"十大名记"全部由新闻部门陆续转到了广告经营部门。这些记者组织广告确实有一定的优势,他们有一些企业界朋友,而当广告主提出某些新闻发布之类的要求时,也能帮忙。

这样做的结果是:媒介的广告量上去了,而报纸的质量下降了。报纸的发行量、读者应是广告发布的基础,靠人情广告,没有发行量、没有读者群做后盾,那表面的繁荣能维持多久?

新闻界少了几支有影响的笔,广告界多了几个靠关系及有偿新闻组织广告的广告人,得失之间,孰小孰大?

●听公司一位分管广告宣传的部门经理讲,总部迁杭后的一年间,他接触了50多位记者,没有向他提出广告要求的只有一位。

确实,现在有不少记者,打电话相约要求采访,可说着说着就谈到了广告,真搞不清楚:对方是广告员还是记者?

让记者来采写新闻,让专职广告员来谈广告,那样多好!

据说一家报纸的广告部人员比新闻部人员多一倍!看来报纸老总是想用人海战术确保广告收入。但效果肯定不怎么样,报纸不办好,有多少广告主会买你的帐?

●经常接到一些记者朋友的电话:我现在搞广告了,支持一下!

这些朋友,以前为企业作过报道,为企业的发展做过贡献,这是事实。但企业的广告,有自己的计划,不同的产品有不同的发布媒介,像我们以生产处方药为主的企业,在大众媒介上投放太多的广告是不适宜的。

一方面是朋友情,一方面是企业效益,真是两难呀。记者朋友,也请支持一下:如果你所推荐的媒介适合我的产品,那安排点广告当属正常;如果不适合,只好得罪了!

●在办理药品广告审批过程中,各地的差异性明显存在:一是价格。面对一组系列广告,甲地只收一则广告的钱,而乙地则要收数则的钱,有的地方甚至要收一笔数目不小的“公告费”！同样一句广告语，在甲地可轻易通过，甚至能获得共鸣和赞许，在乙地则可能被改得面目全非，毫无创意可言。

●《广告法》特别是《药品广告管理条例》颁布后，对保护消费者利益，规范药品广告宣传起了很大的作用。但卫生部门的广告审查人员过分拘泥于片言只语，对某些颇有创意的广告进行封杀，则极大地影响了广告业的繁荣和广告总体水平的提高。我不能说卫生部门的广告审查官都不懂广告，但药品广告能发布与否的生杀大权全部掌握在他们手里，显然是广告主和广告人的悲哀。

适应形势，求得发展

浙江省国际广告公司　陈鹭流

党的十四届五中全会通过的《关于制定国民经济和社会发展九五计划和 2010 年远景目标的建议》，强调指出了实现经济增长方式从粗放型向集约型转变。中国的广告业以何种状态把握契机达到集约，又以何种战略部署达到与之相配套的国际化服务，是我们这次会议研讨的重要问题。

一、中国广告公司目前面临的形势

1. 广告公司队伍将继续扩大

从《1995 年世界发展报告》和联合国教科文年鉴等文献提供的数据看，中国目前现代化水平居世界第 73 位，属中等偏下，在 10 个现代化指标中，居后的是人均国内生产总值、第三产业、城市化、大学生入学率、非农业就业，其中第三产业只占国内生产总值的 33%，比世界平均低 15 个百分点，居世界 109 位。目前，我国第一、第二产业部门有大量剩余劳动力和隐性失业者，急待向城市和第三产业转移。旅游业、金融业、运输、邮电、高科技、服务业、信息业、广告业、房地产等尚处于起步阶段，国家将从宏观决策加以引导，有序地使富余人员向第三产业转移，因此，我国广告业的队伍不是收缩，而是面临着继续扩大。

2. 代理制的道路越走越窄

来自“国际广告”的消息：“正当中国广告业走向全面代理制，意欲早日并入国际轨道之时，澳大利亚公平交易委员会作出了取消广告代理认可制的决定。”决定公布后，“已经获得广告代理认可执照的广告公司先是一片慌乱，继而吼声阵阵。澳大利亚广告联合会(AFA)为此决定起诉公平交易委员会”。这里暂且不谈结果，就这个消息，对中国大陆广告公司无疑是注了一剂预防针。

事实上，对中国当前的代理现象，已有人提出质疑。首先，广告公司的服务性质已经发生了变化，广告的代理对象是媒介，而不是商品，不是客户。各媒介近几年采取预卖招标的方法，将广告时段出让给广告公司，而广告公司不可能在所有的媒体上都投放代理资金，而只能根据公司的实际情况和一部分客户的要求，重点选择部分媒介进行投入。有些栏目和时段作以搭配方式，也由各广告公司承包了。为了尽早收回垫资，广告公司成了某媒介的推销商，广告受众(目标对象)的设定就变得没有意义了，广告公司对商品的媒体定位策略就失去了客观性和公正性。其次，这种代理加大了广告公司在竞争中的危险性，媒体竞争激烈，由广告公司垫付资金，将资金危机转嫁到广告公司身上，毕竟，所有的广告公司还是满足不了各媒介的需求。于是各种推销术，各种扣率，把代理变成了直销，有的公司由于收不回垫资，风光了不久，就消声匿迹了。再次，经过几年的“代理”，广告公司员工素质下降，他们失去了在广告专业方面的训练和实施机会，如参与市场营销的分析策划，广告创意、设计制作的碰撞，以及客观公正地对客户进行媒介推荐的机会，相关的专业知识不能发挥，相反，“造就”了讨价还价的能力，渐渐地就成了某媒介的业务员。由此可见，在中国，代理制同样面临着危机，道路越走越窄。

3．跨国广告公司也将随着合资，扩大份额

据《中国信息报》消息，我国洗衣粉行业15家排头企业分别是与四家国际大公司合资，但没有一家是中方控股，设备照原有的放大了一两套，没有提供任何更新技术，特别是关键技术，一点都不出让。这15家企业原来有3%的出口量，然而合资以后，连3%的出口都没有了，而在本地范围内形成垄断市场，我们的企业变成了他们的加工厂。按这种扩张速度，到2000年，外商企业产品在中国市场所占的份额将达到70%以上。

以上仅仅是洗衣粉一个行业，其实，在我国许多行业也是如此。跨国广告公司在进入中国之前，都以随同来华广告代理开始，以后又扩大到为进入中国的合资名牌做策划代理。事实上，许多策划、创意制作原本就是在国外完成的。有人说，美国企业的国际竞争是经济、法律及经营战略、艺术全方位的竞争。外企商品在中国市场所占的份额扩大，跨国广告公司也将随着继续扩大、继续合资，扩大在中国市场的占有份额，那时中国广告公司只能拾人牙慧了。

面临诸多的困难和不利，中国广告公司，尤其是国有综合性广告公司的出路在哪里，发展战略是什么？

二、广告公司的发展思路

1．回归集中化发展的战略

我们目前面临的恶劣的竞争市场，一般会持续20年以上。企业要熬过这漫长岁月，必须准确地锁定自己的位置，制定适合本企业的发展战略。

国有广告公司，在竞争无序的现实中，因为观念、传统、习惯，在初期显得比较微弱，缺乏战略意识。为了解决眼前危机，改变经营困难，将“多种经营”视为企业的良药，什么好赚钱就干什么，东方不亮西方亮。这种多元化发展被当成是回避风险，又可以增加收益的有效战略。前几年，广告公司的跨行业多种经营（有的做房地产、有的做股票、有的开饭店）占着计划经济时地理位置优势、房产优势、政策优势，的确也使一些企业赚了一些钱。

多种经营由广告企业转业经营从事不相关行业，或根本是陌生行业、投资不紧密的产业，突然有一天发现“终点又回到起点”。已经是精疲力尽，远离轨道，再进行调整、整顿，伴之而来的是经济上的损失和企业管理的混乱，真可谓欲速则不达。“东方不亮西方亮”，这种多元化的经营策略，实质上改变了主营方向，所经营项目与主营关联性不大，甚至毫无关系，因而，使企业投资战线过长，加大了管理上的难度，使本身的优势发挥不当，造成人、财的浪费。看来，这种经营策略削弱了广告公司的竞争力。

什么是广告公司最基础的行业，什么是公司员工最了解的行业，那就是公司应当集中发展的趋向。

广告公司的集中化发展战略，有利于人才、业务、资金的聚集，有利于提高行业专业化程度，只有在充分集中的条件下，才能发挥出企业规模经营的优势。同时，也只有在充分集中的基础上，才能够有选择、有节奏地进行相关多样化发展，以减少财务风险，达到增强企业应变能力的目的。“一主多辅”，以广告为主营，发展相关配套的服务，这可能要比“一业为主、多种经营”更适合广告公司经营。集中化发展战略，就是根据广告行业的服务性质，作为国民经济配套发展的一部分，进行集中化，提高专业化，向集约型转变。

2．以专业化经营为突破

有人归纳了中国广告公司的现状：低起点、高速度、大数量、小规模。什么人都能开广告公司，什么人都可以拉广告，其发展大大超过了同期国民经济发展的速度，这种快速增长造成行业内的无序，专业化程度的下降。

综合性广告公司是集市场营销、策划创意、制作发布、分析反馈为一体，同时顾及客户和消费者共同所需的传播服务公司。公司以向不同客户、不同产品提供专门的，度身订造的广告策略、广告设计、广告传播。这就意味着没有统一的标准化，没有固定的模式，只有专业化和提供适合客户需求的最好的方案。

当今社会已经进入了“研究如何与消费者进行个体对话的阶段”，已经从“大众营销转向与消费者建立密切联系的邀请式营销”，为商品产品找“卖点”，帮客户厂家找“买家”。只有专业化经营，才能使我们的方案做得最适合客户的需要。专业化经营，集中表现在诸要素的合理配置上。

①物的要素。作为现代化基础的物质技术的发展，在现代国际竞争中发挥着至关重要的作用。根据经济建设必须依靠科学技术，科学技术为经济建设服务的要求，广告行业同样面临如何更好地掌握现代物质技术，服务于经济工作的问题。广告行业要提高自己的作业能力，改变传统的操作方法，这几乎成了所有大公司的共识。过去被人称之为“无本经营的广告业”，已经发生了巨大的变化，资金的投入、设备的更新改造、设计系统、输出系统、网络系统、无线电通讯、影视多媒体、计算机软件等等，所有这些，已经从观念上，现实条件上，改变了广告公司的常规作业环境。这些变迁，已经为广告公司的专业化经营打下了物质基础。

②人的要素。广告行业被人称之为“动脑行业”，强人、能人层出不穷，各路奇才纷纷涌现。从目前广告业的情况来看，广告业人士的专业化知识技能还比较单一，内功弱于外功，表象大于内涵。大多数人往往是为创意而创意，为表现而表现，不大研究营销，不太懂市场，这是广告人进行专业化经营的一个缺陷。另外，导致专业化经营受阻的一个重要因素，就是长期以来，在职业道德方面不注重舆论导向的配合教育，一味强调行业内人士的个性追求，自命不凡，相当一部分人自视“人才”，频频“流动”，对企业缺乏应有的忠诚，“没有相应的道德规范，职业就不可能真正担负起它的社会职能”。正是由于这些原因，广告公司高速度地增加，行业素质也高速度地下降，中国广告业低层次重复运行的现象也就不足为怪了。

从业者的个体面貌，集中反映了行业人的素质。广告公司人员的专业化知识和职业道德水准，都需大大地提高。为此，企业内应建立强化培训系统和相关绩效评价奖励体系，明确引导员工的价值观和行为规范，有必要通过行业自律达成共识。

③综合要素的合理配置，体现在管理决策上。作为服务性行业的广告公司，管理一直比较松散，重经营、轻管理。近几年，国有广告公司通过转换经营机制，一些企业暂时摆脱了困难，所以，一些人片面地认为机制活不活是企业进步的标准，于是将“改制”代替了“管理”。朱镕基同志在国有企业改制座谈会上说，有些企业在改制中，一味强调搞活，没有很好地抓管理，结果反而把国有企业严格的管理制度，优秀的管理方法改掉了。管理是一项长期的工作，当今正确的决策，就是适应改革，适应市场经济，胸怀全局，高瞻远瞩，扬长避短，发挥优势，针对市场变化，提高自身素质，提高企业自身的应变能力，以专业化经营为突破，向集约化经营转变。

3. 借助政府战略，参与国际竞争

如今是全球竞争的时代，针对国内国际两个市场逐步接轨和融合的态势，经济一体化日益加快，经济合作不断加强，国门打开了，但我们还没有真正走出去，别人早就捷足先登，中国市场已成为外国企业角逐的场所。

前面谈到外企在中国市场的份额，再看看另一方面的情况，响当当的品牌在国外注册屡屡失败，我国占领市场几十年的商标被人抢注，1995年，外企通过《商标国际注册马德里协定》到我国注册的商标5973件，而我国仅为82件，不及外人的2%。1995年，中国的进出口总额为2809亿美元，其中出口总额为1488亿美元，占相当于国内消费品零售总额。浙江省1995年出口额为114.58亿美元，出口产品结构从初期产品为主向工业制成品为主转变，1995年出口工业制成品比例已超过80%。从浙江省出口商品情况看，仅有如“凯西亚”牌丝绸、“塔牌”黄酒，“杉杉西服”等为数不多的几个品牌，更多的出口商品牌子叫不响且“含金量低”，或者根本就是打着别人的牌子，只是加工而已。眼睁睁地看着我们在国际贸易通道中受阻，吃亏。

全球化经营日趋复杂，但我国目前的出口增长还是粗放型、数量型的，为此，政府又制定出“振兴民族工业”、“创中国名牌”等战略部署，外经贸部最近制定了“外贸商标战略”目标，针对“高质量、高档次、高科技、高附加值出口”的原则，第一步，要求用五年时间(1996—2000年)抓商标战略的基础工作；第二步，(2001—2010年)创立和使用中国的驰名商标，参与国际竞争。这是由政府制造的一项系统工程，这项工程无疑也给中国的广告公司提供了一个施展拳脚的机会。

许多外贸广告公司，近几年在竞争力方面衰弱了。其中有三个原因：一是前几年，由于不熟悉国际市场，大多出口广告通过香港代理，由于种种因素与远洋市场不通路，不接轨；二是经济体制转换后的不适应，过去因为行政干预，外贸广告按出口额的3%执行，以后因为没有自己的品牌，广告预算随着行政干预的取消及外贸企业实行承包而取消；三是出口广告因为文化语言、时差的差异，在沟通上难度大，周期相对较长，广告公司急功近利，不如改做其他，于是就放弃了客户，代理的职能也消失了。这是十分可惜的。

中国的广告公司，应该借助政府战略，不仅学会在国内拳打脚踢，还应该学会以国际市场为导向，从自身的实际情况出发，在航空服务、通讯技术、信息高速公路的帮助下，配合我们的企业，参与全球竞争，在系统工程中扮演一个不可缺少的角色。

浙江省国际广告公司作为外贸广告公司，一个真正的出口广告代理，是从1990年为浙江丝绸设计“凯西亚”商标开始起步的，并为它在美国首先申请注册，又针对产品销售的区域特点，进行创意和媒介代理工作(在美国的创意主题是“五千年的路”，在台湾的创意主题是“身着故乡衣，情暖故乡人”)。其出口广告真正成熟起来，是在1994年，互联网络和数字技术的到来，使媒介环境更为复杂化，也更为便捷了。1994年，我们通过在美国的分公司，首次向浙江外贸出口企业推出美国第三大互联网络，成了第一个运用网络载体传递广告信息的企业。尔后又发展运用了internet网络。

如今，国际互联网络可以支持视频、音频、图像、图表、文本等所有内容，在45000个联机网络里，向近100个国家传递信息，为此，我们觉得地球变小了，各国之间距离近了。

近几年我们还建立了庞大的媒介库，与美国、英国、德国、法国、日本、韩国、新加坡的二十几家出版社建立了合作关系，根据外贸企业和出口商品的特点和需求，制定媒介策略，有针对性的选择期刊杂志，利用各出版公司的发行渠道。这些海外专业期刊的推广尽可能做到定位准确，广告之后必有反馈，有的放矢。如船舶、缝纫机、五金等等，通过广告反馈，随之而来的是数千万美金的订单。为了配合“外贸商标战略”，按照外经贸“一司一品”的要求，为各外贸公司和出口企业设计出口产品品牌和商标，并利用境外分公司为他们申请注册。任何团体任何一级政府对本国本地区的发展都要进行必要的指导及调控，中国广告公司的发展经营，必须依附中国民族工业的经营高潮的到来。我们借助政府，但不是依赖政府，政府的战略，更要我们去“造就”。跨国创业不仅仅是远见，更是使命!

大家知道约翰·奈斯比特在其《大趋势》一书中阐述了五大趋势:从产业社会到资讯社会;从能量科技到高科技;从国家经济到世界经济;从短期思考到长期思考;从公共救助到自我救助。事实上,这些趋势已经呈现。广告行业种种问题,只有通过企业自身的不断完善,去适应当前的形势,才能走出困境,求得发展。

广告道德与管理

深圳大学 欧阳康

一、广告道德

沸沸扬扬的有关美国通用汽车的新闻风波,以美国全国广播公司(NBC)的新闻部总裁米切尔·加特纳(Michael Gartene)宣布离职而告平息。至此媒介道德再一次成为人们的热门话题,人们对大众媒介的可信度又加上了问号。事情的起因是这样的,1994 年 3 月美国 NBC 报道了通用汽车公司生产的一种卡车不安全,并通过电视画面将这种卡车和另一辆汽车相撞而引起卡车起火爆炸的场面传播到千家万户,使许多用户对这种卡车心惊胆颤。可真相却是 NBC 在这辆卡车上放置了爆炸物来制造新闻,于是美国舆论大哗。无独有偶,日本松下电器公司通过各种媒体在中国做的 F55MC 录像机广告,因虚撰其具备“插人编辑”功能,而向中国消费者致歉。道德与媒体,道德与广告,成为世界性的话题。

所谓广告道德,是指广告人在从事广告活动中应遵循的行为规范和道德要求。广告道德是人类道德体系中的一个组成部分,但它与商业经济密切相关。自从人类社会有了商品生产和商品交换以来,商业行为的道德规范,包括广告行为道德规范就已经存在了。比如在传统的商业道德中,就有“明码实价”,“童叟无欺”之说,而“挂羊头,卖狗肉”就是对违背广告道德行为的谴责。纵观今天的中国广告市场,每年都有很多有违广告道德乃至违法的广告行为被推上被告席上。虽说随着《广告法》的颁布,混乱的广告市场将会逐渐有序起来。但是仅仅有了法律,是不是就可高枕无忧了呢?况且任何法律都具有一定的弹性,也就是说都有空子可钻。如美国有家公司,利用美国人崇尚进口香水的心理,在其制造的香水包装上印有“美国装瓶”字样,并在广告中大肆宣传这一点。消费者不明就里,往往认为既然在美国装瓶,那一定是进口香水,纷纷购买。你如果控告这家公司做虚假广告,它可以理直气壮地说,我的确是在美国装瓶。从这个例子我们看到,任何法律都存在着局限性,根本问题在于提高人们道德自律的意识。

广告道德本质上讲的是人的道德,因为广告制作是由人来完成的。中国现存的非道德广告,不仅有商品经济带来的人的贪婪和法制不健全等因素,还有一定的历史文化根源。

中国哲学从根本上讲是一种道德哲学,它不像西方哲学中显而易见对真、美的确切追求,它所强调的“善”不过是人际关系的和谐,这种和谐也只不过是既定伦理纲常框架下的和谐。因此,非常明确的是与非的观念在人们心目中是比较模糊的。西方文化传统对世界本源的探究,对是与非、美与丑的明确理性追求,导致了其自然科学的发展。中国传统文化的模糊性和谐,表现在今天对商品广告的态度上,即为是非、真假观念的混淆,这就是可能直接坑害消费者,或者“只谋财,不害命”行为的深层文化根源。

虽然自汉代以来,儒、释、道三教在广袤的中国大地上并存,但实际上我国是一个缺乏宗教的国度。土生土长的儒教和道教不像基督教、佛教、伊斯兰教这三大宗教,有严格意义的崇拜对象,有规范的宗教仪式和要求信徒恪守的准则及义务。儒教强调人世,强调现实生活中人际和谐;而道教强调的则是不假外在之神的内心宁静。这与三大宗教特别是支配西方人的基督教差异极大。佛教自西汉传入我国以来,受到中国文化的影响,某种程度上讲儒、释、道三教融合了;自唐以来在佛教七宗六派中最为光大的禅宗,实际上已十分中国化了。佛教强调的是轮回、来世;基督教则把人类的错误和不幸归为人类之祖的原罪,因此人们生下来就要为自己祖先的过失而背上"内疚"的十字架。这两大宗教在中国的发展也不是一帆风顺的。历代统治者不断限制甚至毁灭性打击佛教,中国也不存在基督教得到极大发扬的所谓"中世纪"。因此笃信佛教和基督教的人只占人口总数的少部分。所以从这个意义上说,中国是一个缺乏宗教的国度。

在西方,宗教被称为良心的代言人,长达1000年的欧洲中世纪虽然是社会发展的桎梏,被称之为"黑暗时代",但却将基督教的观念深植于人们意识深处。基督教的原罪说形成了西方人普遍存在的内疚意识的内在动力机制。而内疚感又成为人们发自内心的意愿遵守各种道德规范的动因。因此就有了在深夜的十字路口虽然已无行人,可驾车人却还等待着绿色交通信号灯的出现才驶过十字路口这种国人决不可能为之的现象。宗教有这股强大的力量,宗教团体就成为广告商们参照系中最重要的一环。1989年百事可乐花费上千万元请出歌星麦当娜制作的巨型广告片,因片中内容受到全美基督教会的抵制,只得无奈收起。从深层文化的原因去探讨,西方消费者、广告商及制造商的道德自律与其宗教情结是非常密切的。

广告内容的道德与否和广告表现上的道德准则是两个不同的问题。在性感广告的表现上,中国又与西方国家大相径庭,这是中国文化中道德因素的特质性。包括中国在内的东方民族,从来在表现男女之情时采用的是含蓄的手法,从视觉上追求的往往是一种意境,让人们去猜度,去遐想。可是我国广告创意和制作水平不高,广告中性感因子的动用并不值得夸耀,许多广告中的诉求客体旁伴随着大美人(尽管她可能不美),而诉求物极可能又与此女无关。在我国成功动用性感因子的广告是很少见的,但有一点则是事实,即极少有广告因为其太过性感而遭到道德的谴责。美国广告学者大卫·里士满和蒂莫西·哈特曼对性感广告的分类是:第一类为功能性性感广告;第二类为想象性性感广告;第三类为象征性性感广告;第四类是与产品无关的性感广告。现在越来越多的国人对新旧一年交替充斥大街的美女挂历嗤之以鼻,如果归类,大可把美女挂历归为与产品无关的广告中。其他几类性感广告在我国众多媒体中都有出现,但如何表现性感,则与文化、道德关系甚切。我国的瑞奇牛仔服,通过一群充满活力的男女青年,表现出他们身着瑞奇牛仔服的舞姿。而美国著名的Guess牛仔服最近推出的模特儿,是一位酷似玛丽莲·梦露的女郎,穿着性感内衣坐在酒吧台上表现出风情万种。更有甚者,名牌Request牛仔服的广告画面,则是一个身穿三角短裤,脚套雕花皮靴,上身一件牛仔服的健硕男士,他的身边侧躺着两个全裸的年轻女郎。虽然牛仔服广告要表达的是体态的玲珑、妖娆,但两种文化道德观念下的广告差异是巨大的。

今天,商品经济大潮猛烈冲击着中国的传统文化和人们的观念。德本财末、重农抑商的传统经济价值观被撩人眼波的广告笼罩着看不清了。我们期望着更猛烈的商品大潮的冲击,更期待着规范的、道德的、文明的因素进入我们的社会生活和经济生活中,进入我们的行为和观念中,进入我们的文化体系中。

二、广告管理

广告管理是国家管理活动之一，体现了国家的意志，保证社会正常经济秩序的运行。无论在我国还是其他的国家和地区，广告管理都包括了法律管理、行政管理、行业自律和消费者监督等几个方面。

1．法律管理

广告的法律管理，就是以立法的形式对广告活动加以约束和整合。利用广告法规来管理广告是世界许多国家对广告行为进行约束的普遍做法。在我国，1994 年全国人民代表大会审议并通过的《中华人民共和国广告法》，于 1995 年 2 月 1 日实行。这就是在我国进行广告活动所必须遵守的基本法律。在《广告法》颁布之前，我国广告活动的法律管理究竟是怎样的呢？

1949 年新中国一成立，广告管理工作同其他各项经济管理工作一样，迅速展开。取缔了国民党政府发布的广告管理法规，颁布了一系列新的广告管理法规。像天津和上海等城市发布的《广告管理规则》，但全国性的广告法规还未出现。从解放以来一直到文化大革命之前，全国各地政府和立法机构，不断制订和出台一系列对广告活动进行管理的法规。如广州市政府于 1954 年公布的《广告管理办法》，1960 年天津市发布的《天津市中、西药品广告宣传管理暂行规定》等。文化大革命十年动乱，广告法律管理遭到了彻底的破坏。文化大革命结束到今天，中国的广告法律管理步入了健康发展阶段。1982 年 2 月国务院正式发布《广告管理暂行条例》。这是我国第一部全国性的广告管理法规，在《广告法》未出台以前，行使着法律的作用，因此《条例》的实施是我国广告管理法律化的重要里程碑。1982 年 4 月，国家工商行政管理总局发布了《广告管理暂行条例实施细则》为《暂行条例》的实施，提供了可操作性的工具。1987 年 10 月，国务院正式颁布了《广告管理条例》，为《广告法》的出台奠定了基础。1988 年 1 月，国家工商行政管理局为了贯彻执行《条例》，又发布了《〈广告管理条例〉施行细则》。

1995 年 2 月 1 日，《广告法》已正式实施了，《广告法》是我国经济法的重要组成部分。它在发挥法律效力时，不是孤立的，而是与国家颁布的其他各项经济法规相互配合、相互制约、相互联系的。例如与《反不正当竞争法》、《消费者权益法》、《药品管理法》、《合同法》等都是相互联系的，因为在这些法规里面也有关于该行业广告宣传活动规定。国民经济是一个复杂的有机整体，对广告这种复杂的经济活动也必须进行系统的法律管理。

运用法律的手段来管理广告活动，优点是具有权威性、规范性、概括性和强制性，它可以保障广告主、广告代理商、广告媒介和消费者的合法权益不受侵犯，是广告活动发展到一定阶段的必然。

2．行政管理

广告管理要以法律为最基本的原则，同时又要以政策为指导，这二者并不矛盾，而是相辅相成的。所谓广告活动的行政管理，是指国家通过各级政府和组织，利用行政手段对广告活动进行控制和影响。这种行政手段是在法律的框架下的命令、规定、办法等形式。

行政管理是对法律管理的补充，一般有以下两种情况：一是法律管理有一定的适用幅度，在法律规定的幅度之内，需要按照一定的灵活精神掌握，而这种灵活往往体现在行政管理的手段中；二是无相应的法律规定时，行政管理就成为临时行为规范。

再好的法律，如果没有国家行政机构的执行，它也只是一纸空文。因此广告的行政管理不仅是对法律管理的补充，而且还是法律管理能够落在实处的重要保证。在我国，国家工商行政管理机构就是广告活动行政管理的最高机关。如国家工商行政管理局的广告司，各省市人民政府工商行政管理局的广告处、广告科。国外的广告行政管理也同样是广告管理中重要的一环,像美国联邦贸易委员会的五人委员会,其成员由总统亲自任命。这个委员会的任务之一就是阻止错误引导消费者的广告,它具有极大的权威性。

3. 媒介监督

任何广告都要通过媒介来传递其信息。有关广告的法律制订得再细,行政命令、规定制订得再完善,可是由于广告活动的千变万化,因此对于一些非常具体、特殊、似是而非的问题,法律管理和行政手段都可能束手无策,这时媒介监督的作用就显得十分重要了。在我国,媒介主要通过国家法律和政策的规定来制约广告活动。而在国外的一些国家和地区,媒介可以拒绝接受一些他们认为不适当的广告,而不用提出任何理由。比如美国,有不少媒介规定在比较性广告中不能把竞争对手的产品扔在地上或丢进废物箱里,喝啤酒必须倒到杯子里而不能直接从瓶子里喝,广告模特儿不能暴露一些部位等等。正是这些规定和许多传播媒介灵活掌握的取舍标准,有效地制约了一些不良广告和欺骗广告,提高了传播媒介的社会责任感和大众对其的信任。

4. 行业自律

所谓行业自律,主要是广告业自身,当然还包括广告主和广告媒介,对广告活动进行自我约束的机制。这种制约机制主要又是由行业组织及其制定的行为规范和条例构成。

解放前,我国有一些报馆的广告简章都制订了自律条文,如规定:"有关风化及损害他人名誉,或迹近欺骗者,概难照登。"20年代,全国报界联合会通过了《劝告禁载有恶影响于社会之广告案》。解放后,特别是改革开放以来,我国广告业及广告媒介的自律程度得到了进一步发展。许多媒介制订刊播广告的条例条文,一些广告行业也制订了行为操守,像中国广告协会报纸委员会制定的《报纸广告工作人员守则》,以及一些广告代理商为本企业员工制订的工作行为准则等,这些准则起着职业道德规范的作用。

从广告管理中行业自律的发展水平来说,我国广告的行业自律还需要花大力气去提高和完善。国外一些国家的广告行业自律,值得我们借鉴和学习。比如美国全国广告检查委员会和其属下的全国广告部,就是美国最重要的广告自律组织。当全国广告部发现某广告带有欺骗性时,就会要求中止或修改这个广告。广告主或广告代理商如不服从,可向全国广告检查委员会申诉。如果在全国广告检查委员会这一级仍不能解决问题,就可能被送到联邦贸易委员会这样的行政机构或通过法律程序来解决。

全国广告检查委员会是广告业自己的组织,全国广告部也不具备任何法律或行政上的强制、惩罚力量,但据统计,几乎所有的广告代理商都自愿同其合作,听从它的裁决 。在全国广告部涉及的案例中,只有1%上诉到全国广告检查委员会,极个别的案子才会递交法院裁决。

5. 消费者监督

消费者是广告受众,也是广告商品的最终使用者。消费者为了自身的利益组织起来,对广告活动实行自觉监督,这是广告管理中的一个重要方面。

在我国,对广告活动实施监督的消费者组织有中国消费者协会及其各地的分支机构等。中国消费者协会是全国消费者自己的组织,它由工人、农民、妇女、青年、律师、新闻工作者等方面的人士组成。该协会的主要任务是:反映广大消费者的愿望和要求,保护消费者的正当利益,对消费品质量、价格进行监督;接受群众咨询,指导消费等等。全国用户委员会是由各行业的有关部门负责人组成,其主要任务是:对企业产品、服务质量通过市场和用户的反映进行监督,并督促企业执行国家标准,重视商标及品牌信誉,促进产品质量和服务的提高,维护用户和消费者的正当利益。

广告业内专业化分工协作

江西财经学院　欧阳在三

一、广告业内专业化分工协作的类型

广告业内专业化分工协作的含义是：作为一个产业部门的广告业在其发展过程中，必然会随着社会生产力水平提高与市场扩大，而逐渐地再分化出一些独立的行业。企业广告部门、广告经营者、广告发布者以及主要面向三者的服务者在内的广义的广告业内，各成员单位之间，生产技术上分工协作，经济上互助互利，社会责任上互相监督的关系，就称之为广告业内专业化分工协作。

从历史的和现实的中外广告业情况来看，可以把广告业内专业化分工协作划分为下列四大类型：

1. 广告市场主体专业化分工协作。广告市场主体指买方和卖方。买方是广告主，由企业广告部门代表具体执行其职能。卖方是广告发布者和广告经营者。最初情况是广告业尚未从其他产业部门中分离出来，各产业部门的商品生产经营者自办广告是主要的。此时有广告而无广告业，后来变为商品生产经营者自己只承办一小部分广告，而把大部分广告工作委托他人，租用他人掌握的媒体去发布广告。广告业逐渐从其他产业部门中分离出来形成一个独立的产业部门，但此时，广告业内广告发布者与广告经营者还是合二为一，广告主也尚未设立专业化的企业广告部门。此时有广告业而无广告业内专业化分工协作。再往后，在广告主与广告媒体之间充当中介，由媒介代理或客户代理发展而成的广告公司出现，广告经营者与广告发布者相分离。广告主也设立了专业化的企业广告部门，负责自办部分广告和跟广告公司、广告媒体打交道。经过相互选择，特定的企业广告部门、广告经营者、广告发布者结成了相当稳固的协作关系。三者相互配合、相互制约、相互监督。这就是广告业内最先出现的专业化分工协作，也就是人们常说的广告代理制。

2. 广告作业程序专业化分工协作。由于广告市场竞争加剧，专业化分工协作便深入到了广告公司内部，逐渐形成了广告作业程序专业化分工协作。广告作业程序：市场调查——广告策划——广告创意——广告作品设计与制作——购买发布广告的时间空间——广告发布情况监看监听——广告发布后信息反馈和广告效果测算评估，原来都由广告公司一家包办。众多广告公司之间也无明确分工。这种状况难于实现扬长避短、达到规模经济要求和保证评估结论客观公正。于是，既竞争又合作的众多大、中、小广告公司便按各自特长进行专业化分工。市场调查、广告作品设计与制作、广告发布情况监看监听、广告效果测算评估四道工序便从广告公司作业中分离出去，由专业化的独立企业去完成。还可再进一步细分，例如配乐、布景、企业识别标志设计又可转交给专业化企业或个体户去完成。这些专业化企业数目增多后，便在广告业内形成了新的独立行业。经过相互选择，特定的企业广告部门、综合广告公司、市场调查公司、广告作品设计制作公司、广告媒体、广告发布情况监看监听公司、广告效果测算评估公司会结成相对稳定的协作关系。综合广告公司的任务变为，根据广告主目的与要求拟订市场调查提纲，选用市场调查公司，审阅市场调查公司报告；给要做广告的品牌、企业定位；确定广告战略策略和广告诉求重点；进行广告创意；确定广告作品设计制作要求，选用广告作品设计制作公司，评审已制作完毕的广告作品；发布广告的媒体安排。至于广告发布情况监看监听与广告效果测算评估则由企业广告部门自行选择某个独立于广告公司、广告媒体、广告宣传对象、广告主之外的中立的客观公正的专业化企业去完成。广告主根据监看监听报告支付广告发布费,根据效果评估结论去考虑今后是否需要更换广告公司与广告媒体。简言之,综合性广告公司要做的主要工作是:广告策划、广告创意、广告作品总成与评审、购买广告媒体的时间空间。其中最重要的工作是广告策划,难度最大的工作是广告创意。什么是在广告业中起主导作用的全能综合性广告公司?人们的观念开始转变。

3.广告媒体运用专业化分工协作。由于大广告主、大广告公司、大广告媒体出现,为了适应它们的需要,专业化分工协作便深入到了广告媒体内部,逐渐形成了广告媒体运用专业化分工协作。这种类型还可再细分为四种情况:

①同时运用多种媒体发布同一广告信息的专业化分工协作。大广告主要求广告信息传播范围能覆盖全国乃至全球。为此,他会选用一家与众多媒体有良好关系、能确保广告信息在预定时间、空间发布的大广告公司作为代理商,由大广告公司为他制订统一计划和组织实施,并负责购买众多大大小小广告媒体的时间空间。运用的媒体可以是相同种类,例如几家电视台,也可以是不同种类,例如报纸、电视台、路牌。同时运用众多大小媒体发布同一广告信息,既能大造声势,显示大广告主实力与气派,又能优势互补,确保广告信息送达率提高。

②众多小媒体为同一个大媒体转播广告的专业化分工协作。例如电视节目转播。一个大媒体与众多小媒体缔结转播节目与分享广告发布费协议。小媒体既转播大媒体非广告节目,又保证转播大媒体的广告节目,或者在大媒体规定的统一时间内转播大媒体承揽的广告,又在大媒体特意留出的空余时间里插播小媒体各自承揽的广告。大小媒体互相利用,大媒体利用小媒体的转播服务,以满足大广告主需要。小媒体利用大媒体的非广告节目对当地视听众的吸引力,利用大媒体招揽大广告主广告业务的能力。

③大广告媒体与其下属分支广告媒体的专业化分工协作。有的大广告媒体会增设下属分支广告媒体,例如同一种报纸有全国版与地区版。分支媒体独立核算,是大媒体的全资子公司或控股公司。二者发布的非广告信息既有同(例如国际评论)又有异(例如本地新闻)。依靠有同有异非广告信息的吸引力,二者可以捎带发布的广告信息也是既有同(例如大媒体承揽的大广告主广告)又有异(例如分支媒体自行承揽的小广告主广告)。二者互相利用,分支媒体利用大媒体声望与非广告内容对视听众的吸引力,利用大媒体招揽大广告主广告的能力,并直接间接分享大媒体收入的广告发布费。大媒体利用分支媒体增发的非广告信息对特定地区、行业居民的吸引力去增多自己的视听众和广告受众。

④众多小广告媒体相联合的专业化分工协作。面对大广告媒体的压力,众多小媒体会自发联合起来去与大广告媒体相抗争,去争取大广告主的广告发布费。众多小广告媒体例如小电视台、小有线电视台会联合起来购买或制作原来各家无力购买制作的非广告节目。有了优秀的非广告节目,便可同时或轮流在各家发布。各家小广告媒体之间并不存在相互争夺视听众——当地居民的竞争。优秀的非广告节目可以吸引各地视听众。众多小广告媒体既可在统一时间内发布面向全国的同一个大广告主的广告,大家分享大广告主的广告发布费,又可在其余时间里自行插播各自承揽的小广告主的广告。大广告主算起效能与费用之比帐来,会觉得合算而乐于投资。由同类广告媒体相互代理发展成广告联播就是这种专业化分工协作的一个例证。

4.配套辅助服务专业化分工协作。广

告业向前发展，广告工作难度会增大。究其原因，一是信息爆炸，受众视而不见听而不闻的无效广告比率上升。二是广告宣传对象情趣偏好越来越变幻无常。三是广告主要求越来越高。四是法规禁限越来越多。在难度增大的条件下要高效优质地做好广告工作，就必须有向广告经营者、广告发布者、企业广告部门提供配套辅助服务的专业化程度很高的企业或个体户。于是，从广告业内以及与广告业交叉邻接的其他产业部门内又会分化出下列一些行业。

①广告咨询业。例如：检索广告资料。受托评议广告策划书、广告费预算书、尚未发布的广告作品。提供选用广告公司、广告媒体的参考意见。受托对广告效果评估结论的可信度进行评估。时尚潮流预测预报。

②广告中介业。例如广告从业人员（包括广告模特儿）职业介绍所。

③广告专用品供应业。例如广告专用设备器材的销售、租赁、检修。广告业专用图书报刊专卖店。专门放映优秀中外广告片的录像厅。

④广告学问题应用研究业。广告主、广告公司、广告媒体、广告协会或政府交课题给经费，独立的机构或个人负责研究。

⑤在职广告从业人员短期脱产培训业。

⑥专门受理广告案件的律师业。

⑦广告费用审计业。

⑧专门向广告业发放贷款的银行业。

大广告主、大广告公司、大广告媒体会是上述行业的主要顾客。

二、中国广告业内专业化分工协作水平亟待提高

将上述四种类型与中国广告业现状相对照，有可喜进步，但整体水平还很低。

90 年代以来，中国广告业在专业化分工协作方面有可喜的明显进步。不但广告代理制在向前推进，而且广告作业程序专业化分工协作、广告媒体运用专业化分工协作、配套辅助服务专业化分工协作都已经在中国大陆出现。究其原因，一是中国很大，各地经济与广告业发展很不平衡。二是主要大众传媒在社会信息交流中的垄断地位已经大大削弱而且还在继续削弱。三是北京、上海、广州等特大城市广告业非常密集。四是海外广告商的介入。

衡量一个国家广告业内专业化分工协作水平的指标应是：

$$\frac{\text{通过专业化分工协作实现的广告营业额}}{\text{全国全年广告营业额}}(\%)。$$

我们目前虽然还没有这种统计数字，但根据一些直观表象判断，仍可以证明整体水平还很低。例如：在中国，作为专业化分工协作初级阶段的广告代理制仍在试点。不少广告媒体自办广告公司，广告公司与媒体广告部是两块招牌，一套人马。有代理制之名，无代理制之实。绝大多数广告经营者经营无特色或特色不显著。绝大多数广告经营者与广告发布者都是按各自掌握的广告媒体和挂靠的上级主管机关职权范围，去划分势力范围和确定实际经营范围。一些总公司或有名无实或联而不合，实际上仍是地方性行业性广告公司，仍是靠自有媒体吃饭的广告公司。由于国民经济和广告业整体水平的限制，我国广告业内专业化分工协作水平很低。有如下弊端：①人力物力财力利用率低，不符合规模经济要求，成本高；②高新技术难于在广告业内应用推广；③广告作业不规范，从业人员专业技术熟练程度提高慢；④创作水平与广告作品质量难以提高；⑤大家拥挤在狭窄范围内搞恶性竞争，导致广告市场秩序更加混乱，回扣之风盛行；⑥削弱了中国广告商与海外广告商竞争的能力；⑦广告业整体经济效益差。

三、促进中国广告业内专业化分工协作

广告学研究人员要加强对专业化分工协作问题的研究。政府与广告协会不仅要坚定不移地继续推行广告代理制，尽快变试点为推广，而且要在产业政策、广告业发展规划中

增添提高专业化分工协作水平的内容。还要修改或废除现行法规中一些妨碍专业化分工协作的条款。例如试行的个体广告经营者资质标准中有一条是流动资金不少于五万元,不妥。难道专门撰写广告文案、专门评议广告作品的个体户也必须有五万块钱!? 广告商与广告主要提高对专业化分工协作的认识,勇于试验。中国大陆广告业要善于借助海外广告商的力量,既竞争,又合作。对海外通行的专业化分工协作的一些具体做法,既要学习借鉴,又要予以改进和创新。

试析报纸的双重出售方式与广告

湖北日报 刘永保 刘 红

报纸是一种商品,但又不同于一般的商品。一般商品由生产成本加上一定的利润值来制定其具体价格指数,价格是按照成本原则确定的。生产者总是以高于成本的价格出售商品,只有这样才有钱赚,谁也不会以低于成本的价格出售商品,去做赔本买卖。而报纸作为一种特殊商品,却可以“反其道而行之”。有的报纸售价十分低廉,甚至低到不足抵偿报纸的成本。然而,报纸不仅不会亏本,反而会获得长足的发展,其“秘密”就在于“报纸双重出售方式”的魔力。

一、什么是报纸的“双重出售方式”

报纸是一种特殊的商品,“双重出售方式”是报纸商品性的最重要的特性。

1. 报纸的新闻信息(包括文娱副刊)版面向读者的销售。新闻版面是不允许按商品形式买卖的,但从新闻信息转入到读者手中的过程来说,它是以买卖形式出现的。读者花钱买报纸,因为报纸上面有自己“求知”的文字和图片材料。读者是新闻信息版面的出售对象,也是新闻信息传达和告知的对象。

2. 报纸的广告版面向广告主出售。广告版面,是广告主用来刊登自己商品或服务的版面,是有偿的,明码实价的,按每栏厘米计价。广告主借助报纸新闻版面的吸引力和发行渠道,在报纸广告版面上刊登自己的商品或服务广告,以招揽更多的顾客,赚取更多的利润。广告版面的出售对象是广告主,而广告信息的诉求对象却是新闻信息的读者。

3.“双重出售”的连锁交换与读者的角色转换。新闻传播的对象是社会大众即受众,报纸的受众在不同的出售方式里扮演着不同的角色,而报纸处于双重出售方式连锁交换的中转环节。受众在购买报纸阅读新闻信息时,是以读者身份出现的;当阅读到报纸广告版面上的广告信息时,又成为广告信息的诉求对象,成为广告上商品或服务的认知者和消费者。在报纸双重出售方式连锁交换中,受众身兼两任,并不断转换角色。正因为报纸这种双重出售方式的连锁交换和受众的角色转换,使得报纸得以生存和发展。

二、“双重出售方式”是实现廉价报纸的有效途径

非广告版面与广告版面共同的诉求对象都是报纸的受众。非广告版面出售表现出廉价性,形成廉价报纸,广告版面出售表现出高价位性,形成报纸经营的高额利润。报纸零售价以及广告版面的收费标准都不是完全依照成本原则制定的。

影响报纸广告版面价格因素:

1. 报纸发行量。

2. 报纸覆盖面。

3. 在报纸发行量与覆盖面基础上形成的广告版面预期的信息服务价值。

同样大的版面，有的报纸广告版面价格高，有的报纸广告版面价格低。它是以报纸广告版面与广告刊发效果的一定比例确定出来的，也就是说，广告价格是以报纸的“价值原则”为依据而不是以“成本原则”为依据来制定的。由此可见，报纸非广告版面高质量带来的高发行量与大覆盖面，与报纸广告价格的确有直接的关系，报纸受众者正是广告主购买广告版面的根源。受众者对非广告版面而言是报纸的读者，对广告主的商品服务而言是消费者，非广告版面的高质量正是广告版面存在与发展的基础和前提。没有非广告版面吸引的读者群存在，就失去报纸刊登广告的意义和广告版面对广告主的吸引力，也就失去广告版面高价位的基础。

报纸广告版面高价位创造了报纸的高额利润，以此作为雄厚的物质基础，报纸就可以承受低于印刷、制作成本的报纸定价，以满足广大读者需要，实现廉价报纸和报纸大众化。廉价报纸的实现又反过来促进报纸发行量提高与覆盖面的扩大。当读者以低廉价格购买报纸受到“优待”时，他又成为报纸广告主的商品与服务诉求对象，甚至以更多地付出返还给广告主，从而形成报纸广告版面对广告主更大的吸引力。报纸成为读者与广告主之间利益转换的重要环节。

在我国市场经济条件下，报纸非广告版面是广告版面存在的基础与前提，而两种版面又互相促进共同发展。在此基础上产生报纸双重出售方式，形成了价值互促增值现象。

三、建立最佳维生机制，促进“双重出售”的良性循环

报纸非广告版面与广告版面形成双重出售方式互相依存，建立起新闻事业与广告事业共同发展相互适应的激励机制，才可促进两者的良性循环。

第一，要树立全员创造价值的观念。随着市场经济的深入发展和报业市场竞争加剧，广告经营对于报纸的生存与发展起着越来越重要的作用，成为报社主要的经济来源和支柱产业，因而，广告经营被摆上报社工作的重要议事日程，广告经营部门也就由原来不怎么起眼的部门“上升”到与采编部门同等重要的位置。这种变化，应该说在广告业和报业发展史上是一大进步。但同时也出现诸多相埋怨的现象。采编部门埋怨广告经营部门经营水平低，于是报社频繁更换广告经营人员，或实行一轮接一轮的大承包，要求今年实现广告收入多少万元，明年要在今年基础上增加百分之多少；而广告经营部门，则认为只要报纸办得好，广告自然多，报纸内容读者不爱看，广告主那里看不到自己的报纸，报纸发行送达不及时到位，广告、新闻图片印刷质量差等等，致使广告很少有“回头客”。这种现象，在许多报社普遍存在着。对此，我们应当看到，广告版面的价值，实质上是报纸整体价值的体现；广告版面的价值创造，是所有报社人员包括采编、发行、印刷、广告等人员“大家的事”。我们不能孤立地、片面地单方面责怪哪一个部门，或单方面施加压力。一张报纸的特色，是就报纸的总体而言的，具体包括采编的特色、印刷的特色、发行的特色和广告特色，报纸特色决定广告特色。广告经营水平的高低，首先应从报纸总体特色上分析入手，同时，广告经营部门应当能动地发挥报纸的特色优势，体现出报纸应有的广告经营水平。

报纸非广告版面是报社编辑部门的编辑、记者及相关工作人员共同创造的成果。报纸广告版面是报社广告经营部门的经营成果。报社经营成效最直接体现在广告收入上。凡广告收入高的报社，报纸本身办得好，读者欢迎，发行量大，覆盖面广，取得良好的社会效益与经济效益。巨额广告收入的背后，凝聚着报社全体人员共同的创造性劳动。广告部门是广告收入直接经营者，编辑部门及印刷、发行部门是广告收入间接创造者，这种全面创造价值的观念应贯穿到报社所有的工作人员和所有工作环节中去。

第二，实现编辑权与经营权的分离。虽然报社所有人员都参与广告收入的创造过程，但参与创造的方式是不同的，有严格的分工。编辑权不能包揽广告经营权，广告经营权不能干涉编辑权。这是实现双重出售良性循环，建立报纸发展最佳维生机制的一项基本原则和措施。记者编辑拉广告，搞"有偿新闻"，这即使在资本主义国家也是不允许的，在我国更是明文规定予以禁止。我们的报纸大都是各级党组织直接领导的，记者拉广告搞"有偿新闻"，有损党的形象。1996 年上半年，中宣部召开了全国省级党报总编辑座谈会，严肃指出了这一问题的严重性。编采人员拉广告搞"有偿新闻"，既降低了新闻的质量标准，也不利于编辑、记者思想素质和业务水平的提高。大凡记者编辑拉广告搞"有偿新闻"的报社，发行上不去，还影响到广告部门的经营积极性。不少报社为求得一时利益，实行报社包括编辑记者在内的全员和全方位创收的办法，这无论从自身形象还是从长远发展来看，编辑部门有广告经营权是不可取的，最终也是行不通的。同时，广告经营部门也不能干涉编辑业务。广告经营部门为了创造更多的广告收入，采取多种方式去争取客户是无可非议的，但如果把不够新闻质量标准的稿件要求编辑部"照顾"当作新闻发表，妨碍正常的编辑业务，其结果也会导致新闻版面刊发质量的降低。在我国社会主义市场经济条件下，我们承认报纸的商品性，但决不能把报纸完全商品化。新闻就是新闻，按新闻标准和新闻规律办；广告就是广告，按广告规范操作。编辑权不得包揽广告经营权，广告经营权不得干涉编辑权，各自行使自己的职能，只有这样才能真正实现两翼并举或两轮齐转。

第三，建立完善广告服务体系。广告经营权与编辑权分离，广告经营业务与编辑业务一起构成报纸发展的基本框架，两者同等重要，不可或缺，也不可偏颇，必须花大气力建立完善的服务体系，才能实现广告业务与编辑业务的协调发展。

1. 开展"两个市场"的调查研究。一是对新闻信息市场即对读者的调查，掌握读者的分布、层次、结构等方面的情况；二是对广告主市场的调查，了解广告来源的地区分布、结构、渠道等。将"两个市场"调查资料加以综合分析，制订报纸广告发展战略和经营策略，充分发挥报纸的传播优势，使广告经营水平和经营特色与报纸整体水平和特色相一致。

2. 建立合理的经营布局。根据市场调研材料并结合报社实际，确立报纸广告经营的合理经营布点，明确广告经营的主渠道和开发的主攻方向，以及开展竞争的要略。诸如设立策划部主攻广告来源主渠道和开展广告运筹策划；设立外联部、门市部、各地办事处，使信息灵敏，渠道畅通。

3. 重视广告的创意设计。创意设计是提高报纸和报纸广告经营自身形象的重要一环，它体现广告经营部门的素质和经营水平。广州的报纸广告创意设计，在全国报纸广告设计中获奖多而且奖级高，这与它位居全国广告经营水平之最的地位相匹配。

4. 广告经营管理制度的规范化、系统化。如法规的执行、价格和收费、运行程序等，必须严格有序；广告人员的结构、分工等，要实现总体运筹和总体优化组合，最大限度地发挥人、财、物的综合优势，以取得最佳的效益。

浅析广告公司“热”

陕西日报　崔广韬

我国社会主义市场经济的确立，为现代广告业的发展开辟了广阔的天地。近几年来，随着广告业的迅猛发展，大大小小、形形色色的广告公司，一哄而上，真是“忽如一夜春风来，千树万树梨花开”。成千上万家广告公司，像变魔术一样，一下子就在中国大地上涌现。利多，弊多？功耶，过耶？众说纷纭，看法不一。

一

广告公司应运而生，成绩喜人。

大批创办广告公司，是我国现代广告业开始走向专业化、规范化的标志，它充分体现了社会分工专业化的必然趋势。长期以来，我国的广告公司寥寥无几，不成气候，这几年广告公司群体的形成，改变了过去那种只有广告媒体各自承揽广告的活动方式，从而使广告业成为一个独立的服务性行业。

美国人格林沃尔德先生，为广告公司界定了明确的涵义，他说：“广告公司是以替委托人设计和制作广告方案为主要职务的服务性商行。”这就是说，合格的广告公司，应该是向广告主、向全社会提供全面广告服务的营业性企业。它的服务包括：市场调研、媒介分析、广告策划、制定广告战略、创作广告作品、实施广告计划、确定广告预算、开展促销的公关活动，以及广告效果的测定与评价等等。能够完全提供上述服务的广告公司，属全能型广告公司。这类广告公司，目前还为数不多，在全部广告公司中所占比例，大概只有10%左右。但这正是中国现代化广告业的核心和骨干，对广告业的发展具有决定性的意义。就目前广告公司的现状来说，更多的还是那些只能提供部分服务的单一型广告公司。比如：广告设计公司、广告制作公司、影视广告公司、广告代理公司等，所占比例大约为40%左右。对这些广告公司来说，虽然还有不够完善、不大成熟的地方，但主流是好的，方向是对头的。经过完善以后，它们将是我国现代广告市场中的基本力量。

广告公司，从它所处的地位来看，既是广告客户的代表，又是广告媒介的代表，具有明显的“两栖性”。广告公司群体，以其独特的服务方式和服务能力，一跃成为第三产业最活跃、最有效益的一支力量。它们为广告客户提供的全方位服务，大大提高了我国广告业的整体水平和运作能力。同时，也大大提高了企业广告活动的质量，提升了广告主的“大广告意识”。为在我国实行广告代理制创造了条件，奠定了基础。

因此，从发展的、宏观的、战略的意义上说，广告公司的大发展是好事，大功有之，应该充分肯定。

二

广告公司一哄而上，问题也确实不少。

世间任何事物，都是一分为二的。有得必有失，有利也有弊，完美无缺的东西是不存在的。从现实的、具体的、微观的角度考察，广告公司的现状又使人担心，喜忧参半。粗略分析，广告公司大发展带来的弊端，有以下几个方面。

1. 广告公司热过了头

就像前几年全民“经商热”一样，目前又出现了全民办广告公司“热”，一哄而起，一拥而上。机关办，工厂办，商店也在办，媒体办，学校办，军队也在办。夫妻联手，父子上阵，亲朋合伙，纷纷登场办广告公司。特别是原有的一些老广告公司和部分媒体单位，就像老母鸡下蛋一样，一夜之间就化生出许多小广告公司。西安就有一个单位，一下子办起了三家广告公司，且不说与外界的竞争，在内部自己先闹得不可开交。三年前，西安地区的广告公司只有几家，现在却有几百家。据不完全统计，全陕西省现在已经注册登记的广告公司有1000多家，而且还在继续增加。这些广告公司，有全民办的，有集体办的，更多的是私人办的个体公司。总的看来，目前社会上办的广告公司，不论是在数量、环境、条件以及管理等方面，都大大超越了现阶段社会广告市场的负荷能力和允许的限度。

2.“皮包公司”数量不少

一个经理带上两个业务员，就算办起了一个广告公司。没有固定的栖身之所，没有办公设施，在饭店、招待所临时租用一间房就开了张。整个公司的家当，全在经理的公文包里。业务员素质差，根本不懂广告业务，广告公司经理竟然没有见过《广告条例》，也不知广告菲林是何物。公司开展活动，全凭经理“一张嘴”，业务人员“两条腿”，四处游说，到处“拉广告”，招揽业务。他们只能充当广告主和广告媒体的“中间人”、“二传手”，靠吃代理费来维持。这一类的“皮包公司”在社会上不算少数。

3.“骗子公司”影响极坏

还有一些广告公司，是广告行业的散兵游勇。他们四处流动，打一枪换一个地方，只见他们上门找客户，客户却从来找不见他们。这些广告大员，一人印有几种名片，区别对待，因人散发。头衔赫赫吓人，说话口大气粗。他们不讲职业道德，一会儿打着“领导批办”的旗号，一会儿又假冒其他广告公司之名骗取广告。他们只做“一锤子”买卖，一手骗客户，一手骗媒体，在媒体上登了广告不付广告费，要钱时连个人影也找不到。

三

纵观现状，广告公司亟须整顿。

1. 对于那些基础好、条件好、素质好，又有良好的经营能力和服务水平的广告公司，在政策上、工作上、业务上应给予大力扶持。通过重点推荐、联办业务、组织交流研讨等活动，提高其知名度。用五年左右的时间，培育出一批省级、国家级、亚洲级、世界级水平的广告公司，参与世界现代广告大潮的竞争。

2. 对于那些基本具备条件，但又不太完善的单一型广告公司，通过组织广告政策、广告业务、广告文化、广告管理等综合培训，使其更加完善。在此基础上，引导他们采用自愿合并、兼并或联营等方式联合起来，组成大、中型全能广告公司，以便在更高的层次上开展广告业务活动。

3. 对于那些目前还不具备条件的广告公司(指“皮包公司”、“四无公司”等)，应限期停业整顿，努力创造条件。等条件具备以后，通过审查验收，方能继续开业。

4. 对于广告界那些少数的“骗子公司”，应坚决查处，吊销执照，勒令关门。决不允许它们继续招摇撞骗，扰乱广告市场。

加强广告行业管理促进广告市场规范

沈阳市广告协会　高　岷　吕家吉

市场经济的发展，令无孔不入的广告争夺着每一寸空间，迎来了广告业日新月异的繁荣。据国家工商行政管理局最新统计数字显示，中国1995年广告营业额达280多亿元人民币，为1990年的10倍。同时，亦提早5年实现了国家工商局及国家计委于1993年7

月颁布的《关于加快广告业发展的计划纲要》中提出的在2000年时的目标。据悉,广告经营单位的数目,自1991年至1995年间每年平均递增63.4%,已超过43000家。可以说广告业呈现出较为繁荣的景象。

但是,在繁荣的背后也不难看出广告市场不和谐乃至丑陋的一面,暴露出在广告行业管理方面的漏洞与差距。人们希望《广告法》的实施,能促使广告行业管理尽快上一个新台阶,早日走上规范化的道路。

一、狠抓广告人整体素质水平的提高,是搞好行业管理,规范广告市场的根本

在社会主义广告市场的诸多构成要素中,广告经营者的整体素质居于主导地位。它的发展水平决定着广告业发展的量与质能否有机统一、制约着培育和完善社会主义广告市场的进程,而广告经营者的整体素质又集中体现在广告市场的全方位功能上。那么,如何提高广告经营者的整体素质呢?

1. 引入竞争机制,建立淘汰制

作为"三密集"的高新技术产业的广告业,有它本身特定而合理的运行规律,只有科学地遵循这些规律,才能使包括广告经营活动在内的整个行业运行实现良性循环。如何引入竞争机制?笔者之见,应从两个方面突破。首先,广告业内部应"优化内部机制",按照现代企业制度的要求和模式,以"产权清晰、责权明确,政企分开,科学管理"为原则,实行行业内部改造。在激烈的竞争中增强竞争实力和市场应变能力,形成一种优胜劣汰的走势;其次,在外部环境上,行政执法部门应采取强制的调控手段,推行政策淘汰法。具体言之,广告监督管理机关应制定出具有广告特征,针对性很强的年度检验准则,进行政府干预,特别是对那些"三无"广告经营单位必须给予强制清除,使广告市场在净化中得到规范。

2. 制定广告经营的资质标准,把好进入广告市场的准入关

广告的策划、创意、制作都是高智力的投入。《广告法》明确规定"从事广告经营应具有必要的专业技术人员,制作设备并依法办理公司或广告经营登记,方可从事广告活动。"也就是说,经营广告必须具备一定的基本条件,从这些基本条件上不难看出广告经营者整体素质的基本情况。因此,广告管理机关对申请经营广告进行审核时,首先应对其制作设备、场地、资金等进行实地考察核实;其次,对广告从业人员(包括法定代表人、专业技术人员、广告业务员、内勤编审人员等等)要经过专业学习与培训,进行广告法律、法规基础知识考试,持证上岗;再次,将广告专业技术岗位资格培训并取得资格认证作为申请开办广告经营权的前提条件。这样,既可保证广告经营者的基本素质,又使广告从业人员在兴起之初就踏上一个较高的起点,为规范广告市场打下坚实的基础。

3. 加强广告人才的培养,全面提高广告专业队伍的整体素质

广告人才是广告事业的生存之本、发展之源、兴旺之魂。广告业前途如何,很大程度上取决于是否有一大批广告精英。当前,广告界最大的危机是人才问题。广告从业人员很多,但真正懂广告的人并不多。广告人除了要有科学技术和经济学知识,要懂得改革的政策、方针、法规以外还必须注重政治思想和意识形态方面的修养。广告协会要把广告人才培训列入"九五"规划中,加快改善广告从业人员队伍的素质结构,注意培训、选拔一大批实用人才、高级人才及跨国人才。坚持"立足行业、务求实效、竞争激励、面向未来"的原则,走个人、组织、社会一齐上的路子,确保广告人才培训渠道畅通,机制灵活。坚持以科学的理论武装广告人,以正确的舆论引导广告人,以高尚的精神塑造广告人,以优秀的作品鼓舞广告人的准则,造就一支高质量的广告队伍,一个规范的广告市场。

二、健全监督机制是搞好行业管理规范广告市场的保证

规范广告市场固然离不开法制建设，离不开必要的规章制度，然而，如果没有一个健全的监督机制，那么，再好的法律，再多的规章制度，也如同一纸空文。监督机制的健全，必然推动规范广告市场、搞好行业管理的进程。

1. 广告市场的现状，呼唤监督管理尽快到位

应该充分认识到，广告业的高速超常发展，带来了广告市场的无序与混乱。首先，社会对虚假广告的危害性普遍认识不足，广告中采用虚假欺骗的手法误导消费者，这是广告市场存在的突出问题之一。

欺骗性广告表现为：①以骗人骗钱为出发点的广告。有的邮购广告，根本没有商品或商品的质量、价值远低于广告承诺，广告主骗到钱后便不知去向；有的“致富”广告，以提供良种、原料、技术及包收购等虚假承诺让人上当受骗；还有的广告推销“增高器”、“近视灵”等假冒伪劣商品，这类广告纯属于有预谋的彻头彻尾的欺骗广告。②夸大拔高商品性能、质量或服务的广告。说某种药既能壮阳又能滋阴，既能治男性特有的疾病又能治女性特有的疾病；说某种止咳冲剂“十分钟去痰，五分钟止咳”；让食品、化妆品去治病。③用比较手法贬低其他商品或服务，误导消费者。广告信息是经过广告经营者加工过的“人工信息”，其中的虚假成份有时会令经验丰富的人也防不胜防。

“广告文化的品位不高”是广告市场存在的突出问题之二。广告文化在总体上未能很好地体现和光大我国优秀的民族文化传统，其品位不高主要表现为脏、假、俗、洋。

其脏，主要反映在思想内容上，它起着污染社会的作用；其假，除了前面提到的欺骗造假，言过其实外，还有一种是装腔作势即文化上的假和模特表演上的假；其俗，指庸俗的老是乞灵于男女之间的眉目传情，性感挑逗，只能说明作者思想的贫乏和技穷，早被群众所看腻；其洋，在洋广告的影响下，出现了广告制作的“出洋热”和“加洋料”现象。国内电视屏幕上的不少广告，是以重金请在香港等地的海外广告公司制作的。这种“出口转内销”一是造成肥水外流，二是使国内广告传播出现港化及文字的不规范现象。何谈发扬光大民族特色和民族风格。所谓“加洋料”是指在广告制作中不适当地选用洋人，加入洋语，强调洋货，什么都要挂上外国的招牌，放在洋环境之中拍摄。

“广告活动不规范、广告主、广告经营者、广告发布者各自的法律责任不明确，运作不合理，缺乏相应的制约机制”，这是广告市场存在的突出问题之三。

广告运作比较混乱，广告媒体特别是大众传播媒体还大量承担着广告公司的职能。这种局面的形成固然与我国特定的社会历史背景分不开，但从发展战略看，这种不合理的行业结构如不尽快加以调整，广告市场将难以摆脱不规范、不健全的状态，也就更加难以实现广告业的科学化与现代化。

本来处在摇篮之中的广告市场，又受到上述种种劣行的侵袭，难免召来千般恼火、哭笑不得。如何促进广告市场的健康发展，进而得到规范，笔者认为，加大治理力度已迫在眉睫。现有广告监督管理机构尽管名称不一，但是，对消费者的投诉，对广告合法性、真实性的监督管理，均应采用轻者重罚，罚得你不敢再犯，并在新闻媒介上通报，把你的信誉搞臭；重者吊销经营执照，并限制几年之内不允许你经营广告，甚至诉诸法律。只有这样，才能杜绝违法、虚假、欺骗、误导和违背消费者利益的广告。

其次应该认真落实国家工商局《关于广告代理制度试点工作的若干规定》。政府广告监督管理部门应利用行政的力量，积极而谨慎地推进广告代理制的运作。广告主、广告经营者和广告发布者应站在全局的立场

上,欢迎并实行广告代理制。这对明确行业内部分工和法律责任,规范广告活动,提高我国广告业的整体水平及实现与国际惯例接轨,具有十分重要的意义。

2. 监督管理力度的真正来源在于群众的参与

在整个商海之中,广告充满了各个角落,渗透到千家万户,可以说,它的无所不在、无时不有、无孔不入,令任何一种市场望洋兴叹。广告市场这一特殊的社会现象,决定了在进行管理规范的运作之中,只靠几个部门、几十个人,单一的监督管理是难以奏效的。如何宣传群众、武装群众、唤起广大群众的积极参与,是一个不容忽视的重要一环。就此,笔者建议:一是应当经常不间断地开展一些别开生面的、多种形式的群众性的社会活动,进一步提高全民广告意识;二是应该建立起相应的鼓励政策,有罚也有奖,尽快营造起一种社会监督的氛围,真正使那些劣质、非法广告及广告经营中的不正当行为没有市场。

3. 监督管理实效的真正体现在于不断强化行业自律的水准

监督管理与行业自律是一个对立统一的辩证关系。监督管理离不开行业自律,行业自律的实际状况,就是监督管理实效的真实体现。监督管理作为外因必须作用于行业自律这一内因并使其产生飞跃,才能达到理想的境界。在这一飞跃中,当然,行业自律这一内因是起决定作用的关键。可见,在人们呼唤监督管理力度尽快到位的同时,搞好行业自律同样是一个不容忽视的重要环节。

广告行业自律,指的是广告行业的自我约束方式,在世界上广告业发达的国家和地区均有广告自律组织及有关自律规则。

美国《纽约时报》明文确立了十三条广告规约,违反十三条之中的任何一条,均一律拒绝刊登广告。

法国设在巴黎的国际商业会议总部,内设广告委员会,也是类似的广告自律组织。

英国的广告业务部门建立了一个《英国广告业务标准委员会的机构》,其职能是保护公民不受虚假或言过其实的广告的欺骗宣传。

日本广告会于1950年制定了《日本广告联盟广告伦理大纲》也曾对广告如何保证大众消费者的利益作出了明确的规定。

香港1973年底由广告公司协会通过"自律规则",列明其会员应遵守的标准。

我国的广告业自律也早有所成。解放前许多报馆广告社的广告简章都制定了自律条文。如规定"有关风化及损害他人名誉或迹近欺骗者概难照登",再如"伤风败俗,荒谬绝伦者,概不接受,害人贪利之药品,诲盗诲淫之书籍,以及变相算命迷信一流之广告亦概不登载"。新中国成立后,广告业提出"真实、美观、实用和贯彻执行党和国家政策"的要求,随即又提出"思想性、政策性、真实性、艺术性和民族风格"的自律原则,1980年以来,许多广告经营单位都依据有关法规制定了自律公约和规定。我市广告协会在1990年召开的第三届会员代表大会上制定并通过了沈阳市广告业自律规则。

由此可见,广告自律的目的,主要在于防止广告主滥用广告。加强广告主和广告公司、广告媒介对消费者的责任。规定对消费者的伦理准则和广告代理业及媒介的伦理准则,避免因不正当的竞争手段而造成经济损失和信誉损失。除以上目的之外还应当指出,在当今广告经营单位急剧增加,群雄并起的形势下,更赋予了广告行业自律以新的使命和内容,这就是如何认真贯彻《反不正当竞争法》,使广告行业的经营手段在不违反国家的有关政策法令的条件下,采取正常合法的竞争手段取得效益。

目前,广告行业不正当竞争的现象是十分广泛的。一是采用高额回扣的手段,攫取对广告客户某项广告业务的经营权,这种回扣的数额越来越大,由几十几百的固定数字上升到百分之几的可变数字,甚至提到了利润分成的方式。这种现象的危害在于使实际用于广告的成本越来越低，成本低的结果，必然是广告作品的质量低劣，从而对广告主及消费者造成严重的侵害，同时也使一些人为此而锒铛入狱。其二是利用各种手段腐蚀拉拢广告主，或沉湎于酒吧、舞厅、夜总会或游山玩水乐逍遥，更为严重的是采用色情或变相色情的方式，提供“多种服务”，美其名曰“公关”，进而达到广告签约之目的。基三是攻击、诋毁他人，把别人说得一无是处，自己“五项全能”，皮包公司俨然超级大亨，骗取客户信任。其四，假借他人名义，欺世盗名或借某某领导，或借某名牌公司，一时间鱼龙混杂，难辨真伪，使广告主无所适从。因此，建立相应的“反不正当竞争”的自律条约已迫在眉睫。

此外，广告行业自律还应包括自行消灭本行业中的“蛀虫”的有关内容。借着广告业迅速发展，人员骤增的客观条件，一些不法分子混入广告界，干尽欺世盗名的勾当。有些人员一年之内，跳槽十几次，甚至有人同时拿着几家公司“试用期工资”，哪里是投身于广告事业，纯属混水摸鱼，其目的简单得很，就是“骗钱”。显而易见，这样的“人才”拿着广告公司的名片去与客户“谈判”、“联系业务”，会给广告公司和客户带来些什么?! 所以，我市广告界至少应在“道德法庭”将这类“人才”绳之以法。

搞好行业自律，是广告协会义不容辞的责任。实践证明，在加大监督管理力度的同时，积极开展评选“广告经营信得过单位”、“广告公司综合实力评比”等等经常性的、多种形式的“重信誉、创优质服务活动”，不仅是提高广告服务质量、制止虚假广告，纠正不正之风，维护广告主和广大消费者利益，净化广告经营环境的有效措施，同时，在强化行业自律方面也产生了强有力的推动作用。

十几年来，广告业取得的成绩是巨大的，监督管理的成效也是显著的。一旦广告市场规范的震响，必将迎来广告业新的辉煌。

用企业文化塑造广告公司自身形象

湖南日报 陈 希

随着社会主义市场经济体制的逐步完善，广告公司经理越来越关心其自身的形象。因为广告公司自身形象的好坏直接影响广告公司的竞争能力和生存能力。而企业文化建设作为广告公司形象的一个重要部分，又是现代广告公司有效的管理方式，被各广告公司经理所重视。

企业文化是指企业在精神理念、组织架构、职员的行为规范准则、标识系统和其在社会实践中所体现的人类智能。企业文化是广告公司经营管理中先进的、科学的文化观念形态，是广告公司在激烈的竞争中立于不败之地的精神壁垒。

任何一个以法定代表人资格登记注册的广告公司，在立足社会的同时，首先要解决的是其所处的特定的社会经济发展状况的中轴线与时代商品经济发展的横坐标的交汇点，寻找出广告公司的整体社会属性及个性化的市场属性，由此而产生出广告的服务宗旨及目标市场，使广告公司内部的各个专业知识层围绕着这个中心，有序地展开运作，形成一种外张力和凝聚力，这个中心点决定了广告公司的精神理念。要用企业文化塑造广告公司的自身形象，从以下几个方面来讲是非常重要的。

一、企业文化的形成环境与特点

我国的企业文化，近年发展迅速，已被正

式写入党的十四大工作报告。中国特色的企业文化，笔者认为，一是植根民族沃土。作为一种亚文化必须深深植根于民族传统文化的土壤之中。我们中华民族在漫长的历史发展进程中，融汇儒学、佛学、道学和诸子百家以及近代外来思想，形成了博大精深的民族传统文化，其中许多优良成分，诸如积极地关心、参与经济和社会生活的"入世"思想；讲求"仁、义、礼、智、信"和道德观念；"国家兴亡，匹夫有责"的全局意识；"和为贵"的团结、协调精神等等，都成为我国企业文化建设可资吸取的源泉。其二，吸取外部精华，企业文化作为与社会化大生产相联系的微观意识形态，虽然处于不同国家、不同文化背景之下，亦必须有其共同性的一面。第三，贯穿改革精神，作为当代的中国企业文化，必须是改革开放的伴生物。其内容涉及到了企业文化中的物质形态文化、制度形态文化和观念形态文化。

经济与文化互为中介的整合现象，是相辅相成的，是同一事物的两个侧面，很难把两者严格地划出一条界限。因为企业所加工生产的具体产品，开展的经营活动，以及制定的各项制度，都带有本民族传统文化的烙印，所以，企业文化对广告公司发展的作用和影响主要有四个方面。

1. 导向作用：即把全体员工的个人目标引导到公司所确定的整体目标上来；

2. 约束作用：公司共同的价值观是一旦发育到约定俗成的程度，就会产生有效的规范作用，它可以弥补规章制度等硬件手段的不足之处；

3. 凝聚作用：企业文化是一种粘合剂，它可以使作为不同个性的员工对公司这一整体产生认同感、归属感；

4. 激励作用：企业文化的人本观念，要体现"以人为中心"的管理思想，其宗旨是理解人、尊重人、依靠人、培养人。这种文化气氛的形成就会产生强大的激励作用。

以上具体内容形成了广告公司的意识形态和整体形象，影响着全体员工的心理状态和精神面貌，它的作用和功效是任何物质刺激和说教都无法比拟的。再说，企业文化从纵向来说，公司的精神理念、行为标准是不允许有缺差的，处在各时期的广告公司有不同层次的服务宗旨及市场目标，一个广告公司不能把握历史给予的机遇，就会遭到淘汰。企业文化从横向来说是允许缺差的，没有缺差就不可能形成文化各种专业知识，就不可形成有序列的结构，团结着中心点运作。以企业文化的纵横观点来看，就是志向相同，专业各有不同；目标一致，分工协作各就各位，这可能就是它的主要特点。

二、广告公司经理应成为企业文化的核心

广告公司作为市场经济中的一个组成部分，能否在市场竞争中占据稳固的优势，能否把握建设具有中国特色的企业文化，与广告公司经理的水平高低和素养高低有重要关系。因为具有个人魅力的广告公司经理往往是公司的精神领袖，对全体员工有着难以估量的影响和感召力，他的一言一行将直接关系着广告公司的健康发展，他能坚持"以企业为家"，塑造既协调统一，又具有特色的公司精神，把握长期经营实践中经过精心培养逐步形成并为员工群体认同的正向心理定势和主导意识。所以，在用企业文化塑造广告公司自身形象建设中，广告公司经理应具备以下几种基本条件。

1. 市场经济理论素养

我国建立社会主义市场经济体制是一项开创性的事业，目前市场经济理论体系还处在探索、完善的过程中。广告公司经理作为市场经济理论的直接实践者，担负着为市场经济理论提供新鲜经验和把广告经营管理的理论成果运用于实践、再上升到理论的双重责任。在广告经营活动中，很多问题没有现成的答案，没有本本可以照搬。广告公司经理必须具有市场经济理论和广告经营管理的

高度敏感性，凭借自己的理论素养和实践运作能力去正确处理一切。

2. 共同创业的"成就"感

广告公司经理应该具备正确的成就观，把为国家、为人民办好广告公司作为第一成就感，克服在个人利益和地位问题上斤斤计较的思想。通过努力工作来实现自己的存在价值和社会价值，成为一个优秀的广告经营管理者，从而推动中国广告事业的迅速发展。这就要求在实践工作中，使员工对广告公司形成强烈的归属感，团结一心，愿为公司竭诚奉献。充分尊重每一员工的自身价值，用人之长，激励员工勇于承担风险，形成强大的凝聚力和向心力，领导全体员工共同创造广告公司最佳成果，最大效益。

3. 锐意创新的观念

广告公司经理必须有一种不断进取，锐意创新的观念，"逆水行舟"，能在困难中另辟蹊径的本领。尤其是在任何情况下，能自信、乐观、有勇气、积极面对和正视现实，不怕失败。倡导锐意进取、精益求精的工作态度，动员和团结全体员工为所定目标努力，不断追加知识、智慧、创意等"软件"投入，以期在等量以至逐渐降低物资消耗的前提下，创造出一流广告精品，一流服务，一流效益和一流广告公司。要达到上述目标，必须有赖于全体员工形成不断进取，锐意创新的一贯工作态度和工作作风，而这正是企业文化建设着力解决的重点课题。

三、广告公司员工应成为企业文化的主体

广告公司要实行"以人为本"的管理，力求做到人尽其能、人尽其职，这是建设企业文化的根本基点。

人是企业文化理论和实践的中心，坚持"以人为本"，把关心人、理解人、尊重人、依靠人、凝聚人、培养人贯彻于广告公司活动之中。只有这样，员工才能以主人翁的姿态对待自己的本职工作，员工作为广告公司一分子的位置越有保障，他们的积极性和创造性越高，公司就越有活力。公司越有活力，员工更加信任和热爱自己的公司，为自己的公司而自豪，形成一种良性循环的公司动力机制。湘报广告公司的口号是："活人"，它的意思就是要充分利用员工的潜在能力，要使全体工作人员都成为广告行业方面的行家。在该公司里，很多工作人员常常利用休息时间，到各地观察、收集、分析各类广告，进行研究和比较。其实，湘报广告公司这样做的目的在于使工作人员实际感受到广告水平的高低，培养一定鉴别能力，从而在潜意识里培养员工的责任心。

因此，始终围绕提高员工主人翁意识，用企业文化来塑造广告公司自身的形象，必定会增强其活力。概括来说，中国传统文化主要是围绕人和人、人和社会的"道德关系"展开的，在吸取传统文化合理因素的基础上纳入企业文化注重人的能力这一合理因素，使传统文化在当代得以丰富、完善和发展，又要在现代企业文化建设中吸纳传统文化的合理思想。

以人的能力为本的企业文化，这里指的是广告公司的文化价值。员工是广告公司的企业文化的主体，广告公司的一切经济管理活动都围绕如何正确发挥人的能力旋转。这里的能力，特指有益于广告公司员工的合理生存发展，社会职业活动的能力，其精神实质在于倡导广告公司员工能够充分正确发挥其能力，为公司多做贡献，实现个人的社会价值。这种企业文化要求广告公司及其经理应为员工个人的能力发挥提供良好制度保障、有效机制、正确的政策和宽松的作业环境。也就是说，它要求建立一个以能力发展为价值导向的经济体制及其运行机制，让每个员工最大限度地把能力发挥出来。

再就是，在广告公司中要实行以员工的能力为本的管理方式，加强以员工的能力为本的企业文化建设，注重人力资源、人力资本和人力财富在广告公司发展中的作用，对员

工要注重能力素质教育，因时、因势、因人制宜地开发广告公司内部员工的各种潜力，从而人尽其才，为广告公司追求最佳的经济效益创造良好的人文条件。这不仅是广告公司自身生存和发展的需要，同时也是社会经济发展的需要。

对事前规范广告发布内容的手段及其法律地位问题的探讨

上海市工商行政管理局　张大镇

目前，各级广告监督管理机关和广告行业组织一直在摸索一条事前规范广告发布内容的途径或手段，并作了种种尝试。这里，拟结合目前有关广告审查的法律、法规和广告业现状，探讨事前规范广告发布内容的手段及其法律地位。

因广告业发展水平和广告经营机制、管理体制等原因，长期以来我国的广告审查制度主要采取广告经营者、广告发布者自查的方式，广告内容质量的好坏，也就取决于各广告经营者、广告发布者。随着广告业的发展，这种单一的自查方式日益显露其弊端：其一，由于广告涉及面广泛，一些涉及到技术、性能、质量等内容的广告难以进行实质性审查，这种审查的准确性难以保证；其二，由于广告经营者、发布者集经营与审查于一身，受经济利益的驱动，使广告审查制度形同虚设，这种审查的公正性难以保证；其三，广告经营者、发布者对广告管理法规重视不够，再加上广告经营单位连续数年快速发展，真正懂得广告管理法规的广告审查员严重缺乏，这种审查的合法性也难以保证。因此，单纯的自我审查，自我把关越来越不适应广告发展的需要。鉴于此，《广告法》在原有基础上新增加了广告审查机关的审查，各级广告监督管理机关也纷纷在探索一种新的事前规范广告发布内容的手段，如成立广告审查委员会、广告咨询委员会、户外广告登记审查等，都在一定程度上杜绝或预防了虚假违法广告的产生和蔓延。

一、广告审查机关的事前审查

广告审查机关是指药品、医疗器械、农药、兽药等商品的行政主管部门，他们熟悉该类商品的专业技术，其审查有利于控制广告的发布质量，是一种行政审查。广告审查机关的事前审查要求广告主无论是利用自有媒体自行发布还是委托广告发布者发布广告，都必须在广告发布前将广告成品交有关广告审查机关审查，未经审查合格，不得发布。广告审查机关的事前审查较好地解决了这些商品广告中涉及到性能、成份、适用症等方面的种种问题，能够保治百病等使用不科学的断言和保证的广告基本杜绝。《广告法》对广告审查机关事前审查的法律地位作了详细规定：事前审查的商品品种、事前审查的法律依据，未经审查发布的法律责任，广告审查机关作出违法审查决定的法律责任等。其后，国家又以行政规章的形式发布了四种商品广告的审查标准和审查办法。因此，广告审查机关的审查法律地位明确，广告审查决定书具有法律效力，广告审查机关和广告主、广告经营者、广告发布者之间的权利义务的法律关系较为明确，事前审查的实施由国家强制力予以保证，因此，广告审查机关的事前审查是在现有事先规范广告发布内容的手段中，法律地位最为明确的一种。

但从广告监督管理的角度，需要事前规范所有商品广告发布内容来看，广告审查机关的审查又有其局限性。主要表现在两个方面：一是事前审查的商品范围的局限性，仅限于四种商品，而商品房、金融、期货、医疗服务、保健食品、化妆品等商品和服务无法纳入事前审查的轨道，这些商品广告量很大，问题也比较多，需要事前审查必须由法律或行政执法规定之。二是广告审查机关掌握广告法规的局限性，广告审查机关的审查人员对大量的广告法规无从了解和掌握，对广告中除专业技术外的其他内容的审查较为困难。

二、广告审查委员会的事前审查

国家工商局在1993年7月下发《关于在部分城市进行广告代理制和广告发布前审查试点工作的意见》，尝试通过建立广告审查委员会来克服当时广告审查制度经营和审查一体化的弊端。其后下发的《关天设立广告审查机构的意见》、《关于广告发布前审查程序的规定》、《广告审查标准》，对广告审查委员会的设置、人员构成、职能、审查程序、审查标准、发布未审查广告的法律责任作了较具体的规定，在全国部分省市试行三年来，对规范广告的宣传行为起到了一定的作用。比较广告审查机关的审查主要有二点不同：一是事前审查的范围广泛，不再局限在四种商品上；二是广告审查委员会的组织人员多元化，由有关方面共同组成，既有权威性，又有专业性。

但是，广告审查委员会的事前审查尚属试点阶段，是由国家工商局的规范性文件确定的，存在着三个方面的缺陷：一是广告审查委员会的法律地位不明确、广告审查委员会的机构、性质和地位不明确，人员编制归属不明确，给实际操作带来难度。二是广告审查委员会法律责任不明确，广告审查委员会对其审查通过的广告应不应承担责任，承担什么样的责任，因其本身机构的法律地位不明确也无从明确。三是广告监督管理机关的地位不超脱，集审查与执法于一体，影响公正执法。由于广告审查委员会的事先审查法律关系模糊，法律地位不明确，影响了其进一步推行。

三、广告行业组织的事先咨询

这是一种广告行业组织的自律行为，其实质是一种民事法律关系，由广告协会设立广告咨询服务部，在当地广告监督管理机关的指导下进行广告发布前咨询服务。完全采用自愿的、民事合约的形式进行。委托人须与广告协会签订书面协议，委托广告协会依据广告法规对委托人委托的事项提出书面咨询意见，被委托人则对其提出的书面咨询意见负责，承担相应的法律责任。

广告行业组织的事前咨询，由于行业协会的地位较为超脱，对有关广告的法规掌握较为全面，广告协会的法律地位也较为明确，因此，广告行业组织的事前咨询的各种法律关系都比较顺。

比较广告审查机关的事前审查和广告审查委员会的事前审查，广告咨询服务因采取自愿的原则，其适用范围也受到一定限制，其咨询服务的各方面之间是民事代理关系，无行政强制因素，咨询意见不具有行政强制性，需依靠委托人和广告发布者自愿接受咨询意见。

各地在事前规范广告发布内容的工作中，采取的形式和方法是多种多样的，这里只是从其性质上大体分为三种形式，并就其法律地位简单地作了阐述。综合目前事前规范广告发布内容诸种手段的利弊，我们认为最理想的办法是在现有的基础上，兼收各种手段的长处，建立一种法律地位明确、审查范围较为广泛的事前审查手段，设立一个既有一定权威性和强制力，又比较超脱的广告事前审查机构，吸收一些既熟悉广告法规，又熟悉专业技术的广告审查人员，广告审查行为的法律效力和法律责任明确，才能更好地规范广告宣传行为，预防和杜绝虚假违法广告。

但是，这仅仅是理论上的设想，从现有的法律规定和目前的实际情况看，我们认为，一方面继续做好法定的四种商品的发布前审查工作，另一方面由广告协会来组织进行广告发布前的咨询作为补充是较好的办法。

《广告法》第三十四条对广告的审查规定："利用广播、电影、电视、报纸、期刊以及其他媒介发布药品、医疗器械、农药、兽药等商品的广告和法律、行政法规规定应当进行审查的其他广告，必须在发布前依照有关法律、行政法规由有关行政主管部门(以下简称广告审查机关)对广告内容进行审查；未经审查，不得发布。"《广告法》刚实施一年多，这条规定必须执行，按照这个规定，第一，依法必须进行广告发布前审查的只有药品、医疗器械、农药、兽药四种商品，其他需要发布前审查的必须以法律或行政法规规定之，目前还没有对其他商品作了这样的规定；第二，实施事先审查的机关是这些商品的行政主管机关，其他行政机关或其他组织、法人均不具备实施事先审查的主体资格。此外，《广告法》第二十七条规定"广告经营者、广告发布者依据法律、行政法规查验有关证明文件，核实广告内容"。这是广告经营者和广告发布者审核广告内容真实性、合法性的法律依据。按照目前关于广告审查的法律规定，有下列问题需要解决：一是广告经营者、广告发布者查验有关证明文件，核实广告内容时往往很难做到客观、公正、严守法律规定，主要原因是利益的驱动，广告业务直接影响到经济效益，其次还有业务不熟练，不知该查验哪些证明，广告法规不熟悉等原因，这当然可以通过培训等方式提高其业务水平，但利益的驱动却是致命的弱点，直接导致许多虚假违法广告的出笼。二是广告审查机关对广告内容的审查，如果能够依法审查的话，在专业技术上对广告内容的审查是没有问题的，但广告审查机关对广告管理法规却知之不够，对广告本身的科学性、艺术性等知识也比较生疏。因此，广告审查机关也无法保证其审查通过的广告内容的真实性、合法性。三是广告主在自身媒体上自行发布的自我宣传的广告，更没有人进行审查把关，这类广告问题更多，主要表现在大量的宣传印刷品上。

上述三个问题谁来负责解决？如何在广告内容上净化广告市场，保护消费者的合法权益？目前对广告管理法规、广告业发展规律比较熟悉的一个是广告监督管理机关，一个是广告行业协会。广告监督管理机关是一个行政执法机关，其职能是对广告宣传、广告经营实施全面监督管理，对每天发布的数以万计的各类广告，不可能也无必要完全由广告监督管理部门实施事先的全面审查，法律也没有赋予广告监督管理部门这样的职责。而广告协会是广告行业的组织，其主要工作就是要做好广告行业的自律工作。净化广告市场，要求协会成员(包括广告主、广告经营者、广告发布者)加强自律，保证广告发布内容的真实性和合法性，这些都是广告协会的主要职能。因此，由广告协会来承担这项工作是比较合适的。

上述三个问题如何解决？我们认为这个问题也很重要，必须认真对待，找到一个合适的解决办法。首先，按照现有的法律规定，广告协会可以采取咨询的形式承担这项工作，而不能用审查的方式承担这项工作，目的同样能够达到，当然还需要其他配套的措施。其次，广告协会可以采用民事签订合同的方式进行咨询工作，而不要依赖行政管理机关采取行政命令的方式进行咨询工作。第三，该项工作应当循序渐进，逐步将主要媒介发布的广告纳入事先咨询的轨道，使主要媒介发布的广告内容真实、合法。由广告协会与媒体订立《委托协议书》，由委托方提供合法有效有证明件和广告样带、样稿，要求进行咨询；受委托方按《广告法》及有关政策法规要求，对所委托事项咨询论证确认，出给《广告发布内容咨询意见书》，供委托人或广告发布者对广告内容进行法定验证、审稿时参考。同时明确广告协会对《广告发布内容咨询意见书》负责。

《广告法》规定，工商行政管理机关是广告监督管理机关，卫生、医药等行政主管机关为药品、医疗器械等商品广告的审查机关，广告发布者、广告经营者负有依法查验证明、核实广告内容、确定能否发布的法定职责。广告协会作为行业自律需要的咨询，不取代法定的审查职能，遵循平等、自愿的约定，为广告发布内容把关，其认证的《广告发布内容咨询意见书》，从表现形式看，是广告发布前的必经程序，具有一定的约束力，但这个约束力是以合约的形式自我约束的，而且广告发布的终审权、决定权还是广告发布者。

综上所述，我们认为，在事先规范广告发布内容的种种手段中，广告协会作为行业自律的形式以合约的方式开展咨询工作，在现有的法律规定条件下，其合法性和有效性是没有问题的。

因此，由广告审查机关对四种商品进行法定的事前审查与广告协会在自愿原则下采取合约方式开展事前咨询相结合，是目前情况下事前规范广告发布内容的较为有效的方法之一。

探讨老牌广告公司的经营发展

成都美术广告公司　马鲁渝

1983－1993年，是我国由计划经济向社会主义市场经济过渡的重要历史时期，也是广告行业由恢复到大开放、大改革、大发展的重要阶段。在这个时期中，专业广告公司面对激烈的市场竞争，发生着令人瞩目的深刻变化。研究这种变化，对探讨专业广告公司的发展，特别是老牌广告公司的发展，有着十分重要的意义。

一、昔日的辉煌

1983年12月，我国的一些专业广告公司和部分大众传媒，经过四年的艰苦探索和酝酿，在北京成立了全国性的广告行业组织——中国广告协会。

1984年，由发起成立中广协的若干专业广告公司组成了中广协专业广告公司委员会。第一届专业广告公司委员会的成员，来自全国各省、自治区、直辖市和部分城市的广告公司共计45家。

这些广告公司，大多成立于70年代末和80年代初，分别是全国各地最大的广告公司。其经营实力，当时在全国181家广告公司中，排名处在前50位。这些公司后来被称为老牌广告公司。

这些老牌广告公司，分别隶属于文化、外贸、经工、工交、新闻、工商、计经委等系统。业务经营主要是各类户外广告媒体和大众传媒的广告代理。广告从业人员大多由这些系统转行组成。

老牌广告公司，在我国广告行业恢复初期，发挥了开拓者的重要作用。主要表现在三个方面：一对广告公司的经营管理、人才培养实施了探索实践；二对广告市场（广告客户）的开发形成实施了探索实践；三对广告行业的形成发展，实施了探索实践。这些探索为我国广告事业的发展，起到了重要的促进作用，老牌广告公司的功绩，将永远载入我国广告的发展史册上。

二、难圆的梦

1993年，我国的社会主义市场经济初步形成，全国范围的商品市场初具规模。在市场激烈竞争的大趋势下，广告行业得到迅猛的发展。据广告行业统计，1993年全国专业广告公司已从1983年的181家，发展到了11044家。行业的发展使老牌广告公司在竞争中面临两个方面的压力：一是市场的需求由过去单纯企业商品信息服务，变为知识密集、技术密集、人才密集的企业发展战略的智能服务。广告公司原有的经营观念,亟待改变;二是公司原有的经营机制跟不上市场需求的变化,在竞争中难以为继。加之全国各地的经济发展不平衡,造成了不少老牌广告公司滞后于整个行业的发展。

专业广告公司十年的变化(1983－1993年):

1993年,在全国广告行业综合实力50强排名榜上,1983年排名在前45名的专业广告公司,只有7家榜上有名。占1993年的15%。对比1983年与1993年排名前50家的专业广告公司的变化情况,有以下几个特点:

1.1983年排名前45家广告公司,来自全国各地,分布均匀。1993年排名前50强的广告公司,主要来自北京、上海、广州及沿海经济发展较快的地区。

2.1983年前45强的广告公司,以经营户外广告媒体和代理广告为主。1993年前50强的广告公司,以从单一广告媒体经营,发展到以广告策划、企业CIS策划及综合媒体经营和代理为主。

3.1983年的专业广告公司,从业人员主要是公司隶属系统转行和部分专业美术设计人员组成。1993年前50强的广告公司,其从业人员由市场营销、公共关系、美术设计、媒体运作、策划创意、计算机操作、文秘档案等专业人才组成。

广告行业十年的变化:

1983年,广告行业主要是以传播企业商品信息,指导消费为主;10年后,发展为以企业的发展战略,开拓市场,指导生产为主。专业广告公司的服务特征,由过去的出售信息转为今天的出售智能。这是一种质的变化,是市场经济发展的必然结果。纵观广告行业10年的发展过程,老牌广告公司在其中有许多经验教训值得吸取。

1.1986年10月,在成都召开的中广协专业广告公司会议上提出:"以创意为中心,策划为主导,为广告客户提供全面服务"的经营战略,从理论上指出了专业广告公司今后发展方向,得到与会广告公司的一致赞同。但是在实践上,忽视了全国各地经济发展不平衡,广告市场的需求不尽相同的客观事实。许多老牌广告公司在会议后,纷纷成立了广告策划部、市场调研部等常设业务机构。后来由于广告客户没有对广告策划提出需求(主要是在我国中西部地区),结果成为许多广告公司的一厢情愿,最后这些机构只有关停并转。

2.1992年,广告行业经过几年的争论,在中广协海南工作会议和"IAA"中国分会厦门会议上,正式提出"广告代理制"。实行广告代理制,是深化我国广告行业改革的一个重要举措。对于老牌广告公司更是翘首以待、盼望已久的事。但是在具体实施上,却没有提出解决阻碍代理制推行的三个实际问题:一大众传媒的瓶颈现象;二广告公司自身的实力;三广告市场(广告客户)对代理制的需求。特别是我国中西部地区,经济不发达,商品市场发育不完善,广告客户的市场竞争压力不大,对代理制视为可有可无的情况下,如何推行代理是值得探讨的问题。加之,专业广告代理公司与大众传媒在开展全面代理业务的经营规范等实际问题悬而未决,致使许多积极参加实践的老牌广告公司,最终处于骑虎难下的处境。

3.90年代初期,我国广告行业提出"大广告"的口号,在此口号下,许多老牌广告公司在内部营运机制与市场需求本来就不相适应的情况下,放弃了小、快、灵的经营模式,设置大机构,寻找大客户,走高度集中垄断的路子,结果机构越来越多,经济效益越来越差。

回顾在我国广告行业10年的这几次发展大潮中,老牌广告公司大部分都是率先赶浪潮,除了极少数实力特别雄厚的广告公司能顺迁潮流,取得较快的发展外,大多数公司的结局却是事与愿违,成为一场难圆的梦。

三、寻找自我

世界上任何事物发展都有其自身的客观规律。许多老牌广告公司滞后于行业的发展，也有其必然的原因。在实践中我们认识到这些原因主要是：

1. 在全国经济发展不平衡的前提下，地区经济发展状况和广告市场的需求是制约老牌广告公司发展速度的根本原因。1993年的前50强与1983年的相比，1993年榜上有名者，大多集中在我国经济发达地区。1983年榜上有名者，凡处在经济不发达地区的，大多在10年后榜上无名。

2. 公司的经营机制与市场需求不相适应，是制约老牌广告公司发展的主要原因。老牌广告公司过去之所以称路牌公司，其经营特点是户外广告媒体的制作发布和广告代理。这种业务范围在广告行业初期阶段，市场竞争不明显(1983年全国只有181家专业广告公司)的情况下，与其他非专业广告经营单位(如大众传媒)相比，的确具备一定的优势。老牌广告公司通常的经营模式如下：

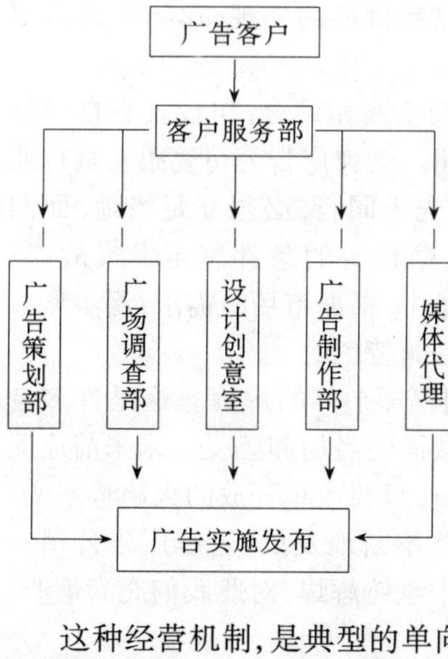

这种经营机制，是典型的单向服务方式。客户部代表公司面对市场，而公司其他业务职能机构，不能直接面对市场，全靠客户部找米下锅，其员工的专业职能和经营潜力受到制约，特别是一些较大的老牌广告公司，这种情况更为明显。

3. 理论与实践相脱离，是老牌广告公司滞后发展的主要表现特征。老牌广告公司社会地位较高，接受广告界的新观点、新理论较快，在广告行业重大发展阶段，大多能积极参与实践，但是在引进新理论时，没有结合本地区的市场需求，没有从如何建设具有自身特点的广告公司这一战略发展高度上加以考虑。离开了市场环境，离开了公司的发展方向，不顾自身条件，盲目追求新、奇、大，其教训是极为深刻的。

四、重铸辉煌

老牌广告公司要重振雄风，恢复昔日辉煌，有许多有利条件：

1. 公司的社会知名度。老牌广告公司有较长的经营岁月，社会知名度高。特别是有一批忠实的老客户，在本地广告市场上信誉可靠。这种无形资产，是新广告公司所不具备的。

2. 广告行业的竞争，在一定的程度上表现在广告媒体的竞争上。老牌广告公司因早期开发的许多户外的广告媒体，过去是公司经营实力的体现，今天是未来发展的重要条件。

3. 老牌广告公司的专业技术力量雄厚，职能机构完善，如能充分发挥专业技术人员的积极性，在竞争中将是一支令人生畏的力量。

这三大优势，是新广告公司根本无法相比的，是老牌广告公司发展的雄厚基础。为了达到在行业中领先的战略目的，仅有这些基础是远远不够的。老牌广告公司还要在自身发展战略上，认真研究以下几个问题：

1. 公司的发展，必须根据本地区经济发展和市场需求而定。由于我国经济发展不平衡，各地商品市场情况不尽相同，广告客户的需求也不一样。特别是我国中西部地区广告客户对广告的需求，还会在相当一个时期内，处于较低层次。这一点必须要有清醒的认识。

2. 公司要把壮大自身经济实力，作为发展战略优先考虑。在经济不发达地区的公司，如果单纯经营广告，必然受到市场需求限制，发展极为缓慢。因此须开辟当地市场需求的经营项目，壮大公司的经济实力。实践证明只有当公司具备了强大的经济实力后，才有能力和条件开发新的广告项目（媒体），为促进当地的广告事业做出贡献。

3. 体制问题是长期老牌广告公司发展的主要障碍，特别是经营体制，过去的单向服务模式，对外市场开拓面小，对内束缚员工的积极性，很不适应市场竞争。因此，加强体制改革力度，把单向服务模式（包括其机构），变为多向服务模式（建立相应机构），如下图所示：

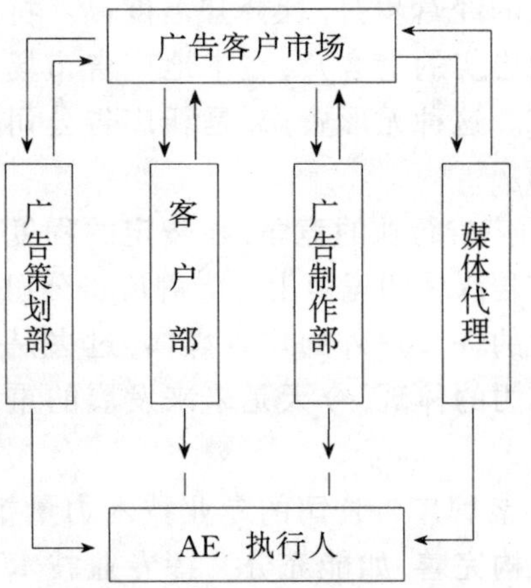

这种多向经营模式，把公司所属各专业职能部门变为子公司，拥有直接对外经营权，推向市场直接面向广告客户经营自身专长的广告项目。各子公司之间的关系，由过去的行政管理，变为经济核算管理。其中 AE 执行人担负公司重大广告策划项目的对内对外指挥协调。策划项目一旦完成，AE 执行人撤消。这种以大化小、灵活多变的经营模式，迎合了市场多样化需求，同时又充分发挥了各业务部门的经营特点和生产潜力。目前，香港智威汤逊广告公司，也走上了以大化小，重组五个小公司，以适应市场的变化需要。

4. 专业广告公司作为信息服务和智能服务产业，都离不开"服务"这个根本宗旨。扩大服务项目，对壮大公司的经济实力，具有十分现实的意义。提高服务质量，对公司开拓市场，具有十分深远的意义。

5. 当今的专业广告公司，已由过去信息服务发展到智能服务阶段。属"知识密集、技术密集、人才密集"的产业。人才是决定公司发展的重要条件。老牌广告公司的人才优势，由于过去管理落后，专业技术人才的积极性未得到充分发挥，专业知识未得到充分尊重，人才外流是许多公司的普遍现象。这样就导致了公司技术水平不稳定，服务水准下降，极大地阻碍了公司的发展。留住人才，特别是中、高级专业人才，单纯使用物质刺激的办法是有限的。公司要为有重大贡献、专业成果显著的人员，创造宽松的工作环境，充分发挥他们的聪明才智和专长。实践表明，保证知识分子自我价值的实现，比物质刺激更能留住他们。

6. 理论与实践相结合，建设具有自身特色的广告公司。老牌广告公司要跟上全行业的发展，并领先于同行，必须立足当地，面向国内外，并根据自身的条件制定发展战略。在激烈的竞争中，根据市场的需求，逐步形成自己独有的经营特色。

十年的艰辛，十年的辉煌。这是许多老牌广告公司共同的经历和感受。未来前途无论有多么曲折，只要改革开放的大趋势不变，只要市场经济不断地发展，老牌广告公司一定会在竞争中重铸辉煌，对此我们充满信心。

广告经营中的道德现象

——兼谈广告伦理学

西安市美术广告总公司 林安令

广告传播过程是一个广泛的社会活动过程,它除了向消费者传递可靠、明确的信息外,还要承担一定的社会责任。有人说广告人如同演说家,面对的是成千上万的听众,而不是镜子中的自己。也有人说广告人是时代的弄潮儿,它能为产品、企业树立形象,也能引导消费时尚,还能创立某种意识,某种观念。

社会主义市场经济的发展,使人们对广告的注视程度不断提高,一个广告作品,一个广告活动,甚至广告人,广告主在经营活动中的所作所为都倍受关注。由于广大受众年龄不同、性别不同、职业不同、民族不同,文化层次差异、思想意识差异、社会需求差异、心理承受差异等不同,对广告产生的反响也不同。他们中间有未成年的儿童,有性格豪放充满活力的男青年,有温温而雅的爱美少女,有积攒多年准备购买耐用品的工薪家庭,也有改革开放以来的“款爷”,有身心健康的,有久病不愈的,也有生理或心理伤残的。面对复杂的受众群,用什么样的思想道德标准,选用什么样的诉求方式、表现技巧,是广告人在经营活动中必须认真思考的问题之一。《广告法》对规范广告活动,促进广告业健康发展,保护消费者合法权益,维护社会经济秩序作了明确的法律规定,但在广告经营活动中仍存在着一些不道德的现象,广告污染还时有发生,对社会造成了极坏的影响。下面略举几例。

用广告造乱者有:1995 年 8 月 31 日,郑州市糖酒盐业总公司第一批发部,赠两瓶啤酒,免费汴京一日游广告活动;1995 年 11 月 8 日,陕西老孙家饭庄河南分店开业,免费品尝广告活动;1996 年 3 月 17 日“巨人集团”河南分公司在郑州免费赠送“巨不肥”广告活动。三起发生在同一省的广告活动,共同的特点是抓住我国国民还不很富余的现状,认为“免费赠送”定有“轰动效应”。三次活动都出现了相当多的人不惜耗光阴、排长龙、拥挤骚动、阻塞交通,甚至出现头破血流、丢鞋遗帽、小孩哭、大人叫的悲壮场景。不论广告活动的创意人初衷如何?这样的“轰动”不仅滋生了一些人穷而靠赦的心态,还扰乱了社会的正常秩序,给社会留下了不好的一页。记得樊志育教授有这样一个提示“希望所有的广告人注意,别让广告创意,变成社会创伤”。

崇洋、媚外心态严重者有:给产品、企业起个洋名,好像汉字已被用尽。过分地强调国外技术、设备,好像民族工业一无是处,只有外国月亮明的思想在广告界有抬头之势。引进外资,合办广告公司已为数不少,先进的技术、科学的管理对我国广告业的发展起到了一定的作用,合作双方悬挂各自国家的旗帜,以示对对方的尊重,也是友谊的象征。然而却有与外资毫不相干的广告公司也挂一面星条旗,以作“虎”威,招摇蒙世,自称是“合资企业”,这种扭曲的心态既可怜又可气。

有诺无信者有:在市场经济活动中“承诺制”已被不少厂家、商家广泛采用,并成为树立企业形象的重要手段。广告中的承诺名目繁多,什么“终身保修”、“送货上门”、“免费安装”、“短一补十”、“不满意便退款”等等。就拿“免费安装”来讲,这一承诺解除了不少家庭对安装大件电器无工具,怕动电等诸多顾虑,可是电器买回家以后,数日乃到数月只有期盼,无人安装,咨询后得到的是无数个“对不起”,或其他推托之词。查清原因方知,根本没有广告上承诺的服务机构。再如安徽 44 家商业企业联名向社会提出“坚决不卖假货，假一罚十”的承诺，在“王海”面前难夸海口。不论是赔钱的，还是对簿公堂的都无奈地收回了承诺。只想把“承诺”当金字招牌高悬，而把“诚”字抛一边，不实事求是，不以消费者的满意度为尺度，只顾承诺，不顾兑现，自食其言，开不道德的空头支票，怎能取信于民，怎能把企业形象树立起来？

玩文字游戏、欺骗消费者有：广告用词应当清晰明白，不能让消费者产生误解。利用一些字的多义性，欺骗消费者，如一售房广告中标明买房送高级家具，当问及送什么家具时，方知是“代送”不是“赠送”。

混淆用词，也是糊弄消费者的一种手段，价格术语本有清楚的界定，但在商战中一些商家为了促销，个别广告人推波助澜，搬出各种价格名词，什么甩卖价、出血价、跳楼价、折扣价、亏本价、换季价、优惠价、处理价、大平价、直销价、最低价、迁店价、再加上常用的出厂价、批发价，的确使人眼花缭乱，真假难辨。据调查不少五花八门的价格远远超过市场零售价。

心理伤害者有：一电视广告中一个戴眼镜的小男孩边玩电脑边打电话“我爸爸新给我买了一台电脑，还会说话呢”。旁边进来一个气喘吁吁，憨态十足的胖男孩好奇的说“真的吗？”胖孩子就一定又憨又笨？非也。另一例，一群孩子在体检，一个高大漂亮的女孩用手抚摸着一个又瘦又黑而且比她低一头的男孩，接着画面切入女孩家中，她正与父母分享“每日第四餐”的某保健品，男孩看到后，回过头可怜巴巴的说：“妈妈，我也要每日第四餐。”以上二例都是用孩子之间的形象差作对比手法，愚化儿童形象，伤害孩子自尊心。

无原则受理广告者有：广告经营者视广告主为上帝，尊重广告主的意见，无可非议。然而无原则的迁就不是一个好的广告经营者。“蒙妮坦”奇妙换肤霜广告称：一次使用，更换老化皮肤，八次使用，彻底换了模样，适用一切皮肤，有效率为100％。不容质疑的语态，使不少妇女解囊一试，试过方知，言过其实，吃亏上当，经济上的损失不说，皮肤过敏更难以见人，广告主也被罚人民币668万元。这一例将法度置之度外，一味满足广告主要求，足以反映出广告经营者社会责任心如何。

美国广告大师大卫·奥格威曾说过，律师可能要为一个他明知有罪的杀人犯辩护，外科医生也可以为他不喜欢的人开刀。但是职业性的超脱在广告行业里是行不通的。来找我们做广告的客户的产品必须是令我们引以为骄傲的。这一观点至少告诉我们一条选择广告主的原则，不能见钱什么广告都做。

制造恐慌者有：某空调广告用极为含混而微弱的声音说，……气温39℃，预计未来几天还将持续高温。再配上几位专家在图纸前“指点江山”的画面，的确有些若有其事之感，拟造持续高温，除了帮助推销空调之外，暑热之天，只能给人们增加几分不安。

山西朔州啤酒厂“四不像”牌酒，其广告故弄玄虚地宣称：据有关消息透露，近日“四不像”从雁门关进入本地区，估计不日将进入千家万户，请大家关好门窗，留心观察。广告后引起种种猜疑，一些市民恐慌不安，一些中小学生因此不愿上学。给社会造成不良影响。

格调低下，伤风败俗者有：青岛一酒楼，为了推销其制作的“老娘豆腐”竟在酒楼上张贴“吃老娘豆腐可以，吃老板娘豆腐不可以”的广告，还用“老娘又白又嫩”等等低俗语言招揽生意。还有一广告表现二位女性使用某牌化妆品，两个过路男子马上被吸引过来，作一些挑逗和不文明的动作，伤风败俗，影响极坏。

消费误导者有：一些人片面认为广告只是促销手段，忽视了广告作为大众文化所具有的导向作用。广告能够潜移默化的影响受众的价值观念、生活方式和思想意识。“抽帝王烟，过皇帝瘾”读之上口，听之易记，然而用异化身价的手法，使消费者对产品产生不切实际的期望，使消费观念进入误区。还有倡导脱离国情、民情的超高消费，什么贵族享受，豪门气派，王者风范等等，这些刻意追求物质至上、享乐主义的广告与中华民族勤俭、淳朴、艰苦奋斗的优良传统格格不入。

广告人被诈者有：广告经营中不少道德现象是由广告人编辑的，也有人为广告人编织着不道德行为。某企业拟作一广告，几个电话便招来一群竞争者，本来广告主实行项目招标，货比三家，择优录用是情理之中的事，可时下却成了少数人得便宜的手段。各路广告人绞尽脑汁，献计献策，对“上帝”一片真诚，“上帝”不用费力便得了丰厚的礼物，任意享用。而广告人大多两手空空而去，做了知识无价的奉献者。追其原因，除了广告人急于找米下锅外，没有规范的竞标规则是很重要的一个原因，让一些缺乏道德品质的人钻了空子，他们不尊重广告人的劳动，贬低知识价值，给不少广告人带来困惑。

纵观以上这些道德现象，它已涉及到社会的方方面面。如何杜绝这类现象，除了进一步贯彻、执行《广告法》，规范从业人员的行为，提高从业人员的法制观念，加大执法力度外。研究广告道德现象，用伦理学的原理、方法揭示这些现象的本质和规律，加强从业人员思想道德教育，提高思想道德修养，以促进社会效益与经济效益的共同发展，已成为我们的共同责任。

道德是由物质条件决定的社会意识，是由一定的经济基础决定的上层建筑和社会意识形态。改革、开放、市场经济的形成，使人们的世界观、价值观以及利益关系都发生了深刻的变化，并形成了这一特定历史时期的道德意识，出现了这一社会条件下的广告道德现象。

广告道德现象，也可以归为社会道德现象的一类，他通常是指广告人之间，广告人与广告主之间，广告人与受众之间，广告主与消费者之间存在的道德关系，而广告伦理学是广告道德关系理论的科学。它是伦理学的一个分支，既是独立的一门学科，又是一门综合性的边缘学科，是广告学和伦理学的交叉学科。它以广告人和广告本身的道德现象为研究客体，有自己特定的研究对象和范围。它以伦理学的基本原理、理论来揭示广告领域的道德意识，道德现象及其本质和规律，有其自己明确的研究任务和方法，虽然其他人文科学都会涉及到道德问题，但任何一门学科都不会对广告道德现象做出系统研究，更不可能形成广告道德的科学理论体系。所以广告伦理学有着不可取代的特殊地位。

广告伦理学应和其他伦理学一样，有着极强的社会性和阶级性。道德伦理标准随着历史阶段的不同、阶级的不同而不同。善与恶、美与丑、是与非、荣与辱、真与伪的界定准则也随着时代的变迁而改变。其实质总是为本阶级利益服务的。社会主义的道德伦理，是以辩证唯物主义和唯物论史观为指导，集中体现着精神文明建设的性质和方向。广告经营中的道德现象应与之高度统一，体现出鲜明的社会主义、共产主义思想道德，有崇高的理想和正确的世界观、人生观、价值观；有自尊、自信、自强的民族精神；有全心全意为人民服务的思想，敢于扶正祛邪，扬善惩恶；有民主法制观念和权利义务观念。并做到理论与实践相统一。

马克思认为“道德的基础是人类精神的自律”。广告伦理学正是以社会主义思想道德准则来研究揭示广告领域的道德意识，道德现象及其本质与规律，以寻求广告从业人员精神自律的途径。用规劝的方法，潜移默化的起到防患于未然的作用。通过对广告伦理学的研究与推广，提高广告从业人员道德意识，加强道德观念，自觉维护《广告法》的法律尊严，养成依法办事的良好风气。

文化伦理学的研究是为提高广告从业人员的整体素质。由于诸多因素和利益机制的驱动，素质的提高便成了一项极其艰巨的系统工程，并非一朝一夕之事。首先要从教育入手，使受教育者全面了解广告伦理学的基本知识和理论，奠定良好的道德理论基础，提高从业人员的修养水平。行业组织应有计划的投入人力、资金设立教育机构或同院校开设相关专业课程，作为教育入手的组织保证。其次，研究确立社会主义广告道德伦理的标准，规范从业人员的思想道德行为。用社会主义现代人的思想、观念和方法去审视广告伦理准则，以对社会负责程度为标准，建立有操作性的行业自律守则。三是建立监督机制，各级广告协会有义务承揽起这一历史使命，利用社会舆论监督，造成褒贬舆论，扬惩结合。在行业内设立思想道德分级标准。理直气壮的在行业内开展精神文明建设活动，为创建一个良好的广告经营环境，逐步使《广告法》同其他相关法律、法规与广告伦理学构成广告法律和广告自律体系，以保障社会主义广告事业健康发展。

公益广告的创作与传播

北京桑夏广告公司

中国社会正坚定不移地迈向市场经济，与之相应的是社会心态、道德准则及诸多涉及伦理文化的方方面面，也一同迈向一个崭新境界。构筑未来健康精神世界，要社会中每一分子共同参与，因为它不会随着市场的完善而自动生成，它也不是仅由政府发出文件便可一蹴而就。桑夏广告公司身为此社会一分子，而且从事传播事业，自知有更多的责任和能量，担负此伟大工程中的一部分。

一、桑夏的公益广告观

桑夏从1995年至今，已经为北京电视台创作了近百部公益广告，反响甚大。在不断的创作过程中，桑夏逐渐清晰了现阶段公益广告的内涵，透过大众传媒以广告表现的手法，提请民众关注国家、民族、公众或某群人的状况，并在可能的情况下倡导民众采取相应的行动。

因此，桑夏在现阶段的公益广告表现主题上主要分为两大类：一是“凝聚国民希望”以号召全体人民爱中国、爱中华民族、爱劳动人民为主，于是就有了“人民的利益高于一切”(树人学校)、“尊严来自于实力”(抗战)、“生生不息·缔造辉煌”这些公益广告；第二大类则是凡人琐事，主要选题为一些日常生活中大家不注意的小节，诸如“参加环保，收获笑容”、“帮助别人无限”、“周末回家陪陪老人”等。

以上两类与国际常用的公益广告主题仍有一些细微不同，全球公益广告的主题表现还有一部分是为公众利益公益团体做的宣传。中国的特殊国情是，政府统管了社会的各部分，因此民间公益团体尚不成熟。所以，前一阶段的公益广告主题以前两类为主。但是桑夏发现，公益事务民间化、社团化的进程在中国已然启动，因此桑夏也在做各方面的准备，包括资讯收集，创作模式的确立。现在桑夏已和“中华慈善总会”密切接触，近期将推出第一支民间公益社团的宣传广告。

桑夏从一开始就认为“公益广告”这个概念里，广告是手段，公益才是目的。公益广告只是我们的第一步，为公益事业做出更多的努力将是我们奋斗的方向。

二、桑夏的公益广告创作流程

桑夏并非一家资力雄厚的公司。公益广告的创作经费由商业广告中提供一部分，一些热心公益事业的企业赞助一部分。总体来说，公益广告的制作成本不能与一般的商业制作成本相比。

再则，桑夏需要每月都有三至五部新的公益广告在北京台上档，“中华好风尚”公益广告月桑夏有八部新片推出。在资金成本和时间成本的双重压力下，桑夏发展出一套既能较好地控制成本，又能保证节目水准的创作流程。

1. 组织"热点分析"与"人民潜在心态分析"，寻找创作主题

主要是通过报纸、电视等媒体的报道焦点，分析这些媒体的报道可能已经给人民造成一种什么样的心理影响，再趁热打铁推出相应的广告主题。奥运报道期间，全民谈奥运，媒体除了快速报道奥运赛事之外，还对我国运动员的诸多不公平待遇强化宣传。一时间，举国上下的民族情绪高涨。我们认为这个时候应该提请大家保持一种更有建设性的心态，于是提出"尊严来自于实力"的主题公益广告。而到奥运快结束，准备欢迎奥运健儿时，我们又提出'几行英雄泪，一片中国心'"。

除了以上的主题挖掘外，我们还配合中央精神及社会某些族群的特别心态进行诉求。诸如《广告法·西瓜篇》和《人生多际遇，人生多乐趣》——祝高考落榜的朋友好运。

基本上这样的集中研讨我们每月都有几次，由主持人提出几个近期的主题方向，大家群策群力，寻找一个独特的、能打动人心的创作主题，并由此阐发相应的故事、画面、音乐。

为保证每次都有新鲜的意念，我们还邀请各路传媒精英（各新闻杂志、电视节目的记者、主编）共同探讨，通常每次讨论下来，这样的主题都有若干，为下一步的可行性评估打好基础。

2. 可行性评估与资讯收集、制作完成

对于一些需要特定日期及时段播放的公益广告，诸如奥运、戒烟日、母亲节、高考发榜等，我们会做一个明确的时间预算，然后对照所需的制作时间，再综合比较，完成经过上述步骤创意所需要的购买影像资料、拍摄安排及演员的选择。在这些评估完成以后，我们可以确定哪些可以现在拍，哪些可以先搁置一段时间，待机会成熟以后再拍。

因为评估是统一进行的，因此，每一个创意所需的评估成本得到控制。

同样，后期影像资料收集（到电视台总编室查找，电影资料馆购买），找演员、摄制、后期合成、特效等各个环节，都是几个创意统一完成，单位制作成本也相应得以控制。

3. 公益广告创作的团队管理

由于桑夏的公益广告创作是一件长期而稳定的工作，因此，稳定的人员配置是节目水准和数量得以保证的基础。

桑夏的公益广告制作群由四人组成，分别负责创意监制、资料收集、制作协调、视觉管理。在一个创意由设想到完成的每个环节上，都有不同的人侧重负责。因此，在这个团队里，每人都有独当一面的锻炼机会，而每个人又都要协助他人，得以培养不可或缺的团队精神。

这样的运作机制也符合了桑夏广告的人员配置规模，人员力求少而精，并让每一个桑夏的年轻人都能有效地得到锻炼，为他们将来在广告业的成长打下良好基础。

4. 桑夏自身的公益意识培养

在公司内部，桑夏提倡"更完整、更快乐地做人"，因为只有真正懂得尊重自己完整人格的人，才会去真正尊重别人。学会充实自己，更要懂得爱别人。在这一理念指导下，桑夏每个年轻人都有一种对自己、对周围人的责任感，大至关心国家、民族，小至不浪费粮食，不在背后说别人坏话，都成为自然而然的事。培养自己健康理念和制作公益广告形成良性互助关系，桑夏自身也获益良多。

三、公益广告的传播

广告的要义当然是找到传播对象，然后想怎么说，通过什么媒体去到达目标受众。

但是桑夏的情形比较特别。桑夏在开始做公益广告以来，便是透过一个主要的合作媒体发布广告，即北京电视台（1995年，桑夏与北京台签约全权负责其公益广告）。这样一来可以让桑夏的公益广告每天都在这样一

个受众多达1000万的媒体上出现多次。鉴于公益广告的影响,北京电视台在三个频道实行滚动播出。在全天41个广告时段中,随时插播公益广告,最高记录每天30多次,大密度的播出安排对公益广告形象的树立,对公益思想的传播,以及对北京电视台形象的树立都起到了良好的作用。另一方面,桑夏考虑到北京首都的特殊地位和以国家干部、知识分子为主的受众层面,我们的制作也反过来配合媒体形象和受众指向,在创意上也更为政治化、文人化。从多侧面、多视点来创意公益广告,以符合高层次受众的文化品味。

当然,上述情形也是在特定的景遇下的结果。桑夏仍然反复强调,与其说公益广告的传播,不如说是公益思想的传播。所以,桑夏在继续完成北京台的公益广告的同时,也在试图用整合传播的方式,把公益理念传达得更深、更远,并尽可能地触发民众行动。

1. 结合不同的创意主题和受众指向,桑夏主动出击,在相应的媒体推出公益广告。在以知识分子为主的《光明日报》推出"老师请保护眼睛";在《中国青年报》上推出"没有方向的船任何风都不是顺风——与奋斗中的年轻人共勉"。

2. 现在桑夏也在探索在中央台一些专业频道上共同发展公益广告的可能性。比如中央台的体育频道其受众特征非常明确和稳定。以中青年为主,对国内外体育赛事格外关心。针对这样的受众群,公益广告的诉求主题和表现方式都会有比较鲜明的特征。

3. 配合中国慈善行为民间化、社团化的进程,桑夏也希望为这些新兴的慈善团体做更多的综合服务,除制作公益广告外,还可以共同开展一些慈善活动,让市民真正由心动变为行动。现在桑夏和中华慈善总会的合作只是一个开始。桑夏相信,广告公司的专业沟通能力,不仅能服务商业企业的运作,同样有益于公益团体和市民之间的充分了解和沟通。

四、桑夏做公益广告的收获

桑夏在做公益广告的过程中完善了公司自身的理念,使桑夏人得以身心健康地成长。

桑夏透过做公益广告,结识了许多正义的、有进取心的朋友,同时也让更多的朋友认识了桑夏,于长远之将来,获益良多。

做公益广告的创意空间比较开阔,不会受客户个人喜好的左右。因此,做公益广告锻炼了桑夏的年轻人发想创意的能力。实际上,公益广告也使社会各界对桑夏的创作实力有了充分的了解。

CIS与广告管理

深圳大学师范学院　薛　可

在当今的经济竞争大潮中,企业界最为热门的话题之一就是CIS战略。它们已从实践中证实了专家们宣称的,在CIS战略中投资1美元可得到227美元的回报。企业家争先恐后的为自己的企业导入CIS,把它作为"商战的核武器",以谋求企业的超常规发展和理性有序的形象推广。CIS战略作为企业的整体发展战略,它不仅是企业发展的理论依据,还对企业发展的方方面面有着指导和监督的作用,以保证企业的发展经营按照一定的规范和模式稳步前进,获取更大规模的成功,向集团化、国际化的方向逐步靠近。在这里,我们将就CIS与广告管理的关系及相互作用的几个层面进行初步探讨,以衔接CIS与广告。

一、CIS与广告的关系

CIS即英文的Corporate Identity System的缩写,通常我们称为企业形象战略。它是一种结合了现代设计观念和企业管理理论的实体和非实体的整体传播系统,它借助于各种媒介手段,使社会公众正确理解企业的营销理念、产品和服务的品质,通过企业形象的提高来增强产品的竞争力。广告正是CIS借助的最为重要和最为有效的信息传播手段。正确认识、理解二者的关系,不仅可推动CIS战略的快速发展,而且有助于广告的规范化、效率化。

1.CIS是广告策划与创意的理论依据

完整的CIS应包括三大要素,即MI(Mind Identity理念识别)、BI(Bahaviour Identity行为识别)和VI(Visnal Identity视觉识别)。完整的CIS战略是三大要素缺一不可,缺少其中任何一部分,都必然会导致CIS战略的残缺,甚至使企业形象策划流于形式。CIS的三大要素又是广告的策划和创意规范化的理论依据,离开它们的指导广告的策划和创意将会失去对企业形象的根本性把握和理性认知,导致漫无边际、中心不明、前后冲突,进而失去广告应有的作用,导致企业资金和形象的极大浪费。下面我们对CIS的三大要素进行简略分析。

MI和BI。企业理念(MI)包括企业精神、企业宗旨、企业信条、企业目标、经营哲学与方针、市场战略等。企业理念决定企业的差异性,也左右企业的质素,在相当程度上影响着企业的市场定位,因此MI是企业的灵魂,是CIS设计的核心。行为系统和视觉系统的设计都必须充分体现企业经营理念的精神实质和内涵。企业行为规范(BI)是企业运行的所有规程策略,包括企业准则、行为方式、管理方法、机构设置、产品开发方向、公关促销手段、公益性、文化性活动等,企业行为规范着企业内部的组织、管理、教育以及对社会的一切活动,实际上是企业的运行模式。通过这种运行模式,既实现了企业的经营观念,又产生一种识别作用,即人们可通过企业的行为特征去识别认知这一企业。作为宣传企业的广告,它的策划和创意必须本着企业的独特定位,来表现出企业与众不同的风格和个性,展示出与企业行为特征统一的风范,使公众从浩瀚的广告海洋中认识企业、了解企业、熟悉企业、爱戴企业,从而真正发挥出广告的传播、鼓动作用。从这个意义上讲,广告传播的是一种观念、一种文化,而这种观念与文化是企业MI和BI所赋予的。美国著名的快餐连锁店麦当劳,它的企业理念为简单的四个字母:QSCV(Quality、Service、Cleanners、Valne),意思是:高品质的产品、快捷微笑的服务、优雅整洁的环境和物有所值。麦当劳的“与其靠墙站着,不如起身扫地”这一行为模式,不仅充分体现了清洁卫生这一经营理念,也形象地展现了麦当劳人的服务精神。根据这一理念和行为规范,麦当劳以“友善、欢乐”这一永恒的广告主题接连不断传播“麦当劳不出坏孩子”的意念。以和蔼的麦当劳叔叔、调皮的汉堡小偷为主角,以“开心无价麦当劳”为广告口号的系列广告,使人们从广告中接受、认同麦当劳的企业理念,并转化为自身的行为——把孩子送到麦当劳去,让他们在那里感受快乐、诚实、快捷、整洁的麦当劳精神。正是因为这一系列充分体现企业理念、行为规范的成功的广告,使麦当劳精神迅速在世界各地开花结果,至今已发展到2000家分店并以每15小时再创一家分店的速度发展,逐步转化为代表当代美国文化精髓的典范。再如中国乡镇企业八强之一、中国企业管理金马奖获得者、世界第二大帘子布生产基地中国金轮集团在导入CIS之后,确定了“跨越坎坷、拨动时空”的企业理念。这一企业理念充分体现出金轮人不畏艰险、敢于挑战、奋勇向前的大无畏气概和对企业发展前景充满信心的坚定意念。根据这一理念,金轮集团在中央电视台的广告就采用了以《欢乐颂》为背景音乐,以第二生长点的摩托车为主导画面,以

“跨越坎坷、拨动时空”为广告词的一组系列广告来表现金轮集团的气势与信心。有了MI和BI的底蕴,广告才能成为有本之木、有源之水。

VI企业视觉识别系统。它是指企业视觉识别的一切事物,包括企业标志、名称、商标、标准字、标准色、事务用品、传播媒介、交通工具、制服等,是企业经营理念的外在的静态表现。通过规范化、系统化、统一化的视觉方案,体现企业的经营理念和精神文化,以形成独特的企业形象。同时,由于视觉系统本身的美学价值给人的愉悦感觉,又可艺术地提升企业形象。同样以麦当劳公司为例,麦当劳公司选“McDonald's”的“M”为企业标志,它的广告设计就以金黄色双拱门来象征欢乐和美味,象征麦当劳像磁石一样把顾客吸进这座欢乐友好之门。麦当劳另一个醒目的的VI标志就是设计了一个滑稽可爱的吉祥物——麦当劳叔叔。这些均为广告策划与创意设计中最基本图案。这些图案的设计与确定,不仅统一了世界各地麦当劳分店的形象,使人们无论走到哪里,见此标志就知附近有麦当劳分店,而且也对麦当劳的广告有了一致的规范形象。广告成为VI的动态表现。又如中国1995、1996年衬衫第一品牌“雅戈尔”,他们导入CIS后,选定了带有强烈冲击力的“1”为企业的VI标准。这个大大的“1”表现了企业的挑战精神和力创“NO.1”的决心。根据这个标志设计的广告牌遍布全国各大城市。人们只要看见带有“1”的统一的规范的广告设计,就能辨认出是“雅戈尔”的广告牌,从而真正达到广告策划与创意的目的——公众的认知。

因此,CIS是广告策划与创意的理论依据,是广告必须围绕并刻意表现的内在主题。

2. 广告是CIS推广的有效手段

CIS战略的实施,就是使公众能尽快地接受、认同企业以及它的产品,提高企业的知名度、美誉度。企业形象设计本身是一种静态设计,要使它变为公众的认知,并转化成有效的认同行动,必须借助一种方法来完成,这种行之有效的方法就是广告。可以这么说,广告是将CIS告知公众的最有效的方法和不可或缺的途径。

广告是以大众传播媒介为工具,用劝导性为基本方式促使公众接受某一事物的方法。广告具有辐射面广、撼震力强的特点,因此在树立和宣传企业形象、提高知名度、促销产品与服务方面有着特殊的作用。同时广告是以让人们接受某一产品,认同某一事物为目标,如在认同某一公司的品牌形象的时候,同时接受其产品。日本山田理英曾说过:“‘共鸣’正是运用一连串互不相关的事物,比如不同的音乐、不同的形状、不同的色彩,但是却能使你产生一个完整统一的企业形象。这样有特性的联系可令大多数人在毫无抵抗力的状况下,接受企业强力的形象攻势。”广告正是可以使人们很快产生“共鸣”的传播媒介,因此利用广告来塑造企业形象是推广CIS战略中重要的和有效的方法。

中国太阳神集团在它导入CIS之后,设计出视觉冲击力强劲的CI标志——圆形是太阳的象征,代表健康、向上的产品功能和企业宗旨;三角形的放置呈向上趋势,代表英文Apollo的首写字母“A”,又象征人的造型,体现企业向上升腾的前景和“以人为本”的企业理念。图案用红、黑、白三种色彩组合而成强烈的视觉反差,体现出企业奋力开拓的整体形象。根据这一设计,太阳神的广告也突出了VI设计,画面为一轮太阳从地平线上升起,然后出现一个“人沐浴太阳”的企业标志,加上画外音“当太阳升起的时候,我们的爱天长地久”,给人的强烈的震撼力和感染力。因此,无论是否购买过太阳神的人,都晓得太阳神以红色圆形与黑色三角形构成作为基本定位,象征“太阳与人”的VI系统。太阳神集团也随着这组广告的播出很快“走红”中国的大江南北,甚至走出国门,走向了世界。

世界上两大饮料公司可口可乐与百事可乐的广告大战也可谓精彩纷呈、奇招迭出。

但因其CIS的定位不同,它们的广告推广也就采用了不同的方法。可口可乐采取平民化路线,以"挡不住的感觉"为广告口号,追求广泛的受众面。百事可乐则走名人路线,在美国以迈克·杰克逊为其专用模特儿,来表现"年轻一代的选择"这一主题。在东南亚,则以张国荣、刘德华为偶像引导,用偶像力量来带出"你的百事"的广告词。

近年在国内饮料市场中异军突起了一种叫森碧氏的矿泉水。森碧氏的CIS设计以英文"The Sun is the Best thing"(阳光最美好)的组合缩写"Sunbest"为设计定位,以字母B定位设计水波识别图案形象,充满阳光味和流水感。根据它的CIS定位,森碧氏的广告以原始森林创意为主线,用森林、流水、少女、松鼠等绘声绘色的电视语言,向我们讲述了"一个森林的故事",并从立体带出平面,推广广告宣传CIS的主题。因其以CIS的品牌理念为广告的基石,故取得突出效果,当年推出,即得到超过1000多万元的销售额,价格则一步进入高档矿泉水行列。

广告不仅对在公众面前塑造企业形象十分有效,而且对企业内部激励员工士气、提升企业精神,在内部推行CIS战略也起着重要作用。当中央电视台广告中的小姑娘用稚气的语调恳求"长大了我也要到'亚细亚'",身穿制服、英姿飒爽的女士举手行礼的时候,亚细亚的员工们一定会为自已能是亚细亚的员工而骄傲、自豪并升腾起奋发向上的志向。这对企业凝聚力的增加无疑是注入了"强心剂"。

CIS如果离开了广告传播,其被认知的过程就会非常困难,甚至危及到CIS本身的效果,从这点上讲,CIS离不开广告。

二、CIS推广中的广告管理

CIS战略的推广必不可少的会借助广告媒体、广告策划、广告创意、广告制作、广告发布、广告评估等手段,如何对这些手段进行行之有效的管理是应当引起广泛重视的问题。

1.CIS推广中广告管理的必要性

CIS的开发设计完成后,便进入了推广阶段。在此阶段如能保证广告宣传的一致性、规范性、合理性,对CIS战略的推进会有推波助澜的作用,也会对企业的整体发展奠定良好的基础。要达到这一步就必须对CIS推广中的广告实施管理,否则就会出现阻碍CIS的推行的进程,也会给企业带来负面的影响。

比如,我们在对企业的广告策划与创意时,随心所欲,凭着制作者的意念来制作,前后广告互不相干,缺乏一致性,没有统一的理念,就会使公众感到无从适应,不知你要输出的是什么样的信息,表达的是什么样的主题。像"日清"杯面的三则广告,曾获得坎城广告大奖、1996年嘎纳国际广告大奖,它们的广告创意有统一管理,广告所表达的均为一个主题。一则是《奇角鹿篇》。成百个原始人在追逐一只巨大的奇角鹿。当原始人把这只鹿追进一个洞时,发现它的头从另一个洞口伸出。于是原始人又奔向另一个洞口,如此往复的追逐,直到原始人累瘫在地上,才发现原来每一洞口内都有一只鹿。此时,鹿却摇头晃脑,十分得意。二则是《恐鸟篇》。一只巨大的恐鸟把追逐它的原始人引到悬崖后,狡猾地假装一跳,至使成群止不住奔跑惯性的原始人纷纷坠落悬崖。而这只恐鸟则似幸灾乐祸又似不忍原始人的惨状,探头望望便扬长而去。三则是《摘果篇》。三个原始人围在一棵果树下,第一个原始人用杆子打下了一只果子,第二个原始人用杆子打下一地的果子,第三个原始人十分卖力,希望打下更多的果子,但却打下了在树上睡觉的豹子,豹子掉在地上后发现了自已的美食——三个原始人,于是拼命追逐三个原始人。这三则广告都是在原始上历经了千辛万苦而不得食之际显示出"Hungry?"(饿了吗?)的字幕和"日清"杯面的包装。面对这样的广告定位准确,有统一主题的创意,公众在感叹原始人猎食艰难,感受到"日清"杯面给他们提供的方便之余，便会牢牢记住“日清”杯面这一系列的产品，使公众在购买商品时，往往会毫不犹豫地选择这类记忆中的商品。其形象是统一的，广告创意完全符合其基本形象构思。

又如广告媒体和广告发布，CIS战略中也有明确规定。CIS战略的实施，很关键一步就是向社会、向公众进行新闻发布，告之社会和公众。而运用什么样的发布方法，选用什么样的传播媒体和手段，都必须进行统一的管理和布置，使企业能运用最适当的媒体进行宣传。广告媒体无论报纸、电台、电视台、杂志还是其他任何形式，都有各自特点。报纸广告成本低，权威面广，但广告寿命较短；电台广告费用低廉、覆盖面广，但直观感较弱；电视广告用声音和图像引起目标市场的注意，覆盖面大，是现代最高级的广告媒体，但制作成本高；杂志广告有精美的色彩、鲜明的形象，但时效性效差。因此，在CIS战略推广中，不同阶段要运用不同的媒介，以保证CIS的切实推进，这就需要对广告媒介的选择进行管理。重庆太阳实业公司推出“珠峰圣茶”广告，完全按照CIS导入的要求，在广告媒体选择上，以电视为主，报纸为辅，符合其高档次、高品位、低产品的特点，便是一例。

再如广告制作和广告评估。CIS战略中对广告的制作也有明确的规定。像麦当劳的户外广告、室内装饰所用的一切装修材料，全从美国本土运来，尽管成本高，但他人难以模仿。这一广告制作环节如有管理上的失误，就会造成分布在世界各地的成千上万家麦当劳分店的色彩差异，不仅会给公众带来视觉上的差异，还会为许多不法分子制造假冒伪劣商品提供机会。广告的评估也如此，对于一则或一系列广告的评估如没有一定的标准、没有统一的管理，就会形成评估上的各执己见，对广告的效果不能有正确的认识。反馈材料的失真，最后直接影响到CIS战略的评估与修正，甚至可能会引导CIS战略，乃至企业走向误区。

由此可见，对于CIS战略中广告的管理是十分必要的，它关系到广告的有效性，也关系到CIS推行的到位程度。

2.CIS推广中广告管理的方法

CIS推广中，广告管理方法是因企业的情况不同而不同的，但一些基本原则是相同的，在此，我们特抽取一些共性原则予以分析。

广告管理必须有专人负责。广告的管理是一项具体而又复杂的工作，要很好地完成这项工作，必须设有专门的部门，设置专人进行管理。从事广告管理的专人必须具有一定的政策水平、专业的广告技术和管理能力；必须具有认真负责，尽心尽力的工作态度；必须具有进行广告管理的相应权力，使他们能更好地从事广告创意、制作、发布的审查监控以及广告效果的评估，对CIS战略中的广告进行统一的管理，从而更好地按CIS战略制定的方向发挥广告的作用，促进企业的发展。

广告管理必须有系统的方案。根据CIS战略制定的发展规划，广告管理也应在不同的时期有不同的方案，使广告管理能有计划、有步骤地发展。广告管理方案可根据企业形象的整体方案而变化，一般分为一年、三年、五年三套方案，相互衔接，远粗近细，使广告对CIS策划的传播更有计划性。

广告管理应有定期的评估。在对推广CIS中的广告实行管理之后，还应定期进行评估、检查，找出不足，以便改进。对于广告管理的评估，可分别由内部评估、请专家评估、让媒介评估和公众评估几个部分共同组成。内部评估可通过员工的自评，找出问题；专家评估可聘请资深的广告、公关、管理等几方面的专家组成专家小组，定期对广告管理的运行进行考查，提出建议；媒介评估即由媒介的管理者依据他们的经验和反馈来的信息，对企业的广告管理提供意见；公众评估可通过问卷征询等形式向社会公众进行调查，以求得公众的看法。通过以上几个方面的综合评估来对广告管理的工作给予监控，使广告管理能保证其正确的指导方向，从而促进广告对CIS的推广。

综上所述，CIS与广告管理是密切相关、互相衔接的两个问题，CIS离开了广告管理便难以推广到位，广告离开了CIS便容易失去方向。正确处理两者关系，认真探讨两者关系，是CIS界也是广告界必须正视的问题，本文提出基本思路，权作抛砖引玉之用。

广告优秀作品获奖名单

“中华好风尚”主题公益广告获奖作品名录

1、电视、广播广告作品获奖名单

序号	作品题目	奖级	类别	创作单位	参评单位	出资单位	省市
1	心声(1、2)	金奖	电视	上海奥美广告有限公司	上海奥美广告有限公司	上海奥美广告有限公司	上海
2	无偿献血	金奖	广播	上海东方广播电台	上海东方广播电台	上海东方广播电台	上海
3	石头记	银奖	电视	金鹏国际广告有限公司	安徽电视台	金鹏国际广告有限公司、安徽电视台	安徽
4	携手共创美好人生	银奖	广播	青岛开发区广播电台	青岛开发区广播电台	开发区广电中心	青岛
5	爱护老人	银奖	广播	韶关人民广播电台	韶关人民广播电台	韶关人民广播电台	广东
6	奉献爱心、托起希望	铜奖	电视	梅州电视台广告部	梅州电视台	梅州电视台	广东
7	老人欢乐篇	铜奖	电视	辽宁方正电视片制作公司	辽宁电视台广播中心	辽宁电视台广播中心	辽宁
8	关心残疾人(2)	铜奖	电视	中乔/智威汤逊广告有限公司	中乔/智威汤逊广告有限公司	中乔/智威汤逊广告有限公司	上海
9	广告法	铜奖	电视	北京桑夏广告公司	北京桑夏广告公司	北京桑夏广告公司	北京
10	生前不尽孝、死后大操办	铜奖	电视	河南电视台广告部	河南电视台广告部	河南电视台广告部	河南
11	推广普通话	提名奖	广播	中央人民广播电台	中央人民广播电台	中央人民广播电台	北京
12	希望工程	提名奖	电视	三郎广告有限公司	三郎广告有限公司	三郎广告有限公司	新疆
13	生活不要面具、生存不要污染	提名奖	电视	广东省白马广告有限公司	广东省白马广告有限公司	广东省白马广告有限公司	广东
14	夫妻反目,伤害无辜	提名奖	电视	湖北电视台广告部	湖北电视台广告部	湖北电视台	湖北
15	反对拜金主义	提名奖	电视	浙江亚视传播有限责任公司	浙江亚视传播有限责任公司	浙江亚视传播有限责任公司、钱江电视台	浙江
16	城市是我家,清洁靠大家	提名奖	电视	四川电视台广告部	四川电视台	成都向阳大厦	四川
17	你知道妈妈在等你吗?	提名奖	电视	北京电视台 北京桑夏广告公司	北京电视台 北京桑夏广告公司	北京桑夏广告公司	北京
18	给孩子一个洁净的空间	提名奖	电视	云南电视台	云南电视台	红河卷烟厂、云南电视台	云南

序号	作品题目	奖级	类别	创作单位	参评单位	出资单位	省市
19	中秋	提名奖	电视	福建广视创意制作公司	福建电视台广告部	福建广视创意制作公司	福建
20	公私有别	提名奖	电视	江西电视台广告部	江西电视台广告部	江西电视台广告部	江西
21	吸烟有害健康	提名奖	电视	天津电视台广告部	天津电视台	天津电视台广告部	天津

3、平面广告作品获奖名单

编号	作品题目	奖级	创作单位	参评单位	出资单位	省市
1	飞	金奖	深圳商报	深圳商报	深圳商报	广东
2	请把公款吃喝的钱省下来用于教育	银奖	广东省广告公司	广东省广告公司	广东省广告公司	广东
3	请大家都来关心和照顾老人	银奖	南方广告公司	南方广告公司	南方广告公司	广东
4	注意一点干净一片	银奖	长江日报信息部	武汉长江日报社	武汉长江日报社	湖北
5	人字的结构	铜奖	浙江亚视传播有限责任公司	浙江亚视传播有限责任公司	浙江亚视传播有限责任公司	浙江
6	让我们成为朋友	铜奖	大众日报社广告处	大众日报社广告处	大众日报社广告处	山东
7	你的言行影响着孩子	铜奖	常州日报	常州日报	常州日报	江苏
8	都市漫画	铜奖	上海隆图广告创意策划公司	上海隆图广告创意策划公司	上海隆图广告创意策划公司	上海
9	行贿受贿同样有罪	铜奖	检察日报广告部	检察日报广告部	检察日报广告部	北京
10	确保人类健康别再污染水源	提名奖	三湘都市报	三湘都市报	三湘都市报	湖南
11	不仅教学更要教做	提名奖	济南日报	济南日报	济南日报	山东
12	96’我的沈阳	提名奖	沈阳亚太广告事业有限公司	沈阳亚太广告事业有限公司	沈阳亚太广告事业有限公司	辽宁
13	一首不该遗忘的儿歌	提名奖	徐州日报广告部	徐州日报广告部	徐州日报广告部	江苏
14	爱护环境卫生	提名奖	北京广告公司	北京广告公司	文明中华股份有限公司	北京
15	保护消费者权益	提名奖	北京广告公司	北京广告公司	人民日报、中国青年报、科技报	北京
16	孩子还想要什么	提名奖	深圳商报广告部	深圳商报	深圳卷烟厂	广东
17	爱惜自己，请遵守交通规则	提名奖	羊城晚报	羊城晚报	羊城晚报	广东
18	保护鸟类人人有责	提名奖	桂林华顿广告策划公司	桂林华顿广告策划公司	桂林华顿广告策划公司	广西
19	单行道	提名奖	上海今天广告有限公司	上海今天广告有限公司	上海今天广告有限公司	上海
20	保护老人、妇女、儿童权益	提名奖	上海隆图广告创意策划公司	上海隆图广告创意策划公司	上海隆图广告创意策划公司	上海

第12次全国优秀广播广告节目评选报告

（1996年4月2日）

朱月昌

各位代表：

我受评委会的委托，向大会报告第12次全国优秀广播广告评选工作。

评委会由下列同志组成：

主　任　陈明孝　四川广播电视厅副总编，四川台台长，广委会副主任，分管评选工作。

副主任　张冬兴　广播委员会名誉主任、中广协学术委员会常务副主任

成　员　白谦诚　中国广播电视学会副秘书长兼学术部主任，高级编辑

赵　凯　广播委员会副秘书长　主任编辑

张峻华　上海台广告部主任　经济学硕士

张　农　中广协学术委员会委员　中央台广告部副主任

上届评委

边　城　甘肃台广告部主任　广委会副秘书长

梁正纯　阳泉台经济信息部主任　上届评委

朱月昌　中广协学术委员会常委　厦门大学新闻传播系副教授

评选优秀广播广告的标准是：

一、创意新颖，诉求集中明确；(30分)

二、用广播特有的媒体语言清晰、准确地传达信息，用好语言、音乐、音响三要素；(30分)

三、演播生动得体，内容形式统一；(20分)

四、制作精细，可听性强，整体审美效果好；(20分)

评委们以认真负责的态度和高度的责任心对待评比工作，大家从大局出发，站在广播委员会的立场上，认真地打下每一分，负责地投下每一票。

评委会首先开了两次预备会，统一了对评选程序和评选标准的认识。接着对每条参评广告审听了两遍，经过议论后投票选出入围节目，再对入围节目进行第三次审听，逐条打分，最后以得分为基础，进行议论，在统一认识的前提下，研究一、二、三等奖。

这次共有50家电台的95条广告参加了评比（其中有一条因超时被取消评选资格）。按10%左右的比例评出一等奖10条，按20%左右的比例评出二等奖19条，按30%左右的比例评出三等奖27条。

各位代表，自恢复广播广告经营以来，我们已经度过了15个年头。回顾过去的15年，我们无愧于广播广告人的称号，无愧于改革开放的时代，我们兢兢业业，不怕苦、不畏难，以自己的努力迎来了广播广告的第一个辉煌期。

今天，我们进入了第二个15年，我们将以自己的新的努力、新的成绩，迎接广播广告的第二个辉煌期。

我们的近百条参评作品说明，我们正在这样奋斗。

一、总体水平有很大提高。

同最近的第10、第11次全国优秀广播广告参评作品比,这次的参评作品总体水平明显高了,精品多了,差的作品少了,中间位置的作品也进步了。不少台领导、部门领导亲自关心、甚至亲自动手抓广告精品、抓节目质量,用精品、用高质量的广告节目来吸引听众、吸引广告客户,这是总体水平提高大的根本原因。另外,来自内地的一些省、市台的广告节目,明显缩短了同沿海较早开放地区的省、市台的差距,西北地区的进步尤其明显,这是十分令人高兴的。如陕西台的"老友牌饲料"针对目标对象,发挥声音的造型作用,"土"出水平,做得农民兄弟爱听。云南台的公益广告"燃放烟花爆竹请注意安全",针对省情,简炼明白地提醒受众。评委们认为,公益广告在我们广告中应该进一步提倡。还有城市台的广告进步也不小,有2条得了一等奖。

二、创意水平有了新的提高。

广告创意是广告生产流程中的第一要素。一个好的广告创意必须①产品的定位要准确。中央台的企业形象广告"兰州民百集团"定位在"西部人百折不挠的奋斗精神",具有较深的内涵。②目标对象明确。上海台的"新漕河泾大厦"招租广告,根据商品是涉外写字楼的特点,把目标对象定在外商,并巧妙地用音响体现。③在怎样说上能创造性地扬广播之长。自行车广告大多说它造型美观、骑行轻便,你听中央台的"三枪自行车"是怎样说的。公墓广告也不好做,可青岛台的"百龄园公墓"就做得不错。

可以说,抓住了广告创意,就是抓住了广告制作的牛鼻子,务必用心。

三、涌现出了不少声情并茂的广告作品。

广播是一个高情感媒介,能很好的传达人的感情。广告的一个重要功能是说服消费者、影响消费者的态度。而人的态度是扎根于情感之中的。中国有句话说"不仅要晓之以理,还要动之以情"。人们是在无意注意的情况下收听广告的,所以广告要做得有人情味,因为"激起人的感情往往比引起人的思考更有效"。广播广告更应该发挥其"高情感"的优势。请听广州市台的"英德大尖山绿茶"。

四、更重视了用好语言、音乐、音响三要素。

语言是广播广告准确清晰地传达信息的最基本的工具。它既是我们进行广告创作思维的工具,又是我们广告创作思维的体现。"兰州民百集团"的广告语言多精彩:"这里曾是西域古道,风沙一次次掩埋了曾经的辉煌,却埋不掉西北人不死的希望","兰州民百集团,西部军中马前卒"。"老友牌饲料"广告中母鸡说的话:"老友牌饲料就是香,吃饱了啥都不想干,光想上窝去下蛋。"地地道道农民的话,来自生活,高于生活。还有去年温州台一等奖作品拉练广告"咬牙切齿任你拉",说得多妙!

音乐、音响是广播影视特有的传播手段,是一个武器。音乐不仅能增强广告的可听性和感染力,还能直接传达信息(如广告歌)。日本曾专门调查过广告歌的效果,发现听众对它的好感度和记忆度都特别强烈。音响能塑造环境气氛,能起强烈提示作用,还能传达语言无法传达的消息。美国著名销售专家赫伊拉说:"不要卖牛排,要卖'吱吱'声。"说得实在精辟。使用音响要注意两点:①确有必要,防止噪音;②注意保护,发挥作用。上海台"虎牌啤酒"的音响使用有独到之处。

我们要努力把三要素尽可能完美的结合起来,中央台"三枪自行车"的努力是成功的。

五、演播水平和制作质量也长进不少。

先请听海南台的"伊沙贝尔矿泉水"。

演播是广播广告的第二创意阶段,是一个创造性的劳动。每条广告的演播都应该是有个性的,是根据不同的创意、不同的商品、不同的目标对象设计的,相反,只注重前期创意,马马虎虎播出去了事,岂不是成也萧何,败也萧何。对此,我们已逐渐达成共识,并在广告中表现了出来。制作也更精细了,设备较好的台,能把设备的功能开发出来,设备差一些的台,则努力在现有设备的基础上把握好各个环节。这次获得一等奖的作品,大多演播及制作水平都比较高。还有二等奖中的一些作品也作到了这一点。

下面报告应注意的几个问题。

一、坚决合法经营。

广告法自去年二月一日实施以来已经一年多了,我们在广告经营活动中一定要依法办事,不打擦边球。在广告真实性问题上决不含糊,讲功能不夸大,讲承诺(保证)一要具体,"买一送一"送什么?二要能兑现,"无效退款"兑现就很难。食品保健品广告同药品广告要严格分开。食品、保健品决不能讲疗效。不能用医生和患者的名义做药品广告、不能用百分比等形式讲药品的有效率和治愈率。

二、要进一步锤炼语言。

有条滋补品广告,创意上动了脑筋,也很简炼,就是语言上锤炼不够,不准确,未能进入等级奖。还有一条广告说"衣见钟情"。广播广告中能听,人们是看不到你的广告方案的,这样做是传不通的。另,乱改成语不好,广播中也不宜用谐音。现在我国广告界最缺广告方案人才,因为广告文案难度很大,我们应该在实践中培养出这方面的人才。

三、要防止语言和音乐的"两张皮"现象。

广告音乐同广告主题、广告演播之间,要做到情绪、气氛、节奏的一致。不能像有些参评广告那样,信手拈来一段音乐去配演播,弄成"两张皮"。我们必须研究创意、演播需要什么样的音乐,随后找出、最好是制作出合适的音乐。

四、其它一些技术性问题

1、品牌强调问题。品牌在广播广告中属"主信息"必须进行强调即进行必要重复。在视觉媒介中,重复是"多余信息"。但广播正是通过对所谓"多余信息"的必要重复,使其成为听众的"实得信息"。据西方实验一个新产品的品牌,在广播广告中的强调不能少于3次。而有7条参评广告,品牌只说了一次,这显然是不行的。

2、形成记忆问题。信息的传达能形成记忆才有实际意义。但有的广告使用了两个七位电话号码,又只播报一遍,怎么能形成记忆呢?我们说,除了使用十分特别的手段外,对广播来说,是不适合传达电话号码的,因为没有一个听众是拿着笔和纸在那里傻等着记你的电话的。

3、听不清问题。少数几条广告由于用语不通俗、演播不清晰,不易听清听懂。广播广告的首要条件是:必须让人一听就明白。

4、长度问题。有的广告噜苏不简炼,有的广告前后音乐铺垫太长。我们的态度是能短则短。

评委们还对今后的评比工作提了一些改进意见。如评选时议论再充分些,建议增设最佳创意、最佳语言、最佳音乐、最佳音响等单项奖。

由于我们水平有限,文化产品的评判难度较大,偏差在所难免,欢迎批评。

中国广告协会广播委员会第十二次
全国优秀广播广告节目获奖名单

一等奖

陕西台	老友牌饲料
中央台	兰州民百集团
广州台	英德大尖山绿茶
海南经济台	伊沙贝尔矿泉水
中央台	三枪自行车
青岛台	百龄园公墓
云南台	燃放烟花爆竹请注意安全
江苏台	海尔空调(母爱篇)
上海台上广广告公司	中国人民保险公司
上海台	新漕河泾大厦

二等奖

上海台	虎牌啤酒
黑龙江台	晨星岛豆粉
海南台	槟榔牙膏
江西台	赣新电视
珠江广告公司	柳州五菱汽车
辽宁台	“钟爱一生”婚纱摄影
吉林台	长春音像大世界
广东台	KV200 广谱杀病毒软件
湖北台	买冰箱
河北台	涿州贡米
广州台	标致汽车
吉林市台	黑劲风牌电吹风
吉林台	长城高级润滑油
陕西台	康佳彩电
北京台	太阳阳娱乐城
江苏台	华宝空调
吉林市台	天津牌助听器
天津台	三星照相机
甘肃台	长风电器

三等奖

珠江广告公司	创而特抽油烟机
青海台	“互助牌”青稞酒

青海台	西宁柯达彩扩
大连台	安全使用煤气
四川台	西南日月城
鞍山台	名医楼
山东台	泰山电视
天津经济台	小辣椒玩具
郑州台	商城大厦鞋帽商场(二)
云南台	交通安全
青岛经济台	德牌清洁剂
佛山台	菲利浦蒸汽电熨斗
黑龙江台	“爱面族”方便面
福建台	圣喜牌血栓心脉宁
新疆台	塑料大棚膜广告
深圳台	金海马家私
宁波台	棒棒内衣
山东台	潇洒木兰
大连台	中兴大厦黄金不让利
青岛经济台	健的乐牌车用按摩磁疗垫
佛山台	雅诺土羽绒被
广西台	9018 饲料添加剂
辽宁台	康师傅方便面
新疆台	阿凡提洗衣粉
包头台	蒙德健康垫
锦州经济台	兴达地板
贵州台	美菱冰箱

优秀奖

青岛台	崂源矿泉水
深圳台	“益生堂”三蛇胆胶囊
鞍山台	赛福奥生命蛋
湖北台	黄鹤楼窖酒
淄博台	“运神牌”圣康茶
成都台	胜多燃具
成都台	胜多牌热水器
海城台	瑞德啤酒
海城台	三株口服液
天津台	鲸牌月球车
重庆台	小博士儿童欢乐天地
羊城交通台	中国劲酒
羊城交通台	白云翡翠山庄
广州台	中华传呼机

吉林市台	雾松灯饰城
吉林市台	长城画龙彩电
天津经济台	坤兰士洋酒
吉林台	长春金银珠宝城
辽宁台	龙摄影
辽宁台	珍宝海鲜
贵州台	“电子猫”邮购
福建台	金果含片
北京台	“派”牌衬衫
北京台	三鸣养生王
安徽台	汰霸日化厂
广西台	复方田七胃痛胶囊
吉林市经济台	中国一汽“吉林轻型”
吉林市经济台	思豪衬衫
海南台	贵族牌长效去油污洗碗巾
江西台	赣江宾馆
甘肃台	金徽大曲酒
四川台	奇正炎痛贴
郑州台	雪豹皮衣
郑州台	商城大厦鞋帽商场
河北台	木兰轻骑
宁波台	布里杰T恤
包头台	三株口服液
海南经济台	太极盾补胎粘合剂

第九届全国电视广告《印象奖》获奖名单

（排名不分先后）

一、公益广告

一等奖(5)

大连电视台	勿忘历史
安徽电视台	酗酒有害
北京电视台	生命不息、缔造辉煌
中央电视台	我想有个家
中央电视台	帮助更多的人获得光明

二等奖(9)

吉林电视台　立法反贪篇
北京电视台　平等、发展、和平
广东电视台　春运保安全、幸福连万家
湖南电视台　人间温情、平淡是真
中央电视台　我们想要一片绿地
中央电视台　绿色意味着生命
中央电视台　“希望工程”助学篇
中央电视台　种树重要，养树护树更重要
中央电视台　人民交警，一道最美好的风景线

三等奖(23)

伊犁电视台　“节约用水”宣传
吉林电视台　学生压力篇
江苏电视台　《无偿献血》拼图篇
广东电视台　爸爸不要再赌了
汕头电视台　毒品－万恶之源
嘉兴电视台　请保护生命之源－水
湖南电视台　希望工程
温州电视台　检查团来了
中央电视台　全民计划生育
中央电视台　烧香救不了你的亲人
中央电视台　吸烟慢性自杀
中央电视台　在家里也要遵守公共道德
中央电视台　还孩子一个轻松的童年
中央电视台　粮食的丰收也有青蛙的功劳
重庆电视台　自来水并非自来
青海电视台　封湖育鱼
四川电视台　四川省七月份交通事故通报
中央电视台　生日长久远，亲情永久远
安徽电视台　石头记
中央电视台　保护环境，给孩子留下美好的空间
辽宁电视台　老人孤独篇
山东电视台　交通系列篇－马路篇
广东电视台　秉公执法，服务社会

二、商品广告

一等奖(3)

长城国际广告有限公司　孔府家酒－想家篇
北京大宝广告公司　“大宝”日霜、晚霜
广东盛天国际广告公司　黄河汽车

二等奖(6)

成都电视台	光纤电视
乌鲁木齐普拉纳广告有限公司	十月拖拉机
北京刘是广告有限公司	同力空调
安徽电视台、金鹏国际广告公司	三星木板地
北京捷先广告公司	汽车的玩笑－南京依雅柯
北京燕兴广告公司	松下寻呼机

三等奖(12)

大连电视台	大度帝容器
重庆电视台	华亚纸业
北京刘是广告有限公司	新大陆“罗兰”冰淇淋
北京捷先广告公司	寂寞的胖衣服－梅山减肥神茶
北京春华秋实影视广告有限责任公司	五粮液酒
厦门天丞广告有限公司	大家族牛仔服
江苏电视台	鲜花礼仪电报
大连电视台	融尽依依婆媳情
南京电视台	“多得多”食品
北京燕兴广告公司	联想1+1电脑－功能篇
徐州电视台	康乐牌酱油
三星影视交流中心	三利毛线

三、单项奖

创意奖	酗酒有害
制作奖	松下寻呼机
音乐奖	我们想要一片绿地
广告语奖	孔府家酒－想家篇

公益广告专栏

“中华好风尚”主题公益广告月活动情况

国家工商行政管理局1996年9月至10月在全国范围内组织开展的“中华好风尚”主题公益广告月活动，在各级工商行政管理机关的共同努力下，在广大广告主、广告经营者和广告发布者的积极参与下，取得了圆满的成功。据统计，全国共制作、发布各类公益广告16860件，其中，电视广告4582条，播放137460次；广播广告2749条，播放82470次；报刊广告4123条；户外广告5406条，招贴广告50多万张。全国各地共挑选了241幅作品，上报国家工商行政管理局。为鼓励创作高质量、高水平的公益广告，表彰在活动中表现突出的单位和个人，国家工商行政管理局组织专家和政府有关部门进行评审，从各地送选的241幅公益广告作品中评出107幅优秀公益广告作品。6家省级工商行政管理局获得优秀组织奖，74家单位、42人获得贡献奖。12月18日，国家工商行政管理局在北京召开了总结颁奖大会，向获奖者颁发了公益广告政府奖。

据不完全统计，北京市有17家国家级新闻单位对公益广告活动及获奖情况进行了报道，其中中央电视台分别在“新闻联播”、“财经报道”和“晚间新闻”栏目进行了报道。深入广泛的公益广告宣传活动，造成了很大的声势，产生了积极的社会影响，对社会主义精神文明建设起到了积极的推动作用。

这次活动之所以取得比较大的成绩，是各级广告监督管理机关和广大广告主、广告经营者和广告发布者共同努力的结果，各地的主要做法是：

一、加强领导，层层抓好组织落实

国家工商行政管理局关于开展“中华好风尚”主题公益广告月活动的通知发出后，各省、自治区、直辖市及计划单列市工商行政管理局十分重视，大多数地方成立了以主管副局长挂帅的领导小组，加强对公益广告活动的宣传、协调和指导工作。有的地方工商局多次向政府领导汇报，得到政府重视与支持。如北京市工商行政管理局结合本市的精神文明建设，多次向市政府领导汇报，与有关部门协商，得到大力支持。北京市副市长陆宇澄在北京市工商行政管理局召开的公益广告活动动员大会上作了重要讲话。青岛市工商行政管理局积极向市委、市政府领导汇报，取得大力支持，市委、市政府主要领导在青岛市市委宣传部、市工商局等六家单位召开的公益广告活动动员大会上作了重要讲话，号召全市的广告主、广告经营者、广告发布者积极投入到这次活动中去，为弘扬社会良好风气、树立广告界良好形象做出自己的贡献。

二、广泛动员，发挥广告界的积极性

各地及时转发了“国家工商局关于开展‘中华好风尚’主题公益广告月活动的通知及实施方案”，各级工商行政管理机关将组织开展主题公益广告月活动作为精神文明建设和工商形象建设的一项重要内容，积极召开由广告主、广告经营者和广告发布者参加的动员大会，宣传此项活动的重要意义，提高广告界对这项活动的认识。如北京、上海、天津、黑龙江、山西、云南、陕西、贵州、海南、深圳、青岛、重庆、山东、福建、江西、上海、江苏等地都结合本地实际，提出了公益广告发布数量和质量标准等具体要求。深圳市列出了制作发布公益广告重点单位名单，要求 12 家全市发行量大、受众面最广的报纸、电视台、电台、期刊等新闻媒介单位作为重点发布单位；指定 25 家专业广告公司在主要的繁华的路口，制作、发布路牌广告；动员了 6 家广告主共出资近 50 万元赞助这次公益广告活动。

在这次公益广告月活动中，广大广告主、广告经营者和广告发布者，对公益广告活动表现出很高的热情，很多广告主在资金较为紧张的情况下，积极出资制作公益广告；很多媒介单位将公益广告发布在黄金时段或主要版面；很多广告经营单位选用最优秀的创意人员投入"中华好风尚"公益广告的创作；还有些广告经营单位充分利用主要街道及繁华地段的户外广告牌、灯箱、电子显示屏、公交车身、公共汽车站等制作发布大批公益广告。在公益广告月活动期间，全国电视广告平均每天将近 2000 条次，广播广告达到 2000 余条次，报刊广告达到 350 余条次。

三、深入宣传，扩大影响。各地在积极组织落实此项活动的同时，充分利用报刊、广播、电视等媒介及其他形式向社会进行深入广泛的宣传活动。如河南省的河南日报、郑州晚报、省电视台等主要媒介都对公益广告月活动进行了专题报道。河北省各新闻单位陆续刊登了 30 多条消息，报道本次活动的开展，同时发布了 100 多条向社会各界有奖征集公益广告作品的广告。深圳市组织了主要新闻媒介的记者进行了跟踪采访报道。9 月初，分别在深圳特区报、商报、法制报发了消息，9 月中旬，组织深圳电视台，有线电视台在新闻节目中介绍了全市的户外公益广告。深入广泛的宣传活动，引起社会各界的关注。同时，在公益广告月活动中，各广告经营单位围绕"中华好风尚"这一主题认真研究，深入挖掘，制作发布了很多内涵深刻、水平较高的公益广告作品，内容包括：尊老爱幼、尊师重教、勤俭节约、艰苦奋斗、帮助他人等等，公益广告活动加上公益广告本身的宣传，在社会上引起了强烈的反响，各界人士以及广大群众纷纷来函来电，在报刊上发表文章，称赞这事抓得好，抓得及时。

四、认真总结评选，表彰先进。为了巩固公益广告月活动的成果，调动广大广告主、广告经营者和广告发布者的积极性，将公益广告活动长期坚持下去，很多地区对公益广告作品进行了评比表彰，极大地鼓舞了广告界的士气。如北京、上海、山东、湖南、山西、福建、大连、广东、贵州、厦门等地的总结活动都取得了良好的效果。

本次活动有如下几个的特点：一是公益广告内容紧紧围绕"中华好风尚"这一主题；二是发布公益广告的媒介形式多种多样；三是公益广告数量大；四是宣传声势大，效果好。

公益广告月活动的开展，有效地发挥了广告在社会教育、文化传播、舆论导向等方面的功能，促进了社会主义精神文明建设。在向社会传播良好风尚的同时，各级工商干部和广大广告主、广告经营者、广告发布者自身也受到了深刻的社会主义道德风尚教育，陶冶了情操。

这次活动的不足是：

从广告本身来看，广告设计、制作整体水平还不高，尤其是电视广告。相当一部分作品缺乏感染力和震撼力，说教的成分较重。

从活动组织情况来看，一是有些地区充分争取政府有关部门配合不够。二是前期准备工作时间过紧，在一定程度上影响了作品创作质量。三是个别地区对此次活动缺乏重视，组织工作不够深入。

实践证明，公益广告活动不仅是促进公益广告发展的好形式，也是促进社会主义精神文明建设的有效方式之一。因此，要把公益广告活动长期坚持下去，并逐步形成制度和规范。

全国首届电视公益广告题材规划会在京举行

为落实全国宣传工作会议精神，进一步规范和提高电视公益广告的制作水平和节目质量，中央电视台广告部于1996年4月23、24日在北京召开了首届全国电视公益广告题材规划会。广告制作实力较强的14家省、市级电视台的领导、广告部主任、业务骨干以及专家学者、广告公司代表等共40余人参加了会议。广播电影电视部副部长兼中央电视台台长杨伟光出席会议并做了重要讲话。

会议由中央电视台台长助理兼广告部主任谭希松同志主持。与会人员围绕电视公益广告在选题、制作等方面的现状及今后的发展思路进行了热烈讨论。大家认为：中央电视台及部分省级电视台的公益广告无论在栏目设置还是题材选择上都较为成熟，与此同时，也有相当部分省、市级台公益广告的制作与播出还处于盲目摸索状态，不同程度地存在着制作粗糙、标语化、口号化、同一题材重复制作等现象，没有固定的时段和栏目，难以形成一定规模与声势。在题材规划上，存在着“几多几少”的情况，如社会公德、行为规范等方面的题材较多，而引导广大农民移风易俗、更新观念以及反映少数民族内容等有特色的题材较少；配合中心任务、节日等形势宣传的题材较多，而从长远角度引导社会发展、文明进步等方面的题材较少，等等。针对上述情况，大家认为电视公益广告再上一个新台阶需从两方面入手，首先是在题材规划上追求高起点，另一方面要强调电视公益广告的特殊性，多出精品。

讨论中，大连台的同志详细介绍了他们将电视公益广告推向市场的成功经验，引起了与会者的强烈兴趣。大家一致认为，提倡公益事业社会办是搞好公益广告的一条好路子。“善有善报”，只要我们做出精品，就一定会得到企业的支持。同时应大力强化整个社会的公益广告意识，让企业知道它得到的效益是什么，使之在树立良好企业形象的同时踊跃支持公益事业的发展。

杨伟光同志在会上做了总结性发言。他说，中央台广告部召开全国电视公益广告题材规划会，是中国电视广告进步的重要标志。杨伟光同志在讲话中全面介绍了电视公益广告在中国的发展概况，进而阐述了商业广告与公益广告的关系，指出电视公益广告是宣传社会主义精神文明建设的“轻骑兵”，担负着引导社会进步与国民文明的时代重任，针对当前公益广告存在的主要问题，杨伟光同志从六个方面指出切实加强电视公益广告的具体措施：一是领导重视，提高对公益广告重要性的认识性；二是组织落实，充实电视公益广告制作人员队伍；三是栏目落实，其中包括固定栏目定时播出和填空时间临时播出等；四是资金落实，从企业、电视台及广告公司等多渠道开辟来源，保证制作费用；五是加强规划、扩大题材、增加数量；六是建立评奖制度和节目交换制度，对各台制作的公益广告精品予以重奖并免费在中央电视台播出，以鼓励多出精品、提高质量。杨伟光同志还从导向、创意、制作等方面具体阐述了做好电视公益广告的几个重要环节。他的讲话博得了与会人员的一致好评，会场气氛热烈、掌声不断。

规划会上，大家还听取了两位专家学者所做的精彩报告，从而对电视公益广告的题材规划有了新的、更高层次的认识，受益匪浅。

论公益广告的基本原则

厦门大学新闻传播系　朱月昌

党的十四届六中全会通过的决议把社会主义精神文明建设提高到更加突出的地位,这是建设有中国特色的社会主义的需要。

有中国特色的社会主义是包括物质文明和精神文明在内的全面进步、经济和社会的协调发展的社会主义。物质文明是基础,精神文明则为物质文明提供强大的精神动力、智力支持、思想保证和丰厚的文化环境。反之,则会影响、破坏物质文明,甚至社会也会变质。所以,我们必须像江泽民同志指出的那样:“要把物质文明建设和精神文明建设作为统一的奋斗目标,始终不渝地坚持两手抓,两手都要硬。”

广告业在社会主义精神文明建设中,是大有用武之地的。公益广告就是精神文明建设的一个有力武器,它在形成有利于社会主义现代化建设的共同理想、价值观念和道德规范,防止和遏制腐朽思想和丑恶现象的滋长蔓延及文化垃圾的传播方面,应该而且可以发挥日益明显的作用。要做到这些,公益广告必须遵循如下一些基本原则。

在题材选择上

公益广告与商品广告不同,它不是用来推销商品或者劳务的,它是用来推销观念的。公益广告所推销的观念,必须有利于社会主义物质文明和精神文明建设。

一、要有正确的导向价值。

社会主义思想道德建设集中体现着精神文明建设的性质和方向。公益广告的价值应该体现在对公众的世界观、人生观、价值观及其行为举止起到正确的导向作用上。

厦门市委、市政府十分重视创建现代化文明城市,广告界创作了数十条公益广告,引导人们做文明市民,认真贯彻市政府的十不准规定,保护厦门的生态环境,建设更良好的投资环境。

八十年代末,土地资源的破坏和浪费成为人口多、耕地少的中国的一个严重问题。1989年广西梧州人民广播电台制作了“依法用地”的公益广告,呼吁人们珍惜每一分土地,用地必须依法。加强了人民的法制观念。

过去几年中,每逢春节,铁路客运面临巨大压力,厦门人民广播电台制作公益广告,对闽南金三角百万打工族亲切地说:“留下来吧,留下来同我们一起过一个有闽南特色的春节”。

社会主义文化事业对满足人民群众日益增长的精神文化需求,提高民族素质,促进经济发展和社会全面进步,具有重要作用。一手抓繁荣,一手抓管理,是促进文化市场繁荣的两个轮子。电子游戏机的风靡使无数孩子沉溺其中,严重影响了学业,福建电视台及时推出(1988年)“莫贪玩电子游戏机”的公益广告,受到社会的广泛认同。

二、要及时反映社会生活。

现实生活是丰富多彩的。在我们周围每天发生的许多事情都或多或少地影响着人们的价值取向和行为规范。公益广告应该撷取那些与人们的社会生活关系密切、有导向意义的题材,担负起推动社会进步的责任。

事关社会公道、职业道德、家庭美德的题材，应该成为公益广告的重要关注点。

中国青少年发展基金会建立“救助贫困地区失学少年基金”，实施“希望工程”，并和中央电视台合作，制作播出了一系列“希望工程”的公益广告，引起了社会各界、海外团体、人士的广泛同情和支持，大大推动了“希望工程”的实施，数以百万计的失学儿童走进了校园，一批批“希望小学”迅速建立。

还有，中央电视台的“养成好习惯”、“遵守交通规则(系列)”、“关心残疾人”，福建电视台的“开口几句话、文明礼貌的标志”，都贴近生活，产生了很好的社会效果。

在创作上

公益广告的创作，既要遵循一般广告的创作原则，又要体现公益广告的个性原则。公益广告创作的个性原则包括以下几个方面。

一、思想政治性原则。

公益广告推销的是观念。观念属上层建筑，思想政治性原则是其第一要旨。

思想政治性原则要求人们把国家利益、公众利益、社会进步当做自己的基本职责。

早在抗日战争时期，人们就把“抵制日货，请用国货”刷在民居墙上和印在火柴盒上，传播抗日救国的思想。

福建电视台1991年中秋节播出的“两岸情依依，骨肉盼团圆”的广告，体现了海峡两岸人民盼祖国统一的思想：

小时候，
乡愁是一枚小小的邮票，
我在这头，
母亲在那头。
长大后，
乡愁是一张窄窄的船票，
我在这头，
新娘在那头。
现在，
乡愁是一湾浅浅的海峡，
我在这头，
大陆在那头。

接着推出了“两岸情依依，骨肉盼团圆”的主题，把血浓于水的情感升华。

还有，中央电视台的“榜样的力量”、“义务献血”、重庆台的“爱护公共设施”等广告，都是符合公益广告的这一创作原则的。

思想政治性原则还要求公益广告的品位高雅。就是说要把思想性和艺术性统一起来，融思想性于艺术性之中。第43届(96)嘎纳国际广告节上，有一个反对种族歧视的广告，画面是四个大脑，前三个大小相同，最后一个明显小于前三个，文字说明依次是非洲人的、欧洲人的、亚洲人的、种族主义者的(均标在相应的大脑下)。让受众自己去思想，去体会。独特的创意令人叫绝。

二、倡导性原则。

公益广告向公众推销观念或行为准则，应以倡导的方式进行。传受双方应是平等的交流。

摆出教育者的架势、居高临下、以教训人的口气说话,是万万要不得的。

这并不是说公益广告不能对不良行为和不良风气发言。公益广告完全可以而且应该对社会的落后面发言,但这种发言仍然不能采取居高临下教训人的态度,而只能采取提醒、规劝这种平等的、同志式的态度。或者采取另一种方法,不说你不应该怎样,而说你应该怎样。

简言之,公益广告的倡导性原则要求我们采取以正面宣传为主、提醒规劝为辅的方式,与公众进行平等的交流。这方面成功的例子是很多的。如“珍惜暑假好时光”、“您的家人盼望您安全归来”、“保护水资源”、“孩子,不要加入烟民的行列”,等等。

台湾有则关于河川污染的环保广告,给人留下很深印象。这是一则杂志广告,标题是“溪哥仔到哪里去了?”“溪哥仔”三字旁是一条小鱼(“溪哥仔”是这种小鱼的俗名),广告标题下是一首小诗:

以前,小河,溪里到处可以看到溪哥
轻松自在的在那里嬉戏,悠游其中……
记得有一回
隔壁的阿勇
一早放学回来
就拉着我
奔往屋后的小溪
“走,我们去抓溪哥”
阿勇迫不及待地往溪里跳
溪哥没抓着
身上的衣服、裤子
却全湿了
如今
小河、溪里
再也见不到溪哥的踪迹
往日欢乐的情景
也只能在记忆里
追寻……

最下边压框处,用稍大的黑体字印着这样一句话:“请共同关怀我们居住的这片土地,让后世子孙拥有一个干净美丽的生活空间。”

此情此景,蕴含着很大的认同感和倡导力。

三、情感性原则。

人的态度,是扎根于情感之中的。动人者莫过于情。公益广告所传达的理念要让受众接受,就不仅要晓之以理,还应该动之以情。因为理念本身比较抽象,功利成分少,不易引起人的注意。如能让理念依附在较易被人感知的情感成分上,就会引起人的共鸣。更何况东方民族尤重感情。

前面提到的“两岸情依依,骨肉盼团圆”的广告,成功地将祖国统一的理念诉之于情。福建与台湾一衣带水,习俗相同,语言相通,血缘相近,那年中秋节在福建台播出,深深触动人们的心弦,引起很大反响。

台湾有则报纸广告“对一个有心更生的人,请拉他一把”,也做得很动情。画面中间是一扇门，一边黑色一边浅黄，一青年人正从黑暗跨向光明。广告文案是这样的：

他和你我其实一样，
我们都曾犯过错。
对一个刚出狱的更生人，
你又怎么忍心逼使他面对求生无门的悲剧？
让我们用别人曾经原谅我们的爱与包容，
给他自新的机会。
一个关怀的眼神，
一双接纳他的手，
帮助他——
再站起来。

在传播上

公益广告在传播上，应该符合两点要求。

一、严格界限。

必须严格公益广告与商品广告的界限。

有的广告，表面看来似乎也在推销观念，但它仍以营利为目的或附带营利意图（如有的保险广告、金融广告），就不能归入公益广告中。还有的广告，在版式上或画面上，打上商标或品牌名称，这种“一举两得”的做法，也是不符合公益广告原则的。

二、明确身份。

公益广告必须明确身份、明明白白地用广告的形式发布，如中央电视台的“广而告之”及报纸上的“广告版位”，而不得以其它非广告形式或含糊其辞的形式发布。

社会保护广告特征与表现要点

《中国广告》杂志社　陈　梁

近几年来，社会保护广告得以社会各方面重视，这是社会精神文明一种表现。社会保护广告的刊播量加大，这也说明人们在广告活动中日趋重视精神文明的建设。今年九月份全国开展“中华好风尚”公益广告展播活动，以及公益广告的评选和专题研讨会，无疑将促进中国的公共广告的发展和社会精神文明水准的提升。

通常人们把社会保护广告称之为“公益广告”。这犹如人们把“计程车”称作“出租车”，大家都那么叫，再也没人去探究其叫法对与不对，然而作为广告从业人士特别在对此专题进行研讨的时候，我们就有必要稍作一些探讨。

在现代广告观念下，广告分为商业服务性广告（简称商业广告）与公共服务性广告（简称公共广告）二个大类，其区别在营利性与非营利性。然而就商业广告而言，其终极必须给消费者带来利益，在某种程度上也含有公益性在内，故此把公共性广告称之为公益广告，似乎不尽妥。公共服务广告在非营利原则下为公众提供服务，其也分成几个类，如节日，民俗活动广告；社会保护广告；社团活动广告；个人启事广告等等，而在公共广告中数量最多，影响面大、印象深刻的却是社会保护广告。这类由于其题材广泛，诸如保护妇女儿童权益、节约用水、安全用电、计划生育、生态保护、环境保护、生产力提升、防火防盗、尊老爱幼、水土保护、动物保护；植树绿化、义务献血、环境卫生、扶贫助残、行为规范……等等，它涉及公众在社会活动中所有的行为准则，和应共同维护的社会利益。为此我建议今后大家在提法上能否把公益广告改称为社会保护广告，也可统称其大类，即为公共广告，以利于与国际的叫法一致。

在为社会保护广告正名后，我想与大家一起讨论一下，社会保护广告的主要特征及该类广告在创作表现上应把握的要点。

社会保护广告的主要特征

多年来，不少广告经营单位，为了贡献社会，做了不少社会保护类广告，其中不泛有不少好的作品，如贵阳电视台的“节约用水”，福建电视台“开口几句话、文明礼貌的标志”、“珍惜暑假好时光”，以及中央电视台用黄金时间段开播了“广而告之”，影响面大，受公众广泛注目。这些均对社会精神文明建设起着积极倡导作用。然而由于广告从业人员中创作人员多是来自艺术院校，在进行社会保护广告时，虽用心良苦，责任心强，但不可避免地把社会保护广告与电视中小品，美术中漫画，报章中小品文“小刺猬”“蔷薇花”等等表现形态等同，因此有相当一段时间，诸如“岂有此理！”“咳！ 真不文明！”“真不应该！”“此风何时了！”等等语言形态进行社会保护广告的创作。曝光型、居高临下指责型、一笑了之无可奈何型的“公益广告”时时可见。那么社会保护广告与电视小品、漫画等有何区别？不妨列表：

项　目	社会保护广告	电视小品、漫画等
功能	影响人们意识与行为	影响人们意识与行为
目的	社会保护、群体素养提升	评击不良现象，教育公众
诉求方式	客体角度诉求	主体角度诉求
影响行为	直接	间接
表现重心	说服	有感而发
主题	明确	含蓄求外延
形态	正面、劝说	正反面均可
表现形态	清晰　准确	含蓄　朦胧
题材范围	广泛	有限
受众接触面	大而广	小范围
出现频次	多　反复刊播	少　重复刊播少
制约	负面必须消除	可不考虑负面
创作依据	客观	主观
满足	启迪、自省、引发行为	自我有感而发

项　目	社会保护广告	电视小品、漫画等
目标	社会倡导出发	个人感受出发
传播	有偿(付费)	无偿(非付费)

从上表比较中可明显看出社会保护广告具有以下几个特征：

1、非营利性：则以社会保护与群体素养提升为目的。

2、观念性：诉求的是观念，则以某一观念传播，促使公众启迪、自省、关注某一社会性问题和符合公德的社会行为为准则，规范行为并身体力行以形成社会良好风尚，或支持某种社会事业。

3、正面劝导性，不是指责批评某种不良行为，而是引发其认知自己应具什么样行为。同时应尽量消除负面影响。

4、客体性：创作者是站在公众角度去创造启迪，而不是对某种事物自我有感而发。

5、奉献性：谁做广告谁付费，公众可从中感知其公共事业心。

社会保护广告的表现要点

社会保护广告的表现形式是多样的，然而在进行创作时应把握几个共同要点，以使广告能更有成效。

1、主题清晰，倡导明确，讲究思想性

思想性是观念的核心所在，一个好的社会保护广告其思想性非常强烈。它总是有明确的主题，有时主题不一定很大，可以从细微入手，但不管其主题大与小都有一个明确的倡导。

(例："两岸情依依，骨肉盼团圆"、"心声，需用心去聆听")

2、立足客体，力求传通，讲究通俗性

社会保护广告的创作与表现必须从客体出发站在客体角度上，去挖掘他们的所想，所要表达的应有行为范本，用通俗易懂的语言(图形、文字语言、视听语言)去诉求，力求传通。在创作时我们时时应想到：绝大多数的公众并没有像我们创作人员一样受过高等的艺术教育，因此"眼要高，手要低"，即着眼点要高，在表现时视觉语言要放低一点，找寻一些公众一看就清楚一看就明白的视觉语言来表现。这不是放低标准，而是要求我们更多地去发掘公众司空见惯并具高度艺术感染力的视觉语言去表达。

(例：报纸"我们一举一动都给儿童带来影响"、电视"开车请佩安全带"等。)

3、动之以情，晓之以理，讲究亲和性

社会保护广告也是一种情感的传播，公众利益的保护，需要公众自己心灵的起动才会形成群体行动，在对公众进行观念倡导时，应在平等的态势下进行。切忌居高临下，教育训导，以及指责讽刺，挖苦，甚至取笑。应像老朋友谈心方式来做思想工作。同时要注重公众的接受心理的研究，不要采用刺激，警告，威胁形式进行。努力提高亲和性，就会有更大的效果。

(例：电视"华人华语"、"交通安全"、"被火纹身的孩子"、"香港环境污染"等。)

4、诉求单一，多做减法，讲究简洁性

一个社会保护广告，由于有限的时间与空间，所能传达的信息非常有限，不可能期望在有限时空里传达无限多信息。为此，我们要更力求诉求单一，尽量使主题强化并去除一切与主题无关的多余信息，努力提高信息的强烈度。才能使广告给公众留下深刻印象与影响。

（例：招贴“防止环境污染”、电视“因疏忽造成幼儿死亡”等。）

5、推理恰当，主次分明，讲究逻辑性

社会保护广告易影响人的观念，因此处理时，提出道理必须在逻辑上使人信服才能引发行为。在诉求中也要注意分清主次，即什么是主信息，什么是次信息，按信息的顺序进行层层强化才能引发关心，记住重点。诉求过程应把握有理有节，以理服人，切忌生造理由，或小人说大人话等等。

（例：广播“献血”、电视“单只鞋很行”。）

6、回报社会，造福公众，讲究非营利性

社会保护广告由于它是有偿的（即须付费，但可优惠），因此除有关政府部门付费进行外，还需要社会各企业团体参与。当前不少企业热心于社会保护工作，积极投入制作社会保护广告，可钦可敬。然而也有一些企业想做社会保护广告以造福公众，又想把产品或企业形象带进去，结果二败俱伤，因为公众当看到广告中出现的产品形象、企业形象、商标，会感到这是一个商业行为，进而感到这是在借社会保护名义来推销商业信息，这一点上使得商业信息与社会保护信息共损，“脚踏两条船最终掉下水”。这一点上，请企业在进行社会保护广告时尤为注意，一般情况下仅出现厂名或××企业提供赞助即够了，公众会认知会记得你的企业为社会所作贡献。至于目前有些媒介单位有意诱导企业，把产品或企业标识放进社会保护广告内，或编个故事来作公共广告，为的是取得经济上的利益，这样做既有损企业形象，也有失媒介形象，望三思而后行。

（例：电视“伯朗咖啡”、“海尔爱卫生”、“海尔献爱心空调”等。）

以上几个方面浅见，与大家探讨，为求得“引玉”，以使中国的社会保护广告健康发展，促进社会精神文明水准进一步提升。

不妨借鉴商业广告

——浅析公益广告与商业广告的共性

中国国际广告公司创意总监　谢舒弋

提起公益广告，人们往往会肃然起敬，因为它与商业广告有着显著的个性差别：不以推销商品营利为目的，而是传播某种有益社会的观念，也就没有商业广告隐含的功利性、物质欲，以至于“铜臭”。所以，政府和社会团体愿意通过公益广告来推进社会公共事业的发展和提高大众思想道德水平；商家也不时慷慨解囊，以提高自身的社会信誉；广告公司也因其限制少，创意空间大而备加青睐，以期创作出更有生命力的广告；社会大众也因其“纯洁性”而比较容易接受。

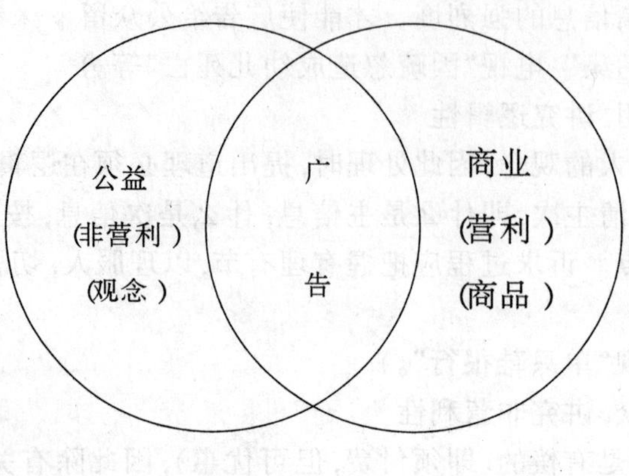

在看到二者区别的同时,也不应忽视二者的共性。因为公益广告作为广告的一个基本分支,仍然受广告基本规律的制约。我们至今对广告规律的认识和掌握,主要是通过商业广告的实践。这次全国性的"中华好风尚"公益广告活动和评比,虽然涌现了一批相当不错的作品,在社会上引起了不少的反响。不过,其整体水平比商业广告还有差距,有些作品还只是浮浅地图解观念或重复标语口号;那种观念鲜明、表达动人的作品还不多。

因此,在商业广告十分发达的今天,探讨公益广告与商业广告的共同点,以借鉴商业广告的成功经验,按照广告的基本规律来运作公益广告,对迅速提高我国刚刚起步的公益广告的水平,也许更有益处。

一、同样应有"功利性"

"功利性"一般情况下是个贬义词,抢"功"争"利"按社会道德标准是不"高尚"的。不过,如果把"功"和"利"变为有益于社会和大众的内容,其极强的进取精神倒是十分令人称道的。

从广告的基本目的看,公益广告与商业广告是一样的,都是在"推销"产品,只不过商业广告推销的是物质形态的产品——商品,而公益广告推销的是精神形态的产品——观念:

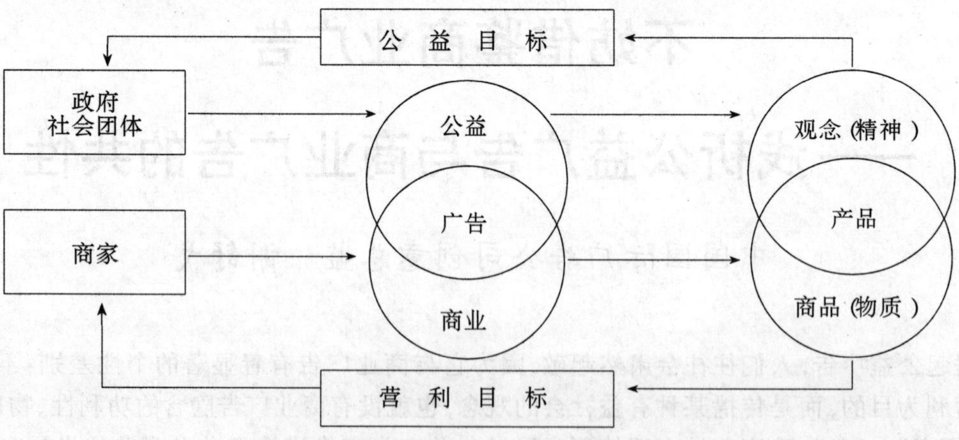

在广告的原动力和终极目标上,两者则有区别:公益广告是以某种促进社会发展目标为原动力和终极目的,商业广告则完全以营利为出发点,又以营利为最终目的。不过,商业广告正是由于这种极强的功利性原动力,自觉地以功利性的结果来不断修正广告行为,推动了商业广告的飞速发展和水平的提高。

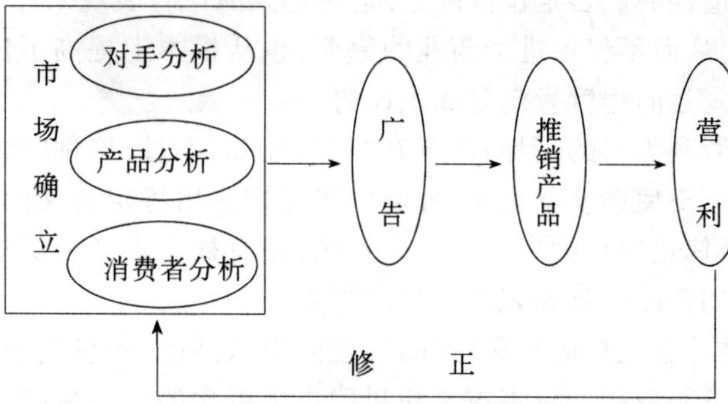

从我国广告业的发展，可以明显看到这种"功利性"的促进作用。自改革开放以来，我国广告业随着经济的发展，经历了三个阶段：

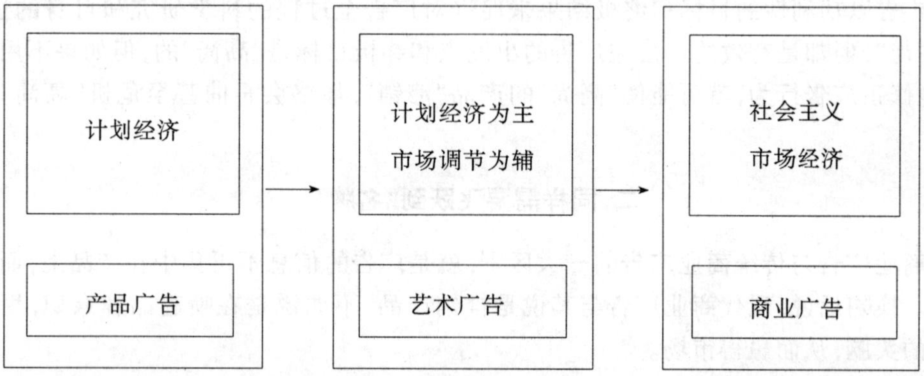

在计划经济年代，做广告的终极目的不是营利，而是介绍产品，没有"功利性"也没有竞争。广告一般也是厂家自己做。广告多以产品形态、厂长照片、联系电话为主要内容，水准很低。

到市场调节为辅的时期，营利开始变为重要的目的，市场上有了竞争。厂家为了打开产品销路，开始找以艺术家为主的广告人或广告公司来做"漂亮"的广告，以吸引消费者。这时不少广告更像件"艺术品"。

随着转入社会主义市场经济，以市场需求为前提，以消费者为中心的广告运作方式才开始被认同，于是有了市场调查、广告策划、广告创意、媒介运作等一整套广告操作方式。商业广告以功利性的商业利益为目的，认真分析竞争对手的弱点，找出自身的优点，挖掘消费者利益点，形成较科学的广告定位——"卖点"：

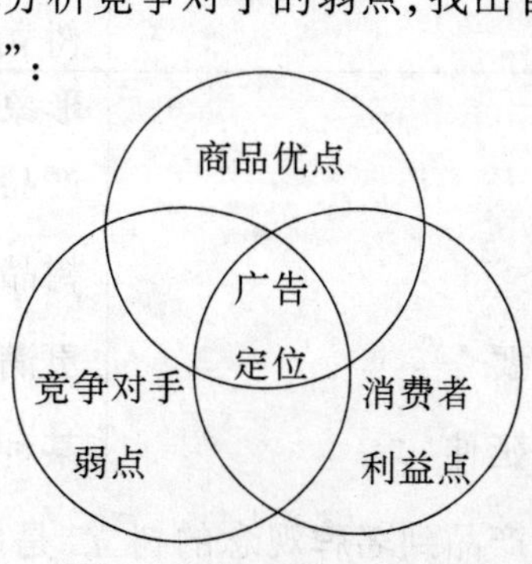

在科学的并具有创造性的广告定位基础上，运用动人的广告表现来打动消费者，通过有效的媒体传播到大众心中，从而不仅促进了商业的繁荣，也从根本上提高了广告的水准。因此，商业广告的水平与经济发达的程度肯定是成正比的。

公益广告虽然不以营利为目的，但同样应有“功利性”。不过，这种“功利”不是金钱，而是推动社会进步的责任和历史使命。就是说，公益广告同样应用特定含义的功利性作为广告的出发点和归宿，以此不断修正自己的广告行为。否则，没有社会责任和历史使命的约束，就很容易重蹈商业广告经历的产品广告和艺术广告的复辙。

在现实生活中，公益广告推广的种种“产品”，也面临激烈的“市场竞争”：社会主义精神文明正受到一些落后的甚至是腐朽的资本主义和封建主义观念的严峻挑战：“中华好风尚”也遇到种种陋习和不良风气的冲击。在人们不时感叹社会风气日下的同时，不是也从一个侧面告诉我们，公益广告的作用还没有充分地得到发挥，还需要击中对手的弱点，发扬自身的优势，唤起传播对象的本质需求吗？

商业广告以功利性的目标和终极结果来促进对广告全过程的科学研究和自身的进化，虽然不够“高尚”，但却是有效的。公益广告的出发点和终极目标是“高尚”的，但如果不用来自觉地、科学地修正广告行为，就可能使“高尚”的产品“滞销”，最终会歪曲甚至危机“高尚”的目的本身。

二、同样需要飞跃到“名牌”

现代商业广告与传统商业广告的一大区别，就是广告的信息不再集中在产品上，而是以品牌为焦点。换句话说，现代商业广告与其说是推销产品，不如说是在唤起品牌意识，用名牌占领消费者的头脑，从而赢得市场。

这种进化是由于现代商业、工业和信息业的极大发展，商品已迅速同质化，同类产品之间的差别变得微不足道。很少产品能以某种特性或功能上的优势压倒竞争对手；即使有，对方也能在很短的时间内掌握并赶上。相反，名牌的建立，不仅涵盖了产品的优势，而且能大大拉开与竞争对手的距离，并具有更牢固的稳定性，更适合在信息“爆炸”的状况下有效地传播，从而给品牌拥有者带来了始料不及的丰厚回报。如世界名牌“可口可乐”，仅品牌价值就高达几百亿美元。可口可乐的品牌本质内涵也不再是优质的饮料，而成了“美国”的象征。随着美国经济、文化在世界范围的扩张，可口可乐也迅速风靡全球。

推销产品的广告与树立名牌的广告是明显不同的：

	推销产品	树立名牌
形态	物质产品	形象概念
根据	产品特点	产品社会角色
目的	卖产品	树品牌
对消费者	满足物质需要	更满足心理价值需要
内涵	产品功能的延伸	某种时尚或观念的代表

应该说，从推销物质形态的产品到名牌观念的树立，是广告的根本性变革和飞跃，使广告作用得到了前所未有的发挥。

作为公益广告，始终以观念为推广目的。但如果仅仅在对观念本身进行直述或表白，就像是退化到了商业广告的初级阶段——推广产品(虽然是观念形态)本身而已。比如“尊老爱幼”的观念,如果仅仅停留在“关心老人,保护儿童”的口号上,或者是搀扶老人,爱护儿童的图解上,与计划经济年代的产品广告没有本质上的区别。

当然,公益广告不是商品广告,不可能简单地套用商业广告名牌战略方式,但公益广告同样需要“名牌”那种观念上的升华和形态上的浓缩。

如果说商品广告的着眼点由产品提升到品牌,那么公益广告也至少应由观念本身升华到价值理念。因为一种观念只有上升到人生观、价值观,才会更有深刻的影响力,更会有效地影响部分受众,进而传播到其他受众。当一个人把某种观念理解为自己的人生哲学,他就会由约束自己的一次言行变成自觉的一生行为,还会主动地影响身边的一群人,其效应绝不会低于“名牌”。在看到一个个企业为实现名牌战略,正以极大的热情和大量的投入,建立企业自己的经营理念和企业哲学,我们难道不应该将公益广告推广的观念加以凝炼,使之更加有生命力吗?

为了便于传播,观念像品牌那样在视觉和概念形态上加以浓缩,也不失为有效的方式。如环境保护的观念被直观地概括为绿色,成为世界范围内环境保护的标准色。又如,普及贫困地区教育的活动被浓缩为“希望工程”,成为更有号召力的传播名称;那副睁大双眼的女孩形象,也近乎于成为希望工程的“标志”。

三、同样要满足“上帝”的需求

在我国,公益广告一般是政府(包括政府管辖的媒介)、社会团体的行为,是通过广告传播某种观念,呼吁公众关注某一社会性问题,以期用社会公益的准则去规范传播对象的行为,支持某种社会事业和社会风尚,具有很强的导向性。

商业广告则不同,它是以消费者的需求为中心,把传播对象尊为“上帝”。因此从形式上看,公益广告与商业广告在与传播对象的关系上似乎是相反的:

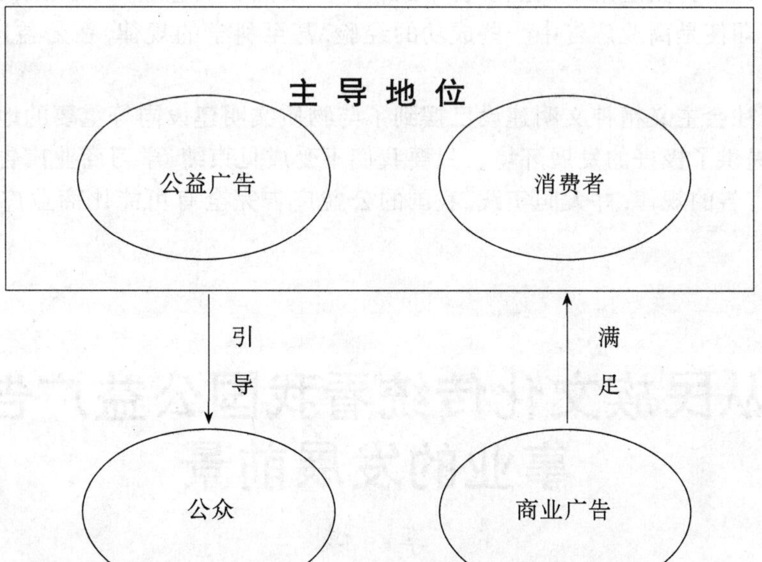

事实上,早期的传统商业广告也不是把消费者尊为“上帝”,而是以广告主——生产者为中心。传统商业广告更注意实现广告主的意向,向消费者灌输广告主的主观意图,忽视对消费者需求的研究。直到市场经济由以产定销转化为以需定产之后,这种关系才逐步改变过来。因为企业生产只有围绕消费者的需求,才能把消费者的需求转化为企业的营利,否则产品就会滞销,最终导致企业生产活动无法进行。由此才形成了以消费者的需求、动机、心理和行动为诉求的现代商业广告。

不可否认,我国作为社会主义国家,精神文明建设在社会主义市场经济的发展中起着十分特殊的作用。公益广告作为社会主义精神文明建设的一个不可缺少的方面,其导向性是不能改变的。但是,正像商家想用新商品引导人们的新消费趋向一样,其之所以起作用,并不在于新商品的新颖,而在于符合消费者潜在的发展需求,否则同样不会有市场。据统计,美国新上市的产品有70%当年即被淘汰。

同样,公益广告提倡的观念之所以能引导公众,本质上也在于符合公众的根本利益,是大众关切的问题或期望的理想。如果说商业广告需要通过消费者心理上的认同,进而引起购买行为而起作用的话,公益广告就更需要受众的领会和共鸣,才能成为受众自觉的行为。从这一点上看,认真研究受众对公益广告的深层次需要,研究公益广告与受众心理、行为、需求等方面的关系就更为必要。可惜我们在这方面的研究还几乎是空白。

由于不了解公众的本质需求,以及如何才能满足,如何才能有效,有些公益广告便简单地套用过去政治宣传的方式,唯一的变化是新的画面、新的口号和公益广告的“桂冠”。这样的广告,轻者无效,甚者会引起公众的反感,结果将与公益广告的初衷背道而驰。

在分析公益广告与商业广告的共性时,我们不时发现,公益广告面临的一些问题,不少是商业广告过去碰到过并已成功解决的问题。那么,公益广告作为后起之秀,是不是可以从先行的商业广告中吸收有益的经验,在发展中少走弯路呢?这次全国性的“中华好风尚”公益广告活动就作了回答,获奖作品主要集中在经济发达地区,其中一个重要原因就是这些地区商业广告更成熟,自觉或不自觉运用了商业广告中的精华!当然我们也应该认识到,公益广告并不等同于商业广告,即使是商业广告中一些成功的经验,甚至科学的规律,在公益广告中也不能完全照搬照套。

今天,我国社会主义精神文明建设已摆到了与物质文明建设同等重要的地位,这无疑对公益广告的发展提供了极好的发展环境。只要我们不受成见束缚,学习商业广告中的科学精华,认真研讨公益广告的规律,并大胆实践,我国的公益广告完全有可能比商业广告得到更快、更好的发展。

从民族文化传统看我国公益广告事业的发展前景

李　谋

中国的公益广告事业已近十年,虽然有一定的成绩,但整体上看并不理想。与美国、日本以及香港、台湾相比,这些国家与地区的公益广告事业,都已以其根深蒂固的影响渗透了社会各个领域,深为公众熟悉和深受公众欢迎。同时,也深得社会各界的支持与扶助。而在中国,还远未形成这样的气候与形势,公益广告的制作数量还相当有限,即使其中不乏成功的精品,也因整体形象上的薄弱,尚不能在公众中形成深入人心的影响。

中国公益广告事业的薄弱,原因固然是多方面的,但认为问题的关键,乃在于对公益广告事业的投入还远远不足。与公益广告搞得成功的国家与地区相比较,便明显而见我国公益广告事业发展的主要差距,乃在于还没有得到有关的各方——包括政府、工商界、广告界——对公益广告投入更多的关注、热情和行动。美、日、港、台等地的公益广告事业之所以如此发展,就在于政府、工商界、广告界的齐心携手,以持久的热情、奉献与牺牲精神长期努力而来。而中国,普遍而见的现象则是:工商界反应冷淡,广告界热情不足,政府方面往往也多停留在呼吁多于行动。所以,十年来,中国公益广告事业的发展,一直只停留在高调虽唱却实效甚微的尴尬状态。

追溯这种现象的根源,则在于有关的各方,对于公益广告的社会功能始终认识不足,特殊的历史背景,使中国在经济发展大潮中,明显弥漫一种"急功近利"的强烈意识,由此很容易导致人们将"公益广告"看成是与现实利益脱节的东西。即使很多时候,也提这是关乎精神文明建设的大事,但一遇实际仍认为经济建设是当务之急;或者,也意识到这是树立良好公众形象的机会,但往往也习惯以短期效益的眼光,将公益广告看成是只赔本、不赚钱的商业行为,因而多数时间只将公益广告作为一种额外的奉献,一种短暂的摆设和点缀,而缺乏长期投入的耐心与热情。

这种状况,不能说不是在对公益广告认识上的严重误区!

误区之一:在于始终难于摆脱以商业行为的眼光来看待公益广告事业,因此在公益广告事业尚未能形成良好形势时,则无法深刻认识公益广告的社会功能。

误区之二:在于还没有能普遍地认识到公益广告本身的特性,其实非常符合中国国情。可以这样说,在中国的土壤上,公益广告不应受到忽视与冷落,它完全可以大展身手、大有作为,它能以其特殊的社会功能,直接促进今日中国的现代化建设。

这样的断言,是从我们民族文化传统的特色反观而来的结果。下面试图从两个方面来论述这个问题。

第一,注重及推崇"道德教化",是中华民族文化传统的显著特征,由此决定了公益广告事业可以产生相当强的社会功能。

应当注意到,中华民族文化传统上具有一种十分鲜明的"伦理色彩"。正如中外研究中国文化的学者们所说的,中华民族的传统文化是一种"伦理型文化"。所谓的"伦理型文化",即是道出了中国社会的政治、经济、及其意识形态、社会风俗等等各个领域里,都渗透着浓烈的伦理道德色彩。尤其体现在政治领域里,道德与政治互相纠缠不清,道德体现政治,政治寓于道德,政治原则同时又是伦理规范。因而执政者往往注重以对社会的"道德教化",来达到维护社会秩序、教育民众弃恶趋善的作用,且以此赢得社会内部的安定团结,则直接促进社会经济的发展。可以说,在政治"伦理化"的情况下,这种"道德教化"的功能与作用甚至超过政令与法律。中华民族这种注重"道德教化"的文化传统,虽然有它一定的历史局限性,但对中华民族的凝聚与发展起过重大作用,也因此使中华民族至今仍保留了推崇道德修养、强调弃恶从善、追求人生价值的优秀品质。不难发现,今日的中国社会,仍十分注重以一种社会舆论的力量,来肯定及推崇某种道德准则、价值观念和行为规范,如孝敬老人、互爱互助、勤俭持家等等。在经济高度发展以导致私欲横流、时弊丛生的现代工业社会中,西方不少人正是注意到东方中国社会这种注重“道德教化”的淳朴遗风,可以胜于法律政令的力量,来缓解社会问题的恶化,调整及维护社会的正常秩序。近年来中国文化在西方社会大受推崇,正是源于此因。

从民族文化传统的特色来看,公益广告的特征,与推崇“道德教化”的文化模式十分相通。事实上,公益广告本身就具有一种社会道德教化的功能,它正是借以现代传媒的力量,来对全社会形成积极的舆论影响,直接起到一种教化民众、教化社会的作用,并在缓解社会问题的基础上,对维持社会秩序的正常化直接产生影响。例如评介一个“节约用水”的公益广告的社会影响,假如从更深层的角度来看,就不仅仅是缓解了用水与城市居民生活需求的矛盾问题,而且还在于可以避免由于用水矛盾的恶化而导致的种种磨擦乃至于动乱。那么,在这个意义上讲,这条简简单单的公益广告,就起到了维持社会秩序的功能,它们的作用就比一张政令或法律或诸多的规章制度要显著得多。

由此可见,由于中国社会具有注重和推崇“道德教化”的文化传统,而公益广告本身又具备了“社会道德教化”的特性,对教育民众和维持社会秩序有直接影响和重大功能。因此,我们应当可以充分肯定,公益广告在中国社会有极有利的发展基础,它以一种迎合了中华民族传统文化心理的方式,会成为中国老百姓更乐于接受的一种受教育途径。尤其是政府方面,更应当充分认识下面两点:

其一,公益广告可以成为建设精神文明、提高民族素质和增加民族凝聚力的重要途径。

我们知道,中国从传统上就是个“泱泱大国”,要维持一个大国的稳固安定历来不易。所以中国的执政者所致力的,往往不是与其它国度的交往,而是内部秩序的整肃和民心的治理。注重“社会道德教化”的传统做法,目的就在于要在教育民众的基础上增加民族凝聚力。中国民族历来表现很强的民族凝聚力,使之没有毁灭于一次又一次的外族入侵,与这一传统的延续有直接关系。不能否认,当前中国政府大力呼吁精神文明的建设,正说明当今社会“道德修养弱化”、“民族凝聚力淡化”的现象已十分严重。光是在公众场合下不断出现见死不救的事例,就是以令人惊愕我们这样一个最推崇道德修养的民族,今日会沦丧到如此地步!所谓的精神文明建设,是要在社会上倡导一种道德准则,一种行为规范和一种人生观念。这种意识形态的工作,就不是政府一张政令、或规章制度、或法律限定就能达到目的的,它需要整个社会舆论的呼应,需要人们自觉地去认识和接受。因此,应当意识到大力地倡导公益广告、发展公益广告,对于目前的精神文明建设有着十分重大的意义。政府完全可以通过公益广告的形式,去倡导一种健康文明的现代意识、道德准则和价值观念。毫无疑问,这是一个教育民众、教育社会的极好途径,是一个提高民族素质、增强民族凝聚力的极好途径。同时,也是在为物质文明的进一步发展创造良好的社会环境。这是尤其要注意到,对民众的“道德教化”,是需要采取一种可以让民众自觉地去遵循的形式,不是法律的强制手段,也不是政治口号的教条宣传,而应是一种让人感到熟悉亲切的形式下得以潜移默化的影响及教育。公益广告正在于它是以一种亲切随意、平易近人的形式出现,所以容易为中国老百姓乐于接受。这就是中国老百姓喜闻乐见的所谓“寓教于乐”!

其二,公益广告可以成为传递政府意图、解决社会问题、树立政府良好的形象的重要途径和最佳形式。

应当肯定地说,在当今大众传播媒介已深入人心,深刻影响着人们思想观念和行为模式的状况下,公益广告的形式使之可以担负更重要的责任,成为传递政府意图的重要窗口,成为左右社会舆论的重要途径。就如美国,其公益广告的组织机构与政府的关系十分密切,它诞生的背景,就是作为政府战时情报局的合作者而发挥作用。当时那场在二战战火下如何保护森林资源的公益广告活动十分有效,使美国至今受益。战后虽为民间组织,但政府仍经常通过公益广告的活动来统一社会舆论,每年的公益广告主题,有三分之一至五分之二是政府提出的要求,这些要求都是政府迫切需要解决的问题,而且是很具有长远眼光的规划。如"援助高等教育运动"、"继续你的学业"(为提高整体国民文化素质)、"保持美国美观运动"等等,都与政府的需要息息相关。这些公益广告的深入人心,不仅使这些社会问题得到了十分有效的解决,而且极大提高了美国政府在民众心目中的地位。因为公益广告关注的社会问题,往往就与民众的切身利益息息相关,政府的积极倡导和介入,便为政府树立了一种关心民生、重视民生的良好公众形象。这是尤其要注意到,公益广告往往很带有一种前瞻性和启蒙性的特点,因此它在引导一种社会观念与行为时,便有了远见性和主动性,这对于当今中国社会思潮由于具有转型阶段的混乱性和盲目性来说,更具有相当积极的疏导作用。

之所以这样强调政府对公益广告社会功能的重视,是因为公益广告活动在中国目前的形势下,还是一件阻力甚大的事物。我们的市场经济尚不成熟,因此还不能像美、日这些经济发达的国家那样,依靠消费者权利运动的高涨,来迫使工商界充分认识到参与公益事业、回馈社会,才是改善形象,争取公众好感的有效途径。也就是说,中国的消费者权利运动尚未成熟,对工商界的压力还不大,所以工商界对公益广告活动的反应冷淡则是很自然的。因此,可能在很长一段时间内,公益广告事业必需要由政府亲自来倡导、支持和介入。公益广告事业,实际上是项艰巨的、需要长期努力和需要一定的奉献与牺牲精神的工程,而且还是一项建设精神文明、树立一种社会观念与行为的特殊工程,这就非要依靠强大的政治力量来进行开拓与发展,只有当公益广告的事业得以巩固并日益表现它强大的社会功能时,才能逐步吸引工商界更多的热情关注及长期的支持。就如香港地区的公益广告,即使已得到工商界、广告界的支持,但政府仍作大力资助,其中不少广告就由政府的具体部门直接承制,其广告主题宣传与本部门的工作要旨息息相关,像"社会福利署"、"劳工处"等部门制作的公益广告都很有影响力,这一点应值得我们认真借鉴。

当然,公益广告事业作为一项艰巨、持久的工程,单凭政府的力量显然不够。因此,还必须要极力争取到广大工商界和广告界(包括媒介)的支持与介入。这一方面,在目前来讲还是比较薄弱的。资金的严重不足正在于工商界的冷淡,而作品的数量质量有限,也在于广告界投入得不够积极。其实,工商界、广告界对公益广告的忽视与冷落,也在于对公益广告的社会功能远远估计不足,这就是我们要论述的另一方面的问题。

第二,中华民族推崇"道德教化"的文化传统,使中国社会的民众心理表现一种显著的"重德"倾向,由此使公益广告的功能也十分有利于工商界、广告界树立良好的公众形象。

首先,我们不能否认,中国的工商界和广告界在公众舆论中极易受到非议,尤其是一些过分追求营利目的的行为,更容易惹来群起而攻之。就像广告活动中,即使是一些广告往往也能以其完美的艺术形式和深刻的内涵来打动人心,但公众心目中,广告始终是以营利为目的的商业行为。因而仍会对其百般挑剔,容不得半点差池。这种现象的出现,固然有工商界、广告界自身素质的问题,但也不能忽视,中国老百姓对工商界、广告界的百般挑剔,除了是消费者意识逐渐觉醒的因素之外,还有着一种深层的文化心理因素:这就是由于中华民族文化传统中过分推崇"道德教化"的结果。这一点使中国社会的民众心理,普遍表现为一种过分地推崇道德修养、追求道德完善、注重对社会道德准则的统一认同。可以说,中国社会的道德力量是十分强大的,对个人对他人的道德要求都很高,在商业活动的价值认识上,则是"重德轻利"、"重德轻商"的明显倾向。这种文化心理的影响,在今日商品经济的冲击下固然有所淡化,但这种数千年以来形成的文化心理积淀得太深厚、太根深蒂固，加上商业社会中道德修养弱化的现象已相当突出，所以使民众在对现实的失望中，心理上仍会复趋回一种对道德完善的追求。由此会要求商业活动更具纯洁性和更具公平与正直的面目。这种情况下，应当提醒工商界和广告界通过公益广告的介入来赢得良好的公共形象。

其次，要注意的，就是在这一方面的认识，工商界和广告界应当要有长远的眼光，而不是局限于眼前的利益。因为可以说，对公益广告事业的投入，是工商界和广告界的一种十分有效的长远投资，持之以恒必有丰厚的收获。原因不难理解，由于公益广告的形象就是一种道德楷模形象，它在推崇一种健康、文明的道德准则、行为规范、价值观念和人生方式，关注的是与公众利益息息相关的社会问题。因此，对于以重德为尚的中国老百姓来说，就是有了一种亲切且正直的感召力。可以说，工商界和广告界对公益广告事业的积极介入，必然会大大提高自身的公众形象，这自然就会为自身的发展赢得机会。正是传统文化心理的影响，使中国民众仍喜欢用道德标准来判断商业活动，所以通过公益广告活动来认识和接受企业形象，也就直接影响了他们的消费心理与消费行为。

从以上两方面的分析可见，公益广告事业在中国特有的国情下，具有十分得天独厚的发展基础，目前的薄弱，不能说不是我们的巨大缺憾。假如在这一点上各方能形成共识，以投入更多的关注、热情与行动，相信我国的公益广告事业必有一个十分辉煌的前景。

1996年11月20日

公益广告在社会发展中的作用

吉林大学包装学院装璜艺术设计系　付丽霞

公益广告首要遵循的就是把握住作品的观念性。公益广告是为社会公众制作发布的，不以营利为目的广告。公益广告推销的是观念，它通过某种观念的传达，呼吁公众关注某一社会性的问题，以合乎社会公益的准则去规范自己的行为，支持某种社会事业和社会风尚。今天，随着科技、文化和经济的发展及各种思潮的影响，公益广告在社会发展中的作用越来越重要。

1、融观念于其中，引起公众的关注

我们可以从许多广告中看到，其中所传播的观念是极具普遍性的，如节电问题、环保问题，妇女权益的问题、尊老爱幼的问题及人口问题等等。1996年中央电视台推出一则节电广告，银幕上出现电灯泡，话外音100瓦增加至200瓦，增至500瓦，再换1000瓦的……画面越来越亮。突然一片漆黑。话外音一“电资源是有限的”。这则广告向社会敲起了警钟，它使我们认识到人类无尽的占有欲，将会给世界带来严重危害。

另一则动画广告。人类在砍伐树木，动物们愤怒的注视着他们，渐渐的森林消失了，动物们圆睁的眼睛消失了。空白画面外传来劈裂的声音。就向上面我们想到的，如果人类继续这样走下去，在这个世界上我们还能住多久。

公益广告所传播的观念，对社会的作用是其它广告手段所无法替代的。它传达给人们“真、善、美”的信息。使人们对社会有良好的认识，使公众对社会有一种责任感。它把最好的精神食粮献给人们,使社会更文明、更发展。

例如一则戒烟广告,红心上插入燃烧的香烟;又如一则戒酒广告,饮酒者浑身包着绷带,拄着拐杖,他倒出酒的若干恶状……这些广告对社会上人们的不良现象和恶习予以抨击。还有一些广告倡导人们养成良好的习惯。如一则预防爱滋病的广告,画面传播病毒之迅速,令人触目惊心,它告戒人们,危害是人们自己造成的,要过有规律讲道德的生活,社会才能有秩序的健康发展。"义务献血广告",倡导人们互相帮助,珍惜生命。让患者体内注入新鲜血液,让社会充满爱。

2、融情感于其中,唤起公众的行动

有一则非常有意义的广告,内容是:一位女士在做早餐,镜头拉近时人们看清她是一位失去双臂的残疾人。她用嘴打开冰箱,用嘴取出鸡蛋放在盘中,后将盘子放到地上,然后又用嘴衔起那只鸡蛋,举到一定高度后,把它抛在盘中,鸡蛋破碎了,她把盘子放在餐柜上,用嘴咬住一支叉子,将鸡蛋皮挑出,这样她又打了第2只鸡蛋,然后咬住叉子把蛋液搅拌均匀后,将盘子置于微波炉中,另一段镜头细腻地再现了这位顽强的女士在烤面包,试着倒一杯热水。尾声再现这位强者向生活抗争的坚定自信的面孔。镜头推出广告语——您看完这些后,是否还真的认为开张支票那么难吗?这是一则号召大家捐款的公益广告,片中展开了残疾人艰难生活的一段真实感人的情节,它唤起全社会对身残志坚者的怜悯心。即通过具体情节,呼吁社会关心残疾人这一社会性问题,通过这一感人情景号召人们多发善心,减少恶念。从长远意义上来讲,多发爱心关心他人,会使整个社会的人际关系趋于和谐,减少恐怖暴力行为的发生。

如另一则广告:晨光射进窗户,老人准备起床,眼前出现幻觉——她生前的丈夫微笑着站在床前,手拿一束鲜花。老人起身,突然图像逝去,老人失望的起床,拉开窗帘,对着镜子洗梳。日落了,老人又是洗梳后上床,画面中老人长时间的平视,最后合衣而卧,关灯……广告语——谁都将一个人过这样的感恩节吗?"告诉他们"——(指公众)。这组令人动情的广告,使我们想起自己的亲人、父母是怎样欢度节日的。而此时还有很多老人等待着与自己的孩子和亲人欢度节日,他们不喜欢孤独,可是,生活中又有多少老年人获得了真正的快乐呢?他们除了奉献外,还能得到些什么呢?这则广告在呼唤用我们的"爱心"去帮助老年人。

3、融民族文化与其中,提高全民素质

把民族文化融入广告中,增进国与国之间的沟通。从很多公益广告中我们看到具有鲜明民族特色、民族风格,越是为本民族人民所喜闻乐见的作品,越能得到国际范围的认同。这是文化传播的基本规律。因此融民族文化于公益广告创作。是实现有效传播的重要环节。民族文化是一个民族的历史传统,风俗习惯,伦理道德、思维方式、人生观、价值观的融合。广告中的民族特色和民族风格,则是民族文化在广告中的形象化、个性化的体现。其效用是从文化心理上接近受众,达到与受众沟通的目的。希望工程的系列广告,号召全社会的人们去关心爱护失学或残疾的孩子们。使他们将来成为祖国的栋梁。这些广告运用民族语言,体现本民族特色,再现我国实施精神文明的举措。使国际瞩目。普法教育广告,倡导公民做到知法、懂法、守法、护法。"十不"广告,号召人们不随地吐痰、不赌博、不乱倒垃圾……等引导人们形成良好的行为习惯。保护环境减少污染广告,使人们看到我们赖以生存的空间是何等的狭小,控制工业污染等等是何等的重要。这些广告积极投入世界性环保宣传行列,他们都具深刻的教育意义。他们的思想性极强,它激励着人们为社会的文明发展而奋斗。又如禁止核武器的广告。用中国古文字"无"压盖着核弹的阴影。其间使人联想到核弹施虐时的"滴滴血雨",此广告中也融入了外来优秀的文化。如自由式的分布及蓝黑色彩的点缀,使整个广告具有现代与古典交融的特色,此广告主题表现的明确深刻。另外国外的一些优秀广告作品,如"环境污染"的作者利用镙钉制造了一种反常态形态,使人联想起畸形等等都是值得我们借鉴的。我们要把国外的优秀文化吸收融入本民族之中,推陈出新。使国与国之间互相沟通。

我国的经济和科技在迅猛发展,伴随着商业广告大潮,公益广告在其特有的天地里会为社会创造出更新的观念,会发挥更强有力的作用。

论公益广告

罗真如

公益广告的制作和发布,是否以盈利为目的的,它推销的是观念,对人们的人生观、价值观及行为举止、精神情操,起正确的导向作用,启迪作用,促进人的精神文明,其作用反过来又促进物质文明,两者是相互促进的。为此,一些企业无偿提供资金、时间和空间,制作、发布公益广告,是因为其信息有传播价值。被尊称"国魂"的文学巨匠鲁迅先生,早年学医,后觉悟到自己的使命不是医治国民的肉体,而是要医治国民的灵魂,于是弃医从文,以文学作品的传播,唤醒民众的觉悟,振兴中华民族。

今天在社会主义建设中,精神文明建设仍然非常重要,它能转化为物质力量,推动社会主义建设的进程,为此,不少有卓识的企业,为公益广告的制作,发布做出奉献。

公益广告的题材

公益广告的题材很广泛,涉及人类共同的命运问题,如人口过剩、环境污染、资源枯竭等、涉及社会及每个成员公共利益的观念、行为、家庭伦理、交通安全、妇幼权益、希望工程、舍己救人等,这些大事、小事、家事、国事,世界之事,都是公益广告涉及的题材,创作者必须对社会生活中,形形色色的现象、行为和观念,进行敏锐的观察、分析、研究,从现象看本质,从小事中看出大道理,从平凡的事物中,看出不平凡的东西,使公益广告的题材来源于社会和大众中,具有普遍性、典型性,以其对社会关注的种种问题作为切入点,具有很强的现实意义,因此给人强烈的震撼力,产生良好的社会效应。

例如,当今人们生活节奏紧张,匆匆忙忙,在拥挤的公共汽车上,心情焦躁,乘客之间,乘客与乘务员之间容易发生顶撞,互不相让,这已成为普遍现象,但乘务员李素丽天天工作在拥挤的汽车上,她热情地为乘客服务,耐心地解决问题,她对乘客的爱心,溶解了乘客的焦躁心情,溶解了相互间的矛盾,她在普普通通的工作岗位上,年复一年,做出了不平凡的奉献,公益广告宣传她的模范事绩,呼唤人们学习她为人民服务的美德。

又如电视公益广告:马路上有一块大石头,骑自行车的人被绊倒,一个个愤愤而去,第四个骑车路过者,看见石头,特意下车,转身回来将重重的石头搬开,以免他人被绊倒,屏幕上分别出现四行文字表达各自的态度:

一块石头……讨厌 (第一个人)

一块石头……捣乱 (第二个人)

一块石头……倒霉 (第三个人)

一块石头……搬掉它(第四个人)

电视公益广告:马路边放着垃圾箱,一个人走过去,扔去一包垃圾,掉在垃圾箱外,另一个人走过去，扔去一包垃圾，洒落垃圾箱周围，又一个人走过去扔垃圾，掉在垃圾箱旁边，就这样，垃圾箱周围满地垃圾，清洁工过来扫净，字幕标题："再走一小步，环境更清洁"。

电视公益广告：在老太太遗像前，摆满供品，敲锣打鼓、奏乐、纸人、纸马、身着孝服、头戴孝帽的后代，浩浩荡荡的送葬仪仗队，好热闹、好排场。虚镜头不断出现老太太生前求乞、拾破烂的凄苦生活、屏幕标题："生前不尽孝死后大操办，孝在何处？"

公益广告以情动人

公益广告肩负着社会教育的使命，但不能以训人，说教的姿态，或干巴巴标语口号式的号召，让人难以接受，因此公益广告的创意，要寓教于情理中，不仅要晓之以理，还必须动之以情，以爱心去规劝、批评、倡导、使人容易接受、乐于接受。例如两则宣传交通安全的公益广告，标题："高高兴兴上班来，平平安安回家去"、"您的家人盼望您安全归来"，以浓浓的亲情，提示你对交通安全的重视。又如为纪念反法西斯战争胜利50周年的电视公益广告标题"勿忘历史"，以一个四世同堂的幸福家庭，遭受残酷战争的摧残，家破人亡，表现人类反对战争，渴望和平的愿望，整个广告没有一句话，没有一个字，但却深深地打动观众。又如"当你需要的时候，轻轻说一声，我来帮你"，"心声要用心去聆听"等。

公益广告为企业树立形象

公益广告是大众的良师益友，深受大众欢迎，因此不少企业无偿地制作、发布、赞助公益广告，他们为树立社会主义公德、为社会主义精神文明建设做奉献，例如中央电视台自1987年开播"广而告知"栏目，以提醒、批评、规劝为主题的公益广告，引起全社会的重视和反响，其制作费用全部由中央电视台广告部承担，1993年后开始有广告公司和企业赞助，取得了巨大的社会效益。

制作、发布、赞助公益广告的企业，为社会大众做好事，深得人心，无疑在社会、在大众心目中树立了良好的企业形象。发达国家的企业，早以为大众做好事来树立企业形象，如麦当劳，搞社区服务，打扫公共环境卫生、三洋电器公司口号"热爱人类、热爱地球"，出巨资为环保事业做奉献。

北京三株营销公司林副总经理说："企业在做商业广告的同时，有责任、有义务为社会做公益广告。而且实践证明，做公益广告的商家、厂家并没有因此影响经济效益，相反却在群众中留下了很好的印象，为企业创造了经济、社会效益的双丰收。"

公益广告经常化

公益道德的教育、倡导、提醒、规劝，是很细微深入的思想工作，它贯穿在人的日常生活当中，哪里有人，哪里就存在矛盾，存在先进与落后、公与私、善和恶、美与丑的矛盾，需要进行经常不断的道德教育，而且有些公共道德问题，是市场经济体系不完善带来的新问题，加强公共道德的过程本身，就是完善市场经济体系与社会机制的过程，社会主义市场经济体制的确立与完善为加强公益道德建设提供了现实的可能性和根本的保证，因此公益广告必须与社会发展同步，跟着时代的潮流、时代的脉搏长期致教于社会大众生活中，不是一次运动、一阵风所能奏效的。

通过《中华好风尚》公益广告月活动，公益广告宣传的攻势开始形成，水平也有较大幅度的提高，全国第一次评选，各媒体都分别评出了金奖、银奖、铜奖、优秀奖，大大活跃和鼓舞了公益广告的创作热情。同时,公益广告的理论指导问题,也已引起重视,开始提到学术界的议程上,工商行政管理局在评选之后,还举行公益广告理论研讨会,非常必要、非常及时,加强公益广告理论研究,必将更好地指导公益广告的创作实践,使公益广告的创作,在理论指导下,水平更加提高。

公益广告诉求的心理分析

中国科学院心理研究所　马谋超　徐金灿

在邓小平同志建设有中国特色的社会主义理论指引下,党中央向全国人民发出号召:一手抓物质文明建设;一手抓精神文明建设。两手抓,两手都要硬。广告作为一种传播手段,不仅应当,而且可能为两个文明建设服务。众所周知,广告有不同类别,不同类别的广告自然便会有不同的侧重。公益广告与商业广告不同,后者旨在促销,而前者重在向社会大众宣传社会公德和行为规范,使之接受并愿意执行之。一句话,公益广告的公益性很强。然而,不能不重视这样的现实:当前我国的公益广告实际收效与社会的要求仍相距甚远。这不仅反映在它的数量少,而且,也表现在它的质量水准不高。后者主要的问题之一是缺乏上佳的创意。为此,本文集中地讨论了创意中诉求的不同方式及其可能产生的心理效应。

在广告学术领域里,诉求有几种方式:理性诉求、情感诉求和两者兼有。

公益广告的理性诉求通常以明示或暗示一种见解、一项公德或一个行为规范等诸如此类为特征,让公众清楚它在劝说什么,告诫什么。

例如,在美国的纽约时代广场,有过一幅巨大的公益广告显示屏。该屏幕的上方显示出"流泪的一年"几个醒目大字;该左下方有一支手枪图案被打上了"×";中间标示了这些信息:时间、美国当年拥有的枪支数和被枪杀的人数(1)。很显然,这则广告通过个人拥有枪支的危害性,明示人们限制私人拥有枪支的必要性,或者说,告诫人们不要无限制地让私人拥有枪支。

作为理性诉求的一种学说,USP(Unique Selling Proposition or Point)"独特销售点"理论强调这样的语法程序:特有的主张(许诺)+理由的支持。虽然,该学说是针对商业广告的,然而,对公益广告的理性诉求亦不失其价值。这就是,要求广告必须给受众一个强有力的主张或见解,而这一见解必定要有理由的支持。在这里,如果说有点差异的话,那就是公益广告所述的见解或主张,并不一定是独特的或迄今所没有过的。

不过,应当承认,由于播放时间和篇幅等因素的限制,简短的几句话或几个镜头、画面,要说透一个道理是很不容易的。也正因为此,一些公益广告仍摆脱不了一般性的说教方式,其往往是效果甚微。

情感诉求是当今公益广告最被看中的一种诉求方式。其核心是以情感人,让大众感受到特定的情感或情绪体验,在此基础上,达到接受劝说、遵从社会公德和转变为自觉行为的目的。

人的情感体验有积极的和消极的特性。因而,情感诉求相应地也有积极的(或肯定的)和消极的(或否定的)之分。

在公益广告中,藉助于积极情绪体验,被用得最多的诉求方式是幽默。这类广告使人逗笑,产生兴奋、愉快等情绪体验,同时揭示道理,寓教于乐,使人们在轻松心情下接受所劝说的内容。例如近期在电视中播放的一则公益广告,它描绘了人们在休闲时的钓鱼活动。电视以一个收竿时钩出一团垃圾为画面,令人捧腹大笑。也就在捧腹之余,人们自然而然体会到保护环境的重要性。

"渴望"的情感体验也属于这一范畴。我们不会忘记,有一幅为希望工程义演的招贴画是如何激发公众的爱心的。在该广告中,以一个小女孩为画面,其强烈渴望求知的表情,是那般催人泪下。怀有同情心的人们,还会有谁不愿奉献一片爱心呢?! 义演现场座无虚席,场上场下同献爱心。整个义演获得了空前的成功。该招贴广告,功不可没。

同样,在公益广告中,基于消极的(否定的)情绪体验的诉求也屡见不鲜。戒烟、遵守交通规则这类主题就常用否定的情感诉求。其中,"害怕"的体验为最。这种诉求的公益广告,试图以害怕的体验为中介,引起受众对问题的重视,从而改变人们的不良行为。例如在戒烟广告中,常常强调吸烟与肺癌及其他疾病的关系,劝说人们戒烟以保护健康。但是,"害怕"作用并不是无条件的。心理学的实证研究表明"害怕"诉求的效果取决于适宜的强度。有一项实验通过施以不同强度的威胁,考察其说服的效果。前两种强威胁是:"牙齿的保养差,就无法补救";"牙齿的保养差,定会坏掉二、三个蛀牙";第三种威胁是中等程度的;第四种是无威胁。结果,受到强威胁(第一种)的受试者真的害怕了。可是,一星期后却只有中等程度威胁的那组受试者,最遵从说服的内容,而最强威胁的那组与无威胁的一组受试者之间,说服度没有差别(2)。也就是说,威胁太强,可能激发受众防御机制起作用,从而导致对面临的问题产生回避反应。正如许多人对各种惨状照片产生回避反应那样。

新近,也有不少人主张理性诉求与感性诉求的结合。这是基于下述的见解:认知是情感体验的前提,而情感体验是认知的直接后果。心理学的研究指明:要克服不良行为,光有认知是不足以解决问题的,只有个体产生否定的情绪体验,才可能最终克服不良行为。

以上各种诉求方式欲想达到劝说效果,还必须建立在这样的基点上,即站在受众的立场上,从爱护他们,维护他们利益出发。这是社会心理学揭示的基本事实。若与此背离,一切诉求方式都将失效。例如,为了劝说人们遵守交通规则,交通管理部门常在马路的拐弯处立有交通警察的塑像,以提示司机们的注意。这自然是有益的。但是,塑像的不同姿势就可能引起不同的效果。具体说,若以手指着对方的姿势,人们会觉得处于一种受责备的状态,于是,可能产生抵触情绪或视而不见;若换成警察敬礼的方式,一下子便可能把彼此的心理距离缩短,抵触情绪也就此"烟消云散"。类似的还有"高高兴兴上班去,快快乐乐回家来"、"为了您和他人的幸福,请您注意交通安全"等,都是从受众出发,为劝服提供了极其有利的条件。

总之,公益广告作为劝说的一种特有的形式,必有其特点,同时也不失劝说的科学原理。如何进一步地把广告艺术与科学原理结合起来,将是我们今后共同努力的方向。

参考文献:

(1)薛婷婷著,《见微知著——美国广告业观感》,引自.《国际广告》1995年第三期,第41页

(2)川胜久原著,刘会梁校订,汪志龙、施金标合译,《广告心理》第108—109页,巨浪出版社印行

公益广告:企业理念的重构与表现

北京广播学院广告学系教授 黄升民

不久前,国家工商局广告司组织了一个名为“中华好风尚”的公益广告活动。组织者通过采用广告的宣传手段,向社会弘扬“中华风尚”,体现“广告回报社会”的同时,达到塑造广告界新形象的目的。从整体上来看,这次活动基本上是成功的,达到了组织者的初衷,然而,其中也有一些问题颇值得我们深思。

在“中华好风尚”公益广告活动中,最积极的参与者是广告公司和媒介单位,而商业广告活动的主体——企业则表现平平。当然,在这次活动中也有一些企业的身影,比如北京的红星酿酒集团,同仁堂,亚都等,但是,具备经济实力的而又积极进行商业广告活动的企业,却寥寥无几。这种现象,引发我们思考如下的几个问题:

第一:公益广告与企业活动有何关系?

第二:公益广告在企业宣传战略中处于何种地位?

第三:中国企业具有什么样的公益广告观?

一、公益广告与企业的新理念

在考察公益广告与企业理念的关系之前,我们不妨先看一下有关公益广告的定义。

公益广告在美国主要分成两类,一种称为公共广告(public advertising),多是由社会公共机构,例如绿色和平组织,动物保护协会,以及国外各种形形色色的社会团体,针对他们所关心的社会问题发布的各类广告。

一种称为意见广告(opinion advertising),意见广告多是国外的企业集团,针对各类的社会现象阐述企业的态度,这是一种企业形象广告延伸,表明了企业在社会中的个性。

在日本,公益广告称为“公共广告”。在《电通广告词典》中定义为:“企业或团体表示它对社会的功能和责任,表明自己追求的不仅仅是从经营中获利,而是过问和参与如何解决社会问题和环境问题,向消费者阐明这一意图的广告。”

在上述的定义,尤其是《电通广告词典》的定义,有两点是值得注意的。其一是公益广告的活动主体是“企业或社会团体”;其二是公益广告的实质是活动主体的“理念”表达。这个理念所包含的内容很广泛,有其对“社会的功能和责任”,然而,更重要的是“表明自己所追求的不仅仅是从经营中获利,而是过问和参与如何解决社会问题和环境问题”。

这正是一种新时代的企业理念的表白。

企业是什么?经济学给它的定义是:追求利益最大化的经营团体。因此,企业打上了“追求利益的经济动物”的标签,而实质上,企业也是如此。企业在创造巨大的社会财富同时,也成了破坏环境,刺激社会动荡的元凶。在80年代,出于社会生存的需要和企业自身的反省,产生了一种全新的企业理念。关于这点，日本的茨城大学根本昭二郎教授在《广告传播新论》一书中有所言及：

“最近，企业界非常关心‘企业的社会贡献’(philanthropy)这一活动。‘philanthropy’是在美国相当普及的一个概念，可以翻译为‘慈善，博爱’，然而，它不单是一种捐赠行为，而是一种为解决社会问题而积极采取的范围相当广泛的公益活动”。

对于企业的这个动向，作者归因于：

(1)经济环境的变化，经济国际化和全球化的倾向；

(2)国家目标的变化，高速发展转入成熟社会；

(3)社会环境的变化，如价值观的多样化，产业结构变化，城市化等；

(4)企业外在环境制约，如资源制约，环境制约。

在上述条件的作用下，企业理念发生了一个很大的转变，即由“追求营利型企业”向“优良公民型企业”过渡。

企业理念的变化

追求营利型企业	优良公民型企业
※努力开发廉价优质商品	※确立企业形象和理念
※追求利润最大化	※与社会共存共荣
※重视顾客和从业员	※有所节制的利益追求
	※重视地域社会

当企业理念发生一系列变化的时候，企业会积极地投身于社会的各种公益活动，而这时，公益广告也自然成为企业对外宣传的一个重要手段。

二、公益广告与企业宣传战略

将公益广告视为企业对外宣传的重要一环，可以发生在企业理念变化之前，也可以发生在企业理念变化之后。因而，在展开公益广告活动时，通常可以看到两种不同的态度和做法。

一种是在旧有的企业理念基础上，把公益广告视为商品广告的一个补充和延伸。在宣传战略的构架上，公益广告仅是一种变化宣传手法的工具而已。当理性广告饱和后，转做感性广告，当商品诉求过量后，转为公益诉求。这种功利色彩相当浓厚的“公益广告”在初始阶段还是有效的，但无法掩饰其虚伪和娇情。企业的初衷是利用公益广告塑造新的形象，然而，由于企业理念与公益广告的游离，最终不得不放弃这种策略。

另一种是在全新的企业理念上开展公益广告活动。在这个时候，公益广告对于企业不止是一种“回报”，而是企业宣传和实行自身理念的一种自然行为。公益广告向商品广告的活动领域渗透，超越两者的界限，而最终产生出一种全新的广告形态。

80年代后期开始的，风靡国际社会的贝纳通广告就是一个最典型的例子。

在80年代，贝纳通的广告刚刚登场，被广告界视为一种创意手段上的“艺术革新”。但随着企业环境的变化，人们才逐渐发现这是企业理念开始变革，从而带动了广告观念的变化。

贝纳通的广告创意理念建立在这样的企业哲学上，“企业是地球公民”，企业只是社会一员，亦有喜怒哀乐，与社会、人类发生共鸣。广告，正是表现这个企业理念的一种手段。在这个经营理念的支持下，贝纳通的广告打破了以往“广告的第一目的是推销商品，塑造企业和品牌形象”的观念，广告主自身的诉求除了“United Colors of Beneton”别无其它。贝纳通将企业与社会的沟通放在重要的位置。关于这点，贝纳通的广告设计者 OLIVIERO TOSCANI 表白道：“我们将广告作为对于政治、环境问题范围广阔的沟通手段，在这个方面我们比其他企业稍稍超前。我们发现广告是现代生活中最丰富，强有力的媒介”。

在广告题材上，贝纳通从不回避重大的社会问题，难民问题，种族歧视，疾病，波黑战争成为其广告题材。在广告表现上，舍弃了广告必须表现绝对的美的观念，将患病，死亡作为诉求的主题，强调“瞬间的真实”。因此，贝纳通的广告每年都给国际社会带来极大的震撼。

贝纳通广告已经成为90年代的新的广告神话。其巨大的影响力，不仅仅是广告观念和广告手法的创新，而是源于崭新的企业理念。

三、公益广告与中国企业

我们分析和论述了公益广告与企业理念的关系和公益广告在企业宣传的战略位置之后，回到本文开头的话题，也就是中国企业的公益广告意识的问题。

这次的“中华好风尚”公益广告活动月的遗憾之一就是企业没有成为应该成为公益广告的活动主体。这是为什么呢？

因素是很多的，比如，组织者对企业缺乏积极有效的引导，比较重视媒介单位和广告公司而轻视工商企业。一提到宣传就是媒介的事情，这也是我国的一个实情。再如，是企业的公益广告意识淡薄。企业比较看重快速见效的产品广告，相对而言效果长远的公益广告被放在一个次要的位置。

然而，问题似乎不是那么简单。企业未能成为公益广告活动的主体，除了反映出组织引导和广告意识的问题之外，还折射出企业在激烈变化的社会和经济环境中，主体理念的模糊。所谓的企业理念，也就是企业的核心精神。它是企业使命，企业个性以及企业的行为准则等因素的集合体。一个企业之所以能在长久生存，除了企业组织机构和经营策略不断适应环境变化之外，其核心理念也会顺应时代的变化发展而不断地调整和革新。与海外的企业相比较，中国企业所面临的核心理念的调整和革新的难度要大得多。从计划经济模式到市场经济模式，从单一的所有体制到多元的所有体制，从零散的小企业到跨地区跨行业的集团企业等等，企业自身的发展和外部环境的激烈变动，都使企业处于一个不断调整不断裂变的过程之中。

中国企业有没有意识到这一点呢？有的。从近年来企业的所谓“CI”热就可见一斑。企业在变化之中积极寻求新的统合，在一片“CI”的鼓噪声中似乎得到了再生之道。然而，应该指出的是，多数的所谓“CI”系统工程的实施，都是重外在而少内涵，重设计而少理念。企业所企求的内部和外部新的统合远未能实现。许多穿上“CI”新衣的企业过了两三年又开始厌烦，在焦灼不安中度日，究其原因，是企业内部精神没有统一整合。换言之，是企业的理念模糊，与时代

正在崛起的重庆广告市场

重庆市工商行政管理局

一、重庆广告业改革开放以来的主要发展

重庆市的广告业是在党的十一届三中全会以来得到迅速发展的。特别是邓小平同志南巡讲话以及党的十四大明确提出建立社会主义市场经济宏伟目标以后，重庆市广告业一直保持良好的发展势头。1997年3月14日全国人大八届五次会议批准设立重庆直辖市，万县市、涪陵市、黔江地区划入重庆，是重庆历史性的发展机遇，重庆广告业也由此进入新的发展时期。

广告经营和宣传网络体系基本建立。重庆市1995年广告经营和广告发布单位共650户，其中广告公司235户，兼营广告企业305户，广告经营额3.5亿元。重庆有公开面向全国发行的报刊70多家，主要面向市内和西南地区的媒体200余家，每年向社会发布数百万件广告，创造了可观的社会效益和经济效益。

广告法制管理机制已经形成。全市48个区(市)县基本建立了相关的职能机构，共有专职管理干部74人。1993年重庆市人民政府制定了《重庆市户外广告管理规定》，1996年市人大常委会颁布了第一个地方性广告管理法规《重庆市户外广告管理条例》。除此，重庆市工商局还制定了《关于进一步规范医疗广告的通知》、《关于加强布幅广告管理的通知》、《关于加强招牌管理的通知》等规范性文件，使重庆市广告法制环境日趋成熟，有效地维护了广告经营秩序。

行业管理和以行业自律为依托的中介服务活动逐步进入正轨。重庆市于1984年10月成立了广告界的行业组织——重庆市广告协会。万县市、涪陵市、黔江地区分别成立了地区广告协会，市广协先后建立了报刊、广播电视电影、公司、印制、客户、学术理论等6个专业委员会。1985年10月创办了行业内刊《广告报》，已发行200期。1992年创办重庆市广告事务所。

户外广告有了长足发展。重庆市1991年前户外广告主要以路牌为主，近年来高新技术涌入户外广告领域，霓虹灯、电子显示屏、立体造型等依靠新材料、新工艺制作的户外广告已占据主导地位。1995年全市发布户外广告7000余件，增长了8.7倍，经营额达到7000多万元，比1991年增长28.8倍。

农村广告事业取得可喜的成绩。重庆市在贯彻落实党中央关于加强农村工作和农村基础地位过程中，针对重庆市既是大城市又是大农村的特点，长期坚持发展农村地区广告事业，取得了可喜成绩。全市农村地区有广告经营单位402家，占全市经营总量的43.5%，广告经营额4278万元，占全市的11.2%。

二、1996年的重庆广告市场再添光彩

1、重庆广告业发展比较迅速。1996年是“九五”计划的第一年，是深入贯彻落实党的十四届五中、六中全会精神，深入贯彻执行《广告法》的一年。全市工商行政管理机关和广告行业组织与广告界同仁一道，加

大执法力度，规范广告行为，发挥广告在两个文明建设中的作用，促进了我市广告业和经济的发展。1996年底全市广告经营单位903户，比1995年增长了39%，广告从业人员12308人，增加了42%，广告经营额4.3亿元，增长了21%，在全国省级排序中名列第17位。广告公司364户，比1995年增加了55%，广告从业人员5079人，增加了43%，广告经营额13282万元，增长35%。报刊、广播、电视123户，比1995年增加了16%，广告营业额19219万元，广告从业人员达1417人，增长了10%。其它广告制作单位426户，广告营业额10292万元，比1995年下降了4%。

2、隆重举办《广告法》颁布实施一周年系列宣传活动，增强广告法律意识。此次宣传活动在市委、市人大常委会和市政府的领导下，专门成立了活动领导小组和活动办公室。重庆大地广告公司、《重庆日报》、《重庆晚报》、《重庆晨报》、重庆电视台、重庆电视二台、重庆经济广播电台等主要新闻媒介和广告公司通力合作开展工作，形成了声势浩大的宣传规模。开展了《广告法》执法检查，在《重庆晚报》开展“众说纷纭话广告”有奖征文，在《重庆晨报》征集“广告金句”，在重庆电视二台开展“广告在你身边电视随访录”。400多广告人参加了《广告法》知识竞赛，6支代表队参加了决赛，工商行政管理干部和广告经营单位及企业代表观看了决赛实况和精彩的文艺表演。除此之外，全市多媒体、多层次、多方位地利用广播、电视、报刊、路牌、标语等形式进行宣传，做到家喻户晓，人人皆知，社会反映良好。

3、加强对广告行为的监督管理，维护广告市场秩序。对广告主擅自印发印刷品广告进行检查，收缴印刷品广告50万份。对工商企业发布的广告进行了抽查，共查验广告1638条。重点对四大媒介进行了突出抽查，增强了法制观念，提高了守法的自觉性。查处违法广告282件，罚没款54万元，从而净化了广告市场，有力的维护了重庆市广告市场秩序。

4、开展广告公司资质评审和广告人奖励基金评选活动。市工商局和市广告协会为了提高广告经营水平，优化产业结构，择优扶强，从1994年以来开展了广告公司资质评审活动，评出A级公司9户，B级公司23户，C级公司7户。1996年对1994年评出的等级公司进行了复查。1994年以来共评出优秀广告人34名。经过评比和多年的竞争，我市涌现出一批管理严密，遵纪守法，竞争力强，社会效益和经济效益好的单位，如《重庆晚报》、重庆经济广播电台、重庆电视台、重庆电视二台、重庆美术广告公司、重庆亚光霓虹广告公司、重庆空港广告公司、重庆华灵广告公司、重庆正点广告公司、重庆铁路宏达广告公司、重庆天地广告公司、重庆对外广告公司等。

三、重庆广告业发展的长远优势

1、重庆广告立足重庆，面向西南，辐射全国，有区域型和辐射型的诉求效果。重庆市辖43个区(市)县，3000万人口，80000多平方公里面积。重庆是我国西南水、陆、空交通的枢纽，是长江上游经济文化中心，是内陆唯一的中央直辖市。长江龙头上海浦东开发和长江黄金水道经济的发展，必然促进重庆经济的繁荣。三峡工程全面启动和三峡库区经济给重庆经济飞跃带来机遇。重庆的经济地位、历史机遇和重庆人对新闻事业的特别重视，重庆已形成了各种层次的宣传媒介。有公开发行的报刊70多家，其中重庆日报、重庆晚报、重庆晨报、西南工商报、重庆广播电视报等媒介发行量达10万以上，有的上100万份。除此之外，还拥有中国市容报、电脑报、中国药房、少年先锋报、改革、中外企业、农家科技等辐射全国的报刊。重庆电视台、重庆电视二台覆盖四川及陕、鄂、黔部分地区。因此，在重庆进行广告投资不仅能够在重庆市场获得诉求效果，而且能够在西南及国内部分地区产生影响。

2、重庆的广告媒体猛增。重庆是全国著名的山水城市，两江环绕，依山傍水，市区高楼大厦林立，山水相间，发展户外广告得天独厚。近几年，重庆市政府广泛深入扎实地抓灯饰工程，为繁荣户外广告提供了组织保障。户外广告大增，1996年发布霓虹灯广告2496件；路牌广告16749件；电子显示屏广告18件；立体广告21件。解放碑、南坪、两路口、上清寺、三角碑、观音桥、火车站、机场、港口等地广告林立，气势宏伟。霓虹灯、灯箱、射灯等灯饰广告打扮了不夜城，显示出重庆市这一特大山水城市的现代化繁华景象。重庆有线电视台、重庆商业广播电台、重庆经济广播电台、重庆教育台以及各区(市)县的有线广播电视电台的出现，为重庆广告业增加了新的伙伴，形成全方位、多层次的广播电视网络。新台的不断涌现，新频道增辟，报纸版面扩至16、24版，甚至32版。版面时空的拓展，覆盖面接近1亿人口，四大新闻媒介的广告显示了强大的活力。

3、广告从业人员的素质不断提高，具有广告创意设计制作能力。全市有专业广告公司364户。广告从业人员12308人，其中大专以上学历占52%，中高级职称以上的占50%，经过广告岗位目标培训、自修、脱产深造，加上一批美术院校毕业的专门技术人才，整体素质增强，普遍能按照广告主的意愿和市场需求提高广告创意及广告作品的设计、制作。重庆美术广告公司、重庆大方广告公司、重庆正点广告公司、重庆天地广告公司、重庆大地广告公司、重庆新世界广告公司、重庆华灵广告公司、重庆市政广告公司、重庆对外广告公司等综合性广告公司，能够为企业提供全方位、多层次服务，从产品市场调查、产品定位到企业CI设计、广告战略、广告策划，从设计到制作发布，均努力向国内先进广告公司学习，逐步按国际标准运作，以市场调查为基础，坚持以广告创意为中心，以广告策划为主导，为广告主提供优质服务，建立长期的业务关系，受到广大广告主的好评和信任。

4、广告的新材料、新技术、新工艺、新媒体的不断引进、开发和应用，提高了广告的制作发布质量和效果。重庆的包装装璜印制具有较大优势，拥有重庆长江印务有限公司、重庆华灵印制公司、重庆包装总公司等综合实力强大的广告装璜印制公司。重庆的户外广告多采用电脑喷绘、柔性材料、霓虹灯、灯饰等材料或形式，提高了重庆市广告的设计、制作水平，促进重庆市广告制作向高、精、新方向发展。重庆的四大媒介不断引进先进装备，先进技术，广告宣传效果日益显著。

长安汽车
一马当先 无锡轻骑
珠峰聖茶
中国电信
CHINA TELECOM
瀘州老窖
敬告乘客：无论白天黑夜，将送您到达 ...
亚光广告
重庆亚光霓虹广告有限责任公司是一家专业的实力型广告公司。经过多年的奋斗与探索，公司得到迅速发展，信誉不断增強，服务更加完善。亚光广告公司不仅能为各界朋友提供全面的广告代理和专业化的服务，在霓虹灯及电脑喷绘广告方面更具有突出表现。“亚光广告”永远是您光辉成就的最佳传导，帮助您铸造事业的辉煌。
公司地址:中国重庆渝中区枇杷山正街233号 邮编:400014 电话:(023)6385 1588 传真:(023)6386 8362 总经理:林永洁

容易广告

重庆容易广告有限公司隶属于重庆容易（集团）有限公司，注册资金500万元，是集广告策划、设计、制作、发布于一体的综合性广告公司。本公司先后为容易集团公司内外部广大客户制定并实施了企业CI策划、商品促销活动、户外广告、报纸、电视广告等一系列策划方案。公司依托雄厚的经济实力，以“创一流企业，一流服务”为目标，遵循“敬业、智慧、守信、胆略”的企业精神，热忱为广大客户服务。欢迎广大客户来人来函洽谈业务。

容易广告让一切都变得容容易易！

董事长：王泰

Add：重庆市江北区建新西路1号6楼。

Tel：(023)67720096 67710602

传真：(023)67710602 邮编：400020

电挂：7026

重庆空港广告有限公司

CHONGQING KONGGANG GUANGGAO YOUXIAN GONGSI

机场候机楼

我公司是隶属民航重庆市管理局自主经营的有限责任制企业，公司设有业务部、策划部、美工制作部、财务部、印刷厂等专业工作部门。承接电脑设计、广告策划、制作、发布各种字牌、路牌、灯箱、霓虹灯、登机牌、票袋、航班时刻表、电子显示屏等各类广告。兼营各类社会杂件印刷，代理各类报刊电视广告。

机场广告是世界上最先进、最具档次的广告媒体之一，也是被公认为吸引高品质客商和宣传公认名牌的最佳媒体。公司将充分利用此黄金口岸媒体优势，充分发动公司经验丰富、训练有素的专业广告人员队伍，为把您的产品推向市场，树立企业完美形象，我们愿为国内外厂家、商家和广告业同仁提供最完善、周详、优质的服务。

候机楼广告展位

地址：重庆市渝北区两路镇江北机场内

负责人：魏东前

联系人：孙先禄　凌玲

电话：(023)67856138 转 52159、52539

传真：(023)67712457

邮编： 401120

机场户外广告

机场户外广告

宏达广告 营销策略
进入重庆市场的捷径
本公司
1995年为贵州鸭溪窖酒厂在重庆市场进行了整体营销策划，并全面实施，使该厂的产品销售收入比去年增长400%，产品供不应求。
本公司
1996年为杭州娃哈哈集团公司策划实施了部分广告，使该公司的产品在重庆市场经常脱销，消费者踊跃购买。
公司简介：
本公司系重庆铁路分局直属的综合性广告公司。以重庆铁路分局管辖的32对旅客列车和108个车站的广告媒体为基础，拥有水平很高的广告创意、策划、设计、制作、经营、管理人才和现代化的电脑设计系统，在重庆火车站投资500多万元设立长10m，高6m的大型户外LED电子显示屏，能为客户制作电脑三维电视动画广告；具有大型广告宣传活动整体策划和实施能力；对于重庆市场的情况相当熟悉，具有迅速打开重庆市场的营销策划实施能力，与重庆嘉陵集团公司、宜宾五粮液酒厂、杭州娃哈哈集团公司、贵州鸭溪窖酒厂等大型企业保持了良好的合作关系。
重庆铁路宏达广告有限责任公司
地址：重庆市渝中区中山支路5号
电话：023-63893666 63855465
传真：023-63893666
邮编：400014

吃西餐
你
用哪把刀？
大有大的好處
小有小的用途
吃西餐
還得用餐刀
Dafang
重慶大方廣告藝術公司
DAFANG ADVERTISING & ART CO. CHONG QING
大方廣告是一間區域性綜合廣告公司，諳熟西南市場，與傳媒公共關系良好，在成渝兩地的廣告策劃，代理業務表現不俗，并在黄金路段擁有大型户外媒體.
D A F A N G
重慶大方廣告藝術公司
地　址：重庆市渝中区上清寺路65号（市政综合大厦）4楼
电　话：(023) 63618004　63618014　63618015
传　真：(023) 63868358　　邮　编：400015

Adobe Photoshop 4.0

JALIN

500m

现代工人报

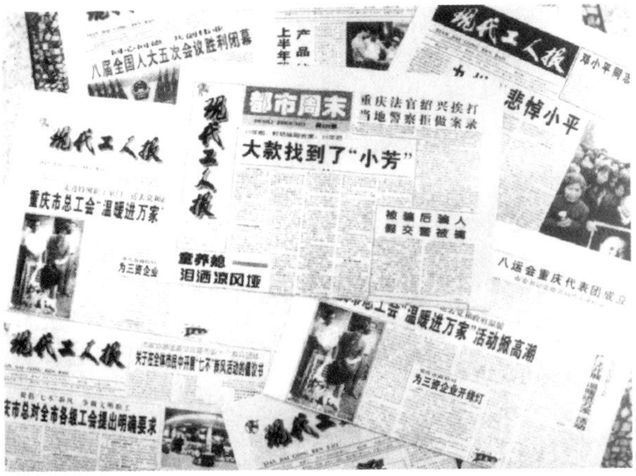

《现代工人报》是重庆市总工会机关报，原名《重庆工人报》，创刊于1950年。1956年后因故停刊，1984年7月复刊，仍定名《重庆工人报》，1988年5月始用现名。现为对开周五刊，全国公开发行。

《现代工人报》自创刊以来，就明确以广大职工和工会工作者作为主要读者对象，按照"把握时代、紧跟中心、反映生活、当好喉舌、服务工运、服务职工"的办报宗旨，从群众的角度宣传党的路线方针政策，宣传现代工人运动和工会工作；传播现代科学文化知识、管理知识及各种信息；反映现代工人的理想情操、精神风貌、生活方式、业余情趣；反映职工的愿望、呼声和要求，维护职工的合法权益。复刊十余年来，刊发了一大批有影响的新闻报道。

《现代工人报》1987年11月曾在四川省首创对广告从业人员实行分配制度改革，全面推行"广告收入工资奖金 费用含量包干"办法，激发了广告人员的工作热情，广告收入亦大幅度增加。省新闻出版局、省报业经营管理协会所办刊物，均载文介绍这一经验。

《现代工人报》现有重庆市协和广告公司和重庆市大地广告公司，分别从事报刊广告和户外广告，从业人员10余人，年广告营业额数百万元。

地址：重庆市渝中区中山三路157号

邮编：400015

电话：(023)63873472　　63850962

重慶華彩廣告公司

各领风骚

重庆华彩广告公司是重庆高新技术开发区园内一家以市场营销技术咨询、企业形象策划，设计、制作、发布、开拓各类广告产品为主，兼及印刷、装潢设计、代理大众传媒广告为辅的综合性广告公司。

公司自1994年创办以来，本着以“诚、信”为本的服务宗旨和以“高、新”为求的企业精神在广告市场日益激烈的竞争中不断得到磨砺和锤炼，并努力为推进广告事业的发展，繁荣经济建设作出应有的贡献。

地址：重庆市石桥铺渝州路50号孵化大楼A3—8

电话：[023] 68606779　传真：[023] 68604157　邮编：400039

共创辉煌

重庆商业广播电台

重庆商业广播电台是一家坚持党和政府喉舌功能，侧重商业信息传递的专业性电台。开播三年来一年上一个台阶，1996年创收伍佰余万元。并在广播行业中率先建立了计算机数字、音频共享系统。三年的努力培养了大批优秀的节目主持人和有社会责任感的记者。不断创造和沉淀了一批颇受欢迎的节目如:《九五五早、中、晚新闻》、《股市沙龙》、《投诉热线》、《红豆点点情》、《佳佳姐姐》、《家庭广场》、《体育大看台》、《商广流行网》以及《空中导向》等等。

重庆商业广播电台的职责任务和服务范围包括:制作、播出广播节目,面向大商业、大流通、大市场,开展咨询信息服务,传播商业经济信息等。

法人代表:詹卡

联系地址:重庆市渝中区中山三路159号

联系电话:63862599　63859935

重庆广播电视报

本报为重庆广播电视局下属单位，全国公开发行的报纸,每期四开十六版,每周星期二出版,阅读期在10天左右，发行量25万余份，覆盖重庆市及川东地区各区、县、市,主要刊登所有中央电视台、当地电视台、上星电视台及有线电视台的节目预告表和内容介绍，是千家万户必备的收视指南，是重庆市阅读率最高的报纸。

在本报上刊登各类广告，将会使您收到不少的收益,是各商家、厂家及广告主的首选媒体,欢迎来本报刊登各类广告，我们将热诚地为您服务，使您在重庆这竞争激烈的市场中占有一席之地。

通讯地址:重庆市渝中区中山三路159号

办公地址:重庆市渝中区上清寺聚兴村4号乙单元(三楼)

电话:63852963　63875740　联系人:延永康

邮编:400015

帐号:010517120999　开户行:中国银行上清寺分理处

广告刊例

版位	版面尺寸	单价金额
整版	33.5厘米(高)×23.5厘米(宽)	35000元
半版	16厘米(高)×23.5厘米(宽)	17500元
通栏	23.5厘米(长)×8厘米(高)	节目版:11200元 普通版:8400元
五栏	17厘米(长)×8厘米(高)	节目版:8000元 普通版:6000元
四栏	13.5厘米(长)×8厘米(高)	节目版:6400元 普通版:4800元
三栏	10厘米(长)×8厘米(高)	节目版:4800元 普通版:3600元
二栏	6.5厘米(宽)×8厘米(高)	节目版:3200元 普通版:2400元
报眼	9厘米(宽)×5厘米(高)	5000元
节目表报眉	17厘米(长)×1.5厘米(高)	1500元
节目表版中逢	4厘米(宽)×8厘米(高)	2500元
中逢	整条5000元,半条2500元,不足半条每字4元(含标点符号)	

另:节日、加急、套红加收30%,外商广告按国内广告三倍收费。

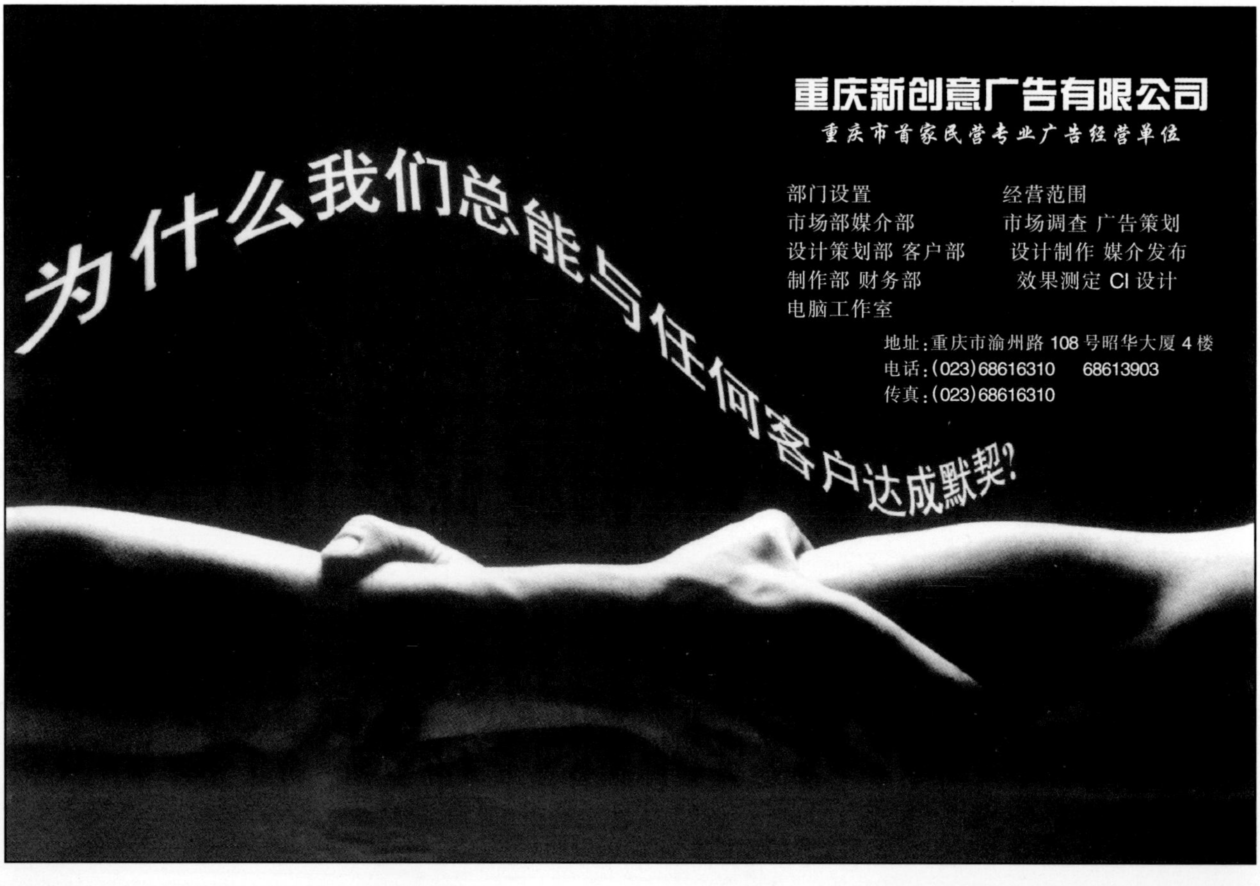

重庆新创意广告有限公司
重庆市首家民营专业广告经营单位
部门设置
市场部媒介部
设计策划部 客户部
制作部 财务部
电脑工作室
经营范围
市场调查 广告策划
设计制作 媒介发布
效果测定 CI设计
地址：重庆市渝州路108号昭华大厦4楼
电话：(023)68616310　68613903
传真：(023)68616310
为什么我们总能与任何客户达成默契?

重慶半島廣告公司

重庆半岛广告公司“流动广告售货车”拟分布示意图

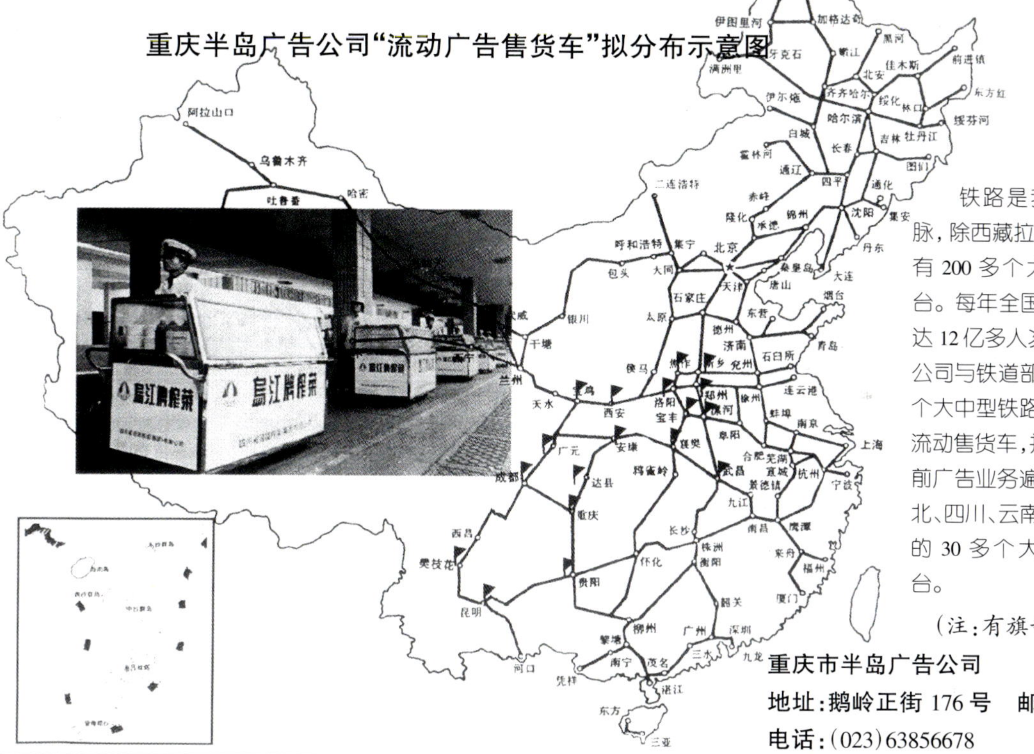

铁路是我国国民经济大动脉，除西藏拉萨外，各省、自治区有 200 多个大中型铁路客运站台。每年全国铁路运载中外旅客达 12 亿多人次。重庆市半岛广告公司与铁道部合作拟向全路数百个大中型铁路客运站台提供万辆流动售货车，并发布企业广告。目前广告业务遍布河南、陕西、湖北、四川、云南、贵州、重庆等省市的 30 多个大中型铁路客运站台。

（注：有旗部位为已分布）

重庆市半岛广告公司

地址：鹅岭正街 176 号　邮编：400014

电话：(023)63856678

重庆人民广播电台

重庆人民广播电台系省级人民广播电台，一套中波，六套调频同步推出，节目不仅直接覆盖重庆直辖市所属 43 个区市县，而且还可直接覆盖四川、贵州、湖南、湖北部分地区。节目覆盖区域听众超过 5000 万人。

据重庆市统计局城调队、农调队抽样调查统计，收听率达 84.6%。

重庆人民广播电台热情为社会各界服务，是中外厂商开拓西南地区，特别是三峡库区市场必不可少而可信赖的伙伴。

广告部主任：张荣贵

电话：(023)63851246　传真：(023)63851246

地址：重庆市渝中区中山三路 159 号　邮编：400015

深圳市

1997

深圳广告业发展概况

深圳广告业发展是伴随着特区经济的迅速发展而逐步发展起来的。1980年特区成立之初，深圳只有一家广告经营单位，从业人员不到20人，广告营业额不到2000万元，广告媒体单一。1991年，全市广告经营单位只有103家，广告从业人员1400多人，广告营业额不足2.35亿元。1992年春，邓小平南巡后，深圳迎来了广告业大发展的春天。1996年全市广告经营单位发展到667家，广告从业人员6500多人，广告营业额9.26亿元。截至1997年上半年，广告经营单位又发展到家695家，其中专业广告公司360家，兼营广告企业278家，电视台2家，电台2家，报纸12家，杂志31家，其它7家，从业人员6700多人，上半年广告营业额6.17亿元，预计全年将超过12亿元。以人均广告费计算，深圳达270多元，居全国前列。

十多年来，深圳的广告媒体也从单一的报纸、路牌发展到报纸、电视、广播、杂志、印刷品、灯箱、霓虹灯、电子显示屏、车辆、候车亭、立体、飞艇等几十种，其中深圳华艺广告公司引进的立柱式广告媒体造型新颖，用料考究，制作精良，有良好的广告效果。

深圳的广告创意、设计、制作水平也不断提高。十多年来，深圳共有100多幅广告作品在国际、全国、全省的各类优秀广告作品评选中获奖。与此同时，深圳也涌现出一批设计制作水平较高，规模较大的广告经营单位。1991年《深圳特区报》报纸广告营业额达6400万元，1996年达到了2.5亿元，连续四年名列全国报纸广告第五名，1996年《深圳商报》报纸广告营业额也达到1.3亿元，居全国前列。此外，深圳广告营业额达到一千万元以上的公司已达十多家。

深圳广告业迅猛发展的同时，广大工商企业和市民的广告意识也不断提高。据不完全统计，深圳广告费达到一千万元以上企业已有二十多家，其中康佳、太太口服液、飞亚达1996年广告费已超过三千万元，占销售收入的7%以上。

深圳广告业十年来所取得的成就，首先得益于党的改革开放政策，特别是1992年邓小平同志南方谈话发表后，国家允许私营企业进入广告市场的政策发挥了积极作用。现在，深圳私营广告公司的数量已达到254家，超过了国营广告公司（国营只有168家），而且一些私营广告公司的营业额已经达到或超过一千万元，显示出与国营广告公司旗鼓相当的实力。

其次，得益于深圳特区所处的环境。深圳是改革开放的窗口和排头兵，市场经济的发展程度较高，灵活的机制为深圳广告业提供了机遇；而且深圳毗邻港澳，国内、国际经济、文化交流活动频繁，有利于深圳广告界吸收和学习港澳、国际的先进技术和管理经验。

第三，得益于深圳特区经济的发展速度。深圳自建特区以来，经济发展突飞猛进。从1979年到1996年，经济以年均40%以上的速度发展。1996年，全市工农业总产值达1062.70亿元，特区经济的高速发展为深圳广告业的发展奠定了基础和条件。

第四，得益于深圳市工商行政管理局的正确引导和管理到位。早在1988年，为加强广告的行业管理，深圳就在全国率先成立了深圳市广告协会。深圳市工商行政管理局自始至终坚持“严把广告市场准入关”和“鼓励广告企业上规模、上档次”双管齐下的方针，同时加大广告监督管理与案件查处力度，保证了深圳广告业“健康、有序、快速”发展。

第五，得益于广告行业的人才优势。深圳广告从业人员目前有6700多人，其中本科以上学历的1300多人，约占20%，大专学历近3000人，占45%，两者相加约占65%以上。广告从业人员整体素质的不断提高，带动了我市广告制作水平的明显提高。

深圳市广告行业情况年度报表

广告经营单位数

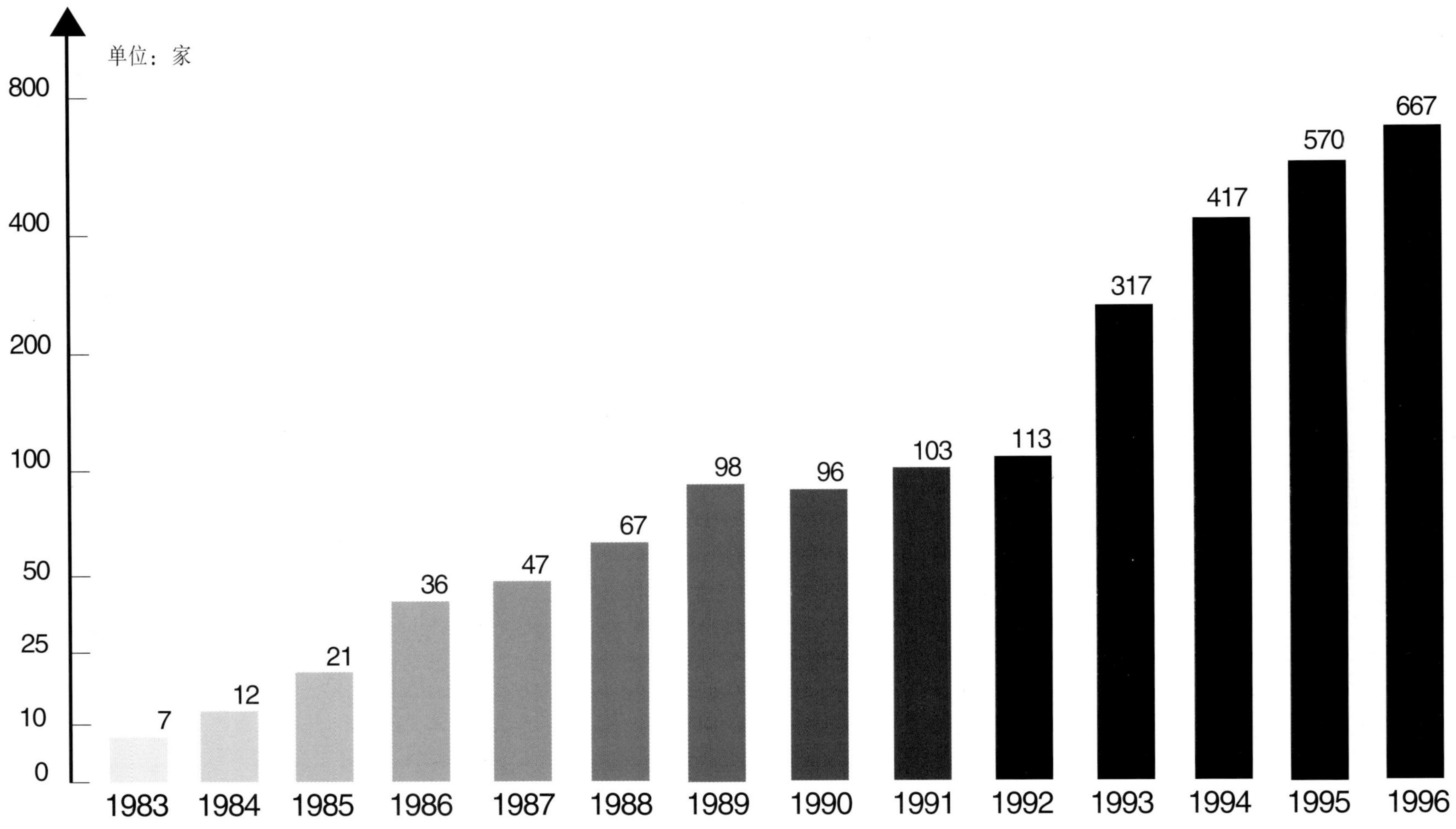

深圳市广告行业情况年度报表

广告营业额（万）

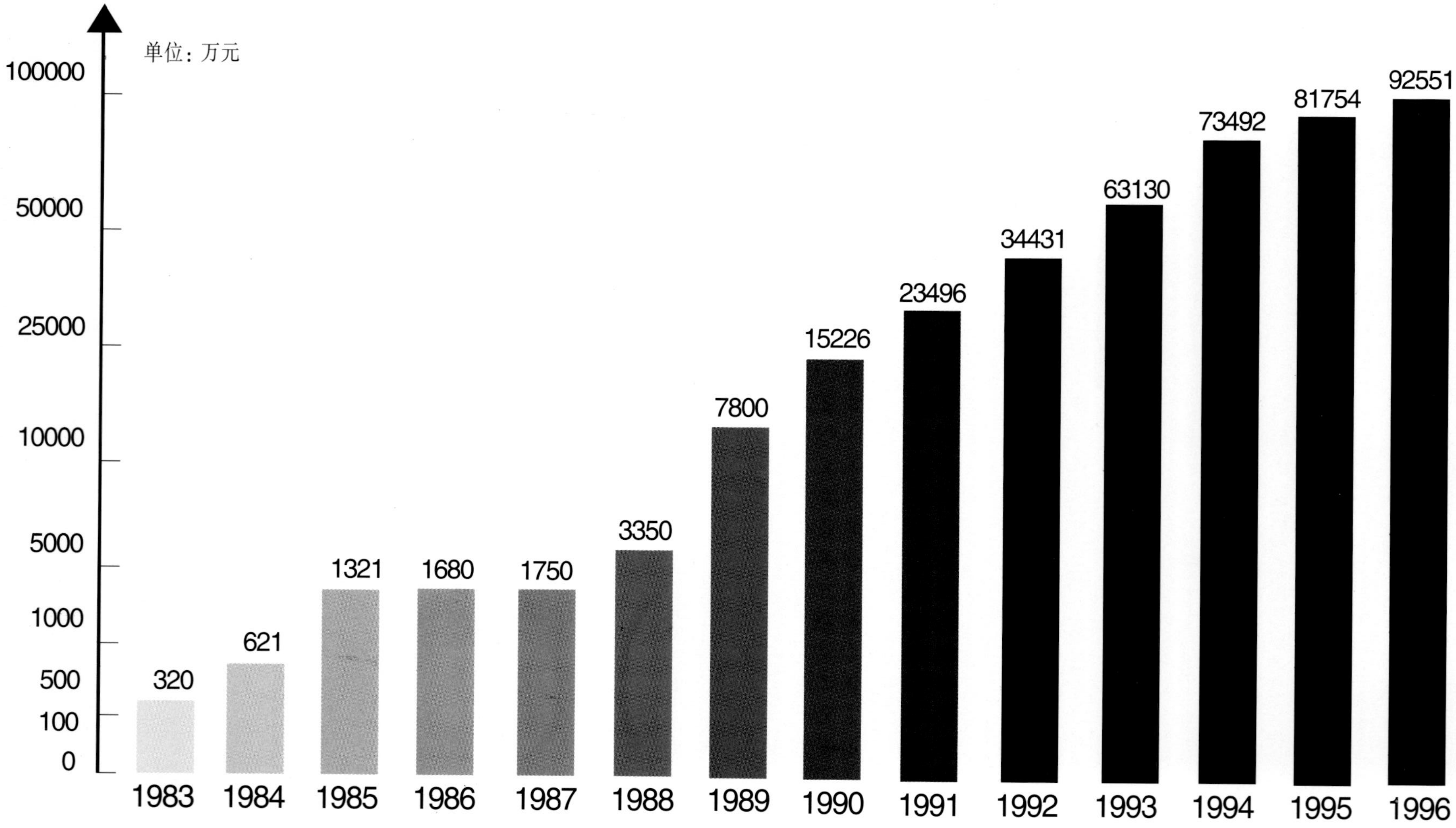

深圳特區報

《深圳特區報》是中共深圳市委机关报。《深圳特區報》是现代中国发展规模最快的城市日报。创刊仅15年，日发行量达45万份，其综合实力已进入中国报业前5名，是深圳地区发行量最大、广告量最大、版面最多、最受读者欢迎的综合性日报。

《深圳特區報》创刊于1982年5月24日。它植根于改革的沃土，是随着深圳经济特区的建立和发展而迅速成长起来的。随着深圳特区从一个边陲小镇变为中国改革开放的标志和繁荣的现代化城市，《深圳特區報》也高速地成长为一份大型日报。15年过去了，今天，《深圳特區報》一座47层高的报业大厦已经拔地而起，她是世界报业第一高楼；报纸发行量节节上升，覆盖国内所有大中城市及98%以上的县。同时，本报在香港设有发行代理，负责海外发行工作；在香港、北京、上海、成都、广州、惠州、汕头设有记者站和办事处；在北京、上海、武汉、成都设有卫星传版分印点，每天在港、澳及海外各地的发行量已经跃升为2万份；1994、1995、1996年广告收入连续跻身全国报纸的前5名。《深圳特區報》立足深圳，关注珠三角，面向全国，发行海内外，上网出版电子报刊，在国内外有很高的知名度和广泛的影响。目前，本报共有35个专版和300多个专栏，集新闻性、知识性、服务性、娱乐性于一体，受到了海内外广大读者的欢迎。1992年5月20日，江泽民总书记为本报题词：“改革开放的窗口”，这是党和人民对本报工作成就的充分肯定和高度评价。

宽敞明亮的广告部营业大厅

深圳特区报广告部地址：深圳市深南中路4号（深圳特区报社旧址一楼）
电话：(0755)2240001　2240006　传真：(0755)2241692　邮编：518028

SED
深圳商报
深圳市政府机关报，广东省五大报之一
每日对开二十版，另日出四版晚报。深圳商报、深圳晚报发行遍及全国各市县、海外二十六个国家和地区
广告气势宏大、冲击力强、创意新颖、效果奇佳。1996年营业额达1.8亿元
面向全国，幅射海外，是国内外商家注目的信息桥梁
深圳商报 深圳晚报
地址：深圳市福田区景田商报路 电话：3901440 3900055 3904202 3900011—8537 传真：3923351 邮编：518034

深圳電視台

深圳电视台于1984年元旦建立，十几年来发展迅速。目前，拥有员工近500人，拥有一座20000多平方米的功能完善的电视大厦。内有600平方米、400平方米、250平方米、200平方米等各类演播大厅。录音室十多间，可以现场录制，现场直播各类大型节目。深圳电视台还拥有最先进的制作、播出和发射设备，有两辆五讯道大型电视转播车，并多次成功地进行了各类大型节目和体育比赛的现场直播。

目前有两套自办节目（即33频道和48频道），全天各播出18个小时以上，覆盖深圳、珠海、中山、东莞、顺德、番禺、佛山、江门、惠州、广州等珠江三角洲地区以及香港、澳门等地区，拥有观众1800多万人。此外还有四个频道转播中央台和广东省台节目。

深圳电视台开设新闻、文艺、体育、经济以及生活服务等许多专栏，每年的节目生产量为2000小时以上，内容涉及政治、经济、文化、体育、教育、社会生活等各个方面，另有丰富多彩的各类大型晚会和娱乐节目及大型体育赛事的转播等等。节目内容丰富，形式多样，艺术性较高，具有鲜明的地方特色，既适合本地观众口味，又能够满足外地观众了解特区的需要。

深圳电视台拥有一支素质成熟、品质优秀的采、编、摄人员和技术队伍，他们多是来自于全国各省、市电视台的优秀人才。多年来，由于他们的出色表现和成功运作，使深圳电视台获得良好的社会形象。

特别是这两年多来深圳电视台进行深化改革，使节目质量、员工形象和家园建设三方面上了新档次。现在他们又以崭新的精神风貌，投入第二次创业，要再一次塑造新荧屏形象，为深圳特区增创新优势，更上一层楼努力奋斗。

热血　辛劳　忠诚　求精

地址：深圳市怡景路东广播电视大厦

邮编：518021

广告业务电话：(0755) 5529724 5409613 5403423

语音、信箱自动查询系统电话：(0755) 5403415

成
啦
TIMES
企業形象策劃、設計、推廣
各類戶外廣告創意、設計、制作、發布
影視廣告創意制作
商務公關禮儀
各種媒體廣告代理
各類產品行銷之決策
承印各類精美印刷包裝制品
編輯大型畫冊、資助出版、圖書批發
深圳市泰恩斯廣告文化發展有限公司
TIMES ADVERTISING & CULTURAL DEVELOPMENT CO., LTD.
地址：深圳市深南中路深圳國際科技大廈21層（上海賓館對面）
電話：(0755)3761888 3761997 3760088 3761168 3760889 傳真：3761666 郵編：518033
投訴電話：3760889 應急電話：9026707 1392488861
24小時為您提供咨詢服務，熱線電話：(0755)3396666轉80368

華藝廣告公司
HUA YEE ADVERTISING CO.SHENZHEN
昭示天下
燈柱廣告 \ 射燈牌廣告 \ 霓虹燈廣告 \ 燈箱廣告 \ 創意設計 \ CIS \ 策劃 \ 樣本 \
地址：廣東省深圳市火車站大樓M層 電話(Tel):0755-2327927 2331128 傳真(Fax):0755-2345780 郵編：518001

HENG FENG

D e s i g n

hengfengadvertising

人常生活在習慣與慣性中，我們從事的，恰恰是突破這種慣性的工作。對一名設計師來説，創新不僅是工作，還意味着一種生活方式。

一件設計作品孤立地去談"感覺好"或"感覺不好"是很膚淺和不牢靠的，如果能放在設計藝術發展的脉絡中去考慮并結合這個時代的審美時尚，我想更能够把握作品是否有足够的生命力。

上步路国企楼A座7F TEL 0755-2068333

廣東恒豐廣告公司

GUANGDONG HENGFENG ADVERTISING CO. LTD.

热爱祖国 振兴中华
深圳
罗湖口岸
庆祝香港回归祖国
罗湖口岸

蔚深证券
华侨城
OCT
KONKA 康佳
新奇粒粒橙
CITROËN ZX
999
平安保险
PING AN INSURANCE
PING AN INSURANCE COMPANY OF CHINA
Marlboro Country
平安信托 平安証券
中国平安保险公司

深圳市公交广告公司

深圳市公交广告公司成立于1991年，直属于深圳市公交（集团）有限公司，拥有深圳市六十余条公汽线路、千余辆公共汽车的独家广告发布权，是集公交媒体广告设计、制作、发布于一身的专业型广告公司。

通过几年的实践努力，公司已形成完善的经营机制，设立有业务、策划、设计、制作、媒体开发等多个部门，全面使用电脑进行广告设计、业务查询以及广告发布的管理，具备明确、高效的运作流程。

凭借规范化的经营、高素质的专业人才、精益求精的制作水平，公司成长迅速，不仅在深圳戶外广告同业中“独树一帜”，并已跻身于深圳市广告行业实力排序的十甲之列。

发挥公交媒体的最大潜力，为客戶提供更好的广告服务是公司全体员工的共同心愿。

金龙鱼广告－－95年第四届全国广告作品佳作奖

天长地久婚纱摄影－－97年广东省户外广告优秀奖

深圳地王大厦站候车亭肯德基广告

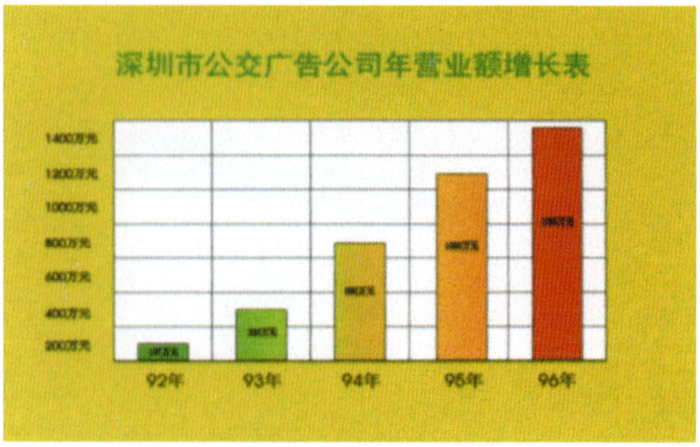

公司成长上升图

深圳市公交广告公司
ShenZhen Public Transportation AD.CO.

地址：深圳市福华路 34 号附楼二楼，邮编：518001
TEL:(0755)3334650 3603727 3606427 FAX:3603727

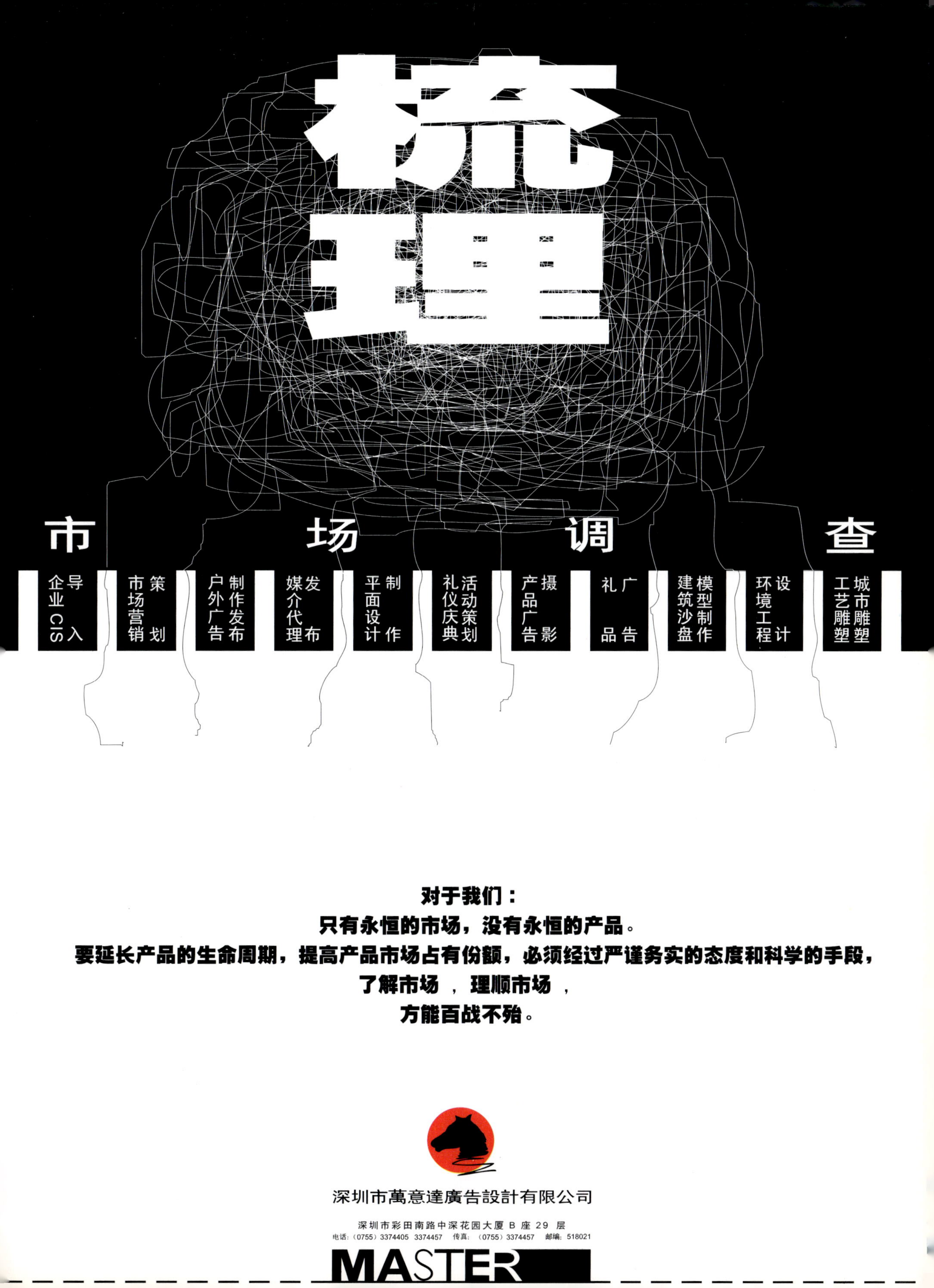
梳理
市场调查
导入 企业CIS
策划 市场营销
制作发布 户外广告
发布 媒介代理
制作 平面设计
活动策划 礼仪庆典
摄影 产品广告
广告 礼品
模型制作 建筑沙盘
设计 环境工程
城市雕塑 工艺雕塑
对于我们：
只有永恒的市场，没有永恒的产品。
要延长产品的生命周期，提高产品市场占有份额，必须经过严谨务实的态度和科学的手段，
了解市场 ，理顺市场 ，
方能百战不殆。
深圳市萬意達廣告設計有限公司
深圳市彩田南路中深花园大厦 B 座 29 层
电话：（0755）3374405 3374457 传真：（0755）3374457 邮编：518021
MASTER

深圳市道和广告传播有限公司

SHENZHENSHI DAOHE ADVERTISING CO.TLD.

深圳市道和广告传播有限公司是一家独具特色的专业广告公司，经历了四个春华秋实的刻苦磨砺，道和人潜心求学、苦心经营，以专业化的系统服务，赢得了客户的信任。

道和广告传播有限公司承揽国内外广告的策划、创意、设计、制作、代理和全权负责深圳市区各主要街道、路口、广场、码头及住宅小区设立的1100个新型多功能阅报栏上（平均每个广告发布面积为12m²）的户外广告发布，其发布宣传力强、传播率高、覆盖面广。立足街道为客户做点实事是道和人永远遵循和奉行的服务宗旨和经营理念。

公司董事长兼总经理许浩坚信："志同道和"是您我共同追求的理想合作境界。

"道和"的宗旨：

立足街道，同道合和

"道和"的特长：

精深的理念、独特的创意、精道的设计、完美的制作

"道和"的资源：

A：遍布深圳特区1100个多功能阅报栏灯箱广告

B：大众传播媒体《街道》杂志也许是全国一流的····

公司地址：深圳市南山区创业路南侧粤海办公大楼一楼

电话：6408711 6408793 传真：6408793 邮编：518054

深圳天达文化广告公司

RCAGC

深圳天达文化广告公司是广铁集团文化广告总公司的全资子公司，成立于１９９４年4月，是一家具有设计、制作、代理发布国内外各类广告业务和拥有书刊发行、文化娱乐活动服务、贸易实业等经营权的综合性公司。公司成立以来，先后在广州、深圳采用高新技术发布了“诺基亚手机、世界之窗、红牛维他命饮料、马爹利洋酒、柯达胶卷、柯尼卡胶卷、可口可乐、杏花村汾酒、三个五香烟、金威啤酒”等大型户外广告，开行了“华宝号、健力宝号、顺德号、安康号”等以企业、城市、产品名称冠名的广告列车；编辑发行了“铁路货运指南”和“广州市迈向现代化国际大都市”等书刊；成功地组织了“俄罗斯普希金芭蕾舞团”的演出和“９６年深圳全国铁路户外广告高新技术展示及研讨会”；深圳火车站“世界之窗”广告还获得了广东省广告设计大赛银奖。

展望未来，深圳天达文化广告公司将认真贯彻铁道部大力发展铁路大多经的指示精神，勇于开拓，不断进取，努力创办成一个具有全功能型的广告公司。深圳天达文化广告公司将竭尽全力为各企业、团体提供最佳服务。

地址

深圳市和平路63号深铁大厦1111.1112房

电话

(0755)5572440
(0755)5584248-1112

辽宁大厦
CHANEL
Rocking Mrs. Claus
Jules
Christian

《涉外税务》杂志

《涉外税务》百期纪念大会会场

简　介

《涉外税务》杂志（月刊）系国家一级学会——中国国际税收研究会会刊，由中国国际税收研究会与深圳市税务学会联合主办，1988 年创刊，是国内唯一一家有关国际税收和涉外税收方面的专业杂志。

《涉外税务》现由国家税务总局副局长、中国国际税收研究会会长卢仁法同志担任主编，编委会由国内财税界知名专家、学者组成。为了适应改革开放和时代发展的需要，已从 1995 年第 1 期起改为大 16 开 64 页码，内文双色印刷的精美新版，扩版增容后的《涉外税务》，将继续秉承为改革开放鸣金呐喊，为外向型经济服务、为广大税收理论研究者、实务工作者和三资企业服务的宗旨，及时、周到地向广大读者提供信息。欢迎国内外各界人士订阅、赐稿和刊登广告。

中国国际税收研究会会长、国家税务总局副局长卢仁法在《涉外税务》百期纪念会上致词。

常务副主编吴升文与编审人员在一起研究如何办好《涉外税务》的问题

地址：深圳市福田南路 28 号
税务大楼 14/F
电话：(0755) 3336333-1407, 1409
传真：(0755) 3337545
邮编：518033
收款单位：《涉外税务》编辑部
开户银行：人民建设银行
帐　　号：104-22300007
全年定价：人民币￥72.00 元
港币 HK$ 260 元

SAMSUNG 深圳三星电管

深圳三星电管有限公司

1995年12月23日签字仪式

★深圳三星电管有限公司是于1996年3月经国家对外贸易经济合作部批准而成立的大型合资企业。总投资额为6.05亿美元（RMB 50.215 亿元），合资双方分别是韩国三星集团下属的“三星电管（香港）有限公司”和“深圳市投资管理公司”。公司占地总面积为 22 万平方米，建筑面积为15 万平方米。作为建国 40 年以来投资额最大的中外合资电子企业，一直有幸得到中央各部委、深圳市政府和深圳市投资管理公司的关心和大力支持，各项建设工作进展顺利。深圳三星电管有限公司将倾心致力于深圳的经济发展，为促进中国的经济繁荣作贡献。

★作为追求视觉语言和影像文化的深圳三星电管有限公司，到 1998 年底，将具备年产 600 万只彩色显像管(CPT)和彩色显示管(CDT)的生产能力，它属于深圳市七大工业主导产业中的“微电子及基础元器件产业”。巨大的规模效益，将使深圳三星电管真正成为全国、乃至亚洲重要的彩色显像管／彩色显示管生产基地。

★深圳三星电管人的自信来源于先进、成熟的高新技术和优秀的人才，它通过韩国三星电管株式会社这一全世界最大的彩管制造商，引进全套最新技术水平的设备和管理，公司引进的四条CPT、CDT生产线，其技术水平达到国际九十年代中后期水平，已被深圳市认定为高新技术项目；尤其是CDT的投产，将改变国内还没有CDT大规模生产的局面，对深圳市乃至全国同行业优化产业结构，产品结构，提高技术水平将起到积极推动作用。此外，深圳三星电管本着“人才第一”的宗旨，为了培训第一流的人才而倾心竭力，每一位公司员工都接受了综合培训，并选派300 余名中方技术人员到韩国、马来西亚等地研修。与此同时，按照“人人参与，集思广益”的方法，积极推进提案、TPM、PI等现代化管理活动，来充分发挥全体员工的潜能和智慧。并大力培养员工“爱心 '3SS' ”意识，为把深圳三星电管建设成标准的三星、深圳的三星、社会的三星而共同努力。

★秉持“与顾客共存”信念的深圳三星电管，将以高品质的产品和全面周到的服务，来最大限度的满足信赖我们和支持我们的顾客。

★在此，向所有关心和支持三星电管的人们致敬，深圳三星电管愿与您们共同进步，携手共创美好的明天。

地址：广东省深圳市福田区皇岗北路彩电工业区
电话：(0755)3357000（总机）
传真：(0755)3367008
邮编：518026

深圳黄页
给你一把金钥匙——深圳黄页
打开客户的大门
深圳市电话号簿公司
地址：深圳市皇岗口岸皇岗电话机楼六楼　电话：(0755) 3393888　传真：(0755) 3380919　邮编：518045

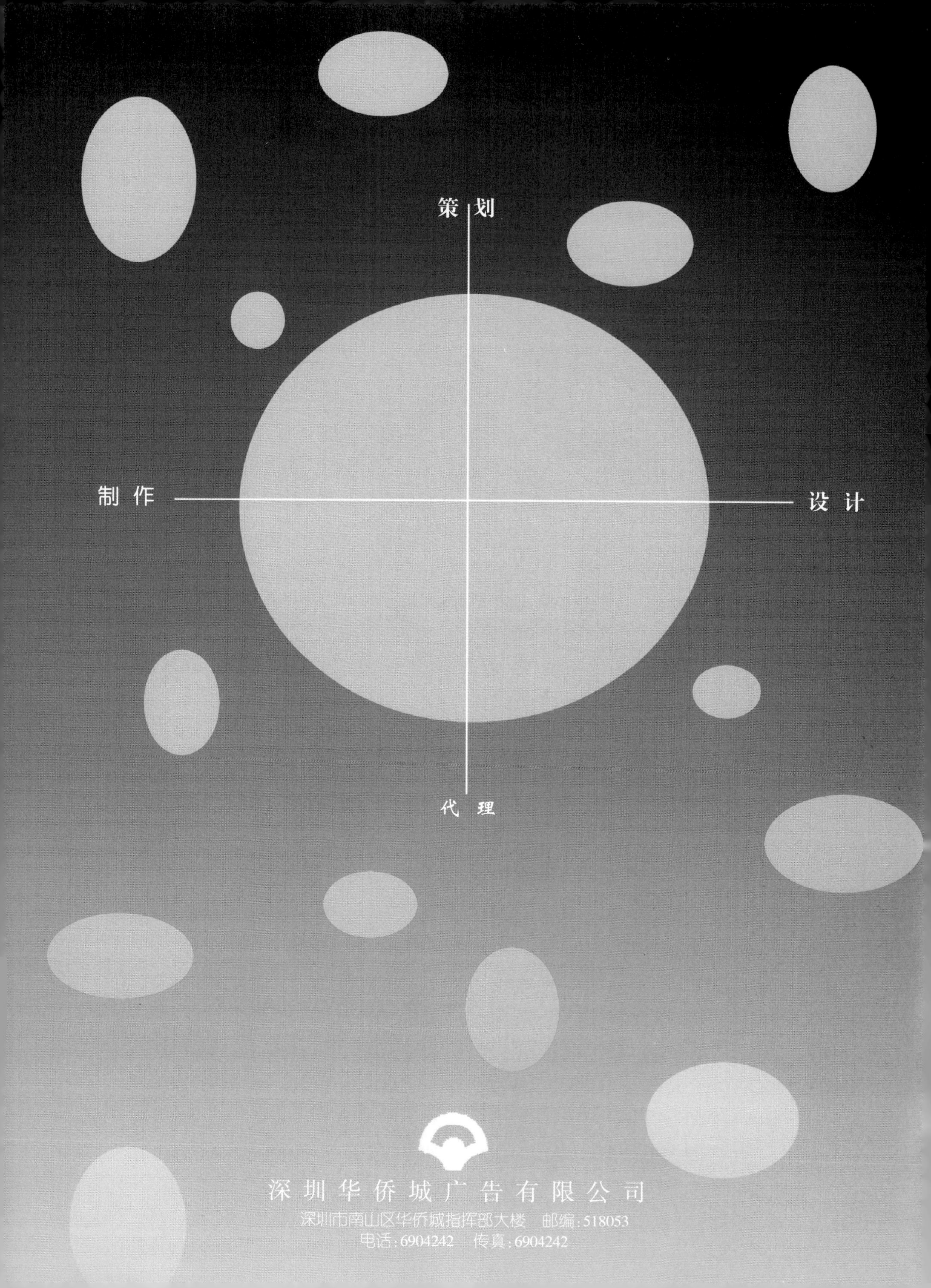
策划
制作
设计
代理
深圳华侨城广告有限公司
深圳市南山区华侨城指挥部大楼 邮编:518053
电话:6904242 传真:6904242

和环境变化不谐调。

屈指一算，在中国，打倒“四人帮”已有二十年，与企业关系密切的经济体制改革也有十八年。如果从人生经历来看，十八年正好是成年。换言之，经过少年时代的“青春烦躁期”，进入了具有完整人格的成年期。其实，中国的企业也是如此。在激荡的时代创业，在风雨中成长，现在相继进入“成年期”。如果这时的企业只有华丽的外衣而缺少内在的理念，只有巨大的规模而没有精神统合，说到底，是一个长不大的孩子，一具行尸走肉而已。

公益广告的深刻意义也在这里。它决不是富贵者的闲情逸志，也不是投机者的回报捐赠。它是行为主体的理念折射，也是主体成长的一种精神表现。在社会主义市场经济发展的今天，企业在社会经济生活中扮演着越来越重要的角色。社会主要劳动者都归属于各个企业。因此，作为社会经济主体的企业，是否具备企业社会良知，是否真是以积极的态度来回报社会，表达自己对社会问题的态度，是企业在社会上能否长久立足的一个重要的试金石。

进一步扩大电视公益广告题材
高扬时代主旋律

唐忠朴

（在全国首届电视公益广告题材规划会上的发言）

自1987年10月26日中央电视台开播《广而告之》以来，到1995年底，这九年里，在《广而告之》栏目中播出的电视公益广告，共计已达844则。广告内容涉及当前社会公共生活的广泛领域及各个层面，成为推动社会主义精神文明建设的不可忽视的舆论力量。

这些公益广告按其题材来划分，可归纳为30类，现以播出数量为序，列表如下：

序号	题材类别	数量	序号	题材类别	数量
1	社会公德	102则	16	反腐倡廉	18则
2	青少年教育	78则	17	希望工程	18则
3	环境保护	70则	18	爱国主义	16则
4	防病与保健	58则	19	政策宣示	15则
5	戒烟、戒毒、戒赌、反酗酒	52则	20	移风易俗	14则
6	交通安全	51则	21	科学普及	12则
7	家庭伦理	49则	22	国际友谊	11则
8	消费者权益	42则	23	救助残疾者	9则
9	计划生育	33则	24	尊师重教	8则

序号	题材类别	数量	序号	题材类别	数量
10	节约能源、保护资源	29 则	25	义务献血	8 则
11	防火防盗	28 则	26	珍惜时间	6 则
12	安全生产	28 则	27	职业道德	5 则
13	公民义务	21 则	28	扶贫救灾	5 则
14	雷锋精神	20 则	29	破除迷信	5 则
15	妇女儿童权益	19 则	30	规范语言文字	4 则
共计 844 则(其中 1987 年至 1988 年 112 则,1989 年 101 则,1990 年 98 则,1991 年 60 则,1992 年 40 则,1993 年 151 则,1994 年 152 则,1995 年 130 则)					

分析这 30 类公益广告,依题材意义的不同层次,又可分为行为规范、道德规范和价值取向三大类。

行为规范包含人与人、人与社会、人与自然之间关系层面上的个人基本行为规范。如个人的文明礼貌、自尊与尊重他人、遵守公共秩序、爱护公共财产与公共设施、保护自然环境等。这些行为选择尽管是浅层次的道德观念的表现,但在现代社会公共生活中,却是每个社会成员都必须遵循的起码的社会准则与共同道德认识,是社会文明程度的表征。

道德规范,指道德标准与道德理想的教育。如社会公德、家庭伦理道德、职业道德等。其中既包含中华民族的传统道德观念:尊老爱幼、孝敬父母、夫妻和睦、家庭稳定等;又有与商品经济相联系的道德规范,如遵纪守法、重视信誉、生财有道等。这些较高层次的道德观念表现,是社会主义精神文明的重要组成部分。

价值取向,指体现马克思主义世界观、人生观和价值观的道德规范。如个人利益服从整体利益、无私奉献、舍己为人、全心全意为人民服务、热爱社会主义祖国、雷锋精神、孔繁森精神等。这种反映无产阶级和劳动人民利益的道德规范,是人们所追求的最高尚的道德理想和道德情操。

按照上述标准分类,其结果如下:

第 一 大 类: 行 为 规 范			
人与社会的基本行为规范		人与自然的基本行为规范	
交通安全	51 则	环境保护	70 则
公民义务	21 则	节约能源、保护资源	29 则
妇女儿童权益	19 则	安全生产	28 则
消费者权益	42 则	科学普及	12 则
计划生育	33 则	破除迷信	5 则
移风易俗	14 则	防火抗灾	28 则

第一大类：行为规范			
戒烟、毒、赌、反酗酒	52 则	珍惜时间	6 则
防病与保健	68 则		
规范语言文字	4 则		
政策宣示	15 则		
共计 319 则		共计 178 则	
两项相加合计 497 则，占总数的 59%			

第二大类：道德规范		第三大类：价值取向	
社会公德	102 则	爱国主义	16 则
家庭伦理	49 则	雷锋精神	12 则
职业道德	5 则	反腐倡廉	18 则
青少年教育	78 则	希望工程	18 则
尊师重教	8 则	救助残疾者	9 则
		义务献血	8 则
		扶贫救灾	5 则
		国际友谊	11 则
共计 242 则，占总数 29%		共计 105 则，占总数的 12%	

上述统计显示，《广而告之》过去九年播出的 844 则电视公益广告中，第一类题材占 59%，第二类题材占 29%，第三类题材占 12%。第二类题材和第三类题材加在一起，只占总数的 40%左右。也就是说，电视公益广告的题材，过去大多集中于浅层次的个人行为规范方面，而对于高层次的道德建设的宣传，则显得较为薄弱。党的十四届五中全会通过的《中共中央关于制定国民经济和社会发展"九五"计划和 2010 年远景目标的建议》明确地指出：必须"坚持不懈地加强道德建设和爱国主义、集体主义、社会主义思想教育，树立正确的世界观、人生观、价值观。"要"加强直接关系社会稳定进步的社会公德、职业道德和家庭伦理道德教育。"我们应该以党中央的这一方针作为今后电视公益广告创作的指导原则。在总结经验、肯定成绩的基础上，进一步扩大电视公益广告的题材范围，加强社会主义道德规范的宣传教育，加强在世界观、人生观、价值观方面的舆论引导，高扬我们时代的主旋律，为提高全民族的思想道德素质，提高全社会的文明水平而发挥应有的积极作用。

《广而告之》播出的 800 多则电视公益广告，从表现形式和手法上分析，大致情形是这样的：对某些危害社会公共生活的不良行为、丑恶现象及错误观念进行揭露曝光或讽刺批评的广告，约占总数的三分之一。多数广告采取的是正面倡导型态：有的广告通过典型事件和人物，颂扬先进思想道德观念，培育人们的高尚情操；有的广告以通俗直观的方式，阐述政策，揭示真理，富有说服力；有的广告热情讴歌好人好事，提倡良好风尚，激励人们奋发向上的精神。总之，这800多则广告以正面倡导为主，暴露批评为辅，对广大观众起到了“提醒，规劝、批评”的作用。

在表现手法方面，理性诉求的说服性广告占了主流，而采用感性诉求的情感型广告数量较少。电视公益广告是一种特殊的大众文化，是影视文化的社教功能与广告的大众传播功能之有机结合。电视公益广告在表现上，既不同于电视新闻评论，也不同于电视小品。其特殊性在于，它必须在很短的时间内(30秒或60秒)，将一个具有意义的主题表达得十分清晰、准确、感人，让观众一看就明白，并且引发其感情上的共鸣及联想思考。因此，对广告内容的浓缩加工，使之单纯化；对广告形式的精心设计，使之视觉化并具震撼力。这些商业广告在长期发展过程中形成的、行之有效的创意策略和传播技巧，构成了电视公益广告创意表现的艺术特征。例如大连电视台最近摄制的《生命的辉煌》，就是具备了上述艺术特征的电视公益广告。这则广告是为全国第四届残疾人运动会创作的。这类题材的公益广告过去也拍过，但是《生命的辉煌》却令人耳目一新。广告通过可感的直观形象来表现残疾人内在的精神世界，十分感人。我们看到，广告的中心画面呈现出一个残疾人家庭，坐在轮椅上的父母，在幼儿的帮助下费力地练习轮椅篮球。背景衬托着众多残疾人运动员拼搏在竞技场上各种境头的连续闪动，画面与雄浑的交响音乐互相交织。轮椅上的残疾人终于战胜困难，投入波澜壮阔的运动会，同时迎来了蓝天白鸽、红旗飘舞、旭日高升的辉煌明天。广告的主题没有用概念性的语言来陈述，而是藉画面、声音和广告词组合成带有鲜明感情色彩的意象，并由意象构成情景交融的意境来表现的。视听者正是在这生动的意象与意境之中，直接感受到残疾人身上那种向命运抗争、奋起拼搏、超越自我到走向辉煌的崇高精神世界的、并因之而产生感情上的共鸣，激发对人生价值的追求。

由此可见，电视公益广告的创作，在选择好题材之后，如何将概念性的主题转化为直观的视觉表现是决定成败的关键。选择题材非常重要，但不可持题材决定论，以为题材选得好，就自然能出好广告。题材好，主题好，加上视觉表现的创新，才能创造出精品。

“弘扬主旋律，提倡多样化”，是一切宣传都要遵循的总的方向。电视公益广告当然不能例外，因此，我们一方面要进一步扩大题材，使电视公益广告的影响渗透到精神文明的各个方面去；让各种形式的电视公益广告之花，争奇斗艳，各领风骚。同时，我们必须集中力量，抓住重大题材，在创意表现上狠下功夫，创作更多能够震撼人心的电视公益广告精品，为加强社会主义思想道德建设，发挥更大的作用。

我们的奋斗目标应该是，再接再励，多出精品，高扬主旋律，唱出我们时代的最强音!

名 词 注 释

〔**房地产广告**〕 房地产广告是指房地产开发企业、房地产权利人、房地产中介服务机构发布的房地产项目预售、预租、出售、出租、项目转让以及其它房地产项目介绍的广告。

1996 年 12 月 30 日,国家工商行政管理局第 71 号令,公布《房地产广告发布暂行规定》,自 1997 年 2 月 1 日起施行。这是我国第一部专门规范房地产广告的行政规章。该规定主要有以下内容:

一、明确适用范围是以房地产这一不动产为对象而开展的各种经营活动所发布的广告,居民私人的租房、售房、换房广告,按一般分类广告进行管理。

二、规定禁止发布广告的房地产项目以及发布房地产广告应当提交的证明文件,以保证房地产项目本身的真实、合法性。

三、对房地产广告中涉及项目本身的必备要素的内容,如位置、价格、面积、环境、物业管理、装修等的规定。

四、对为促进销售而进行的有关房地产项目的评价和商业渲染的规定。

五、对违反《规定》的行政处罚。

〔**广告显示屏管理办法**〕

近年来,广告显示屏作为新兴广告媒介得到快速发展。为促进广告信息传播发挥了重要作用。但在发展中也出现一些问题。主要是:由于未实行归口管理,发展带有盲目性;一些显示屏播放虚假广告及其它违法信息。针对上述问题,国家工商局于 1996 年 2 月 29 日发布了《广告显示屏管理办法》(以下简称《办法》)。《办法》主要包括以下内容:

一、明确规定凡在户外或者公共场所建筑物内设置的,用以发布广告并可以即时变换内容的各类显示屏,均属本办法管理范围,未经工商行政管理机关批准,任何单位不得设置广告显示屏。

二、严格审批制度。《办法》明确了广告显示屏设立的主体资格及相应具备的条件,确保广告显示屏在设立时,即具有审查广告内容及其信息的真实性与合法性的能力。同时规定了工商行政管理机关审批广告显示屏的程序。

三、明确了非广告信息准播证制度

作为广告媒体的广告显示屏,应以播放广告为主,考虑到具体情况,《办法》规定,广告显示屏经过有关部门批准,并办理《非广告信息准播证》,可以播放非广告信息。同时《办法》明确规定了非广告信息的内容和来源。

四、明确规定了各级工商行政管理机关及其派出机构对广告显示屏的管理职责。主要是审查广告显示屏经营单位的资格、督促广告经营单位建立专门的审查、档案制度,对违法行为进行查处。《办法》还规定,在必要时,工商行政管理机关可以采取临时性措施,暂时停止广告显示屏的播放业务。

五、明确规定罚则。对未经批准播放非广告信息，播放非广告信息的来源不符合《办法》规定或有关法律、法规规定的，工商行政管理机关可以撤销《广告显示屏特殊信息准播证》，处五千元以下罚款。其它违反本办法的行为，依照《广告法》及其有关法律、法规进行处罚。

〔印刷品广告管理暂行办法〕

印刷品广告是有效的广告媒体，同时也是重要的商业促销手段。伴随我国市场经济的发展，印刷品广告日益被广泛采用，为企业介绍产品(服务)，沟通信息，指导消费，发挥着十分重要的作用，为规范印刷品广告，保护消费者合法权益，国家工商行政管理局于 1996 年 12 月 27 日发布了《印刷品广告管理暂行办法》(以下简称《办法》)。《办法》主要有以下内容：

一、利用各种手段印制，并通过张贴、邮寄等形式发布的散页、图书、票据以及包装、装潢等各类印刷品广告，均属《办法》管理范围。利用报纸、期刊发布广告，广告管理法规有专门规定，从其规定。

二、对印刷品广告内容明确了基本要求。主要是：

(一)真实合法，符合社会主义精神文明建设的要求，不得含有虚假内容，不得以任何形式欺骗和误导消费者。

(二)不得出现非广告内容

(三)印刷品广告必须有广告标记，能够使消费者辨明其为广告。有固定名称的印刷品广告，固定名称中应当含有“广告”字样。

(四)广告主、广告经营者、广告发布者发布印刷品广告，必须标明发布单位名称、地址、印刷时间、印刷品广告发布登记证号或临时性广告经营许可证号。

三、规定了印刷品广告的登记制度。《办法》规定，未经工商行政管理机关登记，任何单位或者个人不得发布印刷品广告，申请发布印刷品广告要填写《印刷品广告发布申请表》，并提交有关证明文件。印刷品广告的登记，由广告发布地省辖市以上工商行政管理局或者其授权的县(市)工商行政管理局负责，跨省(自治区、直辖市)连续发布固定形式印刷品广告，须报国家工商行政管理局登记。

四、规定了发布印刷品广告应当承担的义务：

(一)依法对广告内容进行审查。

(二)发布印刷品广告时，应当将广告品送工商行政管理机关备案。

(三)散发、张贴印刷品广告，应随身携带《印刷品广告发布登记证》或者《临时性广告经营许可证》的有效复制件，接受工商行政管理机关的检查。

(四)规定违反《办法》的处罚条款。主要包括收缴违法印刷品广告，并予以销毁；收回《印刷品广告发布登记证》或者《临时性广告经营许可证》，罚款等处罚。

广告经营单位介绍

北 京 市

公 司 类

中国广告联合总公司

地　址:北京市海淀区羊坊店路 3 号

邮　编:100038

机构及电话:

国内客户一部:63074224　63954852

国内客户二部:63072159　63954895

国内客户三部:63072394　63956519

国内客户四部:63072162　63954893

国内客户五部:63071253　63954851

国内客户六部:63072160　63954849

国际客户部:63072248　63954891

市场部:63074231　63954894

创意部:63956520　63954855

影视制作部:63954897　63074653

媒介一部:63073550　63954853

媒介二部:63074218　63954889

公关部:63074669　63956521

印务部:63073695　63954892

编辑部:63954857　63074320

总经理办公室:63074228

行政事务部:63074229　63954896

财务部:63072163　63073904

审计室:63954883

党委办公室:63074398

人事教育部:63074230

图文传真:(010)63074227

总 经 理:仇学忠

副总经理:王希孟　周　佳

·新华通讯社的直属企业

·中国第一家集团性广告公司

·全国广告业重信誉创优质服务先进单位。

·1981 年 3 月成立,现有成员公司 79 家,均为独立核算单位,遍布中国 60 个大中城市。

·北京市广告协会向海内外推荐的九大广告公司之一。

·1995 年荣获由国家工商行政管理局和中国企业评价协会共同主办的中国广告公司综合实力排序第二名。

·经营范围:

主营:承办、代理国内外各类广告,承办广告公关活动和室内外装饰工程;广告印刷品的设计、制作和销售;展览展销会的设计、布置和劳务服务;广告业务的市场调查和咨询服务;广告礼品、纪念品的设计、制作;户外广告材料及其制品的生产、销售;广告时装模特表演;商业摄影。

兼营:文体用品、日用百货、家用电器的销售;室内外装饰工程材料的批发、零售;商标及包装装潢设计、印刷(国家有专项专营规定的除外)。

中国国际广告公司

地　址:北京市建国门外大街 12 号(5 层)

邮　编:100022

电　话:65061171

传　真：65061167
负责人：许复兴
联系人：陈　尧

经营代理国内外广告业务

——为企业提供以营销目标为中心的广告总体策划，包括市场调查、广告策划、创意设计、媒介代理、广告监测及销售信息反馈；

——配合企业导入市场营销体系，包括确定发展目标、市场营销机构，建立营销网络，推进人员培训；

——企业 CI 策划及导入过程。

举办国内外展览，组织国际商贸洽谈、科技交流

——作为外贸企业，在海内外举办各类展览会；

——组织国内企业参加在世界各地的大型国际博览会及商贸洽谈；

——组织国际学术研讨及技术交流活动。

组织国际广告交流及文化、体育等大型活动，拥有一流的时装艺术表演团。

经营代理进出口贸易，形成从市场调查、展览促销及至外贸进出口的"一条龙"服务。

北奥广告公司

地　址：北京市朝阳区雅宝路丙 12 号
邮　编：100020
电　话：65959893　65959892
传　真：65082990
负责人：班金鹏
联系人：康胜军
经营范围：

北奥广告公司是全国最大的 50 家广告公司之一，除了能为客户提供全面的广告代理和专业化的服务外，尤其在户外广告方面具有突出的优势。在众多广告媒介中，户外广告是生命力最持久、视觉冲击最强的一种。我们将帮助您的企业树立牢固的大形象。

北京广告公司

地　址：北京市宣武区莱市口狮子店胡同 11 号
邮　编：100053
电　话：63043780　63043806
传　真：63042956　63043058
总经理：胡纪平
联系人：王松宏　孙　颖
经营范围：

行业领先

——1979 年成立，首都广告界第一家，隶属北京市政府，北京市外经贸委直属企业；

——连续十八年列全国广告公司年营业额十强；

——中国广告协会广告公司委员会副主任单位、中国对外经济贸易广告协会副会长单位；

——世界广告协会、亚洲广告协会会员；

服务上乘

——最早代理外商来华广告，可口可乐、柯达、丰田、松下、罗素－优克福　标志、新航、大宇、乐天…现代众多世界知名企业叩响中国大门，我们为其架筑桥梁；

——支持民族工业，春兰、大宝、牡丹、联想、四通…开创名牌战略，我们出色策划、实施；

沟通广泛

——最直接国际间合作，与日本电通、大广、博报堂、美国奥美、扬罗必凯、法国灵智等一流公司联手，将国际先进广告运作方式与中国国情合璧，开创独特个性；

机制健全

——设立公司本部及石家庄、广州、深圳等地分公司，代理区域广泛，大范围综合运作能力出众；

十九年的历史，集市场调查、策划、创意制作、传播服务为一体的全职能、专业化的现代广告公司，**整体运作，当然会更出色。**

北京华艺广告公司

地　址：北京市海淀区紫竹院路 10 号
邮　编：100044
电　话：68456232　68456233　68456234

传　真:68410175

在瞬息万变的商战竞技场上,企业如同千里马,靠自身的力量,固然能纵横驰骋,而如果让我们为它插上一对双翅,那无疑更能领略到风驰电掣,所向披靡的风景。北京华艺广告公司愿为企业插上这对双翅,协助企业到达成功与辉煌。本公司是一家全职能、专业化的现代广告企业,形成了集市场调查、策划、代理、创意制作于一体的全方位综合传播体系。超越自我,力求完美是我们始终如一的信念。

北京标正电脑图文有限公司

地　址:北京安定门内(北锣鼓巷)千福巷3号

邮　编:100009

电　话:64066806　64066807

传　真:64067290

我公司为中外合资的大型专业广告制作公司,自1995年率先引进美国VUTEK-3200大型双面彩色喷绘机,经过一年多运作,在户外大画面广告制作中颇具实力,作品遍及全国四十多个省市。

今天又成功引进美国LASERMASTER公司DME设备幅宽1.37米。清晰度460×307DPI,油墨防水,防紫外线,适用户外。

详细介绍,请见彩广。

大桥国际广告传媒有限公司

地　址:北京市东城区朝阳门北大街8号富华大厦B座5层

邮　编:100027

电　话:65545068

负责人:伍穗平

市场瞬息万变,障碍重重,寻找突破,我们深谙此道。

市场、客户、策划、创意、公关、媒体等部门优秀的组合、规范的运作、丰富的经验,为您的商品在市场变化和激烈竞争中作出创造性的判断和定位,为推动每个商品走向市场提供了一个整体的、科学的运作体系。

如果您想进一步了解Bozell China如何协助客户找到品牌的"障碍点"与"突破点",请和我们取得联络。

北京:(010)65541350　65541355

上海:(021)62475769　62475754

广州:(020)87750076　87609881

香港:(00852)28928678　28928797

北京市华融广告公司

地　址:北京市西城区北露园小区2号楼4层北厅

邮　编:100037

电　话:68320207;68320030

传　真:68320030

负责人:孟宪岭

联系人:王尔莎

经营范围:

北京市华融广告公司是在社会主义市场经济蓬勃发展的1993年成立的,具有独立法人资格的全民所有制企业。

华融广告公司自成立以来,本着真诚为客户服务的宗旨,积极拓展业务,努力探索,使经营范围不断扩大,营业收入逐年增加。在开展业务的同时,我公司通过各种专业技术培训,不断提高员工队伍的各方面素质,为在激烈的市场竞争中立于不败之地打下了牢固的基础。

我公司现设有办公室、策划部、市场调查部、业务部、展示制作部、媒介部、设计部、财务部、工程部、艺术中心,共一室九部一店,现有广告、营销、美术设计、展览、灯箱及霓虹灯制作、印刷、摄影、工程施工、财务、统计、信息管理、企业管理等方面的专业人才。

我公司具备广告策划、电脑美术设计、印刷品设计制作、广告摄影、霓虹灯及灯箱制作、大型广告活动、展览展示设计制作、广告代理及发布、美术用品经销等项业务,多次承担全国性大型展览的策划、设计与制作。并为西城区"西单大街亮起来"工程承担了总体设计和部分工程项目的制作。我公司还多次为中外企业承办、策划大型活动。

我们将以精湛的专业技能为各界服务。

北京回之声企划管理(顾问)有限公司

地　址:北京 1448 信箱
邮　编:100013
电　话:64296060　64203636　64283636
　　　64286060　64213636　64293636
传　真:64206060
董事长:尹延京
总经理:李文江

回之声企业公司以真诚待人,价格合理,优质服务为立业之本,秉承“在客户的成功中发展回之声”之企业宗旨,为社会各界服务。

主要业务:

平面设计、制作印刷;企业形象策划与实施;展览展示制作;大型户外广告制作;商贸代理、营销服务;技术推广及应用;信息咨询服务;设计、制作、代理、发布各类广告。

请看彩页介绍。

北京佳易广告公司

地　址:北京市阜成路 51－2 号银谷湾大厦 6 层
邮　编:100037
电　话:68417260　68417262
传　真:68417228
负责人:刘贵增
联系人:刘渠金、魏小玲

北京佳易广告公司创立于 1992 年,是第二炮兵投资主办的全民所有制综合型专业广告公司。北京佳易广告公司拥有训练有素的市场营销、整体策划、影视创意、电脑制作和美术设计队伍。在短短几年中,佳易人经不懈努力,已逐步向市调、策划、创意、制作、传播的整体运作和综合服务体系发展,取得令人瞩目的成果。

公司下设的制作部——佳易电子艺术中心,拥有美国 SGI 高级图形工作站、Wavefront 三维动画全套软件,并配备了广播级后期编辑和数码制作设备。经多年实践,已在计算机图像处理、三维动画、电视节目数字特技等方面积累了丰富的制作经验,成为北京地区较有影响的专业制作中心之一。

佳易将力求以作品高品味、服务高质量,与国内外客户和同行精诚合作、共创辉煌!

北京恒美广告有限公司

地　址:北京市朝阳区雅宝路丙 12 号
邮　编:100020
电　话:65913565－72
传　真:65911797
负责人:陈以聪
联系人:车硕知
经营范围:

凭借创意的引领,成就了客户,也成就了恒美广告的今日。

详细介绍请看彩广。

北京杰威广告公司

地　址:北京市朝阳区亚运村安慧里四区 16 楼
邮　编:100723
电　话:(010)64949074　64915484
　　　64914455－2264/2247/2463
传　真:(010)64949084
企业法人:贺玉强
企业性质:股份合作制
经营理念:荟萃杰出人才　创作优美广告
　　　　　增注企业威力　流芳盛名百世
经营范围:

营销策划、CIS 设计、电分制版、印刷发行、广告摄影、装饰装璜、展示展览、公关策划、礼品开发、媒体代理;

硬件设备:

印前系统:大网屏 1030AI 滚筒式电分机、苹果电脑、彩色打印机、胶片输出机;
摄影器材:仙娜、哈苏专业相机、宝荣灯;
印刷设备:海德堡胶印机;

经营哲学:以人为本,用人唯贤;

杰威不想说给您听,只想做给您看!

北京环宇广告公司

地　址:北京宣武门西大街 57 号
邮　编:100803
电　话:63073889
传　真:63071104

参考消息广告部

地　址:北京宣武门西大街 57 号
邮　编:100803
电　话:63071102
传　真:63071269

媒体影响大　信息传播广　广告效益好

北京环宇广告公司是新华通讯社参考新闻编辑部所属的综合性专业广告公司,是全国名牌日报《参考消息》的广告代理。

北京环宇广告公司除代理《参考消息》广告业务外,还拥有新华社编辑出版的报纸杂志的广告版面。公司还与中央各大报纸及电台电视台有业务往来;公司还在世界主要国家和地区以及国内主要城市设有广告代理机构,承办本公司业务。

北京环宇广告公司创立以后,在很短的时间内就以工作认真,作风严谨,服务周到,在广大客户中间享有很高的声誉。

北京环宇广告公司一向本着对广告主和用户负责的精神对待工作,几年来同广大客户建立了良好的业务关系。公司代理的各类广告得到主管部门的赞许和广大用户的信任,广告效益极好,慕名而来的广告客户络绎不绝。

北京环宇广告公司群体素质高,工作作风严谨,一向从客户利益出发考虑广告创意,力争每一条广告都收到最大效果。许多厂商通过在《参考消息》刊登广告,提高了知名度,打开了市场,扩大了产品销路,收到良好的经济效益。

北京环宇广告公司服务周到,一向全力满足广告客户的各种合理要求。对客户改稿、改图一向不厌其烦,并经常为客户提供参考建议,就广告文稿向客户进行认真磋商。公司严格执行三审三校制度,力争使每条广告从内容到形式都达到可能的完美。公司为此博得广大客户的充分信任,公司与客户的合作十分成功,十分愉快,取得良好效果。

北京环宇广告公司在广告市场激烈竞争的背景下,越办越好,影响越来越大,这是与广告客户密切合作息息相关的。

我们将不断提高为客户服务的水平。欢迎广大客户与我们合作,为每位客户事业的发达,为繁荣我国社会主义市场经济共同奋斗!

北京好心专递广告有限责任公司

地　址:朝阳区工体东路 14 号
邮　编:100020
电　话:65007966　65062233-2185、2093
传　真:65007996
法人代表:王立欣
联系人:郝宇晖

新思路、新媒体、新创意、新服务

一切都是新的

瞻观时代潮流,突破传统媒体

好心专递广告有限责任公司伴君一鸣惊人

公元 1997 年,一声创世纪的泣叫声,宣告好心专递广告有限责任公司呱呱落地。初生的婴儿已显虎虎生气。她以电视、报纸、广播和中文寻呼、电话、网络及户外媒体做为自己的"发布台",真正做到"一挥臂,英雄云集。"

北京好心专递广告有限责任公司,以"求新、求变"为宗旨,不断突破传统媒体的桎梏,革故鼎新,吞旧吐新,在信息时代的今天,寻呼、电话、网络已成为世人关注的热点、焦点。信息已使我们这个星球成了"地球村"。人与人之间,迅捷方便的联系已成了一种不可抗拒的潮流。

北京好心专递广告有限责任公司,一俟

面世，便追求稳扎稳打步步为营。中文寻呼机已在京城遍地开花，经过审慎的市场调研、预测和分析，大胆果断地开发了中文寻呼好心专递广告服务。广告服务质量和市场影响力已得到厂商用户和专家的一致首肯。成绩已成过去，拓展和进取更是好心专递广告有限责任公司的血液!

北京好心专递广告有限责任公司为了谋求更大的市场，鼎力推出了“以点代面”的联合发展思路，联袂多家媒体，使她的客户得到一次投入，多方受益的实惠。

北京好心专递广告有限责任公司承接各类广告的设计与制作，各类产品与服务的广告策划(包括市场调研、媒体选择与效果反馈、分析，促销与公关策划)国内各类广告业务代理。

北京好心专递广告有限责任公司，她前面的路仍然很长、很长，她还需要更多的呵护与帮助，更希冀与更多的商家客户风雨同舟，结伴前行。环视四海，一呼百应。作为跨世纪未来时代的拓荒者，她将为您献上最真诚的“好心专递”

北京国风广告公司

地　址：北京海淀区花园东路8号
邮　编：100083
电　话：62010787　62047015
传　真：(010)62010788
负责人：欧阳旭
联系人：上官禾

国风广告鼎力助您与市场良好连接。

北京金达顺电子技术有限公司

地　址：北京市海淀区白石桥路3号友谊宾馆雅园64314室
邮　编：100873
电　话：(010)68498702　68498766
传　真：68498702
负责人：褚　琦
联系人：纪海彤

名牌信誉　行家推崇

全新美国奥莱IOLINE超级88型刻字机

雕刻能手　尽显天工

美国MultiCam专业雕刻机

欲索详细资料，敬请接洽。

北豪实业有限公司

地　址：北京市朝阳区麦子店街36号601室
邮　编：100026
电　话：010－65942302　021－62476388
020－83586783
传　真：010－65942303　021－62894906
020－83575528

本公司代理进口欧美广告材料，如威特电脑喷画机，福乐灯，欧特龙灯箱布。公司于1993年引进全国第一支路牌灯箱，1994年在深圳市引进全国第一支单柱式广告牌(6×18米)，不断带动国内户外广告技术的提高。因而不少国内外知名大公司万宝路、爱立信、空中客车、中国建设银行……都选用公司产品制作户外广告。

代理销售产品：

欧特龙：户外广告专用灯箱布。幅宽1.10－5.00M，可适于丝网印刷，即时贴，电脑喷画。抗拉力强，耐候持久。

福乐灯：户外广告专用照明灯。广泛应用于路牌，标志照明。具有亮度高，耗电低，均匀性好的特点。

威特电脑喷画机：大型电脑喷画机，幅宽至5米，解析度6，9，12，18，24dpi，高效清晰输出逼真画面。另有5米新机型5300，解析度高达300dpi可同时制作小型写真画面。

本公司不仅仅是销售广告材料，而是向客户提供全套户外广告的资讯，协助您快速进入户外广告业。

中体广告公司

地　址：北京市西直门外上园村甲六号
邮　编：100044
电　话：62234402

传　真:62252934
负责人:苗淑宝
联系人:梅春晖

本公司为国家体委所属一类公司,是从事国内、国际体育和商业广告的经济实体,已在中华人民共和国工商行政管理局注册登记,具有独立企业法人资格。本公司代理、承办广告赞助性体育比赛、活动或表演,承办国内外体育展览;代理、承办、发布国内外体育和商业广告;代理国内外厂商提供服装器材业务;代理出售在中国举办的体育比赛、活动或表演的电视、电影、广播的专利权;代理转让体育科研成果专利及体育专家的国际业务;代理承办与体育有关的投资、合资、市场开发、贸易及租赁业务;提供体育及商业信息、咨询、翻译及体育技术指导等有偿服务业务;代理报纸、广播、电视、路牌等各类媒介的广告业务。

中化国际广告展览有限公司

地　址:北京复兴门外大街 A2 号
邮　编:100045
电　话:68569318
负责人:仪忠虎
联系人:王玉海

中化国际广告展览有限公司作为中国外经贸系统首家广告公司,面向市场,奋力开拓,历经 9 年的辛勤耕耘,已跻身于中国广告业的前列。公司以设计、制作、策划、代理国内外各类广告、组织、承办国内外展览为市场促销的主要手段,努力开拓国内、国外两大市场,先后与国内外数十家影响广泛的媒体建立了业务合作和代理关系,与国内外数百家生产企业和贸易公司建立了良好的客户关系,尤其在广告全权代理和营销策划业务方面有了新的突破。公司以真诚、热情、完善的服务,在广告业界树立起了良好的企业形象和企业信誉。9 年来,累计促进贸易成交额达 40 多亿美元。1996 年公司营业额(不含下属公司)超过 3,000 万元人民币。

中丝广告有限公司

地　址:北京市北河沿大街 105 号
邮　编:100006
电　话:65137601　65120379
传　真:65137601
负责人:陶孝娴
联系人:俞剑平

中丝广告有限公司是中国丝绸进出口总公司、上海、江苏、浙江、广东省(市)丝绸进出口公司与香港百能广告有限公司合资兴办的中外合资企业。该公司是一个集市场调研、策划、创意、制作、传媒服务于一体的完整体系。公司的主要经营范围包括:设计、制作、发布、代理国内外各类广告。

中丝广告有限公司拥有自己的媒体——《中国丝绸》(ELEGANCE CHINA SILK)杂志,因此具有较强的整体运作能力,能为广告主提供全面的广告服务,并具有良好的信誉保证。欢迎各界朋友与我们携手努力,为我国经济贸易的发展开拓一条通向世界的新丝绸之路。

中国机电广告公司

地　址:北京市西城区百万庄大街 22 号
邮　编:100037
电　话:010－68326282
传　真:010－68326295
法定代表人:陈根德
联系人:史寒冰

中国机电广告公司(CACME)是中华人民共和国机械工业部直属的全国性、综合型专业广告公司。

公司面向全国机械、汽车、电子行业企事业单位和国内外各类工商企业,开展广告策划、市场调查、设计制作和发布、代理业务,组织国内外经济技术展览与交流。

公司创办以来,积极承办、代理各种类型的广告业务,多次举办全国性和国际性大型展览会和促销活动,为国内外数千家工商企业提供了各种方式的促销服务。经营能力，经营手段和综合实力不断增强，已跻身于全国 50 家最具实力的广告公司之列。

公司拥有精通业务、经验丰富的广告、艺术、经济管理和工程技术等各类专业人员，建立起规范、科学、高效的经营管理机制，注重优化系统功能、发挥群体智慧和创造力。能够为客户提供系统化、全方位、多层面的广告促销服务。

公司全体员工遵奉“团结、创新、开拓、务实”的敬业精神，恪守公司利益、客户利益、社会利益三位一体的企业宗旨，竭诚为机电企业及各界客户提供完美、高效的服务，不断追求和实现事业发展的更新、更高的境界。

中国民航宣传广告公司

地　址：北京市东城区东四 11 条 31 号
邮　编：100007
传　真：64046592　64046496　64226717
负责人：孙建民
电　话：
　广告一部（综合广告）：64046717
　广告二部（期刊广告）：64027094
　广告策划部：64027095
　《班期时刻表》编辑部：64046496
　《中国民航》杂志编辑部：64221767
　《中国航空旅游指南》编辑部：64046496
　《中国航旅》编辑部：64047095
　办公室：64027097

中国民航宣传广告公司是经国家经济委员会、中华人民共和国对外经济贸易部和国家工商行政管理局批准于 1984 年 1 月 1 日正式成立的全国性专业广告公司。该公司隶属中国民航系统，其主要职责和经营业务范围是：

一、负责中国民航系统的对内、对外业务宣传和国际、国内广告业务。

二、设计、制作、代理国内外各类广告；中国民航出版物及所属公共场所的广告发布。

三、编辑出版、发行《中国民航》、《班期时刻表》、《中国航空旅游指南》、《中国民航画册》、《中国航旅》等刊物及其他印刷品、宣传品。

四、制作中国民航各种纪念品、展览品、礼品；承办国内外的中国民航展览业务等。

五、承办国内外印刷业务和各种高质量的彩色印刷、设计、包装、装潢、书刊、商标印刷等业务。

凡经中国民航宣传广告公司承办的广告业务由本公司负责向客户免费提供咨询服务。

中航公关广告公司

地　址：北京市东城区亮果厂 5 号
邮　编：100010
电　话：64072239
传　真：64014803
负责人：周世忠
联系人：吴平波
媒介部：64013926
展宣部：64032787
制作部：64017722－313
公关部：64017722－311

主营：经营代理国内和外商来华广告；承办国内展览、展销，公关策划及信息咨询。

兼营：日用百货、五金交电的销售。

中国长城电子展览公司

地　址：北京市海淀区学院路丁 37 号
邮　编：100083
电　话：62013363
传　真：62013361
负责人：王树华
联系人：邓亚梅

中国长城电子展览公司是经中华人民共和国电子工业部批准具有法人资格的国营展览专业公司。业务以组办国内外展览为主，兼营广告、资料制作和展具租赁业务。公司宗旨是为电子与计算机行业服务，组织开发产品市场。推广应用、交流技术、传递信息，为产、供、销和广大用户架设金桥。

公司成立以来，组办了各种类型的国内外展览，取得了很好的经济效益和社会效益。从1980年开始每年一届的“全国计算机京交会”已连续成功地举办了十八届，规模大、影响深、效益高，为我国民族计算机工业的发展做出了贡献，在国内外享有盛名。为开拓国际市场还组办来华展览和出国展览，曾先后组团赴新加坡、印度尼西亚、匈牙利、前苏联、美国、澳大利亚等国家参加国际大展。通过开展业务，积累了丰富的办展经验，使公司在国内外电子与电脑界获得了很高的声誉。在展览行业里已跨入国际先进行列。

公司实行开放型管理模式，欢迎社会各界与我们共同合作，开创展览广告业的新局面。

北京科利达广告有限责任公司

地　址：北京市海淀区苏州街78号
邮　编：100080
电　话：62551531－3052
传　真：62551531－3052
联系人：郭春景　张雅玲

北京科利达广告公司是一个年轻的富有朝气的广告传播公司。几年来，超速运作使我们积累了丰富的经验，同时，我们以高品位、多媒介、新创意、大文化的全新视角和姿态，跻身于强手如林的广告传播公司。

我们同中央电视台、北京电视台及各省市电视台有着良好的合作关系，并和体育界、文艺界、商界及中外各界人士有着广泛的联系。

广告主要承接内容：设计、制作、代理、发布国内和外商来华广告。

广告主要运作部门：财务部、媒介部、客户部、策划部、创作部、影视部、市场调研部。

广告传播的根本：我们与客户、消费者沟通，并让客户与消费者沟通。

由于改革开放，广告业发展很快，变化较大，我们愿以全新的姿态、真诚的与各界合作，用我们的先进技术、独特的创意、完善的制作，竭诚为您服务，为您的事业锦上添花、共同创造美好的未来。

竭诚希望广大客户与消费者与我们联系。

国人广告公司　国人印刷公司

地　址：北京市海淀区白石桥路32号
邮　编：100081
电　话：62179146　62185309
传　真：62185310
负责人：康瑞鑫

广告制品　印刷总汇

七年来，国人广告公司、国人印刷公司精心策划、设计制作了无数广告作品。大如中科大厦、中技贸易的灯箱广告，亦有三星公司、本田公司的中型广告箱，有精致的各种小礼品印刷，亦有大批量的海报、画册、纸袋、信封、信纸等印刷制作。

七年来，国人公司秉承服务至上、质量第一的一贯宗旨，不断地为我们的新老客户创造出一批又一批耀眼的广告制品。今天，我们的众多客户已经在不同的行业中脱颖而出，而我们也迈着稳健的步子，一步步地走到了今天，今天我们可以向朋友们提供从策划－创意－设计－印刷－制作的一条龙服务，尤其值得我们欣慰的是我们在美丽的香山脚下，建设了一个大规模的印刷工厂，这足以保证我们向客户提供质量一流，价格合理，交货期大为缩短的优质服务。

七年来，我们的合作是愉快的。七年后的今天，相信我们将会有更成功更愉快的合作！

人民画报广告艺术公司

地　址：北京海淀区车公庄西路33号
邮　编：100044
电　话：(010)68412387
传　真：(010)68413023
负责人：高振达

人民画报社出版的《人民画报》(海外版称《中国》画报)是一本以图片为主、图文并茂的全国性的综合月刊,向国内外广大读者真实、客观、形象地介绍中国的基本情况及改革开放中的当代新貌,是世界各国读者了解中国的一个窗口,促进友谊的桥梁。

目前有汉、藏、俄、英、日、法、德、西班牙、意大利、阿拉伯、乌尔都、印地、斯瓦希里、泰等文版,其中繁体字中文版和泰文版都在香港印刷发行。各文版画报的发行覆盖面达世界五大洲180个国家和地区。

本公司经营国内外广告,代理外商来华广告,可承接拍摄、编辑、设计、印刷等全套业务。在《人民画报》中文版刊登,可发行到全国各个省、市、自治区;在各外文版《中国》画报上刊登,可发行到世界五大洲180多个国家和地区。

北京海德广告公司

地　址:北京东城区海运仓2号
邮　编:100702
电　话:64013619
传　真:64013619
负责人:李　军

北京海德广告公司是中国青年报创办的专业性广告公司。

经营范围:

承揽、代理国内和外商来华各类广告业务。

北京笔克展览服务有限公司

地　址:北京市朝阳区洼里南口甲1号笔克办公楼
邮　编:100012
电　话:64940999
传　真:64916591
董事长:郑心民
执行董事:吴起壬
总经理:朱世熙
经营范围:

该公司是由北京市朝阳区洼里乡政府下属的朝阳飞宇电器厂和笔克(香港)有限公司共同创办的合资企业,注册资本为271万美元。

笔克(香港)有限公司于1988年在京建立了驻京办事处,自1981年到1992年,在中国国际展览中心、国贸中心、北京展览馆、农展馆等处参与承办了近150多次各类展览会。作为主办单位指定的承建商,承建历届在中国国际展览中心举办的"国际汽车展"、"国际电子及通讯展"及"国际纺织机械展"等在国际上享有声誉的大型国际性展览会。

1992年9月2日正式合资后,该公司成为目前在国内展览行业里一家具有现代化的加工技术设备及具有科学管理水平的大型合资企业。公司拥有近二万多平方米的仓库,所存放的展架可以承建8000平方米面积的展台。该公司能够独立作为主办单位指定的承建商,以优惠的价格、便捷的服务为参展商提供设计,搭建各种类型的展台,该公司也经营室内装修、广告牌制作,家具及电器租赁等业务。

该公司作为笔克集团大家庭的一分子,与笔克(香港)有限公司及世界各地的分支机构保持密切的联系,并时刻关注世界展览业务发展的新思维、新技术、新潮流。

麦肯·光明广告有限公司

地　址:北京市朝阳区建国门外南郎家园1号楼
邮　编:100022
电　话:65930300
传　真:65077555
负责人:牛爱国
联系人:申红艺

广告的代理、设计、制作、印刷、发布及相关的咨询服务。产品的造型设计及包装设计。

凤凰国际广告有限公司

地　址：北京市西单北大街小酱坊胡同 36 号
邮　编：100032
电　话：66023695　66023694　66037750
传　真：66023695　66023694
总经理：王民生

凤凰国际广告有限公司，系经国家经贸部批准成立，国家工商局注册登记的中美合资企业。主要经营、代理国内外广告业务，提供广告咨询服务。几年来在全体员工脚踏实地、兢兢业业的不懈努力与追求下，公司迅速发展成为目前具有相当规模和较好声誉的专业广告实体，在国家工商局和企业评价协会举办的“中国首届广告公司综合实力评价排序”评比中名列前矛。

我公司不但具有过硬的综合实力，而且拥有一批素质较高的广告专业人才，配有一整套完善的经营管理制度，并始终如一地奉行自己的服务信条：以信为本，以质取胜。

未来的中国广告业，任重而道远，我们将一如既往的以饱满的热情、独创的精神、良好的信誉，诚挚地与广大客户合作。

金鹰国际广告企划有限公司

地　址：北京市朝阳区安苑北里(28A)
邮　编：100029
电　话：64922134　64922136
网　址：http://www.goldeagle-ad.com
E-mail:ge@goldeagle-ad.com
总经理：汪一林
联系人：段　勇

金鹰国际广告企划有限公司成立于1993年6月，由北京文化艺术音像出版社与香港合资经营。在广告、企划方面集制作、代理、策划、创意、调查、咨询为一体的专业广告公司。

金鹰公司制作、代理了近千家的广告客户。设计制作的广告片分别荣获了中国广告优秀奖、连续四届春燕杯优秀广告奖。1996年，应北京市委市政府委托在北京市主要道路策划、建立公益广告路牌。1996 年金鹰策划、投资、推出无场次话剧《冰糖葫芦》，集中国一批国宝级话剧艺术家在北京、天津、上海等地演出，1997 年再度复排公演共演出七十余场，并应邀参加了’96 北京、香港、澳门、台湾戏剧交流和第三届 BESETO 北京、汉城、东京戏剧节的演出，荣获第八届上海白玉兰戏剧表演艺术奖集体荣誉奖。同时推出了《冰糖葫芦》音带和 MTV，荣获中央电视台’96 中国音乐电视(MTV)大赛金奖和“五个一工程”金奖。

1996 年起与北京电视台体育部合作，独家代理 96、97 甲 A 足球联赛，国安队全部主客场及泰森拳击争霸赛电视现场直播的广告。1996 年与北京电视台合作策划组织录制了首届电视体育辩论大赛。1997 年与北京电视台体育部合作推出《周日体育热线》现场直播节目。并组织了中国健力宝青年足球队对八一足球队的足球对抗赛。

北京天哲国际旅游广告公司

地　址：北京市朝阳区定福庄南里一号
邮　编：100024
电　话：65767912　65778408
传　真：65778406
总经理：胡　斌
副总经理：李保家　殷　敏
联系人：姚　晖

北京天哲国际旅游广告公司是北京第二外国语学院校办企业，为全面代理型广告公司。市场调研，创意策划，设计制作，广告发布，为国内外企事业单位拓展国内外市场提供广泛服务。

得天独厚的人才优势，使公司的各类服务精良、周到、入微。文人下海，以诚为先。多年来北京天哲国际旅游广告公司真诚为广大客户服务，已得到满意的社会效益和经济效益。

朋友，北京天哲国际旅游广告公司真诚期待与你共创繁荣！

精信广告有限公司

地 址:北京东城区朝阳门北大街8号富华大厦A座2层
邮 编:100027
电 话:65541363
传 真:(8610)65541366

精信广告有限公司成立于1992年7月,由香港精英广告公司与中信属下北京国安广告总公司合资组建,董事长陈一枬小姐,总公司设在北京。随着业务的迅猛发展,精信广告由最初成立时的十几名员工,已发展至今天的二百多名员工,可谓人丁兴旺,今年精信广告北京总公司,广州、上海分公司、香港办事处都已迁入新址,运用先进的办公设备,使精信广告成为高效率,服务更完善,更专业的广告公司。

精信广告人员的壮大是基于公司在大陆广告业务的不断拓展,公司1994、1995年已连续在中国广告协会"中国十大广告公司"评比中名列第二位,1996年名列第四位,今年公司广告业务又上新台阶,营业额近四亿元人民币。

精信广告用统一和永恒的意念结合完善而细致入微的服务为客户建立巩固、持久的品牌,今天由精信广告代理的诸如:康泰克感冒药、LG电子、达能饼干、雅芳化妆品等等已成为广大消费者熟知的名牌。

精信广告将与广大同仁一起,继续努力,为繁荣中国的广告业,促进中国经济的发展,作出自已的贡献。

信龙国际广告公关公司

地 址:北京市朝阳区新源南路6号京城大厦13层
邮 编:100004
电 话:(010)64665032、64660088-1356、1319
传 真:(010)64662047
联系人:盖 凡

信龙国际广告公关公司隶属于中国国际信托投资公司(集团),是中国国际经济咨询公司的全资子公司,于1993年正式成立。

公司遵照中信奠基人荣毅仁先生亲自制定的"遵纪守法、作风正派、实事求是、开拓创新、谦虚谨慎、团结互助、勤勉奋发、雷厉风行"的中信风格,依托中信公司以及中国国际经济咨询公司在国内外的良好信誉和综合经营优势。以灵活多样的方式,为国内外客户开拓市场,树立企业形象,提供优质、完善的系统服务。

我们为您提供:

·策划、代理、发布国内外各类广告业务;
·平面、影视设计及制作服务;
·承办组织各类国际会议(研讨会、开业式、洽谈会等)和商务公关活动;
·承办外公司首脑或商务团体来华接待。

北京阳光广告展览艺术公司

地 址:中国·北京东长安街12号
邮 编:100742
电 话:65249557(办公室)
63081149(业务)
传 真:63081753
负责人:左其友
联系人:郑谊军

北京阳光广告展览艺术公司是经国家工商行政管理局核准注册的专业从事经营、代理国内和外商来华广告业务的全民所有制企业。

公司实行总经理负责制,下设客户服务部、媒介工程部、创意设计部、市场情报部、计划财务部和行政事务部。部门间缜密配合,组织实施了许多大型有影响的社会活动。同时,公司拥有过硬的广告自有媒体,广告阅报栏构成的长安街沿线、各大购物中心、地铁沿线、主要交通干线四大网络,立柱式灯箱广告路牌贯穿首都著名商业街——西单大街东西两侧和朝内大街南北两侧,并拥有大型单柱式广告路牌,为中外客户提供了宣传企业形象及产品的沃土。

北京阳光广告展览艺术公司愿把"一样

的阳光献给一样热爱阳光的人们!”

北京东方艺术广告公司

地　址:北京市西城区金融大街屯绢10号
邮　编:100032
电　话:(010)66084215　66084216　66084217
　　　　66084218　66084219
传　真:(010)66084220
负责人:李赫男

北京东方艺术广告公司为中华全国总工会直属的综合性专业广告公司,是中国广告协会会员单位、全国企业形象策划设计委员会理事单位、全国省级电视台节目交流网理事单位和中央电视台指定广告代理公司。

可为您提供:国内外广告代理、整体市场推广策划、整体广告策划、企业形象设计、市场调研、展示展览工程、大型公益活动及影视、平面、户外媒体设计、印刷、制作和发布。

我们将竭诚提供专业、周密的解决方案全面致力于您的成功!

北京文心堂广告艺术有限公司

地　址:北京朝阳区惠新东街6号乡企大厦1005-1009室
邮　编:100101
电　话:64968341
负责人:杨小平
联系人:郝德萍

北京文心堂广告艺术有限公司是一家综合性专业广告公司。成立以来,文心堂与众多客户携手共进、共求辉煌,建立了亲密无间的合作关系。

如今,文心堂已聚集了一批专业广告人,在设计、全案企划、媒体实施等方面皆已积累了丰富的经验,并多次成功地策划、组织了产品促销公关活动和大型文体活动。文心堂人始终深信“诚信、坚定、踏实、奋进”是立业之本。相信文心堂人定能超越自我,向未来挑战。

北京市公交广告公司

地　址:北京市东城区交道口东大街
邮　编:100007
电　话:64030529
传　真:64049428
总经理:宋瑞波

我们的承诺:
整体策划:一步到位
设计发布:双管齐下

本公司下设机构:
综合办公室　电话:64030529
客户一部　电话:64030528
客户二部　电话:64017100
影视部　电话:64058505
设计制作部　电话:64049429
媒介部　电话:64017200
行政保卫部　电话:64058499
北京市天成出租汽车公司　电话:63400650
北京市天成商贸公司　电话:66155717
北京市天罡装饰装璜公司　电话:64276364
北京市天翔旅行社　电话:64073076
北京市公交广告公司图片社
　电话:64035330
北京市天朝酒楼　电话:64060837
北京公交天成汽车客运有限公司
　电话:62227210
北京公交图文设计制作中心
　电话:64058499

北京地下铁道通成广告有限公司

地　址:北京市朝阳门外大街18号丰联广场2001室
邮　编:100020
电　话:(8610)65881066　65881071-1075
传　真:(8610)65881076
经营范围:

本公司独家发布北京地铁全线月台灯箱、车厢内广告牌、通道及梯旁海报等。

北京通成推广公交广告有限公司

地　址：北京市朝阳门外大街18号丰联广场2001－4室
邮　编：100020
电　话：65881066　65881071－1075
传　真：65881076

北京通成公共汽车车身广告业务，遍及中国十大城市，直达每个阶层，效果深入民心。

北京北辰广告公司

地　址：朝阳区安慧里一区一号楼（首层）
邮　编：100101
负责人：张玉福
联系人：赵宏章
办公室（媒介部）：64917765（传真）
客户一部：64917089（业务）
客户二部：64931786（业务）
创作设计部：64917123

北辰广告公司是北辰集团所属的专业广告公司，具有广告设计、制作、代理、发布权。是亚运村周边户外广告独家经营单位。

北辰广告公司在国家工商局和中国企业评价协会评选的全国最具实力的广告经营单位排行榜上名列前五十名，北京市广告协会向海内外推荐的九家广告公司之一。

北辰广告"优秀创意、优良效果、优质服务"。

北京华讯广告艺术公司

地　址：北京海淀区黄庄大泥湾乙9号
邮　编：100086
电　话：62563322－208
传　真：62540864
法人代表：王恩生

北京华讯广告艺术公司是北京华讯集团的全资子公司。北京华讯集团"致力于通信事业改革，服务于信息化社会"。它是北京市经济百强企业；中国高新技术百强企业，它的成就和影响受到政府、通信行业和新闻界的关注和肯定，被海内外誉为"中国无线通信民营第一家"。

北京华讯广告艺术公司，侧重通信行业的广告宣传、营销策划和市场调研服务。它以北京华讯集团在寻呼通信方面的独特优势，组织形成了全国第一家用户量最大的寻呼机广告媒体，并实现了广告信息管理网络化，促进了寻呼机广告事业的健康发展。

北京华讯广告艺术公司每年成功的完成报刊、电视、广播、印刷等广告代理业务10000多项。承担户外广告的方案设计、项目审批、结构架施工、版面代理制作100多项，并圆满通过各级部门的验收。

我们将帮您打开通向市场的大门，伴您在市场竞争中走向成功。

北京京视广告公司

地　址：北京海淀区西三环北路3号
邮　编：100081
电　话：（010）68421431/32/33/35
传　真：（010）68421432

北京京视广告公司（以下简称京视广告公司）成立于1993年，隶属于北京电视台。作为北京电视台唯一的广告公司，在公司发展过程中，将由专业媒体公司，逐步发展成为一家功能齐全，能够为国内外大型客户提供全面服务的大型综合广告公司。尤其在电视媒体方面，将显示其鲜明的特点和较强的实力。这主要体现在为客户提供产品策划、市场分析、媒体计划、监测、收视调查等全方位服务的能力。同时，电视节目交换也是公司业务的重要组成部分。京视广告公司作为媒体自办的广告公司，同全国各地电视媒体单位保持了良好的合作关系，这也为公司更广泛的服务客户、拓展业务打下了良好的基础。

1997年，京视广告公司代理北京电视台标版广告及独家代理《北京特快》栏目广告。京视广告公司对于业务规模的不断扩展，始终坚持积极、严谨的态度，不断完善提高对于客户的服务质量水平，真诚希望和更广大的客户朋友共同合作。

北京市旅游广告公司

地　址:北京饭店西楼4074室
邮　编:100004
电　话:65137766－4073、4074
负责人:孙广生
联系人:龚延惠

北京市旅游广告公司系北京市旅游局直属专业旅游广告服务机构。公司成立于我国各行各业经济正在腾飞的那一年,即:1991年。

公司成立以来,凭借旅游行业得天独厚的优势,开展了各种形式的广告业务,受到了国内外各界人士及各大中型企事业等单位的厚爱与信赖。为此,我们不胜荣幸和感激。

广告,在现代企业的经营中,发挥着越来越重要的作用,因此,广告质量的好与坏,直接关系到企业的经济效益和社会形象。基于这一点,我们始终把“信誉和服务的力求完美”做为我们企业发展的生命力。使我们在激烈的竞争中立于不败之地。

本公司实力雄厚、宣传力强、覆盖面广,完全能够胜任和满足国内外宾客的要求。

我们能够为您提供:诸多种类全面的广告策划、创意、设计和制作、代理和播发业务。大型霓虹灯、路牌更是我们的强项。另外,在高档印刷品的制作及广告宣传上也颇具优势,我们可直接参与每年的国际旅游博览会,使广告宣传走向世界。

本公司始终遵循既定的服务宗旨:

“你成功,我也成功了,鼎力相助,所有企业都成功”。

北京市旅游广告公司愿广交国内外各界朋友!竭诚为国内外各界朋友提供优质服务。

北京火车头广告有限责任公司

地　址:北京市丰台区丰台镇文体路5号
邮　编:100071
电　话:(010)63855510
传　真:(010)63855521
总经理:何培民
联系人:索凤利

北京火车头广告有限责任公司,是由北京铁路局和铁路分局等13家股东出资600万元人民币组建的专业广告公司。她以北京铁路局的站车媒体影响力大、传播效果好、辐射能力强的优势,为国内外客户提供全方位的广告策划、设计、制作、代理和发布。

北京火车头广告有限责任公司作为以交通广告为主的专业广告公司,拥有一批充满活力的专业人员,谙熟国内交通广告的运作。曾成功地为JVC、富士胶卷、东方表、燕京啤酒等著名品牌进行了策划发布。1996年我公司又与日本株式会社旭通社合资成立了铁旭广告有限责任公司,两家公司优势互补,使火车头广告公司如虎添翼,将以精湛的技艺、新颖的创意、周全的策划为您的产品的崛起推波助澜。

火车跑的快,全凭车头带。“火车头”愿带您的品牌在广阔的市场中驰聘。

北京公交候车亭广告有限公司

地　址:北京市新街口外大街八号鹰冠庄园写字楼201－212室
邮　编:100088
电　话:(010)62011963
传　真:(010)62055035
负责人:张锦升
联系人:芳　冬
经营范围:

公司是亚洲公共设施广告有限公司和北京市公交广告公司共同组建的中外合作经营企业。

公司总部亚洲公共设施广告有限公司,在中国是系列化中外合作经营企业形式的广告公司。公司业务从投资、设计、生产、安装、照明,公交候车亭网络媒体和灯箱媒体,到定期清洁维护,从广告创意、制作、印刷、运输、广告发布到广告发布前后的广告效应市场抽样调查,实行"一条龙"综合服务。公司的宗旨是:国际水准中国特色,力求创新与众不同,使客户的广告投资获得最佳效益,同时向中国公众提供公交候车亭设施的公益性服务。

集团公司分布:

香港总部:

香港九龙尖沙咀宝勒巷二十一至二十三号宝利商业大厦 1301-3 室

电话:(852)23678163

传真:(852)23678126

天津分公司:

天津市河西区友谊路 42 号增 1 号友谊写字楼 408-409 室

邮编:300061

电话:(22)28367784

传真:(22)28369948

广州分公司:

广州市广州大道中东兴北路 65 号 501 室

邮编:510600

电话:(20)87374900

传真:(20)87374830

上海分公司:

上海市浦东新区丰和路 1 号港务大厦 3209 室

邮编:200120

电话:(21)58405281

传真:(21)58406383

深圳分公司:

深圳市深南中路华联大厦 517 室

邮编:518031

电话:(755)3351000-3517

传真:(755)3348122

北京市体育广告公司

地　址:北京工人体育馆南楼

邮　编:100027

电　话:65042111

总经理:王　桦

联系人:王品熙

北京市体育广告公司是北京市唯一体育专业广告公司。公司始终以弘扬中华体育精神,展示体育风采,扶持中国体育名牌产品为宗旨。借体育之魅力,助企业之腾飞,是本公司的最终追求。

公司坚持以精美的设计,上乘的制作,真实的信息,使企业得到最高的回报。靠体育搭台,为企业唱戏。特别是近几届奥运会、亚运会期间,为企业策划并实施的嘉奖体育健儿的系列宣传活动均得到企业的好评。我公司策划并参与的北京体育好新闻评选、北京三资企业足球赛、名人网球赛、记者桥牌赛、台球赛、保龄球赛等均已举办多届。其中北京市三资企业足球赛被列入北京市政府批准的长年赛事,现已形成一定规模。因参赛队队员国籍各异,被京城的三资企业员工戏称为"我们的世界杯赛"。这些赛事及活动均得到首都数十家新闻单位的及时报道。

我公司现有《体育博览》杂志、东单宣传橱窗等媒体可直接宣传体育健儿的精神风貌和企业界为体育事业做出的贡献。

北京市体育广告公司竭诚为企业服务,致力于为企业与体育的合作架起友谊的桥梁。

北京市房地产广告公司

地　址:北京市东城区北河沿大街甲 141 号

邮　编:100006

电　话:65233284　65129994

传　真:65233283

总经理:傅增杰

联系人:刘　毅

公司成立于 1993 年 2 月,是北京市房屋土地管理局直属国有企业。经过几年的努力,公司开发了众多的户外广告媒体,成为北京市拥有户外广告媒介最多的专业户外广告公司之一。

目前,公司开发的户外广告媒介有:建国门、永安里、前三门、三元桥等地居民住宅楼;蓝岛大厦;三元桥、四元桥、京通快速路、京石高速路、北三环路单柱式广告牌;东单、宣武门等59个汽车加油站;左家庄等26个消防队车库屋顶。

公司具有广告策划、媒介开发、广告设计、制作、大型展览展示的综合实力,拥有一批富有献身精神的广告人才。几年来,本着"竭诚为企业发展推波助澜"的企业宗旨,经过公司全体员工的共同努力,业务有了很大的发展,与国内外同行和客户建立了广泛密切的合作关系,以诚实的经营,周到的服务,一流的质量在同行和客户中建立了良好的信誉。

北京万隆广告公司

地　址:北京市海淀区增光路45号7号楼二层
邮　编:100037
电　话:68483214　68483215　68429850
传　真:68429850　68483214
总经理:郑　治

万隆广告公司是从事广告经营的专业性公司,自1989年成立以来得到了长足发展,与国内外客户代理和媒介建立了广泛的业务联系和合作关系。本公司实力雄厚、设备先进、在广东还设有分支机构——珠海华侨广告公司。

本公司拥有一批经验丰富、风格独特、富有创新意识的广告策划、设计、制作专业人员和媒介专职人员。本公司在国内媒介方面具有明显优势,能为客户提供和安排电视台、报纸、杂志、电台、橱窗、路牌、霓虹灯等各种媒介。本公司还拥有先进的印刷设备,包括激光照排、电子分色、照相制版设备及进口四色胶印机,与广告业务配合起来能为您提供全面、周到的一条龙服务。

主要服务项目:①国内外电视广告的策划、创意、制作、代理。②美术设计、广告摄影制片。③年历、目录、样本、画册的印刷。④国内外展览业务。⑤广告媒介咨询、广告礼品、市场调查。

"客户至上,服务第一"是我们的一贯宗旨,为了您的事业得到成功和发展,我们愿助您一臂之力。

北京山顶广告有限责任公司

地　址:北京·海淀·中国人民大学·新图书楼五层
邮　编:100872
电　话:010－62513437　010－62513440
传　真:010－62513440
负责人:吴益他
联系人:孟　航

北京山顶广告公司注册于1994年12月,注册资金100万元人民币。

营业范围:

设计、制作、代理、发布国内和外商来华广告,为客户优质、高效的服务是我公司创始的宗旨。多年来公司与中央、地方媒介一直保持友好合作的关系,公司目前为3M中国有限公司、宝洁(中国)公司(P&G)……等国内外知名企业提供服务。1997年,公司与瑞士荣格跨国公司合资成立了荣格国际广告有限公司,进一步加大了对国际市场的开拓力度,本公司热忱欢迎国内外客商来电、来函或光临本公司洽谈业务,增进友谊。

北京通产广告公司

地　址:北京市朝阳区安苑路11号
邮　编:100029
电　话:010－64962936　64962969
传　真:010－64963001
负责人:李学文
联系人:刘少华

北京通产广告公司隶属人民邮电报社,是人民邮电报社专门从事通信业广告业务的经济实体。

《人民邮电》报是中国通信业第一大报，发行遍布全国邮电系统内外，发行量达 20 万份。北京通产广告公司全权代理《人民邮电》报广告业务。

北京通产广告公司立足通信行业，依托人民邮电报社，除受理通信产品广告、企业形象广告外，还办理各种供求信息、牵线搭桥等各方面的分类广告，同时为社会其它报刊及全国二十多家省市邮电报代理各类广告业务。

北京通产广告公司追求的最高目标是让客户满意，公司真诚愿为通信产、供、销企业的发展助一臂之力。

北京意必达公关广告公司

地　址：北京市东城区安定门外胜古中路 1 号光大蓝宝大厦 312 室
邮　编：100029
电　话：64436445　64434411－3322
E－mail：cinc@public.bta.net.cn.
法人代表：吴晓冰
负责人：谢　文
联系人：纪红、柳松、余宁
服务范围：公共关系，广告代理、策划、制作，彩色印刷，展览展示工程设计、制作，商务咨询，目标市场开发，网络信息服务

意必达公关广告公司是一家在北京注册的专业性公关广告公司，以外国企业和合资企业为主要服务对象。公司拥有先进的苹果桌面设计排版系统、AGFA ARCUS Ⅱ扫描仪、NOVAJET 喷绘仪、工作站等各种制作、输出设备，公司的专业人才不仅持有国内、外的专业学位，更拥有在公关广告这一领域的丰富实践经验。意必达的经营哲理是“言必信，行必臻，意必达”，为您提供高质量、高效率、富有创造性的服务是我们郑重的承诺。近年来，意必达服务的客户有 IBM、Oracle、ABB、Dupond、Bayer、Miller、HP、MOTOROLA 等世界知名公司。意必达的专业服务得到了客户的肯定和赞赏，企业形象和信誉也在为客户服务的过程中得到了充分体现和提高。我们愿与更多的客户建立长期、稳定、互信的伙伴关系，以公开合理的收费和认真负责的态度为客户服务。欢迎各界朋友与我们联系，让我们共同把握机遇，去开拓、创造全新的未来！

天和广告有限公司

地　址：北京朝阳区西坝河东里底商 7 号
邮　编：100028
电　话：64636832　64633505
传　真：64633503　E－mail：gsp @ cenpok.net
负责人：王建明
联系人：林汉文

系工人日报、日本产报合资，经外贸部、国家工商局、新闻出版署批准的面向国内外的综合性广告专业代理公司。

创造天时、地利、人和的基础环境；
凝聚天和人勤奋、智慧的心；
为广告主赢得市场和消费者的心。

·提供市场调查、营销企划、广告策划、创意、制作、组织促销公关活动。

·全国性媒体代理（报纸、电视、广播、杂志）。

·承接国内外展览制作，室内外装修，路牌、灯箱、POP 制作。

·协助企业进行 CI 系统工程，VI 设计，电脑化作业，承制印刷品广告。

·公司下属实体可提供各种玻璃深加工服务及其系列钢玻家具产品。

几年来，先后为数十家国内外知名企业实施广告作业。由于策划到位、创意新颖、制作精美、服务周到、价格公道，受到国内外客户的好评。

北京捷先广告公司

地　址：北京市海淀区北三环中路 67 号中央新影
邮　编：100088

电　话:62040125　62366145

负责人:徐　建

联系人:王家平

创意是广告的灵魂,科学是广告的生命。捷先广告公司以努力学习,不断提升业务素质求生存;以不分国界的竞争求发展。

捷先广告公司不仅以精美的广告作品多次参加广告大赛,并屡次获奖。更以成功的策划为产品打开了市场,给企业带来明显的经济效益。

捷先广告公司的业务范围:设计、代理、发布国内和外商来华的影视、广播、报纸、平面、户外广告。

我们是广告的终身发烧友。

北京龙歌广告公司

地　址:北京东城区东顺城街22号

邮　编:100007

电　话:64069192　64069190

传　真:64070115

董事长:卢绍平

总经理:武　征

来自影视界、新闻界的朋友,一曲"龙歌",聚焦在广告战地,意在积毕生经验,发挥群体智慧,为企业扬帆,共图民族大业。

●人才优势,使龙歌在策划、创意、制作、媒体诸多方面独具特色,尤以策划见长,引人瞩目。

●在北京有线电视台创办过周末黄金节目,在北京电视台合作过多个栏目,为弘扬民族文化,作出了贡献。

●多媒体全方位广告策划,CI导入,大型公关活动,以主办《共和国的儿女－老三届》大型综艺晚会为代表,将'94知青年,推向极至。

●以汽车为交通工具,以"社会、人类、自然,中国再发现"为主题的《汽车华夏行》,播出后反响强烈,被誉为"大手笔"、"大运作"。

●正在操作的以反映56个民族,特别是55个少数民族风情为主题的百集电视长卷《中华风物奇观》,专家称为"世纪之作"。

●龙歌以"真诚·卓越·有效"的信条,结交了八方朋友。还将以"诚信加奋斗"的精神,与企业携手共创辉煌。

北京市三原色广告制作有限责任公司

地　址:北京市宣武区广安门内广义街黄楼106、107室

北京市宣武区广安门内大街337号

邮　编:100053

电　话:63184204　63043660

总经理:高群利

策划经理:陈　岗

本公司是从事企业形象策划,广告代理,广告发布,广告设计制作,大型雕塑、浮雕、绘画等装饰设计制作的专业性公司。

公司所属北京三原色画廊,努力沟通中外艺术家,收藏家,画廊及博物馆之间的艺术交流,架起弘扬我国和世界艺术的桥梁。

精心创意,精心设计,精心制作,热情周到,高质量地为各界客户服务是本公司的宗旨。

敬请光临　欢迎合作

北京中润广告艺术公司

地　址:东城区东二环大雅宝路一号

邮　编:100730

电　话:(010)65220415　65220640

传　真:(010)65220415

负责人:路　荣

经营范围:

设计、制作、代理、发布:国内和外商来华广告。设计制作广告礼品、彩色印刷、产品包装盒(袋)、工艺美术品等等。

中国电子技术应用公司

地　址:北京市海淀区花园路B3号迪蒙大厦10层

邮　编:100083

电　话:68474945　68474934　62388170

传　真:68474934　62388171
负责人:丁诗武
联系人:于晓初
经营范围:

中国电子技术应用公司(CEA)是电子工业部直属企业,是以拓展电子技术应用为已任,集技、工、贸为一体的新型高科技国有企业。

我公司可为广告、城建、印刷、服装、医疗及金融等行业提供先进实用、价廉物美的电子应用产品与系统,并提供良好的售前售后服务。

我公司现已开发出彩色喷绘系统、LED大屏幕显示屏、IC卡燃气表、服装CAD系统、电话银行系统、医院收费系统、医用收款机等产品。

我公司94年国家火炬计划重点项目——天工CEA系列大幅彩色喷绘系统,是计算机图形图像处理技术与全彩色喷绘技术完美结合的产物。该产品达到了国际90年代水平,一次喷制幅面达2.5M×2.1M,可连续拼接,适用于在各种软硬介质上喷制户内外广告及灯箱广告、室内外装璜、舞台布景等。我公司还承接广告制作并经营喷绘用颜料等各种耗材。欢迎各界朋友前来洽购和洽谈合作。

北京飞梦电脑图片制作有限公司

地　址:北京建外大街1号国际贸易中心B102、103
邮　编:100004
电　话:65055256　67646718　90801289　1391077293
传　真:65055257　67646719
负责人:刘惠雁
联系人:马　龙
经营范围:

北京飞梦电脑图片制作有限公司是中外合资大型专业广告制作公司,拥有良好的设计制作能力及创新的策划创意水平。国贸中心的展示厅,作为公司的窗口,向人们展示飞梦,让人们了解飞梦。设立于芳庄的制作部厂房为1200余平方米,拥有各种先进的进口设备,适应各种小型、中型及大型喷绘需求。

美国NOVOJET一米宽幅、无限长彩色灯箱、胶片电脑喷绘机;

日本米开朗基罗V_7三米宽幅、无限长彩色电脑喷绘机;

美国VUTEK威特五米宽幅、无限长彩色电脑喷绘机

目前,飞梦已成为中国广告联合总公司电脑喷绘制作的合作单位,在北京广告协会及同业支持下,经过四年的开拓,飞梦公司已逐步发展成为较具规模的综合性专业广告制作企业。

北京图形开发中心

地　址:北京市朝阳区惠新西街17号1207室
邮　编:100029
电　话:64915566转3207
传　真:64948823
负责人:刘兆平
联系人:马红艳

北京图形开发中心系一家高科技与设计艺术相结合的图形开发应用实体,中心集国际先进电脑设备,电脑专家及美术设计家于一体。自创办以来,已在国内陆续推出多项系列产品。中心经过几年来不断地改进与思考,定位于产品包装、书籍装帧、音像封面、商标标志设计等平面设计这一领域。我们深信,以我们的优质服务,可靠信誉,为您的产品在市场上树立更丰采的形象。

经营范围:

企业CI设计、VI设计、商标标志设计、产品包装设计、路牌广告设计、展示设计、建筑效果图、插图。此外,还承接展览、装璜、印刷、制作。

北京市奥飞达科技公司

地　址:北京市海淀区北四环西路 21 号(216 房间)
邮　编:100083
电　话:69734504　69737224
手　机:1258 呼 1381087230
传　真:69737224
负责人:李化勤

本公司是海淀区科委直属企业,是北京地区最早从事广告彩球及充气模型制品的专业性公司;多年来凭着丰富的经验,先进的设备,精良的制作工艺,在同行业中独树一帜。

·广告彩球　在五彩缤纷的彩球上印刷商标、图案或宣传用语等。球体质量精良,图案清晰。其宣传效果新颖,直观感觉强烈,有力烘托气氛,使用于各种展览、展示、展销会、开业庆典、周年志庆、购物节及传统节日等宣传密度大的场所赠送派发来提高企业的知名度。

·立体充气广告模型　公司产品有彩虹门(单、双拱)、产品拱门;充气帐篷、贩卖屋;行走(落地式)烟盒、酒瓶、易拉罐、圣诞老人、吉祥物等产品造型及行走(落地式)卡通;跳跃城堡、迷宫及其他娱乐设施;可根据要求,设计特殊造型,安装发声、发光装置。

奥飞达公司愿与您真诚携手,共同拓展市场。

同祝顺安!

北京安吉利彩色输出中心

地　址:北京市东单西总布胡同 43 号
邮　编:100005
电　话:65273071　65276380
传　真:65276380
总经理:黄晓刚

经营范围:

北京安吉利彩色输出中心从事平面设计,印前系统,大型喷绘业务。配备数十台苹果机和 PC 机,美国 Panther 高精度激光照排机,日本 Mimaki 大型户外彩色喷绘机及相关配套设备。

从苹果机上流行的桌面排版软件(Pagemaker, Quarkxpress, Freehand)到 PC 机上 Windows3.1 及 Windows95 下全部中英文软件均可以输出菲林片。同时 Mimaki 户外喷绘机的 720dpi 高精度及 1.3 米的幅宽更可以输出高品质的写真产品,因而适合户外广告、灯箱、展板等不同需要。

享受安吉利的服务,就是享受大安大吉和大利。本中心的企业精神是:人才——生存的基石,质量——发展的生命,服务——效益的源泉,管理——成功的保证。本中心同时为客户提供平面印前系统及大型喷绘系统的销售、服务及咨询。热忱欢迎广大客户的合作。

北京全景视拓图片有限公司

地　址:北京海淀区西苑饭店 9 号楼 5963 室
邮　编:100044
电　话:010－68339323　68313388－5963
传　真:(010)68332544
负责人:吕　辰
联系人:褚　勇

全景正片库

全景视拓图片有限公司系专业从事国外正片租赁业务的中外合资公司,拥有德国、日本、西班牙、比利时、美国、英国、荷兰等数十家图片公司的在华独家代理权,是目前国内最大的商业图片库之一。

全景图片库拥有数十种题材的 20 万张正片,专为广告公司、出版社及大型企业的创意设计人员提供图片支持。

全景设计制作公司,以全景图片库为支持,提供最优秀的图片和最佳的设计。承接海报、画册,产品包装、广告挂历的设计印刷。

代理销售国外原版图片样册及光盘。

1994 年起建立中国图片库,代理销售中国摄影师的图片,通过全景公司的销售网络推动中国图片进入商业市场。

上海:陕西南路 345 号斯必克商务楼 202 室
POST:200020

TEL:(021)64712305 FAX:(021)64712359

广州:广州大道中359号东方花园A座6层C室 POST:510600

TEL:(020)87381595 FAX:(020)87381595

报 纸 类

人民日报

地 址:北京市朝阳区金台西路2号

邮 编:100733

电 话:65092216、1826、2516、5257

《人民日报》广告可信度高,广告效果显著。《人民日报》广告部拥有近30名从业人员,对广告的策划、编排、设计、制作具有丰富的经验,刊登的广告一向以真实、庄重、可信度高著称。特别适宜各行业中影响较大、实力雄厚的大中型企业进行广告宣传。

《人民日报》广告部承办《人民日报》国内外客户的广告发布;向客户提供报刊广告创意和设计、制作业务及信息咨询。

详细介绍请看彩广。

人民日报(海外版)

地 址:北京市朝阳区金台西路2号

邮 编:100733

电 话:(010)65092816 65091903

传 真:65092816

广告业务负责人:缪 真

人民日报海外版1985年7月1日创刊,是具有权威性的综合性中文报纸,国内外发行。创刊十几年来,以内容翔实、栏目众多、图文并茂、雅俗共赏、印刷精美、注重时效等特色受到海内外各界人士的喜爱。

人民日报海外版国内编排,发行辐射全球。除北京地区印刷外,在香港地区、美国旧金山和纽约、日本东京、法国巴黎以及加拿大多伦多等地均采用当今先进的远程传版技术,当日印刷,向世界八十多个国家和地区发行。

人民日报海外版的广告,编排新颖、设计庄重、制作精良、印刷精美。作为中国在海外发行量最大、具有权威性的中文报纸,是企业开拓国际、国内两个市场,把中国优质企业和名牌产品推向世界的极佳广告媒介。

科技日报社广告部

地 址:北京市复兴路15号

邮 编:100038

电 话:(010)68514042

(010)68515544-4740

传 真:(010)68514042

负责人:王建中

联系人:王志成

国际互联网域名:http://www.stdqily.com

《科技日报》是国家科委、国防科工委、中国科学院、中国科协于1986年共同创办,向国内外公开发行的综合性科技大报。周一、二、四为对开八版,周三、五为对开十二版,周六、日为对开四版。设有《实用技术与成果推广周刊》、《绿色周刊》、《计算机与通讯》、《高技术产业》、《消费广场》、《科普世界》、《经济特刊》。

《科技日报》国内主要读者是各级党政机关领导,企事业单位、大专院校、科研院所科技人员、经营管理人员及社会各界人士。国外主要读者为关心中国科技发展的各界人士。

1997年《科技日报》加入国际互联网,开设电子版,并设有电子广告栏目。

《科技日报》承揽国内外报纸、广播、电视、杂志、展览会等多种形式广告,是工商企业,高新技术企业,民办企业及名优产品进行广告宣传的最佳媒体。《科技日报》广告部热诚欢迎广大客户及广告公司来我报办理广告业务或代理广告,共同为中国科技事业的发展和经济腾飞贡献力量。

经济日报社广告部

地 址:北京市宣武区白纸坊东街二号

邮　编：100054
电　话：010－63539411　63510762
社　长：徐心华
总编辑：艾　丰
负责人：解廉廉
联系人：张苏生
经营范围：

在《经济日报》上发布各类广告（含外商来华广告），承办分类广告。

经济参考报社广告部

地　址：北京市西城区宣武门西大街57号
邮　编：100803
电　话：63072611
传　真：63071930
负责人：郑晓东

在《经济参考报》上发布国内外各类广告，承办分类广告。

检察日报

地　址：北京市石景山区京原路甲4号
邮　编：100043
电　话：68879307　68876061－521，524，528
广告业务负责人：匡燕怀
联系人：韩　红

检察日报（原《中国检察报》）创刊于1991年7月，由中华人民共和国最高人民检察院主办，是面向国内外公开发行的国家级法制类综合大报。

六年来，检察日报“立足检察、面向社会”，以生动活泼的案例报道，浓墨重彩地宣传党的反腐成果，弘扬正气，鞭挞犯罪，源源不断地给读者传递社会主义民主与法制建设的信息。今天检察日报已成为公民学法、用法的良师益友，成为广大读者爱看、传阅率极高的报纸之一。

检察日报的广告业务随着报纸的发展，也一年比一年兴旺发达。六年来，检察日报借助可信度高、读者爱看、报纸阅看传递频率高等优势，赢得了很多的广告客户。

检察日报社广告信条是：“所有广告客户都是我们的朋友！热烈欢迎每一位朋友，真诚善待每一位客户。”

（详细介绍，请看彩广）。

中国石化报社

地　址：北京朝阳区惠新东街甲6号
邮　编：100029
电　话：64999348　64999350
传　真：64999350　64999343
负责人：何绍改
联系人：许维周

《中国石化报》、《中国石化》杂志是中国石化总公司的机关报刊，是全国石化行业唯一的综合性、权威性报刊。其宗旨是为振兴石化工业，建设国家支柱产业鼓与呼，其百万读者主要是石化、石油、化工及相关行业的广大工人、干部、科技工作者。

《中国石化报》、《中国石化》杂志已覆盖全国石油化工生产、施工、销售企业和科研、设计、高等院校等事业单位和外国公司驻华联络处，在全国拥有广泛的读者，在国外大公司中也不乏读者，是百万读者公认的权威性高、专业性强、信息量多、服务性好、商品广告宣传效果佳的报刊。

《中国石化报》每周三刊，全国发行，邮发代号：1－136。

《中国石化》杂志为大16开本，月刊，自办全国发行。

欢迎订阅，欢迎刊登广告。

中国青年报广告部

地　址：北京市东城区海运仓2号
邮　编：100702
电　话：64033961　64013619
传　真：64033961
负责人：李　军

《中国青年报》是当代中国具有重大影响的中央级大报，是具有鲜明青年特色的综合性日报。她创刊于1951年4月，现为对开八版，每期发行量近百万份，发行面遍及全国各省区市及海外40余个国家和地区。

《中国青年报》广告版具有较大吸引力，在日益激烈的市场竞争中，《中国青年报》是众多商家开拓消费者市场的理想媒体。据调查，每一份《中国青年报》的读者平均传阅率为1400%，有16.9%的读者对在本报刊登的广告几乎都看，80%的读者看一部分，58.5%的读者在购物时受过本报广告影响。

在《中国青年报》上刊登广告，就意味着走向中国最大的消费群体。

轻轻松松的投入

意想不到的收获

北京青年报社(广告处)

地　址：北京朝阳区东三环南路66号(潘家园立交桥东侧)

邮　编：100021

电　话：67333716

传　真：67333714

一、本社负责发布《北京青年报》、《中学时事报》、《星星火炬报》、《北京青年周刊》杂志国内广告和外商来华广告，承办各项分类广告。

二、尊重广告主和代理公司的意愿，精诚合作，继续发展广告代理制。

三、本社广告业务执行统一计划、统一价格、统一审核发稿的“三统一”广告管理模式。

四、本社广告管理工作要继续创“星级”服务水平、搞好精神文明建设。

五、《北京青年报》96年(日报)期发行量40万份，在国内外公开发行，“白领化”是北京青年报读者群的主要特点，其稳定读者占目前《北京青年报》读者总数的94%。

六、《中学时事报》是一张四开八版、面向全国广大中学生的周报，1996年其发行量达100万份。

七、《星星火炬报》为四开八版，面向中、小学生的周报，1996年其发行量达60万份。

八、《北京青年周刊》是一份以新闻为主题的周刊杂志，每期公开发行。

精品购物指南报

社　址：北京市海淀区阜成路79号

邮　编：100036

广告部电话：(010)68170548

传　真：(010)68170549

联系人：刘　炜、刘　威

《精品购物指南》报是北京最受城市居民欢迎的报纸之一，它以及时传递市场信息，捕捉最新消费时尚，宣传科学消费知识为主要特点，既服务于广大消费者，又服务于各类工商企业。

《精品购物指南》从1997年1月1日起全面实行广告代理制，竭诚欢迎各地广告公司代理广告业务。

据中国人民大学舆论研究所1997年1月提供的《北京居民读报情况和读报意愿调查报告》调查显示：

1、《精品购物指南》位于北京居民心目中最具特色报纸前三名。

2、在北京居民个人订阅率最高的报纸排行中，《精品购物指南》位居前四名。

3、65%的北京居民阅读过《精品购物指南》，其中经常阅读和每期必读的读者占23%。

4、每份《精品购物指南》报平均有4人阅读。

《精品购物指南》报每期出版60版以上，涵盖几乎所有生活领域。每周二、周五出版，彩色印刷，周二、周五刊均随报附赠铜版纸印刷的豪华版。

《精品购物指南》报北京市零售每份1元，外埠1.2元。

《计算机世界》报　《微电脑世界》周刊

地　址：北京万寿路翠微中里16号3号楼四层

邮　编：100036

电　话：(010)68259401

传　真：(010)68259409

总经理：汤宝兴

《计算机世界》报创办于1980年，是电子工业部科技情报所与美国国际数据集团(IDG)合资创办的我国第一份面向信息产业的综合性媒体，她以信息量丰富，报导迅捷、全面，广告效果明显而成为目前我国计算机及信息技术领域的权威媒体。

目前发行量在国内计算机类报刊中遥遥领先。

《微电脑世界》周刊1985年创刊，中美合作出版，原名《计算机世界月刊》，荣获首届全国优秀科技期刊评比一等奖。

1998年全新推出全彩色计算机周刊。

广播电视类

中央人民广播电台广告部

地　址：北京市复兴门外大街2号

邮　编：100866

电　话：68514618　66093636　66092255

传　真：66092522

负责人：赵晓林

联系人：张　农

十七年来，我们倾心运作，致力于发展中国的广播广告事业。今天，中央人民广播电台广告部已经创建了一套完善的整体经营体系，惟求为广大客户提供品质卓然的广告服务。

我们拥有精通专业、注重团队精神的人才队伍，并且配备了一流的广告制作专业设备；出色的广告作品不仅为客户带来了经济效益，而且也得到了积极肯定，屡屡获奖。

我们的广告形式灵活多样：随意选择的插播广告、信息充足的专题广告、全面提升企业形象的协办和赞助广告；1998年重点推出套播广告：广告客户在买断一个广告时段的同时，可得到中央台七套节目相关时段的播出，使得广告无论从播出效果，节目覆盖和听众人数上都比单套节目大大提高。

中央电视台广告部

地　址：北京复兴路11号彩电中心

邮　编：100859

电　话：68515530　68539648　68509309

负责人：谭希松

联系人：刘晓如

中央电视台是中国国家电视台，拥有9个频道，每天播出160小时左右的节目。她于1958年5月1日试播，同年9月2日正式播出，标志着中国电视事业的开始。

中央电视台广告部成立于1979年，下设三个部门：业务科、编导科、制作科。广告部在全国各地拥有900多个代理公司，承揽在中央电视台播出的国内外广告业务，广告部还担负着为国内外客商设计、拍摄、制作各类广告片。

广告部拥有世界上最先进的设备和一支精益求精的技术队伍，开办着一个惹人注目的小栏目《广而告之》。该栏目以提醒、批评、规劝为宗旨，以树立社会良好风尚为己任。栏目开办近十年来，受到社会各界观众的青睐。目前很多企业已加入到这个栏目中来，参与创意与制作。现又开办一个新栏目“商桥”主要是以广告为切入点的专题节目。

中央电视台播放的商业广告旨为提高企业形象和商品知名度，树立美好形象。“以我屏幕，传您美名”是广告部的宗旨，让企业和观众满意是广告部的追求。

欢迎国内外客户来我部洽谈业务。

中国教育电视台

地　址：北京市复兴门内大街160号

邮　编：100031

电　话：66032233－1501

传　真：66084299

中国教育电视台是隶属于国家教育委员会的专业电视台，通过亚太一号卫星播出两套节目，各地有线电视台、教育电视台转播。

北京地区通过35频道播出一套教育电视节目。

中国教育电视台现在每天播出54小时各类教育、教学节目,覆盖地区的观众人口超过两亿,为中国教育事业的发展起到了不可忽视的作用。通过卫星电视教育,数以百万计的中小学教师喜获学历达标证书;数以千万计的职工、工程技术人员和管理人员受到了岗位培训,获取到新技术和先进的管理知识。中国教育电视台播出的农村实用技术和信息,成为广大农民脱贫致富的好帮手;大量青少年喜闻乐见的各类节目,成为他们的伙伴和朋友,并使其受到有益的熏陶和生动的教育。

中国教育电视台广告部,经国家工商部门批准(京工商广字第0003号),合法开展广告经营业务,在中国教育电视台、《中国教育电视报》上发布国内广告及外商来华广告,承办分类广告。并实行了代理制,拥有制作、发布等基本技术设备和一定数量的广告管理人员。遵循"教育为本、服务社会"的宗旨,在积极承揽、发布广告业务的同时,还开办了《中国高校之窗》等二类广告栏目,为社会主义精神文明建设服务,为社会主义市场经济服务。

中国教育电视台广告部将以质量高,传播快,影响广,得到您的信赖和支持。

北京人民广播电台

地　址:中国北京建国门外大街14号
邮　编:100022
电　话:65159129
传　真:65159129
负责人:徐志宏

北京人民广播电台创建于1949年2月2日,是中国建立比较早的省级地方电台。

北京人民广播电台总播出功率171千瓦,现用7套频率播出。共办400个固定挂牌节目,每天播音125小时,是中国实力比较强的电台之一。

北京人民广播电台的覆盖范围除北京市以外,还可覆盖河北、天津、内蒙古、山西、山东、辽宁等省市的部分地区,服务人口达5000万左右。

为了适应改革新形势的需要,根据广播特点,1994年进行了以主持人直播为主要形式的系列台改革,目前已建成7个专业台。

广告从业人员从1979年的4人,发展到30人左右,还成立了一家合资广告公司。广告收入从1988年的250万元,增长到1996年的7800万元。

北京电视台

地　址:中国北京海淀区西三环北路三号
邮　编:100081
电　话:68419922　68419587
传　真:68419824　68429120
联系人:赵智江

北京电视台地处中国的首都,在中国众多的地方电视台中享有政治、经济、文化中心之优势。

北京电视台始创于1979年,历经近20年的发展,现已开通包括有线频道在内的四套节目,日均传送75小时,每天自制节目能力达22小时。北京电视台以强大的播出功率覆盖整个北京并辐射周边地区,面积近5万平方公里,收视人口达2500万。

北京是一个拥有强大购买力并对整个中国有示范作用的庞大市场。对于国内外工商企业而言,北京市场具有举足轻重的作用。北京电视台一直致力于创造其良好的经济环境,积极支持全中国乃至全世界工商企业界在北京的发展。其对北京地区经济生活广泛深入的影响力为广告商家所青睐。自1984年以来,已有上万家客户因为选择北京电视台而取得了可观的经济效益。北京电视台目前已跻身于中国最有实力的大台之列。

北京电视台目前已与世界上50多个国家和地区的电视台建立了联系,与数百个国外影视机构签订了业务交流协议,并多次派记者到国外采访。北京电视台的节目已在世界上许多国家和地区的电视台播放。

杂志类

《中国企业家》杂志

地　址：北京市王府井大街277号
邮　编：100746
电　话：010－65131207，65131206
传　真：010－65125046

创刊于1985年的《中国企业家》杂志，是由经济日报社主办、国内外公开发行的大型综合性月刊，主要读者是企业的经营管理者、决策者。多年来，《中国企业家》以培养、造就一批职业企业家为己任，成为经济界、企业界、新闻界公认的一本高品质杂志。

1997年，《中国企业家》以崭新的面貌，精彩的内容赢得了广大读者的厚爱。特别是“封面故事”、“特别策划”、“本刊观察家”、“观点新闻”、“昨日星辰”、“名牌故事”、“案例分析”等权威性栏目几乎篇篇赢得读者喝彩。1998年，《中国企业家》将再上一层楼，除保持一批精品栏目的风格和特色外，每期都将放出“重炮”轰掉企业家心中的块垒，每期都有各色佳肴供品尝。

本刊大16开本96页，月刊，每月12日出版。国内邮发代号2－873，国外代号为M800。欢迎订阅和刊登广告。

电子部六所编辑部

《电子技术应用》月刊　《微型机与应用》月刊
地　址：北京清华东路25号
邮　编：100038
电　话(传真)：(010)62311179
总　编：闫　兵

《电子技术应用》月刊

中文核心期刊，第二届全国优秀科技期刊一等奖，1975年创刊。辟有专家论坛、计算机应用、自动化及仪器仪表、通讯与电视、集成电路应用、来稿摘登等专栏。订阅代号：2－889，每月6日出刊。

兼营电子及计算机行业广告，每期彩版、黑白插页广告100多页，社会效益良好。

《微型机与应用》月刊

历届电子部全国优秀科技期刊，1982年创刊。辟有综述与评论、产品介绍、软件天地、硬件纵横、网络时空、JAVA园地、应用奇葩、经验漫谈、来稿选摘、信息技术动态、问题解答等专栏。订阅代号82－417，每月7日出刊。兼营电子及计算机行业广告。

中国电子学会广告经营部

《电子世界》月刊　《电子学报》　《电子科技导报》
地　址：北京市海淀区玉渊潭南路普惠南里13号楼
邮　编：100036
电话/(传真)：(010)68278572
广告负责人：蔡土根
联系人：张景燕　张　彬
经营范围：

承办中国电子学会主办的《电子世界》、《电子学报》和《电子科技导报》杂志国内广告，发布外商来华广告。

《电子世界》是电子类科普月刊，1979年创刊。以普及电子科技知识，培养电子科技人才，推广电子技术应用，为社会主义建设服务为宗旨，以知识性、实用性、资料性为特色。16开胶印，1998年扩版至64页，国内外公开发行，邮发代号2－892，定价3.00元。编辑部电话：(010)68278179。

《电子学报》是高级综合性学术月刊，1962年创刊。刊载电子学科范围内的论文、技术报告、综述评论，报道技术研究应用成果、科研通信和学术动态。16开128页，国内外公开发行，邮发代号2－891，定价20元。编辑部电话：(010)68285082。

《电子科技导报》是综合性科技月刊，1994年创刊。以先进性、导向性、综合性、信息性、知识性为特色，主要报道电子科学技术的最新进展，介绍电子新技术、新产品和新成果。另设市场分析预测等栏目。16 开 44 页，国内外公开发行，邮发代号 82－594，定价 3.00 元。编辑部电话：(010)68284975。

机械工业部北京机电研究所

《金属热处理》、《锻压技术》杂志

地　址：北京市海淀区学清路 18 号

邮　编：100083

电　话：62922277－310 或 318(热)

62922277－253(锻)

传　真：62920623

电　报：2333

广告负责人：樊东黎

联系人：吴惠文(热)　刘辛荷(锻)

经营范围：

在《金属热处理》、《锻压技术》杂志上，承办国内与本专业有关的广告，刊登上述范围的外商广告。

中国循环杂志

地　址：北京市西城区北礼士路 167 号

邮　编：100037

电　话：68331758

广告业务负责人：朱燕嫣

经营范围：

在《中国循环杂志》上，承办国内外与医疗卫生有关的产品广告。

中国农村杂志社

地　址：北京市海淀区复兴路 61 号

邮　编：100036

电　话：68271373

社　长：王文德

总编辑：周鸿飞

联系人：董祐明

中国农村杂志社(原名农村工作通讯杂志社)是全国性的新闻出版单位，目前编辑出版面向全国农村干部的政策性月刊《农村工作通讯》、面向全国农民的文摘性月刊《农民文摘》和外向型农村期刊(双月刊)《中国农村》三种刊物。目前，月发行量近 300 万份。

中国农村杂志社广告部承办《农村工作通讯》、《农民文摘》和《中国农村》杂志国内广告，发布外商来华广告。

商业周刊/中文版(月刊)

BusinessWeek/China

地　址：北京安定门外大街东后巷 28 号

邮　编：100710

电　话：64269733

传　真：64219392

负责人：严卫京

联系人：张　桦

《商业周刊/中文版》(月刊)创刊于 1986 年，由中国对外经济贸易出版社与美国麦格劳·希尔公司(McGraw－Hill Inc.)合作出版。

本刊内容全部选译自美国 Business Week 杂志原版文章，旨在传播介绍世界经济、贸易、商品、投资、市场、金融、营销、科技和新兴产业、社会问题等权威信息。它特别有助于决策者掌握市场行情和提高企业管理水平，是中国工商管理人员、经济贸易界人士、科研人员、师生学者等各界读者不可多得的参考读物。

本刊采用进口高级铜版纸彩色印刷，图文并茂，装帧精美。

本刊愿成为中国企业参与国际、国内市场竞争，走向世界的得力助手。

北京电视电声杂志社

地　址：北京市朝阳区酒仙桥北路 9 号

邮　编：100015

电　话：64363131－6883，6918

传　真：64386734

负责人：李春兰　陈　薇

联系人：王亚克

该社是电子工业部电视电声研究所主管的出版单位，下设《电视技术》编辑部、《电声技术》编辑部、广告部。广告策划主管：李春兰、陈薇、王亚克。广告制作：王亚克、王燕元、曾擎宇。杂志社通过《电视技术》《电声技术》承办国内广告，发布外商来华广告。经营许可证：京朝工商广字0052号。**杂志社指定北京市星座广告公司为《电视技术》、《电声技术》两月刊外商广告独家代理**。两刊都是国内外公开发行的中央级科技月刊，每月发行量数万份，兼容技术性、科普性、学术性为一体，在电视、电声界久负盛名，在电子部、国防科工委、国家科委历次组织的科技期刊评比中次次获奖，是我国广播电视、电声工业领域的核心期刊。《电视技术》月刊以电视机、录象机、电视唱机、电视游戏机等家用影视产品为中心，包括广播电视和电视应用整个视频领域，除跟踪高清晰度电视、多媒体技术、信息基础结构等新技术外，本世纪内以交互电视、付费电视、有线电视、卫星电视、电视节目制作设备等为重点。《电声技术》月刊以收音机、录音机、电唱机、家庭音乐中心等家用音响产品为中心，包括广播电声、通信电声和电声应用等整个声频领域，本世纪内以激光唱机、卫星通信、可录光盘、综合服务性数字网等数字音频范围为重点。**欢迎国内外客户在两刊刊登电子产品及书刊广告。**

《大众电影》杂志社

地　址：北京市北三环东路22号
邮　编：100013
电　话：64217845
传　真：64216415
主　编：蔡师勇
联系人：侯立军

《大众电影》月刊由中国电影家协会主办，《大众电影》编辑部编辑，本杂志社出版，国内全国各地邮局发行，国外由中国国际图书贸易总公司发行。

《大众电影》是中国拥有最多读者的普及性电影刊物。

《大众电影》遵循"文艺为人民服务，为社会主义服务"的方向，贯彻"百花齐放、百家争鸣"的方针。

《大众电影》侧重普及电影知识，报道影视动态，为介绍中国电影和促进国际电影文化交流服务。设有银座、银海短波、影人行踪、银河之星、新片评介、新片橱窗、外景地、外面的世界、导演之页、台港娱乐圈、影迷天地、世界电影、读者点登等栏目。图文并茂，有彩色画页40页，铜版和胶版纸精印，正文48面。

本刊在中国中央电视台举办的1994年"青少年影视文化兴趣问卷调查"活动中被评为"青少年最喜欢的中国杂志"。

本刊每年举行一次《大众电影》百花奖的观众评选活动，评选上一年度最佳中国影片和最佳男、女演员，迄今已举办了二十届。

本刊的读者对象，以关心中国电影事业和创作动态的电影爱好者与电影从业人员为主。

本刊16开本，88页，每月1日出版，国内每册4.80元。

中国花卉盆景杂志社

地　址：北京市地安门内大街41号（北京市少年宫对面大院）
邮　编：100720
电　话：64059573
传　真：64017312
社长兼总编：苏　本
广告业务负责人：张世藩
经营范围：

承办《中国花卉盆景》杂志有关国内广告业务。

《中国花卉盆景》是中央级专门介绍花卉盆景知识的科普月刊，也是国内同类刊物中发行量最大的，集科学性、知识性、实用性、文学艺术性于一体，内容充实、图文并茂、风格新颖、印刷精美。16开本，内文48页，彩页12页。全国各地邮局均可订阅，每册4.80元，邮发代号2－573。

《石油炼制与化工》

地　址:北京学院路 18 号
邮　编:100083
电　话:010 - 62311582
传　真:(010)62311290
电　报:5075
负责人:李孝斌
联系人:刘迎春

《石油炼制与化工》(原名《石油炼制》,创刊于 1957 年)是国家科委批准出版的全国综合性石油炼制和石油化工专业科技期刊。主要报道炼油、石油化工科学研究和工程技术开发的新成果及其应用;交流工业企业技术革新改造和提高经济效益的经验;介绍国外新技术和发展动态等。选用文稿注重实用性,兼顾学术性。刊物被国家科委定为“中国核心期刊”,被国外著名检索性刊物:Ei、CA 和 API 等收录,收录率达 80% 以上。在 CA1995 年“千名表”中列第 515 名,在进入该“千名表”的国内 71 种期刊中,排名第 16 位。1992 年获第一届全国优秀科技期刊二等奖,1997 年获第二届全国优秀科技期刊一等奖。

月刊,国内外公开发行,大 16 开本,72 页。每月 12 日出版,单价 7.00 元,全年订价 84.00 元。国内邮发代号 2 - 332,国外发行代号 M4133,全国各地邮局均可订阅。

北京广告人书店

地　址:西四北大街太平仓胡同甲 16 号
邮　编:100600
电　话:66164526
传　真:66164526
负责人:徐智明

广告专业书籍,工具书,理论专著,经验结晶,个案汇总等。

广告人智慧快餐车

广告学经典美食城

天　津　市

公　司　类

天津市广告公司

地　址:天津市河西区绍兴道 21 号
邮　编:300203
电　话:(022)23321545　23303393　23315444
传　真:(022)23317045
负责人:孙宝成
联系人:李　莉

天津市广告公司隶属天津市对外经济贸易委员会,成立于 1979 年,在国家工商行政管理局、中国企业评价协会 1994 年评价中国广告公司实力排序活动中名列第 26 位。

公司下设国际三个业务部、国内三个业务部和企划部、创作部、客户部、展览部、影视部,拥有一批具有创造活力的广告、外贸、外语、中文等专业人才。公司备有高级电脑、广告专业用照像器材和现代展览专用器材。由于公司专业人才济济,设备先进,经验丰富,服务上乘,已牢固形成了广告策划、创意雄厚实力,具备为企业 CI 整体策划、市场调查,设计制作、媒介代理、整体运作能力,并承办国内外多种类型展览会,与国内外许多著名企业及广告公司建立往来,代理了国内外一批著名企业广告业务。

天津津工广告公司

地　址:天津市和平区解放北路 74 号
邮　编:300041
经营地址:天津市河北区民族路 86 号
邮　编:300010

电　话:24464593
负责人:杨大纯
联系人:郭大成

我津工广告公司隶属天津市总工会,1991年刚成立时原称奥艺广告公司。主要经营范围是:发布、制作、代理国内外各类广告。近几年,我们主要发展户外广告及样本广告,从普通的绘画广告发展到仿真电脑喷绘广告,深受广告用户的欢迎,信任。自1995年根据上级领导的要求,广告公司摄影部承担了全市劳动模范事迹宣传中心的工作。同时摄制劳模宣传专题片,承担CI企业形象策划、拍摄影视广告。在全总中央电视台的评选中获一、二、三等奖。受到上级领导的好评。随之广告公司根据总工会领导的指示精神更名,现称"天津津工广告公司"。

天津市金秋广告公司

地　址:天津红桥区西青道47号
邮　编:300122
电　话:(022)27327491
负责人:蒋振兴
联系人:陈　萍

天津市金秋广告公司是致力于社会主义市场经济现代化发展的综合型广告专业公司。设有策划部、制作部、业务部、公关部、装修部、打印部。

经营范围:策划、制作、发布、代理户外路牌、灯箱、旗帜、霓虹灯广告,报刊广告,影视广告,广播广告,样本画册、礼品广告,承办各种会议、室内外装修、喷绘、打字、植字、复印、电传等业务。

天津市金秋广告公司成立多年来,以优质服务、恪守信誉为宗旨,赢得社会好评,长期业务往来涉及食品、药品、化妆品、房地产、消费品、工业等十余类行业,百余家单位。公司连续两年荣获天津市广告行业"重信誉、创优质服务"先进单位。

欢迎各界朋友惠临合作。

天津市正方广告展饰制作公司

地　址:天津市河西区南京路58号
邮　编:300042
电　话:022－23314389
传　真:022－23191412
负责人:苑志英
联系人:郭海平

本公司隶属于中化天津进出口公司,设计、制作、发布广告,为公共事业、工厂企业进行CI设计。

我公司聚集着设计、广告摄影、广告制作方面的专业人才,参与设计了多个国内外大型展览会、博览会,具有承办大型专业及综合性展览会的能力。我公司承揽的海外广告,遍及亚洲、欧洲、美洲,为广告客户带来了极为可观的收益。

本公司愿与各界同仁精诚合作共创辉煌。

天津铁路分局天列广告公司

地　址:河北区民生路19号
邮　编:300010
电　话:24467287
负责人:王淑霞
联系人:王淑霞

天列广告公司是天津铁路专业广告公司,主要承办全国铁路各车次列车的广播广告、挂牌广告、灯厢广告、电子广告、闭路电视广告、车站霓虹灯广告、镜框广告、餐车广告、卧铺牌广告、旅客列车冠名权及广告载体使用权广告、信息快速印刷广告、馈赠广告等多种形式。同时办理全国铁路各大、中型车站各种广告业务。

我公司1983年成立,十多年来已形成具有一定策划能力、良好的办公条件,广阔的发布场地,现代化的录音设备、专业设计制作人员和开拓型的领导班子。我们愿竭尽全力为您服务。

报纸类

天津日报广告处

地　址:天津市河西区大沽南路 873 号
邮　编:300211
电　话:(022)28201158
传　真:(022)28201186
负责人:刘家林
联系人:朱　霖
经营范围:

设计、制作、发布国内外报纸广告。

《天津日报》是中共天津市委机关报,国内外公开发行,日发行六十万份,声誉高、影响大。

《天津日报》是综合性地方报纸。纵观时事,报道翔实。宣传党的政策,反映民众呼声。

《天津日报》信息载量大。除要闻、天津、国内、国际、经济、社会、文化、体育等新闻版外,还辟有经济、市场、跨世纪、万象、七色社会、德与法、艺海星河、科学与生活、海外纵横、海河之声、百科之窗、休闲、百姓家事等十几个专版,日理万"讯"。

《天津日报》每日对开八版,广告创意新奇,设计精美,是刊登广告的理想媒介。

《天津日报》可发布外商来华广告。

东南西北情,尽见《天津日报》中。

天津工商报

地　址:天津市河北区庆安街 38 号
邮　编:300010
电　话:(022)24451982　24469882
负责人:张真铎
联系人:陈　彤

《天津工商报》:传播政策法规、服务市场经济、关注经济热点、引导大众投资。

《天津工商报》是本市工商行政管理局主办的,在我市较有影响的一张经济类报纸,已连续两年荣获我市报界的最高荣誉——天津市一级报纸称号。

《天津工商报》主要版面有:要闻版、经济与法、市场经济学、神州工商、综合新闻、工商史话、财经纵横、消费专刊、企业家论坛。

周末版特有对开彩报奉献,辟有职业体育、放眼环球、大众投资、社会大观、演艺聚焦、广告世界等专版,图片精美,文章诱人。

《天津工商报》刊登中外企业公告、商品广告、分类广告、礼仪广告等,由天津卓越广告发展中心独家代理。

广播电视类

天津电视台

地　址:天津市和平区卫津路 143 号
邮　编:300070

天津电视台广告部

地　址:天津市河西区马场道 188 号(干部俱乐部院内)
邮　编:300074
电　话:23345034　23538086
传　真:23345034　23538066
负责人:刘红春
联系人:夏益民

充分利用电视媒体,承揽、发布国内外电视广告业务。同时,代理其他宣传媒体广告业务,以及礼品馈赠、车身广告、户外广告等。还为国内外企业和商家设计、制作电视广告宣传片,为客户进行各类广告策划宣传活动,举办大型文艺晚会及电视剧的发行和译制等。

杂志类

天津市医学科学技术信息研究所

地　址:天津市和平区成都道 131 号
邮　编:300050
电　话:23302570　23311705

负责人：刘宝祥
联系人：马海燕 陈秀英 郑金荣 李葆林
经营范围：

在《天津医药》、《国外医学妇产科学分册》、《国外医学计划生育分册》、《国外医学临床放射学分册》和《中国计划生育学杂志》五种国内外公开发行杂志上，发布国内、外药品、医疗器械及其它广告。

本所是天津市医学专业信息中心，负责医学信息的收集、整理、分析研究和报道。向卫生系统和社会各界提供文献资料、查验检索、信息研究，科技咨询、编辑出版、声像以及计算机信息网络等信息服务。

上 海 市

公 司 类

上海广告有限公司

地 址：上海市香港路 117 号
邮 编：200002
电 话：63291423
传 真：021－63290068

研究品牌的每一个元素
成功的品牌似红花
呵护红花是我们的责任
研究品牌的每一个元素是我们的追求
这样，我们才能塑造品牌
让美丽的红花更加迷人

上海美术设计公司

地 址：上海漕溪路 258 弄 23 号
邮 编：200233
电 话：(021)64836699 (021)64834155
传 真：(021)64082487

上海美术设计公司自 1956 年 5 月正式成立至今已有四十年历史。

上美的广告业务，是在党的十一届三中全会以后，顺应市场的需要逐步发展起来的。1979 年成立了广告部，对外承接国内外各类广告设计、制作、发布，这标志着上美初步确立了以广告为主的经营方向，成为全面服务型现代广告公司的开端。在广告创意方面投入了大量的人力、物力和财力，不断完善和提高自身的专业素质和服务水准，广告运作更趋规范化和专业化，为客户提供全面、周到的优质服务。

目前，拥有的户外广告媒体总面积 10000 平方米以上，分布在上海市中心商业集中地带及交通枢纽。公司拥有先进的广告制作设备及舞美灯光、音响器材等，公司汇集了广告、营销、设计、视听、公关、工程等各方面的中高级专业人才。

以霓虹灯制作、发布为主的户外广告是上美广告业务的传统强项，享有良好声誉。近年来，上美霓虹广告的国际客户发展很快，发布了一大批品质要求特别高的霓虹广告，其中三洋、金利来、朝日啤酒、奇胜电器等作品分别在各项评比中获奖和得到客户赞扬。

四十年来，经过几代上美人前仆后继的无私奉献和艰苦创业，上美的事业蒸蒸日上。上美将继续以自己的特色进一步对内优化管理，对外坚持诚信的服务态度，向客户提供优质、全面的专业广告服务。

上海市广告装潢公司

地 址：中国上海巨鹿路 417 号三楼
邮 编：200020
电 话：021－62720973
传 真：021－62713651
常务副总经理：王永林

联系人:许章荣

动态的市场,深具中国文化的受众,谁能驾驭?

积四十余年广告经验的上海市广告装潢公司,根植本土文化,熟知市场动向、受众的需求、传通的规律、多元、有效的广告活动。令产品在中国市场出色地舞动!

主要经营范围:代理、发布国内外各类广告业务,提供各类广告策划、创意、设计制作、印刷、摄影等服务;承办国内外展览、展销的发布及国内外市场信息服务。

上海奥美广告有限公司

地　址:上海市延安西路1599号怡翔大楼7楼

邮　编:200050

电　话:021-62108068

传　真:021-62108048/62108047

广告若无大创意

就如黑夜里驶过的航船

无人知晓

上海旭通广告有限公司

地　址:中国上海市淮海中路887号永新大厦9楼

邮　编:200020

电　话:86-21-64674118

传　真:64747803

我们是跨世纪的创想者

金马广告有限公司

总公司地址:上海天钥桥路211号

邮　编:200030

电　话:64380260

传　真:(021)64384122

19世纪,是火车的时代;20世纪,是高速公路的时代;21世纪则是信息网络的时代。作为信息产业之一的广告代理业更是如此。大企业、大市场,需要拥有实力和全国、全球服务网络的广告代理。今天的金马广告有限公司由于被世界伙伴组织正式吸收为在中国的成员,从而在全中国和全世界,金马广告拥有了一个强大的广告代理服务网络。

上海创导广告有限公司

地　址:上海市复兴西路55号

邮　编:200031

电　话:64716299

传　真:64715127

我们采集任何一星稍纵即逝的智慧火花,不怕引发大脑火灾,只希望好的创意喷薄而出……客户的笑容是对我们最好的回报。

解放广告有限公司

地　址:上海汉口路300号新闻大楼18F

邮　编:200001

电　话:(021)63521111转

传　真:(021)63527610

瞄准市场把握产品,同国际接轨的整合营销思路,产生可信可行的策划

权威日报,传媒先锋,提供最佳AE服务

放纵头脑创意,追求完美设计,悉心创作广告精品

信息网上行,Internet国际互联网捕获瞬息最新商情,准确作出策略判断

■解放日报社的全资国有企业

■大型综合性广告公司,专业的全面代理型广告公司

■以中共上海市委机关报《解放日报》广告代理为龙头支柱

■直接经营《解放日报》"消费广场"、"经济周刊"、"今日之星"专版广告,以及"房地产广场彩色版"(80克铜版纸印刷)

■客户服务、策划创意、工程制作、包装装潢、展示设计、CI形象以及市场调研、公关活动、促销活动和公益活动

■综合实力和广告营业额名列全国广告经营单位前茅

新民广告公司

地 址:上海市延安中路 839 号
邮 编:200040
电 话:62791234
传 真:62476916

新民晚报下属的新民广告公司系新民晚报社全额投资创办的全民所有制企业,新民广告公司拥有一支对广告宣传策划、设计、创作及市场营运有丰富经验的年轻队伍,依靠新民晚报在国内外的广泛影响和与各方面的良好关系,已形成广阔而稳固的社会根基。

多年来,公司在负责新民晚报的广告和拓展市场方面取得了可喜的业绩,成功代理了国脉集团、哈慈集团、国际豪都房产、一百集团、华联集团、东方商厦、联华超市及八佰伴集团等大型的企业集团在上海的广告业务,为客户赢得了良好的商业回报。通过公司全体员工的不断努力,新民广告公司取得了 1996 年上海广告业广告公司营业额排名第 6 位,营业额达 1.2 亿元的业绩。

上海丽人广告公司

地 址:上海市人民路 864 号 B 座 4 楼
邮 编:200021
电 话:63744689 63744235 63744236
63744263 63742806
传 真:63740697
总经理:唐可爱

深植本土 专业服务

成功来自专业,成果育于本土,丽人承诺:提供有助于客户产品销售的广告,提供国际化品质和本土价格的服务。

上海市公共交通广告公司

地 址:上海市武胜路 109 号
邮 编:200003
电 话:业务部(021)63722680
总经理:朱小林
联系人:王永明

上海市公共交通广告公司成立于 1988 年 8 月 8 日,是上海市公共交通行业的专业广告公司,公司以集约化经营为优势,拥有媒体涵盖全市 400 余条公交线路,10000 余辆公交车,2000 多个公交站点。10 余种不同类型的发布样式,为各类不同需要的客户提供最佳传播效果。公司全年营业额逾五仟万元。经国家工商局、中国企业评价协会评价确定为'95 中国 50 家最大广告公司之一,上海市排名第十位,并连续五年被上海市工商行政管理局、上海市广告协会评为上海市广告业“重信誉创优质服务”先进单位。

公共交通广告以其出现率高,诉求对象宽广,定位适应性强,收费低等卓越的优点在诸多广告媒体中独树一帜,历来为广告界和工商界所重视,在人口密集的大都市作为具有影响力的流动户外广告,其作用尤为明显。

为不断提高服务质量,公司投资引进先进技术和设备,运用电脑设计和电脑写真制作,大大提高了车体广告的发布效果,尤其是全色车广告成为都市户外广告中的一枝独秀。

上海虹桥国际机场广告公司

地 址:上海虹桥路 2550 号
邮 编:200335
电 话:62689220
总经理:刘润祥

上海虹桥国际机场广告公司是集广告设计、制作、发布、代理于一体的专业性公司。成立于 1988 年,下设办公室、业务部、设计部、工程部、经销部、电脑影视部、财务部、市区办事处。

公司拥有广告灯箱、霓虹灯、路牌、龙门架、胶牌、实物、航班时刻表、闭路电视、迎宾旗、横幅、行李手推车等多种广告媒体。承办发布虹桥国际机场国际、国内候机厅,国际、国内到达行李提取大厅,免税店、商场及停车场道路两侧各类媒体的广告,承办全国民航机场及上海市内广告代理业务以及印刷 品广告业务,对外销售工艺纪念品,设计制作各类灯片和不锈钢灯箱。上海虹桥国际机场是我国最大的航空运输基地之一,进出机场旅客的层次高,决策性强,在机场作广告宣传能收到事半功倍的效果。

在1995年全国50家最大广告公司评选中,虹桥国际机场广告公司综合实力列第31位,在全国民航机场广告公司中名列第一;公司创作的路牌广告——联接世界的桥梁(虹桥国际机场形象)荣获全国第三届广告作品展一等奖。

上海黄页电信广告公司

地　址:上海市恒丰路601号424房间
电　话:63173738
传　真:63540534
经　理:詹茂银

上海黄页电信广告公司(原上海市电话号簿公司广告经营部)成立于1984年12月,现为上海地区唯一专业经营电话号簿广告的单位,集创意、设计、广告发布等业务于一身,具有国内外广告经营权。1996年,公司名列上海广告行业排行榜第20位。

公司依托黄页媒体,已建立起以工商版、消费版、地区版系列为主的产品体系。其中,著名的"上海黄页电话号簿(工商指南)"年赠阅量达50万册,堪称本地区权威性的工商业导购指南。"上海黄页(工商指南)"现拥有常年主体客户二千家,并为二万家以上的企事业单位提供特别名录服务,这个数字正以每年30%的比例递增。除工商市场外,公司还积极发展市民生活用的消费类导购媒体,公司在97岁末首次向本市全体家庭电话用户赠阅"上海黄页电话号簿(消费指南)"。

本地市场外,公司还与江浙等地广告同行及港台、东南亚、美国的同业建立了良好的合作关系,使上海黄页成为上海工商界与外省市工商界,国内商贸与国际经贸间的信息桥梁。

上海运筹国际广告公司

地　址:上海市零陵路800号东亚大厦16楼
邮　编:200030
电　话:64390993
传　真:64391220
总经理:唐炳泉

上海运筹国际广告公司系上海市计委东亚集团有限公司国有全资子公司,注册资金壹千万元,主要承接各类广告设计、制作,代理、发布国内外广告业务,承接大型文化、体育活动的广告及推广。1994年成立至今营业额连年递增,历年排行榜均列上海三十强。总经理唐炳泉因此获得上海浦东新区"十佳企业家"荣誉称号。

公司成立后组织策划实施了各类大型活动,如"郁金香电脑展示会"、"创新的澳大利亚"、"迎八运沙龙保龄球大赛"、"上海桥牌八强赛"等上海地区、全国乃至世界性的广告活动。更值得一提的是,继首届东亚运动会之后,又承担了第八届全国运动会的广告及推广活动,开辟了指定产品、项目冠名、场馆广告及印刷广告等多种广告集资渠道,连同东亚集团自己投资新建的上海体育场、上海国际网球中心等市政重点项目,为上海的体育产业化进行了有益的探索,并圆满完成了上级下达的广告集资指标,为本世纪最后一次规模最大的体育盛会——八运会的圆满成功举行作出了应有的贡献。

上海运筹国际广告公司设国内客户部、国际客户部、国内媒介部、国际媒介部、广告创作部、广告制作部、市场调查部及其他管理部门,现有人员95%以上为大专以上学历。高效率的运转,高质量的筹划,始终是运筹人创业的宗旨。

上海宝久广告有限公司

地　址:上海陆家浜路468弄48号(海潮路口)南浦公寓3F
邮　编:200011
电　话:63088892　63086951　63086759
传　真:63085604
董事长:袁志平

宝久广告有限公司于1993年6月18日创立,1994年加入上海广告协会,是中国一家私人广告代理企业,也是跻身全国广告行业50强的私营广告公司。如今,宝久已发展为拥有50余名员工的专业广告公司。

宝久广告具备全面代理、CI策划、平面创意、样本、POP、海报、包装设计、大型户外促销活动的组织等综合能力,其客户遍及电信、房产、食品、日用品、服装、影视、医药、电子、化工等行业,积累了丰富的市场和产品经验。

宝久在前进中成熟,在追求中壮大。1993年12月,又成立宝久贸易有限公司,从事商贸业务的开拓,1997年7月,宝久广告有限公司与日本宝广告株式会社签定项目合作协议。如今,在公司董事会的领导下,宝久广告正朝集团化、国际化方向发展,为客户提供更广泛,更优质的服务。

上海东湖广告装饰公司

地　址:新乐路167号5号楼
邮　编:200031
电　话:64737022
传　真:64156934
总经理:贾春林
负责人:宣　勤
联系人:陈迎曙

上海东湖广告装饰公司隶属上海市东湖集团,是一家致力于社会主义市场经济现代化发展的全面型、综合型的专业广告公司。主要经营国内外各类广告业务,广告宣传印刷品,展览展销会的设计、制作,室内外装饰等业务。为增强活力,发展市场,开拓经营、朝集团化方向发展,公司相继成立了东安广告礼品公司,康纳－东湖广告有限公司等子公司。公司还拥有先进的电脑设计系统和较强的策划设计能力,可为客户提供具有专业水准的服务。

公司拥有一批企业管理、广告策划、市场调查、创意设计、生产制作等专业人才。公司积极开拓,投资广告媒体,与全国各地的广告公司,新闻媒介建立了长期业务关系。曾多次成功地为客户举办高层次的公关活动,并承办市府交办的实事项目,在行业内颇具影响。公司成立以来恪守信誉,积极推行代理制,努力实行以市场调查为基础,策划为主导,创意为中心的全面服务,赢得社会好评。在1994年全国首届广告实力评价中,综合实力排序第四十二位,公司连续两次荣获市广告行业"重信誉、创优质服务"的先进单位。

上海复氏达市场咨询服务有限公司

地　址:安福路322号五楼
邮　编:200031
电　话:64746730

复氏达市场咨询服务有限公司创建于1993年1月11日,在创办之初就确立了面向市场的定位。复氏达运筹主体由卓越的经济学专家教授、资深广告人与富于激情的优秀高校毕业生组成。复氏达的服务体系涵盖市场调查、广告策划、营销策划、市场咨询、CI设计、媒介服务等各方面,并在各个体系中贯彻了复氏达"以客户为中心"的"全员服务"概念。几年来,复氏达坚持"从市场中来,到市场中去"的以市场为中心的策划理念,坚持做负责的广告。代理范围已包括汽车制造、保险、电力、建材、纺织、制药、家电、化妆品和饮料等各个行业,并确立了以"热诚、有效、务实、迅速"为核心的独特的复氏达服务理念。(详细介绍,请见彩广)

上海工合广告展览公司

地　址:中国上海市斜土路1175号22楼
邮　编:200032
电　话:64180607　64183321
传　真:64180609
主要经营:

设计、制作、代理国内外各类广告、专业发布各类户外广告。

上海现代国际展览有限公司

地　址:中国上海市圆明园路 97 号
邮　编:200002
电子邮箱:mie@ mail.com
电　话:(021)63217522
图文传真:(021)63295774

上海现代国际展览有限公司集来华展、海外展、工程设计搭建、国内外广告设计发布及展览器材销售为一身,以三十多年广告展览的丰富经验,为您提供全面完善的服务。

1998 年国外来华展计划:

第三届国际集成电路展　4 月
'98 上海国际视听展　5 月
'98 上海国际广告技术及设备展览会　6 月
'98 上海国际印刷技术及设备展览会　6 月
'98 上海柔印凹印技术展览会　6 月
'98 上海国际多媒体技术设备展览会　6 月
'98 上海国际食品博览会　8 月
第二十三届中国房产博览会　10 月
'98 上海'特许加盟'技术研讨暨展示会　10 月
'98 中国国际生物技术和医药工业展览会　11 月
'98 上海国际珠宝饰品展览会　11 月

1998 年已确定团组出访路线:

日本东京国际礼品展　1998.2
意大利米兰国际女装展　1998.3
德国杜塞尔多夫国际鞋类展　1998.3
德国杜塞尔多夫国际时装博览会　1998.8
美国拉斯维加斯国际消费品博览会　1998.8

展览器材销售:

中外合资国际品牌奥克坦姆(OCTANORM)系列展架展具,德国先进设计,广泛应用于标准展台与各类特殊展台,搭建与拆装均极为方便。

上海西南广告公司　上海飞帆广告装潢公司

地　址:上海中山南二路 777 弄 2 号楼 14 层 DEF
邮　编:200032
总经理:应曙光

上海西南广告公司、上海飞帆广告装潢公司是两家在沪上有一定实力的企业,是融策划　代理、设计、发布、制作为一体的现代广告经营公司。目前拥有户外广告媒体总量达 5000 万元以上,分布在市商业中心、机场、人民广场、外滩等。公司还配备了先进的"苹果 9600"设计系统与大型喷绘写真设备并汇聚了广告、设计、营销、工程等方面的中高级专业人才。与国内外广告同行、媒介及有关部门建立保持着良好的合作关系。

以霓虹灯、大型灯箱、灯光招牌的制作、发布的户外广告是公司广告业务的传统强项,享有良好的声誉,近年来制作、发布了一批品质优秀的霓虹灯广告,其中奥林巴斯、人头马、日立等作品分别在各项评比中获殊荣。公司还参与了各区市政灯光工程的建设、设计、制作了一批造型独特,构思新颖的街头作品。公司设计的一批灯光造型,被各区广泛采纳并在各项评比中频频得奖。

上海中艺美术公司

地　址:江西北路 15 号
邮　编:200085
电　话:63254633
传　真:63573360
经　理:刘文荣
联系人:冯沪生

上海中艺美术公司创建于 1959 年,现有员工 100 人,拥有一批专业技术人材。具有承办国内外各类广告设计、制作、发布、代理资质;专业经营户外广告及专卖店、专柜的形象设计施工;尤为擅长承办各类展览会、交易会。

我们在所从事的领域中，全力投入并力求创新，顺应时代，走向世界，提供高品质服务及产品，以谋求社会的共进，并作为我们永无止境的追求。

上海医药广告公司

地　址：中国上海市四川北路 841 号
邮　编：200085
电　话：63069602
传　真：63245491

面对众多广告媒体，
您曾难于做出抉择……
其实，
一把钥匙启一把锁
医药广告可以找到……

独具特色的全方位广告服务，
外商来华医药广告策划代理，
实施各种媒体广告全面策划代理，
CIS 企划设计，
公关营销活动策划组织，
国内外展览展示设计施工，
影视广告策划制作，
印刷品广告创意设计，
摄影广告创作拍摄，
上海地区各医院室内外广告发布，
户外霓虹灯路牌广告发布，

拥有一批热心广告创作及推广的专业人才，
一向以独特的创意策划见长，
设计项目在全国和地区的广告大赛中屡屡获奖。
只要是对客户有益的。
定将竭尽全力倾心投入，
这是我们最感骄傲的一贯传统。

上海福赐广告公司

地　址：上海市北苏州路 878 号
邮　编：200085
电　话：63575351
传　真：63246303
总经理：卢　威
联系人：孙允中

上海福赐广告公司在长期的广告经营活动中，恪守国家法律、法令和政府颁布的有关法规，讲究广告的商业性和艺术性的结合，连续两次获得 1991－1992 年度和 1993－1995 年度上海市广告业“重信誉、创优质服务”光荣称号，1996 年被列入上海市浦东新区广告业“十佳”行列。该公司设计制作发布的广告作品在全国评比中多次获奖，成为申城拥有全市广告发布权和国内外广告代理权的著名广告经营者之一。

上海福赐广告公司在经营生产活动中，经过长期磨练，福赐广告的品位，以其创意新颖、款式多样、品位高雅、质量上乘、气势恢宏而深受客户的青睐和社会各界的关注。1994 年在上海新外滩由该公司设计制作发布的 360 度旋转的电脑喷绘大型灯箱广告，以其构思新颖、风格独特而荣获“全国 95 年度‘古汉杯’中国广告大奖佳作奖。1997 年初，该公司为柯达胶卷设计发布的四面环绕的采用电脑控制画面变幻的延迟线路式大型霓虹灯广告，又被’97 中国（广州）广告节暨第五届全国优秀广告作品展评为“中国广告大奖红棉杯金奖”。

上海福赐广告公司以发展广告事业和繁荣市场经济为己任，愿与广大中外客商和同行携手合作，共创锦绣前程。

上海邮政广告有限公司

地　址：淮海中路 1337 号
邮　编：200031
电　话：64747153
传　真：64311836
总经理：张伟林

公司创建于 1984 年，是全国邮电系统第一家颇具实力的专业广告公司，为适应当前广告市场的竞争，建立现代企业制度，1996

年1月正式转制，转制后的邮政广告有限公司严格按有限责任公司的要求进行运作，加强管理、理顺关系，贯彻以人为本的管理思想，充分发挥邮电网络优势，使公司走向稳定健康有序的发展道路，取得了理想的社会效益和经济效益。

公司主要业务有霓虹灯、灯箱、路牌、邮政专送广告。户外广告媒体遍及上海闹市，邮政专送广告实行国内联网全国派送。

（详细介绍，请见彩广）

上海新大陆传播有限公司

地　址：嵩山路77号（上海皇宫商务楼3F）

邮　编：200021

电　话：53060162

传　真：53065170

总经理：赵抗卫

上海新大陆传播有限公司是注册在浦东的著名广告公司之一，是由上海市外高桥保税区新发展有限公司、上海市陆家嘴金融贸易区开发公司和美国奥特公司合资组建，注册资金为145万美元，投资额达210万美元。1994年成立第一年就跻身'95中国一百家最大广告公司，名列第66位。

●在东方明珠塔下，在黄浦江边，在延安东路隧道内外，在陆家嘴金融贸易区，我们拥有最显著区域的户外霓虹灯广告阵地。

●我们曾先后与电视台合作开辟软广告节目如《市场明珠》等，也与各电视台联合制作了各类娱乐、宣传节目如《智力大冲浪》、《东方热土》等。

●我们曾策划、组织了一系列大型活动，如：'96上海旅游节整体广告宣传总策划及实施；

"东上海百幢名楼评选"；

"浦东企业之星"多媒体联合大宣传；

中华人民共和国第八届运动会"体育爱好者之路"的总策划、总设计及承办。

上海新亚霓虹广告公司

地　址：上海蒙自西路72弄9号

邮　编：200023

电　话：63010040

传　真：63010385

总经理：邵国平

上海新亚霓虹广告公司，是沪上专业制作发布各类霓虹灯、灯箱广告的大型企业之一。本公司重质量、重信誉、重服务，多年来，年业务量一直名列行业前茅。

本公司同时代理国内外各类广告策划、设计、制作、发布等业务，是具有相当规模和雄厚制作实力的专业公司。

近年来，新亚公司曾为上海许多著名大厦及中外企业集团制作发布了一系列大型霓虹灯广告。如东方商厦、海伦宾馆、太平洋大酒店、国脉通迅、上海电视塔、新黄浦集团、台湾英业达集团、日本三菱电梯公司、日立电器公司、美国可口可乐公司，以及淮海路跨街霓虹灯等等，尤其是为日本的"健伍"、"JVC"、"奥林巴斯"、韩国的"三星电子"、新加坡的"立邦漆"等大型霓虹灯广告的成功制作，以及在市区24小时内维修的善后服务，深受中外客户的好评。

新亚公司欢迎与各界新老客户进一步合作，为各界新老朋友和企业单位，贡献我们的智慧和力量。

上海云岭霓虹灯厂

地　址：上海市枣阳路461号

邮　编：200062

电　话：(86-21)6285-4585

传　真：(86-21)6260-8990

厂　长：汤以依

上海云岭霓虹灯厂集设计、制作；发布霓虹灯、灯箱广告；承办外商来华广告及各类广告设计为一体的户外广告专业企业。

驰名中外的"上海烟草集团、紫江企业集团、上海面粉公司、万宝电器集团"，大连高塔的"西岗住宅"，高山上的"万达集团、中北集团"等企业；外商日本的"SHARP、AIWA、HI-

TACHI、BRIDGESTONE、MILD SEVEN”，欧洲客商“KENT”，韩国的“LOTTE、鲜京集团”等巨型广告为我企业完成，业务遍及全国。

企业运用“苹果”系统设计，依靠雄厚的技术和人才，注重广告创意、广告质量、广告艺术及广告对社会的效益与企业形象。获全国金奖的作品有“NESCAFE”，获上海市二三等奖和优秀作品的有“蓝带”“万事发”“KENT”。尤为霓虹灯广告制作，采用国际新型涡轮真空设备，制作完成及发布的霓虹灯广告一直三年免费维修保养。

企业意在闯入国际市场，奔向世界。

上海信盈电脑喷画有限公司

地　址：上海陆家浜路 1141 号六角大楼 807－809 室

邮　编：200011

电　话：021－63761666

传　真：021－63761555

总经理：胡御霜

公司承接制作：

巨幅户内外灯箱片、高精度专业灯箱片、商场用大型招贴、户外小立柱灯箱、专业幻灯片。

施乐中国有限公司

上海办事处：上海延安中路 1440 号阿波罗大厦一楼

邮　编：200040

电　话：021－62496240

传　真：021－62484313

北京办事处：北京朝阳区左家庄 1 号国门大厦 3 层

邮　编：100028

电　话：010－64605620

传　真：010－64605600

广州办事处：广州环市东路 369 号 A 座广州友谊商业大厦 7 楼

邮　编：510095

电　话：020－83583959

传　真：020－83570956

成都办事处：成都玉龙西街 210 号外贸大厦 13 层 1305－1310 号

邮　编：610015

电　话：028－6784649

传　真：028－6626806

施乐 8954 宽幅高速彩色写真系统

出一张 13 米高的户外广告，当然不用 13 分钟。因为施乐 8954 超宽度高速彩色写真系统能以每秒 4 英寸的高速把图像打印于多种广告介质之上，效果传神出色，更无惧风吹、雨淋、日晒。

另外，为满足户外广告高精度、小批量、快交货的市场需求，施乐 8954 更提供灵活组合的配套硬件和软件，包括光栅图像处理软件、色度计、覆膜机等，诚然是阁下把握户外广告市场机会的高回报率装备。

报　纸　类

解放日报广告部

地　址：中国上海汉口路 274 号

邮　编：200001

电　话：63521111－4006

传　真：63225073　63519924

解放日报权威信息，重大典型报道，量大面广。重要言论，高屋建瓴，精辟透彻。群众性舆论监督，针砭时弊，立竿见影。国际时事报道，及时、准确、充分。

从 1998 年 1 月 1 日起，《解放日报》周一至周五，每天固定出版 5 大张 20 版，双休日每天固定出版 3 大张 12 版。

每天新闻版面增加到 12 个版，新闻容量和信息量密度，目前在全国省市委机关报中处于领先地位。

文汇报广告部

地　址:圆明园路149号
邮　编:200002
电　话:63211410

文汇广告公司

地　址:虎丘路50号5楼
邮　编:200002
电　话:63230662

文汇报创刊于1938年,是一份在国内外享有盛誉的大型综合性日报。创刊半个世纪以来,因其独特的风格和鲜明的特色,一纸风行,影响广泛。

文汇报,坚持正确的舆论导向,高扬主旋律,坚持多样化,积极反映丰富多彩的经济,社会生活和人们的精神风貌,达到思想性与群众性、知识性、趣味性、服务性的和谐统一。在众多的报刊中独具一格,且以崭新的面貌,高雅的品位,独特的编排,全方位的服务,得到广大读者的好评。

文汇报,实行全新的版面布局,九个新闻版,六张周报(特刊),十几个专刊、副刊呈现崭新格局。一报在手,信息全有。

文汇报在美国、法国、日本、墨西哥、印度、菲律宾、尼泊尔、澳门、俄罗斯、乌克兰、联合国等派有常驻记者;在全国和各地遍布特约记者、特约通讯员。文汇报有现代化的印刷技术装备,在全国十一个城市设立卫星传版印点,北京、济南、长春、西安、广州、武汉、成都、合肥、苏州等大中城市及附近城镇,当天就可以看到文汇报。1998年将进一步加快投递时效,满足读者对信息的需求,并继续扩大向世界四十多个国家和地区发行。

创刊半世纪,读者满天下。

文汇报愿与新老客户携手共进,共创锦绣前程。

新民晚报广告部

地　址:上海市延安中路839号
邮　编:200040

新民晚报社96年广告经营收入达5.2亿元,96年比95年增长48%。报社提出97年全年广告收入目标6.5亿元。新民晚报有其独特优势,发行量大、覆盖面广、广告版面长期处于供不应求局面。扩版24版以来,其广告量除影视戏目广告外,各类广告日均200条左右,月均5000－6000条,年达5－6万条,任务特重。尽管广告形势好,工作特繁,广告部同志结合工作实际,把"重信誉、创优质服务"活动落到实处。一是加强学习、增强法制观念,认真学习《广告法》和有关政策法规,严格把关,发现问题及时纠正,以维护消费者权益和新民晚报广告的良好形象。二是更应注重信誉,讲究服务质量,克服"朝南坐"的思想,想客户所想,急客户所急,为客户提供理想的广告版面,为读者提供可信赖的信息。三是注重抓好内部管理,不断提高工作效益。四是我们坚持日清月结制度,抓好资金到款率。

晚报广告部将继续以"重信誉、创优质服务"活动为抓手,认真贯彻执行《广告法》及各项广告管理制度,不断提高广告版面质量,全心全意为客户提供理想的广告版面,实现报社全年广告收入。

上海《每周广播电视》报

地　址:上海北京东路2号
邮　编:200002
电　话:0086－021－63211199
传　真:0086－021－63299299
负责人:李尧胜　李建中　梁　军

创刊于1995年1月的上海《每周广播电视》报(原名《每周广播》)是全国创办和正式发行最早的广播电视专业报纸,每周一期,4开16版,刊登中央电视台、上海电视台、东方电视台、上海教育电视台、上海人民广播电台、东方广播电台的一周节目预告与介绍,并刊载影视故事、人物专访,报道国内外文艺体育新闻。辟有"声屏世界"、"体育大观"、"读者屋"、"视听信息"等副刊和专版,内容丰富,信息量大,编排科学,可读性强,阅读频次高,使用周期长，是千家万户视听娱乐必不可少的良伴益友，深受广大读者的喜爱。

《每周广播电视》报每期发行量超过200万份，名列上海报刊及全国同类报纸的前茅，发行范围遍及上海市区、郊县及江、浙部分地区，由于具有发行量大、覆盖面广、深入家庭、可读性强、使用周期长等显著优势，成为海内外众多广告客户关注的重要媒体。目前，国内数百家工商企业及台港澳地区许多企业与《每周广播电视》报建立了良好的广告合作关系，并从中受益。此外，各项服务性的分类广告也受到广大客户与读者的欢迎。

广播电视类

上海电视台广告部

地　址：上海南京西路651号
邮　编：200041
电　话：0086－021－62556785
传　真：0086－021－62550937
负责人：沈永毅　金万钧　徐益

鼎，古代青铜礼器，三足两耳，为立国之重器。上海电视台之广告，以其精彩纷呈之形式，一亿二千万之受众，七十余个国家和地区之客户，如鼎之三足，支撑起中国广告业之巨鼎。上海电视台广告业，革故鼎新，正进入空前繁荣的鼎盛春秋时期。

（详细介绍，请见彩广）

上海东方电视台广告部

主　任：沈明昌
副主任：张灿华

上海东视广告有限公司

地　址：中国上海南京东路627号
邮　编：200001
电　话：86－21－63223007
传　真：86－21－63517832

东视广告　您的投播指向　您的行销伙伴

东视广告特色：

收视范围覆盖上海、江苏、浙江、安徽等地区，信息传播能力强，涵盖面广。

受众对象广泛，其中18－49岁最具消费能力、最有广告推广价值的人群占总受众面的82.7%。

频道各广告时段设置科学、合理，针对性强，除常规广告形式外，开创先河推出的“黄金十秒”，“东视3秒广告”可满足广告客户不同层次的投播需求，丰富广告荧屏。

广告触及面广，到达率高，每千人成本卓有效益，充分达到广告客户的预期目标。

编排活性化，广告紧贴节目，广告效果凸现。

广告部随时为您提供专业数据的评估分析和规划，并以周报，月报的形式提供规范服务，加强同客户的联系。

尽心配合广告主的不同需求，精心规划媒体资源，广告效果加倍显现。东视广告播出均通过上海市广告协会审查，操作规范，令客户无后顾之忧。

上海有线电视台广告部

地　址：中国上海洛川东路487号
邮　编：200072
电　话：0086－021－56981684转各部
传　真：0086－021－56983865
广告部主任：朱升阳

在中国改革开放的“龙头”——上海，为世人瞩目的有线电视事业正以前所未有的气势蓬勃发展。自1992年12月上海有线电视台诞生以来，目前已拥有近250万用户终端而成为全球最大的有线电视独立网络之一，并正朝着世界一流目标迈进。

上海有线电视台广告部自成立以来，发挥了有线电视画面清晰、频道资源丰富和《有线电视》报发行量大（已达100万份）等优势，独立承揽国内外广告的创意、制作和发布，并全方位宣传和介绍各频道的主要节目。上海有视广告经营公司也是上海有线电视台下属广告经营单位,它拥有精良的设备和较高素质的编导、创意、策划人材,能独立承担和代理国内外各类广告的创意、策划和制作等业务。

上海有线电视台广告部和上海有视广告经营公司全体人员发扬艰苦创业、连续作战的精神,以节奏快、效率高、质量佳的服务特色深受广大客户青睐,经济创收也逐年大幅度上升。目前每年创收已达2亿多元人民币。上海有线电视台已成为全国经济实力最强的有线电视台之一。

上海人民广播电台

地　址:上海市虹桥路1376号
邮　编:200051转518信箱
电　话:(021)62788177转2041、2042、2043

与新上海同时诞生的上海人民广播电台,在众多的传媒中,充分发挥自己的优势,赢得了大批听众。它拥有13个频率,广播覆盖面包含上海及长江三角洲广大地区,经常收听上海电台广播节目的听众近5000万人。

上海人民广播电台自1979年恢复广告节目以来,广告创收年年上一个台阶,在全国广播行业中名列前茅。广播广告的节目质量不断提高,近年来在全国广告评比和广播广告评比中,数十件作品荣获一等奖。上海电台以节目创优带动广告创收,广告从业人员注重整体策划,构思新颖,管理人员运用电脑管理,使广告节目布局合理,节目制作精良,节目监听反馈迅速,在广大广告客户中树立良好声誉,1987年以来连续9年获得上海市“重信誉、创优质服务”先进单位荣誉。新年伊始,上海人民广播电台热忱欢迎新老朋友与我们合作,为广播事业跨世纪发展共同努力!

上海东方广播电台广告部　东广广告总公司

地　址:虹桥路1376号
邮　编:200051转518信箱
电　话:(021)62082782
　　　　62788177转3088.3089.3090
主任兼总经理:王茹冲
副主任:黄尽能　吴整风

1992年10月28日,东方广播电台——一个崭新的媒体诞生在黄浦江畔。从此,上海这座国际大都市,有了两家并行运转的广播电台。

东方广播电台以充沛的活力与精良的节目,在众多传媒竞争激烈的势态下,吸引着上海以及华东地区近5000万固定受众。

东方广播电台十分注重培养一专多能的复合型广告人才,五年来,一支具有现代广告意识和敬业精神的广告人队伍,已成为撑起电台运转的经济支柱。东方广播电台广告部、东广广告总公司,利用自身频道资源优势和本媒体鲜活、精致的节目,带动广告创收。五年来,不断开拓、进取,广告创收连年取得骄人业绩,年创收总额名列全国广播行业前茅,人均创收数居全国广播行业第一。在全国广告评比中,东方广播电台的参评作品也屡屡获奖,并获得全国同行的好评。

“路漫漫其修远兮,吾将上下而求索”。东广广告人将循着市场经济跳动的脉博和发展轨迹,在广告这一极富朝气、极富挑战的行业中,不断求索,再创新的辉煌。

重　庆　市

公 司 类

重庆亚光霓虹广告有限责任公司

地　址：中国重庆渝中区枇杷山正街233号
邮　编：400014
电　话：(023)63851588
传　真：(023)63868362
总经理：林永洁

重庆亚光霓虹广告有限责任公司是一家专业的实力型广告公司。经过多年的奋斗与探索，公司得到迅速发展，信誉不断增强，服务更加完善。亚光广告公司不仅能为各界朋友提供全面的广告代理和专业化的服务，在霓虹灯及电脑喷绘广告方面更具有突出表现。"亚光广告"永远是您光辉成就的最佳传导，帮助您铸造事业的辉煌。

重庆市市政广告总公司

地　址：重庆市渝中区中山二路188号(文化宫大门右侧)
邮　编：400014
电　话：(023)63850635　63859928
传　真：(023)63879693
总经理：周豫西

重庆市市政广告总公司是重庆市市政管理局直属的国有企业，是集各种媒介广告经营，设计制作，策划代理，装饰装修，建材商贸，餐饮娱乐为一体的集团型企业。开拓性的经营，科学化的管理，使公司迅速发展成为重庆市A级广告公司，并被授予"重合同，守信用"称号。公司经济实力及广告经营额等连续几年在重庆市广告公司排序中名列前茅。

公司媒介种类齐全，技术力量雄厚，策划思维新颖，严守信誉合同，先后设计、制作、发布了一大批极具特色的各类广告，策划、组织、实施了若干具有轰动效应的各类大型活动，受到客户的普遍赞赏。我们将始终坚持把"优越的媒介，优秀的创意，优惠的价格，优质的服务"奉献给客户，使客户的产品和企业形象在重庆和全国都留下美好的，难以磨灭的印象，共同为发展社会主义广告事业和社会主义市场经济作出我们应有的贡献。

重庆容易广告有限公司

地　址：重庆市江北区建新西路1号6楼
邮　编：400020
电　话：(023)67720096　67710602
传　真：(023)67710602

重庆容易广告有限公司隶属于重庆容易(集团)有限公司，注册资金500万元，是集广告策划、设计、制作、发布于一体的综合性广告公司。本公司先后为容易集团内外部广大客户制定并实施了企业CI策划、商品促销活动、户外广告、报纸、电视广告等一系列策划方案。公司依托雄厚的经济实力，以"创一流企业，一流服务"为目标，遵循"敬业、智慧、守信、胆略"的企业精神，热忱为广大客户服务，欢迎广大客户来人来函洽谈业务。

容易广告让一切都变得容容易易！

重庆市美术广告公司

地　址：重庆市新华路447号
邮　编：400010
电　话：(023)63842277　(023)63841879
传　真：(023)63825856

重庆市美术广告公司，是具有四十年历史的重庆市最大的全民所有制的专业广告公司。公司拥有先进的计算机系统，成套的富士、柯达彩色摄影冲扩设备和大型彩色电视幕墙等多种现代化广告发布媒体。有职工380余人，其中具有高中级技术职称的专业人员50余人，是中国广告联合总公司的成员公司。公司的宗旨是以创意为中心，全面为客户服务。

四十年来，公司以它雄厚的技术、设备力量为各级党政机关、企事业单位提供了从策划到设计、制作、发布等"一条龙"服务，深受客户欢迎。1989年被中国广告协会评为全国广告业“重信誉、创优质服务”先进单位。重庆市首批国家A级专业广告公司。

经营范围：路牌、灯箱、霓虹灯、电视、广播、报刊、杂志、印刷、POP广告。

包装装潢、展览陈列、室内外装饰、各类沙盘模型、电动图表、有机玻璃制品等设计制作。

为顾客提供广告咨询及广告全面策划。

代办来华各类广告业务。

3M柔性广告材料。

重庆正点广告有限公司

地　址：重庆市渝中区中山三路155号5层
邮　编：400015
电　话：(023)63876399　63612556
传　真：(023)63607942

正点广告创立伊始，便抱定“我们的目的是销售，否则便不是作广告”这一宗旨，坚定推行现代化管理和运作，深谙业精于勤的真谛，孜孜以求，不断进取，为客户进行卓有成效的行销传播。从广告咨询、市场调研、行销策划、创意制作、代理发布、广告监测与评估等全过程，均能提供全面周到的服务。

创立至今，正点广告成功地代理了全国及本埠诸多著名品牌。公司客户部、市调部、策划部、设计部、媒体部、监测部等广告运作职能部门紧密协作，默契配合，凭借高素质的专业人员和现代化制作设备，全方位为客户提供真正有效的广告服务。以强大的广告推广策划能力、大型活动运作能力和媒体发布能力，被中国社会调查事务所认定为中国第一家公认名牌广告公司。

源源不断的创意销售力是正点赖以存在的根本，也愿藉此，为客户的高品质产品开拓更广阔的市场，创造更骄人的销售业绩。

重庆空港广告有限公司

地　址：重庆市渝北区两路镇江北机场内
邮　编：401120
电　话：(023)67856138转52159　52539
传　真：(023)67712457
负责人：魏东前
联系人：孙先禄　凌　玲

我公司是隶属民航重庆市管理局自主经营的有限责任制企业，公司设有业务部、策划部、美工制作部、财务部、印刷厂等专业工作部门。承接电脑设计、广告策划、制作、发布各种字牌、路牌、灯箱、霓虹灯、登机牌、票袋、航班时刻表、电子显示屏等各类广告。兼营各类社会杂件印刷，代理各类报刊电视广告。

机场广告是世界上最先进、最具档次的广告媒体之一，也是被公认为吸引高品质客商和宣传公认名牌的最佳媒体。公司将充分利用此黄金口岸媒体优势，充分发动公司经验丰富、训练有素的专业广告人员队伍，为把您的产品推向市场，树立企业完美形象，我们愿为国内外厂家、商家和广告业同仁提供最完善、周详、优质的服务。

重庆华轻广告公司

地　址：重庆邹容路107号4楼
邮　编：400010
电　话：(023)63837302　63837364
传　真：(023)63837364

重庆华轻广告公司组建于1988年，是一家集广告、装饰于一体的综合性实体公司。

可全方位地为客户策划、代理、制作各类广告及主办大型公关活动。

公司独家拥有TAXI顶灯广告媒体发布权。

华轻人的宗旨：把握时代脉搏，创造崭新未来。

重庆铁路宏达广告有限责任公司

地　址：重庆市渝中区中山支路5号
邮　编：400014
电　话：023－63893666　63855465
传　真：023－63893666

本公司系重庆铁路分局直属的综合性广告公司。以重庆铁路分局管辖的32对旅客列车和108个车站的广告媒体为基础，拥有水平很高的广告创意、策划、设计、制作、经营、管理人才和现代化的电脑设计系统，在重庆火车站投资500多万元设立长10m，高6m的大型户外LED电子显示屏，能为客户制作电脑三维电视动画广告；具有大型广告宣传活动整体策划和实施能力；对于重庆市场的情况相当熟悉，具有迅速打开重庆市场的营销策划实施能力，与重庆嘉陵集团公司、宜宾五粮液酒厂、杭州娃哈哈集团公司、贵州鸭溪窖酒厂等大型企业保持了良好的合作关系。

重庆索通广告传播有限公司

地　址：重庆市渝中区西来寺4号西南图书大厦14楼

邮　编：400010

电　话：(023)63834265　63837717

传　真：(023)63806922

重庆索通广告传播有限公司1994年初具雏形。

1996年，索通广告传播有限公司正式成立。

从创业到现在，索通广告传播有限公司已发展为策划、设计、制作、印务、广告材料五个部门，拥有了百事可乐、美孚、壳牌、五粮液等品牌的客户。这种格局，使公司在完成广告传播行为的过程中，更加完善合理、质量优异。

我们的宗旨：诚实地帮助客户解决问题。

我们的精神：团结起来，为了您们和我们，决不闪劲。

我们的态度：您说的我们都同意，但我们不得不遗憾地指出——那不一定是对的。

索通广告在今后的日子里，将推崇品质至上的信念，抱定革新的决心，不断接受新工艺，改进革新制作技巧，完善服务，把握时代潮流，在艺术与商业的最佳谋合点上，与您携手共进！

重庆市影视广告中心

地　址：重庆市渝中区中兴路5号(穆斯林大厦4楼)

邮　编：400010

电　话：(023)63811783

传　真：(023)63830728

重庆市影视广告中心是集广告设计、制作、发布于一体的一全民所有制广告专业单位。

我中心设备精良、人才荟萃、占有良好的口岸优势，拥有与电视新闻采录、电视广告内、外景制作相应的广播级技术设备和系统配备，能摄制高质量、高清晰度的磁带、电影胶片、电视广告、动画广告及各类专题片。并具有设计、制作大型路牌、霓虹灯、灯箱、幻灯广告之能力，同时能拍摄印制各类产品广告和包装广告。

重庆大方广告艺术公司

地　址：重庆市渝中区上清路寺65号(市政综合大厦)4楼

邮　编：400015

电　话：(023)63618004　63618014　63618015

传　真：(023)63868358

重庆大方广告艺术公司是一家区域性综合广告公司，谙熟西南市场，与传媒公共关系良好，在成渝两地的广告策划、代理业务表现不俗，并在黄金路段拥有大型户外媒体。

重庆华汛广告有限责任公司

地　址：重庆市渝中区中华路209号五楼

邮　编：400010

电　话：(023)63816765、63716694

传　真：(023)63836425

重庆华汛广告有限责任公司经过三年多的努力先后投入广告媒体450万元，使城市广告有一个明显的档次。如解放碑中心电杆灯箱一条街、公用磁卡电话亭、市内公共汽、电车站站牌，以及火车站、上清寺等颇有影响的户外广告媒介，多次为市政府及大型企业承办国内外展览及广告印刷品业务，均深得中外广告用户好评。

为华汛广告配合的华汛装饰印刷设计工程有限公司为广告的安装、制作，提供可靠的保证。

重庆火车站华康广告公司

地 址：重庆市渝中区菜园坝火车站
邮 编：400014
电 话：(023)63865113 63851659
传 真：(023)63855261

重庆火车站华康广告公司系重庆火车站直属企业，是集营销策划、广告创意、设计、制作和发布为一体的综合性公司，拥有熟悉重庆市场的市场调研，营销策划、广告创意、设计制作的优秀人才，与各大客户建立良好的关系。重庆火车站华康广告公司广告媒体十分强大，拥有霓虹灯1500平方米，喷绘2500平方米，灯箱5000平方米，本公司机构完整，管理严格，从1987年建立以来，与500多家企业进行非常愉快的合作，为企业形象的宣传和产品进入市场，达到了预期目标，客户非常满意，因此，我公司热情诚邀在重庆发展的企业及各大广告公司与我们共同开发市场，占领市场，我们将和你们携手共进，互相配合，共创辉煌。

重庆华灵广告装潢有限责任公司

地 址：重庆市渝中区捍卫路6号
　　　　临华大厦1号楼14层
邮 编：400013
电 话：(023)63509342 63509037
传 真：(023)63509489

我们的工作就是筑一座桥，助您到达目的地……

重庆对外广告公司

地 址：重庆市江北区建新北路65号外贸大厦裙楼5楼
邮 编：400020
电 话：(023)67855154 67853147
传 真：(023)67853093

伴您搏击商海
与您共创辉煌

重庆大地广告公司

地 址：重庆市渝中区放牛巷82号
邮 编：400010
电 话：63837658 63706179
传 真：63703737

大地滋生无限创意
长江、长城、黄山、黄河……
大地之光重千斤

重庆天意广告有限公司

地 址：中国·重庆上清寺聚兴村2号四楼
邮 编：400015
电 话：(023)63871699

天意相助　商战无愁
●以心　铸就您的成功
●以意　展示您的风采
●以智　开拓您的市场
●以慧　铺成您的辉煌

重庆黑豹广告公司

地 址：重庆渝中区中一路114号
邮 编：400013
电 话：(023)63512609
传 真：63513756
经营范围：
中国供水行业的广告代理。

新世界广告装璜公司

地 址：重庆渝中区大坪正街140－1号
邮 编：400041
电 话：(023)68810072 68800016

详细介绍请看重庆专栏广告。

重庆华彩广告公司

地　址：重庆市石桥铺渝州路50号孵化大楼A3－8
邮　编：400039
电　话：(023)68606779
传　真：(023)68604157

重庆华彩广告公司是重庆高新技术开发区园内一家以市场营销技术咨询、企业形象策划，设计、制作、发布、开拓各类广告产品为主，兼及印刷、装潢设计、代理大众传媒广告为辅的综合性广告公司。

公司自1994年创办以来，本着以“诚、信”为本的服务宗旨和以“高、新”为求的企业精神，在广告市场日益激烈的竞争中不断得到磨砺和锤炼，并努力为推进广告事业的发展，繁荣经济建设作出应有的贡献。

重庆新创意广告有限公司

重庆市首家民营广告经营单位
地　址：重庆市渝州路108号昭华大厦4楼
邮　编：400041
电　话：(023)68616310　68613903
传　真：(023)68616310

部门设置：

市场部　媒介部　设计策划部　客户部　制作部　财务部　电脑工作室

经营范围：

市场调查、广告策划、设计制作、媒介发布、效果测定、CI设计。

重庆市半岛广告公司

地　址：鹅岭正街176号
邮　编：400014
电　话：(023)63856678

铁路是我国国民经济大动脉，除西藏拉萨外，各省、自治区有200多个大中型铁路客运站台。每年全国铁路运载中外旅客达12亿多人次，重庆市半岛广告公司与铁道部合作拟向全路数百个大中型铁路客运站台提供万辆流动售货车，并发布企业广告。目前广告业务遍布河南、陕西、湖北、四川、云南、贵州、重庆等省市的30多个大中型铁路客运站台。

重庆长樱广告装璜有限公司

地　址：重庆渝中区解放西路43号金紫门大厦8楼
邮　编：400012
电　话：(023)63822759　63724307
传　真：(023)63822759

经营范围：

- 电脑设计
- 大型广告
- 精美印务
- 广告礼品

欢迎国内、外客商前来洽谈业务。

重庆日升国际广告装饰创意公司

地　址：重庆市渝中区凯旋路19号
邮　编：400012
电　话：(023)63809733　63726709
手　机：90875809
传　真：(023)63809733

本公司是集现代广告与装饰于一体的新型公司。本公司由一批年轻、富有朝气、锐意进取的专业广告策划、美术，建筑设计和形象策划人员组成的广告公司。此外，公司承办各类大型喷绘广告、霓虹灯、灯箱广告及开业庆典策划，时装表演，公司形象设计(CI)，标志设计，以及各类施工制作领域的技术权威的加盟，使我们敢于面对来自市场的各类挑战，并在竞争中立于不败。

我们真心渴望与每位客户心与心的交流和沟通，希望我们的创造，带来真、善、美，装点每个客户以更好的业绩，更广阔的事业发展机遇。

经营范围：

1．CI：运用CI法则塑造当代新的企业整体形象，协助客户在生存竞争中取得领先地位。

2．户外广告：霓虹灯、喷绘灯箱、字牌、

橱窗广告、路牌及其他形式的户外广告。

3.印务:各种铜版纸,哑分纸印刷。

4.报刊、电视、广播及其他载体的广告代理。

5.广告制作,各种媒体开发。

重庆四海广告装潢公司

地　址:重庆市渝中区大同路77号

邮　编:400010

电　话:(023)63816371

传　真:(023)63845845

总经理:周　晋

手机:90800752

重庆四海广告装璜公司系重庆市名牌战略发展研究院直属综合类专业公司。

经营范围:

●市场调研:名牌研究院和客户委托的各类营销调查,受众分析,效果测评。

●创意策划:紧密依托研究院和公司自身人才优势和所聘国内资深专家优势,致力于:企业整体策划,形象包装,品牌开发,培育、推广,CI导入及实施。

●媒体代理:与重庆主要传播媒介建立了广泛合作关系,代理策划,设计、发布、重庆电视、广播、报刊、杂志的各类广告。同时代理中央电视台、四川卫视、广东卫视等媒介广告。

●设计制作:各类电脑喷绘广告,VI设计、商标、包装设计、印刷品、各类档次户外路牌,灯箱、灯柱、霓虹灯、充气升空广告物。

●综合实施:全国各地媒介广告,户外广告的发布、代理,为埠外同行代理重庆媒介,户外广告。策划实施各类开业庆典、礼仪,各类招商会、展示会、交易会、新闻发布会等。

公司综合实力较强,有良好的社区关系和信誉。欢迎阁下光临并携手合作,共创未来!

四海广告、市场先导

重庆百货大楼百佳艺术广告公司

地　址:重庆百货大楼股份有限公司

邮　编:400010

电　话:(023)63713623　63817483　63833796

传　真:(023)63844212

负责人:刘嗣民

本公司系重庆百货大楼股份有限公司子公司,是以广告代理和摄影制作为主营的重庆市A级广告公司。本公司地处重庆市最繁华的解放碑中心购物广场,拥有综合性的设计制作实力,拥有客户可信赖的商业信誉。

1994年成立以来,先后投资引进国际上先进的大型摄影制作设备和电脑平面设计系统,聘用从业多年的资深摄影制作人才和新生广告专业人才,力求以灵敏的商业信息、务实的营销策划、协调的媒介关系,协助各地工商客户开拓产品销路树立品牌形象。本公司奉行“忠诚、敬业、创新、守信”的企业理念,努力加强对广告创意和设计能力的投入,以更强的实力迎接市场挑战,以更优的服务满足客户要求。

没有客户的成功,也没有我们的成功。

报 纸 类

重庆日报

地　址:中国重庆市渝中区解放西路66号

邮　编:400012

电　挂:6418

电　话:(023)63845089　(023)63827428

传　真:(023)63836473

●小平亲笔题写报名有45年历史的党报

●长江上游经济中心发行量最大的日报

●重庆经济协作区覆盖面最广的机关报

●西南最大工商业城市的综合性城市报

欢迎刊登广告

重庆晚报广告部

地　址:重庆渝中区解放西路66号

邮　编:400012
电　话:(023)63832531　63825304
传　真:(023)63812350

重庆晚报是中共重庆市委主办的一张党报。1985年5月1日创刊以来,13年风雨兼程,铸就了她独特的风格和特色,也磨砺出一支精明强干的采编队伍。

《重庆晚报》四开廿四版,是重庆地区发行量最大、版面最多的报纸。日发行量三十万份左右,在重庆地区的读者阅读率和喜爱率均居首位。同时重庆晚报发行量、广告收入均居全国晚报前列,已成为全国晚报界中极具影响力的报纸。

《重庆晚报》坚持正确舆论导向,力争把握时代脉博,充分满足读者对各类信息的需求,热情服务大众,努力搭起联系读者与报纸、消费者与商家、重庆与世界的桥梁。

《重庆晚报》愿为企业、商家在重庆地区宣传产品、拓展市场助一臂之力。

《重庆晚报》愿为企业、商家迈向市场搭起金色的桥梁。

重庆晨报

地　址:重庆市解放西路66号
邮　编:400012
电　话:023－63704684　63820165

《重庆晨报》是由中共重庆市委宣传部主管、重庆日报社主办的一张指导和服务市民生活的日报,四开十六版,天天套红,周末彩版。1995年4月28日创刊以来,《重庆晨报》以其贴近生活、贴近市民的特点受到读者的欢迎,1997年7月1日由八版扩为十六版,目前日发行量达15万份,是重庆地区影响力最大、读者面最宽的三大报之一。“早起看晨报,事事先知道”已成为重庆及其周边地区读者的口碑。

《重庆晨报》热诚为商家服务,在商家与读者之间架起一座连心桥,广告创意独特、设计新颖、刊登及时、服务周到,形成了读者爱看晨报广告、商家爱在晨报刊登广告的良性循环上升的可喜态势。“登广告、找晨报”是来渝发展的客商们的一致看法。

现代工人报

地　址:重庆市渝中区中山三路157号
邮　编:400015
电　话:(023)63873472　63850962

《现代工人报》是重庆市总工会机关报,原名《重庆工人报》,创刊于1950年。1956年后因故停刊,1984年7月复刊,仍定名《重庆工人报》,1988年5月始用现名。现为对开周五刊,全国公开发行。

《现代工人报》自创刊以来,就明确以广大职工和工会工作者作为主要读者对象,按照“把握时代、紧跟中心、反映生活、当好喉舌、服务工运、服务职工”的办报宗旨,从群众的角度宣传党的路线方针政策,宣传现代工人运动和工会工作;传播现代科学文化知识、管理知识及各种信息;反映现代工人的理想情操、精神风貌、生活方式、业余情趣;反映职工的愿望、呼声和要求,维护职工的合法权益。复刊十余年来,刊发了一大批有影响的新闻报道。

《现代工人报》现有重庆市协和广告公司和重庆市大地广告公司,分别从事报刊广告和户外广告,从业人员10余人,年广告营业额数百万元。

《电脑报》

地　址:重庆市人民路236号科协大厦8楼
邮　编:400015
电　话:(023)63876716
传　真:(023)63876716
负责人:李鹏仁
联系人:翁光萍

●为什么那么多人喜欢《电脑报》? 因为它是大众化的计算机报。

●以“通俗、实用”为特色,适用于办公室、学校和家庭。

●联系厂商与用户的纽带,传播知识和

信息的通道。

●《电脑报》广告，是商家的明智选择，用户的迫切需要。

重庆商报

地　址：渝州路126号
邮　编：400041
电　话：68716640
传　真：68890888

《重庆商报》是由国家新闻出版署批准，重庆市人民政府指导，重庆市新闻出版局，重庆市人民政府财贸办公室主管主办的一张综合性经济类日报。

《重庆商报》突出经济报纸的服务特点，融新闻性、权威性和可读性为一体，每天轮流刊出金融证券专刊；市场纵览专刊；商报视点专刊；消费大观专刊；商贸企划专刊；休闲时尚专刊，天天副刊等。

《重庆商报》四开16版，国内外公开发行，每周一至周六出版。

国内统一刊号CN51－0051

重庆广播电视报

本报通讯地址：重庆市渝中区中山三路159号
本报办公地址：重庆市渝中区上清寺聚兴村4号乙单元（三楼）
邮　编：400015
电　话：63852963、63875740
联系人：延永康

本报为重庆广播电视局下属单位，全国公开发行的报纸，每周四开十六版，每周星期二出版，阅读期在10天左右，发行量25万余份，覆盖重庆市及川东地区各区、县、市，主要刊登所有中央电视台、当地电视台、上星电视台及有线电视台的节目预告表和内容介绍，是千家万户必备的收视指南，是重庆市阅读率最高的报纸。

在本报上刊登各类广告，将会使您收到不少的收益，是各商家、厂家及广告主的首选媒体，欢迎来本报刊登各类广告，我们将热诚地为您服务，使您在重庆这竞争激烈的市场中占有一席之地。

广告价目表

节目表报眉	17厘米（长）×1.5厘米（高）	1500元
节目表版中逢	4厘米（宽）×8厘米（高）	2500元
中逢	整条5000元，半条2500元，不足半条每字4元（含标点符号）	

另：节日、加急、套红加收30%，外商广告按国内广告三倍收费。

广播电视类

重庆人民广播电台

地　址：重庆市渝中区中山三路159号
邮　编：400015
电　话：(023)63851246
传　真：(023)63851246
广告部主任：张荣贵

重庆人民广播电台系省级人民广播电台，一套中波，六套调频同步推出，节目不仅直接覆盖重庆直辖市所属43个区市县，而且还可直接覆盖四川、贵州、湖南、湖北部分地区。节目覆盖区域听众超过5000万人。

据重庆市统计局城调队、农调队抽样调查统计，收听率达84.6%。

重庆人民广播电台热情为社会各界服务，是中外厂商开拓西南地区，特别是三峡库区市场必不可少而可信赖的伙伴。

重庆电视二台

地　址：重庆市渝州路68号
邮　编：400041
电　话：68612013、68605541
联系人：雷　卫

重庆电视二台创建于1989年，发射频道－14，发射功率30千瓦，覆盖到全市城乡及川东、川南部分地区，收视观众可达1500多万。1992年12月,重庆市统计局对重庆地区电视收视情况进行抽样调查,结果表明,重庆电视二台的收视率达87.6%,雄居榜首。

重庆电视二台除办好自制的数十个节目外,还同时播出全国省级市级电视台及国内外影视进出口公司提供的国内外各类优秀影视节目,节目内容丰富,深受各界观众好评。

广告节目是重庆电视二台的重要组成部分,以讲求信誉、热情服务为宗旨,帮助客户实现"花钱少,效果好"的目的,是各厂家商界在重庆地区开拓市场、推销产品的好伙伴。

重庆经济电台

地　址:重庆市渝中区中山三路159号
邮　编:400015
电　话:(023)63616338　63852518　63851612
传　真:(023)63852518　63852128

重庆经济广播电台是全国广播系统第一家靠自收自支生存发展的国家事业单位,是一座大众型、信息型、服务型、娱乐型的数码微波立体声广播电台。建台八年来,以快捷迅速的新闻信息,经典时尚的音乐,轻松休闲的娱乐有奖竞猜,尽善尽美的广告服务受到了山城广大听众的喜爱。据市城调队调查,经济台收听率达到70%,在重庆市各电台中始终居于领先地位。

重庆设立直辖市以后,拥有3002万人口,市场前景广阔。重庆经济台在重庆市新闻界及广播界,广告界的优势地位尽显,成为各企业商家广告宣传首选媒体之一。重庆经济台广告部主要负责代理,发布全国广播广告,拥有强大的策划设计制作业务能力。1997年,重庆经济台荣获重庆市广告行业精神文明单位称号。近年来,广告收入以百万元为单位高速递增,并连续几年位于西南地区各电台广告收入榜首。

重庆商业广播电台

地　址:重庆市渝中区中山三路159号
邮　编:400015
电　话:(023)63883599　63859935
法人代表:詹　卡

重庆商业广播电台是一家坚持党和政府喉舌功能,侧重商业信息传递的专业性电台。开播三年来一年上一个台阶,1996年创收五佰余万元。并在广播行业中率先建立了计算机数字、音频共享系统。三年的努力培养了大批优秀的节目主持人和有社会责任感的记者。不断创造和沉淀了一批颇受欢迎的节目如:《九五五早、中、晚新闻》、《股市沙龙》、《投诉热线》、《红豆点点情》、《佳佳姐姐》、《家庭广场》、《体育大看台》、《商广流行网》以及《空中导向》等等。

重庆商业广播电台的职责任务和服务范围包括:制作、播出广播节目,面向大商业、大流通、大市场,开展咨询信息服务,传播商业经济信息等。

杂 志 类

科技与经济画报

地　址:重庆市渝中区中山三路182号
邮　编:400015
电　话:(023)63878274
总　编:刘　见
联系人:王　静　陈　俊

《中外交流》月刊

新闻中心:北京市府右街99号4楼
邮编:100031
电话:010·66053468
传真:010·63093628
地　址:重庆市渝中区捍卫路32号8楼
邮　编:400013
电　话:023·63509304、63508744
图文传真:023·63509364

《中外交流》广泛报道国际国内政治、经济、文化、科技、外交、军事等领域重大时事,促进中外经济、文化交流。

《中外交流》辟有“本刊特稿”、《世纪论坛》、“焦点透视”、“环球会客室”、“中国建设”、“科技与经济”、“国际商务”、“海外飞鸿”、“环球经纬”、“港澳台侨”、“东方艺术长廊”、“异域风情”等数十个栏目。

国内统一刊号:CN51-1441/G2

国际标准刊号:ISSN1005-2623

邮发代号:78-106

订价:国内15元/月　国外US＄8/月

主办单位:中国国际文化交流中心

　　　　　国家名誉主席宋庆龄基金会重庆分会

主管单位:重庆市人民政府办公厅

河北省

公司类

河北日报广告公司

地　址:石家庄市裕华东路210号

邮　编:050013

负责人:石银平

总经理室:(0311)6052990　8631118

副总经理室:8631119

客户部:6046753　8631188

财务部:8631126

传　真:(0311)6046753　6055237

发挥省报优势,服务社会大众——河北日报广告公司是您可信赖的朋友

河北日报广告公司是由河北日报社主办,在河北省工商行政管理局注册,以经办河北日报广告业务为主的广告经营公司。

河北日报广告公司以“党报人”的标准,坚守“信誉第一、客户第一”的宗旨,尽心竭力满足各界客户的广告业务需求。

河北日报广告公司可代办全国及国外众多新闻媒体的广告业务,诚望在广阔的广告业务领域与广大客户合作,并提供优质服务。

石家庄市公交广告公司

地　址:石家庄市建设北大街6号

邮　编:050011

电　话:6033203

总经理:王喜才

石家庄市公交广告公司自1988年创办以来,以至诚的服务、优美的创意、高速度的发展,创出了辉煌的业绩,被列为河北省十强广告单位之一,并连年被省市广协、工商管理部门评为“重信誉,创优质服务”先进单位。现为中国广告协会理事、全国公交委员会副主任、河北省及石家庄市广告协会常务理事单位。

该公司是石家庄市公共交通总公司直属的全民所有制专业广告公司。拥有40多条线路,1000多部营运车辆和市区数百座高档次的候车亭及月票卡的独特广告媒体发布权,并享有全面广告代理权,可为各界朋友提供全方位的专业广告服务。

石家庄市公交广告公司,现已拥有一支一流的设备、一流的创意设计和一流的调查策划、制作队伍。先进的“大图静电写真喷绘制作系统”,可为您提供河北省独家服务。

愿您的企业,您的事业,伴随我们奔驰的车轮一并向前腾飞。

保定报业广告公司

地　址:河北保定新华路68号

邮　编:071000

电　话:0312-2025726、2025739、2024775

Fax:0312-2024775

经　理:展　宁

保定报业广告公司(保定报社广告部)全面负责《保定日报》、《保定晚报》广告。

保定报业广告公司现设有接待部、客户部、策划部、出版部,有专业水准的创意、策划和制作出版人员及一流电脑制作系统,可为客户提供图文精良,极具实效的广告方案,并能立足地方市场实际情况,为客户提供切合实际的广告媒体组合策划。

我公司与全国的重大媒体和大型广告公司有着稳定良好的合作关系,可为客户代理各种产品、企业广告的异地发布并能提供市场调研、专项产品促销计划。目前,公司又开设户外广告业务。遍布全市主要街道的80余块高级报栏灯和广告均立于黄金地段。

本公司愿与全国工商企业和广告界同仁交朋友。为您在人口上千万的保定市场发展业务助一臂之力。

承德广告总公司

地　址:承德市南营子大街承德剧场院内

邮　编:067000

电　话:0314－2021753

总经理:王　琳

承德广告总公司地处毗邻北京的历史文化名城承德市中心,具有驰名中外的避暑山庄和外八庙的旅游优势及公司人才汇集的雄厚实力。公司始终以重信誉创优质服务为宗旨,获得了多项荣誉奖励,取得了显著业绩,是首届中国广告公司综合实力排序名列全国前100家的专业广告公司。

承办代理各类广告业务及美术设计、展览展销、装饰装璜业务。总公司在承德市东大街保险宾馆一楼新开办营业厅将提供一个展示名牌产品和广告媒体、信息交流、商务洽谈及沟通企业与广告公司、广告媒体的理想场所。诚恳希望与全国广告主、广告公司和媒介加强联系,欢迎光临指导。

承德市希望广告公司

地　址:承德市西大街路北64号

邮　编:067000

电　话:0314－2181844(办公室)

0314－2183743(业务室)

总经理:冯志忠

联系人:麦源真

承德市希望广告公司是隶属于承德市计划委员会的全民所有制企业,是承德市最具实力的专业广告公司,公司经济效益连续三年名列第一。

承德市希望广告公司在省广协"95全省广告公司综合实力排行榜"上名列第8名,是承德市唯一一家进入排行榜的广告公司,被评为省市两级"95－96年度重信誉、创优质服务先进单位"。

承德市希望广告公司创意设计发布的广告作品多次入选国家、省、市广告作品展,并多次获奖。

承德市希望广告公司曾成功地为小天鹅洗衣机,TCL王牌彩电、雪花啤酒、长城酿酒公司、露露集团等全国知名度较高的产品和企业在承德搞广告促销活动。

承德市希望广告公司以"绿色的业务关系、执着的创意追求"为宗旨,愿与客户一荣俱荣、共创辉煌。

业务范围

提供市场调研、广告策划、营销战略、CI形象设计等全面服务。

户内广告:代理制作各类电视广告、报纸广告、广播广告、杂志广告等。

户外广告:设计制作各类广告牌、灯箱、霓虹灯、车身、民墙、路标、展台、橱窗、气模、磁翻转、电子屏幕、POP广告等。

印刷广告:承印各类企业和产品样本、说明书、招贴画、画册、年历、商标、装璜等。

公关活动:组织各类新闻发布会、产品促销会、厂商联谊会及各类公关促销活动等。

广播电视类

河北人民广播电台广告部

地　址：石家庄市裕华东路203号
邮　编：050012
电　话：6044143
负责人：曹宏耀
联系人：何慧芳

在本台发布各类国内、外广播广告。

保定电视台广告经济信息中心

地　址：保定市东风中路41号
邮　编：071051
电　话：(0312)3032449　3025710
传　真：(0312)3032449
负责人：黄利强　卢小平

保定电视台一、二套节目，覆盖保定市25个县市区及沧州、廊坊、衡水、北京、石家庄、山西等毗邻地区，人口2000多万人。

保定电视台广告经济信息中心是从事经济宣传、传递经济信息的职能部门和合法的广告经营单位，拥有先进的电视采录和节目制作设备，有一支经验丰富，业务素质较高的从业人员队伍，保定电视台广告经济信息中心以"只有您的成功，才是我们的成功"为宗旨，连续六年荣获河北省"重合同守信誉先进单位"荣誉称号。我单位还是中广协电视委员会委员台、全国城市电视台广告联播成员台，北方五省城市电视台广告协作会理事长台，优惠代理全国近百家及北方50家电视广告业务。

山西省

公司类

山西省国际广告公司

地　址：山西省太原市新建路15号
邮　编：030002
电　话：4071520　4081458
电　报：1741
负责人：黄新智
联系人：杨　毅
经营范围：

设计、制作、发布、代理国内外各类广告。

山西省广告装潢公司

地　址：山西太原迎泽大街330号
邮　编：030001
电　话：总经理办公室：2026548
手机：1393511375
办公室：2023306
工程部：2026448
广告部：4036439
营业部：2029021
分公司：3270592
传　真：2026548
电　报：8585
负责人：张中青
联系人：周勇妹
经营范围：

经营广告路牌、灯箱、霓虹灯等各类广告设计制作、发布，大型展览设计制作、美术画类、城市雕塑、建筑壁画，代理策划国内广告业务。

室内外装饰装潢。

批发、零售装潢材料。

公司下设广告一部、广告二部、装潢一部、装潢二部、装潢三部、电脑设计室、营业部、室内装饰配套分公司、办公室、财务部。

大同市美术设计院

地　址:大同市迎宾东路 21 号
邮　编:037008
电　话:5025151
广告负责人:张广札
联系人:许跃先
经营范围:

本院对外承揽雕塑、壁画、展览、室内设计、广告装潢等业务,大同市繁华区的路牌广告和巨型户外广告,本院参与经营。本院平面广告设计、室内装饰设计的专业人员较全面,配备了电脑设计工作室。

所属企业有大同市装饰建筑公司、大同市广告装饰公司、大同市新大地装饰公司。

报 纸 类

山西日报社广告处

地　址:太原市双塔东街 124 号
邮　编:030012
电　话:4046561
负责人:吉明清

在《山西日报》上发布国内外各类广告,承办分类广告。

太原日报社(含太原晚报)

地　址:山西省太原市桃园之巷 113 号
邮　编:030002
电　话:(0351)4227001　4227033
电　传:(0351)4225990
负责人:兰大中
联系人:闫成荣

承办国内报纸广告业务,代理国内报纸广告业务。

山西工人报

地　址:太原市精营西边街 29 号
邮　编:030001
电　话:(0351)3043705
广告负责人:贺海毅

承办山西工人报广告业务,代理国内同行业广告业务。

市场信息报

地　址:太原市迎泽大街 229 号省贸易大楼市场信息报社
邮　编:030001
电　话:(0351)4042039　4040784
负责人:姜晖明
联系人:胡晓明

本报国内外公开发行,拥有遍及全国 31 个省、市、自治区的读者,以工商企业、中小企业、乡镇企业、私营企业和个体工商户为主要对象,以信息量大、实用性强、覆盖面广、咨询方便、在读者手中持续时间长为显著特色。

本报除专门辟广告版外,还设有独具特色的收费栏目,如《通有无》、《商情大世界》、《牵线搭桥》、《招商引资》、《专利柜台》、《合作机会》等,收费不高,效果很好,经济实惠,深受全国商界同仁的欢迎。

三晋工商报

地　址:太原市新建南路 239 号
邮　编:030012
电　话:(0351)4063350　4062154
负责人:朱云忠

《三晋工商报》是山西省工商局主管、太原市工商局主办的一份具有国内统一刊号(CN14－0059)、面向全国发行的省级行业报纸,对开四版,每周二、五出版。

《三晋工商报》覆盖面广,发行量大,是传播信息的良好媒体。

《三晋工商报》的办报宗旨是:立足工商,面向市场和消费者,采百家之精华,走百家之捷径。宣传工商法规,为市场主体服务,为社会主义精神文明和物质文明鼓与呼。

欢迎广大客户来本报刊登广告,用我媒

介,传你美名!

山西广播电视报

地 址:山西太原迎泽大街318号
邮 编:030001
电 话:4036651
电 报:2330
负责人:李蓝翔 刘均平
联系人:张 辉 王淑景

《山西广播电视报》是山西省发行量最大、读者面最广、阅读周期颇长的一张报纸。

本报预告、介绍山西人民广播电台、长城广播电台、山西文艺广播电台、山西电视台、黄河电视台、中央电视台、本省地市台、邻省电视台及上星台的节目内容,并辟有"声屏苑"副刊及文化生活等专版。

本报承办国内商品及服务广告、文化娱乐广告、节日、民俗活动广告、社会保护广告、社团活动广告等。本报逢周二出版,在读者手中的阅读期长达十天以上,是传播信息的理想媒介。

广播电视类

大同人民广播电台二台广告部

地 址:大同市雁同东路新闻大楼五层
邮 编:037044
电 话:621245 621203
负责人:耿建贵
联系人:田 林
经营范围:

承办大同人民广播电台二台国内广播广告业务,代理国内广播广告。大同人民广播电台二台由原来的中波节目改为调频立体声节目,同时,大同人民广播电台二台《健康之声》广播现已开播。调频立体声节目、健康之声广播两套节目全部采用直播、录播方式,所有设备均从合资厂家购进,这在全省地、市广播电台中设备是最先进的。大同人民广播电台二台地处市区东门外,覆盖范围包括大同市区、各县、朔州市、忻州北部地区以及邻省河北西部、内蒙丰镇、凉城、乌盟一带。大同市已形成一个包括煤炭、化工、电力、轻工、机械、电子、建材等多行业的工业体系。浑源县黄芪、大同县黄花、广灵县大理石也久负盛名;盛产马铃薯、家兔、羊肉等并大量出口。

山西电视台广告经济部

地 址:太原市迎泽大街318号
邮 编:030001
电 话:0351-4041592
传 真:0351-4049644
负责人:卫中兴
联系人:任砚文

山西电视台是覆盖山西全省的省级电视台,每日9:30时至14:30时,18:30时至23:50时播出,覆盖全省人口的81%以上。节目内容丰富,其中"山西新闻"、"新闻9:30"、"五彩缤纷"、"经济十分钟"、"黄土地"等深受观众喜爱,是全国名牌栏目。

山西电视台广告经济部经营、发布国内外电视广告,并拥有经验丰富的广告设计和制作人员,配备一流的数字特技设备,以重合同,守信誉、发布时间准确、效果好,受到客户赞誉。

内蒙古自治区

公 司 类

内蒙古商友广告公司

地 址:呼和浩特市新华大街19号
邮 编:010058
电 话:6968378
广告业务负责人:王 捷
联系人:雄 伟
经营范围:
设计、制作、承办、代理国内外各类广告业务。

内蒙古自治区国际广告展览公司

地 址:呼市中山西路24号国贸大厦4层
邮 编:010020
电 话:661954 661993

内蒙古自治区广告总公司

地 址:呼和浩特市中山西路53号
邮 编:010030
电 话:666601 666603 632850

呼和浩特市广告公司

地 址:呼和浩特市公园东路4号
邮 编:010020
电 话:24916

包头市广告公司

地 址:包头市昆区学府道南10号
邮 编:014026
电 话:22113 23409

呼和浩特路经济技术开发服务公司铁华广告部

地 址:呼和浩特车站东街铁路旅行服务大厦六楼
邮 编:010050
电 话:(0471)6910460
负责人:王忠仁

包头铁路广告装璜公司

地 址:内蒙古包头市昆区沼潭1号楼
邮 编:014014
电 话:(0472)5143624
负责人:周解芳

报 纸 类

呼和浩特日报 呼和浩特晚报

地 址:呼和浩特市地质局南街8号
邮 编:010020
电 话:(0471)6927735 6923774 6284957
传 真:6927735
法定代表人:潘建智
广告负责人:宋玉玲
联系人:李丽萍

呼和浩特市是内蒙古自治区的首府。现有人口二百万人,辖八个旗(县)区,是内蒙古的政治、经济和文化中心,也是一座发展中的新兴工业城市。

《呼和浩特日报》是中共呼和浩特市委机关报。对开四版,每周六刊,《呼和浩特晚报》由呼和浩特日报社主办。

《呼和浩特日报》、《呼和浩特晚报》是广大广告客户刊登广告的理想媒介。本报广告信息部全体人员以真诚赢得信赖,为广大客户创意策划、设计制作、文图并茂,准确迅速地提供全方位服务,竭诚欢迎全国各地刊户前来刊登广告。

经营范围：承办呼和浩特日、晚报国内广告业务。

鄂尔多斯日报社广告信息部

地　址：内蒙古伊盟东胜市鄂尔多斯东街北9号
邮　编：017004
电　话：(0477)8324896
负责人：刘新民

《鄂尔多斯日报》是中共伊克昭盟委员会机关报，每周七刊，蒙汉文两种版。该报以正确的舆论导向，鲜明的民族特点，地区特点，赢得广大用户喜爱。鄂尔多斯是内蒙古金三角开发区，准格尔煤田、东胜神府煤田、鄂尔多斯羊绒集团有限公司闻名国内外，还有著名的成吉思汗陵园、响沙旅游区。

鄂尔多斯日报社广告信息部以社会效益为重，坚持一流服务，一流信誉，创一流业绩，1993年获得自治区广协“重信誉创优质服务先进单位”称号。

诚交天下朋友，助您事业成功！

乌海日报广告信息部

地　址：乌海市海渤湾千里山大街5号
邮　编：016000
电　话：(0473)2028915
负责人：侯丽敏
联系人：穆鉴国

辽　宁　省

公司类

辽宁广播电视艺术中心

地　址：沈阳市和平区云集街18号
邮　编：110003
电　话：(024)3867583
负责人：张　欣
联系人：杨　明

辽宁广播电视艺术中心由辽宁广告策划中心、沈阳跨世纪(车载)广告公司、沈阳跨世纪(体育)广告公司、沈阳跨世纪(报业)广告公司、辽宁中北影视广告公司、辽宁白马影视广告公司以及中心各机构组成，隶属省广播电视厅有关部门，拥有200名员工，拥有近2000万专业设备及资产。

辽宁广播电视艺术中心独家买断或与兄弟单位合作承办以下媒体广告：1、辽宁卫视台特A段(天气预报前)；2、辽宁卫视台电视金桥；3、辽宁卫视台克拉克斯舞剧场；4、辽宁北方台一档剧中插播广告；5、辽宁北方台电视专题节目；6、辽宁北方台军事天地节目；7、沈阳广播电视报；8、辽沈晚报、沈阳晚报；9、沈阳人民广播电台评书联播广告；10、沈阳文艺台广告；11、沈阳电视台电视商场节目；12、体育广告或其它广告，系辽宁地区主要媒体的A级代理公司，先后拍摄了《都市民谣》、《一介书生》、《点燃希望》等100多部集电视剧或电视连续剧，并多次获奖。

沈阳国际广告贸易有限公司

地　址：沈阳市沈河区北三经街55号
邮　编：110014
电　话：2844851　2844850　2846808
负责人：李　东
联系人：李克实

沈阳国际广告贸易有限公司集广告、信息、贸易、高新技术开发、国际交流于一体，系经营多元化、国际化的新型企业。1996年被工商局、广告协会评为“广告行业15强。”

主营：各类广告的策划、创意、设计、制作和发布，代理电视、广播、报刊广告、外商来华广告。

国内外商品展览、商务考察、信息咨询、中介服务。

经营国内一般贸易。

沈阳华高国际企业发展企划有限公司

地　址：沈阳市沈河区青年大街 215 号河畔花园内

邮　编：110015

电　话：(024)3892488　3843288－3406

传　真：(024)3893441

负责人：李业民

联系人：王　群　杨　红

沈阳广告行业 15 强之一**沈阳华高国际企业发展企划有限公司**由沈阳华新国际与桂林梅高企划合资组建并正式成立于 1995 年 5 月 10 日。

公司为客户提供企业发展策略顾问、市场调研、CIS/PR、广告企划实施、SP/DM、房产销售代理等各项专业服务。

优质的人才资源，现代化的办公设施，高起点高标准的作业要求，使其作品屡获国内外广告行业大赛殊荣。

华高公司现服务的客户有沈阳夏宫、河畔花园、凯莱酒店、凯撒皇宫、好利来实业、北方航空、成都锦绣花园、西南日月城、苏州农林大世界等。

假如您的企业于广告、行销传播方面有任何需求，请随时告诉我们，我们将全力配合您达成愿望。

沈阳沙诺国际广告有限公司

地　址：沈阳市沈河区小西路 79 号 4 门

邮　编：110014

电　话：2921001　2734948

负责人：王成城

联系人：刘　丹

沈阳沙诺国际广告有限公司是中国和以色列国合资的国际性广告公司，公司机构健全。上设董事会、总经理，下设八部一室。公司坚持合作精神，注重整体运作。

沙诺广告拥有一流的平面设计和三维动画制作系统，又新添高精度电脑喷绘机；沙诺员工平均年龄 28 岁，全部具有大学学历。充实的硬件、软件，使沙诺的发展健步如飞。

沙诺广告对客户实行全方位服务：市场调查、整体策划，广告创意、执行导入、监督评估等。新颖的创意、周密的策划，清晰明丽的喷绘赢得客户的普遍赞誉。

沙诺广告是辽沈地区颇具经验的大型户外广告代理公司，也是公益广告的热心支持者。1997 年在沈阳建造的 100 个公交车候车亭，既为群众提供了方便，又增添了发布公益广告的媒体，已成为沈城一道美丽的风景。

辽宁省辽广对外经贸集团公司

地　址：大连市中山广场 2 号省外贸营业楼二楼

邮　编：116001

电　话：(0411)2644619　2644611

传　真：2644606

负责人：于洪江

联系人：徐晓凤

辽宁省辽广对外经贸集团公司创建于 1980 年，是经国家对外经济贸易合作部批准，经营国内外广告、展览业务和进出口贸易的辽宁省专业性进出口公司。

公司拥有从事广告、展览、影视、设计、策划制作和进出口等业务经验丰富的各方面专门人才。他们积极活跃于广告代理、策划、设计、影视制作、商品展览以及国际贸易市场。

本集团公司经营机构设置为：

进出口贸易一部、二部、三部、四部、五部、六部、七部、八部、九部。

辽宁省对外贸易广告公司

辽宁省对外贸易展览公司

辽宁省国际广告公司

辽宁省外贸国际广告礼品公司

辽宁省华信贸易公司

宁广有限公司(香港)

大连经济技术开发区分公司

沈阳、营口、辽阳、东港分公司

本公司进出口业务范围为：

粮油食品、水产品、土畜产品、医药原料、中药材、中西药品、保健品、敷料及医疗器械、医药中间体、化工原料、服装纺织、五金矿产、轻工工艺、机电设备等多方位、多品种的产品，特别致力于新产品开发的出口和引进。

本公司愿竭诚欢迎海内外各界人士与我公司联手协作，共同开辟更广泛的合作领域，共同创造更加灿烂辉煌的未来。

辽宁广播广告公司

地　址：沈阳市和平区光荣街10号

邮　编：110003

电　话：3867986

负责人：孙立国

联系人：庞志健

主营：路牌，灯箱，霓虹灯广告，立体造型，高空建筑广告，代理广播、电视、报刊、外商来华广告。

兼营：信息咨询服务，产品样本，馈赠广告，美术装璜设计，室内装饰，广告策划。

大连交通广告公司

地　址：中山区解放路812号

邮　编：116013

电　话：2881116

总经理：于兴波

大连交通广告公司是大连市第一公共汽车公司下属的全民所有制企业，以承揽、设计、发布公交广告为主，设置了最新型苹果电脑和大型施乐静电图文写真机相结合的大图制作中心。公司拥有技术精湛的创意人员为客户提供设计服务。

我公司拥有大连繁华市区三十余条线路，千余辆运营车辆的广告发布权，具有宣传效果好、覆盖面强、客流量大、信息传播迅速的特点，是各企业厂商宣传产品知名度，提高企业经济效益和社会效应的良好媒体。

施乐静电图文写真机适应广告业高速发展的需要，可输出幅宽1.34米，长度无限，精度达300dpi的高品质图像，是制作海报、广告牌、灯箱广告、车体广告、室内外装饰壁画、人物肖像画、展板及精美的POP广告的理想工具。

大图制图中心：

精度高　输入精度为4200dpi，输出精度为300dpi

质量佳　室内外兼用、防水、防紫外线、三年不褪色

速度快　每小时为42平方米

沈阳影视霓广告策划制作中心

地　址：沈阳市皇姑区辽河街65号

邮　编：110032

电　话：6855844

负责人：尚德威

联系人：杨定文

我中心是沈阳市教委所属的大型广告公司，成立于1991年。中心现有先进的电影、电视广告制作设备；电影动画室，300多平方米现代化的演播厅。中心下设客户部、策划部、创作室及制作部等，能够为客户提供整体策划、创意制作、代理发布等全方位服务。中心拥有精干的广告队伍，对创作满怀热情，力争新颖独特；对制作精益求精、追求完美，创作的广告作品深受客户好评。被沈阳市工商行政部门命名为“沈阳市广告十五强企业”。

1994年，中心荣获省、市工商行政管理局，广告协会颁发的“重信誉创优质服务广告经营先进单位”光荣称号。

辽宁廿一世纪广告公司（辽宁教育电视台广告部）

地　址：沈阳市皇姑区黄河南大街85号

邮　编：110031

电　话：(024)6846613　(024)6860239

负责人：黄安石

辽宁廿一世纪广告公司是辽宁教育电视

台主办的对外广告经营实体，是融信息、调研、策划、制作、营销为一体的多功能广告公司。

主营：1、代理辽宁教育电视台及其他媒体广告业务。

2、营销策划、市场调研、媒介服务、媒体选择、宣传服务。

3. 创意、编导、摄制现代高档电视广告片、经济专题片、平面广告设计、CI设计。

公司拥有一流市场调研、广告策划、创意、编导、摄制、美术设计、电脑制作人材，拥有全套Ikegami HC－390摄录机、Ailadin特技系统（亚拉丁特技系统）、AVID MC1000多媒体工作站、3DS动画系统，300m^{3}现代化拍摄演播大厅，胶片摄影设备等，技术先进、实力雄厚、一流服务。

沈阳路灯广告有限公司

地　址：辽宁省沈阳市铁西区滑翔路28号

邮　编：110021

电　话：5916853

负责人：郑　军

联系人：姜桂君

我公司承制的广告，以路灯电源为照明广告电源、能昼夜发挥广告的商业经济媒体作用。我公司配有电力、美工、设计、制作、安装等专业技术人员和专业设备。

主要承接照明广告、灯箱广告、户外广告、霓虹灯广告、立体照明广告的设计、制作、安装业务。

为保证广告媒体的效能，不间断地发挥作用，更好地为用户服务，施行全年维护业务。

丹东市美术广告公司

地　址：辽宁省丹东市振兴区十一纬路3号丹铁大厦二楼写字间205室

邮　编：118000

电　话：(0415)2121218

经　理：艾　青

联系人：尹琳琳

丹东市美术广告公司位于我国与朝鲜毗邻的最大边境城市——辽宁省丹东市。

本公司专业技术人才荟萃，创意策划设计新颖，以策划创意制作发布国内各种广告的专业公司。

承揽三翻转广告，高空广告，彩色喷绘广告，霓虹灯广告，灯箱广告，气体充气广告，路牌广告，招贴广告，包装装璜产品样本广告，挂历台历工作历印刷及室内外装饰装修。

我们将以热情周到的服务，诚实信誉的品格奉献给我们尊敬的客户。

报　纸　类

铁岭日报社

地　址：辽宁省铁岭市银州区银州路22号

邮　编：112000

电　话：2825614

传　真：2824804

负责人：徐秀菊

联系人：孙景志

欢迎您在铁岭日报刊登广告

《铁岭日报》是中共铁岭市委机关报。周七刊、四版，国内发行，4.7万份。是本市唯一的一张综合性日报。

铁岭市地处辽宁省北部，南、西与沈阳市毗邻；北与吉林省四平市相连；东与吉林省辽源市、我省抚顺市接壤，全市面积近1.7万平方公里，所辖铁岭、昌图、西丰三县；开原、铁法二市；银州、清河二区，总人口310万，是以生产粮食、能源为主的新兴城市，素有“辽北粮仓”之称。交通方便，京哈铁路、京哈、哈大高速公路贯穿全市，旅游景点，名胜古迹颇多。

欢迎各界朋友光临并在《铁岭日报》刊登广告。

卫生与生活报广告部

地　址:沈阳市皇姑区嘉陵街57号
邮　编:110031
电　话:6858435
传　真:024-6241001
负责人:于国成
联系人:赵青魁

《卫生与生活》报由全国爱卫会主办,国内外公开发行,双色印刷。

《卫生与生活》报以卫生和生活常识为基本内容,以为人民的生活和健康服务为宗旨,向读者提供现代医学和现代生活的新信息。长期订户达40余万。主要栏目有《名医百家》、《本报专访》、《新药介绍》、《医生谈消费》、《家庭用药》、《妇科医生》、《长寿之道》等,曾三次获全国最佳卫生报刊称号。1994年被评为全国百家优秀报刊之一。

《卫生与生活》报现为四开八版周报,每周三出版。

为传递经济信息,促进商品流通,满足人民群众生活需要,为社会主义市场经济服务,本报刊登各类广告,欢迎各方面客户惠顾。

广告内容:医药卫生、医疗器械、生活用品、家用电器,化妆用品、食品、轻工产品、机电、建筑机械、招生、招聘、通知、声明、征婚、寻人启事、外商广告等均可。

广播电视类

辽宁电视台广告传播中心

地　址:沈阳市和平区光荣街十号
邮　编:110003
电　话:024-3867736　3866523
电　报:1717
负责人:赵　颖
联系人:孔祥林

辽宁电视台1959年建台,是省内唯一可以覆盖辽宁全境的电视传播媒介。辽宁电视台开办两套节目,第一套是辽宁卫视台节目,1997年1月1日起通过亚洲2号卫星向全国乃至亚太地区传送节目信号。现在辽宁卫视台的省内人口覆盖率已达80%以上。辽宁卫视台属综合性电视频道,每天从早6:30到次日凌晨1:00播出18.5个小时。第二套节目是辽宁北方电视台节目,以经济类和娱乐类节目为主。第二套节目可以直接覆盖沈阳地区,同时还进入全省有线网覆盖省内各市,每天从上午9:00到13:00,下午从17:30到24:00播出近11个小时节目。

辽宁电视台广告传播中心(即辽宁电视台广告部),主营辽宁电视台的一、二套节目的广告业务,同时兼营与广告相关的产品经营、信息咨询服务等。法人代表刘凤岐(辽宁电视台副台长),现任负责人赵颖。辽宁电视台广告传播中心是代表辽宁电视台从事广告经营的唯一窗口。

辽宁电视台愿与国内外朋友密切合作,共同开创美好未来。

杂志类

沈阳化工研究院《农药》杂志广告部

地　址:沈阳市铁西区兴工街沈阳化工研究院内
邮　编:110021
电　话:(024)5617248
负责人:姜雅君
联系人:姜雅君

《农药》杂志是全国性农药专业科技刊物,1958年12月正式创刊,现为月刊,国内外公开发行,发行量逾万份,成为各级农药生产、销售、应用部门的知心朋友。《农药》杂志曾被评为化工部优秀刊物,1989年获化工部科技进步三等奖。

本刊承揽国内、外有关农药、中间体、化工原料、化工机械设备、防腐器材及分析仪器等广告业务。

《饲料工业》杂志社广告部

地　址:沈阳市岐山中路1号
邮　编:110032
电　话:(024)6219263　6864183
电　报:6857
负责人:荣立南
联系人:林　勇

饲料工业杂志社编辑出版的《饲料工业》创刊于1980年,出刊逾140期,1994年被沈阳市工商局评为"重信誉创优质服务"广告经营先进单位。

《饲料工业》特点优势:发行量大——国内各地、港澳台及国外30个国家和地区;可读性强——容行业指导性、发展预测性、技术先进性、信息即时性为一体;读者面广——饲料及机械、畜牧、水产、农林、粮食、医药、化工、轻工等行业;知名度高——国内独家授权海外出版,国内外饲料工业界瞩目。

《铸造》杂志社广告部

地　址:沈阳市铁西区云峰南街17号
邮　编:110021
电　话:(024)5852311－205
电　报:5060
负责人:高维纲
联系人:高维纲

《铸造》杂志是中国铸造学会会刊、1952年创刊,标准(大)16开本56页,月刊,刊登铸造领域及其相关的国内外广告。广告分为彩色、单色和文字广告几类;内容包括技术、设备、仪器、产品、材料、通知、招聘等,发行量每期二万份,被世界著名检索系统如美国的工程索引(EI)等收录,与世界16种主要铸造期刊有交换关系,在国内期刊评比中多次获奖。1992年,国家科委、中宣部、新闻出版署联合举办的全国优秀科技期刊评比,《铸造》获一等奖。

吉　林　省

公　司　类

吉林省广告公司

地　址:吉林省长春市大经路156号
邮　编:130041
电　话:0431－8757598　8745182转332
传　真:0431－8757598
负责人:冯长春
联系人:郜　枫

本公司是一家具有全面现代管理能力的综合型专业性国有企业。

本公司以现代的广告意识和高水平的广告制作技能和高质量的人才素质、高质量的服务,竭力为工商企业提供全方位、多媒体的广告整体策划,提高企业形象的宣传力度和产(商)品信息广泛传播的效果,赢得社会信誉。

主营:各类广告的代理策划、创意、设计、制作;新闻发布会、展销定货会、交易会等的组织及广告的代理、会刊制作;塑造企业形象及产品宣传画册、产品说明书、商标的设计、印制;中外广告,包括路牌、路标、街头屋顶广告牌、灯箱及霓虹灯、大屏幕广告的策划、制作;影视制作;以及组织举办大型体育活动及时装表演等。

吉林省国际广告公司

地　址:长青市同志街88号
邮　编:130021
电　话:0431－5696157　5696045
负责人:李长法
联系人:高　明

吉林省国际广告公司成立于1984年,是

中国对外经济贸易部批准经营代理外商来华广告和出口广告的专业公司。

公司从市场角度出发,以创意策划为中心,成功地为厂商开拓了目标市场。现与国内外160多家广告宣传媒介和广告客户建立长期合作的关系。

公司内设客户部、调研部、创意部、制作部、媒介部、文化发展部,汇集了优秀的营销、策划、撰写、设计、制作、摄影人才。员工90%是本科毕业生,并聘请了广告界富有经验的人士为公司顾问,并投资近100万从国外引进先进的桌面设计系统、影视设备和印刷设备,从而使公司从经营到策划、设计、制作等方面形成了高水平的技术力量,可为客户提供全方位的广告服务。

公司在吉林省拥有良好的信誉,连续多年被省工商局和省广告协会评为"重信誉优质服务,先进广告经营单位。"

长春市美术广告公司

地　址:长春市长春大街100号
邮　编:130042
电　话:(0431)8744766
负责人:王宪臣
联系人:李新宝

长春市美术广告公司是长春市文化局创办的国营专业广告公司,是中国广告联合总公司的成员公司。

公司拥有全面的广告策划、美术设计、广告制作等专业人材和施工队伍。

公司主要经营:企业形象设计、策划,各类户外广告设计、制作。承办国内外广告业务。

吉林省华远广告发展有限责任公司

地　址:长春市同志街72号(大世界北门二楼)
邮　编:130021
电　话:0431-5666006
传　真:0431-5666066
负责人:纪小华
联系人:孙红梅

本公司是一家建立在科学的广告策划、广告定位基础上的,集广告策划、设计、制作、发布代理为一体的综合性广告公司,为电视台、电台、报刊代理广告业务。

本公司在影视和三维动画制作上独具特长,拥有一支实力较强的专兼职影视广告创意和制作队伍,并具有较强的CI设计、平面设计和环艺设计能力。同时,以组织、筹划大型活动和企业营销整体策划见长。

本公司1997年被评为吉林省"广告行业三十强"广告公司。

吉林市广告公司

地　址:朝阳街1号楼(吉林市)
邮　编:132001
电　话:(0432)2432063、2432064
负责人:鲍长青
联系人:韩丽芬

吉林市广告公司是吉林地区一家专业广告公司,省级重信誉创优质服务先进广告经营单位,成立历史悠久,技术力量雄厚。主要经营路牌广告、护栏广告、立体广告、霓虹灯广告、灯箱广告、气球广告、纪念品广告、沙盘模型、高空广告、印刷品广告,代理电视广告、广播广告、报刊广告等各种广告业务。

长春市公交广告公司

地　址:长春市红旗街德昌小区7号楼
邮　编:130021
电　话:5910999　5910666　5912999
总经理:吴凤翔
联系人:黄春艳
经营范围:

车身广告、户外外打灯广告牌、大型路牌灯箱广告、公路桥梁路牌、宣传广告牌、大型招贴画、户外灯箱片、展览会布置、户外广告牌、灯箱图。

专业图文设计:

由 Xerox8954、Howtek4500 滚筒扫描仪、Seal6000 覆膜机、苹果电脑等组成的高档配置，将为您制作出一流的画面。

吉林铁路分局铁笛广告艺术公司

地　址：吉林市中康路 5 号
邮　编：132001
电　话：0432－2531945
传　呼：0432－1275629836
手　机：01394407896
负责人：王　太
经营范围：

路牌、霓虹灯广告，铁路分局管内各站区广告，装潢材料、电脑喷绘、美术装潢、牌匾，电视广告、图片广告制作。

延边广播电视报广告公司

地　址：吉林省延吉市局子街 324 号
邮　编：133000
电　话：0433－2620474　2561578
传　真：0433－2612667
负责人：于　雷
联系人：常运生

延边广播电视报广告公司是延边广播电视报社的下属机构，人员素质高，技术设备先进，电脑编版，激光照排，是延边地区实力较强的广告媒体。《延边广播电视报》是地区级专业性报纸，现在期发行量均在十万份左右，因提前一周出刊，电视报在读者手里阅读时间平均为 10 天。电视报是集娱乐、知识、信息为一体的媒介。以我媒介，传您美名。延边广播电视报广告公司以广播电视报为基础，为您承办电视、报纸、广播等媒介的广告代理业务，提供广告策划、CI 战略等服务项目。本广告公司设有产品经营部，营销代理广告产品。

报 纸 类

吉林市江城日报社广告部

地　址：吉林市松江路 69 号
邮　编：132011
电　话：(0432)2011973
传　真：(0432)2011973
负责人：李延浩　关连芳
联系人：黄　群

《江城日报》是中共吉林市委机关报，对开四版周七刊综合性报纸，日发行量近 10 万份。

《江城日报》是吉林省主要新闻媒体之一，她以刊发报纸广告为主，同时制作分类广告。

江城晚报广告部

地　址：吉林市江南恒山西路 58 号
邮　编：132013
电　话：(0432)4679206　4679207
负责人：张亚燕
联系人：崔　晋
经营范围：

设计、制作、发布、代理国内各类广告业务及信息咨询。

广播电视类

吉林市电视台广告部

吉林市电视广告艺术传播有限公司
地　址：吉林省吉林市重庆路 28 号
邮　编：132001
电　话：0432－2454609　2458656
传　真：0432－2434921
负责人：刘晓柏
联系人：常一凡
经营范围：

国内外影视交流，广告设计、制作、发布、

代理；承办各类文体娱乐活动；影视、学术、文化、商贸交流；礼品制作、包装；批发文化用品，办公用品，装饰材料。

杂 志 类

《时代姐妹》杂志社

地 址：吉林省长春市人民大街61号《时代姐妹》
邮 编：130051
电 话：0431－8902316
总 编：王玉洁
联系人：刘 波

《时代姐妹》杂志系大型女性都市生活娱乐月刊，1998年的发烧栏目：世纪之交、男士免读、时尚BAZAAR、休闲别墅、家庭幽默录像、男人偏见、校园威风、MARY小屋、城市故事、女性话题、芳名卡门……休闲娱乐中不失真知灼见，典雅高深中不乏幽默轻松。

经营范围：

承接与发布本杂志的化妆、美容、服装、饰品、医疗、药品、保健、征婚、交友、妇女用品、家庭用品、函授的广告业务。

黑 龙 江 省

公 司 类

哈尔滨装饰广告设计总公司

地 址：哈尔滨道里区石头道街84号
邮 编：150010
电 话：4614944　4670729
传 真：4670729
总经理：刘长荣
联系人：耿艳玲

哈尔滨装饰广告设计总公司是哈尔滨市商业委员会直属的国有企业。公司辖有装饰工程公司、环境艺术设计公司、商业广告公司、商业文化艺术交流公司、贸易公司及商业旅行社等分支机构，是集装饰施工、艺术设计、商业广告、商业文化艺术交流、装饰材料、贸易及商业旅游为一体，全方位一条龙服务的专业公司。在黑龙江省和哈尔滨市同行业名列前茅。被排入全国装饰广告企业100强行列。

公司注册资金538万元，流动资金480万元，年营业额平均2000万元，实现利税200万元，具有一定的经济实力。

公司现有职工220人。管理技术人员80％具有大专以上学历，50％具有专业技术职称，其中高中级职称专业技术人员占30％，具有很强的技术力量。

公司采用先进的现代化微机设计手段，创作出了许多新颖独特的广告创意，新潮精美的广告制作，高雅别致风格各异的室内外装饰工程作品。并以其自身的群体优势，优质、高效的经营运作及良好的信誉参与同行业的竞争，赢得了广大客户的信赖和各界同仁的赞誉。

公司的经营范围：承接各类大型环境设计、装饰美术展示设计和装饰工程施工；代理发布制作国内外各类广告，企业整体营销策划，“CI”策划，广告创意效果监测及信息反馈，市场信息联网交流，高空广告，印刷广告，礼品广告；商业文化艺术交流，旅游服务和产品展示、展销，文化艺术品的生产销售以及装饰材料贸易等。

公司本着“以信为本，以质取胜”的宗旨，发挥整体运作的优势，竭诚为社会各界及商业系统各单位提供最满意的服务。总经理刘长荣先生热诚欢迎国内外各界朋友与我公司广泛开展业务往来和经济技术交流与合作。

北亚国际广告策划有限公司

地　址:哈尔滨市南岗区红军街26号
邮　编:150001
电　话:3600736　3600777
总经理:高　驰

北亚国际广告策划有限公司是面向国际市场的专业性公司,以高质量的策划、创意,高效率、快节奏的服务,致力于东北地方产品的推介。

公司聚集了企业形象策划、广告学、管理学、市场行销、平面设计、电脑绘制、影视广告等专门人才,拥有先进的专业平面、三维设计系统和真彩色各种幅面的输出打印设备,为客户策划立体广告宣传攻势,为企业提供整体营销策划设计。

中日合资哈尔滨中联广告有限公司

地　址:黑龙江省哈尔滨市道里区经纬街214号
邮　编:150010
电　话:0451－4224290
传　真:0451－4213525
负责人:张金声
联系人:张丽霞

中联广告有限公司是由中国哈尔滨市及日本国东京都的两个多年从事广告经营的专业公司共同投资创办的合资企业。拥有一批文化素质较高,富有实践经验的广告专业技术队伍。重合同、守信誉、客户至上、优质服务是公司的宗旨,求实、创新、开拓、进取是公司的追求。

承制、发布、代理国内路牌、霓虹灯、冰灯、摄影、报刊、电视、产品样本、招贴、画册、三维动画等各类广告,承办国外来华广告业务。拥有一流的电脑设备及高质量的CI策划人员。

公司自有媒体——路牌2000余平方米,均设置在市区繁华地段及交通要道。尤其是位于霁虹桥广场东侧的600平方米翻转路牌,不仅地理位置优越,而且形式新颖醒目。

哈尔滨天和广告有限公司

地　址:哈尔滨市平房区建安街326楼45号
邮　编:150066
电　话:(0451)6503798　(0451)6502918
负责人:宋国强
联系人:赵欣晶
经营范围:

设计、制作、发布、代理国内外各类广告业务。

齐齐哈尔市阔达广告装潢公司

地　址:铁锋区平安南街龙华14号楼A座
邮　编:161000
电　话:(0452)2122690
电　报:0452
负责人:崔启民

我公司是集影美、创意、策划及以多种媒体发布各类经济广告的综合性广告公司。拥有全套采、录、编设备,并在市内最繁华的商业中心区——中心广场设有80m^{2}的电脑磁翻转大屏幕广告显示系统。

松原市新文广告有限公司

地　址:松原市郭尔罗斯大路32号
邮　编:131100
电　话:0438－2125740
负责人:李思华
联系人:李思华
经营范围:

路牌广告、灯柱广告、车身广告、灯箱广告、报纸广告、霓虹灯广告、电脑喷绘广告、企业形象策划。

报 纸 类

黑龙江新闻社(广告信息部)

地　址:哈尔滨市道里区经纬二道街 97 号
邮　编:150010
电　话:(0451)4227407、4214172
FAX:(0451)4223408
负责人:韩吉南
联系人:金丽顺　文金哲

《黑龙江新闻》是黑龙江新闻社编辑出版的综合性朝鲜文日报。对开四版,指导性、知识性、可读性、趣味性较强,深受海内外朝鲜族读者欢迎,是对韩国经贸交流的一大窗口。本报广告信息部承揽、设计、制作、发布国内外报纸广告业务,国内印刷品广告业务。

黑龙江农村报广告部

地　址:哈尔滨市道里区地段街 2 号
邮　编:150010
电　话:4619996－247
直拨电话:4642392
电　报:1032
负责人:韩国丽
联系人:韩国丽

我报广告主要对象是黑龙江省及东北广大农村,发布本地域内农业生产、农村生活所需物资、信息供求广告。

牡丹江日报　镜泊晚报

地　址:黑龙江省牡丹江市七星街 97 号
邮　编:157000
电　话:(0453)6223704　6230572
负责人:李景山
联系人:张春志　李玉宝

《牡丹江日报》创刊于 1958 年 5 月 1 日,是中共牡丹江市委机关报,为对开四版周六刊;《镜泊晚报》创刊于 1994 年 1 月 1 日,由牡丹江日报社主办,为四开四版周六刊。两张报纸在搞好新闻报道的同时,都承担广告的承揽、设计、制作和发布任务。广告设计和印刷在黑龙江省内受到好评,有多幅广告作品获国家及省的优秀奖和二等奖。

齐齐哈尔日报广告部

地　址:黑龙江省齐齐哈尔市劳卫路一号
邮　编:161005
电　话:(0452)2472278
传　真:(0452)2472278
负责人:陈连科
联系人:陈连科

以报纸媒介经营国内各类广告业务。

双鸭山市日报社广告科

地　址:双鸭山市尖山区
邮　编:155109
电　话:0454－4226149
负责人:侯晓玲

承办代理双鸭山日报国内报纸广告,广告产品销售。

鹤城晚报广告部

地　址:黑龙江省齐齐哈尔市劳卫路一号
邮　编:161005
电　话:0452－2472278
传　真:2472278
负责人:陈连科
联系人:陈连科

以报纸媒介经营国内各类广告

广播电视类

哈尔滨电视台经济信息部

地　址:哈尔滨市南岗区满洲里街 33 号
邮　编:150006
电　话:3638085　3658959　3658964
传　真:3630068　3658959
负责人:张　纯　陈晓滨
联系人:何静华

哈尔滨电视台是黑龙江省最大的一家市级电视台。它覆盖哈尔滨市七区、十二县(市)。总面积为 53166 平方公里,人口为

946.23万人。每百家拥有彩电85台，观众收视率达87%。

哈尔滨电视台经济信息部拥有现代化的摄录设备、制作力量雄厚，创办了深受广大观众喜爱的《文体广告大观》栏目，每天以十六个段位播出广告节目。因注重信誉，被评为全国广告媒体重信誉、创优质服务先进单位。

真诚欢迎各界朋友合作。

伊春人民广播电台经济信息部

地　址：伊春市区通河路
邮　编：153000
电　话：(0455)3604482－3029
负责人：陈　明
联系人：范千成

伊春，是一座新兴的林业城市，面积3.7万平方公里，人口137万。

伊春人民广播电台1958年12月1日正式播音，发射功率为10千瓦，可辐射伊春境内各个角落，包括周边的一些农村县城，乡村也都可以收听到伊春电台的广播节目。

伊春电台自办节目320分钟，所设置的广告类节目有30多分钟，包括"广告"、"经济窗口"、"为您服务"、"信息与服务"等，这些节目注重广播宣传内容的真实性和形式的多样性，节目安排在每天的黄金时间播出，影响力较强。

杂 志 类

中国医院管理杂志社

地　址：哈尔滨市香坊区香顺街41号
邮　编：150036
电　话：(0451)5663359
传　真：(0451)5663376
广告业务负责人：张宝库
联系人：张宝库
经营范围：

以《中国医院管理》杂志为媒介，经营国内广告业务；发布和代理涉外广告单位委托的外商广告。

《中国医院管理》杂志是卫生部主管的综合性国家级核心期刊，它面向全国各级各类医疗卫生机构和卫生行政部门、医学院校，是国内创刊最早、影响最大、发行面最广的卫生软科学期刊。

《中国医院管理》杂志为月刊，大16(A4)开本64页，国内外发行。

江 苏 省

公 司 类

南京市广告公司

地　址：南京市洪武北路116号
邮　编：210018
电　话：025－4419488
传　真：025－6641741
负责人：潘祥生
联系人：蒋　明

代理国内外各类广告
CIS企业形象方略
市场调查及产品销售策略
广告评估及信息反馈
平面广告创意

编导、摄制广告电视片、资料片，制作发布路牌、霓虹灯、立柱灯箱、橱窗等各类户外广告。

承办各类展销会、展览会及室内外装饰

的设计施工。

江苏沸点广告传播公司

地　址：南京市新街口羊皮巷24号6楼
邮　编：210002
电　话：4401930　4527648
传　真：4401930
负责人：孙宝旌
联系人：樊义华

沸点广告传播公司是江苏省广告协会理事单位，南京市广告协会广播电视专业委员会副主任委员单位，拥有中央电视台广告代理许可证，公司专事影视，报纸广告的设计、制作、代理；印刷品广告的设计、制作、发布，在上海、徐州设有分公司。

影视广告片的设计和制作是沸点的特长。沸点拥有资深影视创意、制作群及200m² 专业影棚，并与香港、广州、上海、南京的后期电影冲印、电脑图像特技公司有着长期密切的业务合作。

沸点拥有多套高配置的Macintosh电脑平面设计系统，可高质高效地完成各类平面广告的印前设计。

沸点近年来共设计制作了80余部影视广告片，其中多部在省级以上广告评选中获奖。沸点拍摄的MTV《爱在秋千架》，作为唯一广告公司参赛作品，获得了中央电视台'94中国MTV大奖赛铜奖，《加佳新一代洗衣粉》电视广告获全国第四届优秀广告作品展优秀奖。

江苏新闻发展公司

地　址：南京市中山东路46号
邮　编：210005
电　话：025－6642219
电　报：3300
负责人：胡宗钰
经营范围：

代理国内报刊、影视、印刷品广告，承接广告策划、设计、制版业务；

书刊编辑、出版、印刷（领取许可证后经营）；

复印、名片制作，电脑图文刻字、摄影、录像制作（领取许可证后经营），彩色扩印业务；

公关、信息咨询服务。

江苏省广告公司

地　址：南京中山路402号
邮　编：210002
电　话：4522495
负责人：尹开国

南京港长江广告音像公司

地　址：南京市下关区江边路17号滨江大厦12楼
邮　编：210011
电　话：(025)8802803－2833　8823607
传　真：(025)8823607
负责人：姚　翔
联系人：张益波

隶属中国内河第一大港，国有大型企业——南京港。

地处津浦铁路线和长江黄金水道两大动脉交汇点，“万贾云集之地”的南京外滩。

拥有实力强劲的人才组合、功能齐配的摄录设备以及印刷、灯箱广告制作中心，配套服务。

从事市场调研、策划创意、设计制作、媒体发布、广告代理等全方位广告活动。

同时拥有一支实力雄厚的商品经销队伍，竭诚为您的产品在市场生辉，您的企业在长江经济走廊放彩而奉献所有。

江苏苏荧广告公司

地　址：南京市北京东路4号
邮　编：210008
电　话：(025)7713203
传　真：(025)3610077
总经理：马嘉益
联系人：完　嬿

在江苏电视台各套节目中发布各类电视广告。

南京雷迪欧广告公司

地　址:南京白下区马府街 18 号
邮　编:210002
电　话:025－4457475　6645844
传　真:025－4540055
负责人:汤永坚
联系人:马　宁

南京雷迪欧广告公司是一家综合型广告公司,设有业务部、策划部、媒介部、办公室、产品经营部等机构。可承接市场调研、消费研究、广告设计、信息反馈、组织公关宣传活动等业务,广告策划和各类媒体代理能力较强。

经营范围:设计、制作、发布、代理国内各类广告。

公司隶属南京人民广播电台,拥有南京新闻台、经济台、交通台、音乐台等广播媒体,并在中山北路、中山东路、太平南路、洪武南路等地设有户外立杆式灯箱、大型柔性灯箱或路牌。公司拥有华东地区县级电台广播广告协作网,网内成员近百家。

江苏省电话号簿公司

地　址:南京市虎踞北路 98 号
邮　编:210003
电　话:3407788　3413355
负责人:田志仁
联系人:张永明
经营范围:

编辑发行电话号簿,省内电话磁卡的印制、发行,利用电话号簿、电话磁卡设计、制作、发布国内外广告,以及复印服务等项业务。

南京市公共交通广告公司

地　址:南京市新模范马路 2－1 号
邮　编:210037
电　话:3431408
负责人:刘航军

南京市公共交通广告公司(汉语拼音缩写 NGG)是江苏地区最具实力的大型国有专业广告企业之一,1995 年以来,共投资 2000 多万元,开发新型,高档户外广告媒体,目前拥有车身广告牌、站亭灯箱、独柱灯箱、路牌等媒体,业已形成动静结合,点线结合,高中低档齐全的户外立体传播网络。

NGG 拥有国际一流的广告设计制作硬件设备和具有丰富营销经验的专门人才,可为中外企业提供创意、策划、平面设计、CIS 系统工程、发布、代理等全方位广告服务。在与国际国内企业及同行的交流合作中,NGG 以其独特的专业优势和完善的广告服务受到信赖,公司年营业额达 3000 多万元,设计制作的广告作品在国家和省市评比中屡获大奖。

NGG 固定资产达 2000 多万元,近年来,还以独资、合资方式开设和新建了广告材料经营公司和江南大酒店等企业,具备了集团化经营规模和实力。

徐州市公共汽车公司广告装璜服务部

地　址:江苏省徐州市淮海西路 255 号
邮　编:221006
电　话:0516－5755425
负责人:何彭城
联系人:何彭城

徐州市公共汽车公司广告装璜服务部,隶属于徐州市公共交通总公司。本部拥有资产 80 万元〈固定资产 30 万元、流动资产 50 万元〉,员工 18 人。

经营范围:

主营:公共汽车车身广告、招贴广告、站牌、路牌、站亭广告、月票广告、票花、语音广告、灯箱广告。

兼营:装饰工程。批发零售:装饰材料、工艺美术品。

徐州市是淮海经济区的中心城市,淮海

经济区拥有人口近亿人，是苏、鲁、豫、皖四省结合部，人口密集、城乡众多、交通发达、市场繁荣。

徐州市位于淮海经济区中心位置，人口近千万，是我国较特大城市之一。徐州市商业网点众多，是淮海经济区的商品集散地和科技、文化、金融、商贸中心。同时还是古代汉文化的发祥地，文物景点众多。本部成立10年来，积极为全国各地厂、商宣传企业，介绍产品，努力做好各厂、商企业的宣传员、服务员，受到广大客户的一致好评。我们将用优质的服务，优良的媒体及创作来宣传全国各地厂、商的企业及产品形象，使我们的事业共同发展壮大，繁荣昌盛。

南通市广告美术公司

地　址：南通市姚港路九号
邮　编：226006
电　话：5518758　5517319
电　报：1639
传　真：5524010
负责人：蒋晋忠
联系人：韩彐玲
经营范围：

设计、制作、发布、代理国内各类广告业务；CI设计、举办公关活动。装饰装潢、包装设计、彩照扩放；装潢材料，文教用品、工艺品。

南通市广告美术公司初建于1957年，公司设有广告部、策划部、市场调研室、霓虹电器厂、装饰工程经营部、设计室等部门，公司的宗旨是"坚持以创意为中心，以策划为主导，为客户提供全面优质服务。"坚持以"团结、文明、开拓、进取"的企业精神，立足市场，诚挚欢迎各界人士光临！

南通公交广告装潢公司

地　址：江苏省南通市人民东路53号
邮　编：226001
电　话：(0513)5584451
传　真：(0513)5516282
法人代表：程信汤
联系人：吴　艳

江苏南通市滨江临海，地处长江三角洲，物产丰富，人文荟萃，近代工业发达，辖区人口780万，交通便捷，拥有一级公路、机场、万吨级码头数座，是我国首批十四个沿海开放城市之一。

南通公交广告装潢公司成立于1988年初，10年来，由小到大，由弱变强，集策划、设计制作发布于一身。成为市区一家较有实力及影响的广告公司。
经营范围：

设计制作、发布国内车身、站牌、亭牌、路牌灯箱，印刷品、条幅广告。

常熟广播广告服务公司

地　址：江苏省常熟市琴湖路86号
邮　编：215500
电　话：0520－2774918　9621461
法人代表：缪　缤
联系人：郑明晓

全国历史文化名城常熟地处长江三角洲上海经济区，毗邻上海、苏州、无锡。人口104万。1996年国民生产总值180.25亿元，财政收入11.53亿元，为全国十大财神县市之一。

常熟广播广告服务公司隶属于常熟人民广播电台。拥有1116千赫、927千赫、调频100.8兆赫，三套频率并有与中波广播1116千赫同步播音的全市有线广播喇叭20多万只，影响遍及长江三角洲。

公司是一家集创意、策划、广告代理、信息采编、热线直播、商务服务为一体的综合性广告公司，代理全国各级电台的广播广告。

1996年，公司成功代理了全国26家省级电台"阪神冷柜"广告。全年广告额达250万元。

徐州报业广告公司(徐州日报广告部)

地　址：徐州市中山南路 142 号
邮　编：221003
电　话：0516－5690469
负责人：王德义
联系人：夏国铨

徐州报业广告总公司是徐州及淮海经济区最具规模的专业广告公司之一。

公司信奉"客户就是朋友、朋友就是智慧、朋友就是力量、朋友就是财富"的经营理念。

目前，总公司除承揽"三报一刊"的广告业务外，还代办全国各地报纸广告及各类印刷业务，开展咨询服务。

常州市东亚广告策划公司

地　址：清潭路 229 号
邮　编：213015
电　话：0519－6963240　6963241　6966533
传　真：0519－6963241
董事长、法人代表：邵伴鸿
总经理：张军华

东亚广告策划公司是常武地区实力雄厚的专业性广告公司之一。有比较先进的技术设备和一批专业人才，是中央电视台广告代理单位，与全国各地传播媒介有着广泛而密切的合作。

公司是董事会领导下的总经理负责制，下设总经理办公室、客户部、市场调查部（含产品促销）、设计制作部、媒介部、计财部。下属单位有：北京亚东广告公司、东亚霓虹电器厂、瑞利有限责任贸易公司。

公司经营范围为：策划、设计、制作、代理影视、广播及报刊等全国各类广告业务，承接霓虹灯、路牌、灯箱、建筑物、墙面、庭园等广告的设计和制作。

公司将以不断完善的创意，高水准的整体创优能力，并以您的目的为目标，成为企业家的真挚朋友，新产品销售的桥梁。您的成功就是我们辛勤劳作的收获。

连云港市太平洋广告公司

地　址：连云港市新浦解放西路 219 号
邮　编：222003
电　话：0518－5456586
负责人：杨书平
联系人：林雪峰

连云港市太平洋广告公司隶属于连云港市广播电视局，系全民所有制法人企业。主要代理连云港人民广播电台、连云港电视台、连云港有线电视台和《连云港广播电视报》的广告发布业务，经营苏、鲁、豫、皖四省淮海经济区城市电视台广告联播网电视广告发布业务，连云港彩电中心及市区其它路段的户外广告发布业务，提供大型公关礼仪活动的全套服务。

太平洋广告公司拥有出色的广告策划、创意、设计、制作人才和先进齐全的摄、录、编等专业设备，可为客户创意制作电视广告片和电视专题片。公司下属综合性商场——太平洋商场，拥有出色的市场营销队伍，可为客户提供从广告发布到市场信息反馈及产品销售的综合代理。

目前，太平洋广告公司已形成业务代理范围广，广告发布媒介全，综合代理实力强的独特经营优势。

博击商海，太平洋广告愿助一臂之力！

苏州太湖广告有限公司

地　址：苏州人民南路吴中商城底座
邮　编：215128
电　话：0512－5620181
负责人：陈云龙
联系人：张龙根

苏州太湖广告有限公司（改制前原名：吴县国际广告公司）始创于 1993 年初，如今有员工 40 人，拥有一批优秀的策划、设计、市调、媒介、制作人才，具备完整的软硬件先进设备。多年来，公司为国内外客户策划、设计、发布、实施了大批效果优良的各类广告，多件广告创意、设计作品在省、市评比中获奖。公司实力、业务水准、业务量在苏州地区名列前茅，深受广大客户信赖。

公司设有客户、市调、策划、设计、媒介、制作等专业部门，实行先进的企业管理模式，形成了以“献身精神、团队意识和事业心”为主线、以人为中心的企业文化特点。公司本着使客户获得最大效益的宗旨，以“严谨、科学”的运作方式，遵循“创意、效果”的工作准则，竭诚为广大客户服务。

科学运作当然出色！

吴县市广告公司

地　址：江苏省吴县市东苑路 54 号
邮　编：215128
电　话：0512－5279792
电　报：7008
负责人：任元孝
联系人：陈晓兰

我公司是集设计、制作、发布、加工、服务为一体的专业广告公司，承办和代理国内外各类广告业务，兼营摄影、摄像、冲扩、打字、复印及零售照相器材。

我公司专业技术力量雄厚，恪守信誉，竭诚为社会各界服务。

报纸类

《宜兴日报》广告部

地　址：江苏省宜兴市氿滨南路 10 号
邮　编：214200
电　话：(0510)7981160　7992289
负责人：徐如升
联系人：徐如升

《宜兴日报》是中共宜兴市委机关报。创刊于 1956 年，1980 年复刊，现为四开八版日报(周六刊)。目前日发行量近 5 万份。

宜兴人杰地灵，被誉为“陶的古都”、“洞的世界”、“教授之乡”。她地处长江三角洲，居苏浙皖三省枢纽地带，受沪、宁、杭等国际化大都市的经济辐射。全市人口 115 万，总面积 1758 平方公里。综合经济实力自 1993 年以来名列全国百强县(市)前茅。

近年来，《宜兴日报》广告经营额一年一个新台阶。1997 年达到 500 万元，是广大工商企业理想的广告媒介。

新华日报

地　址：南京市中山路 55 号
邮　编：210005
电　话：741644　647994

南京日报

地　址：南京市解放路 53 号
邮　编：210016
电　话：412148　412494

江苏工人报

地　址：江苏省南京市中山北路 202 号
邮　编：210003
电　话：6635238 转 35308 或 35309

广播电视类

江苏电视台

地　址：南京市北京东路 4 号
邮　编：210008
电　话：647359

南京电视台

地　址：南京市中山东路 28 号
邮　编：210005
电　话：649078

江苏人民广播电台

地　址：南京市中山东路西祠堂巷 8 号
邮　编：210002
电　话：642464

南京人民广播电台

地　址：南京市延龄巷 50 号
邮　编：210002
电　话：643711

连云港电视台

地　址：连云港市新浦解放西路 219 号
邮　编：222003
电　话：5456586　5453886
经济信息部主任：杨书平
联系人：庄建玉

连云港电视台座落在江苏省东北部的海港城市，覆盖范围为 21 个县市。主要经营电视广告，电视资料片。代理同行业广告。

杂 志 类

中国水产学会《科学养鱼》杂志社

地　址：江苏省无锡市宝界桥中国水产科学研究院淡水渔业研究中心
邮　编：214081
电　话：(0510)5801424－2116
电　报：3225
传　真：(0510)5803304
主　编：戈贤平(广告业务负责人)
联系人：魏友海
经营范围：
承接与水产有关的各类广告刊登业务。

浙 江 省

公 司 类

浙江省国际广告公司

地　址：杭州市体育场路 596 号
邮　编：310007
电　话：5150464　5150559　5150937　5175709　5150592
传　真：5150444
公司总经理(法人代表)：韩明东
联系人：石永利

浙江省国际广告公司系集广告、印刷、展览、装璜、内外贸易等于一体的大型广告公司，拥有 11 个部室、8 个下属公司、1 个境外机构。在'95 中国 50 家最大广告公司实力排序中，综合实力排行第十五位、广告营业额列第十六位。

主要经营设计、制作、代理、发布国内外各类广告；承接各类展览、广告(艺术)摄影、装璜业务；经营广告器材、广告礼品、展览用具、轻工业品、工艺品、纺织品进出口业务；广告印刷制作原辅材料、仪器仪表进口业务，及服装出口业务；承办内外销产品包装装璜、商品样本、画册、年月历的设计、印刷业务。兼营对外经济贸易相关的咨询、信息服务、资信调查业务。

杭州阳光创意广告有限公司

地　址：杭州市中山北路西湖新城青松阁七层
邮　编：310014
电　话：(0571)5302337
传　真：(0571)5302339
负责人：卢　西
联系人：程　冬

"阳光创意"是目前浙江省最具专业水准的综合性广告公司之一。公司以"植根本土文化，服务中华企业，研究国人心态，创造健康需求"为经营理念，坚持"做事不做秀"的工作原则，坚持策略性创意导向，始终把"给消费者带来利益，为企业带来市场"作为自己的唯一责任。公司经营上的特色是全方位地为客户进行整体策划，制作并代理。

杭州风巢企划广告公司

地　址：浙江省杭州市莫干山路100号耀江国际大厦B楼七层C座
邮　编：310005
电　话：(0571)8380501　8380521　8380522
传　真：(0571)8380502
负责人：周　青
联系人：宋　瑗

我们引以为豪的是我们能促销的广告
我们拿手的事：
产品促销全案策划
影视广告创意制作
CIS企业形象设计
平面广告设计制作
广告代理发布

我们的优势：我们最了解浙江，而且，我们有许多成功的例子，到浙江做广告，请来找我们。

杭州市公交广告公司

地　址：中山北路481号
邮　编：310003
电　话：(0571)5171717　5107537
传　真：(0571)5171717

杭州市公交广告公司隶属杭州公交总公司，是浙江省50强广告公司之一，具有全方位发布资质，拥有在杭城公交车体独家经营广告之特势，集策划创意、客户服务、设计制作、媒体代理、发布监控于一体。所开发的车体、候车亭、灯箱、站牌、路牌等媒体，业务遍布国内外。

用我们庞大的媒体与实力，执行出令人惊喜的作品，为您渲染上不朽的色彩，让您的产品穿梭于杭城东南西北。

浙江红绿蓝电视艺术公司

地　址：杭州市下城区建德路9号
邮　编：310006
电　话：(0571)5178586
业务传呼：(0571)129－5004200
负责人：周　萍
联系人：卫　英　张　晨

浙江红绿蓝电视艺术公司以“社会效益第一，经济效益第二”为宗旨，实行“高品位广告，高质量服务”的经营方针。

公司在全国及本省较有影响的广告作品有：《爱妻号－金松洗衣机》(荣获93年杭州市电视广告片一等奖，又获94年浙江省广告片一等奖)、《金鱼洗衣机》(荣获94年浙江省广告片二等奖)、《玉兔空调器》(荣获94年浙江省广告片三等奖)、《男壮胶囊》(功效篇)、《青春宝》(宋宝罗篇)、《糜老大羊毛内衣》、《盾牌链条》等。

本公司是浙江省电视艺术家协会的直属企业，有编、导、摄、美、录、演共492名会员，这支队伍是出产高品位广告作品的基本保证。

此外，还承接印刷品广告，兼营昌化鸡血石雕刻件等工艺品。

宁波海王星装饰广告总公司

地　址：浙江省奉化市大桥镇岳林路东端
邮　编：315500
电　话：(0574)8924441　8924443
传　真：0574－8924441
负责人：童海啸
联系人：江孝定

本公司创办于1988年7月，是一家融广告、装饰、园林为一体的综合性配套服务的经济实体。企业占地20亩，建筑面积8000m^2，自有资产1200万元，年施工能力3000万元以上，拥有数名省内一流的广告、装饰设计师和美工、木工、泥工、油漆工、电工、钣金工、铝合金制品工、玻璃制品工等配套齐全的施工队伍。业务辐射宁波地区各县(市)、大榭岛开发区、杭州、上海等地，已在宁波市区设立分公司。企业是奉化市先进企业，奉化市文明单位，宁波市“重合同、守信用”单位，宁波市 AAA 级资信等级企业,浙江省"重信誉、创优质服务"先进单位,浙江省广告行业精神文明建设先进单位,1996 年列浙江省广告公司 50 强之一,1997 年 1 月被国家轻工总会评为宁波地区第一家室内装饰甲级施工企业,企业已在宁波地区享有较高的声誉和知名度。

宁波市奥达装饰广告有限公司

地　址:浙江省奉化市惠政西路 50 号
邮　编:315500
电　话:0574－8529034
负责人:敖德观
联系人:范大昌

浙江嘉兴市东南广告公司

地　址:嘉兴市中山西路 231 号,吉明路 6－12 号
邮　编:314001
电　话:2079144
负责人:李仁良

报 纸 类

浙江日报广告部

地　址:杭州市体育场路 178 号
邮　编:310039
电　话:(0571)5191436、5151999、5193672
传　真:5100427、5151999
负责人:季　阳
联系人:王振泰　叶云龙　吕小杭

设计、制作报刊广告,在《浙江日报》上发布国内外报纸广告。

宁波日报广告部

地　址:浙江省宁波市公园路 19 号
邮　编:315010
电　话:7244787、7367333、7274009　7274636
传　真:7366645

《宁波日报》是一张综合性日报,公开发行,面向社会各阶层读者,深入到城乡各个角落,及时宣传国内外重大新闻,着重报道本市政治、经济、文化、科技、教育、卫生、体育等各方面的新成就,新经验和新人新事新风貌,反映社会生活的各个侧面,阅读对象广泛,深受工、商、农、干、社会各阶层欢迎。

《宁波日报》现在发行量为 15 万份,主要覆盖浙东及舟山群岛地区,部分发往港台地区,农村发到乡村一级。

宁波日报广告部专门承揽、发布宁波日报广告,为客户提供广告创意、策划、设计、制作等服务。

浙江广播电视报社广告部

地　址:杭州市长生路 31 号
邮　编:310006
电　话:0571－7079079、7071586
传　真:0571－7079079
主　编:王建人
联系人:马黎明
经营范围:

设计、制作报刊广告,在《浙江广播电视报》上发布国内报纸广告。

广播电视类

舟山人民广播电台

地　址:浙江省舟山市昌国路 137 号
邮　编:316000
电　话:0580－2026462
传　真:0580－2026462
电　报:2330
负责人:傅禹淦
联系人:周国强
经营范围:

本台广告信息部承接各类广播广告,舟山人民广播电台使用调幅 684 千赫播出,节目内容丰富,收听率高,覆盖面广,广告收费

合理,欢迎社会各界通过我台广播传媒发布广告。

温州人民广播电台广告信息部

地　址:浙江省温州市县学前19号
邮　编:325000
电　话:(0577)8223530
传　真:8223530
负责人:杜奇迅
联系人:邵天京　林小梅

温州人民广播电台建于1950年,是我国华东地区开播较早的一家地区电台。目前拥有三个频率,中波1575.801千赫,调频94.9兆赫,信号覆盖温州地区及浙南、闽北地区。全天播出18小时,其中11档节目近11小时为直播节目。

96年8月开辟的系列台——温州经济广播电台,频率为87.3兆赫。节目内容以经济、交通信息为主干,以音乐节目为载体,以直播为主要形式,信号覆盖与人民台同样广大。

电台广告信息部主要负责经营温州人民台和经济台的广播广告业务,电台的广告价格按时间及节目分类为甲类、乙类、丙类,广告收费以30秒为单位,分别为30秒/300元、30秒/200元,30秒/100元。同时还可为各地客户代理全国各地广播电台、电视台、报刊等新闻媒介的广告业务。

安　徽　省

公　司　类

安徽省广告公司

地　址:合肥市长江路人民巷61号
邮　编:230061
电　话:2655855
传　真:0551-2655855
总经理:张　磊
办公室主任:张昌瑜
经营范围:

来华广告代理,国内广告代理;
广告创意、策划,企业形象设计(CIS);
三维动画设计、制作;电脑设计;
包装、印刷、广告礼品;
展示,展览设计、制作、布展;
室内装饰、建筑装饰设计、施工。

安徽省国际广告公司

地　址:合肥市金寨路162号
邮　编:230022
电　话:0551-3635060　3631735　3634904
传　真:0551-3631186
总经理:胡振华
联系人:张红里

安徽省国际广告公司是国家外经贸部批准的省外经贸委的直属企业。创建于1982年。经营、代理国内外各类广告业务,拥有一流的广告发布市场以及专业创意策划和制作技术人才,承接的展览、装潢、印刷、设计、制作等,曾多次获奖;经营进出口业务,出口商品主要有轻工、机电、纺织、服装、粮油土畜产品等,出口市场为欧美、港澳等50多个国家(地区)。

合肥市公交广告公司

地　址:合肥市铜陵路286号
邮　编:230011
电　话:0551-4489953　4466571
传　真:0551-4466571
负责人:胡　军

合肥地处江淮之间,是安徽省政治、经

济、文化、交通中心，合肥市公交广告公司在省、市广告界屡获殊荣。本公司经营的公交车身、站亭、站牌等广告，已成为商家、企业开拓安徽市场的优选媒体。本公司热忱欢迎广大广告主加盟合肥公交广告行列。

经营范围：

公交车身广告，车厢广告，路牌广告，站亭广告，站牌广告，车内播音广告，车票广告，灯箱制作，丝网印刷。

蚌埠市美术广告公司

地　址：胜利中路 51 号科学文化宫一楼
邮　编：233000
电　话：0552－2042176
负责人：禹克强
联系人：余隆萱

铜陵市华云塑料薄膜制品厂

地　址：安徽省铜陵市华云塑料薄膜制品厂
邮　编：244100
电　话：(0562)8811320　8814511
传　真：8811471
联系人：丁赵平、唐小红

本厂为塑料薄膜制品专业厂家，专业生产各类升空广告气球及充气模型。

在多年的生产经营中已逐步掌握生产充气模型产品的全部技术、工艺。可为用户设计制作各类产品充气模型，生产技术、工艺水平在国内可以称得上首屈一指。

本厂在全国各大、中小城市均有广告业务代理点或合作点，均可充放各类广告气球及各类充气模型。

充气模型广告有着强大的生命力。

报纸类

安徽商报社

地　址：安徽省合肥市宁国路 136 号
邮　编：230001
电　话：4659424　4651569

安徽日报社广告科

地　址：合肥市金寨路 206 号
邮　编：230061
电　话：252356　274359

合肥晚报社

地　址：合肥市阜阳路 100 号
邮　编：230001
电　话：253818

广播电视类

安徽电视台广告部

地　址：合肥市长江路 89 号
邮　编：230066
电　话：(0551)2618855(直接客户)
　　　　2621782(代理公司)
传　真：2628800
电　报：0669
主　任：吴　涛
联系人：王　莉　王　征
经营范围：

承办代理国内外电视广告。

安徽地处中国大陆的长江中下游地区，中国著名的大河长江和淮河自西向东横贯全境，将安徽分为淮北、江淮和江南三个自然区域。全省总面积 13.96 万平方公里，总人口 6054 万。

安徽电视台位于省城合肥，建于 1960 年。1997 年 10 月 6 日，安徽电视节目正式上星播出，标志着安徽电视事业跨入历史的新纪元。从此，她将以全新的版面通过卫星传输方式 24 小时全天播出，成为我国第二个不休息的电视台。此次上星租用的是亚洲 2 号卫星，功率大覆盖面广，可覆盖东欧、西亚、南太平洋包括澳大利亚在内的 54 个国家和地区。上星前安徽台节目只能覆盖本省约

80%的面积;上星后,不仅可以完全覆盖本省,就全国而言,就有相当数量的有线电视台转播我台节目。安徽台第二套节目通过密布全省的微波网覆盖原先一套节目的范围,自1998年元月1日起播出时间从中午11:30分到晚上0:40分,二套节目将以综艺节目为主,给观众带来耳目一新的感觉。

近十年来,安徽电视台收视率、覆盖范围、受观众喜爱程度和广告营业额等,一直名列本地域媒体之榜首,但广告千人成本却保持着最低的水平,深受广告客户的青睐。安徽电视台是十五个首批荣获“全国广告重信誉创优质服务先进单位”称号的电视媒体单位之一,并且多次受到中国广告协会、省、市广告协会的奖励。

合肥电视台

地　址:合肥市金寨路283号
邮　编:230061
电　话:272662

安徽人民广播电台

地　址:合肥长江路89号
邮　编:230001
电　话:257246

福　建　省

公　司　类

福建日报广告总公司

公司地址:福建省福州市华林路84号
业务电话:0591－7820601　7095891

我们永恒的主题:丰收
潮起潮落
金色的沙滩上
缤纷的彩贝闪烁着耀眼光芒
这仅仅是我们昨日的足迹
解读这岁月馈赠的昭示
请深入我们的承诺
深入秋天
深入金黄的麦地和果园
收割沉甸甸的喜悦
您将是快乐的采撷者
假如我们有幸携手
定能目睹我们热情耕耘的身影
在每一个新里程上
用最佳的创意为您种植灿烂的笑容
您是希望的守望者
可以透过我们的汗水目及远方
可以穿越世纪的彩虹触摸明天的太阳
每到收获的那个季节
在麦地和果园的那端
我们举杯共庆明天更美好

福建有线电视广告公司

地　址:福州白马河北路253号
邮　编:350001
电　话:(0591)7545936　7568508　7548730
传　真:(0591)7530136

在福建
广告公司如森林般耸立
但您却可以轻易地找到
福建有线电视广告公司
集影视台、综艺台、经济台、体育台等专业媒体为一体
合策划、市场调研、电脑平面设计、印刷于一身
她的线网连接八闽
信息贯通万家
尽心尽力、为您服务

是她的宗旨
理解互通
让我们真诚相拥

香港(福建)华人国际广告有限公司

地　址:福建福州市湖东路278号太阳广场8楼北座全层
电　话:(0591)7851888　7812666
传　真:(0591)7810666

在国内率先推行广告代理制的香港(福建)华人国际广告有限公司,是一家具有广告综合整体运作能力的国际性广告公司,是福建省投资规模大、实力强、档次高、设备先进的外资广告公司,集广告整体策划、设计、制作、发布、代理为一体,注册资金US＄105万美元,办公营业面积800平方米,具有广告自营进出口和独立自由报关权。公司除拥有当今世界先进的数码激光盘、影视制作系统、三维电脑动画制作系统、电脑平面广告设计系统、大型独立的摄影棚、录音棚、配音配乐设施和户外广告制作工场,还拥有来自世界不同国家的广告精英队伍,华人广告运用当今世界先进科学技术的同时,结合中国国情,融合了浓厚的中国民族文化色彩,加上独到的运作手法,为企业提供全方位的广告代理服务,使企业达到推广产品、开拓市场、提高市场占有率的目的。

福建省电话号簿公司

地　址:福州市五一中路57号
邮　编:350005
经理室电话:7528725
编辑部　广告部:7533021
磁卡部　财务部:3356174
图文传真:3330030

福建省电话号簿公司是省邮电管理局属下的电信企业,专门从事《福建电话号簿》的编辑出版和经营号簿广告业务。

《福建电话号簿》每二年出版一次,发行面广、量大,使用期长,是电话用户的一本实用工具书,同时也是沟通社会信息的渠道。它直接服务于社会,服务于市场经济。在《福建电话号簿》上刊登广告是工商、工矿、企业的最好媒介,最佳选择。

本公司竭诚欢迎社会各界在《福建电话号簿》上刊登电话号码和广告业务。

福建隆达艺术传播有限责任公司

地　址:福州市五四路71号国贸广场十四层
邮　编:350001
电　话:(0591)7544514　7547044
传　真:(0591)7544522
经营范围:

代理国内各类广告,承办文化艺术交流活动。

福建太古之星广告传播公司

地　址:福州市五四路国贸广场33层
电　话:0591－7503510　7544188
传　真:0591－7544187
经营范围:

·广告行销
·创意沟通

泉州新时代广告有限公司

地　址:香港九龙宫塘巧明街108号南益集团大厦8楼A座
电　话:(852)27631218
传　真:(852)27631027
国内地址:福建省福州市泉秀路中段南建工业村
邮　编:362000
电　话:(0595)2585985　2585986
传　真:(0595)2583380
经营范围:

企业广告总代理、企业形象设计、产品行销策划、影视广告创意设计、报刊杂志广告设计、印刷品设计制作、室内外装饰装修设计及工程顾问。

泉州展览城广告装璜有限公司

地　址:泉州展览城商贸街 90 号
邮　编:362000
电　话:(0595)2488778
传　真:(0595)2488789
经营范围:

独家承接展览城户内外广告业务
展览会总体设计及展示布置
开幕式策划筹办
电子显示屏三维动画制作
提供主体联欢会、企业联手会、社会庆典、产品发布会等大型活动的策划
室内装璜及店面陈设
企业形象塑造推广
其它媒体广告代理。

泉州万通广告有限公司

地　址:泉州市少林路万通大厦四楼
邮　编:362000
电　话:0595－2775066　2795388
传　真:0595－2795399

泉州万通广告有限公司系福建省首批中外合资广告公司,现有员工 100 多人,其中海内外高级创意、设计、制作人才 30 多人,集设计、制作、代理国内外广告业务为一体的、福建省内最具规模之一的专业广告公司。

福建省鸿宇公众信息传播有限公司

地　址:福建省鼓楼区道山路 1 号综合大楼五层
邮　编:350001
电　话:
经理室:7533993　办公室:7533313
财务部:7533123　营业部:7523823
业务部:7558998　设计部:7533176
采编一部:7566964　采编二部:7533991
技术部:3710021　7534457
号簿编辑部:3351666　7533353
160 信息台:3710710

福建省鸿宇公众信息传播有限公司隶属福州电信局,它以服务社会为宗旨,应用现代化的传播手段致力于广告信息资源的开发和传播,并积极发展相关业务和周边服务。目前主要经营设计、制作、发布、代理国内广告,信息服务,电子产品及通信设备,电子计算机及配件的批发、零售等业务。

福建省广告公司漳州分公司

地　址:漳州市新华北路外贸大厦附属楼四层
邮　编:363000
电　话:0596－2932208
传　真:0596－2932581
电　传:929002　FTCOZ CN

福建省广告公司漳州分公司隶属中国(福建)对外贸易中心集团漳州外贸公司,公司全体员工本着“您的要求是我们追求的目标,您的满意是我们服务的宗旨”的这一经营目标,拼搏开拓,探索进取,主要经营路牌、招牌、灯箱、霓虹灯、展示、印刷、室内外装饰、企业形象策划、庆典策划、礼品袋、纪念品、免费代理各地电视、电台、报刊等各媒体广告。

公司始终遵循“质量是企业生命”的原则,全心全意为各行业客户提供优质服务,我们有信心把公司推进到新的发展高度。

宁德地区融信发展公司

地　址:宁德地市莱茵城 C 座三层
邮　编:352100
电　话:2871806
总经理:宋光宁
经营范围:

广告设计制作、发布灯箱、路牌、装饰装修。

三明日报广告公司

地　址:福建省三明市红岩路 41 号
电　话:8223675
传　真:8241672
法人代表:林小平

三明日报广告公司是三明日报社下属专营各类广告业务的公司，是福建省广告协会会员单位。本公司具有丰富的广告经验，拥有一批独具创意的广告专业人才，从事广告策划、设计、制作、室内外装潢装饰、布置各种展览会、展示会、代理发布国内各类广告业务。在首届敬业杯全国报纸广告评比中荣获福建省唯一组织奖，两个广告作品获优秀奖，在全国第二届报纸广告评比中获三等奖作品一件，优秀奖作品一件。近年来，本公司的商标设计、CI 设计、各类霓虹灯大型广告路牌等，都以高档次、高水平和优质服务赢得用户好评。

福建通联广告有限公司

地　址：福建福州王庄一区机电外贸大楼
邮　编：350011
电　话：(0591)3661062
传　真：(0591)3667795
总经理：万　毅

一次成功的塑造，如同一曲扣人心弦的乐章，一个精妙绝伦的故事，是创作者独具匠心的智慧和颠峰技巧的凝聚。

我们的实力＝无限的智慧＋精湛的技能＋现代营销理念与客户的企望珠联璧合进而创造行销奇迹的成功范例。

我们的宗旨：点石成金。

本公司集策划、创意、制作和展示于一体，是福建最早拥有电脑喷绘设备的公司之一，拥有一次承建 2000m^2 展台的展具，实施电脑化管理，在境内外展示工程中积累了特别的经验，还是省委、省政府机关报的特别广告代理。

通联广告是您最忠诚的伙伴，她不仅仅衷情于今天的成功，选择通广，您还将拥有明天的辉煌。

●和谐、诚信、敬业、创新。

福建省教电广告有限公司

地　址：福建省福州市五四路 217 号
邮　编：350003
电　话：0591－7833718
传　真：0591－7837223
法人代表：张大展
总经理：范燕蓉
经营范围：设计、制作、发布、代理国内广告
公司特色：

福建省教电广告公司是隶属于福建省有线电视教育频道的经济实体，承担省有线电视教育频道的外联工作，在全省大中小学生中具有广泛影响，服务于全省教育系统和全省教育事业，为社会教育与社会沟通起着桥梁的作用。

公司宗旨：

传播文化　普及知识
服务教育　面向社会

福建省奥华广告公司

地　址：福州市省府路 6 号
邮　编：35000
电　话：0591－7512222　7504734
传　真：0591－7504694
总经理：李国平

福建省奥华广告公司是福建省首家综合企划型广告公司。1996 年在福建省经营额居同类型广告公司前茅。主要综合客户有福建著名品牌万利达 VCD、绿得八宝、健力宝(福建)、惠泉啤酒、片仔癀药业、福日彩电、三明烟草以及海尔电器等。

1997 年独家经营福建电视台两新闻间全部广告，1996 年、1997 年连续 2 年为福建省唯一经营中央电视台黄金招标广告。在媒介关系上，提供体系完善的全方位服务，与香港咨询公司合作，率先推出媒介监播服务项目。

奥华人在福建省内率先引进了美国 Maciutosl 苹果电脑设计排版系统和彩色喷绘系统。公司在资深设计总监的带领下，设计能力在福建独树一帜，走在前列。

奥华人在“企划领先·动脑在前”广告宗

旨指导下,将与同行一起为提高福建的广告服务水平努力进取。

福州市邮政信息广告公司

地　址:福州市五一中路五一邮电局三楼
邮　编:350005
电　话:3337784、3332594
传　真:3331558
法人代表:周　萍
经营范围:

制作、投送国内、外商业信函、邮送广告。代理国内外广告业务,承办路牌、灯箱、霓虹灯设计、制作、发布。

厦门国贸广告企划有限公司

地　址:厦门市湖滨南路国贸大厦十三层
邮　编:361004
电　话:(0592)5160198
负责人:欧阳晶

厦门国贸集团广告企划有限公司,是名列全国百强企业的厦门国贸集团股份有限公司的全资子公司。

公司以集团优势为依托,广泛发展海内外广告服务网络。现已在福州设立办事处,在北京、上海、广州、深圳、香港等地设立联络处。公司注重人才培育,唯才是举,汇聚各类广告精英;注重广告新技术的引进和新材料的应用,精心为客户提供优质高效、综合完善的广告代理和营销策划服务。公司成立两年来,以卓越的成效,一跃为厦门广告公司十强,发展成一家全方位的行销顾问型广告公司。

公司以"客户成长优先"为经营宗旨,为客户提供全方位媒体代理;策划、承办大型公关活动和展览活动;策划执行产品整合行销、房地产促销;同时承接广告印刷品、广告礼品和影视广告等制作项目。为客户提供高质量的广告创意、广告设计、广告摄制和制作以及企业的市场调研及信息咨询服务,企业整体CI策划。

厦门航空广告公司

地　址:厦门湖里南山路337号
邮　编:361009
电　话:0592－5631857
传　真:0592－5631737
法人代表:陈方青
经营范围:设计、制作、代理、发布国内广告业务。

厦门航空广告公司是厦门航空有限公司(厦航)属下的全资子公司。厦航是我国第一家地方航空运输企业,现有16架波音系列飞机,经营厦门、福州、晋江始发至北京、上海、广州、深圳、香港、澳门等航线共80多条。1996年全年旅客运输量超300万人次,是厦门经济特区和福建省对外联络的桥梁。厦门航空广告公司凭借航空运输这一特殊的信息传播渠道,愿为中外企业提供优质高效的广告服务:

一、承办国内各类广告策划、CI设计等业务;

二、代理全国广告业务;

三、经营《厦门航空》杂志、航空服务指南、班期时刻表、登机牌、飞机票、飞机票套、波音757飞机机上闭路电视广告等航空广告业务;

四、承接电视广告片、企业专题片的摄制、编辑制作业务。

厦门市公交广告有限公司

地　址:湖滨中路64号
邮　编:361004
电　话:5053054　5098709　5096046
负责人:林阿立

本公司成立于1995年3月27日,现已初具规模,以开发公交车辆媒体为主,主要项目有车身广告、车后玻璃广告、车厢内广告、公交候车廊广告等。

经营范围:设计、制作、代理、发布国内广告业务。

厦门天韵广告发展有限公司

地　址:厦门市中山路174号二楼
邮　编:361001
电　话:(0592)2123191　2065592
传　真:(0592)2062215　2123191(总办)
法人代表、董事长:许多康
总经理:郑清海

厦门天韵广告发展有限公司是鼓浪屿国家级风景区唯一的一家专业广告公司,具有全方位策划、设计、制作能力。同时承办代理国内报纸、杂志、电视、广播、路牌、灯箱、霓虹灯、菲林制作、喷绘制作、展馆、商品展示、企业CT策划、广告印刷、橱窗设计布置、企业产品促销活动、文体商贸活动整体策略等广告业务。

本公司长期秉持"优质、高效、信誉"的经营宗旨和"诚实、沟通、感恩"的经营理念为客户提供最精益的广告服务,使其产品的优点发挥到市场的极限。面对未来错综复杂的市场挑战,凭借着丰富的作业经验和不断更新的观念,我们的承诺是——花最少的钱,做出最佳的广告,让广告主的投资获得最大的回报率,与广告主共享成功的欢乐。

厦门亚美广告有限公司

地　址:厦门市湖光路湖光大厦10楼
邮　编:361004
电　话:0592-5094209　5153058
　　　　1396015616

厦门亚美广告有限公司,是厦门广告协会会员单位,是集策划、设计、制作及室内装饰等专业之大全的综合性公司。公司拥有雄厚的实力,具备一流的策划、设计技术人员、经营管理人员、业务人员、众多的媒体和精良的制作技术,并拥有一流的现代化制作设备。

亚美人的宗旨是:"你的成功就是我们的成功。"是一个讲究群体作业的集体。公司成立以来先后承接了诸如国家土地局和国家体委联合在北京建立的迎"97香港回归纪念碑"及"第五届中国超级模特大赛暨97世界超级精英模特大赛中国选拔赛"等众多大型的广告业务。公司还获《一种广告灯箱面板》的实用新型专利。

亚美人本着精诚完美的服务精神,优质高效的作业态度,热忱欢迎各界朋友携手并进,共创辉煌。

厦门市鹭光霓虹灯广告公司

地　址:钱炉灰埕1号
邮　编:361001
电　话:2023771
负责人:吴俊杰

厦门市鹭光霓虹灯广告公司成立于1974年,是厦门市最早的霓虹灯广告制作专业企业,技术力量雄厚,设备齐全,质量上乘。

本公司能为用户策划、设计及发布各种大型霓虹灯广告、灯箱广告,并能根据用户要求制作各类广告业务,如铁字、不锈钢、铜字、电脑刻字等,质量可靠,实行三包。

本公司受市户外广告管理所委托,对中山路霓虹灯一条街各商家用户霓虹灯广告实行保修,维护及时,保证亮灯,受到好评与信赖。

本公司二十年来为厦门市的广告事业及城市美化做出了应有的贡献。设计、制作的作品多次在评比中获奖,充分显示出本公司的实力。

我们竭诚欢迎各界合作,热情为您服务。

经营范围:设计、制作、发布国内广告业务。

厦门市火炬广告公司

地　址:香江花园珊瑚阁8楼E座
邮　编:361009
服务专线:(0595)5134911　5133010
传　真:5134911
总经理:陈少斌

厦门市火炬广告公司由厦门市科委、团委支持创办,始创于1993年6月,属中国广告协会会员单位，注册资金人民币壹佰捌拾万元。公司主营各种广告设计，策划，制作和发布，代理国内广告业务和装修装饰（兼营各种商贸营销）。

火炬广告的服务范围为：

1. 企业形象塑造和新产品营销企划。

2. 报纸、刊物、电视、电台和气球、挂历、机、车、船票等媒体广告的策划，设计和发布代理。

3. 各种广告礼品的精选和广告加工。

4. 彩印画册及产品包装的设计，印刷。

5. 标志广告词创意，样品照和录像拍摄，报刊广告的方案撰写和版面设计。

6. 加工制作建筑模型，立体雕塑等。

7. 布幅、彩旗、招牌、铁字、灯箱、霓虹灯等户外广告的制作发布。

8. 精美图文刻绘，装潢展示布置。

火炬广告的宗旨是“点燃火炬，共创辉煌”，我们希望火炬的创意和高效服务能赢得您的信任；火炬的燃烧能使我们走向光辉璀灿的成功。

厦门商业广告公司

地　址：厦门市中山路167号三楼

邮　编：361001

电　话：0592－2026154　2033338

负责人：黄启勇

我公司成立于1984年，属国营广告公司，为中国广告协会会员单位，中国对外经济贸易广告协会理事单位。

我公司经厦门工商局审核，在厦门地区广告公司资质认定中，被定为五家甲类公司之一，具有接受全面代理、企划、设计、制作和发布国内外广告业务的资格。1991年，经厦门市经贸委批准，我公司成为厦门地区可以代理进出口广告业务的专业广告公司。

我公司曾为日本松下电器公司，菲利普莫里斯集团（万宝路），英美烟草公司（健牌，三五）等服务过。公司的各类广告作品，多次获全国奖和省级奖，其中：

1989年第二届中国广告作品展，“凯歌”霓虹灯广告，“TANG（果珍）”立体路牌广告分获一等奖，二等奖。

1992年第三届中国广告作品展，共获各类奖八项，是全国获奖最多的广告公司，也是福建省唯一获得大奖的广告公司。

1995年第四届中国广告作品展，“马蹄爽”霓虹灯广告获“中国广告金箭奖”。

我公司经过多年的广告代理运作，已建立遍布全国的媒介代理网络，并加强了同国外和港台广告公司及媒体的合作。我公司现为美国李奥.s贝纳（中国）广告公司的合作伙伴，并与台湾《自立晚报》、《商业周刊》等都建立了长期合作关系。

目前，公司在繁华的中山路有灯箱、霓虹灯版面二千多平方米，皆分布于商业旺地和交通要道。

商广人以市场谋士、创意尖兵为定位，以您的大业为轴，测风，度势，传动不息，与您共一圆心，同一方向，共创美好未来。

厦门市路桥广告公司

地　址：厦门市湖滨东路九号华闽酒店十八楼

邮　编：361004

电　话：5151828

传　真：杨允红

厦门市路桥广告公司系厦门市路桥建设投资总公司下属子公司，为技术密集型的国有企业，人才济济，注册资本雄厚，商业信誉甚优，主要承接广告设计、制作、发布和路桥景观设计业务。

本公司依托厦门路桥总公司开发建设交通大动脉的独特优势，拥有厦门大桥、新阳大桥　石鼓山立交桥等交通要道的户外广告媒体，广告效果极佳。随着厦门路桥总公司投建厦门国际会展中心、高速公路、环岛路、海沧大桥、火烧屿开发区等，本公司将拥有更多优越的广告媒体，发展前景十分广阔。

“锐意进取，追求卓越”是路桥人的企业

精神，本公司竭诚为客商提供优质服务。选择路桥广告，必将获得最佳的经济效益和社会效益。欢迎您真诚合作，共创辉煌。

厦门海峡广告有限公司

地　址：厦门市虎园路 8 号
邮　编：361003
电　话：2020081　2122794　2103551
传　真：2020081
经　理：陈和心

厦门海峡广告有限公司隶属厦门人民广播电台。其主要经营范围是为厦广音乐台、厦广经济台、厦广新闻综合台三个系列台承揽设计制作广播广告。

厦门海峡广告有限公司是根据《中华人民共和国广告法》的有关规定，经工商行政管理部门审查核准的广告经营单位。公司立足闽南金三角，面向国内外，以百分的真诚，合理的价格与客户携手开拓市场。公司其他经营范围还有：设计制作、代理国内广播广告；承办广告印刷品、宣传资料设计业务；广告礼品、产品，大众传播器材和音像制品的批发、零售；报刊杂志代理发行、零售等等。

“海峡广告　跨越时空　跨越海峡”

厦门市经典广告公司

地　址：厦门市湖滨中路白鹭洲
邮　编：361012
电　话：5085135
负责人：郝　洁

厦门市经典广告公司系国内合资企业，公司规模庞大，占地近两百五十平方米，设备齐全、环境优雅。公司注册资本为人民币伍拾万元整，固定资产已近百万元，拥有先进的苹果电脑和企划、设计人员。公司主要承接设计、制作、策划、代理国内外广告业务及从事商业、广告摄影，并可承接装修、装饰以及喷泉制作工程和夜景灯光工程的设计、施工。

本公司本着“努力进取，不断创新，信誉第一”的精神，竭诚为客户提供最优质的服务，经典广告是您合作的最佳伙伴，是您可以信赖的最好朋友。经典广告愿与您携手共进，共创辉煌。

厦门市博美广告有限公司

地　址：厦门市公园西路 12 号之二(厦门影剧院二楼
邮　编：361003
电　话：2108636　2108637　2127381
传　真：2127380
负责人：陈茂盛
经营范围：
代理广告业务

南平市山海广告有限公司

地　址：南平市八一路先锋岭 2 号楼 403 室
邮　编：353000
电　话：8632258
总经理：林相祯
副总经理：叶盛华

南平市山海广告公司下设客户部、媒介部、创意部、制作部、财务部、总经理办公室。公司有受高等教育及专业训练的管理人员，有完善的电脑设备，以科技领先，有专业的设计人员。

山海广告以创意为中心，策划为主导。为企业作出整体广告策划，为企业设计形象。承办各类路牌、灯箱、霓虹灯广告等户外广告业务；接受并办各种大中型经贸活动，展览、晚会、表演等促销活动的委托业务。

山海公司以高水准的创意和制作，周到服务、合理价格及良好的信誉与您竭诚合作。

福建省南平市红太阳广告有限公司

地　址：福建省南平市解放路 43 号
邮　编：353000
电　话：0599－8833993
传　真：0599－8833533
总经理：杨新明

概念服务：

创意策划及电脑平面设计

包装设计市场定位营销企划

代理发布国内各类广告

CIS建设导入公关活动筹划

经营理念：

追求 创意 文化

品质 信誉 人和

福建省建瓯市桂万广告社

地 址：建瓯市人民路79号

邮 编：353100

电 话：0599－3834056 9013267

经 理：张桂万

联系人：邓梅之 张景卉

桂万广告社——福建省建瓯市知名的广告专营单位。设备先进，技术力量强，擅长设计制作大型灯箱广告、巨幅夜光路牌广告及商场招牌，展馆布置。以创意新，用材优，制作精，信誉好而深受好评。

南平市气象局科技服务产业科

地 址：福建省南平市金山路110号

邮 编：353000

电 话：0599－8823716 8832498 5823738

传 真：0599－8833343 0599－5823738

主要业务：专业天气预报咨询、气象警报寻呼、电视天气预报背景广告、防雷避雷设施设计安装，升空庆典气球、彩虹门、飞艇及各类广告，庆典气球模型制作，兼营武夷岩茶系列。

福建省邵武建贤商贸广告有限公司

地 址：福建省邵武市熙春西路96号

邮 编：354000

电 话：0599－6323655 6328679 6321146

董事长兼总经理：张建贤

福建省邵武建贤商贸广告有限公司（原邵武市广告装璜公司）成立于1984年，现拥有一批经验丰富的广告策划、设计、制作人员，可为广告客户提供市场调查、广告代理、制定广告策略、处理信息反馈、广告设计制作、装璜装饰工程等业务。本公司兼营酒家、歌舞厅、娱乐城等服务项目。

欲求拓展经济贸易，我愿助你一臂之力！

福建省广告公司泉州分公司

（福建省外经贸系统企业）

地 址：中国福建泉州九一街外贸大楼

邮 编：362000

电 话：（0595）2285042 2284227 2981990

传 真：（0595）2285042

总经理：张清杰

联系人：钟晓英

●策划、设计、制作、发布国内外广告

●经营：广告礼品、广告、装饰材料

●代理：报刊、杂志、电视、电台广播广告业务

竭诚希望同国内外广告企业交流、合作、发展

泉州市商业广告公司

地 址：泉州市区田安路丰泽商住城B3座写字楼4－5号

电 话：0595－2986565 2989922

传 真：0595－2772986 2189891

法人代表：杨志彤

联系人：苏远美

公司宗旨：

公司坚持“客户至上，信誉第一”的宗旨，以创意为中心、策划为主导，为客户提供全面优质服务，经营代理国内外各类广告业务，是福建省广告协会理事单位之一。

公司现有行政部、客户服务部、媒介部、创作设计部和户外广告牌制作工厂；公司员工具有职业广告人的敬业精神，对客户极为负责，本着诚、信两字竭尽全力为客户提供从市场调查、广告策划、创作设计、电视媒介投放及户外广告制作等全面而广泛的专业服务，从而使公司营业额逐年成倍递增。

泉州世纪广告有限公司

地　址:福建省泉州市田安路丰泽城写字楼三区二楼十七号
邮　编:362000
电　话:0595－2199777　0595－2199778
传　真:0595－2199778
负责人:汪志辉
联系人:李丽娜

世纪广告有限公司是一家具有高水平、高素质的专业广告公司,公司一向以“顾客至上,信誉第一”为宗旨,以出奇制胜的创意和真挚的态度,将永不懈怠的进取精神,落实在每一份广告制作的精益求精上,为广大客户尽一份世纪应尽的义务。为客户树立深入人心的形象,为其产品开拓出更为广阔的市场。公司一向遵循“立体、树美、和谐、超优”的企业精神和“团结拼搏、携手奋进、开拓创新、追求卓越”的企业方针,竭诚为新老客户提供最优质的服务。

夭鹏之功,非一羽之轻;骐骥之速,非一足之力。世纪能有今天的发展与进步与社会各界的关心和帮助是分不开的。今后,世纪公司将推崇“唯公有福,唯诚有信”的企业形象,奉行“诚、和、勤、韧”的企业精神,坚持“品质与服务”的企业风格,追求“高科技、新奉献”的企业目标,世纪愿为迈向二十一世纪的企业先锋,与新老客户携手奋进,共创辉煌!

福建省泉州市艺术广告公司

地　址:福建省泉州市温陵北路中侨大厦三楼
邮　编:362000
电　话:0595－2189263　9001955
传　真:0595－2288263
总经理:陈觉新

福建省泉州市艺术广告公司(原泉州市艺术图片社)创办于1983年,是泉州市文联的下属单位。对客户奉着“质量第一、信誉第一、服务第一”的宗旨,专业从事国内外各类广告的策划、制作、发布,并随时向客户反馈市场信息;为客户提供CIS企业形象设计。

本公司为“泉州市信息咨询服务十强企业”之一;“95·南京全国第三届城市运动会”福建省唯一指定广告代理机构;“97·中华人民共和国第八届运动会”福建广告代理机构。

公司目前拥有多套日本、德国先进的专业摄影器材及美国苹果电脑创意设计系统。愿与各界共求繁荣与发展。

福建泉州市八达广告公司

地　址:泉州市区崇福路福利大厦24－28号
邮　编:362000
电　话:2988233　2792251
传　真:2790627
负责人:林　愉
联系人:詹小萍
经营范围:

设计、制作、发布、代理国内外广告业务及室内外装饰、咨询服务。

特色:1.CI设计:与厦大、华大的专家合作,进行系统全面、完整的CI作业;

2. 商标、产品包装及画册印刷设计:优秀的美术专业人才,先进的电脑设计排版系统,与深圳制版印刷厂家定点挂钩;

3. 擅长设计、制作大型霓虹灯广告、灯箱布灯箱及各类广告牌。

凹凸广告传播中心

地　址:福建省泉州市远太大厦1809
邮　编:362000
电　话:0595－2182278　2282502
传　真:0595－2282502
法人代表:庄建昌
经营范围:

专业代理国内企事业单位的广告策划、设计、制作和发布。现为国际广告杂志社理事成员单位。作品曾荣获首届华人平面设计大赛铜奖。

“一个善于摆弄‘几何’形的群体”

泉州市明星广告公司

地　址:泉州市东湖马路巷 10 号
邮　编:362000
电　话:0595－2185310
传　真:0595－2285595
负责人:苏崔荣
联系人:林朝霞

泉州市明星广告公司主要经营设计、制作、代理、发布各种形式的广告业务。擅长设计制作立体栱门,艺术构想灵颖,工艺技巧精湛。《巨龙腾飞》荣获福建省第四届优秀广告作品户外立体广告佳作奖。矗立于泉州市区及相邻县(市)四通八达的地界要冲,鲜明体现地域特色,精确展示当地经济与社会发展趋向。融汇宣传性艺术性和商业价值成一体,过目难忘。在代理筹办大型活动方面也出奇制胜,策划香港天王歌星张学友 96'泉州演唱会,万人激奋、欢声雷动、盛况空前,为历次名歌星莅泉演出之罕见。

公司始终把视点对准时代前列,不断超越自我,愿为更多的客户,尽心构建独领风骚的空间,竭力推出灿若明星的形象。

福建省晋江经贸广告公司

地　址:福建省晋江市青阳外经贸大厦 701 室
邮　编:362200
电　话:0595－5689633
传　真:0595－5661633
负责人:柯志云
联系人:林灿煌

晋江经贸广告公司,是晋江市对外经济贸易委员会属下的一家专业广告公司,其所处的地理环境,是被誉为"闽南金三角"的中国经济发达的前沿地带。公司以"以企业形象设计为主导的专业广告公司"为自身定位,展开多元化、专业化的服务工作。

公司一向坚持"理解人、尊重人、依靠人、培养人"的宗旨,以人为中心,人尽其能,人尽其用,充分尊重每一员工的自身价值,努力让其个人潜能得以最大限度地发挥。

公司自 1994 年创办至今,一向积极倡导并参与本地区企业文化的建设和提高。三年来,公司主持设计的企业形象已有近十家;同时也得到众多客户的理解、支持与信赖。相信随着自身业务素质和专业水平的不断提高,以及社会经济和文化的日益进步,在坚持专业路线的理念的指导下,公司定能有长足地发展。

福建省南安市新世纪广告公司

地　址:福建省南安市水头镇西大街海都大厦
邮　编:362342
电　话:0595－6982968　6983388　6988388
传　真:0595－6982466
负责人:吕毓辉
联系人:吕永康

新世纪广告公司为南安市早期开办的有代表性的综合广告公司。是福建省广告协会会员单位。在开展各种广告业务中,特别发挥公司地处闽南金三角腹地和福厦路中段,经济特别活跃、交通十分发达的地理优势,广设媒介,南伸厦门,北展福州,各式路牌遍植国道省道。公司近来引进和代理全省推广应用全天候自动翻版等新型广告牌,使户外广告更上一层楼。

本着"立足福建,面向港台,创一流广告,立世纪新意"的宗旨,依着广阔疆场,仗着精兵强将,公司严阵以待,随时陪伴社会各界同仁,一起奔向新世纪,共同创造美好的明天!

经营范围:

设计、制作、代理、发布国内广告业务兼营美术、广告装潢用品。

全天候自动翻版广告牌福建省总代理

福建省南安市广告公司

地　址:南安市新华街 171 号
邮　编:362300
电　话:01385901688　0595－6383540

负责人：叶孙超
联系人：苏仁忠

本公司系全民所有制广告装璜专业公司，为福建省南安市商业总公司直属企业，福建省广告协会和泉州市广告协会成员单位，南安市室内装饰协会理事单位。公司本着与客户“同心耕耘、共创完美”为经营理念，以创意新、质量好赢得客户的称赞。公司承办的户外广告工程数量（达 1 万多 M^2）和质量均居福建省广告行业前列；承接的室内装饰工程被福建省装饰协会评为优良工程；95－96年度企业被福建省人事厅、贸易厅授予省级先进集体。

经营范围：

设计、制作、代理、发布国内外广告业务。企业形象策划、新产品营销策划。城市园境、灯光工程规划施工。室内装饰装修（设计施工丙级资质）。

石狮金三角广告公司

地　址：福建省晋江市建设委员会一楼
邮　编：362200
电　话：(0595)5682386　(0595)8782278
传　真：8786278
总经理、设计师：许金鍾
业务联系部：吴锦璇

闽通南北广告轨道　星耀东西信息经纬

敝公司愿与全国各地广告朋友、兄弟广告公司携手合作，共创跨世纪之辉煌；发挥闽东南优势，开辟金三角天地，做一个对社会有益的广告人；以团结拼搏，立意创新的精神，用青春的汗水浇灌这朵年轻的鲜花——广告事业。

经营：物业中介、房屋买卖、承揽制作、发布、代理国内广告业务。

惠安县艺达广告装潢公司

地　址：惠安县螺城新街 33 号
邮　编：362100
电　话：0595－7383593、7373593
传　真：7373593
法人代表　负责人：哈　克
经营范围：

设计、制作、发布、代理国内外广告业务。承接室内外装修工程、大型路牌广告、电脑平面广告设计、印刷；企业展示活动、CI 形象、营销、公关策划等各种多媒体广告业务。

漳州市佰诚广告事业有限公司

地　址：漳州南昌路 132 号
邮　编：363000
电　话：(0596)2066226
传　真：(0596)2058674
总经理：张鼎新

漳州市佰诚广告事业有限公司是漳州市户外较大的广告公司，公司一贯以“佰事尽忠、诚心诚意”的原则，提供最优良的服务，承接国内外广告业务。公司经营范围：大型户外广告、霓虹灯、大型电脑喷绘、跨街广告、人行道灯箱的制作发布。

福建双菱广告装璜发展有限公司

地　址：漳州市新浦路 34 幢 201 室
邮　编：363000
电　话：(0596)2895485
传　真：(0596)2895485
经　理：马　跃

双菱广告公司是隶属于上市公司——福建双菱集团股份有限公司的一家具有独立法人资格的专业广告公司。公司注册资本 120 万元，技术力量雄厚，设备先进，承办路牌、霓虹灯等户外广告；代理报刊、杂志、广播、电视等媒体广告业务；承接影视广告制作和装璜装修工程；组织文化艺术演出展览活动及承揽各类与广告宣传相关的业务。

“双菱广告”以策划、创意为先，以诚信、服务为本，是广大客户的良朋益友，是企业树立形象的最佳选择。

漳州大地广告公司

地　址：福建省漳州市漳响路13号
邮　编：363000
电　话：0596－2961818　2961067
传　真：2961067
负责人：苏学光
经营范围：

设计、制作、发布、代理国内各类广告业务。

漳州市青云影视广告公司

地　址：漳州市新华北路东华广场3B－206号
邮　编：363000
电　话：2930973　2058882　1396943199
图文传真：0596－2058882
总经理：伦　宇
业务范围：设计制作代理国内各类广告业务
服务宗旨：用集体的智慧为企业创造美好的未来而尽心服务。

漳州市天马广告公司

地　址：漳州市芗城区元光南路元锋楼302室
邮　编：363000
电　话：0596－2899424　2932344
手　提：1396943161
总经理：吴　兀
联系人：林小姐

漳州市天马广告公司是福建省广告协会理事，漳州市广告协会常务理事，广告作品曾多次在省、市广告评选中获奖，并于96年7月被评为福建省广告十佳会员单位之一。公司拥有大批优秀的创意、设计、制作等专业人才以及先进的技术设备。承接各种设计、制作、发布、代理国内外各类广告业务。多年来，公司务实求精，以精湛的服务质量及良好的信誉赢得了广大客户的信赖。

天马广告公司的宗旨是“以一流的创意，一流的质量与信誉为广大客户提供一流的服务。”

传播您的意愿　架筑信息桥梁

漳州东方广告策划公司

地　址：漳州市瑞京花园9D幢101室
邮　编：363000
电　话：0596－2521689、2522933、2066626
图文传真：0596－2521689
法定代表人：陈　默
业务范围：

本公司专业从事CI策划、设计；包装、招贴、商标、画册、室内外装璜等设计和印刷；承接路牌、霓虹灯、灯箱、装修等各种户外广告制作及发布；代理全国各类广告媒体宣传。

漳州市广告公司

地　址：福建省漳州市胜利路35号工艺大楼二楼
邮　编：363000
电　话：0596－2031008　0596－2024082
传　真：0596－2031008
负责人：高国榕
手提电话：1396062279
联系人：李志伟
经营范围：

设计、制作、代理、发布国内各类广告业务。

本单位特点：地处闽南金三角地带，创建于1984年，实力雄厚。设计、制作各种类型户外广告及造型广告。

漳州市飞鹰广告有限公司

地　址：福建省漳州市胜利路7－9号粮食大厦二层
邮　编：363000
电　话：（0596）2069567　1396966567
传　真：（0596）2069567
联系人：苏小姐
经营范围：

设计、制作和代理国内各类广告，发布自制广告业务。

公关宣传活动策划。

简介：

漳州飞鹰广告有限公司是一家能够为客户提供综合广告服务的广告公司。

飞鹰广告人认为广告是一门科学，也是一门艺术。我们注重周密的市场调查和效果监测，同时也极力追求创意独特的艺术表现，作为区域广告代理，我们曾为一些国内知名产品开拓漳州市场作出自己的贡献。

飞鹰广告的宗旨是诚信，敏锐，勤奋，协作。志在为客户提供最好的服务，因为我们是从客户的角度来思考的，是围绕客户的目标来运作的。

莆田市新思维营销企划公司

地　址：福建省莆田市涵江区工业路21号二楼

邮　编：351111

电　话：0594－3592707　3592456

传　真：0594－3393316

负责人：苏国锋

莆田市新思维营销企划公司是一家以营销企划为导向，提供全面广告服务的现代运作方式的广告公司。公司以最新的行销理念、广告思维致力于开创广告新天地。

经营范围：市场调查、营销企划、广告策划、设计、制作、国内外各类媒体广告代理、户外广告发布、公关咨询、文化传播。

莆田华园广告有限公司

地　址：福建莆田市城厢区学园路口（制糖大楼2层）

邮　编：351100

电　话：0594－2290332

传　真：0594－2290332

福州联络处地址：福州市金鸡山20号

电　话：0591－7320699

传　真：0591－7320699

传　呼：129－8113989

法人代表：纪建英

华园广告有限公司是经市工商局批准成立的莆田市唯一一家新型的综合性广告公司。

本公司的宗旨是："周密企划，精心制作，为客户去占有市场"。本公司拥有一批经验丰富的广告设计制作人员，业务范围包括：设计、制作、发布国内外各类广告业务，本公司愿与各行各业的新老朋友携手并进，共同发展。

莆田市创意装璜广告公司

地　址：福建省莆田市文献路新街口大厦（创意电脑设计室）

电　话：0594－2295978

传真：0594－2295978

本公司是莆田市唯一一家拥有电脑平面广告、二维、三维室内外绘图设计系统的企业，广告作品曾获福建省户外广告作品佳作奖，现拥有莆田市市区所有公共汽车车体，拥有莆田市最繁华商业地段户外广告媒体，是莆田市装璜界的率先者。我们的宗旨是：追求视觉感受，创造尽意空间。

莆田市大方广告设计有限公司

地　址：福建省莆田市文献路鼓谯楼西侧38号

电　话：0594－2397023

传　真：0594－2296182

总经理：许建忠

福建省龙岩市广播电视广告有限公司

地　址：福建龙岩市和平路15号

邮　编：364000

电　话：(0597)2335008　2335136

公司法人代表：王为民

总经理：简宝良

福建省龙岩市广播电视广告有限公司于1995年成立，公司独家代理龙岩电视台、闽西人民广播电台和闽西广播电视报的广告业务，拥有较先进的广告摄制设备和创意制作人才，公司创作的广告得到了广大客户和有关部门的好评。

1997年8月18日，公司在龙岩电视台开辟了《经济纵横》栏目，栏目长度15分钟，每周一晚9点18分播出，主要版块有经济论坛、企业之窗、股市杂谈、市场动态、价比三家等，报道经济形势、宣传企业之星、反映市场动态，栏目深受广大观众喜爱。

日和广告(龙岩)公司

地　址：福建省龙岩市西安路15号
邮　编：364000
电　话：0597－2207405　2207406(传真)
总经理：林忠红

日和广告(龙岩)公司拥有龙岩市区各主要路段户外广告的发布权
经营范围：

印刷品　影视　霓虹灯　路牌广告设计与制作。

龙岩紫金广告策划有限公司

地　址：福建省龙岩市和平路15号
电　话：0597－2339228　2308138

福建龙岩紫金广告策划有限公司隶属于闽西紫金矿业集团，是一家实力雄厚，拥有现代先进设备及各种专业技术人员，集广告创意，工程施工，市场开拓等各种专业的高级设计制作群体。并已制作出大批各类广告，部分创意新颖的大型户外广告属省内首创。

本公司受理CI企业总体设计，承接各类产品的全方位包装，大型户外广告电脑喷绘，大型霓虹灯工程的设计和制作。策划企业营销推广大型活动项目。

本着"和谐进取，追求卓越"的精神，遵循我们"诚信周到，尽善尽美，尽心尽力"的宗旨，努力与社会各界同仁携手合作，共展鸿图。

龙岩市广告公司

地　址：龙岩市九一北路方龙大厦101号
邮　编：364000
电　话：0597－2295338　2302521
传　真：0597－2295338
负责人：林金水
经营范围：设计、制作、发布各类广告，电脑创意、CI策划、室内装璜装修、产品包装装璜、展馆布置。
兼　营：装饰材料批零、电脑设计、刻字、写字。
代　理：国内电视、广播、报刊广告。

省级装修丙级企业，与外商投资100万创办龙岩环球装璜装修有限公司，创办闽西第一家霓虹灯厂。

福建龙岩通联科贸有限公司信息广告分公司

地　址：福建龙岩市龙川东路
邮　编：364000
电　话：2301168
传　真：2302168
负责人：叶根荣
联系人：董　燕
经营范围：电话信息服务：8160人工信息台、8168自动声讯台、8166语音信箱、8169专家热线台、8167无线寻呼留言；设计、制作、代理、发布国内各类广告。

龙岩市森龙广告有限公司

地　址：龙岩市新区罗南城小溪路2－22号
邮　编：364000
电　话：2336518　2305230
　　　　1396979518　1396979528
联系人：林兴　邱飞舟
业务范围：

各种户外广告制作发布、各类媒体代理、创意、CI广告策划、广告企业执导、环境设计制作、室内外空间装璜展示、电脑电子控制仪。

龙岩交通广告有限公司

地　址：龙岩市新罗区龙川中路38号
邮　编：364000
电　话：0597－2290498　2215509
传　真：0597－2290498
法人代表：黄海祥

龙岩交通广告有限公司组建于1993年，是国内合资的专业广告经营单位。福建省广协会员。现公司下设业务部、工程部、贸易部和财务部。主要经营：户外大型灯箱、路牌、霓虹灯广告、灯饰工程、印刷、礼品等。配置了电脑广告创意设计系统，占据了龙岩市区部分黄金媒介。以"夯实基础，着眼未来，树立形象"为企业发展战略。

闽西广告公司

地　址：福建省龙岩市溪畔路溪南大厦二楼
邮　编：364000
电　话：(0597)2321319　2306998　2325719
传　真：0597－2321319
总经理：陈荣泽

龙岩闽西广告公司始建于1982年。是福建省广告协会理事单位，闽西唯一的国营广告企业。1996年获福建省十佳广告会员单位称号。

一、主要设备：引进美国、日本先进的电脑喷绘、电脑刻绘、电脑雕刻等先进设备，为高品位的广告创意提供了技术保证。

二、业务范围：广告策划、广告制作、广告代理。

主要业务：路牌广告、霓虹灯广告、灯箱广告、装饰装修设计及制作、包装设计、商标设计、广告礼品、电脑设计喷绘、刻绘、雕刻、广告装饰材料经营等。

宁德市大地室内装饰广告有限公司

地　址：福建省宁德市蕉城南路19号－1(蕉南经委楼隔壁)
邮　编：352100
电　话：0593－2837538　2523588
传　真：0593－2322127
传　呼：129－7388358
法定代表人：叶梦祥

本公司是早已取得室内装饰装修资质证书的企业。承办室内装饰装修、设计、施工、建筑装璜及配套工程。制作安装各种不锈钢、铝合金门窗、厨、柜台、店面和系列隐框、半隐框玻璃幕墙。

承接室内外广告设计、美术设计、商品广告摄影、制作、发布、自制路牌、灯箱、霓虹灯及国内外各种类广告代理、广告材料、建筑材料、卫生洁具、家具制造、销售等。

企业拥有由三十多位具有丰富经验的室内外装饰装修、设计、施工和工艺美术设计及建筑的专业人才。组成了一支强有力的设计、施工和制作的队伍。

本公司本着求实、创意，个性、情调、实惠的原则，遵循精心设计、精心制作、精心施工、优质服务、保质量、保进度的宗旨，得到了广大用户的信赖。

福州华业发展公司闽东广告分公司

地　址：宁德市I贝墘路103号
电　话：0593－2826569
传　真：0593－2873788
负责人：郑　璋
经营范围：

设计、制作、发布灯箱、招牌、路牌、霓虹灯、橱窗、条幅、布展广告。

本公司长期与国际连锁ISS永艺标牌广告材料商行合作，这商行专业经营各国名厂生产的广告辅助材料，为广告界人士，设计单位及企业产品宣传提供全方位的服务，凭着专业的技术、精湛的设备、优良的素质令各界人士的宣传取得了满意的效果。本公司配备了日本"MIMAKI"的CG－121电脑高速切割机，JV－1300电脑喷画写真机和平台式切雕机，承接专业电脑切割、雕刻、喷画、设计规划及施工看板灯箱、展览会场、橱窗、车身、公共导览指示牌霓虹灯等业务。

宁德市腾龙广告装饰工程公司

地　址:福建省宁德市八一五中路28号
邮　编:352100
电　话:0593-2832682　2951767
传　真:0593-2832682
负责人:苏　斌
联系人:黄书国
经营范围:

广告设计、制作、代理、发布、霓虹灯、广告制作、室内外装潢装修、铝合金制品加工、电脑刻字印刷,横、竖幅布条广告,庆典气球广告、铜牌、铜字、不锈钢制品加工;装潢材料、广告材料批零。

三明市天天广告公司

地　址:三明市徐碧一村62幢207室
邮　编:365000
电　话:0598-8251589　8251289
传　真:0598-8251289
法人代表:潘桂生

本公司系全民所有制公司,下设经理室、市场信息调查部、策划设计部、业务承接部、广告制作部、铜字制作部、大屏幕广告部、财务部。

经营:路牌、灯箱、霓虹灯、铜字、铜壁画、商标、雕塑、装璜、装修工程、大屏幕广告。

代理:报刊、电视、电台国内广告。

三明市创意广告公司

地　址:三明市列东东街一路
邮　编:365000
电　话:0598-8223193
法人代表:姜晓谋
经营范围:

设计、制作、代理、发布国内各类广告业务。创意广告,成功在握。

三明市康神广告公司

地　址:梅列区高岩新村52幢223号
邮　编:365000
电　话:8227490　9000850
法人代表:陈春芬
经营范围:

从事设计、制作、发布国内各类广告业务

三明市艺术装璜广告公司

地　址:新市中路
邮　编:365001
电　话:8310523　9012163
法定代表人:黄居群
经营范围:

从事设计制作发布国内各类广告业务。

三明市公交广告分公司

地　址:三明市工业南路126号
邮　编:365000
电　话:0598-8335806
经营范围:

广告策划、创意、设计、制作。
车厢、站点广告。
美术装璜、设计。
室内装璜、装修。
承办展览会、展示会。
装饰材料。
城市雕塑、园林小品规划、设计、制作。

三明万事通声讯广告公司

地　址:三明市邮电大楼二楼
邮　编:365000
传　真:8242096

本公司隶属于三明市邮电局,依托邮电,面向社会,面向全市广告客户提供全方位的电话信息,语音信箱、声讯技术、开发、承办设计、制作、代理,发布各类广告业务。公司企划实力强劲,制作精良,市场调研准确,媒体优势突出,是具有现代化信息交流手段及全国统一信息网络的多元化公司。

公司下设:

采编部：电话：8253168
广告部：电话：8264918
咨询部：电话：98160
技术部：电话：8241466
经理室：电话：8242098

三明市三元广告公司

地　址：三明市新市南路166号人防楼
邮　编：365000
电　话：0598－8335737　8334917
法人代表：陈　星
经营范围：
承办代理国内广告　整体策划设计制作
承揽各类展览展示　承接商标包装印刷
室内装饰设计施工　经营建筑装饰材料

三明市精灵广告有限公司

地　址：福建省三明市东安新村49幢202，203室
邮　编：365000
电　话：0598－8254697
法定负责人：刘琳萍
经营范围：

企划、设计、制作、代理、发布广告业务；电脑设计、绘图；室内外装璜、装修、不锈钢装修。

本公司以最热忱服务，竭诚为广大客户服务。

三明电视台广告公司

地　址：福建三明广播电视中心
邮　编：365000
电　话：0598－8241881
总经理：沈福财

我公司以三明电视台为依托，拥有三明地区独一无二的覆盖全区十二个县(市、区)的电视传播网络。我公司是个拥有八十万元注册资金的全民所有制广告专业公司，下设企划部、客户部、创作部、制作部、市场信息部、财务部和商业贸易(信彷分公司)，以承播、制作、代理电视广告为主，并代理国内其他媒体的广告业务。拥有优秀的广告专业人才，将尽心尽力地为您服务！随着社会主义市场经济的发展，我公司正逐步向一个可同时进行商品贸易、各类广告创意制作等多种经营服务的总公司方向发展，实行从营销策略的制订到具体实施的一条龙服务。

竭诚欢迎社会各界与我同舟共进，共创美好事业！

三明声屏有线电视广告有限责任公司

地　址：三明市双园新村32幢
邮　编：365000
电　话：0598－8242213　8252767
法人代表：罗榕椿
经营范围：

设计、制作、发布国内各类广告业务。

三明兴屏广告公司

地　址：三明市列东街104号
邮　编：365000
电　话：0598－8263724　8223151
传　真：0598－8241865
法人代表：张连宝
经营范围：

设计、制作、发布国内外各类广告兼营五金、建材、化工、食品等。

沟通供求信息　架设购销桥梁
服务工商企业　促进经济发展

三明市梅列天龙美术广告装璜部

地　址：三明列东、东新三路建行大厦一层
邮　编：365000
电　话：(0598)8225937　1396082249　1396086246
法人代表：滕　龙

我部系专业性的广告、装璜企业。讲究信誉，保证质量，有雄厚的资金和实力。近年来，完成了许多歌舞厅、酒家、卡拉OK厅高

级装修的设计、施工。广告总体策划、路牌、灯箱、霓虹灯。有自己的广告路牌地段,及大型电动三角翻板广告牌。

本部宗旨:讲究信誉,确保质量。

沙县广告装饰公司

地　址:滨河路6幢49号
电　话:0598-5821092
经　理:王朝晖
手　机:0598-9013595

沙县广告装饰公司成立于1992年,隶属沙县商业局,主要专业从事:大型灯箱广告、霓虹灯广告、路牌、海报招贴、展览展示、商标设计等各类广告制作、发布。

1996年承接"三明市6.16展销会"沙县展销馆、展览布置设计制作,被评为全市"布馆第二名"。

1997年承接三明在福州举办的"三明市5.20展销会"沙县展销馆的展览布置设计制作被评为"全市布馆第一名"。

本公司历年来承接了以"百货在楼"大型霓虹灯招牌广告、杭州金松爱妻号洗衣机路牌广告为代表的各类广告受到客户信赖和好评。

永安市新闻大屏幕信息服务公司

地　址:永安市南门广场1号
邮　编:366000
电　话:0598-3616257
总经理:曾巧玲

公司成立于1994年,电子屏幕开播后,凭借媒介优势精心设计发布大量商业广告。1996年,公司依照现代广告业发展要求对机构重新设置,服务范围延伸至户外大型广告牌设计、制作,室内外装修、包装、徽标设计,全面企划和报刊、电视广告代理,为永安市首家业务全面的专业广告公司。

福建省煤炭工业基本建设公司富华装饰工程分公司

地　址:永安燕江东路28号
邮　编:366000
电　话:0598-3622190　1396083219
经　理:黄奎明

本公司为装饰装修丙级设计、施工以及广告策划、制作、发布单位,引进了当今世界一流的高科技术德赛设计系统、电脑彩色喷绘系统,Photoshop图文处理系统,电脑刻写系统;依靠专业工艺美术师等工程技术员,竭诚为社会各界、企事业单位,家庭实现更完美的策划、施工一条龙服务。

富华装饰给您带来美的环境,富华广告为您的事业创造奇迹。

新海洋室内外造型设计室

地　址:福建省永安市燕南路40号
　　　　(煤炭工业大楼四层401-410室)
邮　编:366000
电　话:0598-3602193
传　真:0598-3618399
总经理:涂咏添

●室内外造型设计、各类平面立体设计、装饰装璜、装修设计施工。

●广告策划创意、设计制作发布。

视造型设计为灵魂——新海洋装修

视策划创意为生命—新海洋广告

报纸类

福州晚报广告部

地　址:福州市鼓楼区黎明街小柳
邮　编:350005
负责人:刘　屏
联系人:林可奇

福州晚报系我国沿海开放城市,历史文化名城、海峡西岸福建省省会——福州市的唯一一张大报,每天刊出对开8版。本报注重晚报特色,新闻信息量大,知识性、趣味性、可读性强，每周还推出服务广大读者群众的《周末天地》(周五)、《家庭大观》(周六)和《环球看台》(周日)，其内容丰富多彩，均为彩版印刷，很受欢迎。本报曾被评为全国20家最受欢迎的晚报之一。

福建经济报

地　址：福州市湖滨路110号六层

邮　编：350001

电　话：(0591)7547719　7502814

传　真：7547722

负责人：江　东

《福建经济报》是一张立足市场、背靠政府、面向社会、发挥舆论引导与信息传播两大功能的综合性周五报。其宣传内涵覆盖政府全部工作，是连结政府与市场、政府各部门之间的重要纽带。

福建经济潮广告文化传播中心是《福建经济报》下属的具有独立法人资格的全民所有制广告公司，中心凭借媒体优势，积极拓展报纸、电视、灯箱、路牌、印刷等各类广告。

欢迎省内外广告公司、信息中介单位惠顾。

海峡都市报

福建日报社主办

地　址：福建省福州市华林路福建日报大厦一层

电　话：0591－7095559　7095562

传　真：0591－7095580

●福建省第一份全省性市民生活报。

●内容丰富，贴近生活，服务市民。

●“敲门式”发行，深入市民家庭。

●实行“不折不扣”的代理制。

福建建设报社

地　址：福州市北大路242号

邮　编：350001

电　话：0591－7834020　7834019　7834017

传　真：0591－7834005

社长、总编：郭经钊

联系人：林少辉

《福建建设报》是福建省建设战线的综合性报纸，1985年6月10日正式创刊，由《福建建设报》董事会创办，福建省建设委员会主办。现为对开四版，每周一期，星期三出版，国内统一刊号CN35－0011，邮局公开发行。其广告部面向全国，为广大用户提供设计、制作、发布、代理报纸广告业务服务。广告部坚持用户至上，以最合理价格提供最为周到的服务。1997年整版价格30000元，是企事业单位尤其是广大建筑、装饰、建材、建机企业进行企业形象、产品宣传的理想媒体。

福建老年报社

地　址：福州市五四路263号

邮　编：350003

电　话：7841694

负责人：薛来健

联系人：林成端

《福建老年报》创刊于1986年5月5日，由中共福建省委老干部局、省老龄委、省人事厅、省劳动厅、省总工会主办，全国公开发行，1998年起为四开八版，每周四出版。主要读者是中老年人，报纸融思想性、知识性、趣味性于一体，读者群大，覆盖面广，可读性强，深入家庭。

经营范围：

商业广告、药品、医疗、食品、保健产品等广告。

福建侨报

社　址：福州市五四路营迹路17号

邮　编：350003

电　话：7813894　7814004　7814007

福建侨报：

联系“三胞”之桥

中外交流之窗

福建侨报创办于1956年，立足福建，面向海外，省内发行遍及全省侨乡及三资企业，并已发送到全国和世界七十二个国家及地区，为中国发往海外每期份数最多的华文报之一。

介绍中国涉侨涉外方针、政策。传递福建政治、经济、文化最新信息。报道海外华侨华人社会和住地动态。提供探亲旅游、投资贸易、留学移民指南。

闽北日报

社　址：福建省南平市八一路350号
邮　编：353000
电　话：0599－8831501
广告公司电话：0599－8825527
总编辑：杨　斌

《闽北日报》是中共南平市委机关报，创刊于1952年4月，原为四开四版周三刊，1993年改为对开周五报，1994年改为对开四版日报。

《闽北日报》立足闽北，面向全国，以"指导地方工作，服务经济建设，传播科学文化，丰富精神生活"为办报方针。报纸强化对党和国家大政方针的宣传，及时报道闽北各地最新信息，注意反映人民群众呼声。内容生动活泼，版面丰富多彩。

《闽北日报》在加强指导性的同时，积极借鉴晚报的长处，注意从贴近群众、贴近生活的角度去反映经济工作、精神文明建设和社会生活的方方面面，可读性强。《生活时空》、《世间万象》、《百合花》等一批专栏深受读者喜爱。文艺副刊《武夷山》坚持高品位，吸引了全国各地众多的作家、诗人为它撰稿。

闽南日报广告部　漳州市闻达广告公司

地　址：福建省漳州市胜利西路(石龟头)新闻大楼内
邮　编：363000
电　话：0596－2598333
传　真：0596－2598333
负责人：陈西碑　1396964430(手机)
联系人：李文溪　1396964431(手机)
经营范围：

承办代理制作广告业务和各类文体活动策划、咨询服务(主要代理发布本媒介广告业务)。

特色：充分发挥侨乡和"厦、漳、泉"金三角优势。

莆田广播电视报

地　址：福建省莆田市南门外2号(市广播电视局大院内)
电　话：0594－2285605　2381212
传　真：2296790　2381213
法人代表：林　新

本报创建于1992年1月，属全民事业单位，该报是融广播电视指南、家庭生活娱乐为一体的专业报纸，深受读者欢迎。年出版52期，期发行量达8万之多。读者遍及经济活力极强的闽中各县、区。本报现有业务人员8名，大专以上文化6名，专业广告设计人员2名。拥有现代交通、通讯及电脑设备，固定资产超百万元，是广告主发布广告的理想选择。本报竭诚为各广告主服务。

三明广播电视报

地　址：三明市列东东街104号
邮　编：365000
电　话：0598－8263724　8263734
传　真：0598－8241865
法人代表：余以琳

三明广播电视报为四开八版周报，周四出版，辟有《星海犁浪》、《百姓理财》、《七彩市场》、《调色板》及节目预告、剧情介绍等栏目，融知识、趣味、可读于一体，是一张理想的家庭生活用报；月末彩报，全国彩报售价最低，每份0.20元，邮局订阅，代号33－39，年价10.44元，全省各邮局、所可随时订阅。

广播电视类

福建电视台广告部

地　址：福建省福州市古田路7号东升大楼10层

邮　编：350005

电　话：0591－3353838

传　真：0591－3353168

总经理：吴志明

“给我一个支点，我可以撬动地球。”找到一个合适的支点，您也可以对市场把握自如。

福建电视台是福建省受众最多、收视率最高的电视媒体，对福建市场有着极大的影响力，是您开拓福建及东南沿海市场的理想支点。福建电视台广告部立足福建市场，辐射东南沿海，以透彻的市场了解，雄厚的专业实力为您提供全方位的服务，让您掌握最佳支点，把握市场游刃有余。

福州有线电视台广告部

地　址：福州八一七北路249号金辉大厦四层

邮　编：350001

电　话：3345906

传　真：3345906

广告部负责人：林　东

联系人：吴　悦　陈剑峰

福州有线电视台作为新兴的高科技传媒正在迅速发展、壮大，干线采用光纤的网络目前已覆盖五区六县二市，拥有用户30多万户，三年内将达60万户。

作为省会城市福州有线电视台已为用户提供高品质传输信号的14套节目，影视节目精彩纷呈、雅俗共赏，两套自办节目贴近百姓、贴近生活，丰富的节目内容及浓郁的地方特色使得福州有线电视台成为独树一帜的新兴传媒。凭藉顶尖收视率和优良收视效果，有线电视的广告播放在让观众享有信息时代的快捷与方便的同时，更让商企清醒地感受投入有线的黄金回报。

福州有线电视台广告部本着“有线广告，受益无限”的宗旨，努力集中精彩时段和卓越版面为广大客户创造最大的广告效益。福州有线电视台广告部全权代理本台的广告业务，尽心竭力，卓有成效地为国内外客商服务。

厦门有线电视台广告部

地　址：后滨路55号

邮　编：361004

电　话：(0592)2210688　2213803

负责人：林平峰

联系人：游华章

厦门有线电视台自1993年开通以来，风靡厦门，目前入网户数已超过90％，并覆盖所有县郊，总户数超过20万户。

厦门有线电视台自办的有线综合台、有线电影台已成为厦门收视热点，黄金档收视率超过50％，在鹭岛三大传播媒介中后来居上。

厦门有线电视台作为新台，坚持让利给客户，相比较价格较低，有效效益较强，因此将给广大客户以更多的选择机会。

南平电视台　南平有线电视台

地　址：南平市胜利街142号

广告部电话：0599－8822006　8834753

两台合并(有线无线两台合并)

全国联播(全国82家电视台广告联播)

全台协同(各栏目确保高收视率)

全程服务(提供全方位立体化服务)

莆田电视台广告部

地　址：福建省莆田市城厢区田尾新村153号

邮　编：351100

电　话：0594－2391668

传　真：2391668

台　长：姚志平

广告部:柯晓东

莆田电视台位于福建省闽东南沿海地区,发射功率为3000瓦,覆盖全市各县区和周边县市的部分地区,人口达400万以上,现已实现全天播出。莆田电视台广告公司十分注重广告人才的培养和制作设备的引进,以质量第一,顾客至上为宗旨,以优质的服务和精益求精的敬业精神,力求广告信息的完美体现和有效传达,是莆田市目前最有影响力的传播媒体之一。

经营范围:

设计、制作、发布、代理国内外各类广告业务。

漳州有线广播电视台广告部

地　址:福建省漳州市平等路91号
邮　编:363000
电话、传真:(0596)2045008
台　长:陈天水
副台长:王建漳
广告部主任:李厚坤

漳州有线广播电视台已实现省、市、县区联网,节目覆盖所辖各地,用户35万。自办(影视、综艺)二套节目。每晚18:00播出,翌日9:00重播。欢迎您到水仙花的故乡做客,让我们携手共创辉煌。

漳州电视台广告部　闽南影视广告中心

地　址:福建省漳州市胜利西路11号
邮　编:363000
电　话:0596-2023844　1396961399
传　真:0596-2023844
主　任:郑和木

经营范围:

承揽、制作、发布国内各项广告业务。

特色:

漳州电视台节目,通过无线网、有线网全面覆盖漳州市所辖八县一市二区,收视人口500万。

莆田市有线电视台

地　址:莆田市城厢区石室东路3号
邮　编:351100
电　话:2288381(办)
传　真:2288382
台　长:戴建中
经营范围:国内外影视广告制作与传播

宁德电视台广告部

地　址:宁德市建新路6号
邮　编:352100
电　话:0593-2863999　2831482
传　真:0593-2831482
负责人:陈起鸿
联系人:黄劲松、林银峰

宁德电视台广告部是宁德电视台广告的全权代表机构,承接国内外电视广告的策划与制作。

宁德电视台广告部作为闽东唯一地区级电视台的广告部,拥有多名广告专业人员,设备先进,具有独立制作电视广告、节目、电脑动画设计能力。广告部下设经济节目组、自办《闽东经济》栏目,以多渠道宣传方式为宁德本地企业和到宁德开拓市场的外地企业提供更周到、更快捷的服务。

宁德电视台广告部是企业开拓闽东市场的理想伙伴。

经营范围:

制作、发布国内外电视广告业务、电视直销、产品推广等。

杂志类

每周文摘

一周两期,

《每周文摘》将书山报海的最新精华向您传递

让您准确把握世界的心跳!

《每周文摘》以快捷速度，浓缩国内外读物的最新精华，题材包容政治、经济、文化、社会诸方面。

帮您了解新闻、开阔视野、增长知识、娱乐生活。

1985年发行量突破百万大关，至今畅销全国98%的县市，居全国文摘类报纸的前列。

在《每周文摘》刊登广告，将助您传播信息、打响品牌、开拓市场。广告联系电话：(0591)7095911　7095909

《福建金融》

地　址：福建省福州市五四路220号

邮　编：350003

电　话：0591－7827764

传　真：0591－7827764

社　长：倪健鹤

总编辑：林正平

联系人：周　冰

《福建金融》(月刊)是福建省金融学会及人民银行福建省分行、工商银行福建省分行、农业银行福建省分行、中国银行福建省分行、建设银行福建省分行、中保财险福建省分公司、中保寿险福建省分公司、福建兴业银行、农业发展银行福建省分行、投资银行福州分行合办的面向国内外公开发行的金融期刊。《福建金融》为大16开本，印刷精美、版式大方、内容翔实。

广告经营范围：

设计、制作、发布、代理国内杂志广告。

福建青年杂志社广告部

地　址：福州华林路福建日报大厦6楼

邮　编：350003

电　话：0591－7095789

联系人：李幼南

福建青年杂志社是我国一家优秀期刊社，曾被评为全国新闻先进集体。她主办的《青春潮》(原《福建青年》)、《青年博览》多年来锐意改革，不断创新，赢得了上百万读者群，发行遍布全国。

《青春潮》采用国际标准大16开本，四封及内插彩页均为进口铜版纸，内文为60克铜版纸印刷。它无论版式设计或文章内容均鲜明夺目，极富创意，显示出高品位高档次的现代气派。它的前身《福建青年》曾与《读者》、《参考消息》等报刊一起，被评为最受青年欢迎的全国十家报刊。

《青年博览》广收博采海内外佳作精萃，多年来已赢得众多不同阶层读者青睐，曾多次被评为全国十佳文摘报刊。采用16开本，四封为进口铜版纸，内文为60克铜版纸。

欢迎您加入《青春潮》的行列

欢迎您加入《青年博览》的行列

预祝您的产品，预祝您的企业随着《青春潮》的足迹遍及华夏五洲

预祝您的声名随着《青年博览》飞入千家万户，飞越时空。

艺术·生活(双月刊)杂志社

地　址：福州五一北路三十一号十三楼

邮　编：350001

电　话：7534506

负责人：余道伙

联系人：程梅英

经营范围：

编辑出版《艺术·生活》双月刊杂志。

设计、制作、发布、代理国内杂志广告。

江 西 省

公 司 类

江西现代广告发展公司

地　址:江西省南昌市八一大道1号17楼
邮　编:330002
电　话:6218734、6219266
传　真:6219078
负责人:赵　洪
联系人:张晓云

江西现代广告发展公司系综合性广告公司,集策划、设计、彩印、户外广告制作于一体,专业人才齐全,设备先进,坚持以策划为主导,创意为中心,平面设计为特色,不断地开拓户外广告媒体的全方位经营方针。荣获了《全国第三届广告展览》《全国第四届广告展览》优秀广告作品奖,同时,也赢得了省内外广大用户的赞誉。

本公司真诚地希望与社会各界通力合作,携手共进。

经营范围:整体广告策划、CI策划与设计、印刷广告,户外广告等,并代理电视、广播、报纸和杂志广告。

南昌公交广告公司

地　址:江西省南昌市站前西路18号
邮　编:330003
电　话:(0791)6222391　6268184

南昌公交广告公司是一家综合性广告公司,现为中国广告协会会员,中国广告协会公交委员会理事,南昌市广告协会副会长级单位,连续5年被市政府授予"重合同,守信用"先进单位。

公司拥有先进的电脑设计制作设备和专业的技术队伍。下设经营部、办公室、业务部、设计部、综合工程部、霓虹工程部,下设公交霓虹材料商行、公交客运有限公司。公司本着竭诚为客户服务的宗旨,充分满足广大客户的需求,树立了良好的企业形象和声誉。

主营:交通广告、广告总体策划、霓虹广告、电脑创意设计、装饰工程、印刷品广告。

南昌新星广告信息公司

地　址:江西省南昌市北京西路154号319室
邮　编:330046
电　话:(0791)6263377　6213980－504
传　真:0791－6263377
负责人:包荣生
联系人:王　琪
经营范围:

1. CI创意设计;
2. 全方位策划;
3. 电视广告制作;
4. 四大媒介(报纸、广播、电视、杂志)广告代理;
5. 户外广告(霓虹灯、灯箱、路牌、栅栏牌、条幅、气球、立体造型等)制作、发布、代理;
6. 新闻发布及各类促销公关活动;
7. 室内外装饰;
8. 信息咨询。

新干线广告公司

地　址:江西省新干县城滨阳路5号(县文化馆内)
邮　编:331300
电　话:0796－2605570
经　理:杨九根
业务经营:谢小珍　杨　昆
经营范围:

主营:招牌、路牌、民墙广告设计制作发

布、商标设计

兼营：工艺美术设计、装潢、制作、霓虹灯制作、摄影、娱乐、玩具、文化用品、钢木家具。

报 纸 类

江西日报广告部

地　址：南昌市豫章路1号
邮　编：330006
电　话：(0791)6849868　6803336
传　真：6849868
负责人：王福堂
联系人：章华光

《江西日报》是中共江西省委机关报。它围绕江西省委、省政府各个时期的中心任务，紧密结合实际，广泛、深入地反映和指导社会生活，表达人民群众的呼声，为读者提供多方面最新信息。它力求内容新、时间快、形式活、方面广，在思想性、指导性与群众性的有机结合中，让人们领略鄱赣大地上的一幅幅时代画卷和国内外的时事风云。

《江西日报》创刊于1949年6月7日，1984年《江西日报》开始向国外发行，对开四版，每星期二、三、四、五为对开8版，目前《江西日报》发行量达30多万份。

《江西日报》采用电脑激光排版，胶版印刷新技术，图文清晰，版面新颖。在广告策划，版面设计中，不断吸收现代广告创意理论和设计制作手法，努力为企业策划、设计、发布卓有成效的广告作品，是国内外工商企业刊登广告的理想阵地。

广播电视类

江西人民广播电台广告部

地　址：南昌市北京西路20号
邮　编：330046
电　话：64040

江西电视台

地　址：南昌市北京西路20号
邮　编：330046
电　话：224939

南昌电视台经济信息部

地　址：南昌市民德路401号
邮　编：330008
电　话：771987

山 东 省

公 司 类

济南市公交广告公司

地　址：中国济南纬十二路10号
邮　编：250021
电　话：(0531)5960242
传　真：(0531)5960241

我公司是以城市公交汽电车体、候车亭、站牌为主要的户外广告媒体，近千部车体广告。三十多条路线贯穿泉城的东西南北，形成了一道道美丽的风景线。人在流动，车在运行，信息在传播是一种极佳的流动性广告媒体，它为树立企业形象，开拓产品市场引导健康消费、美化城市，增加市场的现代化气息、商业气息等方面也发挥着积极的作用。

本公司下属有恒艺广告制作中心，不但具备策划、平面设计、精美制作等诸方面的实力，还拥有日本生产的MICHEIAMGLO大型喷绘设备和NOVAJET小型喷绘机,它适用于户外灯箱广告、车身广告、大型路牌的喷绘制作,并已达到国内先进水平,下属部门还有实力雄厚的霓虹灯厂,制作安装均实行一条龙服务,还有经省二轻厅批准的乙级承揽装修的亚太装饰工程公司,恒业经贸公司是集广告材料等各类批发零售综合性部门。

我公司全体员工将竭诚与各广告公司加强合作,共同发展,与您共创美好的明天!

青岛广告公司

地　址:青岛市人民路27号
邮　编:266033
电　话:0532-3730155　3730156　3730157

青岛广告公司成立于1978年,是青岛市从事广告业最早的公司之一。成立19年来,公司员工以广告人具有的特质和规范,为行业的发展尽心尽力,现已发展成为全省最大的广告公司之一。

公司部门齐全,完全具有综合策划、代理、发布广告的实力。我们所做的——就是为客户找准:企业与市场的最佳切合点。

北京五洲广告公司青岛分公司

地　址:青岛市香港中路18号福泰广场1301室
邮　编:266071
电　话:1395321518　1395320701
负责人:徐　辉
联系人:郑　洁

我们崇尚真诚,我们追求卓越。

我们依托开拓的创作理念,先进的制作手段和雄厚的媒体实力,精心建造和维护通往消费者心中的桥梁。

本公司承办各类广告设计、制作和策划代理业务,兼营建筑内外装潢、为企业和团体提供会议策划与组织服务,计算机技术开发。

青岛天诚广告公司

地　址:青岛鄱阳湖路7号
邮　编:266071
电　话:(0532)5818668　(0532)5825048
传　真:(0532)5825048
负责人:贾永壮
联系人:殷景迅

公司成立于1993年,是一家追求服务品质、注重营销创意、按照国际广告作业规程运作的全面服务策划代理型广告公司。

天诚广告以"诚"为本,积极汲取先进的广告理念和管理经验,拥有专业人才46名,90%为大专以上学历。公司设有调研部、客户部、市场部、国际业务部、国内业务部、设计部、创意部、影视部、媒介部、工艺部等部门,承接CI形象设计、大型活动策划、商品包装设计、广告促销策划,媒介代理,影视制作,展厅布置及印刷等业务。先后为海尔集团、银都置业、生活导报、荷兰壳牌液化气公司、百盛商业大厦、美国博士伦、AT&T等国内外各个行业100多家客户提供了广告服务。

济宁市经纬广告有限公司

地　址:济宁市共青团路体育馆内
邮　编:272100
电　话:2229143
负责人:李东军
联系人:常红旃　赵万昌

济宁市经纬广告有限公司(原济宁市广告公司)始创于1984年,伴随中国广告的起步与发展,进行了11年的奋进拼搏,公司已发展成为综合性广告代理公司,拥有先进装备,68名集高水平管理、创意、设计、制作并具有忘我敬业精神的队伍,业务融影视、报纸、展示、电子屏幕、霓虹灯、空中、路牌、CI策划、印刷、制作、发布、代理等为一体。公司下设业务部、影视部、设计部、策划创意部、印务部、新媒体开发部、工程部、霓虹灯艺术公司、装饰材料商场。精良的装备,专业的人才为客户提供满意的服务。

用我之双手,助您之伟业!

报 纸 类

大众日报

地　址：济南市经十路46号
邮　编：250014
电　话：(0531)2968911－3701
传　真：(0531)2962400
负责人：文风纯

大众日报——山东省委机关报，诞生于1939年1月1日，是目前中国大陆连续出版时间最长的报纸。《大众日报》是山东经济、政治、科技、文化和改革开放的新闻总汇，其报道翔实、准确、权威，在全国报界具有广泛影响。

《大众日报》对开八版，另辟有《大众周末》、《电脑特刊》，发行量50万份，是目前山东省发行量最大的综合性报纸。

《临沂日报》广告信息部

地　址：山东省临沂市即丘路3号
邮　编：276004
电　话：(0539)8313043

《临沂日报》系中共临沂市委机关报，是临沂市唯一综合性日报，对开4版，每日一刊，激光照排，胶版印刷，发行全市12个县区，是一份深受读者喜爱的报纸。

临沂日报广告部是《临沂日报》对外的重要服务窗口。广告部聚集了一批广告人才，具有较强的广告策划手段和市场调查能力，曾连续四年在省同行业中被评为“重信誉、创优质”服务活动先进单位。所设计的广告作品多次在全省报纸广告优秀作品评选中获奖，在首届全国报纸广告评选活动中获优秀奖。

临沂日报广告部愿以优质的服务、优惠的价格，为促进商品流通，繁荣城乡市场，提高企业及其产品的知名度，扩大销售做出应有的贡献。

本部除在《临沂日报》上开辟专栏、专版广告外，还开辟了中缝广告、分类广告等，为广大客户提供全方位服务。

汇八方信息　集群体智慧
愿 您 美 名　广 告 天 下

济南日报广告部

地　址：山东省济南市经七路纬一路2号
邮　编：250001
电　话：(0531)6920202

山东经济报

地　址：济南市经四路大纬二路
邮　编：250001
电　话：613305

青岛日报广告处

地　址：青岛市太平路33号
邮　编：266001
电　话：264907

广播电视类

山东电视台广告部

地　址：济南市经十路81号
邮　编：250062
电　话：(0531)2951295 转 6810
传　真：(0531)2955872
负责人：魏　民
经营范围：

在山东电视台各套节目中发布各类电视广告。

山东人民广播电台

地　址：济南市青年东路11号
邮　编：250014
电　话：614242

济南人民广播电台

地　址:济南经十路14号
邮　编:250014
电　话:615549

济南电视台

地　址:济南市经十一路14号
邮　编:250014
电　话:614540

河 南 省

公 司 类

郑州市广告公司

地　址:河南省郑州市大学路16号广告大厦
邮　编:450052
电　话:8988188　8988588　6990222
负责人:杨长兴
联系人:崔天保
经营范围:

广告代理;CI设计;

霓虹灯、路牌、平面影视、广告制作;

代办新闻发布会、产品展销会、促销会等。

为企业提供市场调查,进行广告策划创意。

郑州市广告装潢公司

地　址:郑州市大学路33号
邮　编:450052
电　话:6968533　6963540　6969415
电　报:2211
总经理:刘平生
副总经理:唐超英、王建飞
经营范围:

郑州市广告装潢公司是中国广告联合总公司成员单位。可为客户提供如下服务:路牌、霓虹灯、电脑平面设计、雕塑、印刷广告,礼品广告,展览广告,公关广告,广告创意,影视制作,市场调查、策划。代理全国各类广告,包装装潢、装饰工程等。

郑州市公交广告装璜公司

地　址:人民北路2号
邮　编:450000
电　话:0371－6227934
企业法人:刘海新
总经理:范振河

郑州市公交广告装璜公司,成立于1984年,现有职工30人,注册资金100万元,占地面积760平方米,拥有郑州市公交公用设施等众多的广告媒体和先进的电脑喷绘、设计、刻字等设备。公司立足于京广和陇海铁路交汇中心的郑州,多年来先后被评为省"重信誉,创优质服务"先进单位,"守法经营优质服务单位",省"十佳"广告公司等。现为河南省广协常务理事、副秘书长单位。

公司企业精神:事在人为,超越自我,追求卓越,奋勇拼搏。

河南省漯河市丽光广告公司

地　址:河南·漯河市交通路中段亚细亚南侧
邮　编:462000
电　话:(0395)2131528(办)　2152643(厂)
负责人:张金业
联系人:王　诊

主营:CI策划,设计、制作、发布各类户外广告,代理国内外各类广告,承接各类金属字、霓虹灯、灯箱、标牌、装璜设计、印刷、电脑服务,高楼、高塔灯光设计安装等业务。

报 纸 类

河南日报社广告处

地　址：郑州市纬一路一号
邮　编：450003
电　话：5951037　5970760
负责人：陈伊娜
联系人：王又方

《河南日报》是中共河南省委机关报，每日出版对开两张八版，内容丰富，覆盖面广，编排新颖，印刷精美。

河南日报广告处拥有一批年轻的企业管理、广告策划、市场调查、创意设计人才及国内一流的电脑制作设备，能为客户提供多层次、高品位的整体服务，与全国各地的广告公司，新闻媒介进行长期的业务合作等等。为方便客户，我们除开展正常广告业务及代理全国各地报纸广告业务外，不断推出了"公共关系"、"企业形象"专版以及"广告之窗"栏目，是企业及其他刊户自我宣传的理想媒体。

平顶山日报社广告部

地　址：平顶山市建设路西段 268 号
邮　编：467002
电　话：(0375)4944751　4963338　4930123
传　真：4946700
负责人：许凌云
联系人：张宝丽

平顶山日报是平顶山市委机关报，是平顶山市最具权威和影响力的媒体，全国发行，日发行量 10 万余份。平顶山晚报是走进居民家庭的良师益友，日发行量 5 万余份。

平顶山日报社广告部拥有先进的交通、通讯设施，拥有一流的广告创意微机系统，拥有高素质的专业策划、设计人才，可为客户提供全方位的广告策划、创意、设计、制作、发布乃至市场调查服务。

我们的服务定会为您的产品成功通向市场搭上桥梁，为您的事业发展开拓更广阔的天地。

洛阳广播电视报社

地　址：洛阳市九都路副 67 号
邮　编：471000
电　话：3921872
传　真：3934027
负责人：王宝林
联系人：党文华　倪　玲

主营：报纸广告。

兼营：与广播电视、家庭生活有关的经济信息，以及户外广告等。

《洛阳广播电视报》每期四开十六版，七版电视节目预告，四版电视节目介绍，另设有影视人物、声屏社会、视听之友、报海采风等专版，集服务性、知识性、娱乐性、可读性为一体，周三出版，套红胶印，最高期发行量 20 万份，覆盖洛阳市九县六区及郑州、三门峡市部分县市。

洛阳广播电视报广告部有专业的策划、设计、公关人员，几年来一直奉行客户第一、优质服务的经营宗旨，为众多的客户成功地发布了广告，并被洛阳市工商行政管理局授予"信得过先进单位"。

广播电视类

河南人民广播电台广告部

地　址：郑州市经五路 2 号
邮　编：450003
电　话：5951286
电　报：1684
负责人：王扎根
联系人：黄云秋

河南人民广播电台人口覆盖率达 89% 以上，全国多数省、市区以及日本、东南亚、欧美等一些国家和地区也能收听到河南台的广播。河南电台广告部主要承揽、代理、制作、发布河南人民广播电台、河南经济广播电台、河南交通台、文艺台的广告业务。

河南电视台广告部

地　址:河南省郑州市经五路2号
邮　编:450003
电　话:(0371)5951983　5961300
传　真:(0371)5952275
负责人:石小兵
联系人:刘　颖

河南卫视台覆盖全省及周边地区,拥有近一亿电视观众。河南电视台广告部负责河南电视台三套自办节目的广告经营工作,设计、制作、发布国内外电视广告业务。

河南电视台已于1996年6月1日通过亚洲2号卫星,覆盖中国、日本、印度、东南亚、中东、东欧和澳洲等地。

河南电视台广告部负责河南电视台三套自办节目的广告经营工作。设计、制作、发布国内外电视广告业务。

洛阳电视台

地　址:洛阳市九都路67号
邮　编:471000
电　话:3936432
传　真:3936432
广告部主任:朱孟献
联系人:张艾珍

承办国内电视广告业务。

洛阳电视台广告部有一套严格的制作、播出管理体系,具有独立策划、创作、拍摄、制作高档次广告的技术实力和设备实力。电视信号覆盖豫西地区的十多个县市,覆盖人口八百多万。洛阳电视台广告部奉行全心全意为广告客户服务的原则,对所有播出广告实行三级审看制度,以保证广告播出质量和宣传效果。除承揽制作各种形式,各种规格的文字、图象广告外,还在黄金时间开办了信息、产品介绍、文化娱乐为一体的《三维万象》栏目和天气预报节目。

开封有线电视台广告部

地　址:河南省开封市文昌后街2号
邮　编:475001
电　话:(0378)5965755
传　真:(0378)5977378
负责人:号志国
联系人:徐央文

主营:设计、制作、发布国内电视广告业务。

湖　北　省

公　司　类

湖北省国际广告公司

地　址:汉口江汉北路四号八楼
邮　编:430022
电　话:5795137
传　真:5795117
负责人:李祥海

设计、制作、发布、代理国内外各类广告,自营和代理除国家组织统一联合经营的16种出口商品和国家实行核定公司经营的14种进口商品及技术的进出口业务;开展"三来一补"、进料加工业务;经营对销贸易和转口贸易。

兼营:批零兼营机电设备、农机具、建筑及装饰材料、日用五金、文化用品、工艺美术品(不含金银首饰)、纺织品、服装、农副土特产品。

武汉市公汽广告装璜公司

地　址:武汉市桥口区桥口路160号
邮　编:430030
电　话:027－3780744　3757569
传　真:027－3782350
总经理:刘林祥

武汉市公汽广告装璜公司依托公汽总公司,建设了三千多台公交车辆广告,四百多座站杆、站牌,以及一批大型户外光电广告,流动和静止的广告媒体曾获得"湖北省明星广告公司"称号。

我公司具有较强广告创意、设计、制作能力。并拥有九十年代最先进的美国 XEROX8954、400dpi 电脑静电写真机;苹果 9600/200 电脑等设备。

我们将以一片诚挚之心和良好的信誉,为您大展宏图而竭尽全力。

武汉市轮渡公司广告服务部

地　址:武汉市武昌区曾家巷轮渡码头
邮　编:430061
电　话:8217852
负责人:王华智
联系人:鲁　旺

武汉轮渡广告部是全国最大城市轮渡企业所辖单位,主要经营轮渡路牌广告业务。地处江城的轮渡广告拥有36座码头,42条机动客轮作为自己的广告媒体,月均客流量达三十余万人次。近年来,轮渡广告精心制作发布霓虹灯、透光彩、灯箱、立体透空等多种形式广告,由于其制作精良、客流量大、广告效果好,因此,深受广告客户的青睐。

荆门市楚天公关广告公司

地　址:荆门日报社新闻大楼一楼
邮　编:448000
电　话:(0724)2335204
负责人:任　颐
联系人:任　颐

主营:主办国内公关活动及公关服务,代理、代办各类广告,经济技术信息服务,建筑、装璜材料销售。

报纸类

湖北日报社广告部

地　址:武汉市武昌黄鹂路65号
邮　编:430077
电　话:(027)6773747　6783522
传　真:(027)6783522
负责人:陈新民
联系人:刘　丹

在《湖北日报》上发布各类国内、外广告,承办分类广告。

广播电视类

湖北人民广播电台广告信息部

地　址:武汉市解放大道563号
邮　编:430022
电　话:5791532　5795743
传　真:5780526
负责人:李忠诚

在湖北人民广播电台、湖北人民广播电台文艺台、经济台、交通音乐台发布各类国内、外广播广告。

武汉人民广播电台经济信息部

地　址:武汉市建设大道620号
邮　编:430015
电　话:(027)5774829
电　传:(027)5796479
负责人:孔昭藩
联系人:廖贤霞

在本台发布各类国内、外广播广告。欢迎各广告公司代理本台广告业务。

荆门人民广播电台

地　址:荆门市塔影路 13 号
邮　编:448000
电　话:(0724)2332825　2334567　2332340

荆门市地处湖北中部,人口 280 万,是一座新兴石油、化工明星城市。荆门人民广播电台成立于 1985 年元月一日,副县级、台长胡常义。发射频率 1161KHI、97MHZ、103MHZ;全天分二次播音,总播出时间 13 小时,发射功率 10 千瓦。荆门人民广播电台是全国广播广告协会会员单位,兼营广告业务。归口单位台经济信息部,负责人王宏静。目前,该台专业广告业务人员有 7 人,其中中级职称 2 人,初级职称 5 人。1997 年广告收入 60 万。

湖　南　省

公　司　类

湖南省国际贸易广告展览公司

地　址:长沙市五一东路 80 号省外贸大楼 25－26 层
邮　编:410001
电　话:(0731)2284201
传　真:(0731)2285826
负责人:杨时音

经营代理国内外各类广告;承办展览展销会;承接广告设计、制作业务。

湖南博创广告有限公司

地　址:长沙市白沙路 88 号天机大厦七楼
邮　编:410002
电　话:5112263　5111213
传　真:5115701

本公司主营全面广告策划代理,市场调研,CI 策划,行销企划及影视、平面等各类广告创意、设计与制作发布。

本公司拥有一流的全面广告策划、市场调研、创意设计、媒介企划及行销管理等资深专业人才,拥有目前全省广告行业中最高档的苹果电脑设计系统配置。1995 年在全国第四届优秀广告作品评比中,分别有招贴、报纸、电视等五件广告作品获奖,并荣幸地接受中国广告协会委托,独家编印发行《全国第四届优秀广告作品集》大型画册,1996 年公司又有报纸广告创意获《广州日报全国优秀广告作品评比奖》。

公司的全面广告代理客户有以"长沙九芝堂集团"、"台湾金莎食品有限公司"、"梦洁纺缝制品有限公司"、"中美合资长圣药业""伊莱克斯中意(长沙)电冰箱有限公司"等为代表的一批实力雄厚的中外企业。1995 年公司被省工商局、省广协评定为《湖南省明星广告公司》。

长沙市公交广告公司

地　址:长沙市车站路 26 号
邮　编:410001
电　话:4259012　4210619
总经理:田长云

长沙市公交广告公司成立于 1985 年 8 月,由以前的单一经营车身广告发展成为经营、发布、代理各类广告的专业性广告公司。

公司地处繁华的火车站,目前拥有 1200 多辆各类公交车辆车身广告媒体,拥有成套的高新技术设备和一批高素质人才。公司自 1993 年以来连续四年被市政府授予"重合同、守信用企业",不断的向正规化、现代化、高标准、高质量的方向发展。

常德广播电视广告公司

地　址:湖南常德市武陵大道 67 号

邮　编:415000
电　话:(0736)7225833－3088
负责人:汪祚安
联系人:田　电
经营范围:

常德广播电视广告公司由常德人民广播电台广告部,常德电视台广告部、常德有线电视台广告部,常德广播电视报广告部联合组成的专业广告公司。隶属常德市广播电视局,经工商部门批准,专业代理广播、电视、报纸、户外、国内外广告业务。

常德电视台覆盖全市七县二区,有线电视台网络已覆盖整个城区,拥有 30 多万观众。常德人民广播电台电波传遍湘西北地区。广播电视报深入千家万户。常德声、屏、报联手合作,相得益彰、交织汇集,形成一个综合性的完整的广告体系。

常德广播电视广告公司整体实力雄厚,荟萃广告设计、经营、策划及编、导、拍、制作等方面的专业人才,技术装备精良,能提供从创意设计、制作传播声屏报多媒体全方位的广告服务,在常电广制作播出广告,能取得良好的经济效益。常电广愿竭诚为国内外的企业界、经营界及各阶层客户提供优质服务。

株洲市卫生图片社

地　址:株洲市人民中路 46 号
邮　编:412000
电　话:8216442
法　人:徐中一

株洲市卫生图片社隶属于株洲市卫生防疫站,是一家集广告策划,设计制作,商贸信息于一体的广告企业。主要以拍摄广告图片,广告丝印,灯箱灯片和幻灯片为特色,新引进高科技电脑喷绘系统进行广告创意设计,印刷产品画册,制作各种广告牌展板,灯箱、招牌,同时进行企业专题电视摄像的拍摄及各类礼品广告的经营。广交各界朋友,合作与交流。

报纸类

湖南日报社广告处

地　址:长沙市芙蓉中路
邮　编:410071
传　真:(0731)4427790
负责人:周新太(处长)
电话:(0731)4427775
联系人:何子明
电话:(0731)4312999－6024、6026

《湖南日报》是中共湖南省委机关报,年发行量多年来在全国省级党报中居前九位,是覆盖湖南城乡唯一的一张大报,集权威性、可信性于一体,在湖南乃至全国拥有广泛的读者,享有较高的声誉。

《湖南日报》每天出对开两大张共八个版。内容丰富,图文并茂。《湖南日报》在全国报纸系统的新闻、编校、印刷等诸项评比中,连年获奖并名列前茅。

《湖南日报》创刊于 1949 年。1979 年《湖南日报》顺应改革开放和经济建设的大潮,率先在湖南省恢复发布报纸广告,由此带动和开启了湖南的广告市场。现在,广告已成为《湖南日报》宣传、传播内容的重要组成部分,是发展社会主义市场经济和丰富人们生活必不可少的巨大信息源地。

经营范围:

在《湖南日报》上发布国内外各类广告,承办分类广告。

株洲日报社信息广告部

地　址:湖南省株洲市天元区黄河北路
邮　编:412000
电　话:0733－8823918
传　真:8823919
负责人:王德智　谭　宪

株洲市为三湘重镇,江南交通枢纽,新兴工业城市,商贸中心,下辖五县(市),人口近 400 万。中华始祖——炎帝的陵寝坐落本市炎陵县,名胜众多,美不胜收。

《株洲日报》为中共株洲市委机关报,对开四版日报,为本地区发行量最大、最具权威性的综合性报纸,是广大读者了解株洲、了解湖南,了解全国,了解世界的重要媒体。

株洲日报社信息广告部,担负报纸广告策划创意、编排发布及全国报纸广告代理。本部阵容整齐、设备先进,电脑创意、服务周到,"诚""信"为本,竭诚为一切企事业及产品进入株洲市场架起快车道。

长沙晚报广告部

地　址:长沙市蔡锷中路161号

邮　编:410005

电　话:2224725　4442308

负责人:江异　李新伟

联系人:文　姬

湖南广播电视报广告信息部

地　址:长沙市黄土岭

邮　编:410007

电　话:31811-338

广播电视类

湖南人民广播电台经济信息部

地　址:长沙市黄土岭

邮　编:410007

电　话:31811

长沙电台广告部

地　址:长沙市五一西路2号

邮　编:410005

电　话:447580

湖南省电视台

地　址:长沙市工农路

邮　编:410003

电　话:45674　29731转255

长沙电视台广告部

地　址:长沙市五一西路2号

邮　编:410005

电　话:447580

广　东　省

公　司　类

广东国际广告公司

地　址:广州市沿江东路463号珠岛宾馆10号西楼

邮　编:510100

电　话:020-83878056　87750725-2528

传　真:020-83878047

总经理:熊　城

广东国际广告公司成立于1993年1月1日,是广东省经济委员会与广东文学创作出版基金会合资建立的一家综合性大型广告公司。主要客户有:蓝带集团股份有限公司、百事可乐、英美烟草公司、世联集团、亚洲饮料、杨协成饮料、标志汽车、爱德空调、鹰金钱、海尔、石湾米酒、蓝鹰葡萄酒、格力、威力、乔士等品牌。

公司业务网络遍布全国,与香港著名广告公司合作密切,拥有一批广告精英人才,采用先进的广告制作技术,在影视广告拍摄制作、平面设计、户外广告、媒介代理、客户服务、广告创意以及CI形象策划设计、大型综合性活动组织上均有成功业绩。

广东国际广告公司以独特的创意、一流的专业能力为客户提供高质量高效率服务。

中国对外贸易广州广告公司

地　址:广东省广州市流花路117号
邮　编:510014
电　话:(020)86681723
传　真:(020)86666937
负责人:戴新国
联系人:林　红

本公司成立于1988年,公司主要经营策划、代理、制作、设计、发布国内外各类广告。经营出国展览、来华展览、进出口贸易、彩印、包装、工程制作等业务。负责《中国出口商品交易会会刊》等刊物的编辑出版工作。开展市场推广、咨询服务和技术交流业务。

公司实力雄厚,拥有一批高质素的广告人才、从事广告专职人员达50多人,可为国内外客户提供优质服务。业务不断发展。公司代理一批国内外知名企业和名牌广告业务。如万宝路、万事发、555香烟、润讯、统一集团、青岛啤酒、中国嘉陵、四川长虹、贵州茅台、五羊一本田、轻骑摩托等知名品牌。经营实力、规模和效益均居全国同行前列。在广州地区广告实力综合评比中排列第二。

广州市对外贸易广告展览公司

地　址:广州市麓景路七号发展大厦东八楼
邮　编:510091
电　话:83573440　83573445
传　真:83573447
负责人:韩江南
联系人:潘姗姗

广州市对外贸易广告展览公司是外经贸委属下的国营企业,是中国外贸广告协会、广东省广告协会、广州市广告协会会员之一。

本公司主营国内外广告展览、技术交流及户外广告;兼营广告礼品、宣传品、摄影、录像器材、广告展览器材的进出口及保税仓业务。

本公司自1986年成立以来,成功地举办了多次大型国际性展览会,及成功地为麦氏咖啡、东芝电器、沙龙烟草、亨氏营养米粉、蓝带马爹利等世界名牌产品进行广告策划和投放活动,受到国内外客商的好评。

1995年本公司获广州地区25家最大广告企业排序第三名,并荣获广州地区"十佳广告公司"称号。

欢迎前来联系和洽谈业务。

广州市广告公司

地　址:广州市大南路49号
邮　编:510115
电　话:83335535
传　真:83330246
负责人:连　达
联系人:邱惠玲

广州市广告公司创建于1979年,是广州市诞生的首家专业广告公司,是中国广告协会会员、广告公司委员会常务委员单位、中广联成员公司、广州市广告协会副会长单位。

公司承办国内外各类广告业务,拥有一批优秀的广告人才和制作广告的先进设备,可完成广告总体策划、设计、制作、影视、印刷等各项广告业务。多次被评为全国、广东省"重信誉、创优质服务"先进单位,并在全国专业广告公司综合实力排序中位居前50名之内。

广东聚光堂广告有限公司

地　址:广州市河南江南大道中348号江南大酒店618房
邮　编:510245
电　话:84418888转618或619
传　真:84418888转618
负责人:张　松
联系人:高　莉
主营:设计、制作、发布国内外各类广告,代理自制广告的发布业务。

广州市天艺广告有限公司

地　址:广州东山三育路 44 号东山宾馆 3 号楼五层
邮　编:510080
电　话:(020)87602427　87773722－3520、3517、3515、3519、3500
传　真:(020)87602427
董事长:韩小鹰
经营范围:

天艺广告是一家大型中外合资广告公司,它具有广告策划、影视制作、平面设计综合代理实力的公司,公司在美国、澳洲、香港均设有分公司,担负国内企业向海外拓展的推广。天艺广告 96 年被评为广州地区首家 4A 广告成员,1996 年公司营业额在全国排序第 40 位,广东省第 3 位。在 97 年中国第五届优秀广告评选中,荣膺 5 枚奖牌,其中"万家乐"报纸广告获平面广告银奖。公司现代理著名品牌客户有:万家乐热水器、太阳神、健力宝、乐华彩电、华凌冰箱、耶鲁固力锁、白天鹅宾馆、两面针集团、日本三菱电机、美国箭牌口香糖、美国百时美施贵宝"伊卡璐"洗发水等 39 家,是目前广东地区客户代理最大的公司之一。代理服务范围从企业市场推广策划、CIS 战略实施到影视广告、平面设计、媒体投放、市场监测一系列配套性全方位服务。

广东黑马广告有限公司

地　址:广州市惠福西路 375 号大院四楼
邮　编:510120
电　话:(020)83387565,83321524,83334997,83386594,83182173
传　真:(020)83321524
负责人:黑　马
联系人:邹建团

黑马广告为资深广告人黑马先生于 1985 年创立,属于"广州 4A"首批成员公司。

黑马曾为国际著名的宝洁、雅芳、亨氏开拓中国市场打响了头炮。为广东著名的万家乐、神州、华宝、科龙、索华成为中国市场同类产品的领先品牌而倾尽全力。为全国著名的太太、生命核能、美媛春、红桃 K 口服液屡创"一夜成名"的神话。为广州著名的合富辉煌、洛溪新城、汇侨新城房地产屡创销售奇迹。

都以为黑马代表着杰出的平面设计;善于为产品打开、占领市场,把广告做到叫绝,把销售做到叫座,这才是黑马的真谛。

黑马与全国媒介有着紧密的联系,1994、1995、1996 年在羊城晚报的代理额全国排名第二位。

"凝聚每一分热,旨在爆冷",黑马期待着与十分忠诚于自己品牌的客户并肩作战,时刻期待着。

广东省白马广告有限公司

地　址:广州市达道路 12 号金达大厦 9 楼
邮　编:510600
电　话:87769388 转 2910
传　真:87675804
负责人:韩子定
联系人:任燕玲

广东省白马广告有限公司成立于 1992 年,以策划创意为核心,创立了从市场调研、客户服务、策划创意、设计制作到媒体代理及发布、媒体监控等广告业务体系,取得了良好的经济效益和社会效益。近年,在户外媒体的开发与经营方面也取得了新的进展,其高质量的户外广告开始受到同行瞩目。

经营范围:

策划、创作、制作、代理及发布国内外广告业务。

希望广告有限公司

地　址:广州市流花路 117 号办公楼(15 号馆)5 楼
邮　编:510014
电　话:(020)86678000－86803

传　真:(020)86665866
负责人:傅郁芬
联系人:吴　蔚

主经经营项目:

承办代理国内外各类广告业务;承办代理出口广告业务;承办各类展览(包括来华展览、出国展览);承办各类公共宣传及国内外文艺团体交流活动;承接各类市场调查业务及信息咨询业务;承接各类广告制作、出版印刷及装饰装修业务。

主要成功个例:

广州市环市东路"灯饰广告一条路"

每年春秋两届中国出口商品交易会指定发放刊物《中国出口商品交易会参展商名录大全》

广州市外商投资企业产品展销会

"曼秀雷敦"广告促销活动

广州市大型电脑喷涂宣传画——邓小平同志视察南方,获广州市委、市政府颁授"共迎新春拂南粤"的表彰锦旗

广州市街道报栏工程,得到了市政府表彰,并授予"热心公益、服务市民"的锦旗

广州柏信广告有限公司

地　址:广州市建设六马路 33 号宜安广场 1401－1414
邮　编:510060
电　话:020－83841316
传　真:020－83841321
负责人:曾　平
联系人:龙海燕

提供全面的综合性广告服务,具体包括:市场调查与研究,企业识别系统设计、平面设计与制作、影视广告的创意和制作、室内及户外广告的设计,制作与发布,媒介策划,购买及监测,促销活动策划与执行,商业展览策划与组织,赞助活动筹划与安排等。

南方航空广告公司

地　址:广州市白云机场南航贸易大厦四楼
邮　编:510405
电　话:8620－86123329
传　真:8620－86650797
负责人:马廷伟

主营:设计、制作、发布国内外各类广告业务。

兼营:国内商业及物资供销业(除国家专营专项商品)。

中国南方航空(集团)公司对外业务宣传广告的总代理。

广州电视广播有限公司

地　址:广州市环市中路 233 号广州电视台内
邮　编:510010
电　话:86679771　86664833－1210
传　真:86680533　86675485
负责人:邱卓涛
联系人:黄振英
主营:设计、制作国内外广告,代理自制广告的发布业务。

电视节目复录,电视事业的开发。电视广播信息咨询。国内商业及物资供销业(除国家专营专控项目)。兴办影视摄制基地及与其相关的文化娱乐观光事业。

广东广旭广告有限公司

地　址:广州市东风东路 836 号东峻广场四座 18 楼
邮　编:510080
电　话:87655619　87300570
传　真:87615893
负责人:刘醒豪
联系人:徐思聪

广东广旭广告公司是日本旭通信社和广东省广告公司合资成立的公司。1993 年成立,成立第二年营业额即排名全国第四十八名,1995 年成为广州地区"十佳"广告公司、同时被评为"综合实力第六名",1996 年以排名第四的实力入选"广州地区综合性广告代

理公司委员会”，成为中国广告行业首批4A成员之一。现在广旭职员近50名，营业额每年以60%速度增长，1997年将会突破亿元大关。

近几年，广旭进行了重大改革，第一、改革“铁饭碗”制为聘用制，任人为贤为才，使一大批人才凝聚在广旭旗下。第二、改“班组制”为“部门制”，取消承包制和提成制，铲平产生个人行为的山头，实行专业分工，相互协调，走发挥整体优势，实行整体运作的道路。第三、实行分配制度改革，改变过去基本工资加提成做法，实行国际通行的固定工资制度。这三方面的改革，使广旭进入了高效率的现代管理，提高了工作效率。

广旭集合着日本、香港以及本地广告精英，他们体现着三方面的优势：日本人的忠诚和勤奋，香港人的见多识广以及整体策划能力，本地人对本地市场的熟识以及其很强的实际操作能力。靠着广旭的整体优势，广旭向客户提供的是整体的、全方位的高质服务。

深圳市泰恩斯广告文化发展有限公司

地　址：深圳市深南中路深圳国际科技大厦21层(上海宾馆对面)
邮　编：518033
电　话：(0755)3761888　3761997　3760088
传　真：3761666
经营范围：
企业形象策划、设计、推广
各类户外广告创意、设计、制作、发布
影视广告创意制作
商务公关礼仪
各种媒体广告代理
各类产品行销之决策
承印各类精美印刷包装制品
编辑大型画册、资助出版、图书批发

深圳市明天形象策划有限公司

地　址：深圳市华强北路新世纪酒店八楼
邮　编：518028
电　话：3239924
传　真：3239944
董事长：高英杰
总经理：王　克

深圳市明天形象策划有限公司是深圳市政府机关报《深圳商报》社创办的一家综合性企业软科学策划公司。公司创立以来，奉行“实效是检验CI的唯一标准”，以形象战略为切入点，探索解决企业战略规划、经营诊断、情报研究、企业管理、市场营销、员工培训等企业在市场经济条件下遇到的深层次问题。数年来，先后为山东秦池、济南将军、江西草珊瑚、深圳中房、益力、衡韵、华侨城、招商石化、合作银行、免税、山东齐民思、得利斯、四川盐化、四川智强、珠海振国、郑州白鸽、江西广丰等三十余家大中型企业，实施CI策划、企业诊断、营销组合、企业再造等策划工程，形成了独具特色的实效型CI理论观点与操作方法，取得了引人瞩目的丰硕成果。荣获全国“十佳企业形象设计单位”、广东省“报业经营先进单位”，深圳市“最佳形象策划公司”。年营业额达到5000万元。

华艺广告公司

地　址：广东省深圳市火车站大楼M层
邮　编：518001
电　话：(0755)2327927　2331128
传　真：(0755)2345780
经营范围：
●灯柱广告
●射灯牌广告
●霓虹灯广告
●灯箱广告
●创意设计
●CIS、策划、样本

广东恒丰广告公司

地　址：深圳市上步南路国企大厦A座
邮　编：518031
电　话：(0755)2068333

人常生活在习惯与惯性中，我们从事的，恰恰是突破这种惯性的工作。对每一名设计师来说，创新不仅是工作，还意味着一种生活方式。

一件设计作品孤立地去谈"感觉好"或"感觉不好"是很肤浅和不牢靠的，如果能放在设计艺术发展的脉络中去考虑并结合这个时代的审美时尚，我想更能够把握作品是否有足够的生命力。

深圳市口岸广告公司

地　址：深圳罗湖口岸勤通楼七楼
邮　编：518001
电　话：2324920　2321525
　　　　2321526　2324515
传　真：2321525
经营范围：
　专营深圳各关口广告业务
　提供设计制作服务

深圳机场广告公司

（全国50家最大广告公司）
地　址：深圳上步轻工业区105栋五层（振兴路西路口）
邮　编：518028
电　话：3208096　3218951
传　真：3218947

深圳市公交广告公司

地　址：深圳市福华路34号附楼二楼
邮　编：518001
电　话：(0755)3334650　3603727　3606427
传　真：(0755)3603732

深圳市公交广告公司成立于1991年，直属于深圳市公交（集团）有限公司，拥有深圳市六十余条公汽线路、千余辆公共汽车的独家广告发布权，是集公交媒体广告设计、制作、发布于一身的专业型广告公司。

通过几年的实践努力，公司已形成完善的经营机制，设立有业务、策划、设计、制作、媒体开发等多个部门，全面使用电脑进行广告设计、业务查询以及广告发布的管理，具备明确、高效的运作流程。

凭借规范化的经营、高素质的专业人才、精益求精的制作水平，公司成长迅速，不仅在深圳户外广告同业中"独树一帜"，并已跻身于深圳市广告行业实力排序的十甲之列。

发挥公交媒体的最大潜力，为客户提供更好的广告服务是公司全体员工的共同心愿。

深圳市万意达广告设计有限公司

地　址：深圳市彩田南路中深花园大厦B座29层
邮　编：518021
电　话：(0755)3374405　3374457
传　真：(0755)3374457
经营范围：
　市场调查
　企业CIS导入、市场营销、策划；
　户外广告制作发布、媒介代理、发布；
　平面设计制作，礼仪庆典活动策划；
　产品广告摄影、礼品广告；
　建筑沙盘、模型制作，环境工程设计；
　工艺雕塑，城市雕塑。

深圳市旅游广告有限公司

地　址：深圳市罗湖区乐园12号旅贸大厦四楼
邮　编：518001
电　话：(0755)2177290　2204931　2204932
传　真：2177291
经营范围：
　CIS形象策划、营销、广告策划
　国内外各类媒介广告代理，户外广告制作发布
　产品展示、展览设计、包装、印刷品设计。

深圳市道和广告传播有限公司

地　址：深圳市南山区创业路南侧粤海办公

大楼一楼
邮　编:518054
电　话:6408711　6408793
传　真:6408793

深圳市道和广告传播有限公司是一家独具特色的专业广告公司,经历了四个春华秋实的刻苦磨砺,道和人潜心求学、苦心经营,以专业化的系统服务,赢得了客户的信任。

道和广告传播有限公司承揽国内外广告的策划、创意、设计、制作、代理和全权负责深圳市区各主要街道、路口、广场、码头及住宅小区设立的1100个新型多功能阅报栏上(平均每个广告发布面积为12m²)的户外广告发布,其发布宣传力强、传播率高、覆盖面广。立足街道为客户做点实事是道和人永远遵循和奉行的服务宗旨和经营理念。

深圳天达文化广告公司

地　址:深圳和平路63号深铁大厦1111、1112房
邮　编:518001
电　话:(0755)5572440
　　　5584248转1112、1128
传　真:(0755)5572481

深圳天达文化广告公司是广铁集团文化广告总公司的全资子公司,成立于1994年4月,是一家具有设计、制作、代理发布国内外各类广告业务和拥有书刊发行、文化娱乐活动服务、贸易实业等经营权的综合性公司。公司成立以来,先后在广州、深圳采用高新技术发布了"诺基亚手机、世界之窗、红牛维他命饮料、马爹利洋酒、柯达胶卷、柯尼卡胶卷、可口可乐、杏花村汾酒、三个五香烟、金威啤酒"等大型户外广告,开行了"华宝号、健力宝号、顺德号、安康号"等以企业、城市、产品名称冠名的广告列车;编辑发行了"铁路货运指南"和"广州市迈向现代化国际大都市"等书刊;成功地组织了"俄罗斯普希金芭蕾舞团"的演出和"96年深圳全国铁路户外广告高新技术展示及研讨会";深圳火车站"世界之窗"广告还获得了广东省广告设计大赛银奖。

展望未来,深圳天达文化广告公司将认真贯彻铁道部大力发展铁路大多经的指示精神,勇于开拓,不断进取,努力创办成一个具有全功能型的广告公司。深圳天达文化广告公司将竭尽全力为各企业、团体提供最佳服务。

深圳市三同广告设计公司

地　址:深圳市福田区华富路5号南光大厦11楼1号
邮　编:518041
电　话:3342373　3210876　3237087
传　真:3242010
经营范围:

- 房地产总体营销策划
- 大型电脑喷绘制作及材料销售
- 大型霓虹灯制作及材料销售

同心:聚四方之奇才,采艺术之精灵顺天时,应地利,惟数三同。得同人同心,主文明以健,中正而应集异人。同心则利涉大川,利君子贞。同心于门,和睦与共,所向享通。是以名人之名,君子之君,其该出于此。

同力:持人才,善用其才。忠其之职,得物所值。蓄能者,惯使其能,效其之守,受益颇丰。会才能二者于一门,发光与热于一体,广施于商,告晓于民,得众人拾柴,其焰熔铁;大势大利也。

同享:昔者,商海茫茫,寻经觅径,求生财之方,问君知否?

有广告人曰:"近在咫尺,可寻三同书。"能省时度势,获茅塞顿开,送君入金色殿堂,便能东篱把酒黄昏后,同心同力同享受。

深圳万博广告设计有限公司

地　址:深圳市百花公寓一栋九楼B座
邮　编:518028
电　话:(0755)3219634　3259693
您的成功,就是我们的成功;
这是万博人的信条。

永远把客户摆在第一位；
这是我们的宗旨。……
而万博人博而雅的底蕴
才是助您成功的条件。，
我们坚信……
创造名牌的同时也创造自己。

深圳市电话号簿公司

地　址：深圳市皇岗口岸皇岗电话机楼六楼
邮　编：518045
电　话：(0755)3393888
传　真：(0755)3380919

给你一把金钥匙——深圳黄页打开客户的大门

深圳市威格广告公司

地　址：深圳市深南东路 207 号摄影大厦 4 楼(地王大厦东面)
邮　编：518008
电　话：5894730　5894731
5894732　5893973
传　真：5894730

●设计
●制作
●代理
●发布

国内外各类广告业务

深圳市天先广告设计制作公司

地　址：深圳市深南中路 4 号《深圳特区报》附楼三楼
邮　编：518009
电　话：(0755)2245411　2245191
2244566－6729、6730
传　真：(0755)2245411

深圳市天先广告设计制作公司是深圳特区报下属的全资企业，成立于 1993 年，主要以企业形象策划、平面设计、媒介代理为主，公司集结了一批广告精英，在社会上有相当的知名度，经过几年的奋斗，公司的业务连年翻番。

目前公司除有全套的苹果设计系统，还斥资引进了美国大型电脑喷图设备和美国最新菲林输出系统，除了满足本公司户外广告及印刷需要外，还方便了社会有关单位。

我们的宗旨是：全心全意，竭尽所能，同舟共济。

深圳天威广告有限公司

(深圳有线电视台直属企业)

地　址：深圳市彩田北路 2 号
邮　编：518026
电　话：(0755)3069728
传　真：(0755)3069999

意念，重在点破后玩味……

深圳泛太平洋广告有限公司

地　址：深圳市福田区华强北路新世纪酒店 816 室
邮　编：518028
电　话：(0755)3222221
传　真：(0755)3222822

深圳泛太平洋广告有限公司是经深圳市人民政府批准成立的，具有广告发布权的综合型广告公司。

深圳泛太平洋广告有限公司作为中国铁路系统内的一家专业广告公司、中国广告行业一支新的劲旅，立足铁路、面向深圳及泛太平洋地区，大力发展现代新型广告，竭力促进中国的广告事业向前发展。

主要服务项目：

1. 广告策划、设计(包括 CI 工程，整体广告)。
2. 霓虹灯、灯箱、电脑喷绘等广告制作。
3. 出租一流广告位、发布户外广告。

深圳国门广告有限公司

地　址：深圳火车站东广场《深圳商报》电视信息屏
邮　编：518001

电 话:2335669 2327530
传 真:2327530

深圳国门广告有限公司是全国最大的合资广告公司之一,拥有目前全国最大的全彩色户外电子大屏幕,有效显示面积108平方米。

深圳国门广告有限公司拥有国内一流的影视制作奇才,平面设计高手,创意策划的"点子堆",为您提供以影视广告的创意、制作、发布为主的服务暨承办彩色电子大屏幕广告和外商来华广告业务。同时为您全心全意承办企业形象的设计与导入,报刊、杂志、广播、电视及其它所有媒体广告的代理策划与制作,大型活动的组织、实施等等。

深圳机场候机楼广告有限公司

地 址:深圳机场候机楼一楼内
邮 编:518128
电 话:7777453 7776177
传 真:7776177 7776126

深圳国际机场在短短的一年多,已跻身全国大机场之一。候机大楼是一个多功能、综合性的现代化候机服务中心,总面积四万多平方米。设有出入港大厅、候机厅及各种功能的服务系统。每年约有450～600万旅客通过这里。这里将是中国最繁忙、最现代化、最有潜力的航空港之一,深圳机场候机楼广告有限公司将协助您把握市场,在竞争中取胜! 为您提供广告策划、设计和制作等一流服务。

在候机楼旅客最密集的地段为您设有灯箱广告,电视墙幕广告、闭路电视广告、实物广告、礼品广告和航空手册广告,各具特色,任君选择。

深圳南国影联股份有限公司

地 址:深圳市罗湖区嘉宾路南国影联大厦四楼
邮 编:518001
电 话:(0755)2176055 225466－133

深圳南国影联股份有限公司是全国第一家中外合资的文化娱乐企业,集电影、投影、旅行业、广告、游乐、酒楼、商场为一体,南国广告部拥有优越的广告位置,每天游客络绎不绝,是深圳市发布广告的黄金地段。并在花园广场临街位置设有200平方米的不锈钢灯箱群,及500平方米大厦四周外墙广告及楼顶200×6平方米面积的广告位,可提供给顾客发布广告。

欢迎国内外客户光临及国内外广告同行合作。

深圳市红叶文化娱乐发展公司

地 址:深圳市红岭南路金华街一号
邮 编:518010
电 话:2275127

红叶文化娱乐发展公司系城建集团属下之二级企业,开展电影、投影、彩色冲印、培训、电脑信息网络等项业务,承接中小型文艺演出及各种类型的会议。拥有700座位的立体声影院,数个大小不等的投影厅,大型室外停车场,地理位置优越。红叶将为您提供最佳服务。

深圳市千百度广告设计制作有限公司

地 址:深圳市莲花北景花园景晖阁2B房
邮 编:518034
电 话:3900516
传 真:3905066

深圳市千百度广告设计制作有限公司是一家经营专业公司,公司的宗旨:追求完美崇尚领先,具有一流的专业设计人员及最先进的平面设计、电视制作及良好的媒介关系,公司开创以来,先后为国内外颇有知名度的企业提供了创意、CI设计、大型策划、制作、代理等多项服务,并建立了长期合作关系。

给我们百分之百的信心,给你百分之百的满意。

深圳体育馆广告部

地 址:深圳市上步北路深圳体育馆
邮 编:518029
电 话:3259068

深圳体育馆广告部成立于1985年,随着体育馆的各类大型文体活动制作和发布了大量宣传广告,并直接参予对赛事及演出活动的策划与组织,经过多年的探索与实践,造就了一批有实力、有经验的队伍,所发布的广告涉及中外名牌有TCL、中华自行车、益力矿泉水、中国电信、索尼、百事可乐等。

深圳体育场广告部

地 址:深圳市上步北路深圳体育场
邮 编:518029
电 话:3246431

深圳体育场广告部于1993年成立,多年来成功地举办过许多大型比赛和文艺演出,拥有经验丰富的广告从业人员队伍,场地广告设施齐全广告效果理想。经批准可利用自有场地设计、制作发布国内外广告业务。

招商局蛇口工业区文化广告公司

地 址:深圳蛇口公园路幸福中心C座
邮 编:518067
电 话:(0755)6691970 6692235
6692319 6675819
传 真:6674037

招商局蛇口工业区,毗邻港澳,地处中国经济最活跃的深圳特区,是中国第一个对外开放的工业区,影响辐射珠江三角洲乃至全国。

蛇口工业区文化广告公司是蛇口工业区全资企业,拥有蛇口地区近3000平方米的户外广告媒体,独家代理海内外发行的《蛇口消息报》的广告,具有专业水准的企业形象策划、营销策划、平面设计、印刷设计等全面服务的外向型广告公司。

以专业与敬业的服务,为客户所想,为客户所做,是招商局蛇口工业区文化广告公司的经营宗旨。

德伟科技中国有限公司

地 址:香港九龙红磡马头围道37-39号
(红磡商业中心A座4楼7室)
电 话:00852-27730128
传 真:00852-23342534
深圳办事处地址:深圳市深南中路28号华南电力大厦501室
电话:3350640-3501
联系人:郭 亮
经营范围:

广告大图设计、制作、输出全套系统,介绍广告大图制作新技术。

深圳三星电管有限公司

地 址:广东省深圳市福田区皇岗北路彩电工业区
邮 编:518026
电 话:(0755)3357000(总机)
传 真:(0755)3367008

深圳三星电管有限公司是于1996年3月经国家对外贸易经济合作部批准而成立的大型合资企业。总投资额为6.05亿美元(RMB 50.215亿元),合资双方分别是韩国三星集团下属的“三星电管(香港)有限公司”和“深圳市投资管理公司”。公司占地总面积为22万平方米,建筑面积为15万平方米。作为建国40年以来投资额最大的中外合资电子企业,一直有幸得到中央各部委、深圳市政府和深圳市投资管理公司的关心和大力支持,各项建设工作进展顺利。深圳三星电管有限公司将倾心致力于深圳的经济发展,为促进中国的经济繁荣作贡献。

作为追求视觉语言和影像文化的深圳三星电管有限公司,到1998年底,将具备年产600万只彩色显像管(CPT)和彩色显示管(CDT)的生产能力,它属于深圳市七大工业主导产业中的“微电子及基础元器件产业”,巨大的规模效益,将使深圳三星电管真正成为全国、乃至亚洲重要的彩色显像管/彩色显示管生产基地。

汕头市龙德广告有限公司　汕头市金园广告公司

地　址：汕头市黄河路万商广场 C 座 7 楼
邮　编：515041
总　机：8891078　8891178
　　　　8891278　8891378
传　真：总机转内线 8210
负责人：周建轩
联系人：陈　彤

汕头市龙德广告有限公司、汕头市金园广告公司是汕头市第五家成立的广告公司，是一家集策划、设计、制作、代理发布为一体的大型综合性企业。连续四年被评为“重合同守信用”荣誉单位。

多次全国性产品推广实施经验足显我们一贯的整合营销传播实施能力。

有声有色——影视广告制作
形神兼备——平面设计制作
点面俱全——行销企划实施
量大面广——媒介代理发布

从最初市场调查到最后的效果评估等各个环节，有高素质的企划、创意、设计、制作人员精心投入，有配套的 BETA－CAM 电视播录设备、三维动画制作系统、苹果系列平面设计系统以及先进的电脑网络管理系统等为后盾，从而使我们对客户的承诺一一兑现。

我们为客户提供全面服务。

我们与客户共同成长。

珠海市讯通广告公司

地　址：广东省珠海市香洲区凤凰路邮政大厦三楼
邮　编：519000
电　话：(0756)2218183
传　真：2218266
总经理：纪秋实
联系人：梁伟琴

主营：承办和代理国内外各种广告业务，平面广告设计，丝网印刷，代办邮电有关业务，晒图、植字、复印、室内装饰，批发零售通信设备。

珠海经济特区东方广告有限公司

地　址：珠海市吉大莲花山吉石路
邮　编：519015
电　话：0756－3356717　3367259
传　真：0756－3356707
负责人：刘启彦
联系人：卢品明

主营：承接国内广告、来华广告、出口广告的策划、制作、代理业务，承办制版、印刷广告业务，提供广告制作影视器材及信息咨询服务。户外广告及广告模特队。

另外，我公司在珠海拥有大量户外灯箱，霓虹灯广告牌位，在澳门即将回归祖国之际，欢迎各位商家届时能一展风采。

太阳广告策划公司

地　址：佛山市季华五路 13 号三楼
邮　编：528000
电　话：0757－3336121　3336221
传　真：0757－3336121
负责人：谭　明
联系人：李树珍

太阳广告策划公司，成立于 1992 年。公司成立之初，即确立了“热诚、专心、高效”的太阳精神，以提供具有创意性的广告服务，为客户创造性地占领市场奋力出击。历经五年的不断发展壮大，今日成为佛山广告界的翘楚。

在当今激烈的市场竞争中，太阳广告率先在佛山广告界提出了全面营销策划和创立知名品牌的观念，由此来展开各项相关广告创意设计，公司在这方面积累了丰富的经验和具备先进的硬件设施，拥有强大的创意、设计、制作能力。公司始终以服务客户为先导，不断吸纳广告英才，相继成立的策划部，以为客户进行专业全面的市场调研，提供策略与战术相结合的广告计划和营销策划。同时公司面向企业发展的需要，推出了各项以营销为中心的培训计划，冯两努营销讲座的成功举办无疑给重视营销工作的企业提供了一个信心之选。

太阳广告，完善自我，与你并肩，成为企业广告及营销方面的专家和朋友。

佛山市新闻出版公司太阳广告策划分公司

地　址：广东省佛山市季华五路13号三楼
邮　编：528000
电　话：0757－3336221　3336121　3382061
负责人：谭　明
联系人：李树珍

您已经深谙商战中的无情厮杀
是不是该树立自己响亮的品牌
是不是该全面谋划一个有效的营销策略
那就跟我们聊聊吧
当您的目标一旦准确
是当然能够一矢中的

致力中国的广告事业，是太阳广告永远延伸的主题

梅州市广告公司

地　址：梅州市东教场背市广播电视大楼
邮　编：514011
电　话：2230688　2222058
负责人：张品华

梅州市广告公司拥有一批精于广告策划、创意、设计等专业人才，是一个以广告创意为中心，为客户提供全面优质服务的综合性广告公司，为国内外广告客户设计、制作、发布路牌、民墙、霓虹灯广告，承办开业礼仪庆典，体育竞赛场地等广告业务；提供企业形象设计，包装装璜设计，室内装饰设计、制作、商标设计服务。代理各类新闻媒体广告业务。

梅州市广告公司是《梅州广播电视》周报广告总代理。

梅州嘉应广告公司

地　址：广东省梅州市公园路2号之二
邮　编：514011
电　话：(0753)2231095
传　真：肖美元
负责人：谢本元

梅州嘉应广告公司是广东省广告协会会员单位，拥有一批经验丰富的美术设计师及工程技术人员。

主营：承接设计、制作、发布国内户外广告业务，代理各类媒介的广告业务。

兼营：室内外装饰及霓虹灯工程。

广东省惠州市广告装饰公司

地　址：惠州市下角东路41号
邮　编：516001
电　话：2227435　2213846
传　真：2227435
负责人：王新昌
联系人：王新昌

本公司成立于1982年，是一家专门从事设计、制作、发布、代理国内外各类广告业务及室内外装饰的专业公司。下设策划创意部、广告部、户外广告部、霓虹部、广告制作部、装饰部、工程部及综合服务部。曾获广东省广告业“重信誉，创优质服务”先进单位称号，并跨入首届中国广告公司实力排序百强之列。

本公司致力现代广告与现代企业联姻，孕育市场经济骄子。并务实求新，刻意寻求“人无我有，人有我新，人新我变”的崭新广告媒体，助企业走向成功，步入辉煌。

粤揭阳市区广告公司

地　址：揭阳市榕华大道教育围
邮　编：522000
电　话：8633004　8619924
负责人：许小腾(助理工程师)
联系人：许小腾

本公司成立于1985年，经营国内外广告业务和装饰工程。为客户设计企业形象，开拓产品市场提供系列广告策划服务；拥有路牌、灯箱、橱窗、霓虹灯、招牌、印刷等各类广告媒介形式，深受客户欢迎。

报 纸 类

南方日报广告部

地　址：广州市广州大道中289号南方日报社内

邮　编：510601

电　话：87373998－8108

传　真：87375401

负责人：李迪生

《南方日报》创刊已有40余年，每日发行量80万份，每天十二版，天天有彩版，发行网点覆盖全国40多个国家和地区。

在广告方面，目前已形成"机电大市场"、"南方汽车市场"、"现代办公用品"、"旅游天地"、"南方房地产"、"医疗保健"、"招聘广场"、"广东名药"、"信息速递"、"小方位广告"等固定广告专栏，成行成市，针对性强。广告部与全国及港澳各大众传媒关系密切，拥有先进的电脑设计系统，可为客户提供专业水准的服务。

广州日报

地　址：广州市人民中路同乐路10号

邮　编：510121

电　话：8887294　8855889

负责人：邢　珍

联系人：曾　巨

《广州日报》为对开20版，是中国大陆目前版面最多的综合性大型日报，常年辟有60多个专版，内容丰富多彩，适合各阶层人士，其中新闻信息占整张报纸的1/2左右，具有多功能开放型的特点。

《广州日报》发行面覆盖全国，不仅北京、上海、天津、沈阳、武汉、成都、海口等大城市的读者可以当天看到《广州日报》，同时由香港发行公司在香港发行，并发往日本、英国、美国、加拿大及世界各地。

《广州日报》承办国内外报纸广告，代理国内同行业广告业务。

羊城晚报

地　址：中国广州市东风东路733号

邮　编：510085

电　话：(020)7776211(总机转各部门)

广告负责人：唐小洛

广告联系电话：(020)7776763

7776211转3392、3373

广告联系传真：(020)　7776763

《深圳特区报》

地　址：深圳市深南中路4号(深圳特区报社旧址一楼)

邮　编：518028

电　话：(0755)2240001　2240006

传　真：(0755)2241692

《深圳特区报》是中共深圳市委机关报。《深圳特区报》是现代中国发展规模最快的城市日报。创刊仅15年，日发行量达45万份，其综合实力已进入中国报业前5名，是深圳地区发行量最大、广告量最大、版面最多、最受读者欢迎的综合性日报。

《深圳特区报》创刊于1982年5月24日。15年过去了，今天，《深圳特区报》一座47层高的报业大厦已经拔地而起，她是世界报业第一高楼；报纸发行量节节上升，覆盖国内所有大中城市及98%以上的县。同时，本报在香港设有发行代理，负责海外发行工作；在香港、北京、上海、成都、广州、惠州、汕头设有记者站和办事处；在北京、上海、武汉、成都设有卫星传版分印点，每天在港、澳及海外各地的发行量已经跃升为2万份；1994、1995、1996年广告收入连续跻身全国报纸的前5名。《深圳特区报》立足深圳，关注珠三角，面向全国,发行海内外,上网出版电子报刊,在国内外有很高的知名度和广泛的影响。目前,本报共有35个专版和300多个专栏,集新闻性、知识性、服务性、娱乐性于一体,受到了海内外广大读者的欢迎。

深圳商报

地 址:深圳市福田区景田商报路

邮 编:518034

电 话:3901440 3900055 3904202 3900011-8537

传 真:3923351

●深圳市政府机关报,广东省五大报之一

●每日对开二十版,另日出四版晚报。深圳商报、深圳晚报发行遍及全国各市县、海外二十六个国家和地区

●广告气势宏大、冲击力强、创意新颖、效果奇佳。1996年营业额达1.8亿元

●面向全国,辐射海外,是国内外商家注目的信息桥梁。

汕头日报社

地 址:广东省汕头市金新南路

邮 编:515041

电 话:(0754)8312781

传 真:(0754)8626274

负责人:陈德义

联系人:王永如

《汕头日报》是中共汕头市委机关报,是经济特区一张具有鲜明地方特色的开放型的综合性大型日报,每日出报对开八大版,周日彩版,国内外发行。目前发行量约10万份,《汕头日报》坚持"立足汕头,覆盖潮汕,面向全国,沟通海外,透入家庭"的方针。大量报道汕头市及潮汕各地和国内、国际的重要新闻,报道汕头特区建设、潮汕风情和侨乡新貌,致力体现汕头作为开放城市、经济特区,著名侨乡的鲜明特色。

《汕头日报》广告部具有丰富经验的策划、创意、设计等专业人才20多人,并设置电脑录入,组版、平面设计等,大大提高工作效率。经营范围:在《汕头日报》和《汕头体育报》发布国内外报纸广告,承办该报分类广告。

广播电视类

广州人民广播电台

地 址:广州市环市东路329号粤新大酒店二楼

邮 编:510095

电 话:(020)83592896

传 真:83390886

联系人:陈 坤 罗志民

广州人民广播电台于1991年12月1日正式播出,它是我国首家全天24小时播音的省会大城市调频立体声电台,拥有FM96.2兆赫与FM102.7兆赫两套内容风格各有特色的调频节目,广州电台以"立足广州,面向群众,当好党和政府的'喉舌',做广大市民的良朋益友"为宗旨,"以新闻、信息为骨干,以音乐、娱乐为血肉",不仅培养了一批深受听众欢迎的主持人、记者、编辑,更为受众提供大量通而不俗的节目。节目编辑,更新快捷。真正做到与广大听众"声声相关,时时相伴",成为广州地区和珠江三角洲收听率最高的电台之一,赢得了良好的社会宣传效益和经济效益。

广东电视台广告部

地 址:广州市环市东路331号

邮 编:510066

电 话:3324067 3324074 3358049

传 真:3358054 3358081

负责人:何日丹

联系人:冯志诚

广东电视台建台38年来,一直执广东电视传播业的牛耳,特别是举办过两届华语电

视周后，在国内外声誉鹊起。

广东电视台自办两套节目，一套呼号为"广东电视岭南台（用普语播出）"；另一套呼号为"广东电视珠江台（用粤语播出）"。每天自办综合节目70多个栏目共30多个小时。广东电视通澳门等地区，收视人口超过9500万。96年始广东电视实行卫星播出，信号有效覆盖45个国家，收视人口超过16亿。其信号覆盖范围之广及观众之多，在广东省独一无二，在全国省级电视台中，名列前茅。

深圳电视台

地　址：深圳市怡景路东广播电视大厦
邮　编：518021
广告业务电话：(0755)5529724
　　　　5409613　5403423
语音、信箱自动查询系统电话：
　　(0755)5403415

深圳电视台于1984年元旦建立，十几年来发展迅速。目前有两套自办节目（即33频道和48频道），全天各播出18个小时以上，覆盖深圳、珠海、中山、东莞、顺德、番禺、佛山、江门、惠州、广州等珠江三角洲地区以及香港、澳门等地区，拥有观众1800多万人。此外还有四个频道转播中央台和广东省台节目。

深圳电视台开设新闻、文艺、体育、经济以及生活服务等许多专栏，每年的节目生产量为2000小时以上，内容涉及政治、经济、文化、体育、教育、社会生活等各个方面，另有丰富多彩的各类大型晚会和娱乐节目及大型体育赛事的转播等等。节目内容丰富，形式多样，艺术性较高，具有鲜明的地方特色，既适合本地观众口味，又能够满足外地观众了解特区的需要。

深圳电视台拥有一支素质成熟、品质优秀的采、编、摄人员和技术队伍，他们多是来自全国各省、市电视台的优秀人才。多年来，由于他们的出色表现和成功运作，使深圳电视台获得良好的社会形象。

佛山人民广播电台广告部

地　址：佛山市季华路242号广播电视中心
邮　编：528000
电　话：0757－3381058
负责人：叶汉英
联系人：刘丽群

主营：发布各类广告（含外商来华广告），承办分类广告。

汕头人民广播电台

地　址：汕头市潮汕路广播电视中心
邮　编：515021
电　话：(0754)8210166
传　真：8210960
台　长：林贵炎
广告部主任：刘锐辉

渡过四十载春秋，粤东历史悠久的电台，飞速发展，开办新闻台、经济台、音乐台，使用四套频率发射，覆盖粤东、闽南，闽粤赣经济区最具影响的电台。采编播、技术、广告人才济济，采编、制作、播控、发射设备精良，实力强劲的电台。创新与活力、时代精神与乡土特色、可听性与高收听率，追求完美和敢于面对挑战的电台。经济效益在本省地市台名列前茅。在粤东一枝独秀，卓有成效，享有信誉，能与广告客户携手共进的电台。

这就是汕头人民广播电台

汕头电视台

地　址：广东省汕头市潮汕路广播电视中心
　　　　二楼
邮　编：515021
电　话：8210322　8100021
传　真：8204304
负责人：胡克威
联系人：何维钦
经营范围：

发布国内外电视广告，承办分类广告。

汕头电视台（33频道）发射功率十千瓦，

节目覆盖汕头全市及潮州市,揭阳市大部分地区和福建省南部的部分地区,面积约一万平方公里、人口1600万人。覆盖率87%,其中城镇占70%,乡村占30%。地区电视机拥有数320万台,信号送入汕头有线电视网。汕头电视台黄金时段绝对收视率稳定在25%左右,已成为粤东地区传播信息、沟通产销的主要电视媒介。

梅州市有线广播电视台

地　址:梅州市东较场广播电视大楼一楼
邮　编:514011
电　话:2212806　2219998
传　真:0753-2219998
负责人:黄小平
联系人:黄庆东

梅州市有线广播电视台是一座大型的有线电视台,现有职工70人,其中正式职工43人,聘用技术工人27人。台内设有台长室、办公室、广告部、节目部、技术部、工程部、播出部。现已开通24套节目,全天24小时播出,拥有用户5万余户,观众20余万人次。

"有线电视、情系万家",在梅州有线广播电视台的基础上,还开设了三角镇梅州有线电视二台、城北有线电视站,覆盖面达梅州地区、三角镇、城北镇和程江镇。开设的栏目有:"连续剧坛"、"环球剧场"、"影视天地"、"卡拉OK点播"、"经济信息"、"文艺博览"等。

"塑造企业形象、提高产品知名度、促进商品流通"是广告部的经营宗旨。花最少的钱,办更多的实事,让我们携手共创梅州经济繁荣。

主营:承办制作,发布国内电视分类广告业务。

杂志类

《质量与市场》编辑部

地　址:广州市八旗二马路38号后五楼
邮　编:510110
电　话:83341934　83850099
负责人:何绍淅
联系人:冯文海

由广州市经济委员会主管,广州市质量管理协会主办的《质量与市场》杂志,是集质量经营、市场动态、营销策略为一体,宣传、报道工商各界企业形象,反映改革开放中的经济活动和充满时代气息的社会风貌,反映国家关于市场调控和质量管理的政策与方针,探讨搞好宏观调控和微观管理的相应对策,提供国内、国际市场信息。

《质量与市场》所反映和研究的市场是一种广义的市场,而不仅仅限于商品市场;所研究和促进的质量是一种广义的质量,包括一切产品,过程和行为的质量。所以《质量与市场》是高档次、高品位刊物。其视野开阔,立足点高,信息量大,可读性强。覆盖面达全国32个省(含港澳)、146个市、地区;国家军工、航天、机械、电子、铁道、冶金、船舶、烟草、煤炭、化工、建筑、司法等22个行业协会及各地大专院校均有订户,是广大企业家、质量管理工作者必读的有益刊物。办刊多年,深受广大读者欢迎。

《涉外税务》杂志

地　址:深圳市福田南路28号税务大楼14/F
邮　编:518033
电　话:(0755)3336333-1407,1409
传　真:(0755)3337545

《涉外税务》杂志(月刊)系国家一级学会——中国国际税收研究会会刊,由中国国际税收研究会与深圳市税务学会联合主办,1988年创刊,是国内唯一一家有关国际税收和涉外税收方面的专业杂志。

《涉外税务》现由国家税务总局副局长、中国国际税收研究会会长卢仁法同志担任主编,编委会由国内财税界知名专家、学者组成。为了适应改革开放和时代发展的需要，已从1995年第1期起改为大16开64页码，内文双色印刷的精美新版，扩版增容后的《涉外税务》，将继续秉承为改革开放鸣金呐喊，为外向型经济服务、为广大税收理论研究者、实务工作者和三资企业服务的宗旨，及时、周到地向广大读者提供信息。欢迎国内外各界人士订阅、赐稿和刊登广告。

广西壮族自治区

公　司　类

柳州市美术广告公司

地　址：柳州市中山东路22号(文化大院)
邮　编：545001
电　话：(0772)2856514　2827408
负责人：覃金源

本公司成立于1980年，是柳州市、柳州地区一家经营广告业务的专业广告公司，设备先进，技术力量雄厚，拥有一批经过专业培训的技术人员。

本公司为企业进行广告整体策划，电脑设计；承接路牌、霓虹灯广告制作，各类有机玻璃制品，橱窗及各类展览陈列布置，立体模型制作，商标设计、包装装潢、产品样本设计，室内外装饰工程。代理全国各地各类广告业务及外商来华各类广告业务。

兼营美术绘画用品，书画作品，工艺美术品、复印、打字服务，霓虹灯材料零售。

广西对外经济贸易广告公司

地　址：南宁市七星路137号
邮　编：530022
电　话：(0771)2809867
传　真：(0771)5869380
电　挂：2723
负责人：覃丽初
联系人：关玉华

梅高广告策划有限责任公司

梅高形象设计策划有限公司

梅高营销企划有限责任公司

梅高印务礼品公司

地　址：广西桂林市龙隐路18号21栋
邮　编：541004
电　话：5811586　5811516　5816766
传　真：5812833　5817647
法人代表：高　峻
联系人：覃慧榕

我们是综合性企业发展企划型的公司体系，是全国首届广告公司综合实力评选50强名列22位的公司，本着"人才为本，创意先行、卓越沟通、奉献社会"的理念，运用"调查分析"、"策略建议"、"操作推广"三大优势服务系统，我们不断为客户提供全方位的广告、形象、营销规划咨询等服务。

经营范围：

代理国内外广告业务；承办国内外广告策划、设计、制作、发布；营销诊断和规划、营销培训、顾问资讯服务；大型公关活动的策划、实施、设计、制作；企业形象策划；印刷制版；商标、广告业务咨询服务；商标、包装装璜设计；代销本公司广告商品。

梧州市美术广告策划总公司(梧州市美术广告公司)

地　址：广西梧州市五七方路五号
邮　编：543000
电　话：(0744)2823620
负责人：李　坚

联系人：谢祥穗

主营：广告策划、代理国内广告业务、CI设计、路牌广告、霓虹灯广告，印刷广告、旗帜广告、灯箱招牌，装饰装修、平面设计、各类绘画、锦旗制作。

报 纸 类

广西日报社广告部

地　址：南宁市民主路21号
邮　编：530026
电　话：5627123　5628600
传　真：5628600
负责人：覃士贵
联系人：梁惠萍

发布、承办报纸广告（含外商来华广告）。

广西工商报社

地　址：南宁市保爱路42号
邮　编：530021
电　话：2828264
负责人：黄耀坤
联系人：黄坚坚
经营范围：

本报为周二刊，全国发行，承办工商广告业务。

柳州铁道报社

地　址：广西柳州市鹅岗路二区16号
邮　编：545007
电　话：(0772)3622380
负责人：罗国信
广告业务负责人：马　柳
联系人：马　柳

《柳州铁道》是中共柳州铁路局委员会机关报，于1953年2月7日创刊。报纸为四开四版，周三刊，每星期二、四、六出版，国内统一刊号CN45－0019。发行面广，覆盖广西、广东、湖南、贵州四省区铁路沿线，其月末版《旅途大观》在全局20多个主要车站、30多趟旅客列车发行，并在北京、武汉等全国大、中城市设有100多个发行网点，其广告的影响面及渗透度有独特的优势。热忱欢迎管内外各企业、公司、各界朋友在《柳州铁道》报及其月末版《旅途大观》上刊登各类广告。同时承办国内报纸广告。

广播电视类

广西人民广播电台广告信息部

地　址：广西南宁市民族大道75号
邮　编：530022
电　话：5866075　5854181－272
电　报：9288
负责人：覃理爱
联系人：危文彦

南宁人民广播电台

地　址：南宁市朝阳路7号
邮　编：530012
电　话：21717

广西有线电视台

地　址：广西南宁市七星路123号（区广播电视厅内）
邮　编：530022
电　话：(0771)2837232
传　真：(0771)2804500
负责人：何　丹
联系人：雷守华
电　话：(0771)2837176
经营范围：

发布国内各类广告；承办分类广告。

广西电视台

地　址：南宁市民族大道14号
邮　编：530022

电　话:42118

南宁电视台

地　址:南宁市朝阳路7号

邮　编:530012

电　话:24376

北海电视台

地　址:北海市贵州南路广播电视大院

邮　编:536000

电　话:0779－3035424　3055766

负责人:徐敦廉

联系人:梁家润

经营范围:

北海电视台广告播出价格(元/次)

97.1执行

类别	时间段	5秒	10秒	15秒	20秒	30秒	45秒	60秒
A	19:00～21:00	250	400	600	800	1000	1200	1400
B	21:00～22:30	200	300	500	700	900	1100	1300
C	18:00～19:00	200	300	400	600	800	1000	1200
经济信息:一分钟之内2000元播二次含制作费(每晚一次) 特约播映广告在电视剧两集中间出二次(15秒1000元)								

说明:

1. 凡在本台播出的广告,必须符合《中华人民共和国广告法》。

2. 广告业务项目一律签订合同,款到安排播出。

3. 电视广告经客户审定后,客户提出修改酌情收费(每次500元)。

4. 一条广告连续播三个月以上,可获优惠价。

海　南　省

公　司　类

海口市广告装饰公司

地　址:海口市博爱北路119号四楼

邮　编:570101

电　话:6229936

负责人:陈成家

联系人:梁桃庆

本公司设备先进,技术力量雄厚,质量可靠,承接国内各类广告,美术设计、商标装璜,宾馆商场装饰工程,灯箱、霓虹灯招牌制作安装,展览布置,图片拍摄等业务。

报　纸　类

海南特区报社广告部

地　址:海口市金宇路23号金宇大厦A座3楼

邮　编:570206

电　话:6772320　6772301

负责人:唐凤林

联系人:章群英

经营范围:

承办海南特区报国内报纸广告业务,代理国内报纸广告。

海口晚报广告部

海口报人广告公司

地　址:海口市新华南路22号

邮　编:570102

电　话:6212642　6212640

负责人:彭铁林

联系人:张　川

经营方式:设计、制作、代理、发布

经营范围:承办《海口晚报》国内报纸广告、代理国内外报纸广告业务

海南声屏报社广告部

地　址:海口市海秀大道1号

邮　编:570206

电　话:6799791(办)　6778871(住)
负责人:周昌彪
主营:利用海南声屏报设计、制作、发布、代理国内外各类广告业务。

广播电视类

海南电视台广告部

地　址:海口市海秀路1号
邮　编:570206
电　话:6772252(0898)
负责人:丘海明
联系人:王　勉

海南人民广播电台广告部

地　址:海口市海秀路1号
邮　编:570005
电　话:774509

海口电视台广告部

地　址:海口市海秀路市委招待所大院内
邮　编:570005
电　话:777127

四　川　省

公　司　类

四川省对外广告公司

地　址:四川省成都市府青路一段34号
邮　编:610082
电　话:3335953
传　真:333896
负责人:张东锐
联系人:蒋　奕

四川省对外广告公司成立于1980年,具备了较完善的国际国内业务网络,拥有一批经验丰富的广告专业人员,已形成市场调查、创意制作、媒介发布、展示促销、公共关系、信息反馈、装饰工程、广告礼品、广告器材及与之相关的进出口贸易等服务体系。公司以雄厚的资本实力,独具匠心的创意策划,先进的广告制作设备,快捷准确的媒体发布以及全面周到的其它服务,成功地为一百多家国内外客户提供了广告服务,获得了良好的社会效益和经济效益。

成都市美术广告公司

地　址:成都市祠堂街16号
邮　编:610015
电　话:(028)6631883　6635184
传　真:(028)6636875
电　报:0675
负责人:王世明
联系人:谭楚芳　李　悦

本公司为国有专业广告公司,已有43年历史。公司现为国际广告协会中国分会会员,任中国广告协会理事,中广协广告公司委员会副秘书长,四川省广告协会、成都市广告协会副会长等职,列首届中国广告公司综合实力排序50强,首届成都市广告公司实力排序第一名。

本公司为美国3M中国有限公司广告物料西南、西北地区经销商和加工商,ISS国际连锁成都总店,下属六个全资子公司,联办五个合资公司,拥有先进的电脑设计制作设备和彩色摄影冲扩设备,是以设计、制作、发布、代理国内外各类广告为龙头,集装饰、摄影、书画、商贸于一体的集团性公司,能卓有成效地为客户提供一体化、全方位服务。

中广联四川广告有限公司

地　址：四川成都市祠堂街16号
邮　编：610015
电　话：6647881　6693474　6631883
传　真：(028)6636875　6256003
负责人：肖之云
联系人：余义晓

本公司是中国广告联合总公司(简称“中广联”)在四川的分支机构，由“中广联”和成都市美术广告公司合资经营。“中广联”系新华通讯社直属企业，现有79家成员公司分布于全国60个大中城市。

本公司以大型专业公司的综合服务能力与专心敬业之精神，履行对您的所有承诺。

经营范围：设计、制作、发布、代理国内外各类广告，兼营室内装饰，展览设计制作。

成都市公交广告装饰公司

地　址：四川成都市上西顺城街45号
邮　编：610015
电　话：6622508、6626797
传　真：6781151
负责人：周正如
联系人：张宣英

成都市公交广告装饰公司是成都市公共交通总公司下属的全民所有制国营企业。本公司是集广告设计、制作、发布和代理国际、国内各种媒介的综合性广告公司；同时是省建委的建筑装饰企业，本公司系中广协直接会员及公交委员会副主任单位、四川省广告协会常务理事，省、市广协广告公司委员会副主任。

位于四川腹地中心的成都市公交广告装饰公司，是西南地区实力雄厚的广告公司，在全国广告实力排序百强之列，成都市广告实力排序第二名。公司拥有1000余辆电、汽车、中巴，近200余座不锈钢候车亭及路牌面积近10000平方米，2000余个站桩以及电杆，线路80余条，年度销售车票2亿张，月票50万张，月票卡板20万张以及几十万份公交报和近10万份的公交线路图。公司拥有自身优越的广告媒体和先进的电脑办公设备和管理手段，并拥有一支一流的创意设计、调查策划、制作队伍。

成都公交广告将热情地为广大工商企业奔走相告。

经营范围：

主营：广告装饰工程

兼营：装裱字画、店堂设计、批发零售工艺美术品(不含金银制品)、装饰材料、百货、五金交电。

四川省巴蜀新形象广告策划公司

地　址：成都市一环路南三段64号
邮　编：610041
电　话：(028)5560866　5539015
传　真：(028)5550651
手　机：01398092961　01398092966
传　呼：(028)6680188－7911　129－5002315
负责人：孟兴中
联系人：刘明君　李　闯

本公司是中央电视台、《市场报》、《经济日报》、四川卫视、山东卫视、浙江卫视等国内大型媒介在西南地区的指定广告代理商，是为海内外广告客户进行市场营销分析及策划、广告创意、平面广告设计制作、影视广告制作及代理发布等全方位服务，具有相当实力的专业广告公司。

公司经营目标—倾心展示科学意图，
竭诚塑造完美形象。

公司服务宗旨—客户目标至善至美，
体面进入现代市场。

西南航空广告公司

地　址：四川成都市人民南路四段使馆路2号(南谊大厦七楼)
邮　编：610041
电　话：(028)5210995　(028)5210992
传　真：(028)5210985
负责人：刘天玺　陈观荣

联系人:钟 军
经营范围:

●设计、制作、发布和代理各种媒体的国内外广告

●经营航空公司所属场所的路牌和灯箱广告

●经营飞机票、飞机票套、登机牌、时刻表、机上闭路电视、航机杂志、安全须知、桌板、头片、饮料杯等航空媒体广告

●经营广告礼品和印刷业务

四川大方广告有限公司

地 址:四川省成都市将军街 20 号
邮 编:610015
电 话:6646627 6278581
传 真:6648400
负责人:袁 明
联系人:胡小丁

四川大方广告有限公司是一家能为客户提供全面服务的专业化综合代理广告公司。公司在整体广告策划实施及平面设计、大型户外图片路牌和室内灯箱广告的制作发布等领域具有独特优势。公司与成都电信局、成都卷烟厂、四川省建设银行和长虹电器等大型企业长期合作,为其策划设计了一系列在全国及省市获奖的优秀广告作品,整体策划实施了各类成功的广告促销活动。

公司愿与新老客户真诚合作,携手共进!

四川西南国际广告公司

地 址:成都市建设北路一段 76 号通美大厦 14 楼
邮 编:610051
电 话:(028)3381765
传 真:(028)3381841
负责人:肖景勋
联系人:王芙蓉

四川西南国际广告公司系中国广告协会会员、四川省广告协会副秘书长单位、国际广告协会中国分会会员、中国广告联合总公司成员公司。

公司经营范围:设计、制作、发布、代理国内外各类媒介广告业务、企业形象(CI)策划、室内外装饰;组织服装演展、礼仪公关服务、信息咨询服务等;独家代理成渝高速公路(简阳-隆昌段)的户外广告业务。

公司渠道畅通、网络健全、协调能力强、信息传递快,目前已同 120 余家企业主和广告经营单位建立了友好的合作关系。

成都铁路广告公司

地 址:成都市人民北路二段二十五号六楼
邮 编:610081
电 话:3173212 3173320
传 真:3173187
负责人:廖明杰
联系人:郎建国

成都铁路广告公司成立于 1987 年 8 月,是具有独立法人资格的国有制企业,是中国广告协会、中国铁路广告管委会、四川省广告协会和成都市广告协会骨干会员单位,也是四川省、成都市两级广告协会授予的“重信誉、创优质服务”先进单位。

九年来,公司在铁路和地方政府各级领导的直接关心支持下,得到了迅速的发展。现拥有 30 对旅客列车和成都火车北站地区 6000 平方米户外广告及宝成线成都至广元各站、成渝线成都至内江各站户外广告的独家经营权,以及全国铁路众多站、车广告经营代理权。

公司拥有一批高素质的广告管理、策划创意和设计制作队伍,并率先采用美国先进的电脑设计、电脑制版、电脑喷绘和刻绘系统,为国内企业提供高质量、全方位的广告宣传服务,先后与海外客商合作推出 360 平方米大型“555”射灯喷绘广告,与国内大中型企业联袂推出“全兴号”、“长虹号”、“宏达号”、“沱牌号”、“亚太号”等广告列车,以及 240 平方米西南最大电脑广告屏的开播,为促进西南地区市场经济的发展产生了长远的影响。

目前,公司正在由传统的媒体代理和户外广告制作发布向综合性、全面性客户代理转变,本公司立足铁路、着眼西南、面向全国,愿有更多的机会与海内外各界客商合作,促进双方事业更加辉煌!

报纸类

四川日报广告处

地　址:成都市红星中路二段70号
邮　编:610012
电　话:6758900-3086　6747676　6742700
电　报:1557
广告业务负责人:刘国熙
联系人:吕　兵　袁　伟
经营范围:

承办《四川日报》、《四川农村报》《文摘周报》的国内报纸广告及《四川日报》外商来华广告业务,代理国内报纸广告。承办《新闻界》国内杂志广告业务。

四川工人日报社经济部

地　址:中国四川省成都市一环路东三段31号
邮　编:610066
电　话:(028)4328129　4317265　4325906
负责人:邱明斤
联系人:刘绍书

《四川工人日报》是四川省总工会机关报,1950年创刊。是四川省唯一单独面向全省10万家企业和全省1000多万工薪职工的对开日报。国内外公开发行。

本报办报方针:坚持机关报性质,兼有晚报风格,突出维权特色。

本报宗旨:宣传工人阶级,维护职工权益,展示企业风貌,服务社会读者。

广播电视类

四川有线电视台广告部

地　址:四川省成都市金河街18号金河大酒店二号楼
邮　编:610031
电　话:6695887　6699821
传　真:6695887
负责人:伍昌邻

四川有线电视台作为四川省的三大广播电视传媒之一,以全天20多小时滚动播出的形式,向省内地区的150万户观众提供新闻综合、影视文艺、图文信息、妇女儿童、电视购物等五套节目。

我台于1995年10月开始在四川地区转播中央电视台电影、体育、综艺等四套卫星电视节目,并积极推进我省有线电视网络建设,尽快实行全省联网,以使四川一亿二千万人口中有更多的观众能够看到画面质量更清晰,节目内容更丰富的有线电视节目。

在此我们热忱欢迎各位朋友与我们友情合作,充分利用有线电视"纳千江万河、汇电视大海"的媒体优势,与我们一起共同描绘新世纪的宏伟画卷。

四川电视台广告部

地　址:四川省成都市东胜街40号
邮　编:610015
电　话:6634844　6693444　6637281
负责人:曹培俊(法人)　郑绿瀚
联系人:张建勇　赵长根

四川电视台广告部承揽全台各套节目电视广告经营业务。四川电视台截至95年底自办两套电视节目,采用卫星(亚太1A)微波传输、直接发射三种方式传送电视信息;两套节目每天播出自办节目累计27小时,梯次覆盖成都市、四川省、全国及东南亚地区,覆盖区内电视人口超过十亿。四川电视台广告部具有策划、制作、营销多种服务功能,坚持公正、热情、高效为中外客户服务。

四川人民广播电台广告科

地　址:成都市红星中路 119 号
邮　编:610017
电　话:679053　665401 转 808

成都人民广播电台

地　址:成都市东城根街 76 号
邮　编:610015
电　话:24047

四川省自贡电视台

地　址:四川自贡市自流井区檀木林街 87 号
邮　编:643000
电　话:(0813)2202435
传　真:(0813)2201430
台　长:黄　康
广告部主任:王安银

自贡电视台建于 1984 年 10 月 1 日。发射功率 10 千瓦,讯号覆盖全市及重庆、泸州、宜宾、乐山、内江等地市的部分地区,覆盖区域人口两千多万,在川南地区有着强大的影响。

自贡电视台自办有二十多个节(栏)目,拥有成套完整的进口摄录、编辑设备和真彩色三维动画工作站,并拥有一支训练有素的编采、制作、播控人员队伍。拍摄的电视剧《冠军从这里起飞》荣获第六届"飞天奖"三等奖。

自贡电视台是四川省城市电视台广告协作会秘书长台。

在自贡电视台发布广告,不仅能收到满意的回报,而且还能享受到优质的服务。

贵　州　省

公　司　类

贵州广告公司

地　址:贵州省贵阳市北京路 21 号
邮　编:550004
电　话:0851－6823572
传　真:6823572
负责人:徐联科
联系人:申鸿方

承办对外经济贸易广告业务,广告礼品,摄影器材的进出口业务,国内广告及代理电视报刊、印刷广告业务,三类商品进出口贸易业务及三来一补业务。

贵州商业广告有限责任公司

地　址:贵州省贵阳市陕西路 2 号
邮　编:550001
电　话:(0851)6825093　6816866
传　真:6816866
负责人:林　坚
联系人:王德榕

贵州商业广告有限责任公司(前身是贵州商业广告公司),1991 年成立,是省内最早成立的广告公司之一。我公司拥有贵阳市繁华商业地段喷水池、紫林庵一千多平方米的广告媒体,以及延安东路等绿化带的广告发布权,能为客户提供市内黄金地段的广告位置,使厂商的产品在此得到完美的再现。

在全国享有盛誉的神奇制药公司成立之初,我公司就全权代理、发布神奇系列品牌形象和企业形象广告,对宣传神奇品牌收到良好效果。1993 年我公司与贵州航天公司合作,在市中心延安路推出全省首例"航天小霸王"巨型墙体莹光广告;以后又在贵阳市繁华商业地段首次推出西南最大一块用反光材料制成的楼顶路牌广告《金雄香烟》和进口反光材料制成的立体广告《金星电视》。1996 年公司代理全国十大名茶之一的“贵州羊艾毛尖茶”及羊艾茗茶系列的包装设计和印刷成品。几年来公司成功地推出了数十件超大型户外广告，先后代理了省内多家名牌产品的包装设计及印刷。

为使用新科技提高广告水平，我公司已购进美国苹果 9600 型设计电脑、大力神照排机、多霸扫描仪，结合最新的设计软件，卓越的中英文字库，完美的设计风格，精湛的制作技艺，能迅速表达客户所需的作品。

公司经营范围：设计、制作、发布、代理国内广告业务；代理策划、制作国内电视、广播、报纸、杂志广告；产品包装设计及印刷；设计、印制画册及其它各类宣传品；园林雕塑、工艺礼品、室内装饰装潢。

报 纸 类

经济信息时报

地　址：贵阳市西湖路 8 号
邮　编：550002
电　话：5893449　5892170
传　真：5822486
电　报：1873

贵州日报社广告发行处

地　址：贵阳市外环城东路 360 号
邮　编：550001
电　话：(0851)627859

贵阳晚报社广告部

地　址：贵州省贵阳市中山东路 169 号
邮　编：550001
电　话：(0851)513530

贵州广播电视报社广告科

地　址：贵阳市青云路 271 号
邮　编：550002
电　话：(0851)529626

广播电视类

贵州人民广播电台
贵州银河广告公司

地　址：贵州省贵阳市青云路 259 号
邮　编：550002
电　话：5860899　5822308
传　真：5860899
广告负责人：姚世权
法　人：梅应福
联系人：吴　钢

贵州人民广播电台在全省 80 多个县(市)、广播台(站)定时转播节目，并连接乡镇广播站 1000 多个，通广播的村已有 3500 多个，同时，上百家军工企业和遍布全省各地的中央直属企业和地方企业均常年定时转播本台节目，据统计，全省城乡有 180 多万部收音机、收录机和 200 万只有线广播喇叭。本台节目自 1989 年通过卫星转播以来覆盖面更为广阔，西南地区各省市和两广、两湖、海南等 17 个省、自治区均能清晰地收听到本台节目，本台还常收到新加坡、澳大利亚、日本、美国、法国、瑞典、芬兰等国家和地区收听本台节目的听众来信。

本台广告部承办企业产品和各类商品广告宣传，设有广告专题节目，广告部为工商企业提供广告策划，设计与制作，同时提供市场调查、信息反馈、产品推广等综合性服务。

贵阳人民广播电台广告部

地　址：贵州省贵阳市遵义路工人文化宫内
邮　编：550002
电　话：(0851)515764

贵州电视台广告部

地　址：贵州省贵阳市青云路 261 号
邮　编：550002
电　话：529108

贵阳电视台

地　址：贵阳市延安中路 21 云岩区少年宫（临时办公）
邮　编：550001
电　话：525951　523903　523907

云　南　省

公　司　类

昆明恒通广告公司

地　址：昆明市北站信通大楼 4 楼
邮　编：650051
电　话：0871－5153750　5152247
传　真：0871－5153750
负责人：郭洪明

昆明恒通广告公司 1995 年被国家工商局、中国企业家评价协会评定为中国五十家最大广告公司之一。

昆明恒通广告公司所代理的广告客户中有三家名列中国五百家最大企业之中。

昆明白宇现代广告有限公司

地　址：云南省昆明市省体育馆 4 号门 4 楼
邮　编：650041
电　话：(0871)3148198　3139809
传　真：(0871)3102694
法人代表：倪文贵
联系人：汤兴萍

一、主要服务范围：

客户服务：为客户提供企业形象策划、产品广告、SP、PR、DM、EM 策划与实施建立和巩固客户名牌的领导地位，以促进销售。

创意设计制作服务：在广告策略的指导下，为客户提供具销售力的卓越创意、设计、制作。

媒介服务：运用先进的媒介理论和实际操作经验，提供媒介计划、媒介分析、媒介代理、控制和监督。

市场服务：提供专用的市场分析，各类消费者调研、广告测试等，为广告策划、创意和媒介计划提供坚实的作业基础。

二、理念系统

宗旨：以创名牌为己任，你的成功才是我的成功。

准则：整合行销传播——各种工具，一种声音。

报　纸　类

云南日报社广告处

地　址：昆明市新闻路 51 号
邮　编：650032
电　话：(0871)4192197
电　报：1632
负责人：曹水秀
联系人：秦廷学

云南日报社广告处主要经营广告设计，广告制作，发布国内外报纸广告。在云南日报社“报纸系列化、报业集团化、管理规范化”的总体布局中，拥有《云南日报》及其晚刊《春城晚报》、副页《文摘周刊》《语言美》、《农村信息导报》等广告发布媒体。同时，云南日报社广告处还代理云南日报在美国《国际日报》、澳大利亚《澳洲新报》、法国《欧洲时报》、香港《大公报》上创办的云南新闻专版的广告。

云南日报社广告处恪守发布质量第一的原则,热忱为广大客户服务,积极扩大与国内广告界同仁的合作,共创广告业的美好未来。

云南经济日报社

地　址:云南昆明东风东路延长线曙光小区
邮　编:650041
电　话:(0871)3316873　3335523
传　真:0871－3331263
负责人:杨析民
联系人:王祖鞭

《云南经济日报》是向国内外公开发行的对开套红大报,它及时传播准确度高、实用性强的经济信息,是云南经济的窗口,是沟通云南与全国及东南亚经济的桥梁,是经济工作者的良师益友,是领导决策的参谋。它拥有遍及全国的通联网,发行已覆盖全国30个省、市、自治区。通过中国图书进出口总公司和国际直邮,报纸已发行至香港特区和泰国、新加坡、越南、老挝、缅甸等东南亚、南亚以及欧美部分国家。

云南经济日报国际副刊、航空版《亚太风》,随正报发行外,还在云南民航53条国内国际航线各航班发行。

云南经济日报广告部拥有一支业务素质较强,能全心全意为广大客户服务的广告专业人员,能采用现代化手段,进行先进的广告创意和设计制作,满足客户的各种需求。1991年被评为云南省"重信誉创优质服务"先进单位。广告部主要经营范围是:策划、设计、制作、发布国内、外各类报纸广告及各类经济信息。

广播电视类

云南人民广播电台

地　址:昆明市人民西路广电中心
邮　编:650031
电　话:2122458　4141203

昆明人民广播电台

地　址:昆明市北京路601
邮　编:650032
电　话:3334963　3334969

云南电视台

地　址:昆明市人民西路47号
邮　编:650031
电　话:2124568

昆明电视台

地　址:昆明市大观路50号
邮　编:650032
电　话:4141490

陕西省

公司类

西安市美术广告总公司

地　址:西安市雁塔路中段5号
邮　编:710054
电　话:5521670　5529458
　　　　5511889　5531583
FAX:5521670
电　报:5656
负责人:林安令
联系人:石红娟　张居毅

西安市美术广告总公司是以策划、设计、

制作发布、代理国内外各类广告的专业广告公司，现有职工五百多人，其中高、中、初级专业技术人员一百多名，管理机构设置科学，专业设备精良、先进。广告作品近百次在全国、省、市专业评比中获奖，现为中国广告协会会员，中广协广告公司委员会常委，省、市广告协会副会长单位。主要经营范围：广告整体策划、设计、制作、发布；承办、代理国内外各类经济广告；室内外装修设计、施工。

报 纸 类

陕西日报广告处

地　址：西安市环城南路东段1号
邮　编：710054
广告处地址：西安市东大街334号
邮　编：710001
电　话：(029)7212418
电　报：0091
传　真：(029)7215262
广告处处长：崔广韬
业务联系人：石玉华
简介及经营范围：

陕西日报是西北地区日报发行量最大的一份报纸。它的前身是1940年3月25日在延安创办的《边区群众报》，至今已有50多年的历史。周一、周三、周六出八个版，后四个版分别为摄影专刊《社会大视角》、经济专刊《经济特刊》和社会综合副刊《周末》，内容广泛丰富，知识性、可读性强。

陕西日报在国内外发行，发行量30万份。刊登国内外各类广告，编印广告画册及产品说明书，并代办全国报刊的广告业务。

西安日报(晚报)社广告部

地　址：西安市南四府街9号
邮　编：710002
电　话：7281162　7271476
传　真：7610249

《西安日报》创刊于1953年7月1日(1982年改名《西安晚报》，1994年1月1日复刊)，是中共西安市委机关报，西部中心城市综合性大报，对开四版，向国内外公开发行。

《西安晚报》是中共西安市委直接领导的，全国创办较早的具有地方特色的大型晚报。对开十二版。向国内外公开发行。

“两报”以邓小平建设有中国特色的社会主义理论为指导，坚持党的基本路线，为人民服务，为社会主义服务，既有很强的思想性、指导性、权威性，又融知识性、服务性、趣味性为一体，立足西安面向全国，信息量大，适合多层次读者需要的报纸。

广播电视类

陕西人民广播电台

地　址：西安市北大街
邮　编：710003
电　话：7211263

西安人民广播电台

地　址：西安市大南门外振兴路副7号
邮　编：710068
电　话：8402605

陕西电视台

地　址：西安市建西街
邮　编：710004
电　话：7216898

西安电视台经济部

地　址：西安市振兴路
邮　编：710003
电　话：8402364

杂志类

《工商与市场》杂志社

地　址:西安市东郊永乐路4号
邮　编:710032
电　话:(029)3245199
负责人:田中智
联系人:汪继军

《工商与市场》杂志,是陕西省工商行政管理局主办并主管,全国公开发行的经济类月刊。读者对象主要是经济行政管理人员,经济研究人员、企业经营管理者、个体工商户和广大消费者。

《工商与市场》杂志以社会主义市场经济为"主旋律",主要宣传国家的法律、法规和政策,剖析透视社会经济热点现象,展示工商行政管理动态风貌,服务于企业、个体工商户和广大消费者。内容广泛,既有思想性、指导性,又有知识性,趣味性,贴近生活,贴近读者。

《工商与市场》在内文、四封、内插页刊登各类文字、黑白、彩色照片广告,欢迎各工商企业及个体工商户刊登广告。

铸造技术杂志

地　址:西安市金花南路西安理工大学608号信箱
邮　编:710048
电　话:(029)3232933、3239700－2292
电　报:8503
图文传真:(029)335545
广告业务负责人:孙茂中
联系人:魏振双
经营范围:

刊登国内外铸造、冶金、机械、交电、化工、金属及造型和装饰材料、仪表、电子产品等广告。

甘　肃　省

公司类

兰州铁路广告艺术总公司

地　址:甘肃省兰州市火车站东街143号
邮　编:730000
电　话:8888068
传　真:徐春光
负责人:王惠萍

本公司不仅拥有雄厚的技术力量,精良的制作工艺和专业的设计人员,而且拥有多种广告媒体:站内路牌霓虹灯箱、铁路民墙电子显示、美术设计有机制作、宾馆商场装饰装修、室内室外环境设计、目录标志设计印刷、艺术广告模特宣传以及列车时刻表、站台票、列车座卧号广告等。

本公司将一如既往地遵循"质量至上,信誉第一"的服务宗旨,继续与新老客户竭诚合作,共谋发展。

甘肃省广告美术公司

地　址:兰州市金昌路10号
邮　编:730030
电　话:8412071

甘肃省对外贸易广告公司

地　址:甘肃·兰州市定西路188号
邮　编:730000
电　话:(0931)8885609　8883494

中国西北航空宣传广告公司

地　址：兰州市东岗西路 258 号
邮　编：730000
电　话：23421－3029

兰州铁路广告美术公司

地　址：兰州车站东路 143 号
邮　编：730000
电　话：20752

国营兰州广告公司

地　址：兰州市天平街 11 号
邮　编：730000
电　话：26764　418281　27377

报 纸 类

甘肃日报

地　址：兰州市白银路 47 号
邮　编：730030
电　话：(0931)8464364
传　真：(0931)8464364
中继线：8464715
广告业务负责人：陈少沛
广告业务范围：承办报刊广告，代理国内、外同行业广告业务。

《甘肃日报》是中共甘肃省委机关报，是甘肃省最具权威、最具指导性、发行量最大、最为社会各界所关注的综合性日报。每逢周一、周三均出对开八版，其余时间为对开四版。本报广告处拥有专业策划创意人员及先进的平面设计设备，能为广大客户提供全面优质的服务。

甘肃科技报

地　址：兰州市庆阳路 30 号
邮　编：730030
电　话：(0931)8823654
广告部负责人：高晓军

《甘肃科技报》立足甘肃，面向全国，内容充实，栏目繁多，图文并茂，丰富多彩；发行范围广，广告收费合理，信息反馈准确、迅速；四开四版，每周二、五出版，国内统一刊号：CN62－0024，邮发代号：53－3。

代办各类广告业务，欢迎刊登广告。

广播电视类

甘肃人民广播电台广告经营管理部

地　址：兰州市东岗西路 226 号
邮　编：730000
电　话：8821208
负责人：高树新
联系人：边　城

在本台发布各类国内、外广播广告。

甘肃电视台广告中心

地　址：兰州市东岗西路 226 号
邮　编：730000
电　话：8415009
电　报：4997
负责人：李平生

甘肃省城兰州古称金城，位于祖国版图的几何中心，自古就是西北政治、经济、文化的中心，人口三百多万，是闻名全国的瓜果城。

甘肃电视台现拥有两套节目。甘肃电视台一套节目现有 20 多个栏目，内容丰富多彩，多项节目曾夺得全国大奖。覆盖人口为 2400 多万，覆盖率 80％左右。由于甘肃的狭长地理环境，内蒙、四川、宁夏、青海和陕西交界的部分地区都能收看到甘肃电视台的一套节目，甘肃电视台是大西北人民的知心朋友。

目前国家已确定将兰州市建成中国西部商贸城，这里将是中国西部物资、商品的集散地、旱码头，也是八方客商大显身手之地。谁赢得了甘肃的市场，谁就抓住了在大西北发展的机遇。我们热忱欢迎全国各地的朋友与我们携手并进、共图发展。

兰州电视台

地　址:兰州市庆阳路54号

邮　编:730030

电　话:(0931)8824347　8415101－3007(办)

负责人:李建国

兰州电视台有一个比较完善先进的电视节目采录、制作、多媒体编辑、遥控、传输、发射系统;两套节目每周各播出14次,日播出时间12小时;电视信号覆盖率为全市的82.5%。兰州以及榆中、皋兰、永登远郊等地区的260多万人中80%可以收看到两台的节目。

兰州电视台以"加强新闻、精办专题、搞好文艺、宣传经济、扩大服务"为编辑思想,努力提高整体节目质量,最大满足城市及其农村广大观众的需要。所办节目融思想性、知识性、娱乐性和服务性为一炉。在开办的40多个各类节(栏)目中,《兰州新闻》、《经济信息十分钟》、《轻松一刻》等十多个栏目在观众中产生影响颇大,许多节目在全国获奖,整体节目收视率近几年一直稳定在52%以上。

宁夏回族自治区

公司类

银川市广告美术公司

地　址:银川市解放西街78号

邮　编:750001

电　话:5045201

传　真:2020508

电　报:0707

负责人:朱世德

联系人:冯茂源

我公司成立于1983年6月,中国广告联合总公司成员公司。本公司设计、制作发布国内户外广告业务,代理国内各类广告业务。

报纸类

宁夏日报广告部

地　址:宁夏银川市中山南街109号

邮　编:750004

电　话:(0951)6032801　6030829
6031497－321、320

传　真:(0951)6032801

电　报:1032

《宁夏日报》是宁夏回族自治区党委机关报,省级报纸,面向国内外发行,每天对开四版,周五对开八版,发行量10万多份。

宁夏日报广告部利用自有《宁夏日报》发布国内外报纸广告,为客户代理、策划、设计、发布各种报刊广告,承办分类广告业务。

宁夏日报广告部编排、策划、设计力量雄厚,激光照排,设备先进,是国内外工商企业宣传产品,提高知名度的理想媒介。

银川晚报社广告部

地　址:银川市中山南街123号

邮　编:750004

电　话:6032458

广播电视类

宁夏人民广播电台广告经理部

地　址:银川市新市区

邮　编:750004

电　话:2077690

宁夏电视台广告经理部

地　址:宁夏银川新华西街86号
邮　编:750001
电　话:(0951)5045601

新疆维吾尔族自治区

公　司　类

新疆人广告公司

地　址:新疆乌鲁木齐市场子江路1号
邮　编:830051
电　话:0991－5820744　5818200－3399
负责人:贾兆新
联系人:贾兆新

新疆人广告公司成立于1993年,是《新疆日报》所属的全民所有制国营企业。现已成为能够为国内外广告客户进行各类广告的代理、市场调查、总体策划及各类广告的创意设计制作,护栏、布标、路牌广告的发布、宣传品的印刷、展览、展销等多功能的综合型广告公司。该公司拥有一支精悍的广告专业队伍和众多的户外广告媒体。

该公司优势:以《新疆日报》为媒体依托,拥有自己的创意设计制作系统,同时拥有自己的户外媒体——《新疆日报》新闻大楼。路牌面积1000米^{2}以上和阿勒泰路段400米^{2}的户外媒体。我公司还可在新闻大楼上楼顶约85米高处制作、发布大型豪华霓虹灯广告。

新疆准东广告公司

地　址:新疆阜康市石油基地准东电视台院内
邮　编:831511
电　话:0994－3831018、3831004
负责人:寇保胜
联系人:朱盛举
经营范围:

制作、摄制、代理、发布国内电视广告,为工商企事业单位摄制各种规格的电视片和资料。

设计、制作、代理、发布路牌、灯箱、布展等户外广告。

报　纸　类

新疆日报广告部

地　址:新疆乌鲁木齐市杨子江路1号
邮　编:830051
电　话:(0991)5850783、5859793
传　真:(0991)5850783
负责人:刘晓凤

发布国内外报纸广告,承办分类广告业务。

"新疆日报"属新疆维吾尔自治区内发行量最大的报刊,发行面覆盖全疆。

新疆广播电视报广告部

地　址:新疆乌鲁木齐市团结路84号
邮　编:830044
电　话:0991－2870047
传　真:0991－2861803
电　报:2330
负责人:张铁龙
联系人:张玉萍

《新疆广播电视报》是隶属于新疆广播电视厅的一张专业报纸,面向全疆发行,深入千家万户。它的宗旨是:引导视听,提供服务。它的主要内容是:预告中央电视台八套电视节目,以及新疆、四川、山东、浙江、云南、贵州台的上星节目,并且还预告新疆境内的13套电视节目和新疆人民广播电台的广播节目内容,荟萃影视信息,展示明星风采,集纳百科知识,紧跟时代潮流。

《新疆广播电视报》主要版面有:《节目表版》、《影视要闻版》、《影视剧情介绍》、《有线电视》、《广播天地》、《百花苑》、《影视人物》、《影视风景线》、《文摘报》、《家庭版》、《体育纵横》、《社会天地》等。

本广告部自成立以来,始终遵循"以策划为先导,以创意为中心"的经营战略,坚持"信誉第一,客户至上"的服务宗旨,始终如一地为国内外广大广告客户提供最佳的服务。

《新疆广播电视报》维、汉两文版,汉文版邮发代号是:57-4;维文版是:57-5,出版期为4开16版。

乌鲁木齐广播电视报

地　址:乌鲁木齐市建国路9号
邮　编:830002
电　话:(0991)2618214
传　真:(0991)2618194
负责人:张全利
联系人:孙庆东

《乌鲁木齐广播电视报》创刊于1993年,为四开/十六版周报,周五交稿,周三出版。以内容丰富、版面新颖、风格独特而深受千家万户的喜爱。

主要经营范围:发布广告,承办分类广告业务。

新疆昌吉报社广告部

地　址:新疆昌吉市延安中路59号
邮　编:831100
电　话:(0994)2343036
负责人:杨春辉
联系人:王新斌　陈凤梅　张　莉

《昌吉报》是中共昌吉回族自治州党委机关报,它以宣传党的方针政策,反映昌吉州改革开放新面貌为使命,报纸辐射昌吉州六县二市以及农六师各团场,是新疆有影响的一家综合性地州级报纸。

《昌吉报》创刊于1958年,已有36年历史。《昌吉报》报刊广告,迅速、及时、收效明显。《昌吉报》广告部以广交朋友,互通信息、为企业服务、为读者服务为宗旨,既重视经济效益,也重视社会效益,欢迎州、区及国内外工商企业、客商刊登各类广告。

广播电视类

新疆雪莲电视台广告部

地　址:新疆乌鲁木齐市团结路84号
邮　编:830001
电　话:2860449
电　报:6081
负责人:秦　玲
联系人:秦　玲
经营范围:

新疆电视台是全国唯一一家用汉、维、哈三种语言。五套节目(四频道维语,六频道汉语,八频道为文艺台,呼号为"雪莲电视台",十二频道哈语,卫星电视)同时播出的电视台,电视覆盖率达73%,上星节目通过"中星五号"全天16小时播出,覆盖全国及亚洲、太平洋地区。

雪莲电视台隶属新疆电视台,每逢节假日增加一次维语节目播出,其它时间均为汉语节目时间,每天播出电视剧、电影精品、文艺片集数最多,时间最长,深受各族观众欢迎。

朋友,欢迎您到新疆来作客,我们愿与您真诚合作!

新疆有线电视台广告部

地　址:乌鲁木齐市团结路84号
邮　编:830001
电　话:2870717
负责人:兰　天

联系人：赵　辉　景　湛

新疆有线电视台是全国唯一一家同时用维、汉、哈语三种语言、四套节目同时播出的省级有线电视台。

新疆电视台广告部

地　址：乌鲁木齐市团结路 84 号
邮　编：830001
电　话：2861420

乌鲁木齐电视台广告部

地　址：乌鲁木齐市红山路 18 号
邮　编：830002
电　话：2818299

新疆人民广播电台广告信息部

地　址：乌鲁木齐市团结路 84 号
邮　编：830044
电　话：2861756

乌鲁木齐人民广播电台广告部

地　址：乌鲁木齐市新民路 36 号
邮　编：830002
电　话：2818840

广告经营单位名录索引

北京市

公司类：

报纸类

广播电视类

杂志类

天津市

公司类

报纸类

广播电视类

杂志类

上海市

公司类

报纸类

广播电视类

重庆市

公司类

报纸类

广播电视类

杂志类

河北省

公司类

广播电视类

山西省

公司类

报纸类

广播电视类

内蒙古自治区

报纸类

辽宁省

公司类

报纸类

广播电视类

杂志类

浙江省

公司类

报纸类

广播电视类

安徽省

公司类

报纸类

广播电视类

福建省

公司类

报纸类

广播电视类

杂志类

江西省

公司类

报纸类

广播电视类

山东省

公司类

报纸类

广播电视类

河南省

公司类

报纸类

广播电视类

湖北省

公司类

报纸类

广播电视类

湖南省

公司类

报纸类

广播电视类

广东省

公司类

报纸类

广播电视类

杂志类

广西壮族自治区

公司类

报纸类

广播电视类

海南省

公司类

报纸类

广播电视类

四川省

公司类

报纸类

广播电视类

贵州省

公司类

广告刊户索引

《中国广告年鉴》介绍

《中国广告年鉴》是国家工商行政管理局、中国广告协会、中国广告联合总公司和新华出版社共同编辑出版的一部大型资料工具书。

《中国广告年鉴》自1988年创刊至今，已出版六册（1988年版、1992年版、1994年版、1995年版、1996年版、1997年版），发行海内外。不仅受到国内广告经营单位、广告主的重视和欢迎，也引起国际广告业、信息业的普遍关注，是反映我国广告业发展状况的重要历史文献。广告年鉴以其内容丰富，资料翔实被称为研究中国广告业发展的编年史册。

《中国广告年鉴》的主要内容有：党和国家领导人对广告工作的指示、讲话，中国广告业发展概况，中国广告业统计资料，广告法规、条例、方针、政策，广告界大事纪要，广告学术论文选登，广告专业名词注释等。为了重点介绍各地广告业发展的情况以及广告管理经验, 从1996年起特辟地方及专业委员会情况介绍专栏，供大家学习、参考。

《中国广告年鉴》自创办以来，一直得到各地工商部门广告管理机构、广告协会及广告界广大同仁的鼎力相助。在此，我们表示诚挚的谢意。愿我们大家继续努力，共同把广告年鉴办得更好，年复一年的出版下去。

中国广告年鉴编辑部　地址：北京市海淀区羊坊店路3号

邮编：100038

电话：63074320　63954857

广 告 经 (兼) 营 单 位 认 刊 表

全 称			
地 址		邮 编	
电 话		电 报	
负 责 人		联系人	

广告内容:

(可另附纸)

《中国广告年鉴》认刊回执

刊 户 名 称		负 责 人			
地 址		电话		邮编	
开户银行帐号					
刊 登 类 别	□彩色广告	□黑白广告	□文字广告		
刊 费		汇款时间			
付 款 方 式	转帐	邮汇	刊 户 单 位 公 章		
刊户经办人					

抢抓机遇，促进我省广告业持续快速健康发展

朱东海

党的十五大的召开，预示着广告业又一轮大发展的春天已经来临。面对这大好的机遇，我省广告监督管理工作应按照十五大提出的各项要求，认真学习和领会江总书记报告的精神，回顾和总结我省广告业的发展历程，认清发展中存在的主要问题，研究适应社会主义市场经济体制和社会主义精神文明建设要求的广告业发展道路和管理模式，促进广告业持续快速健康发展，为我省新一轮创业提供优质高效的服务，是摆在我们面前的迫切任务。

一、福建广告业开始走上快速发展之路

1992年，邓小平同志南方谈话和党的十四大的召开，确立了建立社会主义市场经济体制的改革目标，我省广告业从此开始走上快速发展之路，广告界解放思想，更新观念，工商行政管理机关在政策上积极扶持，使我省广告业的发展实现了历史性的跨跃。1995年全省广告营业额达到7.3亿元，广告经营单位1064户，从业人员11056人，分别是“八五”计划初期的7.2倍、6.7倍和5.9倍，初步适应了国民经济和社会发展对广告业的需求。1996年全省广告营业额跃上8.9亿元的新台阶。广告经营单位1290户，从业人数12576人，实现了“九五”计划的“开门红”。1997年上半年，全省广告营业额又达到了5.29亿元，比去年同期增长29%。在数量迅速增长的同时，广告策划，创意、制作和发布水平明显提高，整体服务能力有较大提高，从业人员素质也有所进步。广告开始成为企业走向市场、开拓市场和实施名牌战略的重要武器。同时，广告监督管理队伍和广告行业的组织建设也迈出了新步伐。

在这一历史时期，我省广告业在发展过程中呈现出以下特点：

1. 坚持邓小平关于“发展才是硬道理”的指导思想，充分运用工商行政管理职能，启动、引导和发展广告业。

2. 坚持发展与管理并重的方针，探索建立广告执法机关依法监管、广告行业组织照章自律的双层监管模式。

3. 坚持“两个文明”建设一起抓的指导方针，探索运用市场监管和行业自律，指导广告经营单位正确处理两个文明建设并举，两个效益并重的关系。

总之，在建立社会主义市场经济体制的历史进程中，我省广告业正逐步走向成熟。行业规模初步形成，出现了快速发展的良好势头，对我省经济的发展发挥了积极的作用。

二、发展中存在的薄弱环节，是我省广告业亟待解决的课题

1. 广告业的发展虽然有了长足的进步，但还难以满足我省经济新一轮创业的需要。我省广告业综合基础薄弱，总量偏少。1996年，我省广告经营额仅为8.9亿元，占我省国民生产总值的0.34%，低于全国0.56%的平均水平，年人均广告费27.81元。而北面的浙江省、南面的广东省同期的广告经营额分别达到24亿和40.4亿元，是我省的2.6和4.6倍。与东面的台湾相比差距更大，台湾一家综合性广告公司的广告经营额就相当于我们全省经营额的总和。除了数量不足外，我省广告业的整体素质也不尽如人意，广告策划、创意、制作水平偏低，人员素质不高，高水平、高质量的广告作品甚少的状况没有根本改变，离我省进行新一轮创业的需要还有不小差距。

2. 虚假、违法广告时有发生，并在部分地区呈上升的趋势。利用广告进行欺诈活动的现象也曾一度蔓延，引起社会各界的广泛关注。1996年全省立案查处的广告违法案件就达1412起。

3. 广告经营体制亟需改革。当前我省的主要媒体自办广告公司的状况已影响了广告市场的公平竞

争，媒体自办广告公司的垄断经营不仅限制了其他广告公司的发展，同时也限制了其自身素质的提高。

4. 广告行业的自律刚刚开始，还未走上规范化的道路。一些广告企业和广告公司的自律意识还比较薄弱，违反职业道德的现象时有发生；同时，监督管理机关和广告协会面对广告业出现的新情况和新问题，也还未探索出一套成熟、规范、有效的监督管理机制。

三、抓住难得的发展机遇，迎接历史的挑战

当前我们已进入向第三步战略目标迈进的关键时期，我省广告业正面临着新的发展机遇和挑战。我们要在已取得成绩的基础上，正视发展中存在的问题，抓住新机遇，制定新对策，增创新优势，迎接新挑战，保证我省广告业以持续快速健康发展的强劲势头，跨入新世纪，有效地为新一轮创业服务。

（一）必须坚持一个正确的指导思想。江泽民总书记在十五大报告中，从马克思主义哲学和政治经济学的高度，更加深刻地阐述了邓小平同志的一个极为重要的科学论断，这就是“发展是硬道理”。首先，江总书记重申我国当前正处于社会主义初级阶段，并明确指出初级阶段的主要矛盾和解决这个矛盾的根本任务是解放和发展生产力。中国解决所有问题的关键在于依靠自己的发展。其次，他提出在世纪之交，特别是在我们向第三步战略目标迈进的关键时期，贯彻这一思想必须解决好两大关键课题，一是成功地建立起比较完善的社会主义市场经济体制，二是保持国民经济持续快速健康发展。

从当前我省广告业总体情况来看，促发展仍然是当前和今后相当长的一个时期内要解决的主要课题。实现持续快速健康发展仍然是我省广告业今后十几年发展的主旋律，这也是我省新一轮创业对广告业提出的客观要求。广告业是抢占市场，实施名牌战略的先导型产业，它的发展速度、发展质量如何，将直接影响着闽货在全国以至世界市场的竞争态势，与我省在全国发展大局中的位次息息相关。因此，促进广告业的发展是压倒一切的大局。在把握发展这个主旋律时，我们必须十分注意把握健康这个当前发展中提出的新要求。保持经济的健康发展是江总书记对我国国民经济快速发展的实践作出的科学总结，是我国国民经济持续快速发展的主旋律在今天的应有之意，也是我省广告业在发展的关键时期必须高度注意的问题。所谓健康发展从广告业来看至少应包括以下几层含义：一是广告活动必须依法进行，不得违法违规经营；二是违法违规行为一旦发生，即可受到法律、法规及行规行约的追究；三是广告经营者的合法经营行为得到有效的保障；四是广告经营单位的自律机制能够有效运作。抓住了健康发展问题，就抓住了当前广告业在发展中要解决的重点和难点问题。近五年来，特别是在邓小平南方谈话之后，我省广告业有了突飞猛进的发展，但在发展的同时，出现了一些不健康的现象，那就是虚假违法广告时有发生，在某些方面甚至有蔓延之势，引起了社会的广泛关注。江总书记提出国民经济健康发展的问题，完全符合广告业的现状，是广告业在更高层次上迅速发展的科学指南。在当前和今后相当长的时间里，特别是在实现第三步战略目标的关键时期，我们要始终把握这一科学的指导思想，正确处理持续快速和健康发展之间的辩证关系。

（二）必须制定一个符合省情的发展规划。这个规划要注意以下几点：

1、必须按照江总书记报告的精神，以解决好“两大课题”为中心。

2、必须符合我们的省情，坚持从实际出发。

3、必须服从和服务于我省的新一轮创业，立足于抢抓机遇，挤占市场，适应加强国内国际竞争的需要。

4、必须有利于加强与台、港、澳地区和国际广告界的交流与合作，借鉴他人的经验，采取跳跃式发展战略，尽快形成在高层次上参与国际竞争的能力。

（三）必须完善广告业发展亟需解决的所有制结构。江泽民同志指出：“公有制为主体、多种所有制经济共同发展，是我国社会主义初级阶段的一项基本经济制度。”这对于进一步解放思想，加快发展具有重要的指导意义。

当前，我省广告业发展中的一个突出制约因素就是投入不足，直接限制了广告经营单位采用新技术、新媒体、新材料扩大再生产的能力，使之难以上规模、上档次，制约以至削弱了广告业的服务能力和市场竞争能力。这就要求我们努力寻找适应我省广告业现状的新的所有制结构，为冲破制约广告业发展的主要因素闯出新路子。在这里可以进行两个方面的探索，一是积极引导和支持国有广告企业深化改革，使企业的所有制结构更好地适应市场经济发展的需要。二是要抓好引导、规范多种所有制经济成份兴办广告的工作，特别是要抓住香港顺利回归，厦门与台湾货轮直接通航的有利时机，允许具有中国国籍的香港居民以内地自然人身份参与我省广告经营；争取国家工商局批准我省分层次逐步放开香港部分媒介或广告公司来闽参与广告经营；允许外商在我省试办广告产业。积极借鉴国际上先进的管理经验，引进先进技术设备，尽快缩小我省广告发展水平与先进地区的差距。同时，要引导我省私营广告经营单位与国有大广告公司开展多种形式的协作。争取经过一段时间的努力，形成以国有大型广告公司为"旗舰"，由多种经济成分广告经营单位组成的闽籍广告"联合舰队"，闯国内外市场，兴八闽产业。

(四)必须摸索一套适应市场经济要求和广告行业特点的管理机制。从当前我省广告业的发展看，亟需建立两个"两手抓"的管理机制。一是广告监督管理机关的"两手抓"，即一手抓促进广告业的持续快速健康发展，一手抓市场监管和行政执法；二是广告行业组织的"两手抓"，即一手抓促进广告业的持续快速健康发展，一手抓广告行业自律。广告监督管理机关侧重于依法行政，通过市场监管和行政执法规范广告经营单位的市场行为。广告行业组织侧重于通过教育、舆论引导、行规行约等多种社会性活动，从职业道德层面上规范会员单位的市场行为。广告监督管理机关和广告行业组织之间既是指导与被指导的关系，又是为了一个共同的目标各尽其责、相互配合的关系。我们要从促进广告业持续快速健康发展的共同目标出发，积极探索，尽快建立一个职责明确，配合有力，协调统一，监管和自律互补的运行机制，为我省广告业的发展创造公平竞争的市场环境。

(五)必须采取有效措施，加大广告行业自律和行政执法的监管力度。

1、进一步统一思想认识，增强自律意识，完善广告行业组织的自律机制。

2、以职业道德建设为中心，正确处理好两个关系，有效地推动行业自律工作。行业自律必须以职业道德建设为中心，这是社会主义市场经济的内在要求。

3、要尽快建立行业自律的基本框架。行业自律工作是一个规模巨大的系统工程，要把这个系统的基本框架尽快建立起来。

4、要以广告监督管理机关为主，广告协会配合，加大执法力度，努力管好广告市场。

随着改革开放不断深入和社会主义市场经济体制的逐步建立，我省广告业的改革与发展已开始进入用新体制代替旧体制、初步建立社会主义市场经济体制框架的"冲刺"阶段，其增长方式也要相应进入以健康发展为基础的持续快速增长时期。只要我们高举邓小平理论的旗帜，坚持以发展为中心，以改革为动力，以广告市场的执法监督和行业自律为手段，勇于探索，敢于创新，努力奋进，福建广告业持续快速健康发展的奋斗目标就一定能够实现。

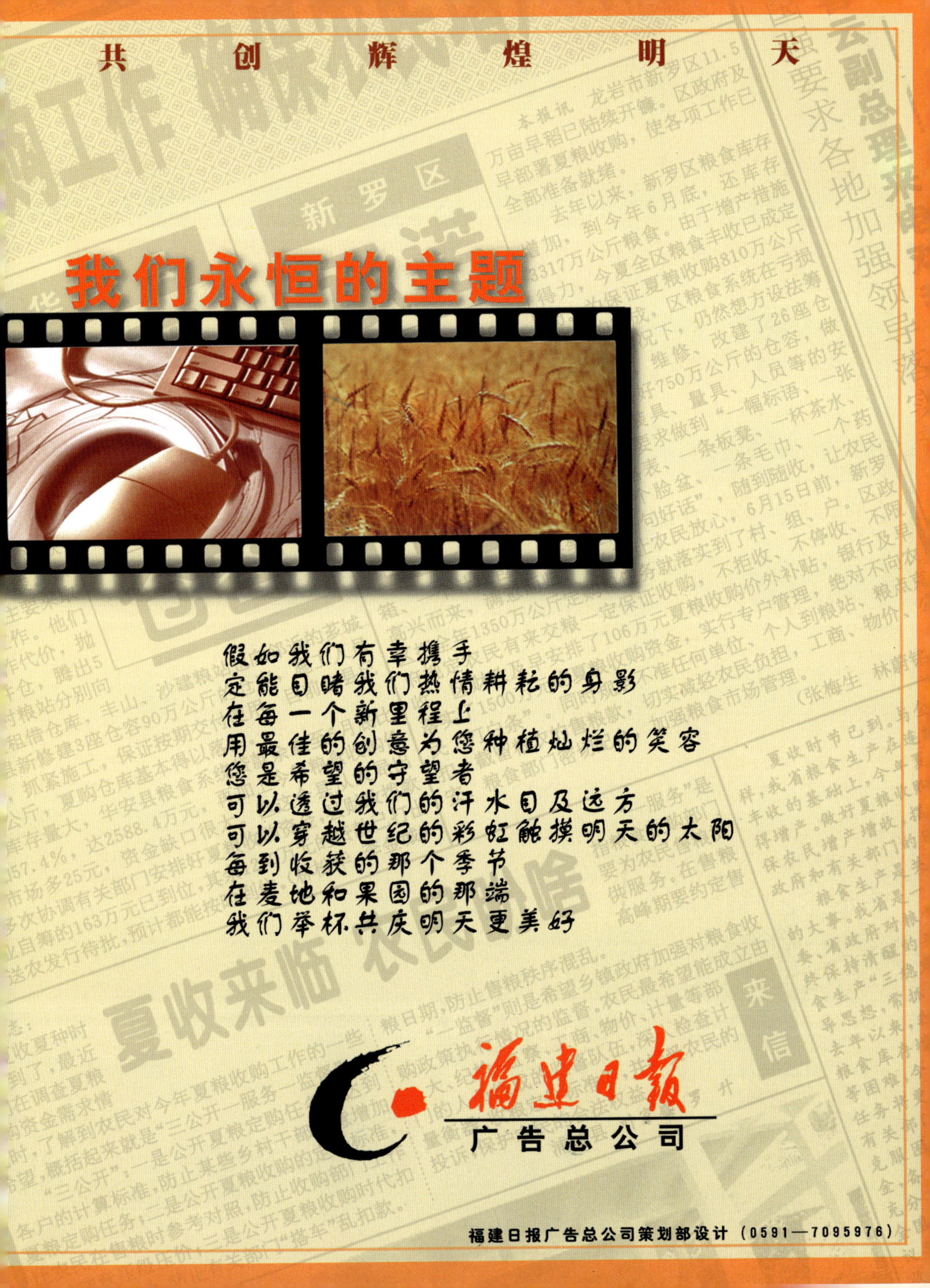
共创辉煌明天
我们永恒的主题
假如我们有幸携手
定能目睹我们热情耕耘的身影
在每一个新里程上
用最佳的创意为您种植灿烂的笑容
您是希望的守望者
可以透过我们的汗水目及远方
可以穿越世纪的彩虹触摸明天的太阳
每到收获的那个季节
在麦地和果园的那端
我们举杯共庆明天更美好
福建日報
广告总公司
福建日报广告总公司策划部设计（0591—7095976）

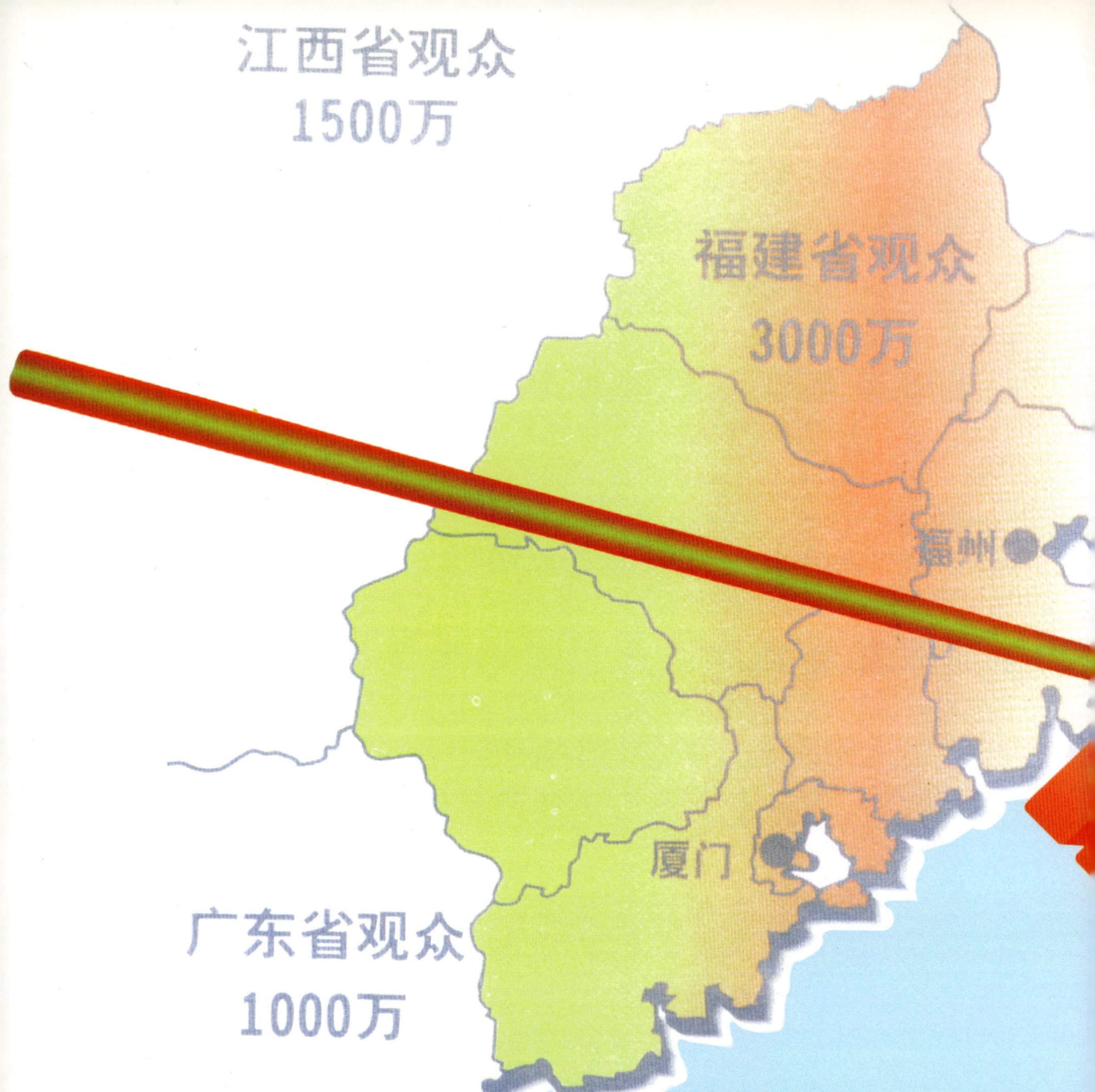

“给我一个支点，我可以撬动地球。”找到一个合适的支点，您也可以对市场把握自如。

福建电视台是福建省受众最多、收视率最高的电视媒体，对福建市场有着极大的影响力，是您开拓福建及东南沿海市场的理想支点。福建电视台广告部立足福建市场，辐射东南沿海，以透彻的市场了解，雄厚的专业实力为您提供全方位的服务，让您掌握最佳支点，把握市场游刃有余。

福建电视台广告部　　总经理：吴志明

浙江省观众
600万
把握市场
您需要一个
支点
台北
台湾观众
650万
高雄

选择福建有线　给您良

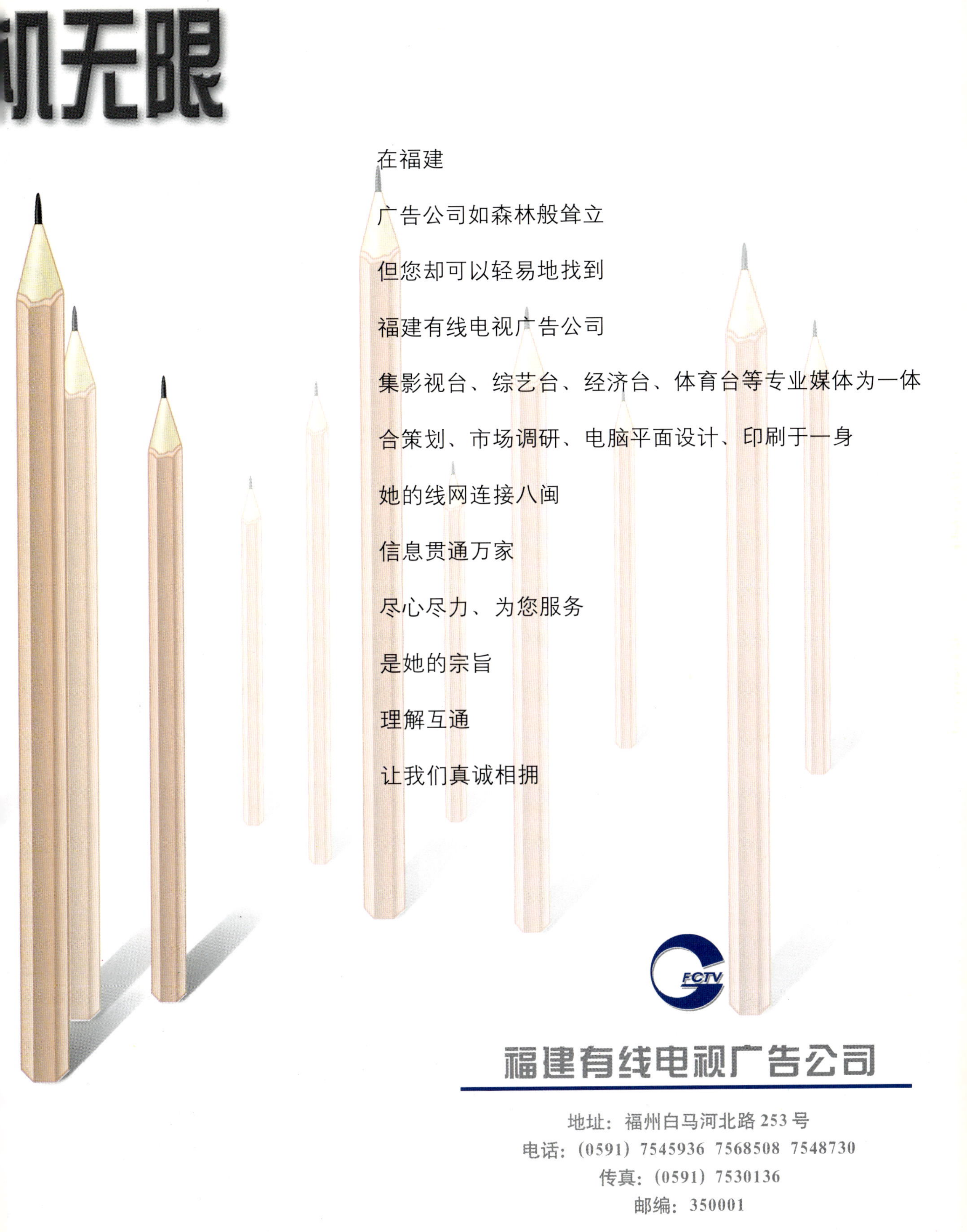
机无限
在福建
广告公司如森林般耸立
但您却可以轻易地找到
福建有线电视广告公司
集影视台、综艺台、经济台、体育台等专业媒体为一体
合策划、市场调研、电脑平面设计、印刷于一身
她的线网连接八闽
信息贯通万家
尽心尽力、为您服务
是她的宗旨
理解互通
让我们真诚相拥
FCTV
福建有线电视广告公司
地址：福州白马河北路253号
电话：(0591) 7545936 7568508 7548730
传真：(0591) 7530136
邮编：350001

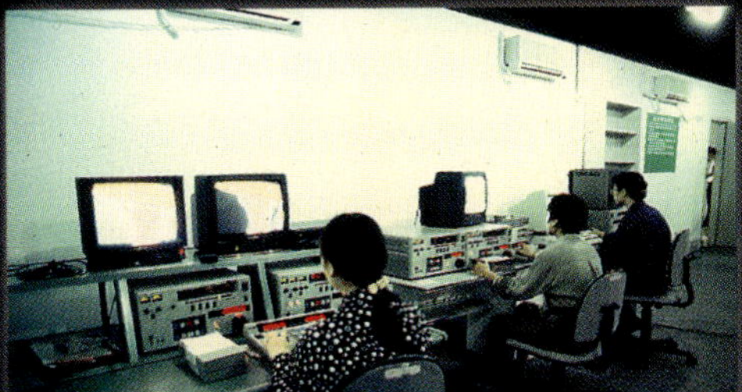

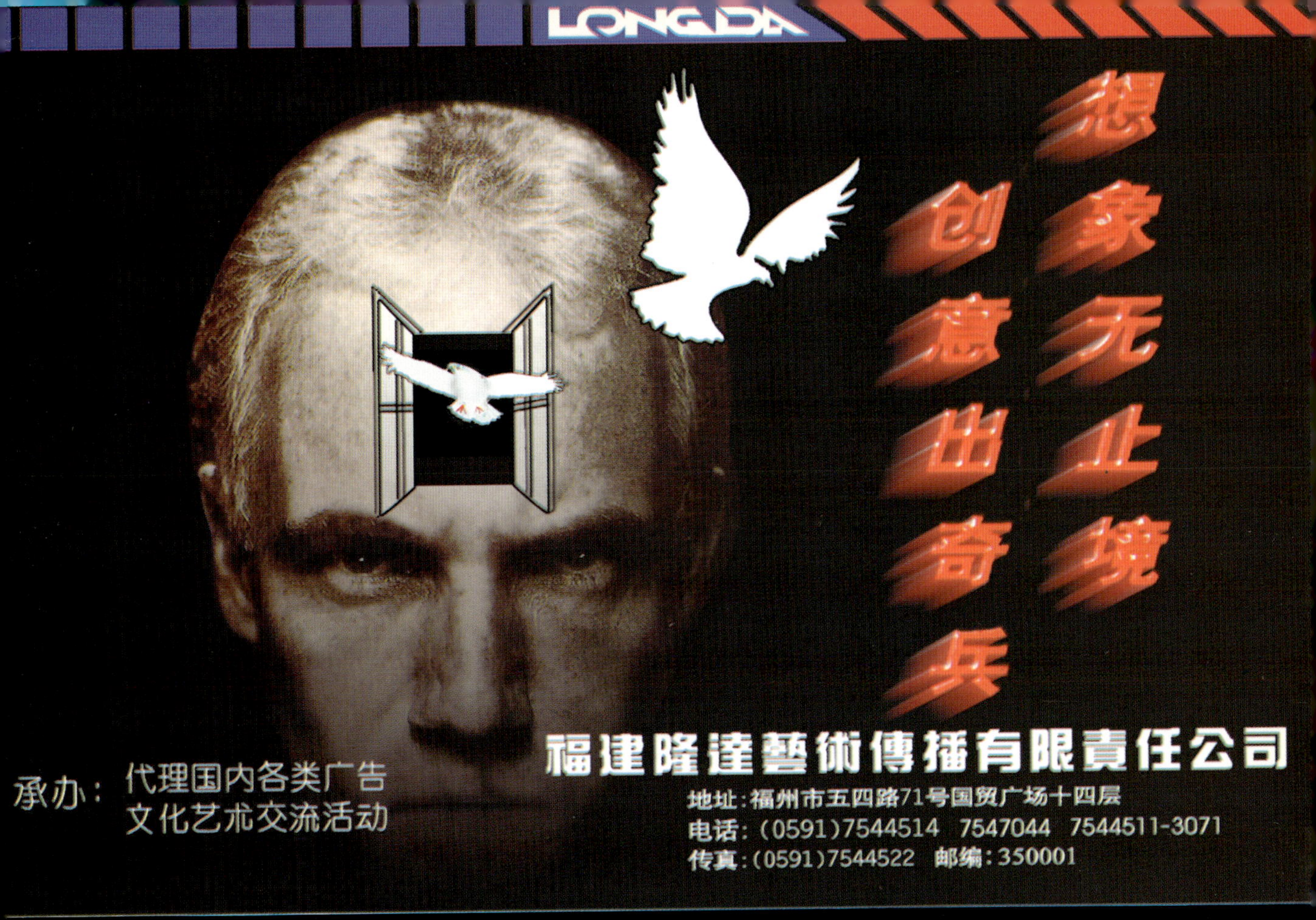
LONGDA
想象无止境
创意出奇兵
福建隆達藝術傳播有限責任公司
承办：代理国内各类广告
文化艺术交流活动
地址：福州市五四路71号国贸广场十四层
电话：(0591)7544514 7547044 7544511-3071
传真：(0591)7544522 邮编：350001

心的乐章 心的演绎
广告行销
创意沟通
TYCOON
福建太古之星广告传播公司
FUJAIN TYCOON PROPAGATION CO. ,LTD.
福州市五四路国贸广场 33 层
电话：0591—7503510 7544188 传真：0591—7544187

南平电视台
南平有线电视台

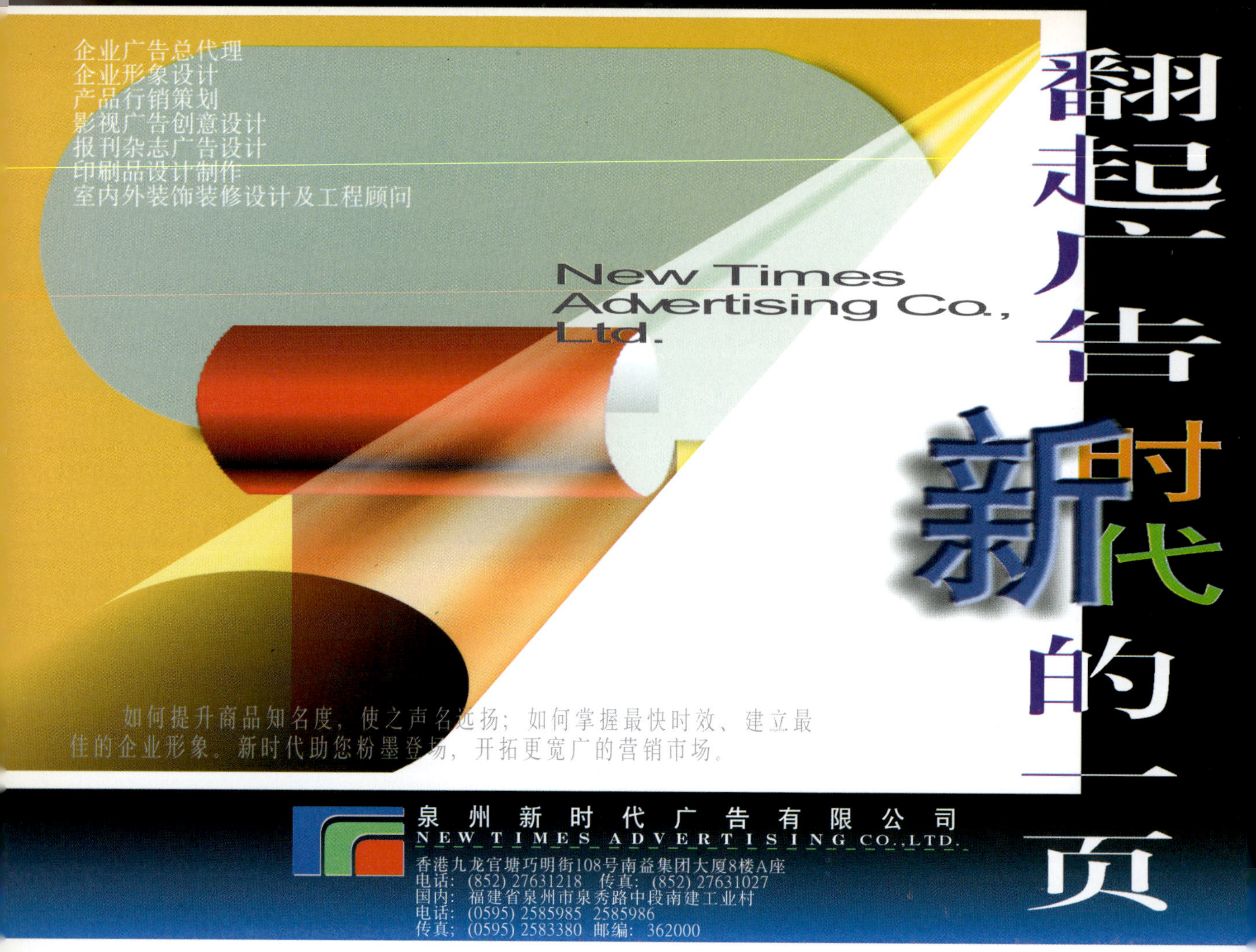
翻起广告新时代的一页
企业广告总代理
企业形象设计
产品行销策划
影视广告创意设计
报刊杂志广告设计
印刷品设计制作
室内外装饰装修设计及工程顾问
New Times Advertising Co., Ltd.
如何提升商品知名度，使之声名远扬；如何掌握最快时效、建立最佳的企业形象。新时代助您粉墨登场，开拓更宽广的营销市场。
泉州新时代广告有限公司
NEW TIMES ADVERTISING CO.,LTD.
香港九龙官塘巧明街108号南益集团大厦8楼A座
电话：(852) 27631218 传真：(852) 27631027
国内：福建省泉州市泉秀路中段南建工业村
电话：(0595) 2585985 2585986
传真；(0595) 2583380 邮编：362000

转换广告创意空间的魔术师
凭藉我们的创意和实力，可以助您掌握最佳商业契机，创造最高企业利润，并精确地达成业界高标的宣传成效！
展览城
广告
装璜
业务范围：
独家承接展览城户内外广告业务
展览会总体设计及展示布置
开幕式策划筹办
电子显示屏三维动画制作
提供主体联欢会、企业联手会、社会庆典、产品发布会等大型活动的策划
室内装璜及店面陈设
企业形象塑造推广
其它媒体广告代理
泉州展览城广告装璜有限公司
EXHIBITION CITY ADVERTISING & DECORATION CO., LTD.
地址：泉州展览城商贸街90号
电话：(0595) 2488778
传真：(0595) 2488789
邮编：362000

福建省鸿宇公众信息传播有限公司

自动声讯机房

160 信息台

福建省鸿宇公众信息传播有限公司隶属福州电信局，它以服务社会为宗旨，应用现代化的传播手段致力于广告信息资源的开发和传播，并积极发展相关业务和周边服务。目前主要经营设计、制作、发布、代理国内广告，信息服务，电子产品及通信设备，电子计算机及配件的批发、零售等业务。

电　话：

经理室：7533993	办公室：7533313
财务部：7533123	营业部：7523823
业务部：7558998	设计部：7533176
采编一部：7566964	采编二部：7533991

技术部：3710021　7534457

号簿编辑部：3351666　7533353

160 信息台：3710710

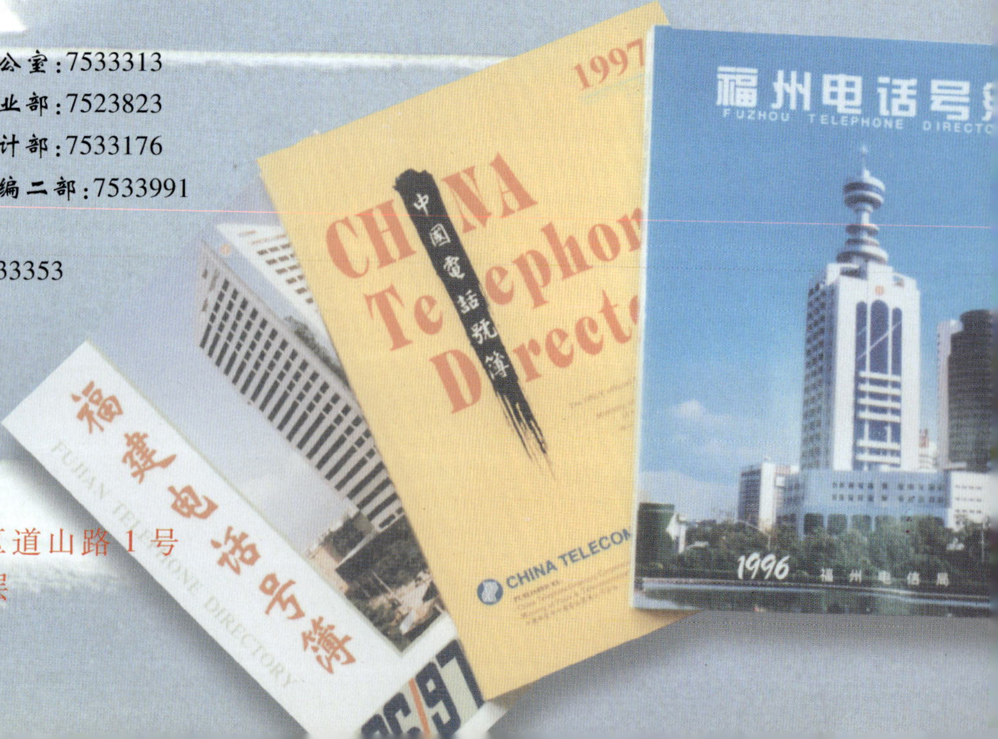

地　址：福建省鼓楼区道山路 1 号综合大楼五层

邮政编码：350001

闽北日報

●国内统一刊号 CN35—0052　　●邮发代号 33—35

《闽北日报》是中共南平市委机关报，创刊于 1952 年 4 月。原为四开四版周三刊，1993 年改为对开周五报，1994 年改为对开四版日报。

《闽北日报》立足闽北，面向全国，以“指导地方工作，服务经济建设，传播科学文化，丰富精神生活”为办报方针。报纸强化对党和国家大政方针的宣传，及时报道闽北各地最新信息，注意反映人民群众呼声。内容生动活泼，版面丰富多彩。

《闽北日报》在加强指导性的同时，积极借鉴晚报的长处，注意从贴近群众、贴近生活的角度去反映经济工作、精神文明建设和社会生活的方方面面，可读性强。《生活时空》、《世间万象》、《百合花》等一批专栏深受读者喜爱。文艺副刊《武夷山》坚持高品位，吸引了全国各地众多的作家、诗人为它撰稿。

总编辑：杨斌

社址：福建省南平市八一路 350 号　邮编：353000　电话：0599－8831501　广告公司电话：0599－8825527

莆田电视台广告部

莆田电视台位于福建省闽东南沿海地区,发射功率为3000瓦,覆盖全市各县区和周边县市的部分地区,人口达400万以上，现已实现全天播出。莆田电视台广告公司十分注重广告人才的培养和制作设备的引进，以质量第一，顾客至上为宗旨，以优质的服务和精益求精的敬业精神，力求广告信息的完美体现和有效传达，是莆田市目前最有影响力的传播媒体之一。

经营范围:设计、制作、发布、代理国内外各类广告业务

台　长:姚志平　　广告部:柯晓东

电　话:0594-2391668　　(传真)2391668

地　址:福建省莆田市城厢区田尾新村153号

邮　编:351100

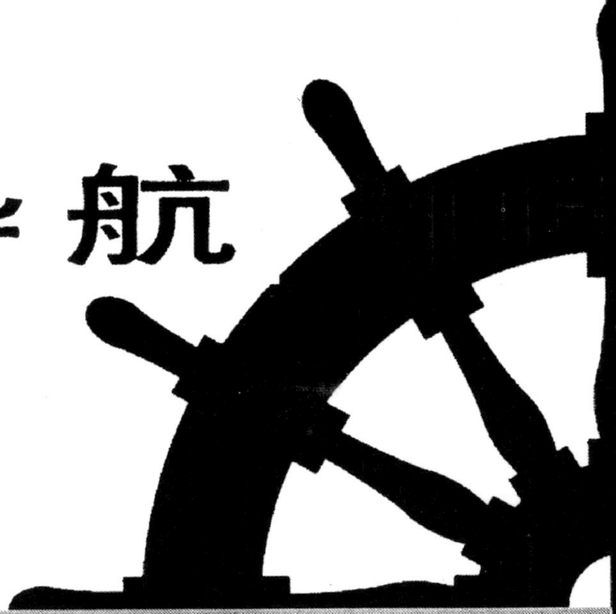

城市公共交通广告概况

中广协公交委员会

（一）

城市公共交通广告（以下简称公交广告）是七十年代后期，随着改革开放方针的深入贯彻而发展起来的新兴企业。1978年只有上海、广州、杭州等几个较大城市的公共交通车辆上挂有广告。以后逐年增加。到1995年公交广告企业发展到160多家，比1978年增长了40倍。营业额1978年不足10万，到1995年增加到2.7亿元，增长了270培。从业人员1978年仅30几个人，1995年增加到2800多人，增长93倍。公交广告在全国广告业中除广播、电视、报纸外，它是四大媒体之一。

进入八十年代中期，随着社会主义市场经济的建立和不断完善，贸易不断繁荣，对外交流不断扩大，正是这市场经济的大环境为公交广告的发展，提供了良好的契机。

车身广告

城市公交广告由五个方面组成。即：城市公共汽车、公共电车、出租汽车、地铁客车、轮渡客轮。联合组成公共交通体系。到1996年的统计，全国共有公共汽车、电车14.8万标准辆；出租汽车58.5万辆，轮渡客船1311艘；目前全国有四个城市建成地下铁道，即北京、上海、天津、广州共有地铁客车570辆。当前，凡是有公共交通设施的城市都开展了公交广告业务，公交广告遍及全国。

随着公交广告的迅猛发展，1989年公交广告企业开始联合起来，筹建全国性的社团组织。在国家工商行政管理局和中国广告协会的领导下，于1990年成立了中国广告协会广告公司委员会领导下的公交协作会（即公交委员会的前身）。

1993年3月19日，中国广告协会以(1993)第10号文批准成立中国广告协会公交委员会，经过一段时间筹备在天津召开了中国广告协会公交委员会第一届会员代表大会（即公交委员会成立大会），选举产生了第一届中国广告协会公交委员会领导机构。

▲电杆广告

▲车尾广告

▲车顶灯广告

▲车顶灯广告

▲全车身广告

公交委员会现有成员：

主任：	朱小林	上海公交广告公司总经理
常务副主任：	宋瑞波	北京公交广告公司总经理
副主任：	安　宁	北京通成推广公交广告有限公司总经理
	兰　荣	国家建设部城建司公交处副处长
	王树军	国家工商行政管理局广告司副处长
	詹和魁	天津市公交广告公司总经理
	吴凤祥	长春市公交广告公司经理
	刘航军	南京市公交广告公司经理
	李　熙	杭州市公交广告公司经理
	周正如	成都市公交广告装饰工程公司经理
	陈爱东	广州电车广告公司经理
	罗锦英	广州新福利巴士服务有限公司经理
	刘林祥	武汉市公交广告公司经理
	田长云	长沙市公交广告公司经理
	王喜才	石家庄市公交广告公司经理
	闫世力	济南市公交广告公司经理
	卜建儒	北京地铁广告公司经理
	谢振圃	上海强生广告公司经理
	丁谦生	武汉轮渡广告公司经理
秘书长：	宋瑞波（兼）	
副秘书长：	廖英田	中国广告协会公交委员会秘书处

几年来，公交委员会认真执行中国广告协会的章程，根据中广协每年的工作重点，具体安排公交委员会的工作，公交委员会除定期召开主任办公会外，每年都开展1-2次大型活动，并通过简报，互通情况、交流经验。为了吸取国际广告的新技术，新材料、新工艺，每年都组织1-2次国外专业考察。三年来共组织四批67人次去欧洲五国和美国进行公交广告专业考察，对提高公交广告的设计、制作、服务、管理起到借鉴和推动作用。

由于公交委员会认真做好协调、咨询、服务工作，基本上起到了专业组织的核心作用，从而增强了协会的凝聚力。

（二）

公交广告企业有它得天独厚的优越条件：城市公共交通车(船)及站务设施上发布的广告都隶属于公共交通公司或出租、地铁、轮渡公司。它们独揽公交广告载体的使用与经营权，其他行业无权经营，这也是公交广告独家经营和迅猛发展的先决条件。

十几年来，公交广告从单一的车身广告，已发展到十多种新颖的广告媒体，现在公交广告的媒体有：车身左右侧广告，车头、车尾广告，站牌广告，站亭及候车廊广告，地铁霓虹灯广告，电杆广告，出租车顶灯广告，轮渡客轮及码头广告，车内广播广告，车内招贴广告，客票卡广告，双巴全车广告等。这些形式各异的广告深受客户的好评。

公交广告的特点也是其它广告形式所不能比拟的。它具有流动性大，覆盖面广，视觉效果好，接触面大，可视率高，价格低，刊期长。而且素有“城市流动广告”之称。

一、流动性大。具体表现在车身广告，公共交通车辆的两侧及车头、车尾、车内张贴的广告，随着车辆的运行而向人群展示广告。城市公共交通车辆大都运行在繁华的街道上，而且每天穿梭般地运行在每条客运线上。例如一条10公里的客运线，每天平均要运行10-12次。因此，公交广告被人们称为“城市流动广告”。这是公交广告特点之一。

▲候车亭广告

▲站亭广告

▲站亭及候车廊广告

▲地铁上部广告

◀地铁广告

二、覆盖面广。城市面积有多大，公共交通就有多广，随着城市的扩建，公共交通设施也随之而扩展，而公共交通广告，当然也随着公交事业的发展而发展。以北京为例，目前全市有6000多个公交站点，星罗棋布的设置在全市大街小巷和各个角落。站亭、候车廊、站杆、电杆广告随处可见。其覆盖面远远超过其他户外广告。这是公交广告特点之二。

三、接触面宽，视觉效果好。凡是有公共交通的地方，其候车站点的人群络绎不断、客运车辆川流不息。人们趁候车、乘车之便，就可以阅览到眼前的各式公交广告。以首都北京为例，每天接送乘客850多万人次，这数以百万计的人群随时随地的都接触到图文并茂的公交广告，其接触面之宽，视觉效果之好这是公交广告特点之三。

四、刊期长、价格低。公交广告比其它媒体广告价格较低。京、津、沪，直辖市之公交车辆广告，全车广告一年期是5-7万元，其它中小城市全车广告一年期1.0-0.5万元，公交广告刊登期一般为一年不等。其价格普遍低于其它媒体广告而刊期又普遍长于其它媒体广告。这是公交广告特点之四。

1996年国家工商行政管理局在全国范围内组织开展的“中华好风尚”主题公益广告月活动中，全国公交广告行业都积极的参与。并涌现出一大批获奖的公益广告。如大连市的公交公益广告受到薄熙来市长的赞许。公益广告被群众称为“城市流动风景线”，公益广告也带动了营业广告的发展。

总经理

- 总经理
  - 副总经理
    - 综合办公室 64030529
    - 客户一部 64030528
    - 客户二部 64017100
    - 影视部 64058505
    - 设计制作部 64049429
    - 媒介部 64017200
    - 财务部 64057475
    - 行政保卫部 64058499
    - 北京市天成出租汽车公司 63400650
    - 北京市天庆商贸公司 66155717
    - 北京市天罡装饰装璜公司 64276364
    - 北京市天翔旅行社 64073076
    - 北京市公交广告公司图片社 64035330
    - 北京市天朝酒楼 64060837
    - 北京公交天成汽车客运有限公司 62227210
    - 北京公交图文设计制作中心 64058499

一步到位

双管齐下

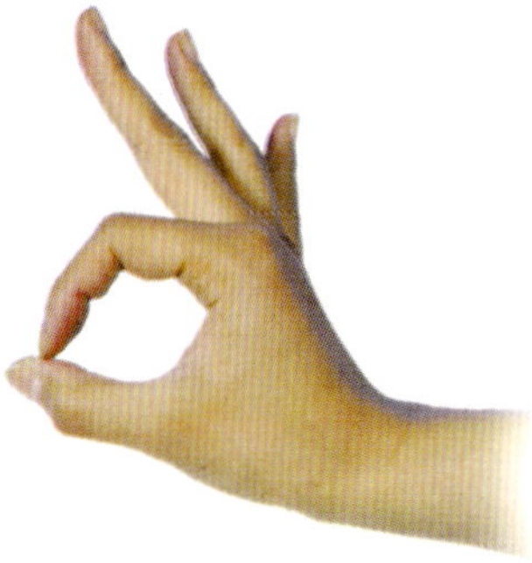

我们的承诺

北京市公交广告公司

上海市公共交通广告公司成立于1988年8月8日，是上海市公共交通行业的专业广告公司，公司以集约化经营为优势，拥有媒体涵盖全市400余条公交线路，10000余辆公交车，2000多个公交站点。10余种不同类型的发布样式，为各类不同需要的客户提供最佳传播效果。公司全年营业额逾五仟万元。经国家工商局、中国企业评价协会评价确定为’95中国50家最大广告公司之一，上海市排名第十位，并连续五年被上海市工商行政管理局、上海市广告协会评为上海市广告业“重信誉创优质服务”先进单位。

公共交通广告以其出现率高，诉求对象宽广，定位适应性强，收费低等卓越的优点在诸多广告媒体中独树一帜，历来为广告界和工商界所重视，在人口密集的大都市作为具有影响力的流动户外广告，其作用尤为明显。为不断提高服务质量，公司投资引进先进技术和设备，运用电脑设计和电脑写真制作，大大提高了车体广告的发布效果，尤其是全色车广告成为都市户外广告中的一枝独秀。

上海市公共交通廣告公司

总经理：朱小林
联系人：王永明

地址：上海市武胜路109号　电话：业务部（021）63722680　邮编：200003

97年11月1日开始
北京地铁广告网络
全线换新装

中国最大交通网络媒体，每天乘客达140万人次

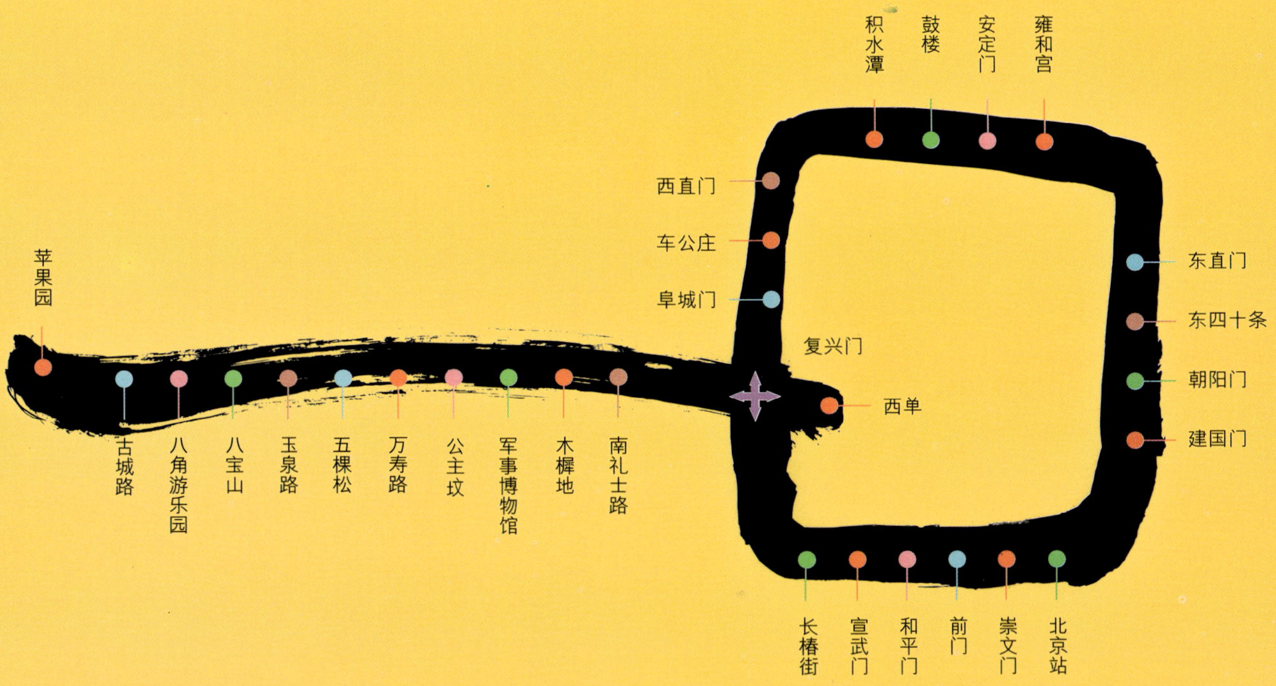

TOP RESULT METRO 地铁通成

BEIJING TOP RESULT METRO ADVERTISING CO., LTD.

北京地下铁道通成广告有限公司

北京市朝阳门外大街18号丰联广场2001室　邮编：100020

电话：(8610) 6588 1066　6588 1071-1075　图文传真：(8610) 6588 1076

电邮：beijing@top-result.com.hk.

本公司独家发布北京地铁全线月台灯箱、车厢内广告牌、通道及梯旁海报等

石家庄市公交广告公司

石家庄市公交广告公司自1988年创办以来，以至诚的服务，优美的创意，高速度的发展，创出了辉煌的业绩，被列为河北省十强广告单位之一，并连年被省市广协、工商管理部门评为“重信誉创优质服务”先进单位，现为中国广告协会理事、全国公交委员会副主任，河北省及石家庄市广告协会常务理事单位。

该公司是石家庄市公共交通总公司直属的全民所有制专业广告公司，拥有40多条线路，1000多部营运车辆和市区数百座高档次的候车亭及月票卡的独特广告媒体发布权，并享有全面广告代理权，可为各界朋友提供全方位的专业广告服务。

石家庄公交广告公司，现已拥有一支一流的设备，一流的创意设计和一流的调查策划，制作队伍。先进的“大图静电写真喷绘制作系统”可为您提供河北省独家服务。

愿您的企业，您的事业，伴随我们奔驰的车轮一并向前腾飞。

总经理：

GJGG

地址：石家庄市建设北大街6号

电话：(0311) 6033203 6073081 邮编：050011

南京市公共交通广告公司

Nanjing Mass Transportation Advertising Co,

沿着科学化，规模（集团）化，专业化轨道，向国际先进水平迈进。

南京市公共交通广告公司（汉语拼音缩写NGG）是江苏地区最具实力的大型国有专业广告企业之一，95年以来，共投资2000多万元，开发新型，高档户外广告媒体，目前拥有车身广告牌，站亭灯箱，独柱灯箱，路牌等媒体，业以形成动静结合，点线结合，高中低档齐全的户外立体传播网络。

NGG拥有国际一流的广告设计制作硬件设备和具有丰富营销经验的专门人才，可为中外企业提供创意，策划，平面设计，CIS系统工程，发布，代理等全方位广告服务。在与国际国内企业及同行的交流合作中，NGG以其独特的专业优势和完善的广告服务受到信赖，公司年营业额达3000多万元，设计制作的广告作品在国家和省市评比中屡获大奖。

NGG固定资产达2000多万元，近年来，还以独资，合资方式开设，新建了广告材料经营公司和江南大酒店等企业，具备了集团化经营规模和实力。

NGG95-97大事记：

*95-96年推出200多座新型亮化站亭灯箱和100多个独柱灯箱，97年5月，又在景观道路中山东路，汉中路上建起19座港湾式站台，并树起了200多个新式亮化灯箱。

*96年投资200多万元，引进美国DP公司生产，具有国际先进水平的设计制作设备，Directprint大图静电写真系统。

*97年，自筹资金，投资1000多万元，购置36辆双层巴士，开发双层车全车喷涂广告经营。

*97年，设计制作的“乐百氏”全车喷涂广告获国家级优秀奖。

（图1）
流动的城市人文景观——电脑写真系统设计制作的双层客车全车喷涂广告。
（图2）
高科技的制作手段－电脑写真设备。

我公司是以城市公交汽电车体，候车亭、站牌为主要的户外广告媒体，近千部车体广告，三十多条路线贯穿泉城的东西南北，形成了一道道美丽的风景线，人在流动，车在运行，信息在传播是一种极佳的流动性广告媒体，它为树立企业形象，开拓产品市场引导健康消费，美化城市增加市场的现代化气息，商业气息等方面也发挥着积极的作用。

本公司下属有恒艺广告制作中心，不但具备策划、平面设计、精美制作等诸方面的实力，还拥有日本生产的MICHEIAMGLO大型喷绘设备和NOVAJET小型喷绘机，它适用于户外灯箱广告，车身广告，大型路牌的喷绘制作，并已达到国内先进水平，下属部门还有实力雄厚的霓虹灯厂，制作安装均实行一条龙服务，还有经省二轻厅批准的乙级承揽装修的亚太装饰工程公司，恒业经贸公司是集广告材料等各类批发零售综合性部门。

我公司全体员工将竭诚与各广告公司加强合作，共同发展，与您共创美好的明天！

地址：中国济南纬十二路10号　　邮编：250021
电话：(0531)5960242　　传真：(0531)5960241

济南市公交广告公司

成都市公交广告装饰公司

公交广告

成都市公交广告装饰公司是成都市公共交通总公司下属的全民所有制国营企业。本公司是集广告设计、制作、发布和代理国际、国内各种媒介的综合性广告公司；同时是经省建委的建筑装饰企业，本公司系中广协直接会员及公交委员会副主任单位、四川省广告协会常务理事，省、市广协广告公司委员会副主任。

位于四川腹地中心的成都市公交广告装饰公司，是西南地区实力雄厚的广告公司，在全国广告实力排序百强之列，成都市广告实力排序第二名。公司拥有1000余辆电、汽车、中巴，近200余座不锈钢候车亭及路牌面积近10000平方米，2000余个站桩以及电杆，线路80余条，年度销售车票2亿张，月票50万张，月票卡板20万张以及几十万份公交报和近10万份的公交线路图。公司拥有自身优越的广告媒体和先进的电脑办公设备和管理手段，并拥有一支一流的创意设计、调查策划、制作队伍。

成都公交广告将热情地为广大工商企业奔走相告。

名称：成都市公交广告装饰公司

负责人：周正如

地址：四川成都市上西顺城街45号　　邮编：610015

电话：6622508、6626797　　传真：6781151

联系人：张宣英

经营范围：主营：广告装饰工程

兼营：装裱字画、店堂设计、批发零售工艺美术品（不含金银制品）、装饰材料、百货、五金交电。

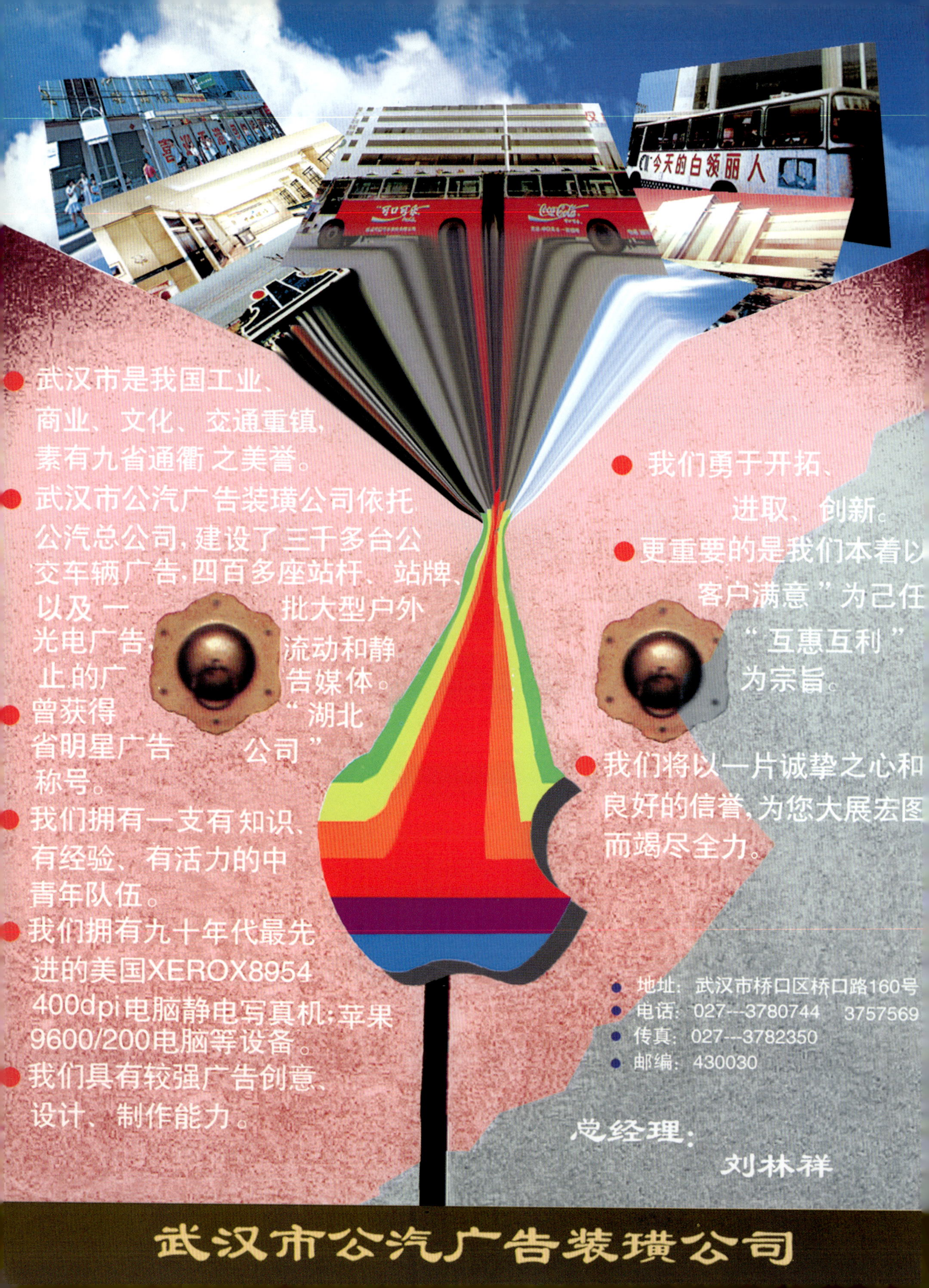
今天的白领丽人
武汉市是我国工业、商业、文化、交通重镇，素有九省通衢之美誉。
武汉市公汽广告装璜公司依托公汽总公司，建设了三千多台公交车辆广告，四百多座站杆、站牌、以及一批大型户外光电广告，流动和静止的广告媒体。
曾获得“湖北省明星广告公司”称号。
我们拥有一支有知识、有经验、有活力的中青年队伍。
我们拥有九十年代最先进的美国XEROX8954 400dpi电脑静电写真机；苹果9600/200电脑等设备。
我们具有较强广告创意、设计、制作能力。
我们勇于开拓、进取、创新。
更重要的是我们本着以客户满意”为己任“互惠互利”为宗旨。
我们将以一片诚挚之心和良好的信誉，为您大展宏图而竭尽全力。
地址：武汉市桥口区桥口路160号
电话：027---3780744 3757569
传真：027---3782350
邮编：430030
总经理：刘林祥
武汉市公汽广告装璜公司

長沙市公交廣告公司

长沙市公交广告公司成立于1985年8月，由以前的单一经营车身广告发展成为经营、发布、代理各类广告的专业性广告公司

公司地处繁华的火车站，目前拥有1200多辆各类公交车辆车身广告媒体，拥有成套的高新技术设备和一批高素质人才，公司自1993年以来，连续四年被市政府授予“重合同，守信用企业”，不断的向正规化、现代化、高标准、高质量的方向发展。

总经理：田长云

◀ 办公大楼

▼ 主营之一：车身广告

地址：长沙市车站路26号
电话：（0731） 4159012
4117908
邮编：410001

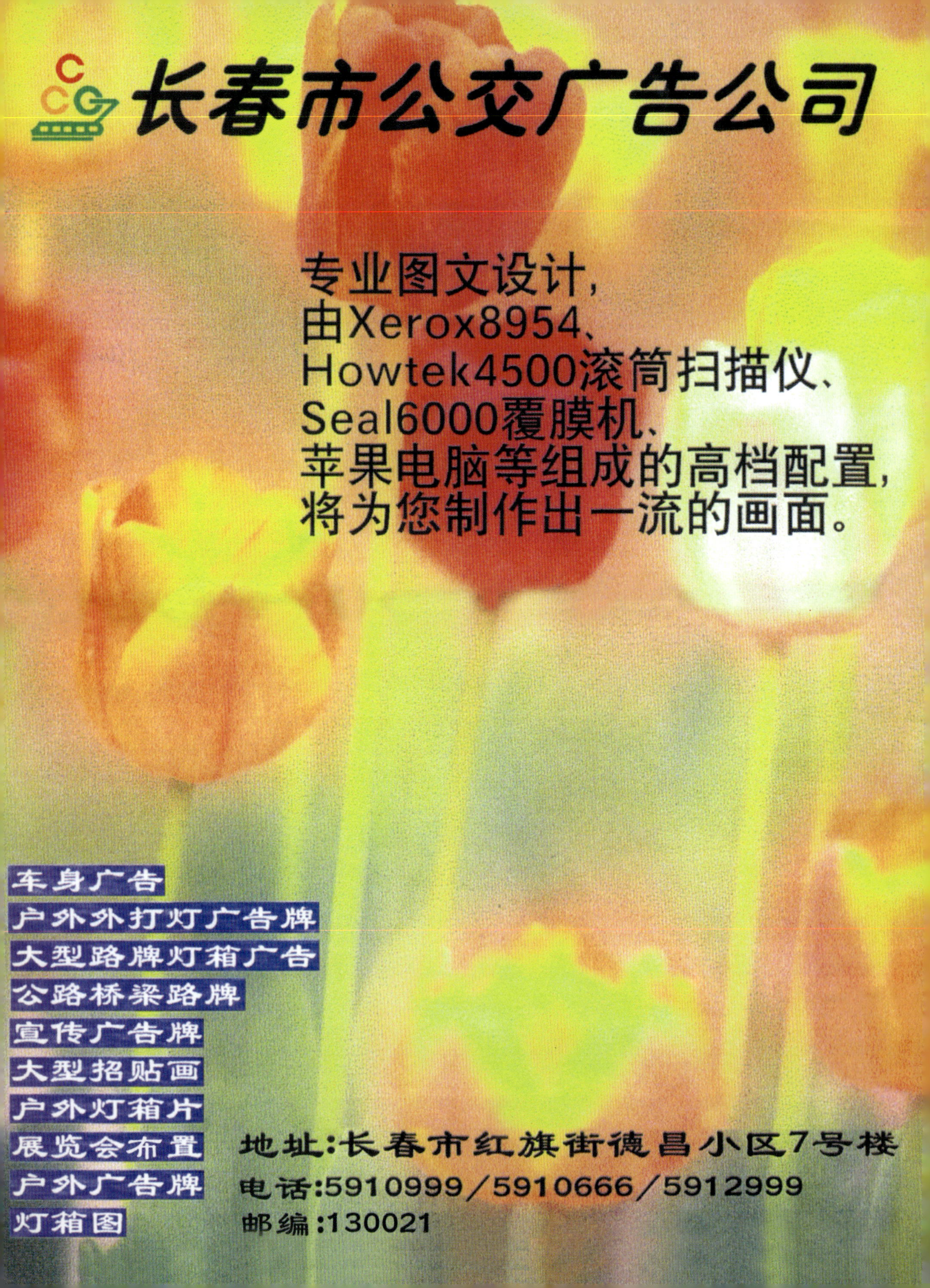
长春市公交广告公司
专业图文设计，
由Xerox8954、
Howtek4500滚筒扫描仪、
Seal6000覆膜机、
苹果电脑等组成的高档配置，
将为您制作出一流的画面。
车身广告
户外外打灯广告牌
大型路牌灯箱广告
公路桥梁路牌
宣传广告牌
大型招贴画
户外灯箱片
展览会布置
户外广告牌
灯箱图
地址:长春市红旗街德昌小区7号楼
电话:5910999/5910666/5912999
邮编:130021

大连交通广告公司

大连交通广告公司是大连市第一公共汽车公司下属的全民所有制企业，以承揽、设计、发布公交广告为主，设置了最新型苹果电脑和大型施乐静电图文写真机相结合的大图制作中心。公司拥有技术精湛的创意人员为客户提供设计服务。

总经理于兴波在97全国公交广告研讨会上讲话

行驶在繁华路段的公交广告车

我公司拥有大连繁华市区三十余条线路，千余辆运营车辆的广告发布权，具有宣传效果好、覆盖面强、客流量大、信息传播迅速的特点，是各企业厂商宣传产品知名度，提高企业经济效益和社会效应的良好媒体。

公益广告双巴车

施乐静电图文写真机适应广告业高速发展的需要，可输出幅宽1.34米，长度无限，精度达300dpi的高品质图像，是制作海报、广告牌、灯箱广告、车体广告、室内外装饰壁画、人物肖像画、展板及精美pop广告的理想工具。

大图制作中心

精度高　输入精度为4200dpi
　　　　输出精度为300dpi

质量佳　室内外兼用、防水、防紫外线、三年不褪色

速度快　每小时为42平方米

为客户设计制作大型户外灯箱广告

总经理于兴波偕全体员工竭诚欢迎中外客户！

地址：大连市中山区解放路812号
电话：0411-4305715　2881116　2895734

中国广告协会公交委员会
广告经营单位名单

单　位	地　址	负责人	电　话	电　传	邮　编
上海公交广告公司	武胜路109号	朱小林	63271037	63271222	200003
北京公交广告公司	东城区交道口东大街64号	宋瑞波	64030529	64049428	100007
天津公交广告公司	河北区中山路月纬路月云公寓4号楼底层	詹和魁	26288880 26288882	26282828	300142
长春公交广告公司	红旗街德昌小区7号楼	吴凤祥	5912999	5910999	130021
南京公交广告公司	新模范马路2－1号	刘航军	3431408		210037
杭州公交广告公司	中山北路481号	李　熙	5171717	5171717	310003
长沙公交广告公司	车站路26号	田长云	4117908	4127218	410001
成都公交广告装饰工程公司	上西顺城街45号(青少年宫内)	周正如	6622508	6781151	610015
广州电车广告公司	广园中路48号(电车总站综合楼5楼)	陈爱东	86379845	83325040	510405
武汉公交广告公司	汉口乔口路160号	刘林祥	3780744	3794797	430030
北京通成推广公交广告有限公司	朝外大街18号丰联广场大厦20层	安　宁	65881066		100020
国家工商局广告司	西城区三里河东路8号	王树军	68531133－2510		100820
石家庄公交广告公司	建设北大街4号	王喜才	6033203		050011
广州新福利巴士服务有限公司	广州体育东路108号	罗锦英	87546575	87546536	510620
济南公交广告公司	济南市纬十二路10号	阎世力	5960242		250021
国家建设部城建司	北京西郊百万庄	兰　荣	68393961	68393157	100835
北京地铁广告公司	北京东城区苏州胡同61号	卜建儒	65248670	65132595	100005
武汉轮渡公司	南京路宝润里1号	丁谦生	2833467	2793182	430014
上海强生广告公司	上海南京西路934号101室	谢振圃	62189928	62170027	200041
浙江省					
温州公交广告公司	龙泉巷5号	李　敏	8335234		325003
江西省					
南昌公交广告公司	站前西路16号	龚海林	6222391	6278174	330003
景德镇公交广告部	朝阳路170号	徐祖华	442125		333000
九江公交广告部	九湖路口1号	韩荣庆	8584407		332000
新余市公汽广告部	长青南路	张冬根	442380		336525
萍乡市华艺广告装潢公司	萍乡公共交通公司	宋友华	333310		337055
湖北省					
武汉电车广告公司	武汉市武胜路121号	陈昌德	3788631		430030

单位	地址	负责人	电话	电传	邮编
十堰市公汽广告部	十堰市汉江路51号	吴兆斌	663015		442000
黄石公汽公司广告部	黄石达大道1035号	张吉利	223644		435002
襄樊市公交广告公司	星火路1号	肖世荣	3442020		441000
荆沙市公用交通公司广告部	沙市北京路17号	何鄂生	212892		434000
荆门市公汽公司广告部	长宁大道49号	刘义林	338027		448000
宜昌公汽广告公司	夷陵路49号	汪元海	637138		443000
鄂州公汽公司广告部	鄂城区凤凰北路4号	肖昌俊	224539		436000
内蒙古					
乌海市公交广告公司	海渤湾区西桌子山街	雷　平	223309		016000
呼市公交广告公司	新城区光华街6号	梁建明	4962244－3023		010010
包头市公汽总公司广告信息公司	青山区幸福路69号	沈　刚	3131648		014030
陕西省					
西安市公交广告公司	洒金桥91号	姬天顺	7332595		710002
宝鸡公交广告装潢部	经二路39号	游永生	219711		721000
江苏省					
淮阴市公交广告公司	淮海北路43号	康福林	3946692	3946692	223001
徐州公交广告装潢公司	淮海东路255号	何彭城	5755425		221006
常州市公交鹏程广告公司	常面路9号	张方铭	8106782		213003
扬州市城建广告公司	友谊路8号	陈　静	73113899		225002
镇江公交广告公司	镇东路2号	王怀德	4424439－326		212003
南通公交广告装潢公司	人民东路53号	程信汤	5584451	5516282	226001
泰州市公交广告部	扬州路141号	吴志鸿	224618		225300
盐城公交广告部	人民路中102号	袁　元	8308666		224002
苏州公交广告经营部	西中市178号	祝建中	7209480		215003
连云港汽车运输总公司广告装潢公司	新浦解放中路8号	伏筱华	452211	451817	222003
安徽省					
合肥市公交广告公司	铜陵路286号	胡　军	4489953	4466571	230011
马鞍山公交公司广告部	花山路41号	钱坚民	472506		243000
淮北市公交广告装潢部	淮溪路庆相桥	管继信	3037625		235000
芜湖市公交广告部	长江路57号	洪长荣	335084		241001
蚌埠公交公司广告部	朝阳路549号	闫菁露	(0552)4036197		233000
河北省					
唐山国际广告公司	新火车站南50米	魏永安	2312522	2312514	063004
张家口公交广告公司	供销宾馆1楼公交广告公司	王延龙	2018519		075000

单　位	地　址	负责人	电　话	电　传	邮　编
河南省					
平顶山公交广告部	中尖路南段	蔡宝刚	4944409		467001
洛阳公交广告装饰公司	中州中路 114 号	李巨才	9012382		471002
焦作市公交广告装饰公司	太行路 54 号	孙　萍	229935		454100
郑州公交广告装潢公司	金水路 44 号	范振河	6227934	6239611	450053
商丘公交广告公司	凯旋路 99 号	张百清	2511651		476000
新乡市公交广告中心	自由路 59 号	吴金忠	(0373)3045571		453000
山东省					
青岛公交广告装潢公司	市北区辽宁路 76 号	徐立卿	3822710		266021
泰安市公交广告部	东岳大街中	苏春发	223146		271000
淄博公交广告部	张店共青团东路 15 号	杨　健	2287684		255038
山东城市公交广告公司	经四路 364 号	杜国丰	7934986		250001
烟台公交广告部	南大街 125 号付 3 号	傅秀玲	6260506		264000
潍坊公交广告公司	潍坊市鸢飞路 76 号	杨士森	8256549		261031
山西省					
大同公汽广告公司	新建南 81 号	王希尧	5025394		037008
太原公交广告公司	双塔西街 219 号	薄玉才	4042871－5390		030012
榆次城交广告有限公司	道北街 94 号	刘小平	3022549		030600
广东省					
广州第二汽车公司广告公司	增槎路 93 号二楼	刘俭民	81993223－0099		510160
广州第一汽车广告公司	东湖路 25 号	何少驹	7750336		510080
广州第三汽车广告公司	先烈中路 104 首层	马少芬	87628503		510060
汕头市公交公司	大华路 119 号	陈坤发	8218090		515031
广州市客轮公司广告分公司	滨江西路	何国辉	84413527	84427433	510235
广东省广告公司潮州市公司	新桥西路 114 号	苏均平	2265243	2203408	521011
佛山公汽广告分公司	卫宁路 2 号	卢四女	3332069		528000
深圳公交广告公司	福华路 34 号附楼二楼	陈基育	3606427		518033
广州国联公交广告有限公司	德政南路 56 号	黄煜华	83871552	83366566	510110
深圳新中联运江实业发展公司	振兴华路 14 号和晖大厦 306	江　涛	3233306	3237856	518031
新　疆					
乌鲁木齐公交广告公司	西北路 211 号	李扣成	4845663		830000
福建省					
福州公交广告公司	华林路 267 号	吴　真	7579524	7579524	350013
吉林省					

单　位	地　址	负责人	电　话	电　传	邮　编
四平市公汽公司	北新华大街19号	王德臣	255708		136000
吉林市公交广告公司	中康路12号	廉红军	2556504	9013401	132001
白山公交广告公司	浑江大街96号	李英淳	3323790	3323497	134300
四川省					
重庆公交广告公司	市中区人民路123号	任洪涛	63867366		630015
内江公交广告公司	中区广场路51号	张天津	21832202		641000
绵阳公汽公司广告分公司	迎宾路34号	卢万程	2332438	12706166	621000
攀枝花公交广告公司	炳草岗中心站	何铁声	3336489	9000567	617000
黑龙江省					
哈尔滨电车广告公司	动力区和平路167号	陶家庚	2667117		150040
哈尔滨公汽广告公司	南岗区国民街93号	沙永先	7682992	3648344	150001
哈尔滨天鹅出租汽车公司的士广告公司	道外区景阳街9号	王　琪	8384433－3353		150000
牡丹江新时代广告艺术公司	新荣街23号	刘玉辉	6536151		157009
齐齐哈尔通达广告美术装潢部	龙沙路141号	杨凤雨	9025016		161000
齐齐哈尔汽车公司广告部	奎南大街579号	刘忠奎	2346115	2091366	161005
辽宁省					
沈阳客运集团广告公司	和平区八经街71号	杨万森	3873542	3872647	110003
大连电车广告公司	中山区世纪街8号	初钢兴	263491		116021
大连三惠公汽广告公司	沙河区五一路88号	杨德清	2496748		116021
大连交通广告公司	中山区解放路812号	于兴波	2881116		116013
锦州市汽车广告公司	凌河区吉庆里23号	赵国春	2136694		121000
盘锦市公汽广告公司	双台区育红路市公汽公司院内	徐　波	383662		124000
丹东公汽广告装潢公司	振兴区人民街58号	李志刚	6164896		118002
抚顺市汽车广告装饰公司	新抚区将军街14号	周建民	7672349		113006
葫芦岛市公汽公司广告部	渤海街民安路1421号	孙海玉	2132937		125001
阜新市公汽公司广告部	海州区解放大街3号	杨桂芹	2832284		123000
大连公汽联营公司广告公司	中山区中南路203号	李学芝	2892660		116013
鞍山公交装潢广告公司	铁东区民生路1号	李永宽	2224664		114001
本溪公共交通总公司广告部	解放南路	杨世林			117021
贵州省					
贵阳公交广告公司	青云路231号	张子建	5841386	9019036	550002
云南省					
昆明公汽公司广告部	人民西路28号	樊自文	5326585		650031

单　　位	地　　址	负责人	电　　话	电　　传	邮　　编
海南省					
海口公汽公司广告部	龙华路38号	蔡笃飞	6798435		570005
广　西					
梧州公交广告公司	蝶山一路12号	李立人	3823415	3825563	543002
柳州公交广告服务部	跃进路42号	覃国忠	2829495		545001
南宁公交总公司广告公司	人民东路226－5号	陈家全	2817759		530012
桂林巴士广告公司	中山南路449号	梁式海	3841877		541000
湖南省					
长沙市公交广告公司	车站路26号	田长云	2299012		410001
甘肃省					
兰州市公交广告公司	西关什字公交枢纽站	卢　彬	8835737		730030
江苏无锡巴士广告公司	梁青路3号	程海元	3708586		214062
德伟科技(中国)有限公司	北京朝阳区北辰东路8号汇宾大厦A座2002室	蔡汉文	64993823		100101
施乐中国有限公司	上海延安中路1440号阿波罗大厦一楼	龚雅谦	02162496240		200040

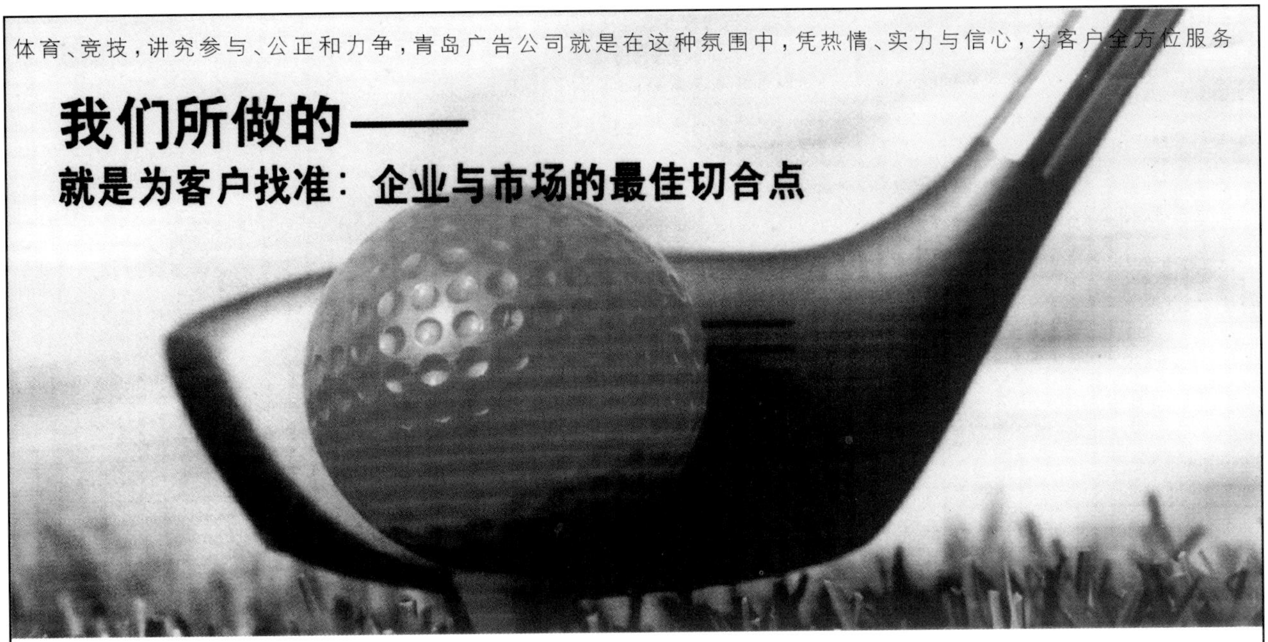

青岛广告公司

青岛广告公司成立于1978年，是青岛市从事广告业最早的公司之一。成立十九年来，公司员工以广告人具有的特质和规范，为行业的发展尽心尽力，现已发展成为全省最大的广告公司之一。是中国广告协会会员单位、中国对外经济贸易广告协会会员单位、中国广告联合会成员单位、中广协华东协作委员会理事单位。

公司部门齐全，设客户部、媒介代理部、策划部、创意部及信息中心。公司坚持以创意为中心，以策划为主导，全方位地为客户服务。并为摩托罗拉手机、555香烟、可口可乐等国外产品实行代理，也为上海三菱电梯、海信、海尔、济南轻骑、青岛面粉机械厂、青岛汽水厂等国内客户实行代理，公司完全具有综合策划、代理、发布广告的实力。

欢迎社会各界真情合作！

地 址：青 岛 市 人 民 路 27 号　电 话：0532 － 3730155　3730156　3730157　3730158　邮 编：266033

北京蒙太奇广告公司

北京蒙太奇广告公司系中国电影公司的子公司，经营广告制作、发布，并代理国内和外商来华广告业务，具有雄厚的经济实力、技术实力和良好的商业信誉。本公司下设公关媒介部、业务部、技术制作部、市场部和财务部，拥有通畅的遍及全国的媒体网络。本公司能为客户提供集市场调研、策划、创意、设计制作和发布等一条龙服务。真诚合作，讲求信誉，少花钱多办事是本公司对客户的承诺；全方位、高质量、快速度地满足客户的需求是本公司全体员工的追求目标。

除此之外，本公司在原有广告服务内容的基础上，增添了新的服务项目，即在属于我们自己的广告媒体——电影院做映前电影胶片广告，欢迎广大客户光临。

负责人：关迎时　联系人：徐东　电　话：62259305　62259443

地　址：北京市新街口外大街25号　邮　编：100088　传真：62250584

大众广告

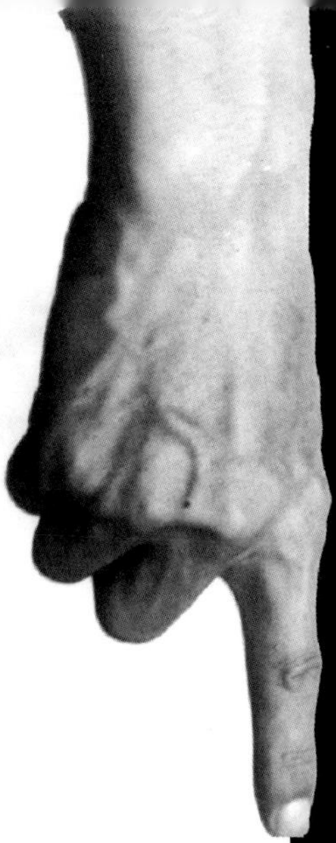

山东
一个拥有 8000 万人口的经济大省
齐鲁
一个灿烂的传统文化与现代文明
相映生辉的礼仪之邦
强劲的经济发展势头
使这片热土永远躁动不安
日新月异的变化
给海内外有识之士提供了万千
商机
关心——共享
共建——共荣
在市场经济的大潮中
大家责无旁贷
作为新时代的广告人
我们愿以辛勤的努力
为您架起通向齐鲁的天桥

大众广告　广告大众

企业，您缺少的是什么？大众广告，给您一个有力的支点！

大众广告

简　介

大众日报——山东省委机关报，诞生于 1939 年 1 月 1 日，是目前中国大陆连续出版时间最长的报纸。《大众日报》是山东经济、政治、科技、文化和改革开放的新闻总汇，其报道翔实、准确、权威，在全国报界具有广泛影响。《大众日报》对开八版，另辟有《大众周末》、《电脑特刊》、发行量 50 万份，是目前山东发行量最大的综合性报纸。

大众日报广告价格

版面规格	一版	二至四版	八至五版
整版		11 万元	9 万元
半版		5.5 万元	4.5 万元
35cm × 10cm		2 万元	1.8 万元
35cm × 12cm		2.7 万元	2.2 万元
报眼	2 万元		
套红加收 30%，彩色加收 50%			

大众日报广告处
山东大众广告公司

负责人：文风纯

电话：(0531)2968911 - 3701　传真：(0531)2962400
地址：济南市经十路 46 号　邮编：250014

山东电视台及山东电视台广告信息部

山东电视台始建于1960年10月1日。

山东电视台目前自办六套节目，山东卫视台自1994年1月1日通过卫星传输播出，并于当年5月23日在全国电视台率先实行全天24小时播出，由于上卫星播出，我台可覆盖全国及周边40多个国家及地区。齐鲁电视台是山东电视台所属的主要面向城市观众的省级电视台，通过省内微波干线进入全省17个市地有线电视网。山东电视台所属的山东有线电视台1995年7月1日建成开播，目前有新闻台、影视台、综艺台、体育台四套节目。

山东电视台广告收入1986年为213万元，1996年为2.5亿元。十年的广告收入增长了一百多倍！广告收入的飞速增长，表明了电视观众对山东电视台节目的关注和广告客户对我们的信赖。山东电视台广告信息部依托山东电视台的媒体优势，以优质周到的服务，与国内外广告客户建立了广泛的业务联系。

1996年山东电视台的广告创收，名列全国省级台首位，但这仅仅是一个新的起点，山东电视台广告信息部对自己又提出新的口号，也是对广大广告客户的服务承诺：您的需要，就是我们的工作。

地址：济南市经十路81号　　邮编：250062

电话：(0531)2951295转6810　　传真：(0531)2955872

兰州电视台

兰州电视台筹建于1984年3月，1985年元月1日建成试播，1987年10月正式播出。目前开设两套节目，第一套节目指配为12频道，第二套节目指配为18频道，总发射功率为41kw，并有备份设备。

兰州电视台有职工二百多人，有一个比较完善先进的电视节目采录、制作、多媒体编辑、遥控、传输、发射系统；两套节目每周各播出14次，日播出时间12小时；电视信号覆盖率为全市的82.5%。兰州以及榆中，皋兰、永登远郊等地的260多万人中80%可以收看到两台的节目。

兰州电视台以“加强新闻、精办专题、搞好文艺、宣传经济、扩大服务”为编辑思想，努力提高整体节目质量，最大满足城市及其农村广大观众的需要。所办节目尽可能突出视听兼备，以视为主的特点，突出城市的特点，照顾广大农村，融思想性、知识性、娱乐性和服务性为一炉。目前在自办节目中，大部分节目已成为完全的采编播一体的主持人节目，在开办的40多个各类节(栏)目中，《兰州新闻》、《经济信息十分钟》、《轻松一刻》、《健康之友》、《娱乐转盘》、《文体大观》、《金奖新奇乐》、《法律在我身边》、《TV摘粹》等十多个栏目，节目在观众中产生影响颇大，许多节目在全国获奖，《文体大观》、电视剧、《兰州新闻》、《1818新观察》、《天气预报》在观众调查中收视占有率保持在86%以上，整体节目收视率近几年一直稳定在52%以上。

地址：兰州市庆阳路51号(东方红广场主席台后院)

FAX：(0931)8821317　　TEL：A 8824347　　B 8415101－3007(办)

台长：李建国　　分管广告副台长：张建伟　　广告部主任：杨亚新